YS 3147

BIBLIOTHÈQUE ILLUSTRÉE

DES FAMILLES

SAINT-DENIS. — TYPOGRAPHIE DE A. MOULIN.

OEUVRES

CHOISIES

DE MOLIÈRE

ÉDITION ÉPURÉE

ILLUSTRÉE DE 20 GRANDS DESSINS DE CÉLESTIN NANTEUIL

GRAVÉS PAR MM. BREVIÈRE ET TRICHON

PARIS

DUCROCQ, LIBRAIRE-ÉDITEUR

55, RUE DE SEINE, 55

AVERTISSEMENT DE L'ÉDITEUR

Les raisons qui nous ont fait entreprendre d'offrir à la jeunesse un choix des œuvres de nos plus célèbres auteurs tragiques, *Corneille* et *Racine*, de les approprier au besoin des études et à la délicatesse du jeune âge, devaient nous inspirer également la pensée d'aborder le théâtre de *Molière*. Placé au premier rang de nos comiques, et jusqu'ici sans égal dans son genre, Molière a laissé à la postérité un nom qu'il n'est pas possible, disons-le, qu'il n'est pas permis d'ignorer, pour peu que l'on ait quelque teinture des lettres, quelque degré d'instruction acquise. Malgré les défauts qu'on peut signaler dans quelques-unes de ses pièces, on y trouve la beauté du dialogue, un fonds inépuisable d'ingénieuses plaisanteries, des situations du plus parfait comique, des scènes, des peintures d'un naturel frappant, et par là même un agrément que présentent bien peu d'ouvrages de littérature. Ces avantages littéraires, cette célébrité, méritée à plus d'un titre, — les nombreuses éditions qu'on a faites des œuvres de Molière excitent la curiosité et inspirent un vif désir de les connaître et de les lire.

Mais qui ne sait et qui refuserait d'avouer qu'elles offrent d'incontestables dangers à la plupart des lecteurs, et qu'elles seraient, pour les jeunes gens surtout, un véritable poison qui laisserait dans leur âme des blessures peut-être à jamais incurables? Nous reconnaîtrons et nous louerons tant qu'on voudra le talent de l'auteur, nous consentirons même qu'on élève des monuments à sa gloire, pourvu qu'on nous accorde aussi que la religion et les mœurs ont droit de se plaindre et de gémir de l'abus qu'il en a souvent fait. Il est difficile de peindre plus vivement et d'une manière plus dangereuse les passions du cœur, de porter plus loin l'immoralité, disons même quelquefois le cynisme des tableaux et des expressions, que Molière dans un grand nombre de ses scènes. On se demande à quel degré la licence des mœurs devait être arrivée en haut lieu, pour qu'à la cour du grand roi on ait accueilli, avec tant de faveur et sans blâme, des représentations que n'admettrait peut-être plus notre théâtre moderne, quelque condamnable qu'il soit encore sous le rapport religieux et moral.

Quelle règle faudrait-il donc suivre pour la lecture de ces œuvres se répandues, si souvent prônées et citées avec éloge? En interdira-t-on absolument la connaissance à la jeunesse, au risque de ne pouvoir contenir longtemps sa curiosité? Les tolérera-t-on dans un âge plus avancé, avec le danger réel et toujours grave de salir ses yeux et son imagination par des peintures qui blessent l'honnêteté et la décence! Nous nous sommes préoccupé surtout des jeunes gens et des jeunes personnes; nous nous sommes intéressé à la culture de leur esprit et au développement de leur instruction, en ménageant l'innocence de leurs cœurs; nous avons essayé de placer dans leurs mains les chefs-d'œuvre de notre littérature, en les dégageant de ce qu'ils contiennent d'inconvenant et de dangereux. Les éditions de ce genre que nous avons déjà données et qui ont été favorablement accueillies nous ont inspiré le dessein d'entreprendre le même travail sur Molière.

Nous avons donc choisi dans ses œuvres les pièces qui nous ont paru de nature à supporter des retranchements indispensables sans en altérer d'ailleurs l'intérêt. Nous avons pu en réunir seize, les principales, les plus généralement estimées et citées. Notre tâche consistait à en concilier le mérite et les beautés littéraires avec les lois plus rigoureuses et imprescriptibles de la morale : l'aurons-nous heureusement accomplie? C'est ce que nous apprendront les suffrages et l'accueil du public d'élite auquel nous nous adressons. Ce que nous pouvons affirmer, c'est que ceux qui auront lu notre édition connaîtront tout ce qu'il y a de remarquable dans les œuvres de Molière, et ils ne regretteront pas sans doute d'ignorer ces écarts de licence, que l'honnêteté réprouve, et qui, bien loin de montrer le génie ou de l'élever, le dégradent.

Nous avons dû conserver, pour soutenir l'intérêt, quelque chose de cette intrigue qui se termine par ce qu'on est convenu d'appeler un mariage de comédie. Nous n'avons pas pu non plus faire disparaître entièrement un défaut grave qu'on a souvent, et à juste titre, reproché à Molière, qui semble avoir pris à tâche de rendre intéressants des fils irrespectueux, des valets fripons, aux dépens de leurs pères ou de leurs maîtres, dont il fait presque toujours des hommes ridicules ou des dupes. Nous n'avons cependant pas cru, par les raisons exposées ci-dessus, que cet inconvénient dût nous faire abandonner notre projet. Nos jeunes lecteurs particulièrement, nous en avons l'espérance, se souviendront que nous ne leur offrons pas un livre de morale, mais tout simplement un ouvrage de littérature et d'agrément; et sur le blâme que nous adressons à cet égard à Molière, ils ne nous trouveront pas plus sévère que J.-J. Rousseau, dont nous les prions de lire le jugement dans la notice qui suit. Si du moins nous avons pu leur être utile en leur offrant cette édition, si nous avons pu rendre service aux chefs d'institution et à tant d'honorables familles chez qui les bonnes mœurs, non moins prisées que l'instruction, sont mises encore au premier rang des biens, nous en serons mille fois heureux et récompensé.

Il y aurait d'autres observations, mais que nous avons déjà faites dans les avertissements des éditions de Corneille et de Racine : pour ne pas les répéter ici, nous renvoyons le lecteur à ces avertissements.

NOTICE SUR MOLIÈRE

Jean-Baptiste POQUELIN DE MOLIÈRE, fils et petit-fils de valets de chambre tapissiers du roi, naquit le 16 janvier 1622. Son père, Jean-Baptiste Poquelin, et Anne Boutet, sa mère, lui donnèrent une éducation conforme à leur état, auquel ils le destinaient; il resta jusqu'à quatorze ans dans leur boutique, n'ayant rien appris, outre son métier, qu'un peu à lire et à écrire. Ses parents obtinrent pour lui la survivance de leur charge chez le roi; mais son génie l'appelait ailleurs. POQUELIN avait un grand-père qui aimait la comédie, et qui le menait quelquefois à l'hôtel de Bourgogne. Le jeune homme sentit bientôt une aversion invincible pour sa profession. Son goût pour l'étude se développa; il pressa son grand-père d'obtenir qu'on le mît au collége, il arracha enfin le consentement de son père, qui le plaça dans une pension, et l'envoya externe aux jésuites, avec la répugnance d'un bourgeois qui croyait la fortune de son fils perdue s'il étudiait. Le jeune POQUELIN fit au collége les progrès qu'on devait attendre de son empressement à y entrer. Il y étudia cinq années; il y suivit le cours des classes d'Armand de Bourbon, premier prince de Conti, qui fut depuis le protecteur des lettres et de Molière.

Son père étant devenu infirme, il fut obligé d'exercer son emploi auprès de Louis XIII, qu'il suivit dans Paris et dans son voyage de Narbonne, en 1641. Sa passion pour la comédie se réveilla avec force, il s'y livra tout entier. Quelque temps après, il quitta la charge de son père, et s'associa à quelques jeunes gens passionnés comme lui pour le théâtre. Ce fut alors qu'il changea de nom pour prendre celui de *Molière,* soit par égard pour ses parents, soit pour suivre l'exemple des acteurs de ce temps-là. Les mêmes sentiments et les mêmes goûts l'unirent avec la Béjart [1], comédienne de campagne. Ils formèrent, de concert, une troupe, qui représenta à Lyon, en 1653, la comédie de *l'Étourdi.* Molière, à la fois auteur et acteur, et également applaudi sous ces deux titres, enleva presque tous les spectateurs à une troupe de comédiens établis dans cette ville. Louis XIV fut si satisfait des spectacles que lui donna la troupe de Molière, qui avait quitté la province pour la capitale, qu'il en fit ses comédiens ordinaires, et accorda à leur chef une pension de mille livres. En 1663, ses talents reçurent de nouvelles récompenses. « On ne peut disconvenir, dit un écrivain très-moderne, que ces « libéralités de Louis XIV, et la haute protection accordée aux « talents de la dissipation et du luxe, et surtout au théâtre, « n'aient préparé la nation à la révolution, ou, si l'on veut, à la « décomposition du royaume de France, arrivée un siècle après « par la corruption générale des mœurs. »

Molière, qui s'égayait sur le théâtre aux dépens des faiblesses humaines, ne put se garantir de sa propre faiblesse. Séduit par une inclination pour la fille de la comédienne Béjart, il l'épousa, et se trouva exposé au ridicule qu'il avait si souvent jeté sur les maris [2]. On ne peut le justifier de n'avoir pas assez respecté les bienséances, d'avoir choisi même des sujets dont la nature ne peut s'allier avec les égards dus aux mœurs. La lecture de plusieurs de ses pièces laisse infailliblement dans l'âme une impression de vice ; et, en corrigeant quelques ridicules, il affaiblit le sentiment de la vertu. « On convient, » dit un homme auquel on ne peut supposer un zèle excessif pour la morale chrétienne (J.-J. Rousseau), « et on le sentira chaque « jour davantage, que Molière est le plus parfait auteur comi-« que dont les ouvrages nous soient connus. Mais qui ne peut « disconvenir aussi que le théâtre du même Molière, dont je « suis plus admirateur que personne, ne soit une école de vice « et de mauvaises mœurs, plus dangereuse que les livres

---

[1] C'est ainsi qu'on désignait alors les actrices.

[2] Molière avait épousé la sœur et non pas la fille de la comédienne Béjart ; ce qui résulte des actes de l'état civil découverts et publiés par M. Beffara, notamment de l'acte de mariage de Molière lui-même. M. Taschereau a suivi cette opinion.

« mêmes où l'on fait profession de les enseigner ? Son plus grand
« soin est de tourner la bonté et la simplicité en ridicule, et de
« mettre la ruse et le mensonge du parti pour lequel on prend
« intérêt. Ses honnêtes gens ne sont que des gens qui parlent ;
« ses vicieux sont des gens qui agissent, et que les plus bril-
« lants succès favorisent le plus souvent ; enfin l'honneur des
« applaudissements, rarement pour le plus estimable, est pres-
« que toujours pour le plus adroit. Il tourne en dérision les
« respectables droits des pères sur leurs enfants, des maris sur
« leurs femmes, des maîtres sur leurs serviteurs. Il fait rire, il
« est vrai, et n'en devient que plus coupable, en forçant, par
« un charme invincible, les sages mêmes de se prêter à des
« railleries qui devaient attirer leur indignation. J'entends dire
« qu'il attaque les vices ; mais je voudrais bien que l'on com-
« parât ceux qu'il attaque avec ceux qu'il favorise. Quel est le
« plus blâmable d'un *bourgeois*, sans esprit et vain, qui fait
« sottement le *gentilhomme*, ou d'un gentilhomme fripon qui le
« dupe ? Dans la pièce dont je parle, ce dernier n'est-il pas
« l'honnête homme ? n'a-t-il pas pour lui l'intérêt ? et le public
« n'applaudit-il pas à tous les tours qu'il fait à l'autre ? Quel
« est le plus criminel d'un paysan assez fou pour épouser une
« demoiselle, ou d'une femme qui cherche à déshonorer son
« époux ? Que penser d'une pièce où le parterre applaudit à
« l'infidélité, au mensonge, à l'impudence de celui-ci, et rit de
« la bêtise du manant puni ? C'est un grand vice d'être avare et
« de prêter à usure ; mais n'en est-ce pas un plus grand encore
« à un fils de voler son père, de lui manquer de respect, de lui
« faire mille insultants reproches, et, quand ce père irrité lui
« donne sa malédiction, de répondre d'un air goguenard qu'il
« n'a que faire de ses dons ? Si la plaisanterie est excellente,
« en est-elle moins punissable ? et la pièce où l'on fait aimer le
« fils qui l'a faite en est-elle moins une école de mauvaises
« mœurs ? *Le Misanthrope* est la pièce où l'on joue le plus le
« ridicule de la vertu. Alceste, dans cette pièce, est un homme
« droit, sincère, estimable, un véritable homme de bien ; l'au-
« teur lui donne un personnage ridicule ; cependant c'est la
« pièce qui contient la meilleure et la plus saine morale. Sur
« celle-là jugeons des autres, et convenons que l'intention de
« l'auteur étant de plaire à des esprits corrompus, ou sa morale
« porte au mal, ou le faux bien qu'elle prêche est plus dange-

« reux que le mal même, en ce qu'il fait préférer l'usage et les
« maximes du monde à l'exacte probité, en ce qu'il fait consis-
« ter la sagesse dans un certain milieu entre le vice et la vertu,
« en ce qu'au grand soulagement des spectateurs, il leur per-
« suade que, pour être honnête homme, il suffit de n'être pas
« un franc scélérat. »

Molière termina sa carrière en jouant *le Malade imaginaire*, la dernière pièce qu'il eût aussi composée. Il y avait déjà quelque temps que sa poitrine était attaquée, et le jour de la troisième représentation, il se sentit plus incommodé. Les efforts qu'il fit pour achever son rôle lui coûtèrent la vie. Il lui prit une convulsion en prononçant la formule *Juro*, dans le divertissement de la réception du malade imaginaire. On le ramena chez lui, où, quelques heures après, un vomissement de sang le suffoqua, le 17 février 1673, à l'âge de cinquante-trois ans. Le malheur qu'il avait eu de ne point recevoir les secours de la religion ayant engagé M. de Harlay de Champvallon, archevêque de Paris, à lui refuser les prières de la sépulture, le roi, qui l'avait eu pour domestique et pour pensionnaire, sollicita le prélat de se relâcher de la rigueur des canons, et Molière fut inhumé à Saint-Joseph, qui dépendait de la paroisse de Saint-Eustache. La populace s'attroupa devant sa porte, le jour de son convoi, et on ne put l'écarter et l'apaiser qu'en jetant de l'argent par les fenêtres. Telle fut la fin de cet homme à qui on ne peut contester un grand talent, mais qui aurait été certainement un plus grand homme s'il avait su mieux respecter les mœurs.

LES
PRÉCIEUSES RIDICULES

COMÉDIE EN UN ACTE (1659).

PRÉFACE

C'est une chose étrange, qu'on imprime les gens malgré eux! Je ne vois rien de si injuste, et je pardonnerais toute autre violence plutôt que celle-là.

Ce n'est pas que je veuille faire ici l'auteur modeste, et mépriser par honneur ma comédie; j'offenserais mal à propos tout Paris si je l'accusais d'avoir pu applaudir à une sottise. Comme le public est le juge absolu de ces sortes d'ouvrages, il y aurait de l'impertinence à moi de le démentir; et quand j'aurais eu la plus mauvaise opinion du monde de mes *Précieuses ridicules* avant leur représentation, je dois croire maintenant qu'elles valent quelque chose, puisque tant de gens ensemble en ont dit du bien. Mais comme une grande partie des grâces qu'on y a trouvées dépendent de l'action et du ton de voix, il m'importait qu'on ne les dépouillât pas de ces ornements; et je trouvais que le succès qu'elles avaient eu dans la représentation était assez beau pour en demeurer là. J'avais résolu, dis-je, de ne les faire voir qu'à la chandelle, pour ne point donner lieu à quelqu'un de dire le proverbe; et je ne voulais pas qu'elles sautassent du théâtre de Bourbon dans la galerie du Palais. Cependant je n'ai pu l'éviter, et suis tombé dans la disgrâce de voir une copie dérobée de ma pièce entre les mains des libraires, accompagnée d'un privilége obtenu par surprise. J'ai eu beau crier : O temps! ô mœurs! on m'a fait voir une nécessité pour moi d'être imprimé, ou d'avoir un procès; et le dernier mal est encore pire que le premier. Il faut donc se laisser aller à la destinée, et consentir à une chose qu'on ne laisserait pas de faire sans moi.

Mon Dieu! l'étrange embarras qu'un livre à mettre au jour, et qu'un auteur est neuf la première fois qu'on l'imprime! Encore si l'on m'avait donné du temps, j'aurais pu mieux songer à moi, et j'aurais pris toutes les précautions que messieurs les auteurs, à présent mes confrères, ont coutume de prendre en semblables occasions. Outre quelque grand seigneur que j'aurais été prendre malgré lui pour le protecteur de mon ouvrage, et dont j'aurais tenté la libéralité par une épître dédicatoire bien fleurie, j'aurais tâché de faire une belle et docte préface; et je ne manque point de livres qui m'auraient fourni tout ce qu'on peut dire de savant sur la tragédie et la comédie, l'étymologie de toutes deux, leur origine, leur définition, et le reste. J'aurais parlé aussi à mes amis, qui, pour la recommandation de ma pièce, ne m'auraient pas refusé ou des vers français ou des vers latins; j'en ai même qui m'auraient loué en grec; et l'on n'ignore pas qu'une louange en grec est d'une merveilleuse efficace à la tête d'un livre. Mais on me met au jour sans me donner le loisir de me reconnaître, et je ne puis même obtenir la liberté de dire deux mots pour justifier mes intentions sur le sujet de cette comédie. J'aurais voulu faire voir qu'elle se tient partout dans les bornes de la satire honnête et permise; que les plus excellentes choses sont sujettes à être copiées par de mauvais singes qui méritent d'être bernés; que ces vicieuses imitations de ce qu'il y a de plus parfait ont été de tout temps la matière de la comédie; et que, par la même raison que les véritables savants et les vrais braves ne se sont point encore avisés de s'offenser du Docteur de la comédie, et du Capitan, non plus que les juges, les princes et les rois de voir Trivelin ou quelque autre, sur le théâtre, faire ridiculement le juge, le prince ou le roi; aussi les véritables précieuses auraient tort de se piquer lorsqu'on joue les ridicules qui les imitent mal. Mais enfin, comme j'ai dit, on ne me laisse pas le temps de respirer, et M. de Luynes veut m'aller faire relier de ce pas. A la bonne heure, puisque Dieu l'a voulu.

PERSONNAGES :

LA GRANGE.
DU CROISY.
GORGIBUS, bon bourgeois.
MADELON, fille de Gorgibus, précieuse ridicule.
CATHOS, nièce de Gorgibus, précieuse ridicule.
MAROTTE, servante des précieuses.
ALMANZOR, laquais des précieuses.
LE MARQUIS DE MASCARILLE, valet de La Grange.
LE VICOMTE DE JODELET, valet de Du Croisy.
VOISINES de Gorgibus.
DEUX PORTEURS DE CHAISE.
VIOLONS.

La scène est à Paris, dans la maison de Gorgibus.

SCÈNE I.

LA GRANGE, DU CROISY.

DU CROISY. Seigneur La Grange...
LA GRANGE. Quoi ?
DU CROISY. Regardez-moi un peu sans rire.
LA GRANGE. Eh bien ?
DU CROISY Que dites vous de notre visite ? En êtes-vous fort satisfait ?
LA GRANGE. A votre avis, avons-nous sujet de l'être tous deux ?
DU CROISY. Pas tout à fait, à dire vrai.
LA GRANGE. Pour moi, je vous avoue que j'en suis tout scandalisé. A-t-on jamais vu, dites-moi, deux pecques provinciales faire plus les renchéries que celles-là, et deux hommes traités avec plus de mépris que nous ? A peine ont-elles pu se résoudre à nous faire donner des siéges. Je n'ai jamais vu tant parler à l'oreille qu'elles ont fait entre elles, tant bâiller, tant se frotter

yeux, et demander tant de fois : « Quelle heure est-il ? » Ont-elles répondu que Oui et Non à tout ce que nous avons pu leur dire ? et ne m'avouerez-vous pas enfin que, quand nous aurions été les dernières personnes du monde, on ne pouvait nous faire pis qu'elles ont fait ?

DU CROISY. Il me semble que vous prenez la chose fort à cœur.

LA GRANGE. Sans doute, je l'y prends, et de telle façon que je me veux venger de cette impertinence. Je connais ce qui nous a fait mépriser. L'air précieux n'a pas seulement infecté Paris; il s'est aussi répandu dans les provinces, et nos donzelles ridicules en ont humé leur bonne part. En un mot, c'est un ambigu de précieuse et de coquette que leur personne. Je vois ce qu'il faut être pour en être bien reçu ; et, si vous m'en croyez, nous leur jouerons tous deux une pièce qui leur fera voir leur sottise et pourra leur apprendre à connaître un peu mieux leur monde.

DU CROISY. Et comment encore ?

LA GRANGE. J'ai un certain valet, nommé Mascarille, qui passe, au sentiment de beaucoup de gens, pour une manière de bel esprit ; car il n'y a rien à meilleur marché que le bel esprit maintenant. C'est un extravagant qui s'est mis dans la tête de vouloir faire l'homme de condition. Il se pique ordinairement de galanterie et de vers, et dédaigne les autres valets, jusqu'à les appeler brutaux.

DU CROISY. Eh bien, qu'en prétendez-vous faire ?

LA GRANGE. Ce que j'en prétends faire ? Il faut... Mais sortons d'ici auparavant.

SCÈNE II.

GORGIBUS, DU CROISY, LA GRANGE.

GORGIBUS. Eh bien, vous avez vu ma nièce et ma fille ? Les affaires iront-elles bien ? Quel est le résultat de cette visite ?

LA GRANGE. C'est une chose que vous pourriez mieux apprendre d'elles que nous. Tout ce que nous pouvons dire, c'est que nous vous rendons grâce de la faveur que vous nous avez faite, et demeurons vos très-humbles serviteurs !

DU CROISY. Vos très-humbles serviteurs.

GORGIBUS, seul. Ouais ! il semble qu'ils sortent mal satisfaits d'ici. D'où pourrait venir leur mécontentement ? Il faut savoir un peu ce que c'est. Holà !

SCÈNE III.

GORGIBUS, MAROTTE.

MAROTTE. Que désirez-vous, monsieur ?

GORGIBUS. Où sont vos maîtresses ?

MAROTTE. Dans leur cabinet.
GORGIBUS. Que font-elles ?
MAROTTE. De la pommade pour les lèvres.
GORGIBUS. C'est trop pommadé. Dites-leur qu'elles descendent.

SCÈNE IV.

GORGIBUS, seul.

Ces pendardes-là, avec leur pommade, ont, je pense, envie de me ruiner. Je ne vois partout que blancs d'œufs, lait virginal, et mille autres brimborions que je ne connais point. Elles ont usé, depuis que nous sommes ici, le lard d'une douzaine de cochons, pour le moins, et quatre valets vivraient tous les jours des pieds de moutons qu'elles emploient.

SCÈNE V.

MADELON, CATHOS, GORGIBUS.

GORGIBUS. Il est bien nécessaire, vraiment, de faire tant de dépense pour vous graisser le museau ! Dites-moi un peu ce que vous avez fait à ces messieurs, que je les vois sortir avec tant de froideur ? Vous avais-je pas commandé de les recevoir comme des personnes que je voulais vous donner pour maris ?
MADELON. Et quelle estime, mon père, voulez-vous que nous fassions du procédé irrégulier de ces gens-là ?
CATHOS. Le moyen, mon oncle, qu'une fille un peu raisonnable se pût accommoder de leur personne ?
GORGIBUS. Et qu'y trouvez-vous à redire ?
MADELON. La belle galanterie que la leur ! Quoi ! débuter d'abord par le mariage ?
GORGIBUS. Et par où veux-tu donc qu'ils débutent ? N'est-ce pas un procédé dont vous avez sujet de vous louer toutes deux, aussi bien que moi ? Est-il rien de plus obligeant que cela ?
MADELON. Ah ! mon père, ce que vous dites là est du dernier bourgeois. Cela me fait honte de vous ouïr parler de la sorte, et vous devriez un peu vous faire apprendre le bel air des choses.
GORGIBUS. Je n'ai que faire ni d'air ni de chanson. Je te dis que le mariage est une chose sacrée, et que c'est faire en honnêtes gens que de débuter par là.
MADELON. Mon Dieu ! que si tout le monde vous ressemblait, un roman serait bientôt fini. La belle chose que ce serait si, d'abord, Cyrus épousait Mandane, et qu'Aronce, de plain-pied, fût mariée à Clélie !

GORGIBUS. Que me vient conter celle-ci ? Je pense qu'elles sont folles toutes deux, et je ne puis rien comprendre à ce baragouin. Cathos, et vous Madelon...

MADELON. Eh ! de grâce, mon père, défaites-vous de ces noms étranges, et nous appelez autrement.

GORGIBUS. Comment, ces noms étranges ! Ne sont-ce pas vos noms de baptême ?

MADELON. Mon Dieu, que vous êtes vulgaire ! Pour moi, un de mes étonnements, c'est que vous ayez pu avoir une fille si spirituelle que moi. A-t-on jamais parlé, dans le beau style, de Cathos ni de Madelon ? et ne m'avouerez-vous pas que ce serait assez d'un de ces noms pour décrier le plus beau roman du monde ?

CATHOS. Il est vrai, mon oncle, qu'une oreille un peu délicate pâtit furieusement à entendre prononcer ces mots-là ; et le nom de Polixène, que ma cousine a choisi, et celui d'Aminte, que je me suis donné, ont une grâce dont il faut que vous demeuriez d'accord.

GORGIBUS. Écoutez, il n'y a qu'un mot qui serve. Je n'entends point que vous ayez d'autres noms que ceux qui vous ont été donnés par vos parrains et vos marraines. Et pour ces messieurs dont il est question, je connais leurs familles et leurs biens, et je veux résolûment que vous vous disposiez à les recevoir pour maris. Je me lasse de vous avoir sur les bras ; et la garde de deux filles est une charge un peu trop pesante pour un homme de mon âge.

MADELON. Souffrez que nous prenions un peu haleine parmi le beau monde de Paris, où nous ne faisons que d'arriver. Laissez-nous faire à loisir le tissu de notre roman, et n'en pressez point tant la conclusion.

GORGIBUS, à part. Il n'en faut point douter, elles sont achevées. (Haut.) Encore un coup, je n'entends rien à toutes ces balivernes, je veux être maître absolu ; et, pour trancher toutes sortes de discours, ou vous serez mariées toutes deux avant qu'il soit peu, ou, ma foi, vous serez religieuses ; j'en fais un bon serment.

SCÈNE VI.

CATHOS, MADELON.

CATHOS. Mon Dieu ! ma chère, que ton père a la forme enfoncée dans la matière ! Que son intelligence est épaisse, et qu'il fait sombre dans son âme !

MADELON. Que veux-tu, ma chère ! j'en suis en confusion

pour lui ; j'ai peine à me persuader que je puisse être véritablement sa fille, et je crois que quelque aventure un jour me viendra développer une naissance plus illustre.

CATHOS. Je le croirais bien ; oui, il y a toutes les apparences du monde ; et pour moi, quand je me regarde aussi...

SCÈNE VII.

CATHOS, MADELON, MAROTTE.

MAROTTE. Voilà un laquais qui demande si vous êtes au logis, et dit que son maître veut vous venir voir.

MADELON. Apprenez, sotte, à vous énoncer moins vulgairement. Dites : Voilà un nécessaire qui demande si vous êtes en commodité d'être visibles.

MAROTTE. Dame ! je n'entends point le latin, et je n'ai pas appris, comme vous, la filofie dans le Cyre.

MADELON. L'impertinente ! le moyen de souffrir cela ! Et qui est-il, le maître de ce laquais ?

MAROTTE. Il me l'a nommé le marquis de Mascarille.

MADELON. Ah ! ma chère, un marquis ! un marquis ! Oui, allez dire qu'on peut nous voir. C'est sans doute un bel esprit qui a ouï parler de nous.

CATHOS. Assurément, ma chère.

MADELON. Il faut le recevoir dans cette salle basse plutôt qu'en notre chambre. Ajustons un peu nos cheveux, au moins, et soutenons notre réputation. Vite, venez nous tendre ici dedans le conseiller des grâces.

MAROTTE. Par ma foi, je ne sais point quelle bête c'est là ; il faut parler chrétien, si vous voulez que je vous entende.

CATHOS. Apportez-moi le miroir, ignorante que vous êtes, et gardez-vous bien d'en salir la glace par la communication de votre image. (Elles sortent.)

SCÈNE VIII.

MASCARILLE, DEUX PORTEURS.

MASCARILLE. Holà, porteurs, holà ! Là, là, là, là, là, là ! je pense que ces marauds-là ont dessein de me briser, à force de heurter contre les murailles et les pavés.

PREMIER PORTEUR. Dame ! c'est que la porte est étroite. Vous avez voulu aussi que nous soyons entrés jusqu'ici.

MARCARILLE. Je le crois bien ! Voudriez-vous, faquins, que j'exposasse l'embonpoint de mes plumes aux inclémences de la saison pluvieuse, et que j'allasse imprimer mes souliers en boue ? Allez, ôtez votre chaise d'ici.

Au voleur! au voleur! au voleur!

LES PRÉCIEUSES RIDICULES.   Scène X.

DEUXIÈME PORTEUR. Payez-nous donc, s'il vous plaît, monsieur?

MASCARILLE. Hé?

DEUXIÈME PORTEUR. Je dis, monsieur, que vous nous donniez de l'argent, s'il vous plaît!

MASCARILLE, lui donnant un soufflet. Comment, coquin! demander de l'argent à une personne de ma qualité?

DEUXIÈME PORTEUR. Est-ce ainsi qu'on paie les pauvres gens? et votre qualité nous donne-t-elle à dîner?

MASCARILLE. Ah! ah! je vous apprendrai à vous connaître. Ces canailles-là s'osent jouer à moi!

PREMIER PORTEUR, prenant un des bâtons de sa chaise. Ça, payez-nous vitement.

MASCARILLE. Quoi?

PREMIER PORTEUR. Je dis que je veux avoir de l'argent tout à l'heure.

MASCARILLE. Il est raisonnable, celui-là.

PREMIER PORTEUR. Vite donc!

MASCARILLE. Oui-da, tu parles comme il faut, toi; mais l'autre est un coquin qui ne sait ce qu'il dit. Tiens, es-tu content?

PREMIER PORTEUR. Non, je ne suis pas content; vous avez donné un soufflet à mon camarade, et... (Levant son bâton.)

MALCARILLE. Doucement!... Tiens, voilà pour le soufflet. On obtient tout de moi quand on s'y prend de la bonne façon. Allez, venez me reprendre tantôt pour aller au Louvre, au petit coucher.

SCÈNE IX.

MAROTTE, MASCARILLE.

MAROTTE. Monsieur, voilà mes maîtresses qui vont venir tout à l'heure.

MASCARILLE. Qu'elles ne se pressent point; je suis ici posté commodément pour attendre.

MAROTTE. Les voici.

SCÈNE X.

MADELON, CATHOS, MASCARILLE, ALMANZOR.

MASCARILLE, après avoir salué. Mesdames, vous serez surprises, sans doute, de l'audace de ma visite; mais votre réputation vous attire cette méchante affaire; et le mérite a pour moi des charmes si puissants, que je cours partout après lui.

MADELON. Si vous poursuivez le mérite, ce n'est pas sur nos terres que vous devez chasser.

CATHOS. Pour voir chez nous le mérite, il a fallu que vous l'y ayez amené.

MASCARILLE. Ah! je m'inscris en faux contre vos paroles. La renommée accuse juste en contant ce que vous valez; et vous allez faire pic, repic et capot, tout ce qu'il y a de galant dans Paris.

MADELON. Votre complaisance pousse un peu trop avant la libéralité de ses louanges, et nous n'avons garde, ma cousine et moi, de donner de notre sérieux dans le doux de votre flatterie.

CATHOS. Ma chère, il faudrait faire donner des siéges.

MADELON. Holà! Almanzor!

ALMANZOR. Madame?

MADELON. Vite, voiturez-nous ici les commodités de la conversation.

MASCARILLE. Mais, au moins, y a-t-il sûreté ici pour moi?

(Almanzor sort).

CATHOS. Que craignez-vous?

MASCARILLE. Quelque vol de mon cœur, quelque assassinat de ma franchise. Je vois ici deux yeux qui ont la mine d'être de fort mauvais garçons. Comment diable! d'abord qu'on les approche ils se mettent sur leurs gardes meurtrières? Ah! par ma foi, je m'en défie, et je vais gagner au pied, ou je veux caution bourgeoise qu'ils ne me feront point de mal.

MADELON. Ma chère, c'est le caractère enjoué.

CATHOS. Mais, de grâce, monsieur, ne soyez point inexorable à ce fauteuil qui vous tend les bras il y a un quart d'heure, contentez un peu l'envie qu'il a de vous embrasser.

MASCARILLE, après s'être peigné et avoir ajusté ses canons. Eh bien, mesdames, que dites-vous de Paris?

MADELON. Hélas! qu'en pourrions-nous dire? Il faudrait être l'antipode de la raison pour ne pas confesser que Paris est le grand bureau des merveilles, le centre du bon goût et du bel esprit.

MASCARILLE. Pour moi, je tiens que, hors de Paris, il n'y a point de salut pour les honnêtes gens.

CATHOS. C'est une vérité incontestable.

MASCARILLE. Il y fait un peu crotté; mais nous avons la chaise.

MADELON. Il est vrai que la chaise est un retranchement merveilleux contre les insultes de la boue et du mauvais temps.

MASCARILLE. Vous recevez beaucoup de visites? Quel bel esprit est des vôtres?

MADELON. Hélas! nous ne sommes pas encore connues, mais nous sommes en passe de l'être, et nous avons une amie particulière qui nous a promis d'amener ici tous ces messieurs du recueil des pièces choisies.

cathos. Et certains autres qu'on nous a nommés aussi pour être les arbitres souverains des belles choses.

mascarille. C'est moi qui ferai votre affaire mieux que personne : ils me rendent tous visite ; et je puis dire que je ne me lève jamais sans une demi-douzaine de beaux esprits.

madelon. Eh ! mon Dieu ! nous vous serons obligées de la dernière obligation, si vous nous faites cette amitié ; car, enfin, il faut avoir la connaissance de tous ces messieurs-là, si l'on veut être du beau monde. Ce sont eux qui donnent le branle à la réputation dans Paris, et vous savez qu'il y en a tel dont il ne faut que la seule fréquentation pour vous donner bruit de connaisseuse, quand il n'y aurait rien autre chose que cela. Mais, pour moi, ce que je considère particulièrement, c'est que, par le moyen de ces visites spirituelles, on est instruit de cent choses qu'il faut savoir de nécessité et qui sont l'essence du bel esprit. On apprend par là chaque jour les petites nouvelles, les jolis commerces de prose ou de vers. On sait à point nommé : un tel a composé la plus jolie pièce du monde sur un tel sujet ; une telle a fait des paroles sur un tel air ; celui-ci a fait un madrigal sur une jouissance ; celui-là a composé des stances sur une improbité ; monsieur un tel écrivit hier soir un sixtain à madame une telle, dont elle lui a envoyé la réponse ce matin sur les huit heures ; un tel auteur a fait un tel dessein ; celui-là est à la troisième partie de son roman ; cet autre met ses ouvrages sous la presse. C'est là ce qui nous fait valoir dans les compagnies ; et si l'on ignore ces choses, je ne donnerais pas un clou de tout l'esprit qu'on peut avoir.

cathos. En effet, je trouve que c'est renchérir sur le ridicule, qu'une personne se pique d'esprit, et ne sache pas jusqu'au moindre petit quatrain qui se fait chaque jour : et pour moi j'aurais toutes les hontes du monde s'il fallait qu'on vînt à me demander si j'aurais vu quelque chose de nouveau que je n'aurais pas vu.

mascarille. Il est vrai qu'il est honteux de ne savoir pas des premiers tout ce qui se fait. Mais ne vous mettez pas en peine ; je veux établir chez vous une académie de beaux esprits ; et je vous promets qu'il ne se fera pas un bout de vers dans Paris que vous ne sachiez par cœur avant tous les autres. Pour moi, tel que vous me voyez, je m'en escrime un peu quand je veux ; et vous verrez courir de ma façon, dans Paris, deux cents chansons, autant de sonnets, quatre cents épigrammes, et plus de mille madrigaux, sans compter les énigmes et les portraits.

madelon. Je vous avoue que je suis furieusement pour les portraits.

MASCARILLE. Les portraits sont difficiles, et demandent un esprit profond : vous en verrez de ma manière qui ne vous déplairont pas.

CATHOS. Pour moi, j'aime terriblement les énigmes.

MASCARILLE. Cela exerce l'esprit, et j'en ai fait quatre encore ce matin, que je vous donnerai à deviner.

MADELON. Les madrigaux sont agréables quand ils sont bien tournés.

MASCARILLE. C'est mon talent particulier, et je travaille à mettre en madrigaux toute l'histoire romaine.

MADELON. Ah! certes, ce sera du dernier beau! j'en retiens un exemplaire, au moins, si vous le faites imprimer.

MASCARILLE. Je vous en promets à chacune un, et des mieux reliés. Cela est au-dessous de ma condition ; mais je le fais seulement pour donner à gagner aux libraires qui me persécutent.

MADELON. Je m'imagine que le plaisir est grand de se voir imprimer.

MASCARILLE. Sans doute. Mais, à propos, il faut que je vous dise un impromptu que je fis hier chez une duchesse de mes amies que je fus visiter; car je suis diablement fort sur les impromptus.

CATHOS. L'impromptu est justement la pierre de touche de l'esprit.

MASCARILLE. Écoutez donc.

MADELON. Nous y sommes de toutes nos oreilles.

MASCARILLE. Oh! oh! je n'y prenais pas garde;
Tandis que, sans songer à mal, je vous regarde,
Votre œil en tapinois me dérobe mon cœur.
Au voleur! au voleur! au voleur! au voleur!

CATHOS. Ah! mon Dieu! voilà qui est poussé dans le dernier goût.

MASCARILLE. Tout ce que je fais a l'air cavalier; cela ne sent point le pédant.

MADELON. Il en est éloigné de plus de deux mille lieues!

MASCARILLE. Avez-vous remarqué ce commencement *oh! oh!* Voilà qui est extraordinaire, *oh! oh!* comme un homme qui s'avise tout d'un coup, *oh! oh!* La surprise, *oh! oh!*

MADELON. Oui, je trouve ce *oh! oh!* admirable.

MASCARILLE. Il semble que cela ne soit rien.

CATHOS. Ah! mon Dieu! que dites-vous? Ce sont là de ces sortes de choses qui ne se peuvent payer.

MADELON. Sans doute; et j'aimerais mieux avoir fait ce *oh! oh!* qu'un poëme épique.

MASCARILLE. Tudieu! vous avez le goût bon!
MADELON. Eh! je ne l'ai pas tout à fait mauvais.
MASCARILLE. Mais n'admirez-vous pas aussi : *Je n'y prenais pas garde? Je n'y prenais pas garde*, je ne m'apercevais pas de cela : façon de parler naturelle, *je n'y prenais pas garde*. *Tandis que sans songer à mal*, tandis qu'innocemment, sans malice, comme un pauvre mouton; *je vous regarde*, c'est-à-dire, je m'amuse à vous considérer, je vous observe, je vous contemple; *votre œil en tapinois*... Que vous semble de ce mot : *tapinois*? n'est-il pas bien choisi?
CATHOS. Tout à fait bien.
MASCARILLE. *Tapinois*, en cachette. Il semble que ce soit un chat qui vienne de prendre une souris, *tapinois*.
MADELON. Il ne se peut rien de mieux.
MASCARILLE. *Me dérobe mon cœur*, me l'emporte, me le ravit.
Au voleur! au voleur! au voleur! au voleur!
Ne diriez-vous pas que c'est un homme qui crie et court après un voleur pour le faire arrêter?
Au voleur! au voleur! au voleur! au voleur!
MADELON. Il faut avouer que cela a un tour spirituel et galant.
MASCARILLE. Je veux vous dire l'air que j'ai fait dessus.
CATHOS. Vous avez appris la musique?
MASCARILLE. Moi? Point du tout.
CATHOS. Et comment donc cela se peut-il?
MASCARILLE. Les gens de qualité savent tout sans avoir jamais rien appris.
MADELON. Assurément, ma chère!
MASCARILLE. Écoutez, si vous trouvez l'air à votre goût. *Hem, hem! la, la, la, la, la!* La brutalité de la saison a furieusement outragé la délicatesse de ma voix; mais il n'importe, c'est à la cavalière. (Il chante.)
Oh! oh! je n'y prenais pas garde, etc.
CATHOS. Ah! que voilà un bel air! Est-ce qu'on n'en meurt point?
MADELON. Il y a de la chromatique là-dedans.
MASCARILLE. Ne trouvez-vous pas la pensée bien exprimée dans le chant? *au voleur! au voleur! au voleur!* Et puis, comme si l'on criait bien fort, *au, au, au, au, au voleur!* Et tout d'un coup, comme une personne essoufflée, *au voleur!*
MADELON. C'est à savoir le fin des choses, le grand fin, le fin du fin. Tout est merveilleux, je vous assure : je suis enthousiasmée de l'air et des paroles.
CATHOS. Je n'ai encore rien vu de cette force-là.

MASCARILLE. Tout ce que je fais me vient naturellement, sans étude.

MADELON. La nature vous a traité en vraie mère passionnée, et vous en êtes l'enfant gâté.

MASCARILLE. A quoi donc passez-vous le temps, mesdames ?

CATHOS. A rien du tout.

MADELON. Nous avons été jusqu'ici dans un jeûne effroyable de divertissement.

MASCARILLE. Je m'offre à vous mener l'un de ces jours à la comédie, si vous voulez ; aussi bien, on en doit jouer une nouvelle que je serai bien aise que nous voyons ensemble.

MADELON. Cela n'est pas de refus.

MASCARILLE. Mais je vous demande d'applaudir comme il faut quand nous serons là ; car je me suis engagé à faire valoir la pièce, et l'auteur m'en est venu prier encore ce matin. C'est la coutume ici, qu'à nous autres gens de condition, les auteurs viennent lire leurs pièces nouvelles pour nous engager à les trouver belles et leur donner de la réputation ; et je vous laisse à penser si, quand nous disons quelque chose, le parterre ose nous contredire. Pour moi, j'y suis fort exact ; et quand j'ai promis à quelque poëte, je crie toujours : Voilà qui est beau ! devant que les chandelles soient allumées.

MADELON. Ne m'en parlez point, c'est un admirable lieu que Paris ; il s'y passe cent choses tous les jours qu'on ignore dans les provinces, quelque spirituelle qu'on puisse être.

CATHOS. C'est assez ; puisque nous sommes instruites, nous ferons notre devoir de nous écrier comme il faut sur tout ce qu'on dira.

MASCARILLE. Je ne sais si je me trompe, mais vous avez toute mine d'avoir fait quelque comédie.

MADELON. Eh ! il pourrait être quelque chose de ce que vous dites.

MASCARILLE. Ah ! ma foi, il faudra que nous la voyions. Entre nous, j'en ai composé une que je veux faire représenter.

CATHOS. Et à quels comédiens la donnerez-vous ?

MASCARILLE. Belle demande ! Aux comédiens de l'hôtel de Bourgogne ; il n'y a qu'eux qui soient capables de faire valoir les choses ; les autres sont des ignorants qui récitent comme l'on parle ; ils ne savent pas faire ronfler les vers et s'arrêter au bel endroit. Et le moyen de connaître où est le beau vers, si le comédien ne s'y arrête, et ne nous avertit par là qu'il faut faire le brouhaha ?

CATHOS. En effet, il y a manière de faire sentir aux auditeurs les beautés d'un ouvrage ; et les choses ne valent que ce qu'on les fait valoir.

MASCARILLE. Que vous semble de ma petite oie ? La trouvez-vous congruente à l'habit ?

CATHOS. Tout à fait ?

MASCARILLE. Le ruban en est bien choisi.

MADELON. Furieusement bien. C'est Perdrigeon tout pur !

MASCARILLE. Que dites-vous de mes canons ?

MADELON. Ils ont tout à fait bon air.

MASCARILLE. Je puis me vanter au moins qu'ils ont un grand quartier plus que tous ceux qu'on fait.

MADELON. Il faut avouer que je n'ai jamais vu porter si haut l'élégance de l'ajustement.

MASCARILLE. Attachez un peu sur ces gants la réfexion de votre odorat.

MADELON. Ils sentent terriblement bon.

CATHOS. Je n'ai jamais respiré une odeur mieux conditionnée.

MASCARILLE. Et celle-là ? (Il donne à sentir les cheveux poudrés de sa perruque.)

MADELON. Elle est tout à fait de qualité ; le sublime en est touché délicieusement.

MASCARILLE. Vous ne me dites rien de mes plumes !... Comment les trouvez-vous ?

CATHOS. Effroyablement belles.

MASCARILLE. Savez-vous que le brin me coûte un louis d'or ? Pour moi, j'ai cette manie de vouloir donner généralement sur tout ce qu'il y a de plus beau.

MADELON. Je vous assure que nous sympathisons vous et moi. J'ai une délicatesse furieuse pour tout ce que je porte ; et, jusqu'à mes chaussettes, je ne puis rien souffrir qui ne soit de la bonne faiseuse.

SCÈNE XI.

CATHOS, MADELON, MASCARILLE, MAROTTE.

MAROTTE. Madame, on demande à vous voir.
MADELON. Qui ?
MAROTTE. Le vicomte de Jodelet.
MASCARILLE. Le vicomte de Jodelet ?
MAROTTE. Oui, monsieur.
CATHOS. Le connaissez-vous ?
MASCARILLE. C'est mon meilleur ami.
CATHOS. Faites entrer vivement.

MASCARILLE. Il y a quelque temps que nous nous sommes vus, et je suis ravi de cette aventure.

MAROTTE. Le voici !

SCÈNE XII.

CATHOS, MADELON, MASCARILLE, JODELET, MAROTTE, ALMANZOR.

MASCARILLE. Ah ! vicomte !

JODELET. Ils s'embrassent l'un et l'autre. Ah ! marquis !

MASCARILLE. Que je suis aise de te rencontrer !

JODELET. Que j'ai de joie de te voir ici !

MASCARILLE. Baise-moi donc encore un peu, je te prie !

MADELON, à Cathos. Ma toute bonne, nous commençons d'être connues ; voilà le beau monde qui prend le chemin de nous venir voir.

MASCARILLE. Mesdames, agréez que je vous présente ce gentilhomme-ci ; sur ma parole ! il est digne d'être connu de vous.

JODELET. Il est juste de venir vous rendre ce qu'on vous doit ; et vos attraits exigent leurs droits seigneuriaux sur toutes sortes de personnes.

MADELON. C'est pousser vos civilités jusqu'aux derniers confins de la flatterie.

CATHOS. Cette journée doit être marquée dans notre almanach comme une journée bienheureuse.

MADELON, à Almanzor. Allons, petit garçon, faut-il toujours vous répéter les choses ? Voyez-vous pas qu'il faut le surcroît d'un fauteuil ?

MASCARILLE. Ne vous étonnez pas de voir le vicomte de la sorte ; il ne fait que sortir d'une maladie qui lui a rendu le visage pâle, comme vous le voyez.

JODELET. Ce sont fruits des veilles de la cour et des fatigues de la guerre.

MASCARILLE. Savez-vous, mesdames, que vous voyez dans le vicomte un des vaillants hommes du siècle ? C'est un brave à trois poils.

JODELET. Vous ne m'en devez rien, marquis, et nous savons ce que vous savez faire aussi.

MASCARILLE. Il est vrai que nous nous sommes vus tous deux dans l'occasion.

JODELET. Et dans les lieux où il faisait fort chaud.

MASCARILLE, regardant Cathos et Madelon. Oui, mais non pas si chaud qu'ici. Hi ! hi ! hi !

JODELET. Notre connaissance s'est faite à l'armée, et la première fois que nous nous vîmes, il commandait un régiment de cavalerie sur les galères de Malte.

MASCARILLE. Il est vrai; mais vous étiez pourtant dans l'emploi avant que j'y fusse; et je me souviens que je n'étais que petit officier encore, que vous commandiez deux mille chevaux.

JODELET. La guerre est une belle chose; mais, ma foi! la cour récompense bien mal aujourd'hui les gens de service comme nous.

MASCARILLE. C'est ce qui fait que je veux pendre l'épée au croc.

CATHOS. Pour moi, j'ai un furieux tendre pour les hommes d'épée.

MADELON. Je les aime aussi; mais je veux que l'esprit assaisonne la bravoure.

MASCARILLE. Te souvient-il, vicomte, de cette demi-lune, que nous emportâmes sur les ennemis au siége d'Arras?

JODELET. Que veux-tu dire, avec ta demi-lune? C'était bien une lune tout entière.

MASCARILLE. Je pense que tu as raison.

JODELET. Il m'en doit bien souvenir, ma foi! J'y fus blessé à la jambe d'un coup de grenade, dont je porte encore les marques. Tâtez un peu, de grâce; vous sentirez quel coup c'était là.

CATHOS, après avoir touché l'endroit. Il est vrai que la cicatrice est grande.

MASCARILLE. Donnez-moi un peu votre main, et tâtez celui-ci : là, justement au derrière de la tête. Y êtes-vous?

MADELON. Oui, je sens quelque chose.

MASCARILLE. C'est un coup de mousquet que je reçus à la dernière campagne que j'ai faite.

JODELET, découvrant sa poitrine. Voici un coup qui me perça de part en part à l'attaque de Gravelines.

MASCARILLE. Ce sont des marques honorables qui font voir ce qu'on est.

CATHOS. Nous ne doutons pas de ce que vous êtes.

MASCARILLE. Vicomte, as-tu là ton carrosse?

JODELET. Pourquoi?

MASCARILLE. Nous mènerions promener ces dames hors des portes, et nous leur donnerions un cadeau.

MADELON. Nous ne saurions sortir aujourd'hui.

MASCARILLE. Ayez donc les violons pour danser.

JODELET. Ma foi, c'est bien avisé!

MADELON. Pour cela, nous y consentons; mais il faut donc quelque surcroît de compagnie.

MASCARILLE. Holà! Champagne, Picard, Bourguignon, Casquaret, Basque, la Verdure, Lorrain, Provençal, la Violette!

Au diable soient tous les laquais! Je ne pense pas qu'il y ait gentilhomme en France plus mal servi que moi. Ces canailles me laissent toujours seul!

MADELON. Almanzor, dites aux gens de M. le marquis qu'ils aillent quérir des violons, et nous faites venir ces messieurs et ces dames d'ici près pour peupler la solitude de notre bal. (Almanzor sort.)

MASCARILLE. Vicomte, dis-moi un peu, y a-t-il longtemps que tu n'as vu la comtesse?

JODELET. Il y a plus de trois semaines que je ne lui ai rendu visite.

MASCARILLE. Sais-tu bien que le duc m'est venu voir ce matin, et m'a voulu mener à la campagne courir un cerf avec lui?

MADELON. Voici nos amies qui viennent.

SCÈNE XIII.

LUCILE, CÉLIMÈNE, CATHOS, MADELON, MASCARILLE, JODELET, MAROTTE, ALMANZOR, VIOLONS.

MADELON. Mon Dieu! mes chères, nous vous demandons pardon. Ces messieurs ont eu fantaisie de nous donner les âmes des pieds, et nous vous avons envoyé quérir pour remplir les vides de notre assemblée.

LUCILE. Vous nous avez obligées sans doute.

MASCARILLE. Ce n'est ici qu'un bal à la hâte; mais, l'un de ces jours, nous vous en donnerons un dans les formes. Les violons sont-ils venus?

ALMANZOR. Oui, monsieur, ils sont ici.

CATHOS. Allons donc, mes chères, prenez place.

MASCARILLE, dansant lui seul comme par prélude. La, la, la, la, la, la.

MADELON. Il a la taille tout à fait élégante.

CATHOS. Et la mine de danser proprement.

MASCARILLE, ayant pris Madelon pour danser. Ma franchise va danser la courante aussi bien que mes pieds. En cadence, violons, en cadence! Oh! quels ignorants! Il n'y a pas moyen de danser avec eux. Le diable vous emporte! ne sauriez-vous jouer en mesure? La, la, la, la, la, la, la, la. Ferme! O violons de village.

JODELET, dansant ensuite. Holà! ne pressez pas si fort la cadence, je ne fais que sortir de maladie.

SCÈNE XIV.

DU CROISY, LA GRANGE, CATHOS, MADELON, LUCILE, CÉLIMÈNE, JODELET, MASCARILLE, MAROTTE, VIOLONS.

LA GRANGE, un bâton à la main. Ah! ah! coquins! que faites-vous ici? Il y a trois heures que nous vous cherchons.

MARCARILLE se sentant battre. Ahi! ahi! ahi! Vous ne m'aviez pas dit que les coups en seraient aussi.

JODELET. Ahi! ahi! ahi! ahi!

LA GRANGE. C'est bien à vous, infâmes que vous êtes, à vouloir faire l'homme d'importance!

DU CROISY. Voilà qui vous apprendra à vous connaître.

SCÈNE XV.

CATHOS, MADELON, LUCILE, CÉLIMÈNE, MASCARILLE, JODELET, MAROTTE, VIOLONS.

MADELON. Que veut donc dire ceci?

JODELET. C'est une gageure.

CATHOS. Quoi! vous laisser battre de la sorte!

MASCARILLE. Mon Dieu! je n'ai pas voulu faire semblant de rien, car je suis violent, et je me serais emporté.

MADELON. Endurer un affront comme celui-là en notre présence!

MASCARILLE. Ce n'est rien, ne laissons pas d'achever. Nous nous connaissons il y a longtemps, et, entre amis, on ne va pas se piquer pour si peu de chose.

SCÈNE XVI.

DU CROISY, LA GRANGE, MADELON, CATHOS, CÉLIMÈNE, LUCILE, MASCARILLE, JODELET, MAROTTE, VIOLONS.

LA GRANGE. Ma foi, marauds, vous ne rirez pas de nous, je vous promets. Entrez, vous autres. (Trois ou quatre spadassins entrent.)

MADELON. Quelle est donc cette audace de venir nous troubler de la sorte dans notre maison?

DU CROISY. Comment, mesdames, nous endurerons que nos laquais soient mieux reçus que nous, qu'ils viennent vous égayer à nos dépens et vous donner le bal!

MADELON. Vos laquais!

LA GRANGE. Oui, nos laquais; et cela n'est ni beau ni honnête de nous les débaucher comme vous faites.

MADELON. O ciel! quelle insolence!

LA GRANGE. Mais ils n'auront pas l'avantage de se servir de nos habits pour vous donner dans la vue; et, si vous les voulez accueillir, ce sera, ma foi, pour leurs beaux yeux. Vite, qu'on les dépouille sur-le-champ.

JODELET. Adieu notre braverie!

MASCARILLE. Voilà le marquisat et la vicomté à bas!

DU CROISY. Ah! ah! coquins! vous avez l'audace d'aller sur

nos brisées ! Vous irez chercher autre part de quoi vous rendre agréables aux yeux de ces dames, je vous en assure.

LA GRANGE. C'est trop de nous supplanter, et de nous supplanter avec nos propres habits.

MASCARILLE. O fortune, quelle est ton inconstance !

DU CROISY. Vite, qu'on leur ôte jusqu'à la moindre chose.

LA GRANGE. Qu'on emporte toutes ces hardes, dépêchez. Maintenant, mesdames, en l'état qu'ils sont, vous pouvez continuer avec eux tant qu'il vous plaira ; nous vous laisserons toute sorte de liberté pour cela, et nous vous protestons, monsieur et moi, que nous n'en serons aucunement jaloux.

SCÈNE XVII.

MADELON, CATHOS, JODELET, MASCARILLE, VIOLONS.

CATHOS. Ah ! Quel confusion !

MADELON. Je crève de dépit !

UN DES VIOLONS, à Mascarille. Qu'est-ce donc que ceci ? Qui nous payera nous autres ?

MASCARILLE. Demandez à M. le vicomte.

UN DES VIOLONS, à Jodelet. Qui est-ce qui nous donnera de l'argent.

JODELET. Demandez à M. le marquis.

SCÈNE XVIII.

GORGIBUS, MADELON, CATHOS, JODELET, MASCARILLE, VIOLONS.

GORGIBUS. Ah ! coquines que vous êtes, vous nous mettez dans de beaux draps blancs, à ce que je vois ! je viens d'apprendre de belles affaires, vraiment, de ces messieurs, et de ces dames qui sortent.

MADELON. Ah ! mon père, c'est une pièce sanglante qu'ils nous ont faite.

GORGIBUS. Oui, c'est une pièce sanglante mais qui est un effet de votre impertinence, infâmes ! Ils se sont ressentis du traitement que vous leur avez fait ; et, cependant, malheureux que je suis, il faut que je boive l'affront.

MADELON. Ah ! je jure que nous serons vengées, ou que je mourrai en la peine. Et vous, marauds, osez-vous vous tenir ici après votre insolence ?

MASCARILLE. Traiter comme cela un marquis ! Voilà ce que c'est que du monde ; la moindre disgrâce nous fait mépriser de ceux qui nous chérissaient. Allons camarades, allons chercher fortune autre part ; je vois bien que l'on aime ici que la vaine apparence, et qu'on n'y considère point la vertu toute nue.

SCÈNE XIX.

GORGIBUS, MADELON, CATHOS.

UN DES VIOLONS. Monsieur, nous entendons que vous nous contentiez à leur défaut pour ce que nous avons joué ici.

GORGIBUS, les battant. Oui, oui, je vais vous contenter, et voici la monnaie dont je vous veux payer. Et vous, pendardes, je ne sais qui me tient que je ne vous en fasse autant. Nous allons servir de fable et de risée à tout le monde, et voilà ce que vous vous êtes attiré par vos extravagances. Allez vous cacher, vilaines ; allez vous cacher pour jamais ! (Seul.) Et vous, qui êtes cause de leur folie, sottes billevesées, pernicieux amusements des esprits oisifs, romans, vers, chansons, sonnets et sonnettes, puissiez-vous être à tous les diables !

LES FÂCHEUX

COMÉDIE-BALLET EN TROIS ACTES (1661).

AU ROI

Sire,

J'ajoute une scène à la comédie ; et c'est une espèce de fâcheux assez insupportable, qu'un homme qui dédie un livre. Votre Majesté en sait des nouvelles plus que personne de son royaume, et ce n'est pas d'aujourd'hui qu'elle se voit en butte à la furie des épîtres dédicatoires. Mais, bien que je suive l'exemple des autres et me mette moi-même au rang de ceux que j'ai joués, j'ose dire toutefois à Votre Majesté que ce que j'en ai fait n'est pas tant pour lui présenter un livre, que pour avoir lieu de lui rendre grâce du succès de cette comédie. Je le dois, sire, ce succès, qui a passé mon attente, non-seulement à cette glorieuse approbation dont Votre Majesté honora d'abord la pièce, et qui a entraîné si hautement celle de tout le monde, mais encore à l'ordre qu'elle me donna d'y ajouter un caractère de fâcheux dont elle a eu la bonté de m'ouvrir les idées elle-même, et qui a été trouvé partout le plus beau morceau de l'ouvrage. Il faut avouer, sire, que je n'ai jamais rien fait avec tant de facilité ni si promptement, que cet endroit où Votre Majesté me commanda de travailler. J'avais une joie à lui obéir qui me valait bien mieux qu'Apollon et toutes les muses ; et je conçois par là ce que je serais capable d'exécuter pour une comédie entière, si j'étais inspiré par de pareils commandements. Ceux qui sont nés en un rang élevé, peuvent se proposer l'honneur de servir Votre Majesté dans les grands emplois ; mais, pour moi, toute la gloire où je puis aspirer, c'est de la réjouir. Je borne là l'ambition de mes souhaits ; et je crois qu'en quelque façon ce n'est pas être inutile à la France, que de contribuer en quelque chose au divertissement du roi. Quand je n'y réussirais pas, ce ne sera jamais par un défaut de zèle ni d'étude, mais seulement par un mauvais destin qui suit assez souvent les meilleures intentions, et qui sans doute, affligerait sensiblement,

Sire,

De Votre Majesté,

le très-humble, très-obéissant et très-fidèle serviteur,

Molière.

AVERTISSEMENT

Jamais entreprise au théâtre ne fut si précipitée que celle-ci, et c'est une chose, je crois, toute nouvelle, qu'une comédie ait été conçue, faite, apprise, et représentée en quinze jours. Je ne dis pas cela pour me piquer de *l'impromptu* et en prétendre de la gloire, mais seulement pour prévenir certaines gens qui pourraient trouver à redire que je n'aie pas mis ici toutes les espèces de fâcheux qui se trouvent. Je sais que le nombre en est grand et à la cour et dans la ville, et que, sans épisodes, j'eusse bien pu en composer une comédie de cinq actes bien fournis, et avoir encore de la matière de reste. Mais, dans le peu de temps qui me fut donné, il m'était impossible de faire un grand dessin, et de rêver beaucoup sur le choix de mes personnages et sur la disposition de mon sujet. Je me réduisis donc à ne toucher qu'un petit nombre d'importuns; et je prie ceux qui s'offrirent d'abord à mon esprit, et que je crus les plus propres à réjouir les augustes personnes devant qui j'avais à paraître ; et, pour lier promptement toutes ces choses ensemble, je me servis du premier nœud que je pus trouver. Ce n'est pas mon dessein d'examiner maintenant si tout cela pouvait être mieux, et si tous ceux qui s'y sont divertis ont ri selon les règles. Le temps viendra de faire imprimer mes remarques sur les pièces que j'aurai faites, et je ne désespère pas de faire voir un jour, en grand auteur, que je puis citer Aristote et Horace. En attendant cet examen, qui, peut-être, ne viendra point, je m'en remets assez aux décisions de la multitude, et je tiens aussi difficile de combattre un ouvrage que le public approuve, que d'en défendre un qu'il condamne.

Il n'y a personne qui ne sache pour quelle réjouissance la pièce fut composée, et cette fête a fait un tel éclat, qu'il n'est pas nécessaire d'en parler ; mais il ne sera pas hors de propos de dire deux paroles des ornements qu'on a mêlés avec la comédie.

Le dessein était de donner un ballet aussi, et, comme il n'y avait qu'un très-petit nombre choisi de danseurs excellents, on fut contraint de séparer les entrées de ce ballet, et l'avis fut de les jeter dans les entr'actes de la comédie, afin que ces intervalles donnassent temps aux mêmes baladins de venir sous d'autres habits ; de sorte que, pour ne point rompre aussi le fil de la pièce par ces manières d'intermèdes, on s'avisa de les coudre au sujet du mieux que l'on put, et de ne faire qu'une seule chose du ballet et de la comédie ; mais comme le temps était fort précipité, et que tout cela ne fut pas réglé entièrement par une même tête, on trouvera peut-être quelques endroits du ballet qui n'entrent pas dans la comédie aussi naturellement que d'autres. Quoi qu'il en soit, c'est un mélange qui est nouveau pour nos théâtres, et dont on pourrait chercher quelques autorités dans l'antiquité ; et comme tout le monde l'a trouvé agréable, il peut servir d'idée à d'autres choses qui pourraient être méditées avec plus de loisir.

D'abord que la toile fut levée, un des acteurs, comme vous pourriez dire moi, parut sur le théâtre en habit de ville, et, s'adressant au roi avec le visage d'un homme surpris, fit des excuses en désordre de ce qu'il se trouvait là seul, et manquait de temps et d'acteurs pour donner à Sa Majesté le divertissement qu'elle semblait attendre. En même temps, au milieu de vingt jets d'eau naturels, s'ouvrit cette coquille que tout le monde a vue ; et l'agréable naïade qui parut devant s'avança au bord du théâtre, et, d'un air héroïque, prononça les vers que M. Pélisson avait faits, et qui servent de prologue.

PROLOGUE

Le théâtre représente un jardin orné de thermes et de plusieurs jets d'eau.

UNE NAIADE, sortant des eaux dans une coquille.

Pour voir en ces beaux lieux le plus grand roi du monde,
Mortels, je viens à vous de ma grotte profonde.
Faut-il, en sa faveur, que la terre ou que l'eau
Produisent à vos yeux un spectacle nouveau ?
Qu'il parle, ou qu'il souhaite, il n'est rien d'impossible.
Lui-même n'est-il pas un miracle visible ?
Son règne, si fertile en miracles divers,
N'en demande-t-il pas à tout cet univers ?
Jeune, victorieux, sage, vaillant, auguste,
Aussi doux que sévère, aussi puissant que juste ;
Régler et ses États et ses propres désirs ;
Joindre aux nobles travaux les plus nobles plaisirs ;
En ses justes projets jamais ne se méprendre ;
Agir incessamment, tout voir et tout entendre ;
Qui peut cela peut tout : il n'a qu'à tout oser,
Et le ciel à ses vœux ne peut rien refuser.
Ces thermes marcheront, et si Louis l'ordonne,
Ces arbres parleront mieux que ceux de Dodone.
Hôtesses de leurs troncs, moindres divinités,
C'est Louis qui le veut, sortez, nymphes, sortez ;
Je vous montre l'exemple : il s'agit de lui plaire,
Quittez pour quelque temps votre forme ordinaire
Et paraissons ensemble, aux yeux des spectateurs,
Pour ce nouveau théâtre autant de vrais acteurs.

(Plusieurs dryades accompagnées de faunes et de satyres, sortent des arbres et des thermes).

Vous, soin de ses sujets, sa plus charmante étude,
Héroïque souci, royale inquiétude,
Laissez-le respirer, et souffrez qu'un moment
Son grand cœur s'abandonne au divertissement ;
Vous le verrez demain, d'une force nouvelle,
Sous le fardeau pénible où votre voix l'appelle,
Faire obéir les lois, partager les bienfaits,
Par ses propres conseils prévenir vos souhaits.
Maintenir l'univers dans une paix profonde,

Et s'ôter le repos pour le donner au monde.
Qu'aujourd'hui tout lui plaise, et semble consentir
A l'unique dessein de le bien divertir.
Fâcheux, retirez-vous; ou, s'il faut qu'il vous voie,
Que ce soit seulement pour exciter sa joie.

(La naïade emmène avec elle, pour la comédie, une partie des gens qu'elle a fait paraître pendant que le reste se met à danser au son des hautbois, qui se joignent aux violons).

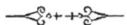

PERSONNAGES

DANS LA COMÉDIE.

DAMIS, tuteur d'Orphise.
ORPHISE.
ÉRASTE.
ALCIDOR, \
LISANDRE, \
ALCANDRE, \
ALCIPPE,   \
ORANTE,   } fâcheux.
CLIMÈNE,   /
DORANTE,   /
CARITIDÈS, /
ORMIN,   /
FILINTE, /
LA MONTAGNE, valet d'Éraste.
L'ÉPINE, valet de Damis.
LA RIVIÈRE, et deux autres valets d'Éraste.

DANS LE BALLET.

PREMIER ACTE.

Joueurs de mail.
Curieux.

SECOND ACTE.

Joueurs de boule.
Frondeurs.
Savetiers et savetières.
Un jardinier.

TROISIÈME ACTE.

Suisses.
Quatre bergers.
Une bergère.

La scène est à Paris.

ACTE PREMIER

SCÈNE I.

ÉRASTE, LA MONTAGNE.

ÉRASTE. Sous quel astre, bon Dieu ! faut-il que je sois né,
Pour être de fâcheux toujours assassiné !
Il semble que partout le sort me les adresse,
Et j'en vois chaque jour quelque nouvelle espèce.
Mais il n'est rien d'égal au fâcheux d'aujourd'hui :
J'ai cru n'être jamais débarrassé de lui ;
Et cent fois j'ai maudit cette innocente envie
Qui m'a pris, à dîner, de voir la comédie,
Où, pensant m'égayer, j'ai misérablement
Trouvé de mes péchés le rude châtiment.
Il faut que je t'en fasse un récit de l'affaire,
Car je m'en sens encor tout ému de colère.
J'étais sur le théâtre en humeur d'écouter

La pièce qu'à plusieurs j'avais ouï vanter ;
Les acteurs commençaient, chacun prêtait silence,
Lorsque, d'un air bruyant et plein d'extravagance,
Un homme à grands canons est entré brusquement,
En criant : Holà ! oh ! un siége promptement !
Et, de son grand fracas, surprenant l'assemblée,
Dans le plus bel endroit a la pièce troublée.
Eh ! mon Dieu ! nos Francais si souvent redressés,
Ne prendront-ils jamais un air de gens sensés,
Ai-je dit, et faut-il, sur nos défauts extrêmes,
Qu'en théâtre public nous nous jouïons nous-mêmes,
Et confirmions ainsi par des éclats de fous,
Ce que chez nos voisins on dit partout de nous !
Tandis que là-dessus je haussais les épaules,
Les acteurs ont voulu continuer leurs rôles :
Mais l'homme pour s'asseoir a fait nouveau fracas ;
En traversant encor le théâtre à grand pas,
Bien que dans les côtés il pût être à son aise,
Au milieu du devant il a planté sa chaise,
Et de son large dos morguant les spectateurs,
Aux trois quarts du parterre a caché les acteurs.
Un bruit s'est élevé, dont un autre eût eu honte ;
Mais lui, ferme et constant, n'en a fait aucun compte.
Et se serait tenu comme il s'était posé,
Si, pour mon infortune, il ne m'eût avisé.
Ah ! marquis, m'a-t-il dit, prenant près de moi place,
Comment te portes-tu ? Souffre que je t'embrasse.
Au visage sur l'heure un rouge m'est monté
Que l'on me vît connu d'un pareil éventé.
Je l'étais peu pourtant ; mais on en voit paraître
De ces gens qui de rien veulent fort vous connaître,
Dont il faut, au salut, les baisers essuyer,
Et qui sont familiers jusqu'à vous tutoyer.
Il m'a fait à l'abord cent questions frivoles,
Plus haut que les acteurs élevant ses paroles.
Chacun le maudissait ; et moi, pour l'arrêter,
Je serais ai-je dit, bien aise d'écouter.
Tu n'as point vu ceci, marquis ? Eh ! Dieu me damne !
Je le trouve assez drôle, et je n'y suis pas âne,
Je sais par quelles lois un ouvrage est parfait,
Et Corneille me vient lire tout ce qu'il fait.
Là-dessus de la pièce il m'a fait un sommaire.
Scène à scène averti de ce qui s'allait faire,
Et jusques à des vers qu'il en savait par cœur.

ACTE I, SCÈNE I.

Il me les récitait tout haut avant l'acteur.
J'avais beau m'en défendre, il a poussé sa chance,
Et s'est, devers la fin, levé longtemps d'avance ;
Car les gens du bel air, pour agir galamment,
Se gardent bien surtout d'ouïr le dénoûment.
Je rendais grâce au ciel, et croyais, de justice,
Qu'avec la comédie eût fini le supplice ;
Mais, comme si c'en eût été trop bon marché,
Sur nouveaux frais mon homme à moi s'est attaché,
M'a conté ses exploits, ses vertus non communes,
Parlé de ses chevaux, de ses bonnes fortunes,
Et de ce qu'à la cour il avait de faveur,
Disant qu'à m'y servir il s'offrait de grand cœur.
Je le remerciais doucement de la tête,
Minutant à tout coup quelque retraite honnête ;
Mais lui, pour le quitter me voyant ébranlé :
Sortons, ce m'a-t-il dit, le monde est écoulé.
Et sortis de ce lieu, me la donnant plus sèche :
Marquis, allons au cours, faire voir ma calèche ;
Elle est bien entendue, et plus d'un duc et pair
En fait à mon faiseur faire une du même air.
Moi de lui rendre grâce, et, pour mieux m'en défendre,
De dire que j'avais certain repas à rendre.
Ah ! parbleu, j'en veux être, étant de tes amis,
Et manque au maréchal, à qui j'avais promis.
De la chère, ai-je dit, la dose est trop peu forte
Pour oser y prier des gens de votre sorte.
Non, m'a-t-il répondu, je suis sans compliment,
Et j'y vais pour causer avec toi seulement ;
Je suis des grands repas fatigué, je te jure.
Mais si l'on vous attend, ai-je dit, c'est injure ?...
Tu te moques, marquis ; nous nous connaissons tous,
Et je trouve avec toi des passe-temps plus doux.
Je pestais contre moi, l'âme triste et confuse
Du funeste succès qu'avait eu mon excuse,
Et ne savais à quoi je devais recourir
Pour sortir d'une peine à me faire mourir.
Lorsqu'un carrosse fait de superbe manière,
Et comblé de laquais et devant et derrière,
S'est avec un grand bruit devant nous arrêté,
D'où, sautant un jeune homme amplement ajusté,
Mon importun et lui, courant à l'embrassade,
Ont surpris les passants de leur brusque incartade ;
Et, tandis que tous deux étaient précipités

Dans les convulsions de leurs civilités,
Je me suis doucement esquivé sans rien dire;
Non sans avoir longtemps gémi d'un tel martyre,
Et maudit le fâcheux dont le zèle obstiné
M'ôtait au rendez-vous qui m'est ici donné.

LA MONTAGNE. Ce sont chagrins mêlés aux plaisirs de la vie.
Tout ne va pas, monsieur, au gré de notre envie;
Le ciel veut qu'ici-bas chacun ait ses fâcheux,
Et les hommes seraient sans cela trop heureux.

ÉRASTE. Mais de tous mes fâcheux le plus fâcheux encore,
C'est Damis, le tuteur de celle que j'honore,
Qui rompt ce qu'à mes vœux elle donne d'espoir,
Et malgré ses bontés lui défend de me voir.
Je crains d'avoir déjà passé l'heure promise.

LA MONTAGNE. Monsieur, votre rabat par devant se divise.

ÉRASTE. N'importe!

LA MONTAGNE. Laissez-moi l'ajuster, s'il vous plaît.

ÉRASTE. Ouf! tu m'étrangles; fat, laisse-le comme il est.

LA MONTAGNE. Souffrez qu'on peigne un peu...

ÉRASTE. Sottise sans pareille!
Tu m'as d'un coup de dent presque emporté l'oreille.

LA MONTAGNE. Vos canons...

ÉRASTE. Laisse-les; tu prends trop de souci.

LA MONTAGNE. Ils sont tout chiffonnés.

ÉRASTE. Je veux qu'ils soient ainsi.

LA MONTAGNE. Accordez-moi du moins, par grâce singulière,
De frotter ce chapeau qu'on voit plein de poussière!

ÉRASTE. Frotte donc, puisqu'il faut que j'en passe par là.

LA MONTAGNE. Le voulez-vous porter fait comme le voilà?

ÉRASTE. Mon Dieu! dépêche-toi.

LA MONTAGNE. Ce serait conscience.

ÉRASTE, après avoir attendu.
C'est assez!

LA MONTAGNE. Donnez-vous un peu de patience!

ÉRASTE. Il me tue!

LA MONTAGNE. En quel lieu vous êtes-vous fourré?

ÉRASTE. T'es-tu de ce chapeau pour toujours emparé?

LA MONTAGNE. C'est fait.

ÉRASTE. Donne-moi donc.

LA MONTAGNE, laissant tomber son chapeau. Hai!

ÉRASTE. Le voilà par terre!
Je suis fort avancé. Que la fièvre te serre!

LA MONTAGNE. Permettez qu'en deux coups j'ôte...

ÉRASTE. Il ne me plaît pas.

Au diantre tout valet qui vous est sur les bras,
Qui fatigue son maître, et ne fait que déplaire
A force de vouloir trancher du nécessaire !

SCÈNE II.

ORPHISE, ALCIDOR, ÉRASTE, LA MONTAGNE.

(Orphise traverse le fond du théâtre; Alcidor lui donne la main.)

ÉRASTE. Mais vois-je pas Orphise? Oui, c'est elle qui vient.
Où va-t-elle si vite? et quelle humeur la tient?
(Il la salue comme elle passe; et elle, en passant, détourne la tête.)

SCÈNE III.

ÉRASTE, LA MONTAGNE.

ÉRASTE. Quoi! me voir en ces lieux devant elle paraître,
Et passer en feignant de ne me pas connaître !
Que croire? Qu'en dis-tu? Parle donc, si tu veux.
LA MONTAGNE. Monsieur, je ne dis rien, de peur d'être fâcheux.
ÉRASTE. Et c'est l'être en effet que de ne me rien dire
Dans les extrémités d'un si cruel martyre.
Fais donc quelque réponse à mon cœur abattu :
Que dois-je présumer? Parle, qu'en penses-tu?
Dis-moi ton sentiment!
LA MONTAGNE. Monsieur, je veux me taire,
Et ne désire point trancher du nécessaire.
ÉRASTE. Peste l'impertinent! Va-t'en suivre leurs pas ;
Vois ce qu'ils deviendront, et ne les quitte pas.
LA MONTAGNE, revenant sur ses pas.
Il faut suivre de loin?...
ÉRASTE. Oui.
LA MONTAGNE, revenant sur ses pas. Sans que l'on me voie,
Ou faire aucun semblant qu'après eux l'on m'envoie?
ÉRASTE. Non, tu feras bien mieux de leur donner avis
Que par mon ordre exprès ils sont de toi suivis.
LA MONTAGNE, revenant sur ses pas.
Vous trouverai-je ici?
ÉRASTE. Que le ciel te confonde,
Homme, à mon sentiment, le plus fâcheux du monde!

SCÈNE IV.

ÉRASTE.

Ah! que je sens de trouble! et qu'il m'eût été doux
Qu'on me l'eût fait manquer, ce fatal rendez-vous!

Je pensais y trouver toutes choses propices,
Et mes yeux, au contraire, y trouvent des supplices!

SCÈNE V.
LISANDRE, ÉRASTE.

LISANDRE. Sous ces arbres de loin mes yeux t'ont reconnu,
Cher marquis, et d'abord je suis à toi venu.
Comme à de mes amis, il faut que je te chante
Certain air que j'ai fait de petite courante,
Qui de toute la cour contente les experts,
Et sur qui plus de vingt ont déjà fait des vers.
J'ai le bien, la naissance, et quelque emploi passable,
Et fais figure en France assez considérable;
Mais je ne voudrais pas, pour tout ce que je suis,
N'avoir point fait cet air qu'ici je te produis. (Il prélude.)
La, la... Hem, hem! écoute avec soin, je te prie.
  (Il chante sa courante.)
N'est-elle pas belle?
ÉRASTE.   Ah!
LISANDRE.   Cette fin est jolie.
  (Il rechante la fin quatre ou cinq fois de suite.)
Comment la trouves-tu?
ÉRASTE.   Fort belle assurément.
LISANDRE. Les pas que j'en ai faits n'ont pas moins d'agrément.
Et surtout la figure a merveilleuse grâce.
  (Il chante, parle et danse tout ensemble.)
Tiens, l'homme passe ainsi, puis la femme repasse :
Que t'en semble, marquis?
ÉRASTE.   Tous ces pas-là sont fins.
LISANDRE. Je me moque, pour moi, des maîtres baladins.
ÉRASTE. On le voit.
LISANDRE.   Les pas donc?
ÉRASTE.   N'ont rien qui ne surprenne.
LISANDRE. Veux-tu par amitié que je te les apprenne?
ÉRASTE. Ma foi, pour le présent, j'ai certain embarras.
LISANDRE. Eh bien donc, ce sera lorsque tu le voudras.
Si j'avais dessus moi ces paroles nouvelles,
Nous les lirions ensemble, et verrions les plus belles.
ÉRASTE. Une autre fois.
LISANDRE.   Adieu! Baptiste le très-cher
N'a point vu ma courante, et je le vais chercher;
Nous avons pour les airs de grandes sympathies,
Et je veux le prier d'y faire des parties.
  (Il s'en va chantant toujours.)

SCÈNE VI.

ÉRASTE.

Ciel! faut-il que le rang, dont on veut tout couvrir,
De cent sots tous les jours nous oblige à souffrir,
Et nous fasse abaisser jusques aux complaisances
D'applaudir bien souvent à leurs impertinences!

SCÈNE VII.

ÉRASTE, LA MONTAGNE.

LA MONTAGNE. Monsieur, Orphise approche et vient de ce côté.
ÉRASTE. Ah! d'un courroux bien grand je me sens agité!

SCÈNE VIII.

ORPHISE, ÉRASTE, LA MONTAGNE.

ORPHISE. Votre front à mes yeux montre peu d'allégresse.
Serait-ce ma présence, Éraste, qui vous blesse?
Qu'est-ce donc? qu'avez-vous? et sur quels déplaisirs,
Lorsque vous me voyez, poussez-vous des soupirs?
ÉRASTE. Hélas! pouvez-vous bien me demander, cruelle,
Ce qui fait de mon cœur la tristesse mortelle?
Et d'un esprit méchant n'est-ce pas un effet,
Que feindre d'ignorer ce que vous m'avez fait?
Celui dont l'entretien vous a fait à ma vue
Passer...
ORPHISE, riant. C'est de cela que votre âme est émue?
Certes, il en faut rire, et confesser ici
Que vous êtes bien fou de vous troubler ainsi.
L'homme dont vous parlez, loin qu'il puisse me plaire,
Est un homme fâcheux dont j'ai su me défaire,
Un de ces importuns et sots officieux
Qui ne pourraient souffrir qu'on soit seule en des lieux,
Et viennent aussitôt, avec un doux langage,
Vous donner une main contre qui l'on enrage.
J'ai feint de m'en aller pour cacher mon dessein,
Et jusqu'à mon carrosse il m'a prêté la main.
Je m'en suis promptement défaite de la sorte,
Et j'ai, pour vous trouver, rentré par l'autre porte.
ÉRASTE. A vos discours, Orphise, ajouterai-je foi?
Et ces discours sont-ils bien sincères pour moi?
ORPHISE. Je vous trouve fort bon de tenir ces paroles,
Quand je me justifie à vos plaintes frivoles.
Je suis bien simple encore et ma sotte bonté...

ÉRASTE. Ah! ne vous fâchez pas, trop sévère beauté :
Je veux croire en aveugle, étant sous votre empire,
Tout ce que vous aurez la bonté de me dire.
ORPHISE. Quand de tels sentiments règneront dans votre âme,
Je saurai de ma part...

SCÈNE IX.
ALCANDRE, ORPHISE, ÉRASTE, LA MONTAGNE,

(A Orphise.)

ALCANDRE. Marquis, un mot. Madame,
De grâce, pardonnez si je suis indiscret
En osant devant vous lui parler en secret. (Orphise sort.)

SCÈNE X.
ALCANDRE, ÉRASTE, LA MONTAGNE.

ALCANDRE. Avec peine, marquis, je te fais la prière;
Mais un homme vient là de me rompre en visière,
Et je souhaite fort, pour ne rien reculer,
Qu'à l'heure, de ma part, tu l'ailles appeler.
Tu sais qu'en pareil cas ce serait avec joie
Que je te le rendrais en la même monnoie.
ÉRASTE, *après avoir été quelque temps sans parler.*
Je ne veux point ici faire le capitan :
Mais on m'a vu soldat avant que courtisan ;
J'ai servi quatorze ans, et je crois être en passe
De pouvoir d'un tel pas me tirer avec grâce,
Et de ne craindre point qu'à quelque lâcheté
Le refus de mon bras ne puisse être imputé.
Un duel met les gens en mauvaise posture,
Et notre roi n'est pas un monarque en peinture.
Il sait faire obéir les plus grands de l'État,
Et je trouve qu'il fait un digne potentat.
Quand il faut le servir, j'ai du cœur pour le faire ;
Mais je ne m'en sens point quand il faut lui déplaire.
Je me fais de son ordre une suprême loi :
Pour lui désobéir cherche un autre que moi.
Je te parle, vicomte, avec franchise entière,
Et suis ton serviteur en toute autre matière.
Adieu!

SCÈNE XI.
ÉRASTE, seul.

Cinquante fois au diable les fâcheux!
Où donc s'est retiré cet objet de mes vœux?

Tiens, c'est ici mon port...

LES FACHEUX. Acte II, Scène II.

BALLET DU PREMIER ACTE.

PREMIÈRE ENTRÉE.

Des joueurs de mail, en criant *gare!* obligent Éraste à se retirer.

SECONDE ENTRÉE.

Après que les joueurs de mail ont fini, Éraste revient pour attendre Orphise. Des curieux tournent autour de lui pour le connaître, et font qu'il se retire encore pour un moment.

ACTE DEUXIÈME

SCÈNE I.

ÉRASTE, seul.

Les fâcheux, à la fin, se sont-ils écartés?
Je pense qu'il en pleut ici de tous côtés.
Je les fuis, et les trouve; et, pour second martyre,
Je ne saurais trouver celle que je désire.
Le tonnerre et la pluie ont promptement passé,
Et n'ont point de ces lieux le beau monde chassé.
Plût au ciel, dans les dons que ses soins y prodiguent,
Qu'ils en eussent chassé tous les gens qui fatiguent!
Le soleil baisse fort, et je suis étonné
Que mon valet encor ne soit point retourné.

SCÈNE II.

ALCIPPE, ÉRASTE.

ALCIPPE. Bonjour!...
ÉRASTE, à part.   Eh quoi! toujours ma pensée divertie!
ALCIPPE. Console-moi, marquis, d'une étrange partie
    Qu'au piquet je perdis hier contre un Saint-Bouvain
    A qui je donnerais quinze points et la main.
    C'est un coup enragé qui depuis hier m'accable,
    Et qui ferait donner tous les joueurs au diable,
    Un coup assurément à se pendre en public.
    Il ne m'en faut que deux, l'autre a besoin d'un pic :
    Je donne, il en prend six, et demande à refaire;
    Moi, me voyant de tout, je n'en voulus rien faire.
    Je porte l'as de trèfle (admire mon malheur!)
    L'as, le roi, le valet, le huit et dix de cœur;
    Et quitte, comme au point allait la politique,

Dame et roi de carreau, dix et dame de pique;
Sur mes cinq cœurs portés, la dame arrive encor,
Qui me fait justement une quinte major.
Mais mon homme avec l'as, non sans surprise extrême,
Des bas carreaux sur table étale une sixième :
J'en avais écarté la dame avec le roi.
Mais, lui faisant un pic, je sortis hors d'effroi,
Et croyais bien du moins faire deux points uniques.
Avec les sept carreaux il avait quatre piques,
Et, jetant le dernier, m'a mis dans l'embarras
De ne savoir lequel garder de mes deux as.
J'ai jeté l'as de cœur, avec raison, me semble;
Mais il avait quitté quatre trèfles ensemble,
Et par un six de cœur je me suis vu capot,
Sans pouvoir, de dépit, proférer un seul mot.
Morbleu! fais-moi raison de ce coup effroyable :
A moins que l'avoir vu, peut-il être croyable?
ÉRASTE. C'est dans le jeu qu'on voit les plus grands coups du sort.
ALCIPPE. Parbleu! tu jugeras toi-même si j'ai tort,
Et si c'est sans raison que ce coup me transporte :
Car voici nos deux jeux qu'exprès sur moi je porte.
Tiens, c'est ici mon port, comme je te l'ai dit;
Et voici...
ÉRASTE.   J'ai compris le tout par ton récit,
Et vois de la justice au transport qui t'agite :
Mais pour certaine affaire il faut que je te quitte.
Adieu! Console-toi pourtant de ton malheur!
ALCIPPE. Qui, moi? J'aurai toujours ce coup-là sur le cœur;
Et c'est pour ma raison pis qu'un coup de tonnerre.
Je le veux faire, moi, voir à toute la terre.
(Il s'en va et rentre en disant :)
Un six de cœur! Deux points!
ÉRASTE.   En quel lieu sommes-nous?
De quelque part qu'on tourne, on ne voit que des fous.

SCÈNE III.

ÉRASTE, LA MONTAGNE.

ÉRASTE. Ah! que tu fais languir ma juste impatience!
LA MONTAGNE. Monsieur, je n'ai pu faire une autre diligence.
ÉRASTE. Mais me rapportes-tu quelque nouvelle, enfin?
LA MONTAGNE. Sans doute, et de l'objet qui fait votre destin :
J'ai par son ordre exprès quelque chose à vous dire.
ÉRASTE. Et quoi? Déjà mon âme après ce mot soupire.
Parle!

LA MONTAGNE. Souhaitez-vous de savoir ce que c'est?
ÉRASTE. Oui, dis vite.
LA MONTAGNE. Monsieur, attendez, s'il vous plaît :
Je me suis à courir presque mis hors d'haleine.
ÉRASTE. Prends-tu quelque plaisir à me tenir en peine?
LA MONTAGNE. Puisque vous désirez de savoir promptement
L'ordre que je rapporte à votre empressement,
Je vous dirai... Ma foi, sans vous vanter mon zèle,
J'ai bien fait du chemin pour arriver vers elle;
Et si...
ÉRASTE. Peste soit, fat, de tes digressions!
LA MONTAGNE. Ah! il faut triompher de ses impressions;
Et Sénèque...
ÉRASTE. Sénèque est un sot dans ta bouche,
Puisqu'il ne me dit rien de tout ce qui me touche.
Dis-moi ton ordre, tôt.
LA MONTAGNE. Pour contenter vos vœux,
Votre Orphise... Une bête est là dans vos cheveux.
ÉRASTE. Laisse.
LA MONTAGNE. Cette beauté de sa part vous fait dire...
ÉRASTE. Quoi?
LA MONTAGNE. Devinez.
ÉRASTE. Sais-tu que je ne veux pas rire?
LA MONTAGNE. Son ordre est qu'en ce lieu vous devez vous tenir,
Assuré que dans peu vous l'y verrez venir,
Lorsqu'elle aura quitté quelques provinciales,
Aux personnes de cœur fâcheuses animales.
ÉRASTE. Tenons-nous donc au lieu qu'elle a voulu choisir.
Mais, puisque l'ordre ici m'offre quelque loisir,
Laisse-moi méditer. (La Montagne sort.)
J'ai dessein de lui faire
Quelques vers sur un air où je la vois se plaire.
(Il rêve.)

SCÈNE IV.

ORANTE, CLIMÈNE, ÉRASTE, dans un coin du théâtre, sans être aperçu.

ORANTE. Tout le monde sera de mon opinion.
CLIMÈNE. Croyez-vous l'emporter par obstination?
ORANTE. Je pense mes raisons meilleures que les vôtres.
CLIMÈNE. Je voudrais qu'on ouït les unes et les autres.
ORANTE, apercevant Éraste.
J'avise un homme ici qui n'est pas ignorant;
Il pourra nous juger sur notre différend.
ÉRASTE. C'est une question à vider difficile;

Et vous devez chercher un juge plus habile.
ORANTE. Non, vous nous dites là d'inutiles chansons.
Votre esprit fait du bruit, et nous vous connaissons.
Nous savons que chacun vous donne à juste titre...
ÉRASTE. Eh! de grâce...
ORANTE. En un mot, vous serez notre arbitre;
Et ce sont deux moments qu'il vous faut nous donner.
CLIMÈNE, à Orante. Vous retenez ici qui doit vous condamner :
Car enfin, s'il est vrai ce que j'en ose croire,
Monsieur à mes raisons donnera la victoire.
ÉRASTE, à part. Que ne puis-je à mon traître inspirer le souci
D'inventer quelque chose à me tirer d'ici !
ORANTE, à Climène.
Pour moi, de son esprit j'ai trop bon témoignage
Pour craindre qu'il prononce à mon désavantage.
(A Éraste.) Enfin, ce grand débat qui s'allume entre nous,
Est de savoir s'il faut qu'un mari soit jaloux.
CLIMÈNE. Ou, pour mieux expliquer ma pensée et la vôtre,
Lequel doit plaire plus d'un jaloux ou d'un autre.
ORANTE. Pour moi, sans contredit, je suis pour le dernier.
CLIMÈNE. Et dans mon sentiment je tiens pour le premier.
ORANTE. Oui; mais on voit l'ardeur dont une âme est saisie
Bien mieux dans les respects que dans la jalousie.
CLIMÈNE. Et c'est mon sentiment que qui s'attache à nous
Nous aime d'autant plus qu'il se montre jaloux.
(Orphise paraît dans le fond du théâtre, et voit Éraste entre Orante et Climène.)
ÉRASTE. Puisqu'à moins d'un arrêt je ne puis m'en défaire,
Toutes deux à la fois je vous veux satisfaire;
Et, pour ne point blâmer ce qui plaît à vos yeux,
Le jaloux aime plus, et l'autre aime bien mieux.
CLIMÈNE. L'arrêt est plein d'esprit; mais...
ÉRASTE. Suffit. J'en suis quitte.
Après ce que j'ai dit, souffrez que je vous quitte.

SCÈNE V.

ORPHISE, ÉRASTE.

ÉRASTE, apercevant Orphise et allant au-devant d'elle.
Que vous tardez, madame! et que j'éprouve bien...
ORPHISE. Non, non, ne quittez pas un si doux entretien.
A tort vous m'accusez d'être trop tard venue;
(Montrant Orante et Climène qui viennent de sortir.)
Et vous avez de quoi vous passer de ma vue.
ÉRASTE. Sans sujet contre moi voulez-vous vous aigrir?
Et me reprochez-vous ce qu'on me fait souffrir?

Ah! de grâce, attendez.
ORPHISE.   Laissez-moi, je vous prie,
Et courez vous rejoindre à votre compagnie.

SCÈNE VI.

ÉRASTE.

Ciel! faut-il qu'aujourd'hui fâcheuses et fâcheux
Conspirent à troubler le repos de mes vœux?
Mais allons sur ses pas malgré sa résistance,
Et faisons à ses yeux briller notre innocence.

SCÈNE VII.

DORANTE, ÉRASTE.

DORANTE. Ah! marquis, que l'on voit de fâcheux tous les jours
   Venir de nos plaisirs interrompre le cours!
   Tu me vois enragé d'une assez belle chasse
   Qu'un fat... C'est un récit qu'il faut que je te fasse.
ÉRASTE. Je cherche ici quelqu'un et ne puis m'arrêter.
DORANTE. Parbleu! chemin faisant, je te le veux conter.
   Nous étions une troupe assez bien assortie,
   Qui pour courir un cerf avions hier fait partie;
   Et nous fûmes coucher sur le pays exprès,
   C'est-à-dire, mon cher, en fin fond de forêts.
   Comme cet exercice est mon plaisir suprême,
   Je voulus, pour bien faire, aller au bois moi-même,
   Et nous conclûmes tous d'attacher nos efforts
   Sur un cerf que chacun nous disait cerf dix-cors;
   Mais moi, mon jugement, sans qu'aux marques j'arrête,
   Fut qu'il n'était que cerf à sa seconde tête.
   Nous avions comme il faut séparé nos relais,
   Et déjeunions en hâte avec quelques œufs frais,
   Lorsqu'un franc campagnard avec longue rapière,
   Montant superbement sa jument poulinière,
   Qu'il honorait du nom de sa bonne jument,
   S'en est venu nous faire un mauvais compliment,
   Nous présentant ainsi, pour surcroît de colère,
   Un grand benêt de fils aussi sot que son père.
   Il s'est dit grand chasseur, et nous a priés tous
   Qu'il pût avoir le bien de courir avec nous.
   Dieu préserve, en chassant toute sage personne
   D'un porteur de huchet qui mal à propos sonne;
   De ces gens qui, suivis de dix hourets galeux,
   Disent : Ma meute, et font les chasseurs merveilleux!

Sa demande reçue et ses vertus prisées,
Nous avons tous été frapper à nos brisées.
A trois longueurs de traits, tayaut! voilà d'abord
Le cerf donné aux chiens. J'appuie, et sonne fort.
Mon cerf débuche, et passe une assez longue plaine;
Et mes chiens après lui, mais si bien en haleine,
Qu'on les aurait couverts tous d'un seul justaucorps.
Il vient à la forêt. Nous lui donnons alors
La vieille meute; et moi, je prends en diligence
Mon cheval alezan. Tu l'as vu?

ÉRASTE. Non, je pense.

DORANTE. Comment! c'est un cheval aussi bon qu'il est beau,
Et que ces jours passés j'achetai de Gaveau [1].
Je te laisse à penser si, sur cette matière,
Il voudrait me tromper, lui qui me considère.
Aussi je m'en contente, et jamais, en effet,
Il n'a vendu cheval ni meilleur ni mieux fait.
Une tête de barbe, avec l'étoile nette;
L'encolure d'un cygne, effilée et bien droite;
Point d'épaules non plus qu'un lièvre; court-jointé,
Et qui fait dans son port voir sa vivacité;
Des pieds, morbleu, des pieds! le rein double : à vrai dire,
J'ai trouvé le moyen moi seul de le réduire;
Et sur lui, quoiqu'aux yeux il montrât beau semblant,
Petit-Jean de Gaveau ne montait qu'en tremblant.
Une croupe en largeur à nulle autre pareille,
Et des gigots, Dieu sait! Bref, c'est une merveille;
Et j'en ai refusé cent pistoles, crois-moi,
Au retour d'un cheval amené pour le roi.
Je monte donc dessus, et ma joie était pleine
De voir filer de loin les coupeurs dans la plaine;
Je pousse, et je me trouve en un fort à l'écart,
A la queue de nos chiens, moi seul avec Drécart [2] :
Une heure là-dedans notre chien se fait battre.
J'appuie alors mes chiens, et fais le diable à quatre;
Enfin, jamais chasseur ne se vit plus joyeux.
Je le relance seul; et tout allait des mieux,
Lorsque d'un jeune cerf s'accompagne le nôtre :
Une part de nos chiens se sépare de l'autre,
Et je les vois, marquis, comme tu peux penser,
Chasser tous avec crainte, et Finaut balancer;
Il se rabat soudain, dont j'eus l'âme ravie;

[1] Fameux marchand de chevaux.
[2] Fameux piqueur.

Il empaume la voie; et moi, je sonne et crie :
A Finaut! à Finaut! J'en revois à plaisir
Sur une taupinière et résonne à loisir.
Quelques chiens revenaient à moi, quand, pour disgrâce,
Le jeune cerf, marquis, à mon campagnard passe.
Mon étourdi se met à sonner comme il faut,
Et crie à pleine voix : Tayaut! tayaut! tayaut!
Mes chiens me quittent tous, et vont à ma pécore :
J'y pousse, et j'en revois dans le chemin encore;
Mais à terre, mon cher, je n'eus pas jeté l'œil,
Que je connus le change, et sentis un grand deuil.
J'ai beau lui faire voir toutes les différences
Des pinces de mon cerf et de ses connaissances,
Il me soutient toujours, en chasseur ignorant,
Que c'est le cerf de meute ; et par ce différend
Il donne temps aux chiens d'aller loin. J'en enrage ;
Et pestant de bon cœur contre le personnage,
Je pousse mon cheval et par haut et par bas,
Qui pliait des gaulis aussi gros que le bras ;
Je ramène les chiens à ma première voie.
Qui vont, en me donnant une excessive joie,
Requérir notre cerf comme s'ils l'eussent vu.
Ils le relancent; mais ce coup est-il prévu ?
A te dire le vrai, cher marquis, il m'assomme :
Notre cerf relancé va passer à notre homme,
Qui, croyant faire un coup de chasseur fort vanté,
D'un pistolet d'arçon qu'il avait apporté,
Lui donne justement au milieu de la tête.
Et de fort loin me crie : Ah! j'ai mis bas la bête.
A-t-on jamais parlé de pistolet, bon Dieu !
Pour courre un cerf ? Pour moi, venu dessus le lieu,
J'ai trouvé l'action tellement hors d'usage,
Que j'ai donné des deux à mon cheval, de rage,
Et m'en suis revenu chez moi toujours courant,
Sans vouloir dire un mot à ce sot ignorant.

ÉRASTE. Tu ne pouvais mieux faire, et ta prudence est rare :
C'est ainsi des fâcheux qu'il faut qu'on se sépare.
Adieu !

DORANTE. Quand tu voudras, nous irons quelque part
Où nous ne craindrons point de chasseur campagnard.

ÉRASTE. Fort bien. (Seul.) Je crois qu'enfin, je perdrais patience,
Cherchons à m'excuser avecque diligence.

BALLET DU DEUXIÈME ACTE.

PREMIÈRE ENTRÉE.
Des joueurs de boule arrêtent Éraste pour mesurer un coup sur lequel ils sont en dispute. Il se défait d'eux avec peine, et leur laisse danser un pas composé de toutes les postures qui sont ordinaires à ce jeu.

DEUXIÈME ENTRÉE.
Des petits frondeurs le viennent interrompre, qui sont chassés ensuite.

TROISIÈME ENTRÉE.
Des savetiers et des savetières, leurs pères, et autres, sont aussi chassés à leur tour.

QUATRIÈME ENTRÉE.
Un jardinier danse seul, et se retire pour faire place au troisième acte.

ACTE TROISIÈME

SCÈNE I.
ÉRASTE, LA MONTAGNE.

ÉRASTE. Il est vrai, d'un côté mes soins ont réussi ;
  Cet adorable objet enfin s'est adouci.
  Mais d'un autre on m'accable, et les astres sévères
  Ont contre mes désirs redoublé leurs colères.
  Oui, Damis son tuteur, mon plus rude fâcheux,
  Tout de nouveau s'oppose au plus doux de mes vœux,
  A son aimable nièce a défendu ma vue,
  Et veut d'un autre époux la voir demain pourvue.
  Orphise toutefois daigne accorder ce soir,
  Malgré son désaveu, que je puisse la voir.
LA MONTAGNE. Suivrai-je vos pas ?
ÉRASTE.   Non, je craindrais que peut-être
  A quelques yeux suspects tu me fisses connaître.
LA MONTAGNE. Mais...
ÉRASTE.   Je ne le veux pas.
LA MONTAGNE.   Je dois suivre vos lois ;
  Mais au moins si de loin...
ÉRASTE.   Te tairas-tu, vingt fois ?
  Et ne veux-tu jamais quitter cette méthode
  De te rendre à toute heure un valet incommode ?

SCÈNE II.

CARITIDÈS, ÉRASTE.

CARITIDÈS. Monsieur, le temps répugne à l'honneur de vous voir ;
Le matin est plus propre à rendre un tel devoir ;
Mais de vous rencontrer il n'est pas bien facile,
Car vous dormez toujours ou vous êtes en ville ;
Au moins messieurs vos gens me l'assurent ainsi,
Et j'ai, pour vous trouver, pris l'heure que voici.
Encore est-ce un grand heur dont le destin m'honore ;
Car, deux moments plus tard, je vous manquais encore.
ÉRASTE. Monsieur, souhaitez-vous quelque chose de moi ?
CARITIDÈS. Je m'acquitte, monsieur, de ce que je vous dois,
Si... Et vous viens... Excusez l'audace qui m'inspire,
ÉRASTE. Sans tant de façons, qu'avez-vous à me dire ?
CARITIDÈS. Comme le rang, l'esprit, la générosité
Que chacun vante en vous...
ÉRASTE.   Oui je suis fort vanté.
Passons, monsieur.
CARITIDÈS.   Monsieur c'est une peine extrême
Lorsqu'il faut à quelqu'un se produire soi-même ;
Et toujours près des grands on doit être introduit
Par des gens qui de nous fassent un peu de bruit,
Dont la bouche écoutée avecque poids débite
Ce qui peut faire voir notre petit mérite.
Pour moi, j'aurais voulu que des gens bien instruits
Vous eussent pu, monsieur, dire ce que je suis.
ÉRASTE. Je vois assez, monsieur, ce que vous pouvez être,
Et votre seul abord le peut faire connaître.
CARITIDÈS. Oui, je suis un savant charmé de vos vertus ;
Non pas de ces savants dont le nom n'est qu'en *us* ;
Il n'est rien si commun qu'un nom à la latine ;
Ceux qu'on habille en grec ont bien meilleure mine ;
Et, pour en avoir un qui se termine en *ès*,
Je me fais appeler monsieur Caritidès.
ÉRASTE. Monsieur Caritidès, soit ! Qu'avez-vous à dire ?
CARITIDÈS. C'est un placet, monsieur, que je voudrais vous lire,
Et que, dans la posture où vous met votre emploi,
J'ose vous conjurer de présenter au roi.
ÉRASTE. Eh ! monsieur, vous pouvez le présenter vous-même.
CARITIDÈS. Il est vrai que le roi fait cette grâce extrême ;
Mais, par ce même excès de ses rares bontés,
Tant de méchants placets, monsieur, sont présentés,

Qu'ils étouffent les bons ; et l'espoir où je fonde
Est qu'on donne le mien quand le prince est sans monde.
ÉRASTE. Eh bien, vous le pouvez, et prendre votre temps.
CARITIDÈS. Ah ! monsieur, les huissiers sont de terribles gens !
Ils traitent les savants de faquins à nasardes,
Et je n'en puis venir qu'à la salle de gardes.
Les mauvais traitements qu'il me faut endurer
Pour jamais de la cour me feraient retirer,
Si je n'avais conçu l'espérance certaine
Qu'auprès de notre roi vous serez mon Mécène ;
Oui, votre crédit m'est un moyen assuré...
ÉRASTE. Eh bien, donnez-moi donc, je le présenterai.
CARITIDÈS. Le voici ; mais au moins oyez-en la lecture.
ÉRASTE. Non.
CARITIDÈS. C'est pour être instruit ; monsieur, je vous conjure.

PLACET AU ROI

Sire,

« Votre très-humble, très-obéissant, très-fidèle et très-savant sujet et serviteur Caritidès, Français de nation, Grec de profession, ayant considéré les grands et notables abus qui se commettent aux inscriptions des enseignes des maisons, boutiques, cabarets, jeux de boules et autres lieux de votre bonne ville de Paris, en ce que certains ignorants, compositeurs desdites inscriptions, renversent, par une barbare, pernicieuse et détestable orthographe, toute sorte de sens et de raison, sans aucun égard d'étymologie, analogie, énergie, ni allégorie quelconque, au grand scandale de la république des lettres et de la nation française, qui se décrie et se déshonore par lesdits abus et fautes grossières envers les étrangers, notamment envers les Allemands, curieux lecteurs et spectateurs desdites inscriptions.

ÉRASTE. Ce placet est fort long et pourrait bien fâcher.
CAIRTIDÈS. Ah ! monsieur, pas un mot ne s'en peut retrancher.
(Il continue.) « Supplie humblement Votre Majesté de créer, pour le bien de son État et la gloire de son empire, une charge de contrôleur, intendant, correcteur, reviseur et restaurateur général desdites incriptions, et d'icelle honorer le suppliant, tant en considération de son rare et éminent savoir, que des grands et signalés services qu'il a rendus à l'État et à Votre Majesté, en faisant l'anagramme de Votre dite Majesté, en français, latin, grec, hébreu, syriaque, chaldéen, arabe...
ÉRASTE, l'interrompant.

Fort bien. Donnez-le vite, et faites la retraite.

Il sera vu du roi ; c'est une affaire faite.
CARITIDÈS. Hélas ! monsieur, c'est tout que montrer mon placet.
Si le roi le peut voir, je suis sûr de mon fait ;
Car, comme sa justice en toute chose est grande,
Il ne pourra jamais refuser ma demande.
Au reste, pour porter au ciel votre renom,
Donnez-moi par écrit votre nom et surnom ;
J'en veux faire un poëme à force d'acrostiche
Dans les deux bouts du vers et dans chaque hémistiche.
ÉRASTE. Oui, vous l'aurez demain, monsieur Caritidès.
(Seul.) Ma foi, de tels savants sont des ânes bien faits.
J'aurais dans d'autres temps bien ri de sa sottise.

SCÈNE III.
ORMIN, ÉRASTE.

ORMIN. Bien qu'une grande affaire en ce lieu me conduise,
J'ai voulu qu'il sortît avant de vous parler.
ÉRASTE. Fort bien ; mais dépêchons, car je veux m'en aller.
ORMIN. Je me doute à peu près que l'homme qui vous quitte
Vous a fort ennuyé, monsieur, par sa visite.
C'est un vieux importun qui n'a pas l'esprit sain,
Et pour qui j'ai toujours quelque défaite en main.
Au Mail, au Luxembourg, et dans les Tuileries,
Il fatigue le monde avec ses rêveries ;
Et des gens comme vous doivent fuir l'entretien
De tous ces savants qui ne sont bons à rien.
Pour moi, je ne crains pas que je vous importune,
Puisque je viens, monsieur, faire votre fortune.
ÉRASTE, bas, à part.
Voici quelque souffleur, de ces gens qui n'ont rien,
Et vous viennent toujours promettre tant de bien.
(Haut.) Vous avez fait, monsieur, cette bénite pierre
Qui peut seule enrichir tous les rois de la terre ?
ORMIN. La plaisante pensée, hélas ! où vous voilà !
Dieu me garde, monsieur, d'être de ces fous-là !
Je ne me repais point de visions frivoles,
Et je vous porte ici les solides paroles
D'un avis que par vous je veux donner au roi,
Et que tout cacheté je conserve sur moi.
Non de ces sots projets, de ces chimères vaines
Dont les surintendants ont les oreilles pleines ;
Non de ces gueux d'avis dont les prétentions
Ne parlent que de vingt ou trente millions ;
Mais un qui, tous les ans, à si peu qu'on le monte,

En peut donner au roi quatre cents de bon compte,
Avec facilité, sans risque ni soupçon,
Et sans fouler le peuple en aucune façon ;
Enfin, c'est un avis d'un gain inconcevable,
Et que du premier mot on trouvera faisable.
Oui, pourvu que par vous je puisse être poussé...
ÉRASTE. Soit, nous en parlerons : je suis un peu pressé.
ORMIN. Si vous me promettiez de garder le silence,
Je vous découvrirais cet avis d'importance.
ÉRASTE. Non, non, je ne veux point savoir votre secret.
ORMIN. Monsieur, pour le trahir je vous crois trop discret,
Et veux avec franchise en deux mots vous l'apprendre.
Il faut voir si quelqu'un ne peut point nous entendre.
(Après avoir regardé si personne ne l'écoute, il s'approche de l'oreille d'Éraste.)
Cet avis merveilleux dont je suis l'inventeur
Est que...
ÉRASTE. D'un peu plus loin, et pour cause, monsieur.
ORMIN. Vous voyez le grand gain, sans qu'il faille le dire,
Que de ses ports de mer le roi tous les ans tire ;
Or l'avis, dont encore nul ne s'est avisé,
Est qu'il faut de la France, et c'est un coup aisé,
En fameux ports de mer mettre toutes les côtes.
Ce serait pour monter à des sommes très-hautes,
Et si...
ÉRASTE. L'avis est bon et plaira fort au roi.
Adieu ! Nous nous verrons.
ORMIN. Au moins, appuyez-moi.
Pour en avoir ouvert les premières paroles.
ÉRASTE. Oui, oui.
ORMIN. Si vous vouliez me prêter deux pistoles,
Que vous reprendriez sur le droit de l'avis,
Monsieur...
ÉRASTE. (Il donne deux louis à Ormin.) (Seul.)
Oui, volontiers. Plût à Dieu qu'à ce prix.
De tous les importuns je pusse me voir quitte !
Voyez quel contre-temps prend ici leur visite !
Je pense qu'à la fin je pourrai bien sortir.
Viendra-t-il point quelqu'un encor me divertir ?

SCÈNE IV.

FILINTE, ÉRASTE.

FILINTE. Marquis, je viens d'apprendre une étrange nouvelle.
ÉRASTE. Quoi ?

FILINTE.   Qu'un homme tantôt t'a fait une querelle.
ÉRASTE. A moi?
FILINTE.   Que te sert-il de le dissimuler?
 Je sais de bonne part qu'on t'a fait appeler ;
 Et, comme ton ami, quoi qu'il en réussisse.
 Je te viens contre tous faire offre de service.
ÉRASTE. Je te suis obligé, mais crois que tu me fais...
FILINTE. Tu ne l'avoueras pas, mais tu sors sans valets.
 Demeure dans la ville, ou gagne la campagne,
 Tu n'iras nulle part que je ne t'accompagne.
ÉRASTE, à part. Ah ! j'enrage !
FILINTE.   A quoi bon de te cacher de moi?
ÉRASTE. Je te jure, marquis, qu'on s'est moqué de toi.
FILINTE. En vain tu t'en défends.
ÉRASTE.   Que le ciel me foudroie,
 Si d'aucun démêlé...
FILINTE.   Tu penses qu'on te croie?
ÉRASTE. Eh ! mon Dieu ! je te dis et ne déguise point
 Que...
FILINTE.   Ne me crois pas dupe et crédule à ce point.
ÉRASTE. Veux-tu m'obliger?
FILINTE.   Non.
ÉRASTE.   Laisse-moi, je te prie.
FILINTE. Point d'affaire, marquis.
ÉRASTE.   Une galanterie,
 En certain lieu, ce soir...
FILINTE.   Je ne te quitte pas ;
 En quel lieu que ce soit je veux suivre tes pas.
ÉRASTE. Parbleu ! puisque tu veux que j'aie une querelle,
 Je consens à l'avoir pour contenter ton zèle ;
 Ce sera contre toi, qui me fais enrager,
 Et dont je ne me puis par douceur dégager.
FILINTE. C'est fort mal d'un ami recevoir le service.
 Mais puisque je vous rends un si mauvais office,
 Adieu ! Videz sans moi tout ce que vous aurez.
ÉRASTE. Vous serez mon ami quand vous me quitterez.
 (Seul.) Mais voyez quels malheurs suivent ma destinée !
 Ils m'auront fait passer l'heure qu'on m'a donnée.

SCÈNE V.

DAMIS, L'ÉPINE, ÉRASTE, LA RIVIÈRE ET SES COMPAGNONS.

DAMIS, à part. Quoi ! malgré moi le traître espère l'obtenir !
 Ah ! mon juste courroux le saura prévenir.

ÉRASTE, à part. J'entrevois là quelqu'un sur la porte d'Orphise.
Quoi ! toujours quelque obstacle aux vœux qu'elle autorise !
DAMIS, à l'Épine. Oui, j'ai su que ma nièce, en dépit de mes soins,
Doit voir ce soir chez elle Éraste sans témoins.
LA RIVIÈRE, à ses compagnons.
Qu'entends-je à ces gens-là dire de notre maître ?
Approchons doucement sans nous faire connaître.
DAMIS, à l'Épine. Mais avant qu'il ait lieu d'achever son dessein,
Il faut de mille coups percer son traître sein,
Va-t'en faire venir ceux que je viens de dire,
Pour les mettre en embûche aux lieux que je désire,
Afin qu'au nom d'Éraste on soit prêt à venger
Mon honneur que ses vœux ont l'orgueil d'outrager,
A rompre un rendez-vous qui dans ces lieux l'appelle,
Et noyer dans son sang son ardeur criminelle.
LA RIVIÈRE, attaquant Damis avec ses compagnons.
Avant qu'à tes fureurs on le puisse immoler,
Traître, tu trouveras en nous à qui parler. [presse
ÉRASTE. Bien qu'il m'ait voulu perdre, un point d'honneur me
De secourir ici l'oncle de ma maîtresse.
(A Damis.) Je suis à vous, monsieur.
(Il met l'épée à la main contre La Rivière et ses compagnons, qu'il met en fuite.)
DAMIS.   O ciel ! par quel secours
D'un trépas assuré vois-je sauver mes jours ?
A qui suis-je obligé d'un si rare service ?
ÉRASTE, revenant. Je n'ai fait, vous servant, qu'un acte de justice.
DAMIS. Ciel ! puis-je à mon oreille ajouter quelque foi ?
Est-ce la main d'Éraste ?...
ÉRASTE.   Oui, oui, monsieur, c'est moi.
Trop heureux que ma main vous ait tiré de peine,
Trop malheureux d'avoir mérité votre haine.
DAMIS. Quoi ! celui dont j'avais résolu le trépas
Est celui qui pour moi vient d'employer son bras !
Ah ! c'en est trop ; mon cœur est contraint de se rendre ;
Et, quoique vos désirs ce soir aient pu prétendre,
Ce trait si surprenant de générosité
Doit étouffer en moi toute animosité.
Je rougis de ma faute et blâme mon caprice.
Ma haine trop longtemps vous a fait injustice ;
Et, pour la condamner par un éclat fameux,
Je vous joins dès ce soir à l'objet de vos vœux.

SCÈNE VI.

ORPHISE, DAMIS, ÉRASTE.

ORPHISE, *sortant de chez elle avec un flambeau.*
Monsieur, quelle aventure a d'un trouble effroyable...
DAMIS. Ma nièce, elle n'a rien que de très-agréable,
Puisqu'après tant de vœux que j'ai blâmés en vous,
C'est elle qui vous donne Éraste pour époux.
Son bras a repoussé le trépas que j'évite,
Et je veux envers lui que votre main m'acquitte.
ORPHISE. Si c'est pour lui payer ce que vous lui devez,
J'y consens, devant tout aux jours qu'il a sauvés.
ÉRASTE. Mon cœur est si surpris d'une telle merveille,
Qu'en ce ravissement je doute si je veille.
DAMIS. Célébrons l'heureux sort dont vous allez jouir,
Et que nos violons viennent nous réjouir.
(On frappe à la porte de Damis.)
ÉRASTE. Qui frappe là si fort?

SCÈNE VII.

DAMIS, ORPHISE, ÉRASTE, L'ÉPINE.

L'ÉPINE. Monsieur, ce sont des masques
Qui portent des crincrins et des tambours de basques.
(Les masques entrent, qui occupent toute la place.)
ÉRASTE. Quoi! toujours des fâcheux! Holà! suisses, ici:
Qu'on me fasse sortir ces gredins que voici.

BALLET DU TROISIÈME ACTE.

PREMIÈRE ENTRÉE.
Des suisses avec des hallebardes chassent tous les masques fâcheux, et se retirent ensuite pour laisser danser.

SECONDE ENTRÉE.
Quatre bergers et une bergère ferment le divertissement.

L'IMPROMPTU DE VERSAILLES

COMÉDIE EN UN ACTE (1663)

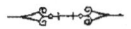

PERSONNAGES :

MOLIÈRE, marquis ridicule.
BRÉCOURT, homme de qualité.
LA GRANGE, marquis ridicule.
DU CROISY, poëte.
LA THORILLIÈRE, marquis fâcheux.
BÉJART, homme qui fait le nécessaire.
Mlle DU PARC, marquise façonnière.
Mlle BÉJART, prude.
Mlle DE BRIE, sage coquette.
Mlle MOLIÈRE, satirique spirituelle.
Mlle DU CROISY, peste doucereuse.
Mlle HERVÉ, servante précieuse.
QUATRE NÉCESSAIRES.

La scène est à Versailles, dans l'antichambre du roi.

SCÈNE I.

MOLIÈRE, BRÉCOURT, LA GRANGE, DU CROISY, Mlles DU PARC, BÉJART, DE BRIE, MOLIÈRE, DU CROISY, HERVÉ.

MOLIÈRE, seul, parlant à ses camarades qui sont derrière le théâtre. Allons donc, messieurs et mesdames; vous moquez-vous, avec votre longueur, et ne voulez-vous pas tous venir ici? La peste soit des gens! Holà, ho! monsieur de Brécourt!

BRÉCOURT, derrière le théâtre. Quoi?

MOLIÈRE. Monsieur de La Grange!

LA GRANGE, derrière le théâtre. Qu'est-ce?

MOLIÈRE. Monsieur du Croisy!

DU CROISY, derrière le théâtre. Plaît-il?

MOLIÈRE. Mademoiselle du Parc!

Mlle DU PARC, derrière le théâtre. Eh bien?

MOLIÈRE. Mademoiselle Béjart!

Mlle BÉJART, derrière le théâtre. Qu'y a-t-il?

MOLIÈRE. Mademoiselle de Brie!

Mlle DE BRIE, derrière le théâtre. Que me veut-on?

MOLIÈRE. Mademoiselle du Croisy!

Mlle DU CROISY, derrière le théâtre. Qu'est-ce que c'est?

MOLIÈRE. Mademoiselle Hervé!

Mlle HERVÉ, derrière le théâtre. On y va.

MOLIÈRE. Je crois que je deviendrai fou avec tous ces gens-ci. Hé! (Brécourt, La Grange, du Croisy entrent.) têtebleue! messieurs, me voulez-vous faire enrager aujourd'hui?

Eh bien! nous voilà.

L'IMPROMPTU DE VERSAILLES. Scène I.

BRÉCOURT. Que voulez-vous qu'on fasse? Nous ne savons pas nos rôles; et c'est nous faire enrager vous-même que de nous obliger à jouer de la sorte.

MOLIÈRE. Ah! les étranges animaux à conduire que des comédiens! (Mesdemoiselles Béjart, du Parc, de Brie, Molière, du Croisy et Hervé arrivent.)

Mlle BÉJART. Eh bien, nous voilà! Que prétendez-vous faire?

Mlle DU PARC. Quelle est votre pensée?

Mlle DE BRIE. De quoi est-il question?

MOLIÈRE. De grâce, mettons-nous ici; et puisque nous voilà tous habillés, et que le roi ne doit venir de deux heures, employons ce temps à répéter notre affaire, et voir la manière dont il faut jouer les choses.

LA GRANGE. Le moyen de jouer ce qu'on ne sait pas!

Mlle DU PARC. Pour moi, je vous déclare que je ne me souviens pas d'un mot de mon personnage.

Mlle DE BRIE. Je sais bien qu'il me faudra souffler le mien d'un bout à l'autre.

Mlle BÉJART. Et moi, je me prépare fort à tenir mon rôle à la main.

Mlle MOLIÈRE. Et moi aussi.

Mlle HERVÉ. Pour moi, je n'ai pas grand'chose à dire.

Mlle DU CROISY. Ni moi non plus; mais, avec tout cela, je ne répondrais pas de ne point manquer.

DU CROISY. J'en voudrais être quitte pour dix pistoles.

BRÉCOURT. Et moi, pour vingt bons coups de fouet, je vous assure.

MOLIÈRE. Vous voilà tous bien malades, d'avoir un méchant rôle à jouer! Et que feriez-vous donc si vous étiez à ma place.

Mlle BÉJART. Qui? vous? Vous n'êtes pas à plaindre; car, ayant fait la pièce, vous n'avez pas peur d'y manquer.

MOLIÈRE. Et n'ai-je à craindre que le manquement de mémoire? Ne comptez-vous pour rien l'inquiétude d'un succès qui ne regarde que moi seul? Et pensez-vous que ce soit une petite affaire que d'exposer quelque chose de comique devant une assemblée comme celle-ci, que d'entreprendre de faire rire des personnes qui nous impriment le respect, et ne rient que quand elles veulent? Est-il auteur qui ne doive trembler lorsqu'il en vient à cette épreuve? Et n'est-ce pas à moi de dire que je voudrais en être quitte pour toutes les choses du monde?

Mlle BÉJART. Si cela vous faisait trembler, vous prendriez mieux vos précautions, et n'auriez pas entrepris en huit jours ce que vous avez fait.

MOLIÈRE. Le moyen de m'en défendre quand un roi me l'a commandé ?

Mlle BÉJART. Le moyen ? une respectueuse excuse, fondée sur l'impossibilité de la chose dans le peu de temps qu'on vous donne ; et tout autre en votre place ménagerait mieux sa réputation, et se serait bien gardé de se commettre comme vous faites. Où en serez-vous, je vous prie, si l'affaire réussit mal ? et quel avantage pensez-vous qu'en prendront tous vos ennemis ?

Mlle DE BRIE. En effet, il fallait s'excuser avec respect envers le roi, ou demander du temps davantage.

MOLIÈRE. Mon Dieu ! mademoiselle, les rois n'aiment rien tant qu'une prompte obéissance, et ne se plaisent point du tout à trouver des obstacles. Les choses ne sont bonnes que dans le temps qu'ils les souhaitent ; et leur en vouloir reculer le divertissement est en ôter pour eux toute la grâce. Ils veulent des plaisirs qui ne se fassent point attendre, et les moins préparés leur sont toujours les plus agréables. Nous ne devons jamais nous regarder dans ce qu'ils désirent de nous, nous ne sommes que pour leur plaire ; et lorsqu'ils nous ordonnent quelque chose, c'est à nous à profiter vite de l'envie où ils sont. Il vaut mieux s'acquitter mal de ce qu'ils nous demandent, que de ne s'en acquitter pas assez tôt ; et si l'on a la honte de n'avoir pas bien réussi, on a toujours la gloire d'avoir obéi vite à leurs commandements. Mais songeons à répéter, s'il vous plaît.

Mlle BÉJART. Comment prétendez-vous que nous fassions, si nous ne savons pas nos rôles ?

MOLIÈRE. Vous les saurez, vous dis-je ; et quand même vous ne les sauriez pas tout à fait, pouvez vous pas y suppléer de votre esprit, puisque c'est de la prose, et que vous savez votre sujet.

Mlle BÉJART. Je suis votre servante : la prose est pis encore que les vers.

Mlle MOLIÈRE. Voulez-vous que je vous dise ? vous deviez faire une comédie où vous auriez joué tout seul.

MOLIÈRE. Taisez-vous, ma femme, vous êtes une bête !

Mlle MOLIÈRE. Grand merci, monsieur mon mari. Voilà ce que c'est ! Le mariage change bien les gens ; et vous ne m'auriez pas dit cela il y a dix-huit mois.

MOLIÈRE. Taisez-vous, je vous prie !

Mlle MOLIÈRE. C'est une chose étrange, qu'une petite cérémonie soit capable de nous ôter toutes nos belles qualités, et qu'un mari et un prétendant regardent la même personne avec des yeux si différents !

MOLIÈRE. Que de discours !

Mlle MOLIÈRE. Ma foi, si je faisais une comédie, je la ferais sur ce sujet. Je justifierais les femmes de bien des choses dont on les accuse, et je ferais craindre aux maris la différence qu'il y a de leurs manières brusques aux civilités des prétendants.

MOLIÈRE. Hai! laissons cela. Il n'est pas question de causer maintenant, nous avons autre chose à faire.

Mlle BÉJART. Mais puisqu'on vous a commandé de travailler sur le sujet de la critique qu'on a faite contre vous, que n'avez-vous fait cette comédie des comédiens dont vous nous avez parlé il y a longtemps ? C'était une affaire toute trouvée, et qui venait fort bien à la chose, et d'autant mieux, qu'ayant entrepris de vous peindre, ils vous ouvraient l'occasion de les peindre aussi, et que cela aurait pu s'appeler leur portrait, à bien plus juste titre que tout ce qu'ils ont fait ne peut être appelé le vôtre ; car vouloir contrefaire un comédien dans un rôle comique, ce n'est pas le peindre lui-même, c'est peindre d'après lui les personnages qu'il représente, et se servir des mêmes traits et des mêmes couleurs qu'il est obligé d'employer aux différents tableaux des caractères ridicules qu'il imite d'après nature ; mais contrefaire un comédien dans des rôles sérieux, c'est le peindre par des défauts qui sont entièrement de lui, puisque ces sortes de personnages ne veulent ni les gestes ni les tons de voix ridicules dans lesquels on le reconnaît.

MOLIÈRE. Il est vrai : mais j'ai mes raisons pour ne le pas faire ; et je n'ai pas cru, entre nous, que la chose en valût la peine. Et puis, il fallait plus de temps pour exécuter cette idée. Comme leurs jours de comédie sont les mêmes que les nôtres, à peine ai-je été les voir trois ou quatre fois depuis que nous sommes à Paris : je n'ai attrapé de leur manière de réciter que ce qui m'a d'abord sauté aux yeux ; et j'aurais eu besoin de les étudier davantage pour faire des portraits bien ressemblants.

Mlle DU PARC. Pour moi, j'en ai reconnu quelques-uns dans votre bouche.

Mlle DE BRIE. Je n'ai jamais ouï parler de cela.

MOLIÈRE. C'est une idée qui m'avait passé une fois par la tête, et que j'ai laissée là comme une bagatelle, une badinerie, qui peut-être n'aurait pas fait rire.

Mlle DE BRIE. Dites-la-moi un peu, puisque vous l'avez dite aux autres.

MOLIÈRE. Nous n'avons pas le temps maintenant.

Mlle DE BRIE. Seulement deux mots.

MOLIÈRE. J'avais songé une comédie où il y aurait eu un poëte, que j'aurais représenté moi-même, qui serait venu pour offrir une pièce à une troupe de comédiens nouvellement arrivés de campagne. « Avez-vous, aurait-il dit, des acteurs et des actrices qui soient capables de bien faire valoir un ouvrage ? car ma pièce est une pièce... — Eh ! monsieur, auraient répondu les comédiens, nous avons des hommes et des femmes qui ont été trouvés raisonnables partout où nous avons passé. — Et qui fait les rois parmi vous ? — Voilà un acteur qui s'en démêle parfois. — Qui ? ce jeune homme bien fait ? Vous moquez-vous ? Il faut un roi qui soit gros et gras comme quatre ; un roi, morbleu ! un roi d'une vaste circonférence, et qui puisse remplir un trône de la belle manière ! La belle chose qu'un roi d'une taille galante ! Voilà déjà un grand défaut. Mais que je l'entende un peu réciter une douzaine de vers. » Là-dessus le comédien aurait récité, par exemple, quelques vers du roi de Nicomède :

> Te le dirai-je, Araspe ? il m'a trop bien servi,
> Augmentant mon pouvoir...

le plus naturellement qu'il lui aurait été possible. Et le poëte : « Comment ! vous appelez cela réciter ? C'est se railler ; il faut dire les choses avec emphase. Écoutez-moi. (Il contrefait Montfleury, comédien de l'hôtel de Bourgogne.)

> Te le dirai-je, Araspe ?... etc.

Voyez-vous cette posture ? Remarquez bien cela. Là, appuyez comme il faut le dernier vers. Voilà ce qui attire l'approbation et fait faire le brouhaha. — Mais monsieur aurait répondu le comédien, il me semble qu'un roi qui s'entretient seul avec son capitaine des gardes, parle un peu plus humainement, et ne prend guère ce ton de démoniaque. — Vous ne savez ce que c'est : allez-vous-en réciter comme vous faites, vous verrez si vous ferez faire aucun' : *ah !...* Voyons un peu une scène de galanterie. » Là-dessus une comédienne et un comédien auraient fait une scène ensemble, qui est celle de Camille et de Curiace,

> Iras-tu, ma chère âme ? et ce funeste honneur
> Te plaît-il au dépens de tout notre bonheur ?
> Hélas ! je vois trop bien... etc.

tout de même que l'autre, et le plus naturellement qu'ils auraient pu. Et le poëte aussitôt : « Vous vous moquez, vous ne faites rien qui vaille ! et voici comme il faut réciter cela. (Il imite mademoiselle de Beauchâteau, comédienne de l'hôtel de Bourgogne.)

> Iras-tu, ma chère âme ?...
> Non, je te connais mieux... etc.

Voyez-vous comme cela est naturel et passionné ? Admirez ce visage riant qu'elle conserve dans les plus grandes afflictions.

Enfin voilà l'idée. » Et il aurait parcouru de même tous les acteurs et toutes les actrices.

Mlle DE BRIE. Je trouve cette idée assez plaisante, et j'en ai reconnu là dès le premier vers. Continuez, je vous prie.

MOLIÈRE, imitant Beauchâteau, comédien de l'hôtel de Bourgogne, dans les stances du Cid.

Percé jusques au fond du cœur, etc.

Et celui-ci, le reconnaîtrez-vous bien, dans Pompée de Sertorius ? (Il contrefait Hauteroche, comédien de l'hôtel de Bourgogne.)

L'inimitié qui règne entre les deux partis
N'y rend pas de l'honneur, etc.

Mlle DE BRIE. Je le reconnais un peu, je pense.

MOLIÈRE. Et celui-ci ? (Imitant de Villiers, comédien de l'hôtel de Bourgogne.)

Seigneur, Polybe est mort, etc.

Mlle DE BRIE. Oui, je sais qui c'est. Mais il y en a quelques-uns d'entre eux, je crois, que vous auriez peine à contrefaire.

MOLIÈRE. Mon Dieu ! il n'y en a point qu'on ne pût attraper par quelque endroit, si je les avais bien étudiés. Mais vous me faites perdre un temps qui nous est cher : songeons à nous, de grâce, et ne nous amusons pas davantage à discourir. Vous (A La Grange), prenez garde à bien représenter avec moi votre rôle de marquis.

Mlle MOLIÈRE. Toujours des marquis !

MOLIÈRE. Oui, toujours des marquis. Que diable voulez-vous qu'on prenne pour un caractère agréable de théâtre ! Le marquis aujourd'hui est le plaisant de la comédie ; et comme, dans toutes les comédies anciennes, on voit toujours un valet bouffon qui fait rire les auditeurs, de même, dans toutes nos pièces de maintenant, il faut toujours un marquis ridicule qui divertisse la compagnie.

Mlle BÉJART. Il est vrai, on ne s'en saurait passer.

MOLIÈRE. Pour vous, mademoiselle...

Mlle DU PARC. Mon Dieu ! pour moi, je m'acquitterai fort mal de mon personnage, et je ne sais pas pourquoi vous m'avez donné ce rôle de façonnière.

MOLIÈRE. Mon Dieu ! mademoiselle, voilà comme vous disiez lorsqu'on vous donna celui de la *Critique de l'École des femmes:* cependant vous vous en êtes acquittée à merveille ; et tout le monde est demeuré d'accord qu'on ne peut pas mieux faire que vous avez fait. Croyez-moi, celui-ci sera de même, et vous le jouerez mieux que vous ne pensez.

Mlle DU PARC. Comment cela se pourrait-il faire ? car il n'y a point de personne au monde qui soit moins façonnière que moi.

MOLIÈRE. Cela est vrai ; et c'est en quoi vous faites mieux voir que vous êtes une excellente comédienne, de bien représenter un personnage qui est si contraire à votre humeur. Tâchez donc de bien prendre tout le caractère de vos rôles, et de vous figurer que vous êtes ce que vous représentez. (A du Croisy.) Vous faites le poëte, vous ; et vous devez vous remplir de ce personnage, marquer cet air pédant qui se conserve parmi le commerce du beau monde, ce ton de voix sentencieux, et cette exactitude de prononciation qui appuie sur toutes les syllabes et ne laisse échapper aucune lettre de la plus sévère orthographe. (A Brécourt.) Pour vous, vous faites un honnête homme de cour, comme vous avez déjà fait dans la *Critique de l'École des Femmes* ; c'est-à-dire que vous devez prendre un air posé, un ton de voix naturel, et gesticuler le moins qu'il vous sera possible. (A la Grange.) Pour vous, je n'ai rien à vous dire. (A mademoiselle Béjart.) Vous, vous représentez une de ces femmes qui se retranchent toujours fièrement sur leur vertu, regardent chacun de haut en bas, et veulent que toutes les plus belles qualités que possèdent les autres ne soient rien en comparaison des leurs, dont personne ne se soucie. Ayez toujours ce caractère devant les yeux pour en bien faire les grimaces. (A mademoiselle de Brie.) Pour vous, vous faites une de ces femmes qui pensent être les plus vertueuses personnes du monde, pourvu qu'elles sauvent les apparences ; de ces femmes qui croient que le péché n'est que dans le scandale. Entrez bien dans ce caractère. (A mademoiselle Molière.) Vous, vous faites le même personnage que dans la *Critique*, et je n'ai rien à vous dire, non plus qu'à mademoiselle du Parc. (A mademoiselle du Croisy.) Pour vous, vous représentez une de ces personnes qui prêtent doucement des charités à tout le monde, de ces femmes qui donnent toujours le petit coup de langue en passant, et seraient bien fâchées d'avoir souffert qu'on eût dit du bien du prochain. Je crois que vous ne vous acquitterez pas mal de ce rôle. (A mademoiselle Hervé.) Et, pour vous, vous êtes la soubrette de la précieuse, qui se mêle de temps en temps dans la conversation, et attrape, comme elle peut, tous les termes de sa maîtresse. Je vous dis tous vos caractères, afin que vous vous les imprimiez fortement dans l'esprit. Commençons maintenant à répéter, et voyons comme cela ira. Ah ! voici justement un fâcheux. Il ne nous fallait plus que cela.

SCÈNE II.

LA THORILLIÈRE, MOLIÈRE, BRÉCOURT, LAGRANGE, DU CROISY, MESDEMOISELLES DU PARC, BÉJART, DE BRIE, MOLIÈRE, DU CROISY, HERVÉ.

LA THORILLIÈRE. Bonjour, monsieur Molière !
MOLIÈRE. Monsieur, votre serviteur !... (A part.) La peste soit de l'homme !
LA THORILLIÈRE. Comment vous en va ?
MOLIÈRE. Fort bien, pour vous servir. (Aux actrices.) Mesdemoiselles, ne...
LA THORILLIÈRE. Je viens d'un lieu où j'ai bien dit du bien de vous...
MOLIÈRE. Je vous suis obligé. (A part.) Que le diable t'emporte ! (Aux acteurs.) Ayez un peu soin...
LA THORILLIÈRE. Vous jouez une pièce nouvelle aujourd'hui ?
MOLIÈRE. Oui, monsieur. (Aux actrices.) N'oubliez pas...
LA THORILLIÈRE. C'est le roi qui vous l'a fait faire ?
MOLIÈRE. Oui, monsieur. (Aux acteurs.) De grâce, songez...
LA THORILLIÈRE. Comment l'appelez-vous ?
MOLIÈRE. Oui, monsieur.
LA THORILLIÈRE. Je vous demande comment vous la nommez ?
MOLIÈRE. Ah ! ma foi, je ne sais (Aux actrices.) Il faut, s'il vous plaît, que vous...
LA THORILLIÈRE. Comment serez-vous habillés ?
MOLIÈRE. Comme vous voyez. (Aux acteurs.) Je vous prie...
LA THORILLIÈRE. Quand commencerez-vous ?
MOLIÈRE. Quand le roi sera venu. (A part.) Au diantre le questionneur !
LA THORILLIÈRE. Quand croyez-vous qu'il vienne ?
MOLIÈRE. La peste m'étouffe, monsieur, si je le sais !
LA THORILLIÈRE. Savez-vous point ?...
MOLIÈRE. Tenez, monsieur, je suis le plus ignorant homme du monde. Je ne sais rien de tout ce que vous pourrez me demander, je vous jure. (A part.) J'enrage ! Ce bourreau vient avec un air tranquille vous faire des questions, et ne se soucie pas qu'on ait en tête d'autres affaires.
LA THORILLIÈRE. Mesdemoiselles, votre serviteur !
MOLIÈRE. Ah ! bon ! le voilà d'un autre côté.
LA THORILLIÈRE, à mademoiselle du Croisy. Vous voilà belle comme un petit ange. Jouez-vous toutes deux aujourd'hui ? (En regardant mademoiselle Hervé.)
Mlle DU CROISY. Oui, monsieur.

La Thorillière. Sans vous la comédie ne vaudrait pas grand-chose.

Molière, bas, aux actrices. Vous ne voulez pas faire en aller cet homme-là ?

Mlle de Brie, à La Thorillière. Monsieur, nous avons ici quelque chose à répéter ensemble.

La Thorillière. Ah ! parbleu ! je ne veux pas vous empêcher ; vous n'avez qu'à poursuivre.

Mlle de Brie. Mais...

La Thorillière. Non, non ; je serais fâché d'incommoder personne. Faites librement ce que vous avez à faire.

Mlle de Brie. Oui, mais...

La Thorillière. Je suis homme sans cérémonie, vous dis-je ; et vous pouvez répéter ce qu'il vous plaira.

Molière. Monsieur, ces demoiselles ont peine à vous dire qu'elles souhaiteraient fort que personne ne fût ici pendant cette répétition.

La Thorillière. Pourquoi ? Il n'y a point de danger pour moi.

Molière. Monsieur, c'est une coutume qu'elles observent, et vous aurez plus de plaisir quand les choses vous surprendront.

La Thorillière. Je m'en vais donc dire que vous êtes prêts.

Molière. Point du tout, monsieur ; ne vous hâtez pas, de grâce !

SCÈNE III.

MOLIÈRE, BRÉCOURT, LA GRANGE, DU CROISY, MESDEMOISELLES DU PARC, BÉJART, DE BRIE, MOLIÈRE, DU CROISY, HERVÉ.

Molière. Ah ! que le monde est plein d'impertinents ! Or sus, commençons !... Figurez-vous donc, premièrement, que la scène est dans l'antichambre du roi ; car c'est un lieu où il se passe tous les jours des choses assez plaisantes. Il est aisé de faire venir là toutes les personnes qu'on veut, et on peut trouver des raisons même pour y autoriser la venue des femmes que j'introduis. La comédie s'ouvre par deux marquis qui se rencontrent. (A La Grange.) Souvenez-vous bien, vous, de venir, comme je vous ai dit, là, avec cet air qu'on nomme le bel air, peignant votre perruque, et grondant une petite chanson entre vos dents. La, la, la, la, la, la, la !... Rangez-vous donc, vous autres ; car il faut du terrain à deux marquis, et ils ne sont pas gens à tenir leur personne dans un petit espace. (A La Grange.) Allons, parlez.

La Grange. « Bonjour, marquis ! »

Molière. Mon Dieu ! ce n'est point là le ton d'un marquis : il faut le prendre un peu plus haut ; et la plupart de ces messieurs affectent une manière de parler particulière pour se distinguer du commun. « Bonjour marquis ! » Recommencez donc.

LA GRANGE. « Bonjour, marquis !

MOLIÈRE. « Ah ! marquis, ton serviteur.

LA GRANGE. « Que fais-tu là ?

MOLIÈRE. « Parbleu ! tu vois, j'attends que tous ces messieurs aient débouché la porte, pour présenter là mon visage.

LA GRANGE. « Têtebleue ! quelle foule ! Je n'ai garde de m'y aller frotter, et j'aime bien mieux entrer des derniers.

MOLIÈRE. « Il y a là vingt gens qui sont fort assurés de n'entrer point, et qui ne laissent pas de se presser et d'occuper toutes les avenues de la porte.

LA GRANGE. « Crions nos deux noms à l'huisser, afin qu'il nous appelle.

MOLIÈRE. « Cela est bon pour toi ; mais, pour moi, je ne veux pas être joué par Molière.

LA GRANGE. « Je pense pourtant, marquis, que c'est toi qu'il joue dans la *Critique*.

MOLIÈRE. « Moi ? je suis ton valet : c'est toi-même en propre personne.

LA GRANGE. « Ah ! ma foi ! tu es bon de m'appliquer ton personnage.

MOLIÈRE. « Parbleu ! je te trouve plaisant de me donner ce qui t'appartient.

LA GRANGE, riant. « Ah ! ah ! ah ! cela est drôle !

MOLIÈRE, riant. « Ah ! ah ! ah ! cela est bouffon !

LA GRANGE. « Quoi ! tu veux soutenir que ce n'est pas toi qu'on joue dans le marquis de la *Critique* ?

MOLIÈRE. « Il est vrai : c'est moi. *Détestable, morbleu! détestable: tarte à la crême!* C'est moi, c'est moi, assurément c'est moi.

LA GRANGE. « Oui, parbleu ! c'est toi ; tu n'as que faire de railler, si tu veux, nous gagerons et nous verrons qui a raison des deux.

MOLIÈRE. « Et que veux-tu gager encore ?

LA GRANGE. « Je gage cent pistoles que c'est toi.

MOLIÈRE. « Et moi, cent pistoles que c'est toi.

LA GRANGE. « Cent pistoles comptant.

MOLIÈRE. « Comptant. Quatre-vingt-dix pistoles sur Amyntas, et dix pistoles comptant.

LA GRANGE. Je le veux.

MOLIÈRE. Cela est fait.

LA GRANGE. « Ton argent court grand risque.

MOLIÈRE. « Le tien est bien aventuré.

LA GRANGE. « A qui nous en rapporter ?

MOLIÈRE. Voici un homme qui nous jugera. (A Brécourt.) Chevalier !

BRÉCOURT. « Quoi !

MOLIÈRE. Bon ! voilà l'autre qui prend le nom de marquis. Vous ai-je pas dit que vous faites un rôle où l'on doit parler naturellement ?

BRÉCOURT. Il est vrai.

MOLIÈRE. Allons donc : « Chevalier !

BRÉCOURT. « Quoi ?

MOLIÈRE. « Juge-nous un peu sur une gageure que nous avons faite.

BRÉCOURT. « Et quel ?

MOLIÈRE. « Nous disputons qui est le marquis de la *Critique de Molière* : il gage que c'est moi, et moi je gage que c'est lui.

BRÉCOURT. « Et moi, je juge que ce n'est ni l'un ni l'autre. Vous êtes fous tous deux de vouloir vous appliquer ces sortes de choses, et voilà de quoi j'ouïs l'autre jour se plaindre Molière, parlant à des personnes qui le chargeaient de même chose que vous. Il disait que rien ne lui donnait du déplaisir comme d'être accusé de regarder quelqu'un dans les portraits qu'il fait ; que son dessein est de peindre les mœurs sans toucher aux personnes, et que tous les personnages qu'il représente sont des personnages en l'air, et des fantômes proprement, qu'il habille à sa fantaisie pour réjouir les spectateurs ; qu'il serait bien fâché d'y avoir jamais marqué qui que ce soit, et que si quelque chose était capable de le dégoûter de faire des comédies, c'était la ressemblance qu'on y voulait toujours trouver, et dont ses ennemis tâchaient malicieusement d'appuyer la pensée pour lui rendre de mauvais offices auprès de certaines personnes à qui il n'a jamais pensé. En effet, je trouve qu'il a raison ; car, pourquoi vouloir, je vous prie, appliquer tous ses gestes et toutes ses paroles, et chercher à lui faire des affaires, en disant hautement : Il joue un tel, lorsque ce sont des choses qui peuvent convenir à cent personnes ? Comme l'affaire de la comédie est de représenter en général tous les défauts des hommes, et principalement des hommes de notre siècle, il est impossible à Molière de faire aucun caractère qui ne rencontre quelqu'un dans le monde, et s'il faut qu'on l'accuse d'avoir songé à toutes les personnes où l'on peut trouver les défauts qu'il peint, il faut sans doute, qu'il ne fasse plus de comédies.

MOLIÈRE. « Ma foi, chevalier, tu veux justifier Molière et épargner notre ami que voilà.

LA GRANGE. « Point du tout, c'est toi qu'il épargne, et nous trouverons d'autres juges.

MOLIÈRE. « Soit. Mais dis-moi, chevalier, crois-tu pas que ton Molière est épuisé maintenant, et qu'il ne trouvera plus de matière pour...

BRÉCOURT. « Plus de matière ! Eh ! mon pauvre marquis, nous lui en fournirons toujours assez ; et nous ne prenons guère le chemin de nous rendre sages, pour tout ce qu'il fait et tout ce qu'il dit. »

MOLIÈRE. Attendez. Il faut marquer davantage tout cet endroit. Écoutez-le-moi dire un peu : «... Et qu'il ne trouvera plus de matière pour... — Plus de matière ! Eh ! mon pauvre marquis, nous lui en fournirons toujours assez, et nous ne prenons guère le chemin de nous rendre sages, pour tout ce qu'il fait et tout ce qu'il dit. Crois-tu qu'il ait épuisé dans ses comédies tout le ridicule des hommes ? Ah ! sans sortir de la cour, n'a-t-il pas encore vingt caractères de gens où il n'a point touché ? N'a-t-il pas, par exemple, ceux qui se font les plus grandes amitiés du monde, et qui, le dos tourné, font galanterie de se déchirer l'un l'autre ? N'a-t-il pas ces adulateurs à outrance, ces flatteurs insipides qui n'assaisonnent d'aucun sel les louanges qu'ils donnent, et dont toutes les flatteries ont une douceur fade qui fait mal au cœur à ceux qui les écoutent ? N'a-t-il pas ces lâches courtisans de la faveur, ces perfides adorateurs de la fortune, qui vous encensent dans la prospérité et vous accablent dans la disgrâce ? N'a-t-il pas ceux qui sont toujours mécontents de la cour, ces suivants inutiles, ces incommodes assidus, ces gens, dis-je, qui, pour services, ne peuvent compter que des importunités, et qui veulent qu'on les récompense d'avoir obsédé le prince dix ans durant ? N'a-t-il pas ceux qui caressent habituellement tout le monde, qui promènent leurs civilités à droite et à gauche, et courent à tous ceux qu'ils voient avec les mêmes embrassades et les mêmes protestations d'amitié ? Monsieur, votre très-humble serviteur. Monsieur, je suis tout à votre service. Tenez-moi des vôtres, mon cher. Faites état de moi, monsieur, comme du plus chaud de vos amis. Monsieur, je suis ravi de vous embrasser. Ah ! monsieur, je ne vous voyais pas. Faites-moi la grâce de m'employer ; soyez persuadé que je suis entièrement à vous. Vous êtes l'homme du monde que je révère le plus. Il n'y a personne que j'honore à l'égal de vous. Je vous conjure de le croire. Je vous supplie de n'en point douter. Serviteur. Très-humble valet. Va, va, marquis, Molière aura toujours plus de sujets qu'il n'en voudra, et tout ce qu'il a touché jusqu'ici n'est rien que bagatelle au prix de ce qui reste. » Voilà à peu près comme cela doit être joué.

BRÉCOURT. C'est assez.

MOLIÈRE. Poursuivez.

BRÉCOURT. « Voici Climène et Élise. »

MOLIÈRE, à Mesdemoiselles du Parc et Molière. Là-dessus vous arriverez toutes deux. (A Mademoiselle du Parc.) Prenez bien garde, vous, à vous déhancher comme il faut et à faire bien des façons. Cela vous contraindra un peu ; mais qu'y faire ? Il faut parfois se faire violence !

Mlle MOLIÈRE. « Certes, madame, je vous ai reconnue de loin ; et j'ai bien vu, à votre air, que ce ne pouvait être une autre que vous.

Mlle DU PARC. « Vous voyez, je viens attendre ici la sortie d'un homme avec qui j'ai une affaire à démêler.

Mlle MOLIÈRE. « Et moi de même. »

MOLIÈRE. Mesdames, voilà des coffres qui vous serviront de fauteuils.

Mlle DU PARC. « Allons, madame, prenez place, s'il vous plaît.

Mlle MOLIÈRE. « Après vous, madame. »

MOLIÈRE. Après ces petites cérémonies muettes, chacun prendra place, et parlera ainsi, hors les marquis, qui tantôt se lèveront et tantôt s'asseoiront, suivant leur inquiétude naturelle. « Parbleu ! chevalier, tu devrais faire prendre médecine à tes canons.

BRÉCOURT. « Comment ?

MOLIÈRE. « Ils se portent fort mal.

BRÉCOURT. « Serviteur à la turlupinade.

Mlle MOLIÈRE. « Mon Dieu ! madame, je vous trouve le teint d'une blancheur éblouissante, et les lèvres d'une couleur de feu surprenante !

Mlle DU PARC. « Ah ! que dites-vous là, madame ? Ne me regardez point, je suis du dernier laid aujourd'hui.

Mlle MOLIÈRE. « Eh ! madame, levez un peu votre coiffe.

Mlle DU PARC. « Fi ! je suis épouvantable, vous dis-je, et je me fais peur à moi-même.

Mlle MOLIÈRE. « Vous êtes si belle !

Mlle DU PARC. « Point, point.

Mlle MOLIÈRE. « Montrez-vous.

Mlle DU PARC. « Ah ! fi donc, je vous prie !

Mlle MOLIÈRE. « De grâce !

Mlle DU PARC. « Mon Dieu ! non.

Mlle MOLIÈRE. « Si fait.

Mlle DU PARC. « Vous me désespérez.

Mlle MOLIÈRE. « Un moment.

Mlle DU PARC. « Hai !

Mlle MOLIÈRE. « Résolûment, vous vous montrerez. On ne peut point se passer de vous voir.

Mlle DU PARC. « Mon Dieu ! que vous êtes une étrange personne ! Vous voulez furieusement ce que vous voulez.

Mlle MOLIÈRE. « Ah ! madame, vous n'avez aucun désavantage à paraître au grand jour, je vous jure. Les méchantes gens, qui assuraient que vous mettiez quelque chose ! Vraiment ! je les démentirais bien maintenant.

Mlle DU PARC. « Hélas ! je ne sais pas seulement ce qu'on appelle mettre quelque chose... Mais où vont ces dames ?

Mlle DE BRIE. « Vous voulez bien, mesdames, que nous vous donnions en passant la plus agréable nouvelle du monde ?... Voilà M. Lysidas qui vient de nous avertir qu'on a fait une pièce contre Molière, que les grands comédiens vont jouer.

MOLIÈRE. « Il est vrai ; on me l'a voulu lire. C'est un nommé Br... Brou... Brossant qui l'a faite.

DU CROISY. « Monsieur, elle est affichée sous le nom de Boursaut ; mais, à vous dire le secret, bien des gens ont mis la main à cet ouvrage, et l'on en doit concevoir une assez haute attente. Comme tous les auteurs et tous les comédiens regardent Molière comme leur plus grand ennemi, nous nous sommes tous unis pour le desservir. Chacun de nous a donné un coup de pinceau à son portrait ; mais nous nous sommes bien gardés d'y mettre nos noms : il lui aurait été trop glorieux de succomber, aux yeux du monde, sous les efforts de tout le Parnasse ; et, pour rendre sa défaite plus ignominieuse, nous avons voulu choisir tout exprès un auteur sans réputation.

Mlle DU PARC. « Pour moi, je vous avoue que j'en ai toutes les joies imaginables.

MOLIÈRE. « Et moi aussi. Par la sambleu ! le railleur sera raillé ; il aura sur les doigts, ma foi !

Mlle DU PARC. « Cela lui apprendra à vouloir satiriser tout. Comment ! cet impertinent ne veut pas que les femmes aient de l'esprit ! Il condamne toutes nos expressions élevées, et prétend que nous parlions toujours terre-à-terre !

Mlle DE BRIE. « Le langage n'est rien : mais il censure tous nos attachements, quelque innocents qu'ils puissent être ; et, de la façon qu'il en parle, c'est être criminelle que d'avoir du mérite.

Mlle DU CROISY. « Cela est insupportable ! il n'y a pas une femme qui puisse plus rien faire !

Mlle BÉJART « C'est un impertinent !

Mlle DU PARC. « Mon Dieu ! qu'ils n'appréhendent rien ; je leur garantis le succès de leur pièce corps pour corps.

Mlle MOLIÈRE. « Vous avez raison, madame. Trop de gens sont intéressés à la trouver belle. Je vous laisse à penser si tous ceux qui se croient satirisés par Molière ne prendront point l'occasion de se venger de lui en applaudissant à cette comédie.

BRÉCOURT, ironiquement. « Sans doute ; et, pour moi, je réponds de douze marquis, de six précieuses, de vingt coquettes, qui ne manqueront pas d'y battre des mains.

Mlle MOLIÈRE. « En effet, pourquoi aller offenser toutes ces personnes-là, qui sont les meilleures gens du monde ?

MOLIÈRE. « Par la sambleu ! on m'a dit qu'on va le dauber, lui et toutes ses comédies, de la belle manière, et que les comédiens et les auteurs, depuis le cèdre jusqu'à l'hysope, sont diablement animés contre lui.

Mlle MOLIÈRE. « Cela lui sied fort bien. Pourquoi fait-il de méchantes pièces que tout Paris va voir, et où il peint si bien les gens, que chacun s'y connaît ? Que ne fait-il des comédies comme celles de M. Lysidas ? Il n'aurait personne contre lui, et tous les auteurs en diraient du bien. Il est vrai que de semblables comédies n'ont pas ce grand concours de monde ; mais en revanche, elles sont toujours bien écrites ; personne n'écrit contre elles, et tous ceux qui les voient meurent d'envie de les trouver belles.

DU CROISY. « Il est vrai que j'ai l'avantage de ne me point faire d'ennemis, et que tous mes ouvrages ont l'approbation des savants.

Mlle MOLIÈRE. « Vous faites bien d'être content de vous ; cela vaut mieux que tous les applaudissements du public et que tout l'argent qu'on saurait gagner aux pièces de Molière. Que vous importe qu'il vienne du monde à vos comédies, pourvu qu'elles soient approuvées par Messieurs vos confrères ?

LA GRANGE. « Mais quand jouera-t-on *le Portrait du peintre* ?

DU CROISY. « Je ne sais ; mais je me prépare fort à paraître des premiers sur les rangs, pour crier : Voilà qui est beau !

MOLIÈRE. « Et moi de même, parbleu !

LA GRANGE. « Et moi aussi, Dieu me sauve !

Mlle DU PARC. « Pour moi, j'y payerai de ma personne comme il faut ; et je réponds d'une bravoure d'approbation qui mettra en déroute tous les jugements ennemis. C'est bien la moindre chose que nous devions faire, que d'épauler de nos louanges le vengeur de nos intérêts.

Mlle MOLIÈRE. « C'est fort bien dit.

Mlle DE BRIE. « Et ce qu'il nous faut faire toutes.

Mlle BÉJART. « Assurément.

Mlle DU CROISY. « Sans doute.

Mlle HERVÉ. « Point de quartier à ce contrefaiseur de gens.

MOLIÈRE. « Ma foi, chevalier, mon ami, il faudra que ton Molière se cache.

BRÉCOURT. « Qui ? lui ? Je te promets, marquis, qu'il fait dessein d'aller sur le théâtre rire avec tous les autres du portrait qu'on a fait de lui.

MOLIÈRE. « Parbleu ! ce sera donc du bout des dents qu'il y rira.

BRÉCOURT. « Va, va ! peut-être qu'il y trouvera plus de sujets de rire que tu ne penses. On m'a montré la pièce ; et comme tout ce qu'il y a d'agréable sont effectivement les idées qui ont été prises de Molière, la joie que cela pourra donner n'aura pas lieu de lui déplaire, sans doute ; car, pour l'endroit où l'on s'efforce de le noircir, je suis le plus trompé du monde, si cela est approuvé de personne. Et quant à tous les gens qu'ils ont tâché d'animer contre lui, sur ce qu'il fait, dit-on, des portraits trop ressemblants, outre que cela est de fort mauvaise grâce, je ne vois rien de plus ridicule et de plus mal pris, et je n'avais pas cru jusqu'ici que ce fût un sujet de blâme pour un comédien que de peindre trop bien les hommes.

LA GRANGE. « Les comédiens m'ont dit qu'ils l'attendaient sur la réponse, et que...

BRÉCOURT. « Sur la réponse ? Ma foi ! je le trouverais un grand fou s'il se mettait en peine de répondre à leurs invectives. Tout le monde sait assez de quel motif elles peuvent partir ; et la meilleure réponse qu'il leur puisse faire, c'est une comédie qui réussisse comme toutes ses autres ; voilà le vrai moyen de se venger d'eux comme il faut. Et de l'humeur dont je les connais, je suis fort assuré qu'une pièce nouvelle qui leur enlèvera du monde les fâchera bien plus que toutes les satires qu'on pourrait faire de leurs personnes.

MOLIÈRE. « Mais, chevalier... »

Mlle BÉJART. Souffrez que j'interrompe pour un peu la répétition. (A Molière.) Voulez-vous que je vous dise ? Si j'avais été en votre place, j'aurais poussé les choses autrement. Tout le monde attend de vous une réponse vigoureuse : et, après la manière dont on m'a dit que vous étiez traité dans cette comédie, vous étiez en droit de tout dire contre les comédiens, et vous deviez n'en épargner aucun.

MOLIÈRE. J'enrage de vous ouïr parler de la sorte. Et voilà votre manie, vous autres femmes : vous voudriez que je prisse feu d'abord contre eux, et, qu'à leur exemple, j'allasse éclater promptement en invectives et en injures. Le bel honneur que j'en pourrais tirer ! et le grand dépit que je leur ferais ! Ne se sont-ils pas préparés de bonne volonté à ces sortes de choses? et, lorsqu'ils ont délibéré s'ils joueraient *le Portrait du peintre*, sur la crainte d'une riposte, quelques-uns d'entre eux n'ont-ils pas répondu : « Qu'il nous rende toutes les injures qu'il voudra, pourvu que nous gagnions de l'argent? » N'est-ce pas là la marque d'une âme fort sensible à la honte? et ne me vengerai-je pas bien d'eux en leur donnant ce qu'ils veulent bien recevoir?

Mlle DE BRIE. Ils se sont fort plaints toutefois de trois ou quatre mots que vous avez dits d'eux dans la *Critique* et dans vos *Précieuses*.

MOLIÈRE. Il est vrai, ces trois ou quatre mots sont fort offensants, et ils ont une grande raison de les citer! Allez, allez ce n'est pas cela. Le plus grand mal que je leur aie fait, c'est que j'ai eu le bonheur de plaire un peu plus qu'ils n'auraient voulu; et tout leur procédé, depuis que nous sommes venus à Paris, a trop marqué ce qui les touche. Mais laissons-les faire tant qu'ils voudront; toutes leurs entreprises ne doivent point m'inquiéter. Ils critiquent mes pièces, tant mieux; et Dieu me garde d'en faire jamais qui leur plaisent! ce serait une mauvaise affaire pour moi.

Mlle DE BRIE. Il n'y a pas grand plaisir pourtant à voir déchirer ses ouvrages.

MOLIÈRE. Et qu'est-ce que cela me fait? N'ai-je pas obtenu de ma comédie tout ce que je voulais en obtenir, puisqu'elle a eu le bonheur d'agréer aux augustes personnes à qui particulièrement je m'efforce de plaire? N'ai-je pas lieu d'être satisfait de sa destinée? et toutes leurs censures ne viennent-elles pas trop tard? Est-ce moi, je vous prie, que cela regarde maintenant? Et lorsqu'on attaque une pièce qui a eu du succès, n'est-ce pas attaquer plutôt le jugement de ceux qui l'ont approuvée que l'art de celui qui l'a faite?

Mlle DE BRIE. Ma foi, j'aurais joué ce petit monsieur, l'auteur qui se mêle d'écrire contre des gens qui ne songent pas à lui.

MOLIÈRE. Vous êtes folle. Le beau sujet à divertir la cour que M. Boursaut! Je voudrais bien savoir de quelle façon on pourrait l'ajuster pour le rendre plaisant, et si, quand on le bernerait sur le théâtre, il serait assez heureux pour faire rire le monde. Ce lui serait trop d'honneur que d'être joué devant une auguste assemblée, il ne demanderait pas mieux; et il m'attaque de gaieté de cœur pour se faire connaître de quelque façon que ce soit. C'est un homme qui n'a rien à perdre; et les comédiens ne me l'ont déchaîné que pour m'engager à une sotte guerre, et me détourner, par cet artifice, des autres ouvrages que j'ai à faire; et cependant vous êtes assez simples pour donner toutes dans ce panneau ! Mais enfin j'en ferai ma déclararation publiquement; je ne prétends faire aucune réponse à toutes leurs critiques et leurs contre-critiques. Qu'ils disent tous les maux du monde de mes pièces, j'en suis d'accord. Qu'ils s'en saisissent après nous; qu'ils les retournent comme un habit pour les mettre sur leur théâtre, et tâchent de profiter de quelque agrément qu'on y trouve et d'un peu de bonheur que j'ai, j'y consens, ils en ont besoin; et je serai bien aise de contribuer à les faire subsister, pourvu qu'ils se contentent de ce que je puis leur accorder avec bienséance. La courtoisie doit avoir des bornes; et il y a des choses qui ne font rire ni les spectateurs ni celui dont on parle. Je leur abandonne de bon cœur mes ouvrages, ma figure, mes gestes, mes paroles, mon ton de voix et ma façon de réciter, pour en faire et dire tout ce qu'il leur plaira, s'ils en peuvent tirer quelque avantage. Je ne m'oppose point à toutes ces choses, et je serai ravi que cela puisse réjouir le monde; mais, en leur abandonnant tout cela, ils me doivent faire la grâce de laisser le reste, et de ne point toucher à des matières de la nature de celles sur lesquelles on m'a dit qu'ils m'attaquaient dans leur comédie. C'est de quoi je prierai civilement cet honnête monsieur qui se mêle d'écrire pour eux, et voilà toute la réponse qu'ils auront de moi.

Mlle BÉJART. Mais enfin...

MOLIÈRE. Mais enfin vous me feriez devenir fou. Ne parlons point de cela davantage; nous nous amusons à faire des discours au lieu de répéter notre comédie. Où en étions-nous? Je ne m'en souviens plus.

Mlle DE BRIE. Vous en étiez à l'endroit...

MOLIÈRE. Mon Dieu! j'entends du bruit : c'est le roi qui arrive, assurément; et je vois bien que nous n'aurons pas le temps de passer outre. Voilà ce que c'est de s'amuser! Oh bien! faites donc, pour le reste, du mieux qu'il vous sera possible.

Mlle BÉJART. Par ma foi! la frayeur me prend; et je ne saurais aller jouer mon rôle, si je ne le répète tout entier.

MOLIÈRE. Comment! vous ne sauriez aller jouer votre rôle?

Mlle BÉJART. Non.

Mlle DU PARC. Ni moi le mien.

Mlle DE BRIE. Ni moi non plus.

Mlle MOLIÈRE. Ni moi.

Mlle HERVÉ. Ni moi.

Mlle DU CROISY. Ni moi.

MOLIÈRE. Que pensez-vous donc faire? Vous moquez-vous toutes de moi?

SCÈNE IV.

BÉJART, MOLIÈRE, LA GRANGE, DU CROISY, Mlles DU PARC, BÉJART, DE BRIE, MOLIÈRE, DU CROISY, HERVÉ.

BÉJART. Messieurs, je viens vous avertir que le roi est venu, et qu'il attend que vous commenciez.
MOLIÈRE. Ah! monsieur, vous me voyez dans la plus grande peine du monde; je suis désespéré à l'heure que je vous parle. Voici des femmes qui s'effraient et qui disent qu'il leur faut répéter leur rôle avant que d'aller commencer. Nous demandons, de grâce, encore un moment. Le roi a de la bonté, et il sait bien que la chose a été précipitée.

SCÈNE V.

MOLIÈRE et les mêmes acteurs, à l'exception de Béjart.

MOLIÈRE. Eh! de grâce, tâchez de vous remettre; prenez courage, je vous prie!
Mlle DU PARC. Vous devez vous aller excuser.
MOLIÈRE. Comment m'excuser?

SCÈNE VI.

MOLIÈRE et les mêmes acteurs, UN NÉCESSAIRE.

LE NÉCESSAIRE. Messieurs, commencez donc!
MOLIÈRE. Tout à l'heure, monsieur... Je crois que je perdrai l'esprit de cette affaire-ci, et...

SCÈNE VII.

MOLIÈRE et les mêmes acteurs, UN SECOND NÉCESSAIRE.

LE SECOND NÉCESSAIRE. Messieurs, commencez donc!
MOLIÈRE. Dans un moment, monsieur. (A ses camarades.) Eh! quoi donc? Voulez-vous que j'aie l'affront?...

SCÈNE VIII.

MOLIÈRE et les mêmes acteurs, UN TROISIÈME NÉCESSAIRE.

MOLIÈRE. Oui, monsieur, nous y allons. Eh! que de gens se font fête, et viennent dire : commencez donc! à qui le roi ne l'a pas commandé!

SCÈNE IX.

MOLIÈRE et les mêmes acteurs, UN QUATRIÈME NÉCESSAIRE.

LE QUATRIÈME NÉCESSAIRE. Messieurs, commencez donc!
MOLIÈRE. Voilà qui est fait, monsieur. (A ses camarades.) Quoi donc! recevrai-je la confusion?...

SCÈNE X.

BÉJART, MOLIÈRE et les mêmes acteurs.

MOLIÈRE. Monsieur, vous venez pour nous dire de commencer, mais...
BÉJART. Non, messieurs : je viens vous dire qu'on a dit au roi l'embarras où vous vous trouviez, et que, par une bonté particulière, il remet votre nouvelle comédie à une autre fois, et se contente, pour aujourd'hui, de la première que vous pourrez donner.
MOLIÈRE. Ah! monsieur, vous me redonnez la vie. Le roi nous fait la plus grande grâce du monde de nous donner du temps pour ce qu'il a souhaité; et nous allons tous le remercier des extrêmes bontés qu'il nous fait paraître.

LE MARIAGE FORCÉ

COMÉDIE EN UN ACTE (1664).

PERSONNAGES :

SGANARELLE.
GÉRONIMO, ami de Sganarelle.
DORIMÈNE, fille d'Alcantor.
ALCANTOR, père de Dorimène.

ALCIDAS, frère de Dorimène.
LYCASTE.
PANCRACE, docteur aristotélicien.
MARPHURIUS, docteur pyrrhonien.

La scène est sur une place publique.

SCÈNE I.

SGANARELLE, parlant à ceux qui sont dans la maison.

Je suis de retour dans un moment. Que l'on ait bien soin du logis, et que tout aille comme il faut. Si l'on m'apporte de l'argent, que l'on me vienne quérir vite chez le seigneur Géronimo; et si l'on vient m'en demander, qu'on dise que je suis sorti et que je ne dois revenir de toute la journée.

SCÈNE II.

SGANARELLE, GÉRONIMO.

GÉRONIMO, ayant entendu les dernières paroles de Sganarelle. Voilà un ordre fort prudent.

SGANARELLE. Ah! seigneur Géromino, je vous trouve à propos, et j'allais chez vous vous chercher.

GÉRONIMO. Et pour quel sujet, s'il vous plaît?

SGANARELLE. Pour vous communiquer une affaire que j'ai en tête, et vous prier de m'en dire votre avis.

GÉRONIMO. Très-volontiers; je suis bien aise de cette rencontre, et nous pouvons parler ici en toute liberté.

SGANARELLE. Mettez donc dessus, s'il vous plaît. Il s'agit d'une chose de conséquence que l'on m'a proposée, et il est bon de ne rien faire sans le conseil de ses amis.

GÉRONIMO. Je vous suis obligé de m'avoir choisi pour cela. Vous n'avez qu'à me dire ce que c'est.

SGANARELLE. Mais, auparavant, je vous conjure de ne me point flatter du tout, et de me dire nettement votre pensée.
GÉRONIMO. Je le ferai, puisque vous le voulez.
SGANARELLE. Je ne vois rien de plus condamnable qu'un ami qui ne nous parle point franchement.
GÉRONIMO. Cela est vrai.
SGANARELLE. Promettez-moi donc, seigneur Géronimo, de me parler avec toute sorte de franchise.
GÉRONIMO. Je vous le promets.
SGANARELLE. Jurez-en votre foi.
GÉRONIMO. Oui, foi d'ami! dites-moi seulement votre affaire.
SGANARELLE. C'est que je veux savoir de vous si je ferai bien de me marier.
GÉRONIMO. Qui? vous?
SGANARELLE. Oui, moi-même, en propre personne. Quel est votre avis là-dessus?
GÉRONIMO. Je vous prie, auparavant, de me dire une chose.
SGANARELLE. Et quoi?
GÉRONIMO. Quel âge pouvez-vous bien avoir maintenant?
SGANARELLE. Moi?
GÉRONIMO. Oui.
SGANARELLE. Ma foi, je ne sais; mais je me porte bien.
GÉRONIMO. Quoi! vous ne savez pas à peu près votre âge?
SGANARELLE. Non. Est-ce qu'on songe à cela?
GÉRONIMO. Eh! dites-moi un peu, s'il vous plaît, combien aviez-vous d'années lorsque nous fîmes connaissance?
SGANARELLE. Ma foi, je n'avais que vingt ans alors.
GÉRONIMO. Combien fûmes-nous ensemble à Rome?
SGANARELLE. Huit ans.
GÉRONIMO. Quel temps avez-vous demeuré en Angleterre?
SGANARELLE. Sept ans.
GÉRONIMO. Et en Hollande où vous fûtes ensuite?
SGANARELLE. Cinq ans et demi.
GÉRONIMO. Combien y a-t-il que vous êtes revenu ici?
SGANARELLE. Je revins en cinquante-deux.
GÉRONIMO. De cinquante-deux à soixante-quatre, il y a douze ans, ce me semble; cinq en Hollande, font dix-sept; sept ans en Angleterre, font vingt-quatre; huit dans notre séjour à Rome, font trente-deux; et vingt que vous aviez lorsque nous nous connûmes, cela fait justement cinquante-deux. Si bien, seigneur Sganarelle, que, sur votre propre confession, vous êtes environ à votre cinquante-deuxième ou cinquante-troisième année.
SGANARELLE. Qui? moi? Cela ne se peut pas!

GÉRONIMO. Mon Dieu ! le calcul est juste; et là-dessus je vous dirai franchement, et en ami, comme vous m'avez fait promettre de vous parler, que le mariage n'est guère votre fait. C'est une chose à laquelle il faut que les jeunes gens pensent bien mûrement avant que de la faire ; mais les gens de votre âge n'y doivent point penser du tout ; et si l'on dit que la plus grande de toutes les folies est celle de se marier, je ne vois rien de plus mal à propos que de la faire, cette folie, dans la saison où nous devons être plus sages. Enfin, je vous en dis nettement ma pensée, je ne vous conseille point de songer au mariage ; et je vous trouverais le plus ridicule du monde, si, ayant été libre jusqu'à cette heure, vous alliez vous charger maintenant de la plus pesante des chaînes.

SGANARELLE. Et moi, je vous dis que je suis résolu de me marier, et que je ne serai point ridicule en épousant la fille que je recherche.

GÉRONIMO. Ah ! c'est autre chose ; vous ne m'aviez pas dit cela.

SGANARELLE. C'est une fille qui me plaît, et que j'aime de tout mon cœur.

GÉRONIMO. Vous l'aimez de tout votre cœur?

SGANARELLE. Sans doute, et je l'ai demandée à son père.

GÉRONIMO. Vous l'avez demandée ?

SGANARELLE. Oui ; c'est un mariage qui doit se conclure ce soir, et j'ai donné ma parole.

GÉROMINO. Oh ! mariez-vous donc ; je ne dis plus mot.

SGANARELLE. Je quitterais le dessein que j'ai fait !... Vous semble-t-il, seigneur Géronimo, que je ne sois plus propre à songer au mariage? Ne parlons point de l'âge que je puis avoir ; mais regardons seulement les choses. Y a-t-il homme de trente ans qui paraisse plus frais et plus vigoureux que vous me voyez? N'ai-je pas tous les mouvements de mon corps aussi bons que jamais? Et voit-on que j'aie besoin de carrosse ou de chaise pour cheminer? N'ai-je pas encore toutes mes dents les meilleures du monde ? (Il montre ses dents.) Ne fais-je pas vigoureusement mes quatre repas par jour ? Et peut-on voir un estomac qui ait plus de force que le mien ? (Il tousse.) Hem, hem, hem! Eh ! qu'en dites-vous ?

GÉRONIMO. Vous avez raison, je m'étais trompé. Vous ferez bien de vous marier.

SGANARELLE. J'y ai répugné autrefois ; mais j'ai maintenant de puissantes raisons pour cela. Outre la joie que j'aurai de posséder une femme qui me dorlotera et me viendra frotter lorsque je serai las ; outre cette joie, dis-je, je considère qu'en demeurant comme je suis, je laisse périr dans le monde la race des

Sganarelles, et qu'en me mariant je pourrai me voir revivre en d'autres moi-même; que j'aurai le plaisir de voir de petites figures qui me ressembleront comme deux gouttes d'eau, qui se joueront continuellement dans la maison, qui m'appelleront leur papa quand je reviendrai de la ville, et me diront de petites folies les plus agréables du monde. Tenez, il me semble déjà que j'y suis, et que j'en vois une demi-douzaine autour de moi.

GÉRONIMO. Il n'y a rien de plus agréable que cela; et je vous conseille de vous marier le plus vite que vous pourrez.

SGANARELLE. Tout de bon, vous me le conseillez?

GÉRONIMO. Assurément. Vous ne sauriez mieux faire.

SGANARELLE. Vraiment je suis ravi que vous me donniez ce conseil en véritable ami.

GÉRONIMO. Eh! quelle est la personne, s'il vous plaît, avec qui vous allez vous marier?

SGANARELLE. Dorimène.

GÉRONIMO. Cette jeune Dorimène si gracieuse et si bien parée?

SGANARELLE. Oui.

GÉRONIMO. Fille du seigneur Alcantor?

SGANARELLE. Justement.

GÉRONIMO. Et sœur d'un certain Alcidas qui se mêle de porter l'épée?

SGANARELLE. C'est cela.

GÉRONIMO. Vertu de ma vie!

SGANARELLE. Qu'en dites-vous?

GÉRONIMO. Bon parti! mariez-vous promptement.

SGANARELLE. N'ai-je pas raison d'avoir fait ce choix?

GÉRONIMO. Sans doute. Ah! que vous serez bien marié! Dépêchez-vous de l'être.

SGANARELLE. Vous me comblez de joie de me dire cela. Je vous remercie de votre conseil, et je vous invite ce soir à mes noces.

GÉRONIMO. Je n'y manquerai pas; et je veux y aller en masque, afin de les mieux honorer.

SGANARELLE. Serviteur!

GÉRONIMO, à part. La jeune Dorimène, fille du seigneur Alcantor, avec le seigneur Sganarelle, qui n'a que cinquante-trois ans! O le beau mariage! ô le beau mariage! (Ce qu'il répète plusieurs fois en s'en allant.)

SCÈNE III.

SGNANARELLE.

Ce mariage doit être heureux, car il donne de la joie à tout le monde, et je fais rire tous ceux à qui j'en parle. Me voilà maintenant le plus content des hommes!

SCÈNE IV.

DORIMÈNE, SGANARELLE.

DORIMÈNE, dans le fond du théâtre, à un petit laquais qui la suit. Allons, petit garçon, qu'on tienne bien ma queue, et qu'on ne s'amuse pas à badiner.

SGANARELLE, à part, apercevant Dorimène. Voici Dorimène qui vient. Ah! qu'elle est agréable! Quel air et quelle taille! (A Dorimène.) Où allez-vous, chère épouse future de votre époux futur?

DORIMÈNE. Je vais faire quelques emplettes.

SGANARELLE. Eh bien, madame, c'est maintenant que nous allons être heureux l'un et l'autre. N'êtes-vous pas bien aise de ce mariage?

DORIMÈNE. Tout à fait aise, je vous jure; car enfin la sévérité de mon père m'a tenue jusqu'ici dans une sujétion la plus fâcheuse du monde. Il y a je ne sais combien que j'enrage du peu de liberté qu'il me donne, et j'ai cent fois souhaité qu'il me mariât, pour sortir promptement de la contrainte où j'étais avec lui, et me voir en état de faire ce que je voudrai. Dieu merci! vous êtes venu heureusement pour cela; et je me prépare désormais à me donner du divertissement et à réparer comme il faut le temps que j'ai perdu. Comme vous êtes un fort galant homme, et que vous savez comme il faut vivre, je crois que nous ferons le meilleur ménage du monde ensemble, et que vous ne serez point de ces maris incommodes qui veulent que leurs femmes vivent comme des loups-garous. Je vous avoue que je ne m'accommoderais pas de cela et que la solitude me désespère. J'aime le jeu, les visites, les assemblées, les cadeaux et les promenades, en un mot, toutes choses de plaisir; et vous devez être ravi d'avoir une femme de mon humeur. Nous n'aurons jamais aucun démêlé ensemble, et je ne vous contraindrai point dans vos actions, comme j'espère que, de votre côté, vous ne me contraindrez point dans les miennes; car, pour moi, je tiens qu'il faut avoir une complaisance mutuelle, et qu'on ne se doit point marier pour se faire enrager l'un l'autre. Enfin nous vivrons, étant mariés, comme deux personnes qui savent leur monde : aucun soupçon jaloux ne nous troublera la cervelle; et c'est assez que vous serez assuré de ma fidélité, comme je serai persuadée de la vôtre. Mais qu'avez-vous? je vous vois tout changé de visage.

SGANARELLE. Ce sont quelques vapeurs qui me viennent de monter à la tête.

DORIMÈNE. C'est un mal aujourd'hui qui attaque beaucoup de

Quel diable de babillard !

LE MARIAGE FORCÉ.   Scène VI

gens, mais notre mariage dissipera tout cela. Adieu! il me tarde déjà que j'aie des habits raisonnables pour quitter vite ces guenilles. Je m'en vais de ce pas achever d'acheter toutes les choses qu'il me faut, et je vous enverrai les marchands.

SCÈNE V.

GÉRONIMO, SGANARELLE.

GÉRONIMO. Ah! seigneur Sganarelle, je suis ravi de vous trouver encore ici; et j'ai rencontré un orfèvre qui, sur le bruit que vous cherchiez quelque beau diamant en bague pour faire un présent à votre épouse, m'a fort prié de vous venir parler pour lui, et de vous dire qu'il en a un à vendre, le plus parfait du monde.

SGANARELLE. Mon Dieu! cela n'est pas pressé.

GÉRONIMO. Comment! que veut dire cela? Où est l'ardeur que vous montriez tout à l'heure?

SGANARELLE. Il m'est venu, depuis un moment, de petits scrupules sur le mariage. Avant que de passer plus avant, je voudrais bien agiter à fond cette matière, et que l'on m'expliquât un songe que j'ai fait cette nuit et qui vient tout à l'heure de me revenir dans l'esprit. Vous savez que les songes sont comme des miroirs où l'on découvre quelquefois tout ce qui nous doit arriver. Il me semblait que j'étais dans un vaisseau, sur une mer bien agitée, et que...

GÉRONIMO. Seigneur Sganarelle, j'ai maintenant quelque petite affaire qui m'empêche de vous ouïr. Je n'entends rien du tout aux songes; et, quant au raisonnement du mariage, vous avez deux savants, deux philosophes vos voisins, qui sont gens à vous débiter tout ce qu'on peut dire sur ce sujet. Comme ils sont de sectes différentes, vous pouvez examiner leurs diverses opinions là-dessus. Pour moi, je me contente de ce que je vous ai dit tantôt et demeure votre serviteur.

SGANARELLE, seul. Il a raison : il faut que je consulte un peu ces gens-là sur l'incertitude où je suis.

SCÈNE VI.

PANCRACE, SGANARELLE.

PANCRACE, se tournant du côté par où il est entré, et sans voir Sganarelle. Allez, vous êtes un impertinent, mon ami, un homme ignare de toute bonne discipline, bannissable de la république des lettres.

SGANARELLE. Ah! bon, en voici un fort à propos!

PANCRACE, de même, sans voir Sganarelle. Oui, je te soutiendrai par vives raisons, je te montrerai par Aristote, le philosophe des philosophes, que tu es un ignorant, un ignorantissime, ignorantifiant et ignorantifié, par tous les cas et modes imaginables.

SGANARELLE, à part. Il a pris querelle contre quelqu'un (A Pancrace.) Seigneur!...

PANCRACE, de même, sans voir Sganarelle. Tu te veux mêler de raisonner, et tu ne sais seulement pas les éléments de la raison.

SGANARELLE, à part. La colère l'empêche de me voir. (A Pancrace.) Seigneur!...

PANCRACE, de même, sans voir Sganarelle. C'est une proposition condamnable dans toutes les terres de la philosophie.

SGANARELLE, à part. Il faut qu'on l'ait fort irrité. (A Pancrace.) Je...

PANCRACE, de même, sans voir Sganarelle. *Toto cœlo, totâ viâ aberras.*

SGANARELLE. Je baise les mains à M. le docteur.

PANCRACE. Serviteur!

SGANARELLE. Peut-on?

PANCRACE, se retournant vers l'endroit par où il est entré. Sais-tu bien ce que tu as fait? Un syllogisme *in balordo*.

SGANARELLE. Je vous...

PANCRACE, de même. La majeure en est inepte, la mineure impertinente et la conclusion ridicule.

SGANARELLE. Je...

PANCRACE, de même. Je crèverais plutôt que d'avouer ce que tu dis; et je soutiendrai mon opinion jusqu'à la dernière goutte de mon encre.

SGANARELLE. Puis-je?...

PANCRACE, de même. Oui, je défendrai cette proposition *pugnis et calcibus unguibus et rostro.*

SGANARELLE. Seigneur Aristote, peut-on savoir ce qui vous met si fort en colère?

PANCRACE. Un sujet le plus juste du monde.

SGANARELLE. Et quoi encore?

PANCRACE. Un ignorant m'a voulu soutenir une proposition erronée, une proposition épouvantable, effroyable, exécrable.

SGANARELLE. Puis-je demander ce que c'est?

PANCRACE. Ah! seigneur Sganarelle, tout est renversé aujourd'hui, et le monde est tombé dans une corruption générale : une licence épouvantable règne partout; et les magistrats qui sont établis pour maintenir l'ordre dans cet État, devraient mourir de honte en souffrant un scandale aussi intolérable que celui dont je veux parler.

SGANARELLE. Quoi donc?

PANCRACE. N'est-ce pas une chose horrible, une chose qui crie vengeance au ciel, que d'endurer qu'on dise publiquement la forme d'un chapeau?

SGANARELLE. Comment!

PANCRACE. Je soutiens qu'il faut dire la figure d'un chapeau, et non pas la forme : d'autant qu'il y a cette différence entre la forme et la figure, que la forme est la disposition extérieure des corps qui sont inanimés, et la figure, la disposition extérieure des corps qui sont animés ; et puisque le chapeau est un corps inanimé, il faut dire la figure d'un chapeau, et non pas la forme. (Se retournant encore du côté par où il est entré.) Oui, ignorant que vous êtes, c'est ainsi qu'il faut parler ; et ce sont les termes exprès d'Aristote dans le chapitre de la qualité.

SGANARELLE, à part. Je pensais que tout fut perdu. (à Pancrace.) Seigneur docteur, ne songez plus à tout cela. Je...

PANCRACE. Je suis dans une colère, que je ne me sens pas !

SGANARELLE. Laissez la forme et le chapeau en paix. J'ai quelque chose à vous communiquer. Je...

PANCRACE. Impertinent !

SGANARELLE. De grâce, remettez-vous. Je...

PANCRACE. Ignorant !

SGANARELLE. Eh ! mon Dieu !...

PANCRACE. Me vouloir soutenir une proposition de la sorte !

SGANARELLE. Il a tort. Je...

PANCRACE. Une proposition condamnée par Aristote !

SGANARELLE. Cela est vrai. Je...

PANCRACE. En termes exprès !

SGANARELLE. Vous avez raison. (Se retournant du côté par où Pancrace est entré.) Oui, vous êtes un sot et un impudent de vouloir disputer contre un docteur qui sait lire et écrire. Voilà qui est fait : je vous prie de m'écouter. Je viens vous consulter sur une affaire qui m'embarrasse. J'ai dessein de prendre une femme pour me tenir compagnie dans mon ménage. La personne est belle et bien faite ; elle me plaît beaucoup et est ravie de m'épouser ; son père me l'a accordée. Mais je crains d'être malheureux par la suite ; et je voudrais bien vous prier, comme philosophe, de me dire votre sentiment. Eh ! quel est votre avis là-dessus?

PANCRACE. Plutôt que d'accorder qu'il faille dire la forme d'un chapeau, j'accorderais que *datur vacuum in rerum naturâ*, et que je ne suis qu'un bête.

SGANARELLE, à part. La peste soit de l'homme ! (A Pancrace.) Eh ! monsieur le docteur, écoutez un peu les gens ! On vous parle une heure durant, et vous ne répondez point à ce qu'on vous dit.

PANCRACE. Je vous demande pardon. Une juste colère m'occupe l'esprit.

SGANARELLE. Eh! laissez tout cela, et prenez la peine de m'écouter.

PANCRACE. Soit! Que voulez-vous me dire?

SGANARELLE. Je veux vous parler de quelque chose.

PANCRACE. Et de quelle langue voulez-vous vous servir avec moi.

SGANARELLE. De quelle langue?

PANCRACE. Oui.

SGANARELLE. Parbleu! de la langue que j'ai dans ma bouche. Je crois que je n'irai pas emprunter celle de mon voisin.

PANCRACE. Je vous dis de quel idiome, de quel langage?

SGANARELLE. Ah! c'est une autre affaire.

PANCRACE. Voulez-vous me parler italien?

SGANARELLE. Non.

PANCRACE. Espagnol?

SGANARELLE. Non.

PANCRACE. Allemand?

SGANARELLE. Non.

PANCRACE. Anglais?

SGANARELLE. Non.

PANCRACE. Latin?

SGANARELLE. Non.

PANCRACE. Grec?

SGANARELLE. Non.

PANCRACE. Hébreu?

SGANARELLE. Non.

PANCRACE. Syriaque?

SGANARELLE. Non.

PANCRACE. Turc?

SGANARELLE. Non.

PANCRACE. Arabe?

SGANARELLE. Non, non; français, français, français.

PANCRACE. Ah! français!

SGANARELLE. Fort bien.

PANCRACE. Passez donc de l'autre côté, car cette oreille-ci est destinée pour les langues scientifiques et étrangères, et l'autre est pour la vulgaire et la maternelle.

SGANARELLE, à part. Il faut bien des cérémonies avec ces sortes de gens-ci.

PANCRACE. Que voulez-vous?

SGANARELLE. Vous consulter sur une petite difficulté.

PANCRACE. Ah! ah! sur une difficulté de philosophie sans doute?

SGANARELLE. Pardonnez-moi. Je...

PANCRACE. Vous voulez peut-être savoir si la substance et l'accident sont termes synonymes ou équivoques à l'égard de l'être ?

SGANARELLE. Point du tout. Je...

PANCRACE. Si la logique est un art ou une science ?

SGANARELLE. Ce n'est pas cela. Je...

PANCRACE. Si elle a pour objet les trois opérations de l'esprit, ou la troisième seulement ?

SGANARELLE. Non. Je...

PANCRACE. S'il y a dix catégories, ou s'il n'y en a qu'une ?

SGANARELLE. Point. Je...

PANCRACE. Si la conclusion est de l'essence du syllogisme ?

SGANARELLE. Nenni. Je...

PANCRACE. Si l'essence du bien est mise dans l'appétibilité ou dans la convenance ?

SGANARELLE. Non. Je...

PANCRACE. Si le bien se réciproque avec la fin ?

SGANARELLE. Eh ! non. Je...

PANCRACE. Si la fin nous peut émouvoir par son être réel ou par son être intentionnel ?

SGANARELLE. Non, non, non, non, non ! de par tous les diables, non !

PANCRACE. Expliquez donc votre pensée, car je ne puis pas la deviner.

SGANARELLE. Je vous la veux expliquer aussi ; mais il faut m'écouter. (Pendant que Sganarelle dit :) L'affaire que j'ai à vous dire, c'est que j'ai envie de me marier avec une fille qui est jeune et belle. Je l'aime fort et je l'ai demandée à son père ; mais comme j'appréhende...

PANCRACE dit en même temps sans écouter Sganarelle : La parole a été donnée à l'homme pour expliquer ses pensées ; et tout, ainsi que les pensées sont les portraits des choses, de même les paroles sont-elles les portraits de nos pensées. (Sganarelle, impatienté, ferme la bouche du docteur avec sa main, à plusieurs reprises, et le docteur continue de parler d'abord que Sganarelle ôte sa main.) Mais ces portraits diffèrent des autres portraits, en ce que les autres portraits sont distingués partout de leurs originaux, et que la parole enferme en soi son original, puisqu'elle n'est autre chose que la pensée expliquée par un signe extérieur ; d'où vient que ceux qui pensent bien sont aussi ceux qui parlent le mieux. Expliquez-moi donc votre pensée par la parole, qui est le plus intelligible de tous les signes.

SGANARELLE pousse le docteur dans sa maison et tire la porte pour l'empêcher de sortir. Peste de l'homme !

PANCRACE, au dedans de sa maison. Oui, la parole est *animi index et speculum*. C'est le truchement du cœur, c'est l'image de l'âme. (Il monte à la fenêtre et continue.) C'est un miroir qui nous présente naïvement les secrets les plus arcanes de nos individus; et puisque vous avez la faculté de ratiociner et de parler tout ensemble, à quoi tient-il que vous ne vous serviez de la parole pour me faire entendre votre pensée?

SGANARELLE. C'est ce que je veux faire; mais vous ne voulez pas m'écouter.

PANCRACE. Je vous écoute. Parlez.

SGANARELLE. Je dis donc, monsieur le docteur, que...

PANCRACE. Mais surtout soyez bref.

SGANARELLE. Je le serai.

PANCRACE. Évitez la prolixité.

SGANARELLE. Eh! monsi...

PANCRACE. Tranchez-moi votre discours d'un apophthegme à la laconienne.

SGANARELLE. Je vous...

PANCRACE. Point d'ambages, de circonlocution. (Sganarelle, de dépit de ne pouvoir parler, ramasse des pierres pour en casser la tête du docteur.)

PANCRACE. Eh quoi! vous vous emportez au lieu de vous expliquer? Allez, vous êtes plus impertinent que celui qui m'a voulu soutenir qu'il faut dire la forme d'un chapeau; et je vous prouverai en toute rencontre, par raisons démonstratives et convaincantes, et par arguments *in barbara*, que vous n'êtes et ne serez jamais qu'une pécore, et que je suis et serai toujours *in utroque jure* le docteur Pancrace...

SGANARELLE. Quel diable de babillard!

PANCRACE, en rentrant sur le théâtre. Homme de lettres, homme d'érudition...

SGANARELLE. Encore!

PANCRACE. Homme de suffisance, homme de capacité; (S'en allant.) homme consommé dans toutes les sciences naturelles, morales et politiques; (Revenant.) homme savant, savantissime, *per omnes modos et casus*; (S'en allant.) homme qui possède, *superlativè*, fable, mythologie et histoire, (Revenant.) grammaire, poésie, rhétorique, dialectique et sophistique, (S'en allant.) mathématique, arithmétique, optique, orinocritique, physique et métaphysique, (Revenant.) cosmométrie, géométrie, architecture, spéculoire et spéculatoire, (S'en allant.) médecine, astronomie, astrologie, physionomie, métoposcopie, chiromancie, géomancie, etc.

SCÈNE VII.

SGANARELLE.

Au diable les savants qui ne veulent pas écouter les gens! On me l'avait bien dit que son maître Aristote n'était rien qu'un bavard. Il faut que j'aille trouver l'autre; peut-être qu'il sera plus posé et plus raisonnable. Holà!

SCÈNE VIII.

MARPHURIUS, SGANARELLE.

MARPHURIUS. Que voulez-vous de moi, seigneur Sganarelle?

SGANARELLE. Seigneur docteur, j'aurais besoin de votre conseil sur une petite affaire dont il s'agit, et je suis venu ici pour cela. (A part.) Ah! voilà qui va bien. Il écoute le monde, celui-ci.

MARPHURIUS. Seigneur Sganarelle, changez, s'il vous plaît, cette façon de parler. Notre philosophie ordonne de ne point énoncer de proposition décisive, de parler de tout avec incertitude, de suspendre toujours son jugement; et, par cette raison, vous ne devez pas dire : je suis venu, mais : il me semble que je suis venu.

SGANARELLE. Il me semble?

MARPHURIUS. Oui.

SGANARELLE. Parbleu! il faut bien qu'il me le semble, puisque cela est!

MARPHURIUS. Ce n'est pas une conséquence; et il peut vous le sembler, sans que la chose soit véritable.

SGANARELLE. Comment! il n'est pas vrai que je suis venu?

MARPHURIUS. Cela est incertain, et nous devons douter de tout.

SGANARELLE. Quoi! je ne suis pas ici, et vous ne me parlez pas.

MARPHURIUS. Il m'apparaît que vous êtes là, et il me semble que je vous parle; mais il n'est pas assuré que cela soit.

SGANARELLE. Eh! que diable! vous vous moquez. Me voilà, et vous voilà bien nettement, et il n'y a point de *me semble* à tout cela. Laissons ces subtilités, je vous prie, et parlons de mon affaire. Je viens vous dire que j'ai envie de me marier.

MARPHURIUS. Je n'en sais rien.

SGANARELLE. Je vous le dis.

MARPHURIUS. Il se peut faire.

SGANARELLE. La fille que je veux prendre est fort jeune et fort belle.

MARPHURIUS. Il n'est pas impossible.

SGANARELLE. Ferais-je bien ou mal de l'épouser?

MARPHURIUS. L'un ou l'autre.

SGANARELLE, à part. Ah! ah! voici une autre musique. (A Marphurius.) Je vous demande si je ferai bien d'épouser la fille dont je vous parle?

MARPHURIUS. Selon la rencontre.

SGANARELLE. Ferai-je mal?

MARPHURIUS. Par aventure.

SGANARELLE. De grâce, répondez-moi comme il faut!

MARPHURIUS. C'est mon dessein.

SGANARELLE. J'ai une grande inclination pour la jeune personne.

MARPHURIUS. Cela peut être.

SGANARELLE. Le père me l'a accordée.

MARPHURIUS. Il se pourrait.

SGANARELLE. Mais, en l'épousant, je crains d'être malheureux.

MARPHURIUS. La chose est faisable.

SGANARELLE. Qu'en pensez-vous?

MARPHURIUS. Il n'y a pas d'impossibilité.

SGANARELLE. Mais que feriez-vous, si vous étiez à ma place?

MARPHURIUS. Je ne sais.

SGANARELLE. Que me conseillez-vous de faire?

MARPHURIUS. Ce qu'il vous plaira.

SGANARELLE. J'enrage!

MARPHURIUS. Je m'en lave les mains.

SGANARELLE. Au diable soit le vieux rêveur!

MARPHURIUS. Il en sera ce qu'il pourra.

SGANARELLE, à part. La peste du bourreau! Je te ferai changer de note, chien de philosophe enragé! (Il donne des coups de bâton à Marphurius.)

MARPHURIUS. Ah! ah! ah!

SGANARELLE. Te voilà payé de ton galimatias, et me voilà content.

MARPHURIUS. Comment! Quelle insolence! M'outrager de la sorte! Avoir eu l'audace de battre un philosophe comme moi!

SGANARELLE. Corrigez, s'il vous plaît, cette manière de parler. Il faut douter de toute chose, et vous ne devez pas dire que je vous ai battu, mais qu'il vous semble que je vous ai battu.

MARPHURIUS. Ah! je m'en vais faire ma plainte au commissaire du quartier des coups que j'ai reçus.

SGANARELLE. Je m'en lave les mains.

MARPHURIUS. J'en ai des marques sur ma personne.

SGANARELLE. Il se peut faire.

MARPHURIUS. C'est toi qui m'as traité ainsi.

SGANARELLE. Il n'y a pas d'impossibilité.

MARPHURIUS. J'aurai un décret contre toi.
SGANARELLE. Je n'en sais rien.
MARPHURIUS. Tu seras condamné en justice.
SGANARELLE. Il en sera ce qu'il pourra.
MARPHURIUS. Laisse-moi faire.

SCÈNE IX.

SGANARELLE.

Comment! on ne saurait tirer une parole positive de ce chien d'homme-là, et l'on est aussi savant à la fin qu'au commencement! Que dois-je faire, dans l'incertitude des suites de mon mariage? Jamais homme ne fut plus embarrassé que je le suis.

SCÈNE X.

DORIMÈNE, LYCASTE, SGANARELLE, retiré dans un coin du théâtre sans être vu.

LYCASTE. Quoi! belle Dorimène, c'est sans raillerie que vous parlez?
DORIMÈNE. Sans raillerie.
LYCASTE. Vous vous mariez tout de bon?
DORIMÈNE. Tout de bon.
LYCASTE. Et vos noces se font dès ce soir?
DORIMÈNE. Dès ce soir.
LYCASTE. Et vous pouvez, cruelle que vous êtes, oublier les obligeantes paroles que vous m'aviez données?
DORIMÈNE. Moi? Point du tout. Je vous considère toujours de même; et ce mariage ne vous doit point inquiéter. C'est un homme que je n'épouse point par inclination, et sa seule richesse me fait résoudre à l'accepter. Je n'ai point de bien, vous n'en avez point aussi; et vous savez que sans cela on passe mal le temps au monde, et qu'à quelque prix que ce soit, il faut tâcher d'en avoir. J'ai embrassé cette occasion-ci de me mettre à mon aise, et je l'ai fait sur l'espérance de me voir bientôt délivrée du barbon que je prends. C'est un homme qui mourra avant qu'il soit peu, et qui n'a tout au plus que six mois à vivre. Je vous le garantis défunt dans le temps que je dis; et je n'aurai pas longuement à demander pour moi au ciel l'heureux état de veuve. (A Sganarelle qu'elle aperçoit.) Ah! nous parlions de vous, et nous en disions tout le bien qu'on en saurait dire.
LYCASTE. Est-ce là monsieur?
DORIMÈNE. Oui, c'est monsieur qui me prend pour femme.
LYCASTE. Agréez, monsieur, que je vous félicite de votre

mariage, et vous présente en même temps mes très-humbles services; je vous assure que vous épousez là une très-honnête personne. Et vous, mademoiselle, je me réjouis aussi avec vous de l'heureux choix que vous avez fait : vous ne pouviez pas mieux trouver, et monsieur a toute la mine d'être un fort bon mari. Oui, monsieur, je veux faire amitié avec vous, et lier ensemble un petit commerce de visites et de divertissements.

DORIMÈNE. C'est trop d'honneur que vous nous faites à tous deux. Mais, allons, le temps me presse, et nous aurons tout le loisir de nous entretenir ensemble.

SCÈNE XI.

SGANARELLE.

Me voilà tout à fait dégoûté de mon mariage; et je crois que je ne ferai pas mal de m'aller dégager de ma parole. Il m'en a coûté quelque argent; mais il vaut mieux encore perdre cela que de m'exposer à quelque chose de pis. Tâchons adroitement de nous débarrasser de cette affaire. Holà! (Il frappe à la porte de la maison d'Alcantor.)

SCÈNE XII.

ALCANTOR, SGANARELLE.

ALCANTOR. Ah! mon gendre, soyez le bienvenu!
SGANARELLE. Monsieur, votre serviteur!
ALCANTOR. Vous venez pour conclure le mariage?
SGANARELLE. Excusez-moi.
ALCANTOR. Je vous promets que j'en ai autant d'impatience que vous.
SGANARELLE. Je viens ici pour un autre sujet.
ALCANTOR. J'ai donné ordre à toutes les choses nécessaires pour cette fête.
SGANARELLE. Il n'est pas question de cela.
ALCANTOR. Les violons sont retenus, le festin est commandé, et ma fille est parée pour vous recevoir.
SGANARELLE. Ce n'est pas ce qui m'amène.
ALCANTOR. Enfin vous allez être satisfait, et rien ne peut retarder votre contentement.
SGANARELLE. Mon Dieu! c'est autre chose.
ALCANTOR. Allons, entrez donc, mon gendre.
SGANARELLE. J'ai un petit mot à vous dire.
ALCANTOR. Ah! mon Dieu! ne faisons point de cérémonie. Entrez vite, s'il vous plaît.

SGANARELLE. Non, vous dis-je. Je veux vous parler auparavant.
ALCANTOR. Vous voulez me dire quelque chose?
SGANARELLE. Oui.
ALCANTOR. Et quoi?
SGANARELLE. Seigneur Alcantor, j'ai demandé votre fille en mariage, il est vrai, et vous me l'avez accordée; mais je me trouve un peu avancé en âge pour elle, et je considère que je ne suis point du tout son fait.
ALCANTOR. Pardonnez-moi, ma fille vous trouve bien comme vous êtes; et je suis sûr qu'elle vivra fort contente avec vous.
SGANARELLE. Point. J'ai parfois des bizarreries épouvantables, et elle aurait trop à souffrir de ma mauvaise humeur.
ALCANTOR. Ma fille a de la complaisance, et vous verrez qu'elle s'accommodera entièrement à vous.
SGANARELLE. Enfin, voulez-vous que je vous dise? Je ne vous conseille point de me la donner.
ALCANTOR. Vous moquez-vous? J'aimerais mieux mourir que d'avoir manqué à ma parole!
SGANARELLE. Mon Dieu! je vous en dispense; et je...
ALCANTOR. Point du tout. Je vous l'ai promise; et vous l'aurez, en dépit de tous ceux qui y prétendent.
SGANARELLE, à part. Que diable!
ALCANTOR. Voyez-vous, j'ai une estime et une amitié pour vous toutes particulières, et je refuserais ma fille à un prince pour vous la donner.
SGANARELLE. Seigneur Alcantor, je vous suis obligé de l'honneur que vous me faites; mais je vous déclare que je ne veux point me marier.
ALCANTOR. Qui? vous?
SGANARELLE. Oui, moi.
ALCANTOR. Et la raison?
SGANARELLE. La raison! C'est que je ne me sens point propre pour le mariage.
ALCANTOR. Écoutez, les volontés sont libres; et je suis homme à ne contraindre jamais personne. Vous vous êtes engagé avec moi pour épouser ma fille, et tout est préparé pour cela; mais, puisque vous voulez retirer votre parole, je vais voir ce qu'il y a à faire, et vous aurez bientôt de mes nouvelles.

SCÈNE XIII.

SGANARELLE.

Encore est-il plus raisonnable que je ne pensais, et je

croyais avoir bien plus de peine à m'en dégager. Ma foi! quand j'y songe, j'ai fait fort sagement de me tirer de cette affaire; et j'allais faire un pas dont je me serais peut-être longtemps repenti. Mais voici le fils qui me vient rendre réponse.

SCÈNE XIV.

ALCIDAS, SGANARELLE.

ALCIDAS, d'un ton doucereux. Monsieur, je suis votre serviteur très-humble!

SGANARELLE. Monsieur, je suis le vôtre de tout mon cœur!

ALCIDAS, toujours avec le même ton. Mon père m'a dit, monsieur, que vous étiez venu dégager la parole que vous aviez donnée?

SGANARELLE. Oui, monsieur. C'est avec regret; mais...

ALCIDAS. Oh! monsieur, il n'y a pas de mal à cela.

SGANARELLE. J'en suis fâché, je vous assure, et je souhaiterais...

ALCIDAS. Cela n'est rien, vous dis-je. (Alcidas présente à Sganarelle deux épées.) Monsieur, prenez la peine de choisir de ces deux épées laquelle vous voulez.

SGANARELLE. De ces deux épées?

ALCIDAS. Oui, s'il vous plaît.

SGANARELLE. A quoi bon?

ALCIDAS. Monsieur, comme vous refusez d'épouser ma sœur après la parole donnée, je crois que vous ne trouverez pas mauvais le petit compliment que je viens vous faire.

SGANARELLE. Comment?

ALCIDAS. D'autres gens feraient plus de bruit, et s'emporteraient contre vous : mais nous sommes personnes à traiter les choses dans la douceur; et je viens vous dire civilement qu'il faut, si vous le trouvez bon, que nous nous coupions la gorge ensemble.

SGANARELLE. Voilà un compliment fort mal tourné.

ALCIDAS. Allons, monsieur, choisissez, je vous prie.

SGANARELLE. Je suis votre valet, je n'ai point de gorge à me couper. (A part.) La vilaine façon de parler que voilà!

ALCIDAS. Monsieur, il faut que cela soit, s'il vous plaît.

SGANARELLE. Eh! monsieur, rengaînez ce compliment, je vous prie.

ALCIDAS. Dépêchons vite, monsieur. J'ai une petite affaire qui m'attend.

SGANARELLE. Je ne veux point de cela, vous dis-je!

ALCIDAS. Vous ne voulez pas vous battre?

SGANARELLE. Nenni, ma foi!

ALCIDAS. Tout de bon?

SGANARELLE. Tout de bon.

ALCIDAS, après lui avoir donné des coups de bâton. Au moins, monsieur, vous n'avez pas lieu de vous plaindre; et vous voyez que je fais les choses dans l'ordre. Vous nous manquez de parole, je veux me battre contre vous; vous refusez de vous battre, je vous donne des coups de bâton : tout cela est dans les formes; et vous êtes trop honnête homme pour ne pas approuver mon procédé.

SGANARELLE, à part. Quel diable d'homme est-ce ci?

ALCIDAS lui présente encore les deux épées. Allons, monsieur, faites les choses galamment, et sans vous faire tirer l'oreille.

SGANARELLE. Encore?

ALCIDAS. Monsieur, je ne contrains personne; mais il faut que vous vous battiez ou que vous épousiez ma sœur.

SGANARELLE. Monsieur, je ne puis faire ni l'un ni l'autre, je vous assure.

ALCIDAS. Assurément?

SGANARELLE. Assurément.

ALCIDAS. Avec votre permission donc... (Alcidas lui donne encore des coups de bâton.)

SGANARELLE. Ah! ah! ah!

ALCIDAS. Monsieur, j'ai tous les regrets du monde d'être obligé d'en user ainsi avec vous; mais je ne cesserai point, s'il vous plaît, que vous n'ayez promis de vous battre ou d'épouser ma sœur. (Alcidas lève le bâton.)

SGANARELLE. Eh bien! j'épouserai, j'épouserai.

ALCIDAS. Ah! monsieur, je suis ravi que vous vous mettiez à la raison, et que les choses se passent doucement; car enfin vous êtes l'homme du monde que j'estime le plus, je vous jure; et j'aurais été au désespoir que vous m'eussiez contraint à vous maltraiter. Je vais appeler mon père pour lui dire que tout est d'accord. (Il va frapper à la porte d'Alcantor.)

SCÈNE XV.

ALCANTOR, DORIMÈNE, ALCIDAS, SGANARELLE.

ALCIDAS. Mon père, voilà monsieur qui est tout à fait raisonnable. Il a voulu faire les choses de bonne grâce, et vous pouvez lui donner ma sœur.

ALCANTOR. Monsieur, voilà sa main, vous n'avez qu'à donner la vôtre. Loué soit le ciel! m'en voilà déchargé; et c'est vous désormais que regarde le soin de sa conduite. Allons nous réjouir et célébrer cet heureux mariage.

LE FAUX MÉDECIN

COMÉDIE-BALLET EN TROIS ACTES (1665)

PERSONNAGES :

DANS LE PROLOGUE :
LA COMÉDIE.
LA MUSIQUE.
LE BALLET.

DANS LA COMÉDIE.
SGANARELLE, père de Lucinde.
LUCINDE, fille de Sganarelle.
CLITANDRE.
AMINTE, voisine de Sganarelle.
LUCRÈCE, nièce de Sganarelle.
LISETTE, suivante de Lucinde.
M. GUILLAUME, marchand de tapisseries.
M. JOSSE, orfèvre.
M. TOMÈS, \
M. DESFONANDRÈS, |
M. MACROTON, } médecins.
M. BAHIS, |
M. FILLERIN, /

UN NOTAIRE.
CHAMPAGNE, valet de Sganarelle.

DANS LE BALLET :
PREMIÈRE ENTRÉE.
CHAMPAGNE, valet dansant.
QUATRE MÉDECINS, dansants.

SECONDE ENTRÉE.
UN OPÉRATEUR, chantant.
TRIVELINS ET SCARAMOUCHES dansants, de la suite de l'opérateur.

TROISIÈME ENTRÉE.
LA COMÉDIE.
LA MUSIQUE.
LE BALLET.

La scène est à Paris.

PROLOGUE

LA COMÉDIE, LA MUSIQUE, LE BALLET.

LA COMÉDIE. Quittons, quittons notre vaine querelle;
Ne nous disputons point nos talents tour à tour,
  Et d'une gloire plus belle
    Piquons-nous en ce jour.
Unissons-nous tous trois d'une ardeur sans seconde
Pour donner du plaisir au plus grand roi du monde.
TOUS TROIS ENSEMBLE.
Unissons-nous tous trois d'une ardeur sans seconde
Pour donner du plaisir au plus grand roi du monde.
LA MUSIQUE. De ses travaux, plus grands qu'on ne peut croire,
  Il se vient quelquefois délasser parmi nous.

LE BALLET. Est-il de plus grande gloire?
Est-il de bonheur plus doux?
TOUS TROIS ENSEMBLE.
Unissons-nous tous trois d'une ardeur sans seconde
Pour donner du plaisir au plus grand roi du monde.

ACTE PREMIER

SCÈNE I.

SGANARELLE, AMINTE, LUCRÈCE, M. GUILLAUME, M. JOSSE.

SGANARELLE. Ah! l'étrange chose que la vie! et que je puis bien dire avec ce grand philosophe de l'antiquité, que *qui terre a, guerre a*, et qu'un malheur ne vient jamais sans l'autre! Je n'avais qu'une femme, qui est morte.

M. GUILLAUME. Et combien donc voulez-vous en avoir?

SGANARELLE. Elle est morte, monsieur Guillaume, mon ami. Cette perte m'est très-sensible, et je ne puis m'en ressouvenir sans pleurer. Je n'étais pas fort satisfait de sa conduite, et nous avions le plus souvent dispute ensemble; mais enfin la mort rajuste toutes choses. Elle est morte, je la pleure. Si elle était en vie, nous nous querellerions. De tous les enfants que le ciel m'avait donnés, il ne m'a laissé qu'une fille, et cette fille est toute ma peine : car enfin je la vois dans une mélancolie la plus sombre du monde, dans une tristesse épouvantable, dont il n'y a pas moyen de la retirer, et dont je ne saurais même apprendre la cause. Pour moi, j'en perds l'esprit; et j'aurais besoin d'un bon conseil sur cette matière. (A Lucrèce.) Vous êtes ma nièce; (A Aminte.) vous, ma voisine; (A M. Guillaume et à M. Josse.) et vous, mes compères et mes amis, je vous prie de me conseiller tout ce que je dois faire.

M. JOSSE. Pour moi, je tiens que la braverie, que l'ajustement est la chose qui réjouit le plus les filles; et si j'étais que de vous, je lui achèterais dès aujourd'hui une belle garniture de diamants, ou de rubis, ou d'émeraudes.

M. GUILLAUME. Et moi, si j'étais en votre place, j'achèterais une belle tenture de tapisserie de verdure ou à personnages, que je ferais mettre dans sa chambre pour lui réjouir l'esprit et la vue.

AMINTE. Pour moi, je ne ferais pas tant de façons, je la marierais fort bien, et le plus tôt que je pourrais, avec cette personne qui vous la fit, dit-on, demander il y a quelque temps.

LUCRÈCE. Et moi, je tiens que votre fille n'est point du tout propre pour le mariage. Elle est d'une complexion trop délicate et trop peu saine. Le monde n'est point du tout son fait; et je vous conseille de la mettre dans un couvent, où elle trouvera des divertissements qui seront mieux de son humeur.

SGANARELLE. Tous ces conseils sont admirables, assurément; mais je les tiens un peu intéressés, et trouve que vous me conseillez fort bien pour vous. Vous êtes orfévre, monsieur Josse, et votre conseil sent son homme qui a envie de se défaire de sa marchandise. Vous vendez des tapisseries, monsieur Guillaume, et vous avez la mine d'avoir quelque tenture qui vous incommode. Celui que vous aimez, ma voisine, a, dit-on, quelque inclination pour ma fille, et vous ne seriez pas fâchée de la voir femme d'un autre. Et quant à vous, ma chère nièce, ce n'est pas mon dessein, comme on sait, de marier ma fille avec qui que ce soit, et j'ai mes raisons pour cela; mais le conseil que vous me donnez, de la faire religieuse, est d'une femme qui pourrait bien souhaiter charitablement d'être mon héritière universelle. Ainsi, messieurs et mesdames, quoique tous vos conseils soient les meilleurs du monde, vous trouverez bon, s'il vous plaît, que je n'en suive aucun. (Seul.) Voilà de mes donneurs de conseils à la mode!

SCÈNE II.

LUCINDE, SGANARELLE.

SGANARELLE. Ah! voilà ma fille qui prend l'air. Elle ne me voit pas. Elle soupire; elle lève les yeux au ciel. (A Lucinde.) Dieu vous garde! Bonjour, ma mie! Eh bien, qu'est-ce? Comment vous en va? Eh quoi! toujours triste et mélancolique comme cela! Et tu ne veux pas me dire ce que tu as? Allons donc, découvre-moi ton petit cœur. Là, ma pauvre mie, dis, dis; dis tes petites pensées à ton petit papa mignon. Courage! Veux-tu que je te baise? Viens. ((A part.) J'enrage de la voir de cette humeur-là! (A Lucinde.) Mais, dis-moi, me veux-tu faire mourir de déplaisir? Et ne puis-je savoir d'où vient cette grande langueur? Découvre-m'en la cause, et je te promets que je ferai toutes choses pour toi. Oui, tu n'as qu'à me dire le sujet de ta tristesse : je t'assure ici et te fais serment qu'il n'y a rien que je ne fasse pour te satisfaire; c'est tout dire. Est-ce que tu es jalouse de quelqu'une de tes compagnes que tu vois plus brave que toi? Et serait-il quelque étoffe nouvelle dont tu voulusses avoir un habit? Non. Est-ce que ta chambre ne te semble pas assez parée, et que tu souhaiterais quelque cabinet de la foire Saint-Laurent? Ce n'est pas cela. Aurais-tu envie d'apprendre quelque chose? et veux-tu que je te donne un maître pour te montrer à jouer du clavecin? Nenni. Aimerais-tu quelqu'un et souhaiterais-tu d'être mariée? (Lucinde fait signe que oui.)

SCÈNE III.

SGANARELLE, LUCINDE, LISETTE.

LISETTE. Eh bien, monsieur, vous venez d'entretenir votre fille : avez-vous su la cause de sa mélancolie?

SGANARELLE. Non. C'est une coquine qui me fait enrager.

LISETTE. Monsieur, laissez-moi faire, je m'en vais la sonder un peu.

SGANARELLE. Il n'est pas nécessaire : et puisqu'elle veut être de cette humeur, je suis d'avis qu'on l'y laisse.

LISETTE. Laissez-moi faire, vous dis-je : peut-être qu'elle se découvrira plus librement à moi qu'à vous... Quoi! madame, vous ne nous direz point ce que vous avez, et vous voulez affliger ainsi tout le monde? Il me semble qu'on n'agit point comme vous faites, et que si vous avez quelque répugnance à vous expliquer à un père, vous n'en devez avoir aucune à me découvrir votre cœur. Dites-moi, souhaitez-vous quelque chose de lui? Il nous a dit plus d'une fois qu'il n'épargnerait rien pour vous contenter. Est-ce qu'il ne vous donne pas toute la liberté que vous souhaiteriez? Et les promenades et les cadeaux ne tenteraient-ils point votre âme? Eh! auriez-vous reçu quelque déplaisir? N'auriez-vous point quelqu'un avec qui vous souhaiteriez que votre père vous mariât? Ah! je vous entends, voilà l'affaire. Que diable! pourquoi tant de façons? Monsieur, le mystère est découvert, et...

SGANARELLE. Va, fille ingrate, je ne te veux plus parler, et je te laisse dans ton obstination.

LUCINDE. Mon père, puisque vous voulez que je vous dise la chose...

SGANARELLE. Oui, je perds toute l'amitié que j'avais pour toi.

LISETTE. Monsieur, sa tristesse...

SGANARELLE. C'est une coquine qui me veut faire mourir.

LUCINDE. Mon père, je veux bien...

SGANARELLE. Ce n'est pas là la récompense de t'avoir élevée comme j'ai fait.

LISETTE. Mais, monsieur...

SGANARELLE. Non, je suis contre elle dans une colère épouvantable.
LUCINDE. Mais, mon père...
SGANARELLE. Je n'ai plus aucune tendresse pour toi.
LISETTE. Mais...
SGANARELLE. C'est une friponne !...
LUCINDE. Mais...
SGANARELLE. Une ingrate !
LISETTE. Mais...
SGANARELLE. Une coquine, qui ne veut pas dire ce qu'elle a !
LISETTE. Elle vient de vous le dire.
SGANARELLE, faisant semblant de ne pas entendre. Je l'abandonne !

SCÈNE IV.

LUCINDE, LISETTE.

LISETTE. On dit bien vrai, qu'il n'y a point de pires sourds que ceux qui ne veulent pas entendre.
LUCINDE. Eh bien ! Lisette, j'avais tort de cacher mon déplaisir, et je n'avais qu'à parler pour avoir tout ce que je souhaite de mon père ! Tu le vois.
LISETTE. Mais d'où vient donc, madame, que, jusqu'ici, vous m'avez caché votre mal ?
LUCINDE. Hélas ! de quoi m'aurait servi de te le découvrir plus tôt ? et n'aurais-je pas autant gagné à le tenir caché toute ma vie ? Crois-tu que je n'ai pas bien prévu tout ce que tu vois maintenant, que je ne susse pas à fond tous les sentiments de mon père, et que le refus qu'il a fait porter à celui qui m'a demandée par un ami n'ait pas étouffé dans mon âme toute sorte d'espoir ?
LISETTE. Quoi ! c'est cet inconnu qui vous a fait demander pour qui vous...
LUCINDE. Peut-être n'est-il pas honnête à une fille de s'expliquer si librement ; mais enfin, je t'avoue que s'il m'était permis de vouloir quelque chose, ce serait lui que je voudrais ; et cependant tu vois où la dureté de mon père réduit tout.
LISETTE. Allez, laissez-moi faire. Quelque sujet que j'aie de me plaindre de vous du secret que vous m'avez fait, je ne veux pas laisser de vous servir.
LUCINDE. Mais que veux-tu que je fasse contre l'autorité d'un père ? et, s'il est inexorable à mes vœux...
LISETTE. Et que prétend-il que vous fassiez ? N'êtes-vous pas en âge d'être mariée ? Allez, je prends dès à présent sur moi tous vos intérêts, et vous verrez !... Mais je vois votre père. Rentrons, et me laissez agir.

SCÈNE V.

SGANARELLE.

Il est bon quelquefois de ne point faire semblant d'entendre les choses qu'on n'entend que trop bien; et j'ai fait sagement de parer la déclaration d'un désir que je ne suis pas résolu de contenter. A-t-on jamais rien vu de plus tyrannique que cette coutume où l'on veut assujettir les pères, rien de plus impertinent et de plus ridicule que d'amasser du bien avec de grands travaux, et élever une fille avec beaucoup de soin et de tendresse, pour se dépouiller de l'un et de l'autre entre les mains d'un homme qui ne nous touche de rien? Non, non; je me moque de cet usage, et je veux garder mon bien et ma fille pour moi.

SCÈNE VI.

SGANARELLE, LISETTE.

LISETTE, courant et feignant de ne pas voir Sganarelle. Ah! malheur! ah! disgrâce! Ah! pauvre seigneur Sganarelle, où pourrai-je te rencontrer?

SGANARELLE, à part. Que dit-elle là?

LISETTE, courant toujours. Ah! misérable père! que feras-tu quand tu sauras cette nouvelle?

SGANARELLE, à part. Que sera-ce?

LISETTE. Ma pauvre maîtresse!

SGANARELLE, à part. Je suis perdu!

LISETTE. Ah!

SGANARELLE, courant après Lisette. Lisette!

LISETTE. Quelle infortune!

SGANARELLE. Lisette!

LISETTE. Quel accident!

SGANARELLE. Lisette!

LISETTE. Quelle fatalité!

SGANARELLE. Lisette!

LISETTE, s'arrêtant. Ah! monsieur...

SGANARELLE. Qu'est-ce?

LISETTE. Monsieur...

SGANARELLE. Qu'y a-t-il?

LISETTE. Votre fille...

SGANARELLE. Ah! ah!

LISETTE. Monsieur, ne pleurez donc point comme cela, car vous me feriez rire!

SGANARELLE. Dis donc vite.

LISETTE. Votre fille, toute saisie des paroles que vous lui avez

.dites et de la colère effroyable où elle vous a vu contre elle, est montée vite dans sa chambre, et, pleine de désespoir, a ouvert la fenêtre qui regarde sur la rivière...

SGANARELLE. Eh bien?

LISETTE. Alors, levant les yeux au ciel : « Non, a-t-elle dit, il m'est impossible de vivre avec le courroux de mon père; et, puisqu'il me renonce pour sa fille, je veux mourir. »

SGANARELLE. Elle s'est jetée?

LISETTE. Non, monsieur; elle a fermé tout doucement la fenêtre, et s'est allée mettre sur le lit. Là, elle s'est prise à pleurer amèrement; et tout à coup son visage a pâli, ses yeux se sont tournés, le cœur lui a manqué et elle est demeurée entre mes bras.

SGANARELLE. Ah! ma fille! Elle est morte?

LISETTE. Non, monsieur. A force de la tourmenter, je l'ait fait revenir; mais cela lui reprend de moment en moment, et je crois qu'elle ne passera pas la journée.

SGANARELLE. Champagne! Champagne! Champagne!

SCÈNE VII.

SGANARELLE, CHAMPAGNE, LISETTE.

SGANARELLE. Vite, qu'on m'aille quérir des médecins, et en quantité; on n'en peut trop avoir dans une pareille aventure. Ah! ma fille! ma pauvre fille!

SCÈNE VIII.

PREMIÈRE ENTRÉE.

Champagne, valet de Sganarelle, frappe, en dansant, aux portes des quatre médecins.

SCÈNE IX.

Les quatre médecins dansent, et entrent avec cérémonie chez Sganarelle.

ACTE DEUXIÈME

SCÈNE I.

SGANARELLE, LISETTE.

LISETTE. Que voulez-vous donc faire, monsieur, de quatre médecins? N'est-ce pas assez d'un pour tuer une personne?

SGANARELLE. Taisez-vous. Quatre conseils valent mieux qu'un.

LISETTE. Est-ce que votre fille ne peut pas bien mourir sans le secours de ces messieurs-là?

SGANARELLE. Est-ce que les médecins font mourir?

LISETTE. Sans doute; et j'ai connu un homme qui prouvait, par de bonnes raisons, qu'il ne faut jamais dire : « Une telle personne est morte d'une fièvre et d'une fluxion sur la poitrine; » mais : « Elle est morte de quatre médecins et de deux apothicaires. »

SGANARELLE. Chut! n'offensez pas ces messieurs-là!

LISETTE. Ma foi, monsieur, notre chat est réchappé depuis peu d'un saut qu'il fit du haut de la maison dans la rue, et il fut trois jours sans manger et sans pouvoir remuer ni pied ni patte; mais il est bien heureux de ce qu'il n'y a point de chats médecins, car ses affaires étaient faites, et ils n'auraient pas manqué de le purger et de le saigner.

SGANARELLE. Voulez-vous vous taire, vous dis-je? Mais voyez quelle impertinence! Les voici.

LISETTE. Prenez garde, vous allez être bien édifié. Ils vous diront en latin que votre fille est malade.

SCÈNE II.

MM. TOMÈS, DESFONANDRÈS, MACROTON, BAHIS, SGANARELLE, LISETTE.

SGANARELLE. Eh bien, messieurs?

M. TOMÈS. Nous avons vu suffisamment la malade, et nous allons nous consulter ensemble.

SGANARELLE. Allons, faites donner des siéges.

LISETTE, à M. Tomès. Ah! monsieur, vous en êtes?

SGANARELLE. De quoi donc, connaissez-vous monsieur?

LISETTE. De l'avoir vu l'autre jour chez la bonne amie de madame votre nièce.

M. TOMÈS. Comment se porte son cocher?

LISETTE. Fort bien. Il est mort.

M. TOMÈS. Mort?

LISETTE. Oui.

M. TOMÈS. Cela ne se peut!

LISETTE. Je ne sais pas si cela se peut, mais je sais bien que cela est.

M. TOMÈS. Il ne peut pas être mort, vous dis-je!

LISETTE. Et moi, je vous dis qu'il est mort et enterré.

M. TOMÈS. Vous vous trompez.

LISETTE. Je l'ai vu.

M. TOMÈS. Cela est impossible! Hippocrate dit que ces sortes

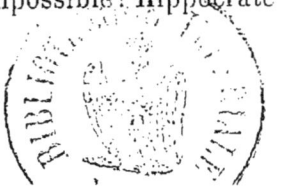

de maladies ne se terminent qu'au quatorze ou au vingt-un, et il n'y a que six jours qu'il est tombé malade.

LISETTE. Hippocrate dira tout ce qu'il lui plaira, mais le cocher est mort.

SGANARELLE. Paix, discoureuse. Allons, sortons d'ici... Messieurs, je vous supplie de consulter de la bonne manière. Quoique ce ne soit pas la coutume de payer auparavant, toutefois, de peur que je ne l'oublie, et afin que ce soit une affaire faite, voici !... (Il leur donne de l'argent, et chacun, en le recevant, fait un geste différent.)

SCÈNE III.

MM. DESFONANDRÈS, TOMÈS, MACROTON, BAHIS. (Ils s'asseyent et toussent.)

M. DESFONANDRÈS. Paris est étrangement grand, et il faut faire de longs trajets quand la pratique donne un peu.

M. TOMÈS. Il faut avouer que j'ai une mule admirable pour cela, et qu'on a peine à croire le chemin que je lui fais faire tous les jours.

M. DESFONANDRÈS. J'ai un cheval merveilleux, et c'est un animal infatigable.

M. TOMÈS. Savez-vous le chemin que ma mule a fait aujourd'hui ? J'ai été, premièrement, tout contre l'Arsenal ; de l'Arsenal, au bout du faubourg Saint-Germain ; du faubourg Saint-Germain, au fond du Marais ; du fond du Marais, à la porte Saint-Honoré ; de la porte Saint-Honoré, au faubourg Saint-Jacques ; du faubourg Saint-Jacques, à la porte de Richelieu ; de la porte de Richelieu, ici ; d'ici, je dois aller encore à la Place Royale.

M. DESFONANDRÈS. Mon cheval a fait tout cela aujourd'hui ; et, de plus, j'ai été à Rueil voir un malade.

M. TOMÈS. Mais, à propos, quel parti prenez-vous dans la querelle des deux médecins Théophraste et Artémius ? car c'est une affaire qui partage tout notre corps.

M. DESFONANDRÈS. Moi, je suis pour Artémius.

M. TOMÈS. Et moi aussi. Ce n'est pas que son avis, comme on a vu, n'ait tué le malade, et que celui de Théophraste ne fût beaucoup meilleur assurément ; mais enfin il a tort dans les circonstances, et il ne devait pas être d'un autre avis que son ancien. Qu'en dites-vous ?

M. DESFONANDRÈS. Sans doute, il faut toujours garder des formalités, quoi qu'il puisse arriver.

M. TOMÈS. Pour moi, j'y suis sévère en diable, à moins que ce ne soit entre amis ; et l'on nous assembla un jour, trois de nous autres, avec un médecin du dehors, pour une consultation où j'arrêtai toute l'affaire, et ne voulus point endurer qu'on opinât, si les choses n'allaient dans l'ordre. Les gens de la maison faisaient ce qu'ils pouvaient, et la maladie pressait; mais je n'en voulus point démordre, et la malade mourut bravement pendant cette contestation.

M. DESFONANDRÈS. C'est fort bien fait d'apprendre à ces gens-là à vivre, et de leur montrer leur bec jaune.

M. TOMÈS. Un homme mort n'est qu'un homme mort, et ne fait point de conséquence; mais une formalité négligée porte un notable préjudice à tout le corps des médecins.

SCÈNE IV.

SGANARELLE, MM. TOMÈS, DESFONANDRÈS, MACROTON, BAHIS.

SGANARELLE. Messieurs, l'oppression de ma fille augmente; je vous prie de me dire vite ce que vous avez résolu.

M. TOMÈS, à M. Desfonandrès. Allons, monsieur!

M. DESFONANDRÈS. Non, monsieur; parlez, s'il vous plaît.

M. TOMÈS. Vous vous moquez!

M. DESFONANDRÈS. Je ne parlerai pas le premier.

M. TOMÈS. Monsieur...

M. DESFONANDRÈS. Monsieur...

SGANARELLE. Eh! de grâce, messieurs, laissez toutes ces cérémonies, et songez que les choses pressent. (Ils parlent tous quatre à la fois.)

M. TOMÈS. La maladie de votre fille...

M. DESFONANDRÈS. L'avis de tous ces messieurs tous ensemble...

M. MACROTON. A-près a-voir bi-en con-sul-té...

M. BAHIS. Pour raisonner...

SGANARELLE. Eh! messieurs, parlez l'un après l'autre, de grâce!

M. TOMÈS. Monsieur, nous avons raisonné sur la maladie de votre fille, et mon avis, à moi, est que cela procède d'une grande chaleur de sang : ainsi, je conclus à la saigner le plus tôt que vous pourrez.

M. DESFONANDRÈS. Et moi, je dis que sa maladie est une pourriture d'humeurs, causée par une trop grande réplétion : ainsi, je conclus à lui donner de l'émétique.

M. TOMÈS. Je soutiens que l'émétique la tuera.

M. DESFONANDRÈS. Et moi, que la saignée la fera mourir.

M. TOMÈS. C'est bien à vous de faire l'habile homme.

M. DESFONANDRÈS. Oui, c'est à moi; et je vous prêterai le collet en tout genre d'érudition.

M. TOMÈS. Souvenez-vous de l'homme que vous fîtes crever ces jours passés.

M. DESFONANDRÈS. Souvenez-vous de la dame que vous avez envoyée en l'autre monde, il y a trois jours.

M. TOMÈS, à Sganarelle. Je vous ai dit mon avis.

M. DESFONANDRÈS, à Sganarelle. Je vous ai dit ma pensée.

M. TOMÈS. Si vous ne faites saigner tout à l'heure votre fille, c'est une personne morte. (Il sort.)

M. DESFONANDRÈS. Si vous la faites saigner, elle ne sera pas en vie dans un quart d'heure. (Il sort.)

SCÈNE V.

SGANARELLE, MM. MACROTON, BAHIS.

SGANARELLE. A qui croire des deux? et quelle résolution prendre sur des avis si opposés? Messieurs, je vous conjure de déterminer mon esprit, et de me dire sans passion ce que vous croyez le plus propre à soulager ma fille.

M. MACROTON. Mon-sieur, dans ces ma-ti-ères-là, il faut pro-cé-der a-vec-que cir-con-spec-ti-on, et ne ri-en fai-re, com-me on dit, à la vo-lée, d'au-tant que les fau-tes qu'on y peut fai-re sont, se-lon no-tre maî-tre Hip-po-cra-te, d'u-ne dan-ge-reu-se con-sé-quen-ce.

M. BAHIS, bredouillant. Il est vrai; il faut bien prendre garde à ce qu'on fait, car ce ne sont point ici des jeux d'enfants; et quand on a failli, il n'est pas aisé de réparer le manquement et de rétablir ce qu'on a gâté. *Experimentum periculosum.* C'est pourquoi, il s'agit de raisonner auparavant comme il faut, de poser mûrement les choses, de regarder le tempérament des gens, d'examiner les causes de la maladie, et de voir les remèdes qu'on y doit apporter.

SGANARELLE. L'un va en tortue, et l'autre court la poste.

M. MACROTON. Or, mon-si-eur, pour ve-nir au fait, je trou-ve que vo-tre fil-le a u-ne ma-la-die chro-ni-que, et qu'el-le peut pé-ri-cli-ter si on ne lui don-ne du se-cours, d'au-tant que les symp-tô-mes qu'el-le a sont in-di-ca-tifs d'u-ne va-peur fu-li-gi-neu-se et mor-di-can-te qui lui pi-co-te les mem-bra-nes du cer-veau. Or, cet-te va-peur, que nous nom-mons en grec *atmos*, est cau-sée par des hu-meurs pu-tri-des, te-na-ces, con-glu-ti-neu-ses, qui sont con-te-nues dans le bas-ven-tre.

M. BAHIS. Et comme ces humeurs ont été là engendrées par une longue succession de temps, elles s'y sont recuites, et ont acquis cette malignité qui fume vers la région du cerveau.

M. MACROTON. Si bien donc que, pour ti-rer, dé-ta-cher, arra-cher, ex-pul-ser, é-va-cu-er les-di-tes hu-meurs, il fau-dra u-ne pur-ga-ti-on vi-gou-reu-se. Mais, au pré-a-la-ble, je trou-ve à pro-pos, et il n'y a pas d'in-con-vé-ni-ent d'u-ser de pe-tits re-mè-des a-no-dins, c'es-à-di-re de pe-tits la-ve-ments ré-mol-li-ents et dé-ter-sifs, de ju-leps et de si-rops ra-fraî-chis-sants qu'on mê-le-ra dans sa ti-sa-ne.

M. BAHIS. Après, nous en viendrons à la purgation et à la saignée, que nous réitérerons s'il en est besoin.

M. MACROTON. Ce n'est pas qu'a-vec tout ce-la vo-tre fil-le ne puis-se mou-rir; mais au moins vous au-rez fait quel-que cho-se, et vous au-rez la con-so-la-ti-on qu'el-le se-ra mor-te dans les for-mes.

M. BAHIS. Il vaut mieux mourir selon les règles, que de réchapper contre les règles.

M. MACROTON. Nous vous di-sons sin-cè-re-ment no-tre pen-sée.

M. BAHIS. Et vous avons parlé comme nous parlerions à notre propre frère.

SGANARELLE, à M. Macroton, en allongeant ses mots. Je vous rends très-hum-bles grâ-ces. (A M. Bahis, en bredouillant.) Et vous suis infiniment obligé de la peine que vous avez prise.

SCÈNE VI.

SGANARELLE.

Me voilà justement un peu plus incertain que je n'étais auparavant. Morbleu! il me vient une fantaisie : il faut que j'aille acheter de l'orviétan et que je lui en fasse prendre. L'orviétan est un remède dont beaucoup de gens se sont bien trouvés. Holà!

SCÈNE VII.

DEUXIÈME ENTRÉE. — SGANARELLE, UN OPÉRATEUR.

SGANARELLE. Monsieur, je vous prie de me donner une boîte de votre orviétan, que je m'en vais vous payer.

L'OPÉRATEUR chante.
   L'or de tous les climats qu'entoure l'Océan
   Peut-il jamais payer ce secret d'importance?
   Mon remède guérit, par sa rare excellence,
   Plus de maux qu'on n'en peut nombrer dans tout un an !
      La gale,
      La rogne,
      La teigne,

　　　　　La fièvre,
　　　　　La peste,
　　　　　La goutte ;
　　　O grande puissance
　　　De l'orviétan !

SGANARELLE. Monsieur, je crois que tout l'or du monde n'est pas capable de payer votre remède ; mais, pourtant, voici une pièce de trente sous que vous prendrez, s'il vous plaît.

L'OPÉRATEUR chante.
　Admirez mes bontés, et le peu qu'on vous vend
　Ce trésor merveilleux que ma main vous dispense.
　Vous pouvez avec lui braver en assurance
　Tous les maux que sur nous l'ire du ciel répand :
　　　　　La gale,
　　　　　La rogne,
　　　　　La teigne,
　　　　　La fièvre,
　　　　　La peste,
　　　　　La goutte ;
　　　O grande puissance
　　　De l'orviétan !

SCÈNE VIII.

Plusieurs Trivelins et plusieurs Scaramouches, valets de l'opérateur, se réjouissent en dansant.

ACTE TROISIÈME

SCÈNE I

MM. FILLERIN, TOMÈS, DESFONANDRÈS.

M. FILLERIN. N'avez-vous point de honte, messieurs, de montrer si peu de prudence pour des gens de votre âge, et de vous être querellés comme de jeunes étourdis ? Ne voyez-vous pas bien quel tort ces sortes de querelles nous font parmi le monde ? Et n'est-ce pas assez que les savants voient les contrariétés et les dissensions qui sont entre nos auteurs et nos anciens maîtres, sans découvrir encore au peuple, par nos débats et nos querelles, la forfanterie de notre art ? Pour moi, je ne comprends rien du tout à cette méchante politique de quelques-uns de nos gens ; et il faut confesser que toutes ces contestations nous ont décriés depuis peu d'une étrange manière, et que, si nous n'y prenons garde, nous allons nous ruiner nous-mêmes. Je n'en parle pas pour mon intérêt; car, Dieu merci! j'ai déjà établi mes petites affaires. Qu'il vente, qu'il pleuve, qu'il grêle, ceux qui sont morts sont morts, et j'ai de quoi me passer des vivants. Mais enfin, toutes ces disputes ne valent rien pour la médecine. Puisque le ciel nous fait la grâce que, depuis tant de siècles, on demeure infatué de nous, ne désabusons point les hommes avec nos cabales extravagantes, et profitons de leurs sottises le plus doucement que nous pourrons. Nous ne sommes pas les seuls, comme vous savez, qui tâchons à nous prévaloir de la faiblesse humaine : c'est là que va l'étude de la plupart du monde, et chacun s'efforce de prendre les hommes par leur faible pour en tirer quelque profit. Les flatteurs, par exemple, cherchent à profiter de l'amour que les hommes ont pour les louanges, en leur donnant tout le vain encens qu'ils souhaitent; et c'est un art où l'on fait, comme on voit, des fortunes considérables; les alchimistes tâchent de profiter de la passion que l'on a pour les richesses, en promettant des montagnes d'or à ceux qui les écoutent; les diseurs d'horoscopes, par leurs prédictions trompeuses, profitent de la vanité et de l'ambition des crédules esprits. Mais le plus grand faible des hommes, c'est l'amour qu'ils ont pour la vie; et nous en profitons, nous autres, par notre pompeux galimatias, et savons prendre nos avantages de cette vénération que la peur de mourir leur donne pour notre métier. Conservons-nous donc dans le degré d'estime où leur faiblesse nous a mis, et soyons de concert auprès des malades pour nous attribuer les heureux succès de la maladie, et rejeter sur la nature toutes les bévues de notre art. N'allons point, dis-je, détruire sottement les heureuses préventions d'une erreur qui donne du pain à tant de personnes, et, de l'argent de ceux que nous mettons en terre, nous fait élever de tous côtés de si beaux héritages.

M. TOMÈS. Vous avez raison en tout ce que vous dites; mais ce sont des chaleurs dont parfois on n'est pas le maître.

M. FILLERIN. Allons donc, messieurs, mettez bas toute rancune, et faisons ici votre accomodement.

M. DESFONANDRÈS. J'y consens. Qu'il me passe mon émétique pour la malade dont il s'agit, et je lui passerai tout ce qu'il voudra pour le premier malade dont il sera question.

M. FILLERIN. On ne peut pas mieux dire, et voilà se mettre à la raison.

M. DESFONANDRÈS. Cela est fait.

M. FILLERIN. Touchez donc là. Adieu! Une autre fois, montrez plus de prudence.

SCÈNE II.

M. TOMÈS, M. DESFONANDRÈS, LISETTE.

LISETTE. Quoi! messieurs, vous voilà, et vous ne songez pas à réparer le tort qu'on vient de faire à la médecine?

M. TOMÈS. Comment? qu'est-ce?

LISETTE. Un insolent qui a eu l'effronterie d'entreprendre sur votre métier, et, sans votre ordonnance, vient de tuer un homme d'un grand coup d'épée au travers du corps.

M. TOMÈS. Écoutez, vous faites la railleuse, mais vous passerez par nos mains quelque jour.

LISETTE. Je vous permets de me tuer lorsque j'aurai recours à vous.

SCÈNE III.

CLITANDRE, en habit de médecin; LISETTE

CLITANDRE. Eh bien, Lisette, que dis-tu de mon équipage? Crois-tu qu'avec cet habit je puisse duper le bonhomme? Me trouves-tu bien ainsi?

LISETTE. Le mieux du monde, et je vous attendais avec impatience. Enfin, vous voilà! Attendez-moi un instant, je reviens vous quérir (Clitandre se retire dans le fond du théâtre.)

SCÈNE IV.

SGANARELLE, LISETTE.

LISETTE. Monsieur, allégresse, allégresse!

SGANARELLE. Qu'est-ce?

LISETTE. Réjouissez-vous!

SGANARELLE. De quoi?

LISETTE. Réjouissez-vous, vous dis-je!

SGANARELLE. Dis-moi donc ce que c'est, et puis je me réjouirai peut-être.

LISETTE. Non; je veux que vous vous réjouissiez auparavant, que vous chantiez, que vous dansiez!

SGANARELLE. Sur quoi?

LISETTE. Sur ma parole.

SGANARELLE. Allons donc! (Il chante et danse.) La le ra la la, la le ra la. Que diable!

LISETTE. Monsieur, votre fille est guérie!

SGANARELLE. Ma fille est guérie?

LISETTE. Oui. Je vous amène un médecin, mais un médecin

Ah! que je suis heureuse si cela est véritable!

LE FAUX MÉDECIN. Acte III, Scène VI.

d'importance, qui fait des cures merveilleuses et qui se moque des autres médecins.

SGANARELLE. Où est-il?

LISETTE. Je vais le faire entrer.

SGANARELLE, seul. Il faut voir si celui-ci fera plus que les autres.

SCÈNE V.

CLITANDRE, en habit de médecin; SGANARELLE, LISETTE.

LISETTE, amenant Clitandre. Le voici.

SGANARELLE. Voilà un médecin qui a la barbe bien jeune!

LISETTE. La science ne se mesure pas à la barbe, et ce n'est pas par le menton qu'il est habile.

SGANARELLE. Monsieur, on m'a dit que vous aviez des remèdes admirables pour faire aller à la selle?

CLITANDRE. Monsieur, mes remèdes sont différents de ceux des autres : ils ont l'émétique, les saignées, les médecines et les lavements; mais, moi, je guéris par des paroles, par des sons, par des lettres, par des talismans et par des anneaux constellés.

LISETTE. Que vous ai-je dit?

SGANARELLE. Voilà un grand homme!

LISETTE. Monsieur, comme votre fille est là tout habillée dans une chaise, je vais la faire passer ici.

SGANARELLE. Oui, fais.

CLITANDRE, tâtant le pouls à Sganarelle. Votre fille est bien malade.

SGANARELLE. Vous connaissez cela ici?

CLITANDRE. Oui. par la sympathie qu'il y a entre le père et la fille.

SCÈNE VI.

SGANARELLE, LUCINDE, CLITANDRE, LISETTE.

LISETTE, à Clitandre. Tenez, monsieur, voilà une chaise auprès d'elle.

(A Sganarelle.) Allons, laissez-les là tous deux.

SGANARELLE. Pourquoi? Je veux demeurer là.

LISETTE. Vous moquez-vous? Il faut s'éloigner. Un médecin a cent choses à demander. (Clitandre et Lucinde échangent quelques mots à voix basse.)

SGANARELLE, à Clitandre. Eh bien, notre malade, elle me semble un peu plus gaie?

CLITANDRE. C'est que j'ai déjà fait agir sur elle un de ces remèdes que mon art m'enseigne. Comme l'esprit a grand empire sur le corps, et que c'est de lui bien souvent que procèdent les maladies, ma coutume est de courir à guérir les esprits avant que de venir aux corps. J'ai donc observé ses regards, les traits de son visage et les lignes de ses deux mains ; et, par la science que le ciel m'a donnée, j'ai reconnu que c'était de l'esprit qu'elle était malade, et que tout son mal ne venait que d'une imagination déréglée et du désir de vouloir être mariée. Pour moi, je ne vois rien de plus extravagant et de plus ridicule que cette envie qu'on a du mariage.

SGANARELLE, à part. Voilà un habile homme!

CLITANDRE. Et j'ai et aurai pour lui, toute ma vie, une aversion effroyable.

SGANARELLE, à part. Voilà un bon médecin.

CLITANDRE. Mais comme il faut flatter l'imagination des malades, et que j'ai vu en elle de l'aliénation d'esprit, et même qu'il y avait du péril à ne pas lui donner un prompt secours, je l'ai prise par son faible, et lui ait dit que j'étais venu ici pour vous la demander en mariage. Soudain son visage a changé, son teint s'est éclairci, ses yeux se sont animés ; et si vous voulez, pour quelque jours, l'entretenir dans cette erreur, vous verrez que nous la tirerons d'où elle est.

SGANARELLE. Oui-dà, je le veux bien.

CLITANDRE. Après, nous ferons agir d'autres remèdes pour la guérir entièrement de cette fantaisie.

SGANARELLE. Oui, cela est le mieux du monde... Eh bien ! ma fille, voilà monsieur qui a envie de t'épouser, et je lui ai dit que je le voulais bien.

LUCINDE. Hélas! est-il possible?

SGANARELLE. Oui.

LUCINDE. Mais tout de bon?

SGANARELLE. Oui, oui.

LUCINDE, à Clitandre. Quoi! vous êtes dans les sentiments d'être mon mari?

CLITANDRE. Oui, madame.

LUCINDE. Et mon père y consent?

SGANARELLE. Oui, ma fille.

LUCINDE. Ah! que je suis heureuse, si cela est véritable!

CLITANDRE. N'en doutez point, madame. Je ne suis venu que pour cela; et, si vous voulez que je vous dise nettement les choses comme elles sont, cet habit n'est qu'un prétexte inventé ; et je n'ai fait le médecin que pour m'approcher de vous, et obtenir plus facilement ce que je souhaite.

LUCINDE. C'est me donner des marques d'une affection bien tendre, et j'y suis sensible autant que je puis.

SGANARELLE. O la folle! ô la folle! ô la folle!

LUCINDE. Vous voulez donc bien, mon père, me donner monsieur pour époux?

SGANARELLE. Oui... Çà! donne-moi ta main. Donnez-moi aussi un peu la vôtre, pour voir.

CLITANDRE. Mais, monsieur...

SGANARELLE, étouffant de rire. Non, non; c'est pour... pour lui contenter l'esprit. Touchez là. Voilà qui est fait.

CLITANDRE. Acceptez, pour gage de ma foi, cet anneau que je vous donne. (Bas à Sganarelle.) C'est un anneau constellé qui guérit les égarements d'esprit.

LUCINDE. Faisons donc le contrat, afin que rien n'y manque.

CLITANDRE. Hélas! je le veux bien, madame. (Bas à Sganarelle.) Je vais faire monter l'homme qui écrit mes remèdes et lui faire croire que c'est un notaire.

SGANARELLE. Fort bien.

CLITANDRE. Holà! faites monter le notaire que j'ai amené avec moi.

LUCINDE. Quoi! vous aviez amené un notaire?

CLITANDRE. Oui, madame.

LUCINDE. J'en suis ravie.

SGANARELLE. O la folle! ô la folle!

SCÈNE VII.

LE NOTAIRE, CLITANDRE, SGANARELLE, LUCINDE, LISETTE.

(Clitandre parle bas au notaire.)

SGANARELLE, au notaire. Oui, monsieur, il faut faire un contrat pour ces deux personnes-là. Écrivez. (A Lucinde.) Voilà le contrat qu'on fait. (Au notaire.) Je lui donne vingt mille écus en mariage. Ecrivez.

LUCINDE. Je vous suis bien obligée, mon père.

LE NOTAIRE. Voilà qui est fait. Vous n'avez qu'à venir signer.

SGANARELLE. Voilà un contrat bientôt bâti.

CLITANDRE, à Sganarelle. Mais, au moins, monsieur...

SGANARELLE. Eh! non, vous dis-je. Sait-on pas bien?... (Au notaire.) Allons, donnez-lui la plume pour signer. (A Lucinde.) Allons, signe, signe! Va, va, je signerai tantôt, moi.

LUCINDE. Non, non; je veux avoir le contrat entre mes mains.

SGANARELLE. Eh bien! tiens. (Après avoir signé) Es-tu contente?

LUCINDE. Plus qu'on ne peut s'imaginer.

SGANARELLE. Voilà qui est bien, voilà qui est bien.

CLITANDRE. Au reste, je n'ai pas eu seulement la précaution d'amener un notaire; j'ai eu celle encore de faire venir des voix, des instruments et des danseurs, pour célébrer la fête et pour nous réjouir. Qu'on les fasse venir. Ce sont des gens que je mène avec moi, et dont je me sers tous les jours pour pacifier, avec leur harmonie et leurs danses, les troubles de l'esprit.

SCÈNE VIII.

TROISIÈME ENTRÉE. — LA COMÉDIE, LE BALLET, LA MUSIQUE, JEUX, RIS, PLAISIRS.

LA COMÉDIE, LE BALLET, LA MUSIQUE, ensemble.

Sans nous, tous les hommes
Deviendraient malsains;
Et c'est nous qui sommes
Leurs grands médecins.

LA COMÉDIE. Veut-on qu'on rabatte,
Par des moyens doux,
Les vapeurs de rate
Qui nous minent tous?
Qu'on laisse Hippocrate,
Et qu'on vienne à nous.

TOUS TROIS ENSEMBLE.

Sans nous, tous les hommes
Deviendraient malsains;
Et c'est nous qui sommes
Leurs grands médecins.

(Pendant que les Jeux, les Ris et les Plaisirs dansent, Clitandre emmène Lucinde.)

SCÈNE IX.

SGANARELLE, LISETTE, LA COMÉDIE, LA MUSIQUE, LE BALLET, JEUX, RIS, PLAISIRS.

SGANARELLE. Voilà une plaisante façon de guérir! Où donc est ma fille et le médecin?

LISETTE. Ils sont allés causer de leur mariage.

SGANARELLE. Comment! de leur mariage?

LISETTE. Ma foi, monsieur, la bécasse est bridée; et vous avez cru faire un jeu, qui demeure une vérité.

SGANARELLE. Comment, diable! (Il veut aller après Clitandre et Lucinde, les danseurs le retiennent.) Laissez-moi aller, laissez-moi aller, vous dis-je. (Les danseurs le retiennent toujours.) Encore! (Ils veulent faire danser Sganarelle de force.) Peste de gens!

LE MISANTHROPE

COMÉDIE EN CINQ ACTES, EN VERS (1666)

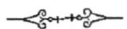

PERSONNAGES

ALCESTE.
PHILINTE, ami d'Alceste.
ORONTE, ami de Célimène.
CÉLIMÈNE.
ÉLIANTE, cousine de Célimène.
ARSINOÉ, amie de Célimène.

ACASTE, marquis.
CLITANDRE, marquis.
BASQUE, valet de Célimène.
Un Garde de la maréchaussée de France.
DUBOIS, valet d'Alceste.

La scène est à Paris, dans la maison de Célimène.

ACTE PREMIER

SCÈNE I.

PHILINTE, ALCESTE.

PHILINTE. Qu'est-ce donc? qu'avez-vous?
ALCESTE, assis. Laissez-moi, je vous prie.
PHILINTE. Mais encor, dites-moi quelle bizarrerie...
ALCESTE. Laissez-moi là, vous dis-je, et courez vous cacher.
PHILINTE. Mais on entend les gens, au moins, sans se fâcher.
ALCESTE. Moi, je veux me fâcher et ne veux point entendre.
PHILINTE. Dans vos brusques chagrins je ne puis vous comprendre;
    Et, quoique amis, enfin, je suis tout des premiers...
ALCESTE, se levant brusquement.
    Moi, votre ami! rayez cela de vos papiers.
    J'ai fait jusques ici profession de l'être;
    Mais, après ce qu'en vous je viens de voir paraître,
    Je vous déclare net que je ne le suis plus
    Et ne veux nulle place en des cœurs corrompus.
PHILINTE. Je suis donc bien coupable, Alceste, à votre compte?
ALCESTE. Allez, vous devriez mourir de pure honte;
    Une telle action ne saurait s'excuser,
    Et tout homme d'honneur s'en doit scandaliser.
    Je vous vois accabler un homme de caresses,
    Et témoigner pour lui les dernières tendresses;
    De protestations, d'offres et de serments

Vous chargez la fureur de vos embrassements;
Et quand je vous demande après quel est cet homme,
A peine pouvez-vous dire comme il se nomme :
Votre chaleur pour lui tombe en vous séparant,
Et vous me le traitez, à moi, d'indifférent!
Morbleu! c'est une chose indigne, lâche, infâme,
De s'abaisser ainsi jusqu'à trahir son âme;
Et si, par un malheur, j'en avais fait autant,
Je m'irais, de regret, pendre tout à l'instant.

PHILINTE. Je ne vois pas, pour moi, que le cas soit pendable;
Et je vous supplierai d'avoir pour agréable
Que je me fasse un peu grâce sur votre arrêt
Et ne me pende pas pour cela, s'il vous plaît.

ALCESTE. Que la plaisanterie est de mauvaise grâce!

PHILINTE. Mais, sérieusement, que voulez-vous qu'on fasse?

ALCESTE. Je veux qu'on soit sincère, et qu'en homme d'honneur,
On ne lâche aucun mot qui ne parte du cœur.

PHILINTE. Lorsqu'un homme vous vient embrasser avec joie,
Il faut bien le payer de la même monnoie,
Répondre comme on peut à ses empressements
Et rendre offre pour offre et serments pour serments.

ALCESTE. Non, je ne puis souffrir cette lâche méthode
Qu'affectent la plupart de vos gens à la mode;
Et je ne hais rien tant que les contorsions
De tous ces grands faiseurs de protestations,
Ces affables donneurs d'embrassades frivoles,
Ces obligeants diseurs d'inutiles paroles,
Qui de civilités avec tous font combat
Et traitent du même air l'honnête homme et le fat.
Quel avantage a-t-on qu'un homme vous caresse,
Vous jure amitié, foi, zèle, estime, tendresse,
Et vous fasse de vous un éloge éclatant,
Lorsqu'au premier faquin il court en faire autant?
Non, non, il n'est point d'âme un peu bien située
Qui veuille d'une estime ainsi prostituée;
Et la plus glorieuse a des régals peu chers,
Dès qu'on voit qu'on nous mêle avec tout l'univers :
Sur quelque préférence une estime se fonde,
Et c'est n'estimer rien qu'estimer tout le monde.
Puisque vous y donnez, dans ces vices du temps,
Morbleu! vous n'êtes pas pour être de mes gens;
Je refuse d'un cœur la vaste complaisance
Qui ne fait de mérite aucune différence.
Je veux qu'on me distingue; et, pour le trancher net,

L'ami du genre humain n'est point du tout mon fait.
PHILINTE. Mais quand on est du monde il faut bien que l'on rende
Quelques dehors civils que l'usage demande?
ALCESTE. Non, vous dis-je, on devrait châtier sans pitié
Ce commerce honteux de semblant d'amitié.
Je veux que l'on soit homme, et qu'en toute rencontre,
Le fond de notre cœur dans nos discours se montre;
Que ce soit lui qui parle, et que nos sentiments
Ne se masquent jamais sous de vains compliments.
PHILINTE. Il est bien des endroits où la pleine franchise
Deviendrait ridicule et serait peu permise;
Et, parfois, n'en déplaise à votre austère honneur,
Il est bon de cacher ce qu'on a dans le cœur.
Serait-il à propos et de la bienséance
De dire à mille gens tout ce que d'eux on pense?
Et quand on a quelqu'un qu'on hait ou qui déplaît,
Lui doit-on déclarer la chose comme elle est?
ALCESTE. Oui.
PHILINTE. Quoi! vous iriez dire à la vieille Émilie
Qu'à son âge il sied mal de faire la jolie,
Et que le blanc qu'elle a scandalise chacun?
ALCESTE. Sans doute.
PHILINTE. A Dorilas, qu'il est trop importun,
Et qu'il n'est à la cour personne qu'il ne lasse
A conter sa bravoure et l'éclat de sa race?
ALCESTE. Fort bien.
PHILINTE. Vous vous moquez.
ALCESTE. Je ne me moque point,
Et je vais n'épargner personne sur ce point.
Mes yeux sont trop blessés, et la cour et la ville
Ne m'offrent rien qu'objets à m'échauffer la bile.
J'entre en une humeur noire, en un chagrin profond,
Quand je vois vivre entre eux les hommes comme ils font.
Je ne trouve partout que lâche flatterie,
Qu'injustice, intérêt, trahison, fourberie;
Je n'y puis plus rien, j'enrage, et mon dessein
Est de rompre en visière à tout le genre humain.
PHILINTE. Ce chagrin philosophe est un peu trop sauvage.
Je ris des noirs accès où je vous envisage,
Et crois voir en nous deux, sous mêmes soins nourris,
Ces deux frères que peint *l'École des Maris,*
Dont...
ALCSTE. Mon Dieu! laissons là vos comparaisons fades.
PHILINTE. Non; tout de bon quittez toutes ces incartades;

Le monde par vos soins ne se changera pas.
Et, puisque la franchise a pour vous tant d'appas,
Je vous dirai tout franc que cette maladie
Partout où vous allez donne la comédie,
Et qu'un si grand courroux contre les mœurs du temps
Vous tourne en ridicule auprès de bien des gens.

ALCESTE. Tant mieux, morbleu! tant mieux; c'est ce que je demande,
Ce m'est un fort bon signe, et ma joie en est grande.
Tous les hommes me sont à tel point odieux,
Que je serais fâché d'être sage à leurs yeux.

PHILINTE. Vous voulez un grand mal à la nature humaine!

ALCESTE. Oui, j'ai conçu pour elle une effroyable haine.

PHILINTE. Tous les pauvres mortels, sans nulle exception,
Seront enveloppés dans cette aversion?
Encore en est-il bien, dans le siècle où nous sommes...

ALCESTE. Non, elle est générale, et je hais tous les hommes;
Les uns, parce qu'ils sont méchants et malfaisants,
Et les autres pour être aux méchants complaisants
Et n'avoir pas pour eux ces haines vigoureuses
Que doit donner le vice aux âmes vertueuses.
De cette complaisance on voit l'injuste excès
Pour le franc scélérat avec qui j'ai procès.
Au travers de son masque on voit à plein le traître,
Partout il est connu pour tout ce qu'il peut être;
Et ses roulements d'yeux et son ton radouci
N'imposent qu'à des gens qui ne sont point d'ici.
On sait que ce pied-plat, digne qu'on le confonde,
Par de sales emplois s'est poussé dans le monde,
Et que par eux son sort, de splendeur revêtu,
Fait gronder le mérite et rougir la vertu.
Quelques titres honteux qu'en tous lieux on lui donne,
Son misérable honneur ne voit pour lui personne :
Nommez-le fourbe, infâme, et scélérat maudit,
Tout le monde en convient, et nul n'y contredit.
Cependant sa grimace est partout bien venue,
On l'accueille, on lui rit, partout il s'insinue;
Et s'il est par la brigue un rang à disputer,
Sur le plus honnête homme on le voit l'emporter.
Têtebleu! ce me sont de mortelles blessures
De voir qu'avec le vice on garde des mesures;
Et parfois il me prend des mouvements soudains
De fuir dans un désert l'approche des humains.

PHILINTE. Mon Dieu! des mœurs du temps mettons-nous moins en peine,
Et faisons un peu grâce à la nature humaine;

Ne l'examinons point dans la grande rigueur
Et voyons ses défauts avec quelque douceur.
Il faut parmi le monde une vertu traitable ;
A force de sagesse on peut être blâmable ;
La parfaite raison fuit toute extrémité,
Et veut que l'on soit sage avec sobriété.
Cette grande roideur des vertus des vieux âges
Heurte trop notre siècle et les communs usages ;
Elle veut aux mortels trop de perfection ;
Il faut fléchir au temps sans obstination,
Et c'est une folie à nulle autre seconde
De vouloir se mêler de corriger le monde.
J'observe, comme vous, cent choses tous les jours,
Qui pourraient mieux aller prenant un autre cours ;
Mais quoi qu'à chaque pas je puisse voir paraître,
En courroux, comme vous, on ne me voit point être :
Je prends tout doucement les hommes comme ils sont ;
J'accoutume mon âme à souffrir ce qu'ils font ;
Et je crois qu'à la cour, de même qu'à la ville,
Mon flegme est philosophe autant que votre bile.

ALCESTE. Mais ce flegme, monsieur qui raisonnez si bien,
Ce flegme pourra-t-il ne s'échauffer de rien ?
Et s'il faut par hasard qu'un ami vous trahisse,
Que pour avoir vos biens on dresse un artifice,
Ou qu'on tâche à semer de méchants bruits de vous,
Verrez-vous tout cela sans vous mettre en courroux ?

PHILINTE. Oui, je vois ces défauts dont votre âme murmure,
Comme vices unis à l'humaine nature ;
Et mon esprit enfin n'est pas plus offensé
De voir un homme fourbe, injuste, intéressé,
Que de voir des vautours affamés de carnage,
Des singes malfaisants et des loups pleins de rage.

ALCESTE. Je me verrai trahir, mettre en pièces, voler,
Sans que je sois... Morbleu ! je ne veux point parler,
Tant ce raisonnement est plein d'impertinence.

PHILINTE. Ma foi, vous ferez bien de garder le silence.
Contre votre partie éclatez un peu moins,
Et donnez au procès une part de vos soins.

ALCESTE. Je n'en donnerai point, c'est une chose dite.

PHILINTE. Mais qui voulez-vous donc qui pour vous sollicite ?

ALCESTE. Qui je veux ? La raison, mon bon droit, l'équité.

PHILINTE. Aucun juge par vous ne sera visité ?

ALCESTE. Non. Est-ce que ma cause est injuste ou douteuse ?

PHILINTE. J'en demeure d'accord ; mais la brigue est fâcheuse,

Et...

ALCESTE. Non, j'ai résolu de n'en pas faire un pas.
J'ai tort ou j'ai raison.

PHILINTE. Ne vous y fiez pas.

ALCESTE. Je ne remuerai point.

PHILINTE. Votre partie est forte,
Et peut, par sa cabale, entraîner...

ALCESTE. Il n'importe !

PHILINTE. Vous vous tromperez.

ALCESTE. Soit. J'en veux voir le succès.

PHILINTE. Mais...

ALCESTE. J'aurai le plaisir de perdre mon procès.

PHILINTE. Mais enfin...

ALCESTE. Je verrai, dans cette plaidoirie,
Si les hommes auront assez d'effronterie,
Seront assez méchants, scélérats et pervers,
Pour me faire injustice aux yeux de l'univers.

PHILINTE. Quel homme !

ALCESTE. Je voudrais, m'en coûtât-il grand'chose,
Pour la beauté du fait, avoir perdu ma cause.

PHILINTE. On se rirait de vous, Alceste, tout de bon,
Si l'on vous entendait parler de la façon.

ALCESTE. Tant pis pour qui rirait !

PHILINTE. Mais cette rectitude
Que vous voulez en tout avec exactitude,
Cette pleine droiture où vous vous renfermez,
La trouvez-vous ici dans ce que vous aimez ?
Je m'étonne, pour moi, qu'étant, comme il me semble,
Vous et le genre humain si fort brouillés ensemble,
Malgré tout ce qui peut vous le rendre odieux,
Vous ayez pris chez lui ce qui charme vos yeux ;
Et, ce qui me surprend encore davantage,
C'est cet étrange choix où votre cœur s'engage.
La sincère Éliante a du penchant pour vous,
La prude Arsinoé vous voit d'un œil fort doux ;
Cependant à leurs vœux votre âme se refuse,
Tandis qu'en ses liens Célimène l'amuse,
De qui l'humeur coquette et l'esprit médisant
Semblent si fort donner dans les mœurs d'à-présent.
D'où vient que, leur portant une haine mortelle,
Vous pouvez bien souffrir ce qu'en tient cette belle ?
Ne sont-ce plus défauts dans un objet si doux ?
Ne les voyez-vous pas, ou les excusez-vous ?

ALCESTE. Non, ce que je ressens de cette jeune veuve

Est-ce qu'à mon sonnet vous trouvez à redire ?

LE MISANTHROPE. Acte I, Scène II.

Ne ferme point mes yeux aux défauts qu'on lui treuve ;
Et je suis, quelque ardeur qu'elle m'ait pu donner,
Le premier à les voir comme à les condamner.
Mais avec tout cela, quoi que je puisse faire,
Je confesse mon faible, elle a l'art de me plaire ;
J'ai beau voir ses défaut, et j'ai beau l'en blâmer,
En dépit qu'on en ait, elle se fait aimer ;
Sa grâce est la plus forte ; et sans doute ma flamme
De ces vices du temps pourra purger son âme.
PHILINTE. Si vous faites cela, vous ne ferez pas peu.
Vous croyez être donc aimé d'elle ?
ALCESTE.   Oui, parbleu !
PHILINTE. Je crains fort pour vos vœux, et l'espoir où vous êtes
Pourrait...

SCÈNE II.

ORONTE, ALCESTE, PHILINTE.

ORONTE, à Alceste. J'ai su là-bas que, pour quelques emplettes,
Éliante est sortie et Célimène aussi ;
Mais, comme l'on m'a dit que vous étiez ici,
J'ai monté pour vous dire, et d'un cœur véritable,
Que j'ai conçu pour vous une estime incroyable,
Et que depuis longtemps cette estime m'a mis
Dans un ardent désir d'être de vos amis.
Oui, mon cœur au mérite aime à rendre justice,
Et je brûle qu'un nœud d'amitié nous unisse.
Je crois qu'un ami chaud et de ma qualité
N'est pas assurément pour être rejeté.
(Pendant le discours d'Oronte, Alceste est rêveur, sans faire attention que c'est à lui qu'on parle, et ne sort de sa rêverie que quand Oronte lui dit :)
C'est à vous, s'il vous plaît, que ce discours s'adresse.
ALCESTE. A moi, monsieur?
ORONTE.   A vous. Trouvez-vous qu'il vous blesse?
ALCESTE. Non pas ; mais la surprise est fort grande pour moi,
Et je n'attendais pas l'honneur que je reçoi.
ORONTE. L'estime où je vous tiens ne doit point vous surprendre,
Et de tout l'univers vous la pouvez prétendre.
ALCESTE. Monsieur...
ORONTE.   L'État n'a rien qui ne soit au-dessous
Du mérite éclatant que l'on découvre en vous.
ALCESTE. Monsieur...
ORONTE.   Oui, de ma part, je vous tiens préférable
A tout ce que j'y vois de plus considérable.

ALCESTE. Monsieur...
ORONTE. Sois-je du ciel écrasé si je mens !
Et pour vous confirmer ici mes sentiments,
Souffrez qu'à cœur ouvert, monsieur, je vous embrasse,
Et qu'en votre amitié je vous demande place.
Touchez là, s'il vous plaît. Vous me la promettez,
Votre amitié ?
ALCESTE. Monsieur...
ORONTE. Quoi ! vous y résistez ?
ALCESTE. Monsieur, c'est trop d'honneur que vous me voulez faire;
Mais l'amitié demande un peu plus de mystère,
Et c'est assurément en profaner le nom
Que de vouloir le mettre à toute occasion.
Avec lumière et choix cette union veut naître.
Avant que nous lier, il faut nous mieux connaître,
Et nous pourrions avoir telles complexions,
Que tous deux du marché nous nous repentirions.
ORONTE. Parbleu ! c'est là-dessus parler en homme sage,
Et je vous en estime encore davantage.
Souffrons donc que le temps forme des nœuds si doux.
Mais, cependant, je m'offre entièrement à vous :
S'il faut faire à la cour pour vous quelque ouverture,
On sait qu'auprès du roi je fais quelque figure;
Il m'écoute, et dans tout il en use, ma foi,
Le plus honnêtement du monde avecque moi.
Enfin je suis à vous de toutes les manières ;
Et, comme votre esprit a de grandes lumières,
Je viens, pour commencer entre nous ce beau nœud,
Vous montrer un sonnet que j'ai fait depuis peu,
Et savoir s'il est bon qu'au public je l'expose.
ALCESTE. Monsieur, je suis mal propre à décider la chose;
Veuillez m'en dispenser.
ORONTE. Pourquoi ?
ALCESTE. J'ai le défaut
D'être un peu plus sincère en cela qu'il ne faut.
ORONTE. C'est ce que je demande; et j'aurais lieu de plainte,
Si, m'exposant à vous pour me parler sans feinte,
Vous alliez me trahir sans me déguiser rien.
ALCESTE. Puisqu'il vous plaît ainsi, monsieur, je le veux bien.
ORONTE. *Sonnet...* C'est un sonnet... *L'espoir...* c'est une dame
Qui de quelque espérance avait flatté mon âme.
L'espoir... Ce ne sont point de ces grands vers pompeux,
Mais de petits vers doux, tendres et langoureux.
ALCESTE. Nous verrons bien.

ORONTE. L'*espoir*... Je ne sais si le style
Pourra vous en paraître assez net et facile,
Et si du choix des mots vous vous contenterez.
ALCESTE. Nous allons voir, monsieur.
ORONTE. Au reste, vous saurez
Que je n'ai demeuré qu'un quart d'heure à le faire.
ALCESTE. Voyons, monsieur, le temps ne fait rien à l'affaire.
ORONTE, lit. L'espoir, il est vrai, nous soulage,
Et nous berce un temps notre ennui;
Mais, Philis, le triste avantage
Lorsque rien ne marche après lui!
PHILINTE. Je suis déjà charmé de ce petit morceau.
ALCESTE, bas à Philinte.
Quoi, vous avez le front de trouver cela beau?
ORONTE. Vous eûtes de la complaisance,
Mais vous en deviez moins avoir,
Et ne pas vous mettre en dépense
Pour ne me donner que l'espoir.
PHILINTE. Ah! qu'en termes jolis ces choses-là sont mises!
ALCESTE, bas à Philinte.
Eh quoi! vil complaisant, vous louez des sottises!
ORONTE. S'il faut qu'une attente éternelle
Pousse à bout l'ardeur de mon zèle,
Le trépas sera mon recours.
Vos soins ne m'en peuvent distraire;
Belle Philis, on désespère
Alors qu'on espère toujours.
PHILINTE. La chute en est jolie, attrayante, admirable.
ALCESTE, bas, à part.
La peste de ta chute! empoisonneur, au diable!
En eusses-tu fait une à te casser le nez!
PHILINTE. Je n'ai jamais ouï de vers si bien tournés.
ALCESTE, bas, à part. Morbleu!
ORONTE, à Philinte. Vous me flattez, et vous croyez peut-être...
PHILINTE. Non, je ne flatte point.
ALCESTE, bas, à part. Eh! que fais-tu donc, traître?
ORONTE, à Alceste. Mais pour vous, vous savez quel est notre traité;
Parlez-moi, je vous prie, avec sincérité.
ALCESTE. Monsieur, cette matière est toujours délicate,
Et sur le bel esprit nous aimons qu'on nous flatte.
Mais un jour, à quelqu'un dont je tairai le nom,
Je disais, en voyant des vers de sa façon,
Qu'il faut qu'un galant homme ait toujours grand empire
Sur les démangeaisons qui nous prennent d'écrire;

Qu'il doit tenir la bride aux grands empressements
Qu'on a de faire éclat de tels amusements;
Et que par la chaleur de montrer ses ouvrages,
On s'expose à jouer de mauvais personnages.

ORONTE. Est-ce que vous voulez me déclarer par là
Que j'ai tort de vouloir...

ALCESTE. Je ne dis pas cela.
Mais je lui disais, moi, qu'un froid écrit assomme,
Qu'il ne faut que ce faible à décrier un homme;
Et qu'eût-on d'autre part cent belles qualités,
On regarde les gens par leurs méchants côtés.

ORONTE. Est-ce qu'à mon sonnet vous trouvez à redire?

ALCESTE. Je ne dis pas cela. Mais pour ne point écrire,
Je lui mettais aux yeux comme, dans notre temps,
Cette soif a gâté de fort honnêtes gens.

ORONTE. Est-ce que j'écris mal, et leur ressemblerais-je?

ALCESTE. Je ne dis pas cela. Mais enfin, lui disais-je?
Quel besoin si pressant avez-vous de rimer,
Et qui diantre vous pousse à vous faire imprimer?
Si l'on peut pardonner l'essor d'un mauvais livre,
Ce n'est qu'aux malheureux qui composent pour vivre.
Croyez-moi, résistez à vos tentations,
Dérobez au public ces occupations,
Et n'allez point quitter, de quoi que l'on vous somme,
Le nom que dans la cour vous avez d'honnête homme,
Pour prendre de la main d'un avide imprimeur
Celui de ridicule et misérable auteur.
C'est ce que je tâchai de lui faire comprendre.

ORONTE. Voilà qui va fort bien, et je crois vous entendre.
Mais ne puis-je savoir ce que dans mon sonnet...

ALCESTE. Franchement, il est bon à mettre au cabinet.
Vous vous êtes réglé sur des méchants modèles,
Et vos expressions ne sont point naturelles.
Qu'est-ce que : *Nous berce un temps notre ennui?*
    Et que : *Rien ne marche après lui?*
    Que : *Ne vous pas mettre en dépense*
    Pour ne me donner que l'espoir?
    Et que : *Philis, on désespère*
    Alors qu'on espère toujours?
Ce style figuré dont on fait vanité
Sort du bon caractère et de la vérité;
Ce n'est que jeu de mots, qu'affectation pure;
Et ce n'est point ainsi que parle la nature.
Le méchant goût du siècle en cela me fait peur;

Nos pères, tout grossiers, l'avaient beaucoup meilleur ;
Et je prise bien moins tout ce que l'on admire,
Qu'une vieille chanson que je m'en vais vous dire :

    Si le roi m'avait donné
      Paris, sa grand'ville,
    Et qu'il me fallût quitter
      L'amour de ma mie,
    Je dirais au roi Henri :
    Reprenez votre Paris,
    J'aime mieux ma mie, ô gai !
      J'aime mieux ma mie.

La rime n'est pas riche, et le style en est vieux ;
Mais ne voyez-vous pas que cela vaut bien mieux ?
J'estime plus cela que la pompe fleurie
De tous ces faux brillants où chacun se récrie.
ORONTE. Et moi, je vous soutiens que mes vers sont fort bons.
ALCESTE. Pour les trouver ainsi vous avez vos raisons ;
Mais vous trouverez bon que j'en puisse avoir d'autres
Qui se dispenseront de se soumettre aux vôtres.
ORONTE. Il me suffit de voir que d'autres en font cas.
ALCESTE. C'est qu'ils ont l'art de feindre, et moi je ne l'ai pas.
ORONTE. Croyez-vous donc avoir tant d'esprit en partage ?
ALCESTE. Si je louais vos vers, j'en aurais davantage.
ORONTE. Je me passerai fort que vous les approuviez.
ALCESTE. Il faut bien, s'il vous plaît, que vous vous en passiez.
ORONTE. Je voudrais bien, pour voir, que de votre manière
Vous en composassiez sur la même matière.
ALCESTE. J'en pourrais, par malheur, faire d'aussi méchants :
Mais je me garderais de les montrer aux gens.
ORONTE. Vous me parlez bien ferme, et cette suffisance...
ALCESTE. Autre part que chez moi cherchez qui vous encense
ORONTE. Mais, mon petit monsieur, prenez-le de moins haut.
ALCESTE. Ma foi, mon grand monsieur, je le prends comme il faut.
PHILINTE, se mettant entre deux.

Eh ! messieurs, c'en est trop ; laissez cela, de grâce !
ORONTE. Ah ! j'ai tort, je l'avoue, et je quitte la place.
Je suis votre valet, monsieur, de tout mon cœur !
ALCESTE. Et moi, je suis, monsieur, votre humble serviteur !

SCÈNE III.

PHILINTE, ALCESTE.

PHILINTE. Eh bien, vous le voyez, pour être trop sincère,
Vous voilà sur les bras une fâcheuse affaire;
Et j'ai bien vu qu'Oronte, afin d'être flatté...
ALCESTE. Ne me parlez pas.
PHILINTE. Mais...
ALCESTE. Plus de société.
PHILINTE. C'est trop...
ALCESTE. Laissez-moi là.
PHILINTE. Si je...
ALCESTE. Point de langage.
PHILINTE. Mais quoi!...
ALCESTE. Je n'entends rien.
PHILINTE. Mais...
ALCESTE. Encore!
PHILINTE. On outrage.
ALCESTE. Ah! parbleu! c'en est trop. Ne suivez point mes pas.
PHILINTE. Vous vous moquez de moi, je ne vous quitte pas.

ACTE DEUXIÈME

SCÈNE I.

ALCESTE, CÉLIMÈNE.

ALCESTE. Madame, voulez-vous que je vous parle net?
De vos façons d'agir je suis mal satisfait;
Contre elles dans mon cœur trop de bile s'assemble,
Et je sens qu'il faudra que nous rompions ensemble.
Oui, je vous tromperais de parler autrement :
Tôt ou tard nous romprons indubitablement;
Et je vous promettrais mille fois le contraire.
Que je ne serais pas en pouvoir de le faire.
CÉLIMÈNE. C'est pour me quereller donc, à ce que je vois,
Que vous avez voulu me ramener chez moi?
ALCESTE. Je ne querelle point. Mais votre humeur, madame,
Ouvre au premier venu trop d'accès dans votre âme;
Vous avez trop d'amis qu'on voit vous obséder,
Et mon cœur de cela ne peut s'accommoder.

CÉLIMÈNE. Des amis que je fais me rendez-vous coupable?
Puis-je empêcher les gens de me trouver aimable;
Et lorsque pour me voir ils font tous leurs efforts,
Dois-je prendre un bâton pour les mettre dehors?
ALCESTE. Non, ce n'est pas, madame, un bâton qu'il faut prendre,
C'est un cœur à leurs vœux moins facile et moins tendre.
Mais, au moins, dites-moi, s'il vous plaît, par quel sort,
Votre Clitandre a l'heur de vous plaire si fort?
Sur quel fonds de mérite et de vertu sublime
Appuyez-vous en lui l'honneur de votre estime?
Est-ce par l'ongle long qu'il porte au petit doigt
Qu'il s'est acquis chez vous l'estime où l'on le voit?
Vous êtes-vous rendue, avec tout le beau monde,
Au mérite éclatant de sa perruque blonde?
Sont-ce ses grands canons qui vous le font aimer?
L'amas de ses rubans a-t-il su vous charmer?
Est-ce par les appas de sa vaste rheingrave
Qu'il a gagné votre âme en faisant votre esclave?
Ou sa façon de rire et son ton de fausset
Ont-ils de vous toucher su trouver le secret?
CÉLIMÈNE. Qu'injustement de lui vous prenez de l'ombrage!
Ne savez-vous pas bien pourquoi je le ménage,
Et que dans mon procès, ainsi qu'il m'a promis,
Il peut intéresser tout ce qu'il a d'amis?
ALCESTE. Perdez votre procès, madame, avec constance,
Et ne ménagez point un rival qui m'offense.
CÉLIMÈNE. Mais de tout l'univers vous devenez jaloux!
ALCESTE. C'est que tout l'univers est bien reçu de vous.
CÉLIMÈNE. C'est ce qui doit rasseoir votre âme effarouchée,
Puisque ma complaisance est sur tous épanchée;
Et vous auriez plus lieu de vous en offenser
Si vous me la voyiez sur un seul ramasser.

SCÈNE II.

CÉLIMÈNE, ALCESTE, BASQUE.

CÉLIMÈNE. Qu'est-ce?
BASQUE. Acaste est là-bas.
CÉLIMÈNE. Eh bien, faites monter?

SCÈNE III.

CÉLIMÈNE, ALCESTE.

ALCESTE. Quoi! l'on ne peut jamais vous parler tête à tête!
A recevoir le monde on vous voit toujours prête!

Et vous ne pouvez pas, un seul moment de tous,
Vous résoudre à souffrir de n'être pas chez vous !
CÉLIMÈNE. Voulez-vous qu'avec lui je me fasse une affaire ?
ALCESTE. Vous avez des égards qui ne sauraient me plaire.
CÉLIMÈNE. C'est un homme à jamais ne me le pardonner,
S'il savait que sa vue eût pu m'importuner.
ALCESTE. Que vous fait cela, pour vous gêner de la sorte ?...
CÉLIMÈNE. Mon Dieu ! de ses pareils la bienveillance importe ;
Et ce sont des gens qui, je ne sais trop comment,
Ont gagné, dans la cour, de parler hautement.
Dans tous les entretiens on les voit s'introduire :
Ils ne sauraient servir, mais ils peuvent vous nuire ;
Et jamais, quelque appui qu'on puisse avoir d'ailleurs,
On ne doit se brouiller avec ces grands brailleurs.
ALCESTE. Enfin, quoi qu'il en soit, et sur quoi qu'on se fonde,
Vous trouvez des raisons pour souffrir tout le monde ;
Et les précautions de votre jugement...

SCÈNE IV.

ALCESTE, CÉLIMÈNE, BASQUE.

BASQUE. Voici Clitandre encor, madame.
ALCESTE.   Justement !
CÉLIMÈNE. Où courez-vous ?
ALCESTE.   Je sors.
CÉLIMÈNE.   Demeurez.
ALCESTE.   Pourquoi faire ?
CÉLIMÈNE. Demeurez.
ALCESTE.   Je ne puis.
CÉLIMÈNE.   Je le veux.
ALCESTE.   Point d'affaire.
CÉLIMÈNE. Je le veux, je le veux !
ALCESTE.   Non, il m'est impossible !

SCÈNE V.

ÉLIANTE, PHILINTE, ACASTE, CLITANDRE, CÉLIMÈNE, ALCESTE, BASQUE.

CÉLIMÈNE. Eh bien, allez, sortez, il vous est tout loisible !
ÉLIANTE, à Célimène. Voici les deux marquis qui montent avec nous.
Vous l'est-on venu dire ?
CÉLIMÈNE.   Oui. (A Basque.)
       Des siéges pour tous !
        (Basque donne des siéges, et sort.)

(A Alceste.) Vous n'êtes pas sorti?
ALCESTE. Non; mais je veux, madame,
Ou pour eux, ou pour moi, faire expliquer votre âme.
CÉLIMÈNE. Taisez-vous.
ALCESTE. Aujourd'hui, vous vous expliquerez.
CÉLIMÈNE. Vous perdez le sens.
ALCESTE. Point. Vous vous déclarerez.
CÉLIMÈNE. Ah!
ALCESTE. Vous prendrez parti.
CÉLIMÈNE. Vous vous moquez, je pense
ALCESTE. Non; mais vous choisirez. C'est trop de patience.
CLITANDRE. Parbleu! je viens du Louvre, où Cléonte, au levé,
Madame, a bien paru ridicule achevé.
N'a-t-il point quelque ami qui pût sur ses manières
D'un charitable avis lui prêter les lumières?
CÉLIMÈNE. Dans le monde, à vrai dire, il se barbouille fort :
Partout il porte un air qui saute aux yeux d'abord;
Et lorsqu'on le revoit après un peu d'absence,
On le retrouve encor plus plein d'extravagance.
ACASTE. Parbleu! s'il faut parler de gens extravagants,
Je viens d'en essuyer un des plus fatigants;
Damon le raisonneur, qui m'a, ne vous déplaise,
Une heure au grand soleil tenu hors de ma chaise.
CÉLIMÈNE. C'est un parleur étrange, et qui trouve toujours
L'art de ne vous rien dire avec de grands discours;
Dans les propos qu'il tient on ne voit jamais goutte;
Et ce n'est que du bruit que tout ce qu'on écoute.
ÉLIANTE, à Philinte. Ce début n'est pas mal; et contre le prochain
La conversation prend un assez bon train.
CLITANDRE. Timanthe encor, madame, est un bon caractère.
CÉLIMÈNE. C'est, de la tête aux pieds, un homme tout mystère,
Qui vous jette, en passant, un coup d'œil égaré,
Et, sans aucune affaire, est toujours affairé.
Tout ce qu'il vous débite en grimaces abonde;
A force de façons il assomme le monde;
Sans cesse il a tout bas, pour rompre l'entretien,
Un secret à vous dire, et ce secret n'est rien;
De la moindre vétille il fait une merveille,
Et, jusques au bonjour, il dit tout à l'oreille.
ACASTE. Et Géralde, madame?
CÉLIMÈNE. Oh! l'ennuyeux conteur!
Jamais on ne le voit sortir du grand seigneur.
Dans le brillant commerce il se mêle sans cesse,
Et ne cite jamais que duc, prince ou princesse.

La qualité l'entête, et tous ses entretiens
Ne sont que de chevaux, d'équipages et de chiens :
Il tutoie en parlant ceux du plus haut étage,
Et le nom de monsieur est chez lui hors d'usage.
CLITANDRE. On dit qu'avec Bélise il est du dernier bien.
CÉLIMÈNE. Le pauvre esprit de femme, et le sec entretien !
Lorsqu'elle vient me voir, je souffre le martyre :
Il faut suer sans cesse à chercher que lui dire ;
Et la stérilité de son expression
Fait mourir à tous coups la conversation.
En vain, pour attaquer son stupide silence,
De tous les lieux communs vous prenez l'assistance ;
Le beau temps et la pluie, et le froid et le chaud,
Sont des fonds qu'avec elle on épuise bientôt.
Cependant sa visite, assez insupportable,
Traîne en une longueur encore épouvantable ;
Et l'on demande l'heure, et l'on bâille vingt fois,
Qu'elle s'émeut autant qu'une pièce de bois.
ACASTE. Que vous semble d'Adraste ?
CÉLIMÈNE.   Ah ! quel orgueil extrême
C'est un homme gonflé de l'amour de soi-même :
Son mérite jamais n'est content de la cour ;
Contre elle il fait métier de pester chaque jour ;
Et l'on ne donne emploi, charge, ni bénéfice,
Qu'à tout ce qu'il se croit on ne fasse injustice.
CLITANDRE. Mais le jeune Cléon, chez qui vont aujourd'hui
Nos plus honnêtes gens, que dites-vous de lui ?
CÉLIMÈNE. Que de son cuisinier il s'est fait un mérite,
Et que c'est à sa table à qui l'on rend visite.
ÉLIANTE. Il prend soin d'y servir des mets fort délicats.
CÉLIMÈNE. Oui ; mais je voudrais bien qu'il ne s'y servît pas :
C'est un fort méchant plat que sa sotte personne,
Et qui gâte, à mon goût, tous les repas qu'il donne !
PHILINTE. On fait assez de cas de son oncle Damis ;
Qu'en dites-vous, madame ?
CÉLIMÈNE.   Il est de mes amis.
PHILINTE. Je le trouve honnête homme, et d'un air assez sage.
CÉLIMÈNE. Oui ; mais il veut avoir trop d'esprit, dont j'enrage.
Il est guindé sans cesse, et, dans tous ses propos,
On voit qu'il se travaille à dire de bons mots.
Depuis que dans la tête il s'est mis d'être habile,
Rien ne touche son goût, tant il est difficile !
Il veut voir des défauts à tout ce qu'on écrit,
Et pense que louer n'est pas d'un bel esprit,

Que c'est être savant que trouver à redire,
Qu'il n'appartient qu'aux sots d'admirer et de rire,
Et qu'en n'approuvant rien des ouvrages du temps
Il se met au-dessus de tous les autres gens.
Aux conversations même il trouve à reprendre :
Ce sont propos trop bas pour y daigner descendre,
Et, les deux bras croisés, du haut de son esprit,
Il regarde en pitié tout ce que chacun dit.

ACASTE. Dieu me damne ! voilà son portrait véritable.

CLITANDRE, à Célimène.
Pour bien peindre les gens vous êtes admirable.

ALCESTE. Allons, ferme ! poussez, mes bons amis de cour.
Vous n'en épargnez point, et chacun a son tour :
Cependant chacun d'eux à vos yeux ne se montre,
Qu'on ne nous voie en hâte aller à sa rencontre,
Lui présenter la main, et d'un baiser flatteur
Appuyer les serments d'être son serviteur. [blesse,

CLITANDRE. Pourquoi s'en prendre à nous ? Si ce qu'on dit vous
Il faut que le reproche à madame s'adresse.

ALCESTE. Non, morbleu ! c'est à vous ; et vos ris complaisants
Tirent de son esprit tous ces traits médisants.
Son humeur satirique est sans cesse nourrie
Par le coupable encens de votre flatterie ;
Et son cœur à railler trouverait moins d'appas
S'il avait observé qu'on ne l'applaudit pas.
C'est ainsi qu'aux flatteurs on doit partout se prendre
Des vices où l'on voit les humains se répandre.

PHILINTE. Mais pourquoi pour ces gens un intérêt si grand,
Vous qui condamneriez ce qu'en eux on reprend ?

CÉLIMÈNE. Et ne faut-il pas bien que monsieur contredise ?
A la commune voix veut-on qu'il se réduise,
Et qu'il ne fasse pas éclater en tous lieux
L'esprit contrariant qu'il a reçu des cieux ?
Le sentiment d'autrui n'est jamais pour lui plaire ;
Il prend toujours en main l'opinion contraire,
Et penserait paraître un homme du commun,
Si l'on voyait qu'il fût de l'avis de quelqu'un.
L'honneur de contredire a pour lui tant de charmes,
Qu'il prend contre lui-même assez souvent les armes ;
Et ses vrais sentiments sont combattus par lui
Aussitôt qu'il les voit dans la bouche d'autrui.

ALCESTE. Les rieurs sont pour vous, madame, c'est tout dire :
Et vous pouvez pousser contre moi la satire.

PHILINTE. Mais il est véritable aussi que votre esprit

Se gendarme toujours contre tout ce qu'on dit ;
Et que, par un chagrin que lui-même il avoue,
Il ne saurait souffrir qu'on blâme ni qu'on loue.

ALCESTE. C'est que jamais, morbleu ! les hommes n'ont raison ;
Que le chagrin contre eux est toujours de saison,
Et que je vois qu'ils sont, sur toutes les affaires,
Loueurs impertinents, ou censeurs téméraires.

CÉLIMÈNE. Mais...

ALCESTE. Non, madame, non, quand j'en devrais mourir,
Vous avez des plaisirs que je ne puis souffrir ;
Et l'on a tort ici de nourrir dans votre âme
Ce grand attachement aux défauts qu'on y blâme.

CLITANDRE. Pour moi, je ne sais pas ; mais j'avouerai tout haut
Que j'ai cru jusqu'ici madame sans défaut.

ACASTE. De grâces et d'attraits je vois qu'elle est pourvue ;
Mais les défauts qu'elle a ne frappent point ma vue.

ALCESTE. Ils frappent tous la mienne ; et, loin de m'en cacher,
Elle sait que j'ai soin de les lui reprocher.
Plus on aime quelqu'un, moins il faut qu'on le flatte :
A ne rien pardonner le pur amour éclate.

CÉLIMÈNE. Enfin, s'il faut qu'à vous s'en rapportent les cœurs
On doit, pour bien aimer, renoncer aux douceurs,
Et du parfait amour mettre l'honneur suprême
A bien injurier les personnes qu'on aime.

ALCESTE. Et moi, je soutiens, moi...

CÉLIMÈNE. Brisons là ce discours,
Et dans la galerie allons faire deux tours...
Quoi ! vous vous en allez, messieurs ?

CLITANDRE ET ACASTE. Non pas, madame.

ALCESTE. La peur de leur départ occupe fort votre âme !
Sortez quand vous voudrez, messieurs ; mais j'avertis
Que je ne sors qu'après que vous serez sortis.

ACASTE. A moins de voir madame en être importunée,
Rien ne m'appelle ailleurs de toute la journée.

CLITANDRE. Moi, pourvu que je puisse être au petit couché,
Je n'ai point d'autre affaire où je sois attaché.

CÉLIMÈNE, à Alceste. C'est pour rire, je crois ?

ALCESTE. Non, en aucune sorte,
Nous verrons si c'est moi que vous voudrez qui sorte.

SCÈNE VI.

ALCESTE, CÉLIMÈNE, ÉLIANTE, ACASTE, PHILINTE, CLITANDRE,
BASQUE.

BASQUE, à Alceste.
Monsieur, un homme est là, qui voudrait vous parler
Pour affaire, dit-il, qu'on ne peut reculer.
ALCESTE. Dis-lui que je n'ai point d'affaires si pressées.
BASQUE. Il porte une jaquette à grand'basques plissées,
Avec de l'or dessus.
CÉLIMÈNE, à Alceste.   Allez voir ce que c'est,
Ou faites-le entrer.

SCÈNE VII.

ALCESTE, CÉLIMÈNE, ÉLIANTE, ACASTE, PHILINTE, CLITANDRE,
UN GARDE DE LA MARÉCHAUSSÉE.

ALCESTE, allant au-devant du garde. Qu'est-ce donc, s'il vous plaît ?
Venez, monsieur.
LE GARDE.   Monsieur, j'ai deux mots à vous dire.
ALCESTE. Vous pouvez parler haut, monsieur, pour m'en instruire.
LE GARDE. Messieurs les maréchaux, dont j'ai commandement,
Vous mandent de venir les trouver promptement,
Monsieur.
ALCESTE.   Qui ? moi, monsieur ?
LE GARDE.   Vous-même.
ALCESTE.   Et pour quoi faire ?
PHILINTE, à Alceste. C'est d'Oronte et de vous la ridicule affaire.
CÉLIMÈNE, à Philinte. Comment ?
PHILINTE.   Oronte et lui se sont tantôt bravés
Sur certains petits vers qu'il n'a pas approuvés ;
Et l'on veut assoupir la chose en sa naissance.
ALCESTE. Moi, je n'aurai jamais de lâche complaisance.
PHILINTE. Mais il faut suivre l'ordre : allons, disposez-vous !
ALCESTE. Quel accommodement veut-on faire entre nous ?
La voix de ces messieurs me condamnera-t-elle
A trouver bons les vers qui font notre querelle ?
Je ne me dédis point de ce que j'en ai dit,
Je les trouve méchants.
PHILINTE.   Mais d'un plus doux esprit...
ALCESTE. Je n'en démordrai point ; les vers sont exécrables.
PHILINTE. Vous devez faire voir des sentiments traitables !

Allons, venez !

ALCESTE.   J'irai ; mais rien n'aura pouvoir
De me faire dédire.

PHILINTE.   Allons vous faire voir.

ALCESTE. Hors qu'un commandement exprès du roi ne vienne
De trouver bons les vers dont on se met en peine,
Je soutiendrai toujours, morbleu ! qu'ils sont mauvais,
Et qu'un homme est pendable après les avoir faits.
(A Clitandre et à Acaste qui rient).
Par la sambleu ! messieurs, je ne croyais pas être
Si plaisant que je suis.

CÉLIMÈNE.   Allez vite paraître
Où vous devez.

ALCESTE.   J'y vais, madame ; et sur mes pas
Je reviens en ce lieu pour vider nos débats.

ACTE TROISIÈME

SCÈNE I.

CLITANDRE, ACASTE.

CLITANDRE. Cher marquis, je te vois l'âme bien satisfaite ;
Toute chose t'égale et rien ne t'inquiète.
En bonne foi, crois-tu, sans t'éblouir les yeux,
Avoir de grands sujets de paraître joyeux ?

ACASTE. Parbleu ! je ne vois pas, lorsque je m'examine,
Où prendre aucun sujet d'avoir l'âme chagrine.
J'ai du bien, je suis jeune, et sors d'une maison
Qui se peut dire noble avec quelque raison ;
Et je crois, par le rang que me donne ma race,
Qu'il est fort peu d'emplois dont je ne sois en passe.
Pour le cœur, dont surtout nous devons faire cas,
On sait, sans vanité, que je n'en manque pas ;
Et l'on m'a vu pousser dans le monde une affaire
D'une assez vigoureuse et gaillarde manière ;
Pour de l'esprit, j'en ai, sans doute, et du bon goût
A juger sans étude et raisonner de tout ;
A faire aux nouveautés, dont je suis idolâtre,
Figure de savant sur les bancs du théâtre ;
Y décider en chef, et faire du fracas
A tous les beaux endroits qui méritent des *ah !*
Je suis assez adroit ; j'ai bon air, bonne mine,

Les dents belles surtout, et la taille fort fine.
Quant à se mettre bien, je crois, sans me flatter,
Qu'on serait mal venu de me le disputer.
Je me vois dans l'estime autant qu'on y puisse être,
Fort recherché de tous, et bien auprès du maître.
Je crois qu'avec cela, mon cher marquis, je croi
Qu'on peut par tout pays être content de soi.
CLITANDRE. Oui ; mais, trouvant ailleurs des conquêtes faciles,
Pourquoi pousser ici des soupirs inutiles ?
ACASTE. Moi ? Parbleu ! je ne suis de taille ni d'humeur
A pouvoir de personne essuyer la froideur,
Et je crois, à tout mettre en de justes balances,
Qu'il faut qu'à frais communs se fassent les avances.
CLITANDRE. Tu penses donc, marquis, être fort bien ici ?
ACASTE. J'ai quelque lieu, marquis, de le penser ainsi.
CLITANDRE. Crois-moi, détache-toi de cette erreur extrême :
Tu te flattes, mon cher, et t'aveugles toi-même.
ACASTE. Il est vrai, je me flatte et m'aveugle en effet.
CLITANDRE. Mais qui te fait juger ton bonheur si parfait ?
ACASTE. Je me flatte.
CLITANDRE. Sur quoi fonder tes conjectures ?
ACASTE. Je m'aveugle.
CLITANDRE. En as-tu des preuves qui soient sûres ?
ACASTE. Je m'abuse, te dis-je.
CLITANDRE Est-ce que de ses vœux
Célimène t'a fait quelques secrets aveux ?
ACASTE. Non, je suis mal traité.
CLITANDRE. Réponds-moi, je te prie.
ACASTE. Je n'ai que des rebuts.
CLITANDRE. Laissons la raillerie,
Et me dis quel espoir on peut t'avoir donné.
ACASTE. Je suis le misérable, et toi le fortuné ;
On a pour ma personne une aversion grande,
Et, quelqu'un de ces jours, il faut que je me pende.
CLITANDRE. Oh çà ! veux-tu, marquis, pour ajuster nos vœux,
Que nous tombions d'accord d'une chose tous deux ?
Que qui pourra montrer une marque certaine
D'avoir meilleure part auprès de Célimène,
L'autre ici fera place au vainqueur prétendu
Et le délivrera d'un rival assidu ?
ACASTE. Ah ! parbleu ! tu me plais avec un tel langage,
Et, du bon de mon cœur, à cela je m'engage.
Mais, chut !

SCÈNE II.

CÉLIMÈNE, ACASTE, CLITANDRE.

CÉLIMÈNE. Encore ici ?
CLITANDRE. Vous arrêtez nos pas.
CÉLIMÈNE. Je viens d'ouïr entrer un carrosse là-bas.
Savez-vous qui c'est ?
CLITANDRE. Non.

SCÈNE III.

CÉLIMÈNE, ACASTE, CLITANDRE, BASQUE.

BASQUE. Arsinoé, madame,
Monte ici pour vous voir.
CÉLIMÈNE. Que me veut cette femme ?
BASQUE. Éliante là-bas est à l'entretenir.
CÉLIMÈNE. De quoi s'avise-t-elle ? et qui la fait venir ?
ACASTE. Pour vertu consommée en tous lieux elle passe ;
Et l'ardeur de son zèle...
CÉLIMÈNE. Oui, oui, franche grimace !
Jamais je n'ai rien vu de si sot à mon gré ;
Elle est impertinente au suprême degré,
Et...

SCÈNE IV.

ARSINOÉ, CÉLIMÈNE, CLITANDRE, ACASTE.

CÉLIMÈNE. Ah ! quel heureux sort en ce lieu vous amène ?
Madame ; sans mentir, j'étais de vous en peine.
ARSINOÉ. Je viens pour quelque avis que j'ai cru vous devoir.
CÉLIMÈNE. Ah ! mon Dieu ! que je suis contente de vous voir !
(Clitandre et Acaste sortent en riant).

SCÈNE V.

ARSINOÉ, CÉLIMÈNE.

ARSINOÉ. Leur départ ne pouvait plus à propos se faire.
CÉLIMÈNE. Voulons-nous nous asseoir ?
ARSINOÉ. Il n'est pas nécessaire.
Madame, l'amitié doit surtout éclater
Aux choses qui le plus nous peuvent importer :
Et comme il n'en est point de plus grande importance
Que celle de l'honneur et de la bienséance,
Je viens, par un avis qui touche votre honneur,

Témoigner l'amitié que pour vous a mon cœur.
Hier, j'étais chez des gens de vertu singulière,
Où sur vous du discours on tourna la matière ;
Et là, votre conduite, avec ses grands éclats,
Madame, eut le malheur qu'on ne la loua pas.
Cette foule de gens dont vous souffrez visite,
Votre légèreté et les bruits qu'elle excite,
Trouvèrent des censeurs plus qu'il n'aurait fallu,
Et bien plus rigoureux que je n'eusse voulu.
Vous pouvez bien penser quel parti je sus prendre :
Je fis ce que je pus pour vous pouvoir défendre ;
Je vous excusai fort sur votre intention,
Et voulus de votre âme être la caution.
Mais vous savez qu'il est des choses dans la vie
Qu'on ne peut excuser, quoiqu'on en ait envie ;
Et je me vis contrainte à demeurer d'accord
Que l'air dont vous viviez vous faisait un peu tort.
Madame, je vous crois l'âme trop raisonnable
Pour ne pas prendre bien cet avis profitable,
Et ne l'attribuer qu'aux mouvements secrets.
D'un zèle qui m'attache à tous vos intérêts.
CÉLIMÈNE. Madame, j'ai beaucoup de grâces à vous rendre.
Un tel avis m'oblige ; et, loin de le mal prendre,
J'en prétends reconnaître à l'instant la faveur
Par un avis aussi qui touche votre honneur :
Et comme je vous vois vous montrer mon amie
En m'apprenant les bruits que de moi on publie,
Je veux suivre à mon tour un exemple si doux
En vous avertissant de ce qu'on dit de vous.
En un lieu, l'autre jour, où je faisais visite,
Je trouvai quelques gens d'un très-rare mérite,
Qui, parlant des vrais soins d'une âme qui vit bien,
Firent tomber sur vous, madame, l'entretien.
Là, votre sévérité et vos éclats de zèle
Ne furent pas cités comme un fort bon modèle ;
Cette affectation d'un grave extérieur,
Vos discours éternels de sagesse et d'honneur,
Vos fréquentes leçons et vos aigres censures
Sur des choses qui sont innocentes et pures ;
Tout cela, si je puis vous parler franchement,
Madame, fut blâmé d'un commun sentiment.
Pour moi, contre chacun je pris votre défense,
Et leur assurai fort que c'était médisance :
Mais tous les sentiments combattirent le mien,

Et leur conclusion fut que vous feriez bien
De prendre moins de soin des actions des autres,
Et de vous mettre un peu plus en peine des vôtres ;
Qu'on doit se regarder soi-même un fort long temps
Avant que de songer à condamner les gens ;
Qu'il faut mettre le poids d'une vie exemplaire
Dans les corrections qu'aux autres on veut faire ;
Et qu'encor vaut-il mieux s'en remettre, au besoin,
A ceux à qui le ciel en a commis le soin.
Madame, je vous crois aussi trop raisonnable
Pour ne pas prendre bien cet avis profitable,
Et ne l'attribuer qu'aux mouvements secrets
D'un zèle qui m'attache à tous vos intérêts.
ARSINOÉ. A quoi qu'en reprenant on soit assujettie,
Je ne m'attendais pas à cette repartie,
Madame ; et je vois bien, par ce qu'elle a d'aigreur,
Que mon sincère avis vous a blessée au cœur.
CÉLIMÈNE. Au contraire, madame ; et, si l'on était sage,
Ces avis mutuels seraient mis en usage.
On détruirait par là, traitant de bonne foi,
Ce grand aveuglement où chacun est pour soi.
Il ne tiendra qu'à vous qu'avec le même zèle
Nous ne continuions cet office fidèle,
Et ne prenions grand soin de nous dire entre nous
Ce que nous entendrons, vous de moi, moi de vous.
ARSINOÉ. Ah ! madame, de vous je ne puis rien entendre ;
C'est en moi que l'on peut trouver fort à reprendre.
CÉLIMÈNE. Madame, on peut, je crois, louer et blâmer tout ;
Et chacun a raison, suivant l'âge ou le goût.
ARSINOÉ. Certes, vous vous targuez d'un bien faible avantage,
Et vous faites sonner terriblement votre âge.
Ce que de plus que vous on en pourrait avoir
N'est pas un si grand cas, pour tant s'en prévaloir ;
Et je ne sais pourquoi votre âme ainsi s'emporte,
Madame, à me pousser de cette étrange sorte.
CÉLIMÈNE. Et moi, je ne sais pas, madame, aussi pourquoi
On vous voit en tous lieux vous déchaîner sur moi.
Faut-il de vos chagrins sans cesse à moi vous prendre ?
Et puis-je mais des soins qu'on ne va pas vous rendre ?
ARSINOÉ. Allons ! brisons, madame, un pareil entretien,
Il pousserait trop loin votre esprit et le mien ;
Et j'aurais pris déjà le congé qu'il faut prendre,
Si mon carrosse encor ne m'obligeait d'attendre.
CÉLIMÈNE. Autant qu'il vous plaira vous pouvez arrêter,

Madame, et là-dessus rien ne doit vous hâter.
Mais, sans vous fatiguer de ma cérémonie,
Je m'en vais vous donner meilleure compagnie;
Et monsieur, qu'à propos le hasard fait venir,
Remplira mieux ma place à vous entretenir.

SCÈNE VI.

ALCESTE, CÉLIMÈNE, ARSINOÉ.

CÉLIMÈNE. Alceste, il faut que j'aille écrire un mot de lettre,
Que, sans me faire tort, je ne saurais remettre.
Soyez avec madame : elle aura la bonté
D'excuser aisément mon incivilité.

SCÈNE VII.

ALCESTE, ARSINOÉ.

ARSINOÉ. Vous voyez, elle veut que je vous entretienne,
Attendant un moment que mon carrosse vienne;
Et jamais tous ses soins ne pouvaient m'offrir rien
Qui me fût plus charmant qu'un pareil entretien.
En vérité, les gens d'un mérite sublime
Entraînent de chacun et l'amour et l'estime;
Et le vôtre, sans doute, a des charmes secrets
Qui font entrer mon cœur dans tous vos intérêts.
Je voudrais que la cour, par un regard propice,
A ce que vous valez rendît plus de justice.
Vous avez à vous plaindre; et je suis en courroux
Quand je vois, chaque jour, qu'on ne fait rien pour vous.
ALCESTE. Moi, madame? Et sur quoi pourrais-je en rien prétendre?
Quel service à l'État est-ce qu'on m'a vu rendre?
Qu'ai-je fait, s'il vous plaît, de si brillant de soi,
Pour me plaindre à la cour qu'on ne fait rien pour moi?
ARSINOÉ. Tous ceux sur qui la cour jette des yeux propices
N'ont pas toujours rendu de ces fameux services;
Il faut l'occasion ainsi que le pouvoir;
Et le mérite enfin que vous nous faites voir
Devrait...
ALCESTE.   Mon Dieu! laissons mon mérite, de grâce;
De quoi voulez-vous là que la cour s'embarrasse?
Elle aurait fort à faire, et ses soins seraient grands
D'avoir à déterrer le mérite des gens.
ARSINOÉ. Un mérite éclatant se déterre lui-même.
Du vôtre, en bien des lieux, on fait un cas extrême.

Et vous saurez de moi qu'en de fort bons endroits
Vous fûtes hier loué par des gens d'un grand poids.
ALCESTE. Eh! madame, l'on loue aujourd'hui tout le monde,
Et le siècle par là n'a rien qu'on ne confonde.
Tout est d'un grand mérite également doué,
Ce n'est plus un honneur que de se voir loué;
D'éloges on regorge, à la tête on les jette,
Et mon valet de chambre est mis dans la gazette.
ARSINOÉ. Pour moi, je voudrais bien que pour vous montrer mieux
Une charge à la cour vous pût frapper les yeux.
Pour peu que d'y songer vous nous fassiez les mines,
On peut, pour vous servir, remuer des machines;
Et j'ai des gens en main que j'emploierai pour vous,
Qui vous feront à tous un chemin assez doux.
ALCESTE. Et que voudriez-vous, madame, que je fisse?
L'humeur dont je me sens veut que je m'en bannisse;
Le ciel ne m'a point fait, en me donnant le jour,
Une âme compatible avec l'air de la cour.
Je ne me trouve point les vertus nécessaires
Pour y bien réussir et faire mes affaires;
Être franc et sincère est mon plus grand talent;
Je ne sais point jouer les hommes en parlant;
Et qui n'a pas le don de cacher ce qu'il pense,
Doit faire en ce pays fort peu de résidence.
Hors de la cour, sans doute, on n'a pas cet appui
Et ces titres d'honneur qu'elle donne aujourd'hui;
Mais on n'a pas aussi, perdant ces avantages,
Le chagrin de louer de fort sots personnages;
On n'a point à souffrir mille rebuts cruels;
On n'a point à louer les vers de messieurs tels,
A donner de l'encens à madame une telle,
Et de nos francs marquis essuyer la cervelle.
ARSINOÉ. Laissons, puisqu'il vous plaît, ce chapitre de cour:
Mais il faut que mon cœur vous éclaire en retour;
Et pour vous découvrir là-dessus mes pensées,
Je souhaiterais fort vos ardeurs mieux placées.
Vous méritez sans doute un sort beaucoup plus doux,
Et celle qui vous charme est indigne de vous,
ALCESTE. Mais, en disant cela, songez-vous, je vous prie,
Que cette personne est, madame, votre amie?
ARSINOÉ. Oui. Mais ma conscience est blessée, en effet,
De souffrir plus longtemps le tort que l'on vous fait.
ALCESTE. Mais votre charité se serait bien passée
De jeter dans le mien une telle pensée.

ARSINOÉ. Si vous ne voulez pas être désabusé,
Il faut ne vous rien dire ; il est assez aisé.
ALCESTE. Non, mais sur ce sujet, quoi que l'on nous expose,
Les doutes sont fâcheux plus que toute autre chose,
Et je voudrais, pour moi, qu'on ne me fît savoir
Que ce qu'avec clarté l'on peut me faire voir.
ARSINOÉ. Eh bien, c'est assez dit ; et, sur cette matière,
Vous allez recevoir une pleine lumière.
Oui, je veux que de tout vos yeux vous fassent foi.
Donnez-moi seulement la main jusque chez moi.

ACTE QUATRIÈME

SCÈNE I.

ÉLIANTE, PHILINTE.

PHILINTE. Non, je n'ai point vu d'âme à manier si dure,
Ni d'accommodement plus pénible à conclure :
En vain de tous côtés on l'a voulu tourner,
Hors de son sentiment on n'a pu l'entraîner ;
Et jamais différend si bizarre, je pense,
N'avait de ces messieurs occupé la prudence.
« Non, messieurs, disait-il, je ne m'en dédis point,
Et tomberai d'accord de tout, hors de ce point.
De quoi s'offense-t-il ? et que veut-il me dire ?
Y va-t-il de sa gloire à ne pas bien écrire ?
Que lui fait mon avis qu'il a pris de travers ?
On peut être honnête homme, et faire mal des vers :
Ce n'est point à l'honneur que touchent ces matières.
Je le tiens galant homme en toutes les manières,
Homme de qualité, de mérite et de cœur,
Tout ce qu'il vous plaira, mais fort méchant auteur.
Je louerai, si l'on veut, son train et sa dépense,
Son adresse à cheval, aux armes, à la danse ;
Mais pour louer ses vers, je suis son serviteur ;
Et lorsque d'en mieux faire on n'a pas le bonheur,
On ne doit de rimer avoir aucune envie,
Qu'on n'y soit condamné sur peine de la vie. »
Enfin toute la grâce et l'accommodement
Où s'est avec effort plié son sentiment,
C'est de dire, croyant adoucir bien son style :
« Monsieur, je suis fâché d'être si difficile,

Et, pour l'amour de vous, je voudrais, de bon cœur,
Avoir trouvé tantôt votre sonnet meilleur. »
Et dans une embrassade on leur a, pour conclure,
Fait vite envelopper toute la procédure.

ÉLIANTE. Dans ses façons d'agir il est fort singulier :
Mais j'en fais, je l'avoue, un cas particulier ;
Et la sincérité dont son âme se pique
A quelque chose en soi de noble et d'héroïque.
C'est une vertu rare au siècle d'aujourd'hui,
Et je la voudrais voir partout comme chez lui.

PHILINTE. Pour moi, plus je le vois, plus surtout je m'étonne
De l'inclination où son cœur s'abandonne.
De l'humeur dont le ciel a voulu le former,
Je ne sais pas comment il s'avise d'aimer :
Et je sais moins encor comment votre cousine
Peut être la personne où son penchant s'incline.

ÉLIANTE. Cela fait assez voir que l'amour, dans les cœurs,
N'est pas toujours produit par un rapport d'humeurs ;
Et toutes ces raisons de douces sympathies,
Dans cet exemple-ci, se trouvent démenties. [voir?

PHILINTE. Mais croyez-vous qu'on l'aime, aux choses qu'on peut
ÉLIANTE. C'est un point qu'il n'est pas fort aisé de savoir :
Comment pouvoir juger s'il est vrai qu'elle l'aime ?
Son cœur de ce qu'il sent n'est pas bien sûr lui-même ;
Il aime quelquefois, sans qu'il le sache bien,
Et croit aimer aussi, parfois qu'il n'en est rien.

PHILINTE. Je crois que notre ami, près de cette cousine,
Trouvera des chagrins plus qu'il ne s'imagine ;
Et s'il avait mon cœur, à dire vérité,
Il tournerait ses vœux tout d'un autre côté.

SCÈNE II.

ALCESTE, ELIANTE, PHILINTE.

ALCESTE. Ah ! faites-moi raison, madame, d'une offense
Qui vient de triompher de toute ma constance.
ÉLIANTE. Qu'est-ce donc ? Qu'avez-vous qui vous puisse émouvoir ?
ALCESTE. J'ai ce que, sans mourir, je ne puis concevoir ;
Et le déchaînement de toute la nature
Ne m'accablerait pas comme cette aventure.
C'en est fait... Mon bonheur.... Je ne saurais parler.
ÉLIANTE. Que votre esprit un peu tâche à se rappeler.
ALCESTE. O juste ciel ! faut-il qu'on joigne à tant de grâces
Les vices odieux des âmes les plus basses !

ÉLIANTE. Mais encor, qui vous peut...
ALCESTE.   Ah! tout est ruiné;
Je suis, je suis trahi, je suis assassiné!
Célimène!... eût-on pu croire cette nouvelle!...
Célimène me trompe, et n'est qu'une infidèle.
ÉLIANTE. Avez-vous, pour le croire, un juste fondement?
PHILINTE. Peut-être est-ce un soupçon conçu légèrement;
Et votre esprit jaloux prend, parfois, des chimères...
ALCESTE. Ah! morbleu! mêlez-vous, monsieur, de vos affaires!
(A Éliante). C'est de sa trahison n'être que trop certain,
Que l'avoir dans ma poche écrite de sa main.
La voici! Mon courroux redouble à cette approche!
Je vais de sa noirceur lui faire un dur reproche.

SCÈNE III.

CÉLIMÈNE, ALCESTE.

CÉLIMÈNE, à part, à Alceste.
Ouais! Que me veulent dire et ces soupirs poussés,
Et ces sombres regards que sur moi vous lancez?
ALCESTE. Que toutes les horreurs dont une âme est capable
A vos déloyautés n'ont rien de comparable;
Que le sort, les démons et le ciel en courroux
N'ont jamais rien produit d'aussi méchant que vous.
CÉLIMÈNE. Voilà certainement des douceurs que j'admire.
ALCESTE. Ah! ne plaisantez point, il n'est pas temps de rire;
Rougissez bien plutôt, vous en avez raison,
Et j'ai de sûrs témoins de votre trahison.
Au moins ne trouverais-je aucun sujet de plainte,
Si pour moi votre bouche avait parlé sans feinte;
Et, rejetant mes vœux dès le premier abord,
Mon cœur n'aurait eu droit de s'en plaindre qu'au sort.
Mais d'un aveu trompeur voir ma flamme applaudie,
C'est une trahison, c'est une perfidie
Qui ne saurait trouver trop de châtiments;
Et je puis tout permettre à mes ressentiments.
Je cède aux mouvements de ma juste colère,
Et je ne réponds pas de ce que je puis faire.
CÉLIMÈNE. Allez, vous êtes fou dans vos transports jaloux
Et ne méritez pas l'amour qu'on a pour vous.
Je voudrais bien savoir qui pourrait me contraindre
A descendre pour vous aux bassesses de feindre,
Et pourquoi, si mon cœur penchait d'autre côté,
Je ne le dirais pas avec sincérité!

Quoi ! de mes sentiments l'obligeante assurance
Contre tous vos soupçons ne prend pas ma défense !
Auprès d'un tel garant sont-ils de quelque poids ?
N'est-ce pas m'outrager que d'écouter leur voix ?
Mais, quoi ! voilà Dubois plaisamment figuré !

SCÈNE IV.

CÉLIMÈNE, ALCESTE, DUBOIS.

ALCESTE. Que veut cet équipage et cet air effaré ?
Qu'as-tu ?
DUBOIS. Monsieur...
ALCESTE. Eh bien ?
DUBOIS. Voici bien des mystères.
ALCESTE. Qu'est-ce ?
DUBOIS. Nous sommes mal, monsieur, dans nos affaires.
ALCESTE. Quoi ?
DUBOIS. Parlerai-je haut ?
ALCESTE. Oui, parle, et promptement.
DUBOIS. N'est-il point là quelqu'un ?
ALCESTE. Ah ! que d'amusement.
Veux-tu parler ?
DUBOIS. Monsieur, il faut faire retraite.
ALCESTE. Comment ?
DUBOIS. Il faut d'ici déloger sans trompette.
ALCESTE. Et pourquoi ?
DUBOIS. Je vous dis qu'il faut quitter ce lieu.
ALCESTE. La cause ?
DUBOIS. Il faut partir, monsieur, sans dire adieu.
ALCESTE. Mais par quelle raison me tiens-tu ce langage ?
DUBOIS. Par la raison, monsieur, qu'il faut plier bagage.
ALCESTE. Ah ! je te casserai la tête assurément
Si tu ne veux, maraud, l'expliquer autrement.
DUBOIS. Monsieur, un homme noir et d'habit et de mine
Est venu nous laisser, jusque dans la cuisine,
Un papier griffonné d'une telle façon,
Qu'il faudrait pour le lire être pis qu'un démon.
C'est de votre procès, je n'en fais aucun doute ;
Mais le diable d'enfer, je crois, n'y verrait goutte.
ALCESTE. Eh bien, quoi ? Ce papier qu'a-t-il à démêler,
Traître, avec le départ dont tu viens me parler ?
DUBOIS. C'est pour vous dire ici, monsieur, qu'une heure ensuite,
Un homme qui souvent vous vient rendre visite
Est venu vous chercher avec empressement,

Et, ne vous trouvant pas, me chargea doucement,
Sachant que je vous sers avec beaucoup de zèle,
De vous dire... Attendez, comment est-ce qu'il s'appelle?
ALCESTE. Laisse là son nom, traître, et dis ce qu'il t'a dit.
DUBOIS. C'est un de vos amis, enfin, cela suffit.
Il m'a dit que d'ici votre péril vous chasse,
Et que d'être arrêté le sort vous y menace.
ALCESTE. Mais quoi! n'a-t-il voulu te rien spécifier?
DUBOIS. Non. Il m'a demandé de l'encre et du papier,
Et vous a fait un mot, où vous pourrez, je pense,
Du fond de ce mystère avoir la connaissance.
ALCESTE. Donne-le donc.
CÉLIMÈNE. Que peut envelopper ceci?
ALCESTE. Je ne sais; mais j'aspire à m'en voir éclairci.
Auras-tu bientôt fait, impertinent?... Au diable!
DUBOIS, après avoir longtemps cherché le billet.
Ma foi, je l'ai, monsieur, laissé sur votre table!
ALCESTE. Je ne sais qui me tient...
CÉLIMÈNE. Ne vous emportez pas
Et courez démêler un pareil embarras.

ACTE CINQUIÈME

SCÈNE I.

ALCESTE, PHILINTE.

ALCESTE. La résolution en est prise, vous dis-je.
PHILINTE. Mais quel que soit ce coup, faut-il qu'il vous oblige?...
ALCESTE. Non, vous avez beau faire et beau me raisonner,
Rien de ce que je dis ne me peut détourner?
Trop de perversité règne au siècle où nous sommes,
Et je veux me tirer du commerce des hommes.
Quoi! contre ma partie on voit tout à la fois
L'honneur, la probité, la pudeur et les lois;
On publie en tous lieux l'équité de ma cause;
Sur la foi de mon droit mon âme se repose :
Cependant je me vois trompé par le succès,
J'ai pour moi la justice, et je perds mon procès!
Un traître, dont on sait la scandaleuse histoire,
Est sorti triomphant d'une fausseté noire!
Toute la bonne foi cède à sa trahison!
Il trouve en m'égorgeant moyen d'avoir raison!

Le poids de sa grimace, où brille l'artifice,
Renverse le bon droit et tourne la justice!
Il fait par un arrêt couronner son forfait!
Et, non content encor du tort que l'on me fait,
Il court parmi le monde un livre abominable
Et de qui la lecture est même condamnable ;
Un livre à mériter la dernière rigueur,
Dont le fourbe a le front de me faire l'auteur!
Et là-dessus on voit Oronte qui murmure,
Et tâche méchamment d'appuyer l'imposture!
Lui, qui d'un honnête homme à la cour tient le rang,
A qui je n'ai rien fait qu'être sincère et franc,
Qui me vient, malgré moi, d'une ardeur empressée,
Sur des vers qu'il a faits demander ma pensée;
Et parce que j'en use avec honnêteté,
Et ne le veux trahir, lui ni la vérité,
Il aide à m'accabler d'un crime imaginaire!
Le voilà devenu mon plus grand adversaire!
Et jamais de son cœur je n'aurai le pardon,
Pour n'avoir pas trouvé que son sonnet fût bon!
Et les hommes, morbleu! sont faits de cette sorte!
C'est à ces actions que la gloire les porte!
Voilà la bonne foi, le zèle vertueux,
La justice et l'honneur que l'on trouve chez eux!
Allons, c'est trop souffrir les chagrins qu'on nous forge,
Tirons-nous de ce bois et de ce coupe-gorge.
Puisqu'entre humains ainsi vous vivez en vrais loups,
Traîtres, vous ne m'aurez de ma vie avec vous.

PHILINTE. Je trouve un peu bien prompt le dessein où vous êtes,
Et tout le mal n'est pas si grand que vous le faites.
Ce que votre partie ose vous imputer
N'a point eu le crédit de vous faire arrêter;
On voit son faux rapport lui-même se détruire,
Et c'est une action qui pourrait bien lui nuire.

ALCESTE. Lui! de semblables tours il ne craint point l'éclat :
Il a permission d'être un franc scélérat;
Et loin qu'à son crédit nuise cette aventure,
On l'en verra demain en meilleure posture.

PHILINTE. Enfin il est constant qu'on n'a point trop donné
Au bruit que contre vous sa malice a tourné;
De ce côté déjà vous n'avez rien à craindre :
Et pour votre procès, dont vous pouvez vous plaindre,
Il vous est en justice aisé d'y revenir,
Et contre cet arrêt...

ALCESTE. Non, je veux m'y tenir.
Quelque sensible tort qu'un tel arrêt me fasse,
Je me garderai bien de vouloir qu'on le casse;
On y voit trop à plein le bon droit maltraité,
Et je veux qu'il demeure à la postérité,
Comme une marque insigne, un fameux témoignage
De la méchanceté des hommes de notre âge.
Ce sont vingt mille francs qu'il m'en pourra coûter;
Mais pour vingt mille francs j'aurai droit de pester
Contre l'iniquité de la nature humaine,
Et de nourrir pour elle une immortelle haine.
PHILINTE. Mais enfin...
ALCESTE. Mais enfin vos soins sont superflus.
Que voulez-vous, monsieur, me dire là-dessus?
Aurez-vous bien le front de me vouloir en face
Excuser les horreurs de tout ce qui s'y passe?
PHILINTE. Non, je tombe d'accord de tout ce qu'il vous plaît:
Tout marche par cabale et par pur intérêt;
Ce n'est plus que la ruse aujourd'hui qui l'emporte,
Et les hommes devraient être faits d'autre sorte.
Mais est-ce une raison que leur peu d'équité,
Pour vouloir se tirer de leur société?
Tous ces défauts humains nous donnent, dans la vie,
Des moyens d'exercer notre philosophie;
C'est le plus bel emploi que trouve la vertu:
Et, si de probité tout était revêtu,
Si tous les cœurs étaient francs, justes et dociles,
La plupart des vertus nous seraient inutiles,
Puisqu'on en met l'usage à pouvoir, sans ennui,
Supporter dans nos droits l'injustice d'autrui;
Et de même qu'un cœur d'une vertu profonde...
ALCESTE. Je sais que vous parlez, monsieur, le mieux du monde,
En beaux raisonnements vous abondez toujours:
Mais vous perdez le temps et tous vos beaux discours.
La raison, pour mon bien, veut que je me retire;
Je n'ai point sur ma langue un assez grand empire;
De ce que je dirais je ne répondrais pas,
Et je me jetterais cent choses sur les bras.
Laissez-moi, sans dispute, attendre Célimène,
Il faut qu'elle consente au dessein qui m'amène;
Je vais voir si son cœur a de l'amour pour moi;
Et c'est ce moment-ci qui doit m'en faire foi.
PHILINTE. Montons chez Éliante, attendant sa venue.
ALCESTE. Non: de trop de soucis je me sens l'âme émue.

Allez-vous-en la voir, et me laissez enfin
Dans ce petit coin sombre avec mon noir chagrin.
PHILINTE. C'est une compagnie étrange pour attendre ;
Et je vais obliger Éliante à descendre.

SCÈNE II.

CÉLIMÈNE, ÉLIANTE, ALCESTE, PHILINTE.

ALCESTE, à Célimène.
Oui, je veux bien, perfide, oublier vos forfaits ;
J'en saurai, dans mon âme, excuser tous les traits,
Et me les couvrirai du nom d'une faiblesse
Où le vice du temps porte votre jeunesse,
Pourvu que votre cœur veuille donner les mains
Au dessein que j'ai fait de fuir tous les humains,
Et que, dans mon désert où j'ai fait vœu de vivre,
Vous soyez, sans tarder, résolue à me suivre.
C'est par là seulement que, dans tous les esprits,
Vous pouvez réparer le mal de vos écrits,
Et qu'après cet éclat qu'un noble cœur abhorre,
Il peut m'être permis de vous aimer encore.
CÉLIMÈNE. Moi, renoncer au monde, avant que de vieillir !
Et dans votre désert aller m'ensevelir !
ALCESTE. Et, s'il faut qu'à mes vœux votre flamme réponde,
Que vous doit importer tout le reste du monde ?
Vos désirs avec moi ne sont-ils pas contents ?
CÉLIMÈNE. La solitude effraye une âme de vingt ans.
Je ne sens point la mienne assez grande, assez forte,
Pour me résoudre à prendre un dessein de la sorte.
Si le don de ma main peut contenter vos vœux,
Je pourrai me résoudre à serrer de tels nœuds,
Et l'hymen...
ALCESTE. Non, mon cœur à présent vous déteste,
Et ce refus lui seul fait plus que tout le reste.
Puisque vous n'êtes point, en des liens si doux,
Pour trouver tout en moi comme moi tout en vous,
Allez, je vous refuse ; et ce sensible outrage
De vos indignes fers pour jamais me dégage.

SCÈNE III.

ÉLIANTE, ALCESTE, PHILINTE.

ALCESTE, à Éliante. Madame, cent vertus ornent votre beauté,
Et je n'ai vu qu'en vous de la sincérité ;
De vous, depuis longtemps, je fais un cas extrême :

Allez, je vous refuse.....

LE MISANTHROPE. Acte V, Scène VII.

Mais laissez-moi toujours vous estimer de même ;
Et souffrez que mon cœur, dans ses troubles divers,
Ne se présente point à l'honneur de vos fers :
Je m'en sens trop indigne, et commence à connaître
Que le ciel pour ce nœud ne m'avait point fait naître,
Que ce serait pour vous un hommage trop bas
Que le rebut d'un cœur qui ne vous valait pas ;
Et qu'enfin...

ÉLIANTE. Vous pouvez suivre cette pensée :
Ma main de se donner n'est pas embarrassée,
Et voilà votre ami, sans trop m'inquiéter,
Qui, si je l'en priais, la pourrait accepter.

PHILINTE. Ah ! cet honneur, madame, est toute mon envie,
Et j'y sacrifierais et mon sang et ma vie.

ALCESTE. Puissiez-vous, pour goûter de vrais contentements,
L'un pour l'autre à jamais garder ces sentiments !
Trahi de toutes parts, accablé d'injustices,
Je vais sortir d'un gouffre où triomphent les vices,
Et chercher sur la terre un endroit écarté
Où d'être homme d'honneur on ait la liberté.

PHILINTE. Allons, madame, allons employer toute chose,
Pour rompre le dessein que son cœur se propose.

LE MÉDECIN MALGRÉ LUI

COMÉDIE EN TROIS ACTES (1666)

PERSONNAGES

GÉRONTE.
LUCINDE, fille de Géronte.
LÉANDRE, ami de Lucinde.
SGANARELLE.
MARTINE, femme de Sganarelle.
M. ROBERT, voisin de Sganarelle.

VALÈRE, domestique de Géronte.
LUCAS, domestique de Géronte,
JACQUELINE, nourrice chez Géronte et femme de Lucas.
THIBAUT, paysan.
PERRIN, fils de Thibaut.

La scène est à la campagne.

ACTE PREMIER

SCÈNE I.

SGANARELLE, MARTINE.

SGANARELLE. Non, je te dis que je n'en veux rien faire, et que c'est à moi de parler et d'être le maître.

MARTINE. Et je te dis, moi, que je veux que tu vives à ma fantaisie, et que je ne me suis point mariée avec toi pour souffrir tes fredaines.

SGANARELLE. Oh! la grande fatigue que d'avoir une femme! Et qu'Aristote a bien raison, quand il dit qu'une femme est pire qu'un démon!

MARTINE. Voyez un peu l'habile homme, avec son benêt d'Aristote!

SGANARELLE. Oui, habile homme. Trouve-moi un faiseur de fagots qui sache, comme moi, raisonner des choses, qui ait servi six ans un fameux médecin, et qui ait su dans son jeune âge son rudiment par cœur.

MARTINE. Peste de fou fieffé?

SGANARELLE. Peste de la carogne!

MARTINE. Que maudits soient l'heure et le jour où je m'avisai d'aller dire oui!

SGANARELLE. Que maudit soit le bec cornu de notaire qui me fit signer ma ruine!

MARTINE. C'est bien à toi vraiment à te plaindre de cette

affaire ! Devrais-tu être un seul moment sans rendre grâce au ciel de m'avoir pour ta femme? Et méritais-tu d'épouser une personne comme moi?

SGANARELLE. Il est vrai que tu me fis trop d'honneur, et que j'eus lieu de me louer, d'abord, de ta docilité; mais, morbleu! ne me fais point parler là-dessus ; je dirais de certaines choses...

MARTINE. Quoi? que dirais-tu?

SGANARELLE. Bah! laissons là ce chapitre; il suffit que nous sachions ce que nous savons, et que tu fus bien heureuse de me trouver.

MARTINE. Qu'appelles-tu bien heureuse de te trouver? Un homme qui me réduit à l'hôpital, un débauché, un traître qui me mange tout ce que j'ai!...

SGANARELLE. Tu as menti : j'en bois une partie.

MARTINE. Qui me vend pièce à pièce tout ce qui est dans le logis...

SGANARELLE. C'est vivre de ménage.

MARTINE. Qui m'a ôté jusqu'au lit que j'avais...

SGANARELLE. Tu t'en lèveras plus matin.

MARTINE. Enfin, qui ne laisse aucun meuble dans toute la maison...

SGANARELLE. On en déménage plus aisément.

MARTINE. Et qui, du matin jusqu'au soir, ne fait que jouer et que boire!

SGANARELLE. C'est pour ne me point ennuyer.

MARTINE. Et que veux-tu, pendant ce temps, que je fasse avec ma famille?

SGANARELLE. Tout ce qu'il te plaira.

MARTINE. J'ai quatre pauvres petits enfants sur les bras...

SGANARELLE. Mets-les à terre.

MARTINE. Qui me demandent à toute heure du pain!

SGANARELLE. Donne-leur le fouet. Quand j'ai bien bu et bien mangé, je veux que tout le monde soit soûl dans ma maison.

MARTINE. Et tu prétends, ivrogne, que les choses aillent toujours de même?

SGANARELLE. Ma femme, allons tout doucement, s'il vous plaît.

MARTINE. Que j'endure éternellement tes insolences et tes débauches?

SGANARELLE. Ne nous emportons point, ma femme.

MARTINE. Et que je ne sache pas trouver le moyen de te ranger à ton devoir?

SGANARELLE. Ma femme, vous savez que je n'ai point l'âme endurante, et que j'ai le bras assez bon.

MARTINE. Je me moque de tes menaces.

SGANARELLE. Ma petite femme, ma mie, votre peau vous démange, à votre ordinaire.

MARTINE. Je te montrerai bien que je ne te crains nullement.

SGANARELLE. Ma chère moitié, vous avez envie de me dérober quelque chose.

MARTINE. Crois-tu que je m'épouvante de tes paroles?

SGANARELLE. Doux objet de mes vœux, je vous frotterai les oreilles.

MARTINE. Ivrogne que tu es!

SGANARELLE. Je vous battrai.

MARTINE. Ivrogne que tu es!

SGANARELLE. Je vous battrai.

MARTINE. Sac à vin!

SGANARELLE. Je vous rosserai.

MARTINE. Infâme!

SGANARELLE. Je vous étrillerai.

MARTINE. Traître! insolent! trompeur! lâche! coquin! pendard! gueux! bélître! fripon! maraud! voleur!...

SGANARELLE. Ah! vous en voulez donc? (Sganarelle prend un bâton et bat sa femme.)

MARTINE, criant. Ah! ah! ah! ah!

SGANARELLE. Voilà le vrai moyen de vous apaiser.

SCÈNE II.

M. ROBERT, SGANARELLE, MARTINE.

M. ROBERT. Holà! holà! holà! Fi! qu'est-ce ceci? Quelle infamie! Peste soit le coquin, de battre ainsi sa femme!

MARTINE, à M. Robert. Et je veux qu'il me batte, moi.

M. ROBERT. Ah! j'y consens de tout mon cœur.

MARTINE. De quoi vous mêlez-vous?

M. ROBERT. J'ai tort.

MARTINE. Est-ce là votre affaire?

M. ROBERT. Vous avez raison.

MARTINE. Voyez un peu cet impertinent, qui veut empêcher les maris de battre leurs femmes?

M. ROBERT. Je me rétracte.

MARTINE. Qu'avez-vous à voir là-dessus?

M. ROBERT. Rien.

MARTINE. Est-ce à vous d'y mettre le nez?

M. ROBERT. Non.

MARTINE. Mêlez-vous de vos affaires.

M. ROBERT. Je ne dis plus mot.

MARTINE. Il me plaît d'être battue.
M. ROBERT. D'accord.
MARTINE. Ce n'est pas à vos dépens?
M. ROBERT. Il est vrai.
MARTINE. Et vous êtes un sot de venir vous fourrer où vous n'avez que faire. (Elle lui donne un soufflet.)
M. ROBERT, à Sganarelle. Compère, je vous demande pardon de tout mon cœur. Faites, rossez, battez comme il faut votre femme, je vous aiderai, si vous le voulez.
SGANARELLE. Il ne me plaît pas, moi.
M. ROBERT. Ah!... C'est une autre chose!
SGANARELLE. Je la veux battre si je le veux, et ne la veux pas battre si je le veux pas.
M. ROBERT. Fort bien.
SGANARELLE. C'est ma femme, et non pas la vôtre.
M. ROBERT. Sans doute.
SGANARELLE. Vous n'avez rien à me commander.
M. ROBERT. D'accord.
SGANARELLE. Je n'ai que faire de votre aide.
M. ROBERT. Très-volontiers.
SGANARELLE. Et vous êtes un impertinent de vous ingérer des affaires d'autrui. Apprenez que Cicéron dit qu'entre l'arbre et le doigt il ne faut point mettre l'écorce. (Il bat M. Robert et le chasse.)

SCÈNE III.

SGANARELLE, MARTINE.

SGANARELLE. Oh çà! faisons la paix nous deux. Touche là!
MARTINE. Oui, après m'avoir ainsi battue!
SGANARELLE. Cela n'est rien; touche.
MARTINE. Je ne veux pas.
SGANARELLE. Eh!
MARTINE. Non.
SGANARELLE. Ma petite femme!
MARTINE. Point.
SGANARELLE. Allons, te dis-je!
MARTINE. Je n'en ferai rien.
SGANARELLE. Viens, viens, viens!
MARTINE. Non, je veux être en colère.
SGANARELLE. Fi! c'est une bagatelle. Allons, allons!
MARTINE. Laisse-moi là.
SGANARELLE. Touche, te dis-je!
MARTINE. Tu m'as trop maltraitée.

SGANARELLE. Eh bien, va, je te demande pardon; mets là ta main.

MARTINE. Je te le pardonne; (Bas, à part.) mais tu le payeras.

SGANARELLE. Tu es une folle de prendre garde à cela; ce sont petites choses qui sont de temps en temps nécessaires dans l'amitié; et cinq ou six coups de bâton, entre gens qui s'aiment, ne feront que ragaillardir l'affection. Va, je m'en vais au bois, et je te promets aujourd'hui plus d'un cent de fagots.

SCÈNE IV.

MARTINE.

Va, quelque mine que je fasse, je n'oublierai pas mon ressentiment; et je brûle en moi-même de trouver les moyens de te punir des coups que tu m'as donnés. Je sais bien qu'une femme a toujours dans les mains de quoi se venger d'un mari; mais c'est une punition trop délicate pour mon pendard; je veux une vengeance qui se fasse un peu mieux sentir, et ce n'est pas contentement pour l'injure que j'ai reçue.

SCÈNE V.

VALÈRE, LUCAS, MARTINE.

LUCAS, à Valère, sans voir Martine. Parguienne! j'avons pris là tous deux une gueble de commission; et je ne sais pas, moi, ce que je pensons attraper.

VALÈRE, à Lucas, sans voir Martine. Que veux-tu, mon pauvre nourricier! il faut bien obéir à notre maître; et puis, nous avons intérêt, l'un et l'autre, à la santé de sa fille, notre maîtresse; et sans doute son mariage, différé par sa maladie, nous vaudra quelque récompense. Horace, qui est libéral, a bonne part aux prétentions qu'on peut avoir sur sa personne; et quoiqu'elle ait fait voir de l'amitié pour un certain Léandre, tu sais bien que son père n'a jamais voulu consentir à le recevoir pour son gendre.

MARTINE, rêvant à part, se croyant seule. Ne puis-je point trouver quelque invention pour me venger?

LUCAS, à Valère. Mais quelle fantaisie s'est-il boutée là dans la tête, puisque les médecins y avont tous perdu leur latin?

VALÈRE, à Lucas. On trouve quelquefois, à force de chercher, ce qu'on ne trouve pas d'abord, et souvent en de simples lieux.

MARTINE, se croyant toujours seule. Oui, il faut que je m'en venge, à quelque prix que ce soit! Ces coups de bâton me reviennent au cœur, je ne les saurais digérer; et... (Heurtant Valère et Lucas.) Ah!

messieurs, je vous demande pardon; je ne vous voyais pas, et je cherchais dans ma tête quelque chose qui m'embarrasse.

VALÈRE. Chacun a ses soins dans le monde, et nous cherchons aussi ce que nous voudrions bien trouver..

MARTINE. Serait-ce quelque chose où je vous puisse aider?

VALÈRE. Cela se pourrait faire, et nous tâchons de rencontrer quelque habile homme, quelque médecin particulier, qui pût donner quelque soulagement à la fille de notre maître, attaquée d'une maladie qui lui a ôté tout d'un coup l'usage de la langue. Plusieurs médecins ont déjà épuisé toute leur science après elle; mais on trouve parfois des gens avec des secrets admirables, de certains remèdes particuliers, qui font le plus souvent ce que les autres n'ont su faire; et c'est là ce que nous cherchons.

MARTINE, bas, à part. Ah! que le ciel m'inspire une admirable invention pour me venger de mon pendard! (Haut.) Vous ne pouviez jamais mieux vous adresser pour rencontrer ce que vous cherchez; et nous avons un homme, le plus merveilleux homme du monde pour les maladies désespérées.

VALÈRE. Eh! de grâce, où pouvons-nous le rencontrer?

MARTINE. Vous le trouverez maintenant vers ce petit lieu que voilà, qui s'amuse à couper du bois.

LUCAS. Un médecin qui coupe du bois!

VALÈRE. Qui s'amuse à cueillir des simples, vous voulez dire?

MARTINE. Non; c'est un homme extraordinaire qui se plaît à cela, fantasque, bizarre, quinteux, et que vous ne prendriez jamais pour ce qu'il est. Il va vêtu d'une façon extravagante, affecte quelquefois de paraître ignorant, tient sa science renfermée, et ne fuit rien tant tous les jours que d'exercer les merveilleux talents qu'il a eus du ciel pour la médecine.

VALÈRE. C'est une chose admirable que tous les grands hommes ont toujours du caprice, quelque petit grain de folie mêlé à leur science.

MARTINE. La folie de celui-ci est plus grande qu'on ne peut croire, car elle va parfois jusqu'à vouloir être battu pour demeurer d'accord de sa capacité; et je vous donne avis que vous n'en viendrez pas à bout, qu'il n'avouera jamais qu'il est médecin, s'il se le met en fantaisie, que vous ne preniez chacun un bâton, et ne le réduisiez, à force de coups, à vous confesser à la fin ce qu'il vous cachera d'abord. C'est ainsi que nous en usons quand nous avons besoin de lui.

VALÈRE. Voilà une étrange folie!

MARTINE. Il est vrai; mais, après cela, vous verrez qu'il fait des merveilles.

VALÈRE. Comment s'appelle-t-il?

MARTINE. Il s'appelle Sganarelle. Mais il est aisé à connaître : c'est un homme qui a une large barbe noire, et qui porte une fraise, avec un habit jaune et vert.

LUCAS. Un habit jaune et vard! C'est donc le médecin des parroquets?

VALÈRE. Mais est-il bien vrai qu'il soit si habile que vous le dites?

MARTINE. Comment! c'est un homme qui fait des miracles. Il y a six mois qu'une femme fut abandonnée de tous les autres médecins : on la tenait morte il y avait déjà six heures, et l'on se disposait à l'ensevelir, lorsqu'on y fit venir de force l'homme dont nous parlons. Il lui mit, l'ayant vue, une petite goutte de je ne sais quoi dans la bouche; et, dans le même instant, elle se leva de son lit, et se mit aussitôt à se promener dans sa chambre comme si de rien n'eût été.

LUCAS. Ah!

VALÈRE. Il fallait que ce fût quelque goutte d'or potable.

MARTINE. Cela pourrait bien être. Il n'y a pas trois semaines encore, qu'un jeune enfant de douze ans tomba du haut du clocher en bas, et se brisa sur le pavé la tête, les bras et les jambes. On n'y eut pas plus tôt amené notre homme, qu'il le frotta par tout le corps d'un certain onguent qu'il sait faire; et l'enfant aussitôt se leva sur ses pieds, et courut jouer à la fossette.

LUCAS. Ah!

VALÈRE. Il faut que cet homme-là ait la médecine universelle.

MARTINE. Qui en doute?

LUCAS. Tétigué! v'là justement l'homme qu'il nous faut. Allons vite le charcher.

VALÈRE. Nous vous remercions du plaisir que vous nous faites.

MARTINE. Mais souvenez-vous bien au moins de l'avertissement que je vous ai donné.

LUCAS. Eh! morguenne! laissez-nous faire : s'il ne tient qu'à battre, la vache est à nous.

VALÈRE, à Lucas. Nous sommes bien heureux d'avoir fait cette rencontre; et j'en conçois, pour moi, la meilleure espérance du monde.

SCÈNE VI.

SGANARELLE, VALÈRE, LUCAS.

SGANARELLE, chantant derrière le théâtre. La la la!

VALÈRE. J'entends quelqu'un qui chante et qui coupe du bois.

(C'est assez travailler pour boire un coup.)

LE MÉDECIN MALGRÉ LUI. Acte I, Scène VI.

SGANARELLE, entrant sur le théâtre avec une bouteille à la main, sans apercevoir ni Valère ni Lucas La la la !... Ma foi, c'est assez travailler pour boire un coup. Prenons un peu d'haleine. (Après avoir bu.) Voilà du bois qui est salé comme tous les diables. (Il chante.)

        Qu'ils sont doux,
        Bouteille jolie,
        Qu'ils sont doux,
        Vos petits glouglous !
Mais mon sort ferait bien des jaloux
Si vous étiez toujours remplie.
      Ah ! bouteille, ma mie,
    Pourquoi vous videz-vous ?

Allons, morbleu ! il ne faut point engendrer de mélancolie.

VALÈRE, bas à Lucas. Le voilà lui-même.

LUCAS, bas à Valère. Je pense que vous dites vrai, et que j'avons bouté le nez dessus.

VALÈRE. Voyons de près.

SGANARELLE, embrassant sa bouteille. Ah ! ma petite friponne ! que je t'aime, mon petit bouchon ! (Il chante. Apercevant Valère et Lucas qui l'examinent, il baisse la voix.)

    Mais mon sort... ferait... bien des... jaloux
    Si...

(Voyant qu'on l'examine de plus près.) Que diable ! à qui en veulent ces gens-là ?

VALÈRE, à Lucas. C'est lui, assurément.

LUCAL, à Valère. Le v'là tout craché comme on nous l'a défiguré.

(Sganarelle pose la bouteille à terre ; et Valère se baissant pour le saluer, comme il croit que c'est à dessein de la prendre, il la met de l'autre côté ; Lucas, faisant la même chose que Valère, Sganarelle reprend sa bouteille et la tient contre son estomac, avec divers gestes qui font un jeu de théâtre.)

SGANARELLE, à part. Ils se consultent en me regardant. Quel dessein auraient-ils ?

VALÈRE. Monsieur, n'est-ce pas vous qui vous appelez Sganarelle ?

SGANARELLE. Eh ! quoi ?

VALÈRE. Je vous demande si ce n'est pas vous qui se nomme Sganarelle ?

SGANARELLE, se tournant vers Valère, et puis vers Lucas. Oui et non, selon ce que vous lui voulez ?

VALÈRE. Nous ne voulons que lui faire toutes les civilités que nous pourrons.

SGANARELLE. En ce cas, c'est moi qui se nomme Sganarelle.

VALÈRE. Monsieur, nous sommes ravis de vous voir. On nous

a adressés à vous pour ce que nous cherchons; et nous venons implorer votre aide dont nous avons besoin.

SGANARELLE. Si c'est quelque chose, messieurs, qui dépende de mon petit négoce, je suis tout prêt à vous rendre service.

VALÈRE. Monsieur, c'est trop de grâce que vous nous faites. Mais, monsieur, couvrez-vous, s'il vous plaît; le soleil pourrait vous incommoder.

LUCAS. Monsieur, boutez dessus.

SGANARELLE, à part. Voici des gens bien pleins de cérémonies. (Il se couvre.)

VALÈRE. Monsieur, il ne faut pas trouver étrange que nous venions à vous; les habiles gens sont toujours recherchés, et nous sommes instruits de votre capacité.

SGANARELLE. Il est vrai, messieurs, que je suis le premier homme du monde pour faire des fagots.

VALÈRE. Ah! monsieur!...

SGANARELLE. Je n'y épargne aucune chose, et les fais d'une façon qu'il n'y a rien à dire.

VALÈRE. Monsieur, ce n'est pas cela dont il est question.

SGANARELLE. Mais aussi je les vends cent dix sous le cent.

VALÈRE. Ne parlons point de cela, s'il vous plaît.

SGANARELLE. Je vous promets que je ne saurais les donner à moins.

VALÈRE. Monsieur, nous savons les choses.

SGANARELLE. Si vous savez les choses, vous savez que je les vends cela.

VALÈRE. Monsieur, c'est se moquer que...

SGANARELLE. Je ne me moque point, je n'en puis rien rabattre.

VALÈRE. Parlons d'autre façon, de grâce!

SGANARELLE. Vous en pourrez trouver autre part à moins; il y a fagots et fagots, mais pour ceux que je fais...

VALÈRE. Eh! monsieur, laissons là ce discours.

SGANARELLE. Je vous jure que vous ne les auriez pas s'il s'en fallait un double.

VALÈRE. Eh! fi!

SGANARELLE. Non, en conscience; vous en paierez cela. Je vous parle sincèrement et ne suis pas homme à surfaire.

VALÈRE. Faut-il, monsieur, qu'une personne comme vous s'amuse à ces grossières feintes, s'abaisse à parler de la sorte; qu'un homme si savant, un fameux médecin comme vous êtes, veuille se déguiser aux yeux du monde et tenir enterrés les beaux talents qu'il a!

SGANARELLE, à part. Il est fou.

VALÈRE. De grâce, monsieur, ne dissimulez point avec nous.

SGANARELLE. Comment!

LUCAS. Tout ce tripotage ne sart de rian; je savons c'en que je savons.

SGANARELLE. Quoi donc? que me voulez-vous dire? Pour qui me prenez-vous?

VALÈRE. Pour ce que vous êtes, pour un grand médecin.

SGANARELLE. Médecin vous-même; je ne le suis point et je ne l'ai jamais été.

VALÈRE, bas. Voilà sa folie qui le tient. (Haut.) Monsieur, ne veuillez point nier les choses davantage; et n'en venons point, s'il vous plaît, à de fâcheuses extrémités.

SGANARELLE. A qui donc?

VALÈRE. A de certaines choses dont nous serions marris.

SGANARELLE. Parbleu! venez-en à tout ce qu'il vous plaira; je ne suis point médecin, et ne sais ce que vous me voulez.

VALÈRE, bas. Je vois bien qu'il faut se servir du remède. (Haut.) Monsieur, encore un coup, je vous prie d'avouer ce que vous êtes.

LUCAS. Eh! tétigué! ne lantiponnez point davantage, et confessez à la franquette que v's êtes médecin.

SGANARELLE, à part. J'enrage.

VALÈRE. A quoi bon nier ce qu'on sait?

LUCAS. Pourquoi toutes ces fraimes-là? A quoi est-ce que ça vous sart?

SGANARELLE. Messieurs, en un mot autant qu'en deux mille, je vous dis que je ne suis point médecin.

VALÈRE. Vous n'êtes point médecin?

SGANARELLE. Non.

LUCAS. V's n'êtes pas médecin?

SGANARELLE. Non, vous dis-je.

VALÈRE. Puisque vous le voulez, il faut bien s'y résoudre (Ils prennent chacun un bâton, et le frappent.)

SGANARELLE. Ah! ah! ah! messieurs, je suis tout ce qu'il vous plaira.

VALÈRE. Pourquoi, monsieur, nous obligez-vous à cette violence?

LUCAS. A quoi bon nous bailler la peine de vous battre?

VALÈRE. Je vous assure que j'en ai tous les regrets du monde.

LUCAS. Par ma figué! J'en sis fâché, franchement.

SGANARELLE. Que diable est ceci, messieurs? De grâce, est-ce pour rire, ou si tous deux vous extravaguez, de vouloir que je sois médecin?

VALÈRE. Quoi! vous ne vous rendez pas encore, et vous vous défendez d'être médecin?

SGANARELLE. Diable emporte si je le suis!

LUCAS. Il n'est pas vrai que vous sayez médecin?

SGANARELLE. Non, la peste m'étouffe! (Ils recommencent à la battre.) Ah! ah!... Eh bien, messieurs, oui, puisque vous le voulez, je suis médecin, je suis médecin; apothicaire encore, si vous le trouvez bon. J'aime mieux consentir à tout, que de me faire assommer.

VALÈRE. Ah! voilà qui va bien, monsieur; je suis ravi de vous voir raisonnable.

LUCAS. Vous me boutez la joie au cœur, quand je vous vois parler comme ça.

VALÈRE. Je vous demande pardon de toute mon âme.

LUCAS. Je vous demande excuse de la liberté que j'avons prise.

SGANARELLE, à part. Ouais! serait-ce bien moi qui me tromperais, et serais-je devenu médecin sans m'en être aperçu?

VALÈRE. Monsieur, vous ne vous repentirez pas de nous montrer ce que vous êtes; et vous verrez assurément que vous en serez satisfait.

SGANARELLE. Mais, messieurs, dites-moi, ne vous trompez-vous point vous-mêmes? Est-il bien assuré que je sois médecin?

LUCAS. Oui, par ma figué!

SGANARELLE. Tout de bon?

VALÈRE. Sans doute.

SGANARELLE. Diable emporte si je le savais!

VALÈRE. Comment! vous êtes le plus habile médecin du monde.

SGANARELLE. Ah! ah!

LUCAS. Un médecin qui a gari je ne sais combien de maladies.

SGANARELLE. Tudieu!

VALÈRE. Une femme était tenue pour morte il y avait six heures; elle était prête à ensevelir, lorsqu'avec une goutte de quelque chose vous la fîtes revenir et marcher d'abord par la chambre!

SGANARELLE. Peste!

LUCAS. Un petit enfant de douze ans se laissit choir du haut d'un clocher; de quoi il eut la tête, les jambes et les bras cassés; et vous, avec je ne sais quel onguent, vous fîtes qu'aussitôt il se relevit sur ses pieds, et s'en fut jouer à la fossette.

SGANARELLE. Diantre!

VALÈRE. Enfin, monsieur, vous aurez contentement avec nous, et vous gagnerez ce que vous voudrez, en vous laissant conduire où nous prétendons vous mener.

SGANARELLE. Je gagnerai ce que je voudrai?
VALÈRE. Oui.
SGANARELLE. Ah! je suis médecin, sans contredit. Je l'avais oublié; mais je m'en ressouviens... De quoi est-il question? Où faut-il se transporter?
VALÈRE. Nous vous conduirons. Il est question d'aller voir une fille qui a perdu la parole.
SGANARELLE. Ma foi, je ne l'ai pas trouvée.
VALÈRE, bas à Lucas. Il aime à rire. (A Sganarelle.) Allons, monsieur.
SGANARELLE. Sans une robe de médecin?
VALÈRE. Nous en prendrons une.
SGANARELLE, présentant une bouteille à Valère. Tenez cela, vous : voilà où je mets mes juleps. (Puis se tournant vers Lucas en crachant.) Vous, marchez là-dessus, par ordonnance du médecin.
LUCAS. Palsanguenne! v'là un médecin qui me plaît : je pense qu'il réussira, car il est bouffon.

ACTE DEUXIÈME

Le théâtre représente une chambre dans la maison de Géronte.

SCÈNE I.

GÉRONTE, VALÈRE, LUCAS, JACQUELINE.

VALÈRE. Oui, monsieur, je crois que vous serez satisfait; et nous vous avons amené le plus grand médecin du monde.
LUCAS. Oh! morguenne! il faut tirer l'échelle après ceti-là, et tous les autres ne sont pas daignes de li déchausser ses souliés.
VALÈRE. C'est un homme qui a fait des cures merveilleuses.
LUCAS. Qui a gari des gens qui étaient morts.
VALÈRE. Il est un peu capricieux, comme je vous ai dit; et parfois, il a des moments où son esprit s'échappe et ne paraît pas ce qu'il est.
LUCAS. Oui, il aime à bouffonner; et l'an dirait parfois, ne v's en déplaise, qu'il a quelque petit coup de hache à la tête.
VALÈRE. Mais, dans le fond, il est tout science; et bien souvent il dit des choses tout à fait relevées.
LUCAS. Quand il s'y boute, il parle tout fin drait comme s'il lisait dans un livre.
VALÈRE. Sa réputation s'est déjà répandue ici; et tout le monde vient à lui.
GÉRONTE. Je meurs d'envie de le voir : faites-le-moi vite venir.
VALÈRE. Je le vais quérir.

SCÈNE II.

GÉRONTE, JACQUELINE, LUCAS.

JACQUELINE. Par ma fi, monsieu, ceti-ci fera justement ce qu'ant fait les autres. Je pense que ce sera queusi queumi; et la meilleure médeçaine que l'an pourrait bailler à votre fille, ce serait seulement, selon moi, un biau et bon mari, pour qui alle eût de l'amiquié.

GÉRONTE. Ouais! nourrice, ma mie, vous vous mêlez de bien des choses!

LUCAS. Taisez-vous, notre ménagère Jacquelaine; ce n'est pas à vous à bouter là votre nez.

JACQUELINE. Je vous dis et vous douze que tous ces médecins n'y feront rien que de l'iau claire; que votre fille a besoin d'autre chose que de ribarbe et de séné.

GÉRONTE. Est-elle en état maintenant qu'on s'en voulût charger, avec l'infirmité qu'elle a? Et lorsque j'ai été dans le dessein de la marier, ne s'est-elle pas opposée à mes volontés?

JACQUELINE. Je le crois bian; vous li vouliez bailler un homme qu'alle n'aime point. Que ne preniais-vous ce monsieu Liandre qui li touchait au cœur? Alle aurait été fort obéissante; et je m'en vais gager qu'il la prendrait, li, comme alle est, si vous la li voulliais donner.

GÉRONTE. Ce Léandre n'est pas ce qu'il lui faut; il n'a pas du bien comme l'autre.

JACQUELINE. Il a eun oncle qui est si riche, dont il est hériquié!

GÉRONTE. Tous ces biens à venir me semblent autant de chansons. Il n'est rien tel que ce qu'on tient; et l'on court grand risque de s'abuser, lorsque l'on compte sur le bien qu'un autre vous garde. La mort n'a pas toujours les oreilles ouvertes aux vœux et aux prières de messieurs les héritiers; et l'on a le temps d'avoir les dents longues, lorsqu'on attend pour vivre le trépas de quelqu'un.

JACQUELINE. Enfin, j'ai toujours ouï dire qu'en mariage, comme ailleurs, contentement passe richesse. Les pères et les mères ont cette maudite coutume de demander toujours : « Qu'a-t-il et qu'a-t-elle? » Et le compère Pierre a marié sa fille Simonette au gros Thomas pour un quarquié de vaigne qu'il avait davantage que le jeune Robin, où elle avait bouté son amiquié; et v'là que la pauvre creyature en est devenue jaune comme un coing, et n'a point profité du tout depuis ce temps-là. C'est un bel exemple pour vous, monsieu. On n'a que son plaisir en ce monde ; et j'aimerais mieux bailler à ma fille eun bon mari qui li fût agréable, que toutes les rentes de la Biausse.

GÉRONTE. Peste! madame la nourrice, comme vous dégoisez! Taisez-vous, je vous prie; vous prenez trop de soin, et vous échauffez votre lait.

LUCAS, frappant, à chaque phrase qu'il dit, sur l'épaule de Géronte. Morgué, tais-toi, t'es une impertinente. Monsieu n'a que faire de tes discours et sait ce qu'il a à faire. Il est le père de sa fille, et il est bon et sage pour voir ce qu'il li faut.

GÉRONTE. Tout doux! oh! tout doux!

LUCAS, frappant encore sur l'épaule de Géronte. Monsieu, je veux un peu la mortifier, et li apprendre le respect qu'alle vous doit.

GÉRONTE. Oui, mais ces gestes ne sont pas nécessaires.

SCÈNE III.

VALÈRE, SGANARELLE, GÉRONTE, LUCAS, JACQUELINE.

VALÈRE. Monsieur, préparez-vous ; voici votre médecin qui entre.

GÉRONTE, à Sganarelle. Monsieur, je suis ravi de vous voir chez moi, et nous avons grand besoin de vous.

SGANARELLE, en robe de médecin, avec un chapeau des plus pointus. Hippocrate dit... que nous nous couvrions tous deux.

GÉRONTE. Hippocrate dit cela?

SGANARELLE. Oui.

GÉRONTE. Dans quel chapitre, s'il vous plaît?

SGANARELLE. Dans son chapitre... des chapeaux.

GÉRONTE. Puisqu'Hippocrate le dit, il le faut faire.

SGANARELLE. Monsieur le médecin, ayant appris les merveilleuses choses...

GÉRONTE. A qui parlez-vous, de grâce?

SGANARELLE. A vous.

GÉRONTE. Je ne suis pas médecin.

SGANARELLE. Vous n'êtes pas médecin?

GÉRONTE. Non, vraiment.

SGANARELLE. Tout de bon?

GÉRONTE. Tout de bon. (Sganarelle prend un bâton et frappe Géronte.) Ah! ah! ah!

SGANARELLE. Vous êtes médecin maintenant; je n'ai jamais eu d'autres licences.

GÉRONTE, à Valère. Quel diable d'homme m'avez-vous là amené?

VALÈRE. Je vous ai bien dit que c'était un médecin goguenard.

GÉRONTE. Oui ; mais je l'enverrais promener avec ses goguenarderies.

LUCAS. Ne prenez pas garde à cela, monsieur; ce n'est que pour rire.

GÉRONTE. Cette raillerie ne me plaît pas.

SGANARELLE. Monsieur, je vous demande pardon de la liberté que j'ai prise.

GÉRONTE. Monsieur, je suis votre serviteur.

SGANARELLE. Je suis fâché...

GÉRONTE. Cela n'est rien.

SGANARELLE. Des coups de bâton...

GÉRONTE. Il n'y a pas de mal.

SGANARELLE. Que j'ai eu l'honneur de vous donner.

GÉRONTE. Ne parlons plus de cela. Monsieur, j'ai une fille qui est tombée dans une étrange maladie.

SGANARELLE. Je suis ravi, monsieur, que votre fille ait besoin de moi, et je souhaiterais de tout mon cœur que vous en eussiez besoin aussi, vous et toute votre famille, pour vous témoigner l'envie que j'ai de vous servir.

GÉRONTE. Je vous suis obligé de ces sentiments.

SGANARELLE. Je vous assure que c'est du meilleur de mon âme que je vous parle.

GÉRONTE. C'est trop d'honneur que vous me faites.

SGANARELLE. Comment s'appelle votre fille?

GÉRONTE. Lucinde.

SGANARELLE. Lucinde! Ah! beau nom à médicamenter. Lucinde!

GÉRONTE. Je m'en vais voir un peu ce qu'elle fait.

SGANARELLE. Qui est cette grande femme-là?

GÉRONTE. C'est la nourrice d'un petit enfant que j'ai.

SCÈNE IV.

LUCINDE, GÉRONTE, SGANARELLE, VALÈRE, LUCAS, JACQUELINE.

SGANARELLE. Est-ce là la malade?

GÉRONTE. Oui. Je n'ai qu'elle de fille; et j'aurais tous les regrets du monde si elle venait à mourir.

SGANARELLE. Qu'elle s'en garde bien! Il ne faut pas qu'elle meure sans l'ordonnance du médecin.

GÉRONTE. Allons, un siége.

SGANARELLE, assis entre Géronte et Lucinde. Voilà une malade qui n'est pas tant dégoûtante.

GÉRONTE. Vous l'avez fait rire, monsieur.

SGANARELLE. Tant mieux! Lorsque le médecin fait rire le malade, c'est le meilleur signe du monde. (A Lucinde.) Eh bien, de quoi est-il question? Qu'avez-vous? Quel est le mal que vous sentez?

LUCINDE, portant sa main à sa bouche, à sa tête et sous son menton. Han, hi, hon, han.

SGANARELLE. Eh! que dites-vous?

LUCINDE, continue les mêmes gestes. Han, hi, hon, han, han, hi, han.

SGANARELLE. Quoi?

LUCINDE. Han, hi, hon.

SGANARELLE. Han, hi, hon, han, ha. Je ne vous entends point. Quel diable de langage est-ce là?

GÉRONTE. Monsieur, c'est là sa maladie. Elle est devenue muette, sans que jusqu'ici on en ait pu savoir la cause; et c'est un accident qui a fait reculer son mariage.

SGANARELLE. Et pourquoi?

GÉRONTE. Celui qu'elle doit épouser veut attendre sa guérison pour conclure les choses.

SGANARELLE. Et qui est ce sot-là qui ne veut pas que sa femme soit muette? Plût à Dieu que la mienne eût cette maladie! je me garderais bien de la vouloir guérir.

GÉRONTE. Enfin, monsieur, nous vous prions d'employer tous vos soins pour la soulager de son mal.

SGANARELLE. Ah! ne vous mettez pas en peine. Dites-moi un peu : ce mal l'oppresse-t-il beaucoup?

GÉRONTE. Oui, monsieur.

SGANARELLE. Tant mieux! Sont-elles de grandes douleurs?

GÉRONTE. Fort grandes.

SGANARELLE. C'est fort bien fait. Va-t-elle où vous savez?

GÉRONTE. Oui.

SGANARELLE. Copieusement.

GÉRONTE. Je n'entends rien à cela.

SGANARELLE. La matière est-elle louable?

GÉRONTE. Je ne me connais pas à ces choses.

SGANARELLE, à Lucinde. Donnez-moi votre bras. (A Géronte.) Voilà un pouls qui marque que votre fille est muette.

GÉRONTE. Eh! oui, monsieur, c'est là son mal; vous l'avez trouvé tout du premier coup.

SGANARELLE. Ah! ah!

JACQUELINE. Voyez comme il a deviné sa maladie!

SGANARELLE. Nous autres grands médecins, nous connaissons d'abord les choses. Un ignorant aurait été embarrassé et vous eût été dire : C'est ceci, c'est cela; mais moi, je touche au but du premier coup et je vous apprends que votre fille est muette.

GÉRONTE. Oui; mais je voudrais bien que vous me pussiez dire d'où cela vient.

SGANARELLE. Il n'est rien de plus aisé; cela vient de ce qu'elle a perdu la parole.

GÉRONTE. Fort bien. Mais la cause, s'il vous plaît, qui fait qu'elle a perdu la parole?

SGANARELLE. Tous nos meilleurs auteurs vous diront que c'est l'empêchement de l'action de sa langue.

GÉRONTE. Mais encore vos sentiments sur cet empêchement de l'action de sa langue?

SGANARELLE. Aristote, là-dessus, dit... de fort belles choses.

GÉRONTE. Je le crois.

SGANARELLE. Ah! c'était un grand homme!

GÉRONTE. Sans doute.

SGANARELLE. Grand homme tout à fait; un homme qui était (Levant le bras depuis le coude.) plus grand que moi de tout cela. Pour revenir donc à notre raisonnement, je tiens que cet empêchement de l'action de sa langue est causé par de certaines humeurs, qu'entre nous autres savants nous appelons humeurs peccantes; c'est-à-dire... humeurs peccantes; d'autant que les vapeurs formées par les exhalaisons des influences qui s'élèvent dans les régions des maladies, venant... pour ainsi dire... à... Entendez-vous le latin?

GÉRONTE. En aucune façon.

SGANARELLE, se levant brusquement. Vous n'entendez point le latin?

GÉRONTE. Non.

SGANARELLE, avec enthousiasme. *Cabricias, arci, thuram, catalamus, singulariter, nominativo, hæc musa,* la muse, *bonus, bona, bonum. Deus sanctus, est ne oratio latinas? etiam.* oui. *Quare?* Pourquoi? *Quia substantivo, et adjectivum, concordat, in generi, numerum, et casus.*

GÉRONTE. Ah! que n'ai-je étudié!

JACQUELINE. L'habile homme que v'là!

LUCAS. Oui, ça est si biau que je n'y entends goutte.

SGANARELLE. Or, ces vapeurs dont je vous parle venant à passer du côté gauche où est le foie, au côté droit où est le cœur, il se trouve que le poumon, que nous appelons en latin *armyan,* ayant communication avec le cerveau, que nous nommons en grec *nasmus,* par le moyen de la veine cave, que nous appelons en hébreu *cubile,* rencontre en son chemin les dites vapeurs, qui remplissent les ventricules de l'omoplate; et parce que lesdites vapeurs... comprenez bien ce raisonnement, je vous prie... et parce que lesdites vapeurs ont une certaine malignité... écoutez bien ceci, je vous en conjure...

GÉRONTE. Oui.

SGANARELLE. Ont une certaine malignité qui est causée... soyez attentif, s'il vous plaît...

GÉRONTE. Je le suis.

SGANARELLE. Qui est causée par l'âcreté des humeurs engendrées dans la concavité du diaphragme, il arrive que ces vapeurs... *Ossabandus, nequeis, nequer, potarinum, quipsa, milus*... Voilà justement ce qui fait que votre fille est muette.

JACQUELINE. Ah! que ça est bian dit, notre homme!

LUCAS. Que n'ai-je la langue aussi bian pendue!

GÉRONTE. On ne peut pas mieux raisonner, sans doute. Il n'y a qu'une seule chose qui m'a choqué : c'est l'endroit du foie et du cœur : il me semble que vous les placez autrement qu'ils ne sont, que le cœur est du côté gauche, et le foie du côté droit?

SGANARELLE. Oui, cela était autrefois ainsi : mais nous avons changé tout cela, et nous faisons maintenant la médecine d'une méthode toute nouvelle.

GÉRONTE. C'est ce que je ne savais pas, et je vous demande pardon de mon ignorance.

SGANARELLE. Il n'y a pas de mal; et vous n'êtes pas obligé d'être aussi habile que nous.

GÉRONTE. Assurément. Mais, monsieur, que croyez-vous qu'il faille faire à cette maladie?

SGANARELLE. Ce que je crois qu'il faille faire?

GÉRONTE. Oui.

SGANARELLE. Mon avis est qu'on la remette sur son lit, et qu'on lui fasse prendre pour remède quantité de pain trempé dans du vin.

GÉRONTE. Pourquoi cela, monsieur?

SGANARELLE. Parce qu'il y a dans le vin et le pain, mêlés ensemble, une vertu sympathique qui fait parler. Ne voyez-vous pas bien qu'on ne donne autre chose aux perroquets, et qu'ils apprennent à parler en mangeant de cela?

GÉRONTE. Cela est vrai. Ah! le grand homme! Vite, quantité de pain et de vin.

SGANARELLE. Je reviendrai voir sur le soir en quel état elle sera.

SCÈNE V.

GÉRONTE, SGANARELLE, JACQUELINE.

SGANARELLE, à Jacqueline. Doucement, vous! (A Géronte.) Monsieur, voilà une nourrice à laquelle il faut que je fasse quelques petits remèdes.

JACQUELINE. Qui? moi? Je me porte le mieux du monde.

SGANARELLE. Tant pis, nourrice, tant pis! Cette grande santé est à craindre, et il ne sera pas mauvais de vous faire quelque petite saignée amiable, de vous donner quelque petit clystère dulcifiant.

GÉRONTE. Mais, monsieur, voilà une mode que je ne comprends point. Pourquoi s'aller faire saigner quand on n'a point de maladie?

SGANARELLE. Il n'importe, la mode en est salutaire; et, comme on boit pour la soif à venir, il faut aussi se faire saigner pour la maladie à venir.

JACQUELINE, en s'en allant. Ma fi, je me moque de ça, et je ne veux point faire de mon corps une boutique d'apothicaire.

SGANARELLE. Vous êtes rétive aux remèdes; mais nous saurons vous soumettre à la raison.

SCÈNE VI.

GÉRONTE, SGANARELLE.

SGANARELLE. Je vous donne le bonjour!

GÉRONTE. Attendez un peu, s'il vous plaît.

SGANARELLE. Que voulez-vous faire?

GÉRONTE. Vous donner de l'argent, monsieur.

SGANARELLE, tendant sa main par derrière, tandis que Géronte ouvre sa bourse. Je n'en prendrai pas, monsieur.

GÉRONTE. Monsieur.

SGANARELLE. Point du tout.

GÉRONTE. Un petit moment.

SGANARELLE. En aucune façon.

GÉRONTE. De grâce!

SGANARELLE. Vous vous moquez!

GÉRONTE. Voilà qui est fait.

SGANARELLE. Je n'en ferai rien.

GÉRONTE. Eh!

SGANARELLE. Ce n'est pas l'argent qui me fait agir.

GÉRONTE. Je le sais.

SGANARELLE, après avoir pris l'argent. Cela est-il de poids?

GÉRONTE. Oui, monsieur.

SGANARELLE. Je ne suis pas médecin mercenaire.

GÉRONTE. Je le sais bien.

SGANARELLE. L'intérêt ne me gouverne point.

GÉRONTE. Je n'ai pas cette pensée.

SGANARELLE, seul, regardant l'argent qu'il a reçu. Ma foi, cela ne va pas mal, et pourvu que...

SCÈNE VII.

LÉANDRE, SGANARELLE.

LÉANDRE. Monsieur, il y a longtemps que je vous attends; et je viens implorer votre assistance.

SGANARELLE, lui tâtant le pouls. Voilà un pouls qui est fort mauvais.

LÉANDRE. Je ne suis point malade, monsieur; et ce n'est pas pour cela que je viens à vous.

SGANARELLE. Si vous n'êtes pas malade, que diable ne le dites-vous donc?

LÉANDRE. Non. Pour vous dire la chose en deux mots, je m'appelle Léandre, je désire épouser Lucinde que vous venez de visiter; et comme, par la mauvaise humeur de son père, toute sorte d'accès m'est fermée auprès d'elle, je me hasarde à vous prier de vouloir me servir, et de me donner lieu d'exécuter un stratagème que j'ai trouvé pour lui pouvoir dire deux mots d'où dépendent absolument mon bonheur et ma vie.

SGANARELLE. Pour qui me prenez-vous? Comment! oser vous adresser à moi pour vous servir et vouloir ravaler la dignité de médecin à des emplois de cette nature!

LÉANDRE. Monsieur, ne faites point de bruit.

SGANARELLE, en le faisant reculer. J'en veux faire, moi. Vous êtes un impertinent!

LÉANDRE. Eh! monsieur, doucement.

SGANARELLE. Un mal avisé!

LÉANDRE. De grâce!

SGANARELLE. Je vous apprendrai que je ne suis point homme à cela, et que c'est une insolence extrême...

LÉANDRE, tirant une bourse. Monsieur.

SGANARELLE. De vouloir m'employer... (Recevant la bourse.) Je ne parle pas pour vous, car vous êtes honnête homme; et je serais ravi de vous rendre service; mais il y a de certains impertinents au monde qui viennent prendre les gens pour ce qu'ils ne sont pas, et je vous avoue que cela me met en colère.

LÉANDRE. Je vous demande pardon, monsieur, de la liberté que...

SGANARELLE. Vous vous moquez!... De quoi est-il question?

LÉANDRE. Vous saurez donc, monsieur, que cette maladie que vous voulez guérir est une feinte maladie. Les médecins ont raisonné là-dessus comme il faut; et ils n'ont pas manqué de dire que cela procédait, qui du cerveau, qui des entrailles, qui de la rate, qui du foie; mais il est certain que Lucinde n'a trouvé cette maladie que pour se délivrer d'un mariage dont elle était importunée. Mais, de crainte qu'on ne nous voie ensemble, retirons-nous d'ici, et je vous dirai en marchant ce que je souhaite de vous.

SGANARELLE. Allons, monsieur, vous m'avez donné pour vous une tendresse qui n'est pas concevable; et j'y perdrai toute ma médecine, ou la malade crèvera, ou bien elle sera à vous.

ACTE TROISIÈME

SCÈNE I.

LÉANDRE, SGANARELLE.

LÉANDRE. Il me semble que je ne suis pas mal ainsi pour un apothicaire, et comme le père ne m'a guère vu, ce changement d'habit et de perruque est assez capable, je crois, de me déguiser à ses yeux.

SGANARELLE. Sans doute.

LÉANDRE. Tout ce que je souhaiterais serait de savoir cinq ou six grands mots de médecine pour parer mon discours et me donner l'air d'habile homme.

SGANARELLE. Allez, allez, tout cela n'est pas nécessaire; il suffit de l'habit, et je n'en sais pas plus que vous.

LÉANDRE. Comment!

SGANARELLE. Diable emporte si j'entends rien en médecine! Vous êtes honnête homme, et je veux bien me confier à vous comme vous vous confiez à moi.

LÉANDRE. Quoi! vous n'êtes pas effectivement?...

SGANARELLE. Non, vous dis-je; ils m'ont fait médecin malgré mes dents. Je ne m'étais jamais mêlé d'être si savant que cela; et toutes mes études n'ont été que jusqu'en sixième. Je ne sais pas sur quoi cette imagination leur est venue; mais quand j'ai vu qu'à toute force ils voulaient que je fusse médecin, je me suis résolu de l'être aux dépens de qui il appartiendra. Cependant, vous ne sauriez croire comment l'erreur s'est répandue, et de quelle façon chacun est endiablé à me croire habile homme. On me vient chercher de tous côtés : et si les choses vont toujours de même, je suis d'avis de m'en tenir toute ma vie à la médecine. Je trouve que c'est le métier le meilleur de tous, car, soit qu'on fasse bien, ou soit qu'on fasse mal, on est toujours payé de même sorte. La méchante besogne ne retombe jamais sur notre dos, et nous taillons, comme il nous plaît, sur l'étoffe où nous travaillons. Un cordonnier, en faisant des souliers, ne saurait gâter un morceau de cuir qu'il n'en paye les pots cassés; mais ici, l'on peut gâter un homme sans qu'il en coûte rien. Les bévues ne sont point pour nous, et c'est toujours la faute de celui qui meurt. Enfin le bon de cette profession est qu'il y a parmi les morts une honnêteté, une discrétion la plus grande du monde; et jamais on n'en voit se plaindre du médecin qui l'a tué.

LÉANDRE. Il est vrai que les morts sont fort honnêtes gens sur cette matière.

SGANARELLE, voyant des hommes qui viennent à lui. Voilà des gens qui ont la mine de venir consulter. (A Léandre.) Allez toujours m'attendre auprès du logis de Lucinde.

SCÈNE II.

THIBAUT, PERRIN, SGANARELLE.

THIBAUT. Monsieu, je venons vous chercher, mon fils Perrin et moi.

SGANARELLE. Qu'y a-t-il?

THIBAUT. Sa pauvre mère, qui a nom Parrette, est dans un lit, malade, il y a six mois.

SGANARELLE, tendant la main comme pour recevoir de l'argent. Que voulez-vous que j'y fasse?

THIBAUT. Je voudrions, monsieu, que vous nous baillissiez queuque petite drôlerie pour la garir.

SGANARELLE. Il faut voir. De quoi est-ce qu'elle est malade?

THIBAUT. Elle est malade d'hypocrisie, monsieu.

SGANARELLE. D'hypocrisie?

THIBAUT. Oui, c'est-à-dire qu'alle est enflée partout, et l'an dit que c'est quantité de sériosités qu'alle a dans le corps, et que son foie, son ventre ou sa rate, comme vous voudrez l'appeler, au glieu de faire du sang, ne fait plus que de l'iau. Alle a, de deux jours l'un, la fièvre quotiguienne, avec des lassitudes et des douleurs dans les mufles des jambes. On entend dans sa gorge des fleumes qui sont tout près de l'étouffer; et parfois il li prend des syncoles et des conversions, que je croyons qu'alle est passée. J'avons dans notre village un apothicaire, révérence parler, qui li a donné je ne sais combien d'histoires; et il m'en coûte plus d'eune douzaine de bons écus en lavements, ne v's en déplaise, en apostumes, qu'on li a fait prendre, en infections de jacinthe, et en portions cordiales. Mais tout ça, comme dit l'autre, n'a été que de l'onguent miton mitaine. Il velait li bailler d'une certaine drogue que l'on appelle du vin amétile, mais j'ai z-eu peur, franchement, que ça l'envoyît *a patres*; et l'on dit que ces gros médecins tuont je ne sais combien de monde avec cette invention-là.

SGANARELLE, tendant toujours la main. Venons au fait, mon ami, venons au fait.

THIBAUT. Le fait est, monsieu, que je venons vous prier de nous dire ce qu'il faut que nous fassions.

SGANARELLE. Je ne vous entends point du tout.

PERRIN. Monsieu, ma mère est malade; et v'là deux écus que je vous apportons pour nous bailler queuque remède.

SGANARELLE. Ah! je vous entends, vous. Voilà un garçon qui parle clairement et qui s'explique comme il faut. Vous dites que votre mère est malade d'hydropisie, qu'elle est enflée par tout le corps, qu'elle a la fièvre, avec des douleurs dans les jambes, et qu'il lui prend parfois des syncopes et des convulsions, c'est-à-dire des évanouissements.

PERRIN. Oh! oui, c'est justement ça.

SGANARELLE. J'ai compris d'abord vos paroles. Vous avez un père qui ne sait ce qu'il dit. Maintenant, vous me demandez un remède?

PERRIN. Oui, monsieu.

SGANARELLE. Un remède pour la guérir?

PERRIN. C'est comme je l'entendons.

SGANARELLE. Tenez, voilà un morceau de fromage qu'il faut que vous lui fassiez prendre.

PERRIN. Du fromage, monsieu?

SGANARELLE. Oui; c'est un fromage préparé, où il entre de l'or, du corail et des perles, et quantité d'autres choses précieuses.

PERRIN. Monsieu, je vous sommes bien obligé, et j'allons li faire prendre ça tout à l'heure.

SGANARELLE. Allez. Si elle meurt, ne manquez pas de la faire enterrer du mieux que vous pourrez.

SCÈNE III.

GÉRONTE, LUCAS.

GÉRONTE. Holà! Lucas, n'as-tu point vu ici notre médecin.

LUCAS. Eh! oui, de par tous les diantres, je l'ai vu!

GÉRONTE. Où est-ce donc qu'il peut être.

LUCAS. Je ne sais; mais je voudrais qu'il fût à tous les guebles!

GÉRONTE. Va-t'en voir un peu ce que fait ma fille.

SCÈNE IV.

SGANARELLE, LÉANDRE, GÉRONTE.

GÉRONTE. Ah! monsieur, je demandais où vous étiez.

SGANARELLE. Je m'étais amusé dans votre cour à expulser le superflu de la boisson... Comment se porte la malade?

GÉRONTE. Un peu plus mal depuis votre remède.

SGANARELLE. Tant mieux; c'est signe qu'il opère.

GÉRONTE. Oui; mais en opérant, je crains qu'il ne l'étouffe.

SGANARELLE. Ne vous mettez point en peine; j'ai des remèdes qui se moquent de tout, et je l'attends à l'agonie.

GÉRONTE, montrant Léandre. Qui est cet homme-là que vous amenez?

SGANARELLE, faisant des signes avec la main pour montrer que c'est un apothicaire. C'est...

GÉRONTE. Quoi?

SGANARELLE. Celui...

GÉRONTE. Eh?...

SGANARELLE. Qui...

GÉRONTE. Je vous entends.

SGANARELLE. Votre fille en aura besoin.

SCÈNE V.

LUCINDE, GÉRONTE, LÉANDRE, JACQUELINE, SGANARELLE.

JACQUELINE. Monsieu, v'là votre fille qui veut un peu marcher.

SGANARELLE. Cela lui fera du bien. Allez-vous-en, monsieur l'apothicaire, tâter un peu son pouls, afin que je raisonne tantôt avec vous de sa maladie (Sganarelle tire Géronte dans un coin du théâtre, et lui passe un bras sur les épaules pour l'empêcher de tourner la tête du côté où sont Léandre et Lucinde.) Monsieur, c'est une grande et subtile question entre les docteurs, de savoir si les femmes sont plus faciles à guérir que les hommes. Je vous prie d'écouter ceci, s'il vous plaît: les uns disent que non, les autres disent que oui, et moi je dis qu'oui et non; d'autant que l'incongruité des humeurs opaques qui se rencontrent au tempérament naturel des femmes étant cause que la partie brutale veut toujours prendre empire sur la sensitive, on voit que l'inégalité de leurs opinions dépend du mouvement oblique du cercle de la lune; et comme le soleil, qui darde ses rayons sur la concavité de la terre, trouve...

LUCINDE, à Léandre. Non, je ne suis point du tout capable de changer de sentiment.

GÉRONTE. Voilà ma fille qui parle! O grande vertu du remède! ô admirable médecin! Que je vous suis obligé, monsieur, de cette guérison merveilleuse! Et que puis-je faire pour vous après un tel service?

SGANARELLE, se promenant sur le théâtre et s'éventant avec son chapeau. Voilà une maladie qui m'a bien donné de la peine!

LUCINDE. Oui, mon père, j'ai recouvré la parole; mais je l'ai recouvrée pour vous dire que je n'aurai jamais d'autre époux que Léandre, et que c'est inutilement que vous voulez me donner Horace.

GÉRONTE. Mais...

LUCINDE. Rien n'est capable d'ébranler la résolution que j'ai prise.

GÉRONTE. Quoi!

LUCINDE. Vous m'opposerez en vain de belles raisons.

GÉRONTE. Si...

LUCINDE. Tous vos discours ne serviront de rien.

GÉRONTE. Je...

LUCINDE. C'est une chose où je suis déterminée.

GÉRONTE. Mais...

LUCINDE. Il n'est puissance paternelle qui me puisse obliger à me marier malgré moi.

GÉRONTE. J'ai...

LUCINDE. Vous avez beau faire tous vos efforts.

GÉRONTE. Il...

LUCINDE. Mon cœur ne saurait se soumettre à cette tyrannie.

GÉRONTE. Mais...

LUCINDE, avec vivacité. Non, en aucune façon : point d'affaires, vous perdez le temps; je n'en ferai rien, cela est résolu.

GÉRONTE. Ah! quelle impétuosité de paroles! Il n'y a pas moyen d'y résister. (A Sganarelle.) Monsieur, je vous prie de la faire revenir muette.

SGANARELLE. C'est une chose qui m'est impossible; tout ce que je puis faire pour votre service est de vous rendre sourd, si vous voulez.

GÉRONTE. Je vous remercie. (A Lucinde.) Penses-tu donc...

LUCINDE. Non, toutes vos raisons ne gagneront rien sur mon âme.

GÉRONTE. Tu épouseras Horace dès ce soir.

LUCINDE. J'épouserai plutôt la mort!

SGANARELLE, à Géronte. Mon Dieu! arrêtez-vous, laissez-moi médicamenter cette affaire; c'est une maladie qui la tient, et je sais le remède qu'il y faut apporter.

GÉRONTE. Serait-il possible, monsieur, que vous pussiez aussi guérir cette maladie d'esprit?

SGANARELLE. Oui, laissez-moi faire; j'ai des remèdes pour tout, et notre apothicaire nous servira pour cette cure. (A Léandre.) Un mot. Vous voyez que l'ardeur qu'elle a pour ce Léandre est tout à fait contraire aux volontés du père; qu'il n'y a point de temps à perdre; que les humeurs sont fort aigries, et qu'il est nécessaire de trouver promptement un remède à ce mal qui pourrait empirer par le retardement. Pour moi, je n'y en vois qu'un seul, qui est une prise de fuite purgative, que vous mêlerez comme il faut avec deux dragmes de matrimonium en pilules. Peut-être fera-t-elle quelque difficulté à prendre ce remède; mais, comme vous êtes habile homme dans votre métier, c'est à vous de l'y résoudre et de lui faire avaler la chose du mieux que vous pourrez. Allez-vous-en lui faire faire un petit tour de jardin, afin de préparer les humeurs, tandis que j'entretiendrai ici son père; mais, surtout, ne perdez point de temps. Au remède, vite, au remède spécifique!

SCÈNE VI.

GÉRONTE, SGANARELLE.

GÉRONTE. Quelles drogues, monsieur, sont celles que vous venez de dire? Il me semble que je ne les ai jamais ouï nommer.

SGANARELLE. Ce sont des drogues dont on se sert dans les nécessités urgentes.

GÉRONTE. Avez-vous jamais vu une insolence pareille à la sienne!

SGANARELLE. Les filles sont quelquefois un peu têtues.

GÉRONTE. Vous ne sauriez croire comme elle est affolée de ce Léandre.

SGANARELLE. La légèreté fait cela dans les jeunes esprits.

GÉRONTE. Pour moi, dès que je l'ai eu découvert, j'ai su tenir toujours ma fille renfermée.

SGANARELLE. Vous avez fait sagement.

GÉRONTE. Et j'ai bien empêché qu'ils n'aient eu communication ensemble.

SGANARELLE. Fort bien.

GÉRONTE. Je crois qu'elle aurait été fille à faire un coup d'éclat.

SGANARELLE. C'est prudemment raisonner.

GÉRONTE. On m'avertit qu'il fait tous ses efforts pour lui parler.
SGANARELLE. Quel drôle !
GÉRONTE. Mais il perdra son temps.
SGANARELLE. Ah ! ah !
GÉRONTE. Et j'empêcherai bien qu'il ne la voie.
SGANARELLE. Il n'a pas affaire à un sot, et vous savez des rubriques qu'il ne sait pas. Plus fin que vous n'est pas bête.

SCÈNE VII.

LUCAS, GÉRONTE, SGANARELLE.

LUCAS. Ah ! palsanguienne, monsieu, vaici bian du tintamarre ; votre fille qui s'en est enfuie avec son Liandre. C'était lui qui était l'apothicaire, et v'là monsieu le médecin qui a fait cette belle opération-là.
GÉRONTE. Comment ! m'assassiner de la façon ! Allons, un commissaire, et qu'on empêche qu'il ne sorte ! Ah ! traître, je vous ferai punir par la justice.
LUCAS. Ah ! par ma fi, monsieu le médecin, vous serez pendu. Ne bougez de là seulement.

SCÈNE VIII.

MARTINE, SGANARELLE, LUCAS.

MARTINE, à Lucas. Ah ! mon Dieu ! que j'ai eu de peine à trouver ce logis ! Dites-moi un peu des nouvelles du médecin que je vous ai donné.
LUCAS. Le v'là qui va être pendu.
MARTINE. Quoi ! mon mari pendu ! Hélas ! et qu'a-t-il fait pour cela ?
LUCAS. Il a fait enlever la fille de notre maître.
MARTINE. Hélas ! mon cher mari, est-il bien vrai qu'on te va pendre ?
SGANARELLE. Tu vois. Ah !
MARTINE. Faut-il que tu te laisses mourir en présence de tant de gens !
SGANARELLE. Que veux-tu que j'y fasse ?
MARTINE. Encore, si tu avais achevé de couper notre bois, je prendrais quelque consolation !
SGANARELLE. Retire-toi de là, tu me fends le cœur.
MARTINE. Non, je veux demeurer pour t'encourager à la mort, je ne te quitterai point que je ne t'aie vu pendu.
SGANARELLE. Ah !

SCÈNE IX.

GÉRONTE, SGANARELLE, MARTINE.

GÉRONTE, à Sganarelle. Le commissaire viendra bientôt, et l'on s'en va vous mettre en lieu où l'on me répondra de vous.

SGANARELLE, à genoux. Hélas! cela ne se peut-il point changer en quelques coups de bâton?

GÉRONTE. Non, non; la justice en ordonnera. Mais, que vois-je?

SCÈNE X.

GÉRONTE, LÉANDRE, LUCINDE, SGANARELLE, LUCAS, MARTINE.

LÉANDRE. Monsieur, je viens de faire paraître Léandre à vos yeux, et remettre Lucinde en votre pouvoir. Nous avons eu dessein de nous marier malgré vous; mais cette entreprise a fait place à un procédé plus honnête. Je ne prétends point vous voler votre fille, et ce n'est que de votre main que je veux la recevoir. Ce que je vous dirai, monsieur, c'est que je viens, tout à l'heure, de recevoir des lettres par où j'apprends que mon oncle est mort, et que je suis héritier de tous ses biens.

GÉRONTE. Monsieur, votre vertu m'est tout à fait considérable, et je vous donne ma fille avec la plus grande joie du monde!

SGANARELLE, à part. La médecine l'a échappé belle!

MARTINE. Puisque tu ne seras point pendu, rends-moi grâce d'être médecin, car c'est moi qui t'ai procuré cet honneur.

SGANARELLE. Oui, c'est toi qui m'as procuré je ne sais combien de coups de bâton.

LÉANDRE, à Sganarelle. L'effet en est trop beau pour en garder du ressentiment.

SGANARELLE. Soit. (A Martine.) Je te pardonne ces coups de bâton en faveur de la dignité où tu m'as élevé; mais prépare-toi désormais à vivre dans un grand respect avec un homme de ma conséquence; et songe que la colère d'un médecin est plus à craindre qu'on ne peut croire.

LE TARTUFE

COMÉDIE EN CINQ ACTES, EN VERS (1667).

AVERTISSEMENT DE L'ÉDITEUR.

Nous n'avons pas hésité à ranger le Tartufe au nombre des pièces dont nous offrons le choix à la jeunesse, dès que nous avons reconnu la possibilité d'y opérer, comme sur les autres, le travail d'épuration exigé par les convenances. Des difficultés insurmontables nous auraient seules déterminé à le supprimer; autrement, cette omission aurait pu donner lieu à quelques fausses interprétations, et n'eût pas manqué, peut-être, de nous attirer le blâme adressé à ceux qui s'élevèrent contre cette pièce lorsqu'elle eut été représentée sur le théâtre, du vivant de son auteur. Si le Tartufe attaquait la religion et la vraie piété, rien ne nous empêcherait de le condamner sans crainte et sans réserve; mais Molière lui-même s'est franchement expliqué sur la pensée et le but de cette critique. En la lisant, on trouve en effet quelques passages où la véritable dévotion est traitée avec honneur, et qui nous engagent à accueillir la justification de l'auteur, lorsqu'il déclare qu'il a seulement voulu combattre l'hypocrisie et ses damnables artifices. Certes, sous ce rapport, personne ne sera plus empressé que nous à donner pleine carrière à la censure, puisque les hypocrites, abusant de ce qu'il y a de plus saint en se couvrant du manteau de la vertu, ne méritent que l'indignation des âmes honnêtes.

Nous n'ignorons pas cependant les perfides insinuations que les ennemis de la religion ont prétendu tirer de cette pièce de Molière et l'abus qu'ils en ont fait. S'il fallait leur répondre, nous n'aurions que deux mots à dire. La vertu, d'abord, est donc ce qu'il y a de plus honorable, puisque le vice cherche tant à se déguiser sous ses apparences. Par conséquent, et logiquement, les Tartufes ne sont donc pas ces chrétiens sincères qui marchent dans les voies de la piété et qui en remplissent saintement les devoirs; mais on ne peut évidemment les trouver que parmi ces hommes sans honneur et sans foi qui se font les adversaires et les persécuteurs de la dévotion. Partout où nous rencontrerons des hypocrites, nous serons les premiers à les flétrir avec l'auteur de Tartufe.

PLACET

PRÉSENTÉ AU ROI LE 5 FÉVRIER 1669.

Sire,

Un fort honnête médecin, dont j'ai l'honneur d'être le malade, me promet et veut s'obliger par devant notaires de me faire vivre encore trente années, si je puis lui obtenir une grâce de Votre Majesté. Je lui ai dit, sur sa promesse, que je ne lui demandais pas tant, et que je serais satisfait de lui pourvu qu'il s'obligeât de ne me point tuer. Cette grâce, Sire, est un canonicat de votre chapelle royale de Vincennes, vacant par la mort de...

Oserai-je demander encore cette grâce à Votre Majesté le propre jour de la grande résurrection de *Tartufe*, ressuscité par vos bontés! Je suis, par cette première faveur, réconcilié avec les dévots, et je le serais, par cette seconde, avec les médecins. C'est pour moi, sans doute, trop de grâces à la fois, mais peut-être n'en est-ce pas trop pour Votre Majesté, et j'attends avec un peu d'espérance respectueuse la réponse de mon placet.

PERSONNAGES :

Mme PERNELLE, mère d'Orgon.
ORGON.
ELMIRE, femme d'Orgon.
DAMIS, fils d'Orgon.
MARIANE, fille d'Orgon.
VALÈRE.
CLÉANTE, beau-frère d'Orgon.
TARTUFE, faux dévot.
DORINE, suivante de Mariane.
M. LOYAL, sergent.
Un Exempt.
FLIPOTE, servante de madame Pernelle.

La scène est à Paris, dans la maison d'Orgon.

ACTE PREMIER

SCÈNE I.

Mme PERNELLE, ELMIRE, MARIANE, CLÉANTE, DAMIS, DORINE, FLIPOTE.

Mme PERNELLE. Allons, Flipote, allons, que d'eux je me délivre.
ELMIRE. Vous marchez d'un tel pas qu'on a peine à vous suivre.
Mme PERNELLE. Laissez, ma bru, laissez, ne venez pas plus loin :
　Ce sont toutes façons dont je n'ai pas besoin.
ELMIRE. De ce que l'on vous doit envers vous l'on s'acquitte.
　Mais, ma mère, d'où vient que vous sortez si vite?
Mme PERNELLE. C'est que je ne puis voir tout ce ménage-ci,
　Et que de me complaire on ne prend nul souci.
　Oui, je sors de chez vous fort mal édifiée.
　Dans toutes mes leçons j'y suis contrariée ;
　On n'y respecte rien, chacun y parle haut,
　Et c'est tout justement la cour du roi Pétaud.
DORINE. Si...
Mme PERNELLE. Vous êtes, ma mie, une fille suivante
　Un peu trop forte en gueule, et fort impertinente ;
　Vous vous mêlez sur tout de dire votre avis.
DAMIS. Mais...

Mme PERNELLE. Vous êtes un sot, en trois lettres, mon fils ;
C'est moi qui vous le dis, qui suis votre grand'mère ;
Et j'ai prédit cent fois à mon fils, votre père,
Que vous preniez tout l'air d'un mauvais garnement
Et ne lui donneriez jamais que du tourment.

MARIANE. Je crois...

Mme PERNELLE. Mon Dieu ! sa sœur, vous faites la discrète,
Et vous n'y touchez pas, tant vous semblez doucette !
Mais il n'est, comme on dit, pire eau que l'eau qui dort,
Et vous menez, sous cape, un train que je hais fort.

ELMIRE. Mais, ma mère....

Mme PERNELLE. Ma bru, qu'il ne vous en déplaise,
Votre conduite, en tout, est tout à fait mauvaise ;
Vous devriez leur mettre un bon exemple aux yeux,
Et leur défunte mère en usait beaucoup mieux.
Vous êtes dépensière ; et cet état me blesse,
Que vous alliez vêtue ainsi qu'une princesse.
Quiconque à son mari veut plaire seulement,
Ma bru, n'a pas besoin de tant d'ajustement.

CLÉANTE. Mais, madame, après tout...

Mme PERNELLE. Pour vous, monsieur son frère,
Je vous estime fort, vous aime et vous révère ;
Mais enfin, si j'étais de mon fils son époux,
Je vous prîrais bien fort de n'entrer point chez nous.
Sans cesse vous prêchez des maximes de vivre
Qui par d'honnêtes gens ne se doivent point suivre.
Je vous parle un peu franc ; mais c'est là mon humeur,
Et je ne mâche point ce que j'ai sur le cœur.

DAMIS. Votre monsieur Tartufe est bien heureux, sans doute...

Mme PERNELLE. C'est un homme de bien, qu'il faut que l'on écoute ;
Et je ne puis souffrir, sans me mettre en courroux,
De le voir quereller par un fou comme vous.

DAMIS. Quoi ! je souffrirais, moi, qu'un cagot de critique
Vienne usurper céans un pouvoir tyrannique,
Et que nous ne puissions à rien nous divertir
Si ce monsieur-là n'y daigne consentir ?

DORINE. S'il le faut écouter et croire à ses maximes,
On ne peut faire rien qu'on ne fasse des crimes ;
Car il contrôle tout, ce critique zélé.

Mme PERNELLE. Et tout ce qu'il contrôle est fort bien contrôlé.
C'est au chemin du ciel qu'il prétend vous conduire,
Et mon fils à l'aimer vous devrait tous induire.

DAMIS. Non, voyez-vous, ma mère, il n'est père, ni rien,
Qui me puisse obliger à lui vouloir du bien :

Je trahirais mon cœur de parler d'autre sorte.
Sur ces façons de faire à tous coups je m'emporte;
J'en prévois une suite, et qu'avec ce pied-plat.
Il faudra que j'en vienne à quelque grand éclat.
DORINE. Certes, c'est une chose aussi qui scandalise
De voir qu'un inconnu céans s'impatronise;
Qu'un gueux qui, quand il vint, n'avait pas de souliers,
Et dont l'habit entier valait bien six deniers,
En vienne jusque-là que de se méconnaître,
De contrarier tout et de faire le maître.
Mme PERNELLE. Eh! merci de la vie! il en irait bien mieux
Si tout se gouvernait par ses ordres pieux.
DORINE. Il passe pour un saint dans votre fantaisie :
Tout son fait, croyez-moi, n'est rien qu'hypocrisie.
Mme PERNELLE. Voyez la langue!
DORINE. A lui, non plus qu'à son Laurent,
Je ne me fîrais, moi, que sur un bon garant.
Mme PERNELLE. J'ignore ce qu'au fond le serviteur peut être;
Mais pour homme de bien je garantis le maître.
Vous ne lui voulez mal et ne le rebutez
Qu'à cause qu'il vous dit à tous vos vérités.
C'est contre le péché que son cœur se courrouce,
Et l'intérêt du ciel est tout ce qui le pousse.
DORINE. Oui; mais pourquoi, depuis un certain temps,
Ne saurait-il souffrir qu'aucun hante céans?
En quoi blesse le ciel une visite honnête,
Pour en faire un vacarme à nous rompre la tête?
Veut-on que là-dessus je m'explique entre nous?
(Montrant Elmire.)
Je crois que de madame il est, ma foi, jaloux.
Mme PERNELLE. Taisez-vous, et songez aux choses que vous dites.
Ce n'est pas lui tout seul qui blâme ces visites;
Tout ce tracas qui suit les gens que vous hantez,
Ces carrosses sans cesse à la porte plantés,
Et de tant de laquais le bruyant assemblage
Font un éclat fâcheux dans tout le voisinage.
Je veux croire qu'au fond il ne se passe rien;
Mais enfin on en parle, et cela n'est pas bien.
CLÉANTE. Eh! voulez-vous, madame, empêcher qu'on ne cause?
Ce serait dans la vie une fâcheuse chose
Si, pour les sots discours où l'on peut être mis,
Il fallait renoncer à ses meilleurs amis.
Et quand même on pourrait se résoudre à le faire,
Croiriez-vous obliger tout le monde à se taire?

Contre la médisance il n'est point de rempart.
A tous les sots caquets n'ayons donc nul égard ;
Efforçons-nous de vivre avec toute innocence,
Et laissons aux causeurs une pleine licence.

DORINE. Daphné, notre voisine et son petit époux
Ne seraient-ils point ceux qui parlent mal de nous ?
Ceux de qui la conduite offre le plus à rire
Sont toujours sur autrui les premiers à médire ;
Ils ne manquent jamais de saisir promptement
L'apparente lueur du moindre attachement,
D'en semer la nouvelle avec beaucoup de joie,
Et d'y donner le tour qu'ils veulent qu'on y croie.
Des actions d'autrui, teintes de leurs couleurs,
Ils pensent dans le monde autoriser les leurs,
Et, sous le faux espoir de quelque ressemblance,
Aux intrigues qu'ils ont donner de l'innocence,
Ou faire ailleurs tomber quelques traits partagés
De ce blâme public dont ils sont trop chargés.

Mme PERNELLE. Tous ces raisonnements ne font rien à l'affaire.
On sait qu'Orante mène une vie exemplaire ;
Tous ses soins vont au ciel, et j'ai su par des gens
Qu'elle condamne fort le train qui vient céans.

DORINE. L'exemple est admirable et cette dame est bonne !
Il est vrai qu'elle vit en austère personne ;
Mais l'âge dans son âme a mis ce zèle ardent,
Et l'on sait qu'elle est prude à son corps défendant.
Tant qu'elle a pu des cœurs attirer les hommages,
Elle a fort bien joui de tous ses avantages ;
Mais voyant de ses yeux tous les brillants baisser,
Au monde qui la quitte elle veut renoncer.
Et du voile pompeux d'une haute sagesse
De ses attraits usés déguiser la faiblesse.
Ce sont là les retours des coquettes du temps ;
Il leur est dur de voir déserter les galants.
Dans un tel abandon, leur sombre inquiétude
Ne voit d'autre recours que le métier de prude ;
Et la sévérité de ces femmes de bien
Censure toute chose et ne pardonne à rien.
Hautement d'un chacun elles blâment la vie,
Non point par charité, mais par un trait d'envie
Qui ne saurait souffrir qu'un autre ait les plaisirs
Dont le penchant de l'âge a sevré leurs désirs.

Mme PERNELLE, à Elmire.
Voilà les contes bleus qu'il vous faut pour vous plaire,

Ma bru. L'on est chez vous contrainte de se taire,
Car madame à jaser tient le dé tout le jour.
Mais enfin je prétends discourir à mon tour.
Je vous dis que mon fils n'a rien fait de plus sage
Qu'en recueillant chez soi ce dévot personnage;
Que le ciel au besoin l'a céans envoyé
Pour redresser à tous votre esprit fourvoyé;
Que, pour votre salut, vous le devez entendre,
Et qu'il ne reprend rien qui ne soit à reprendre.
Ces visites, ces bals, ces conversations
Sont du malin esprit toutes inventions.
Là, jamais on n'entend de pieuses paroles;
Ce sont propos oisifs, chansons et fariboles :
Bien souvent le prochain en a sa bonne part,
Et l'on y sait médire et du tiers et du quart.
Enfin des gens sensés ont leurs têtes troublées
De la confusion de telles assemblées.
Mille caquets divers s'y font en moins de rien;
Et, comme l'autre jour un docteur dit fort bien,
C'est véritablement la tour de Babylone,
Car chacun y babille, et tout du long de l'aune;
Et pour conter l'histoire où ce point l'engagea...
    (Montrant Cléante.)
Voilà-t-il pas monsieur qui ricane déjà!
Allez chercher vos fous qui vous donnent à rire.
    (A Elmire.)
Et sans... Adieu, ma bru; je ne veux plus rien dire.
Sachez que pour céans j'en rabats de moitié,
Et qu'il fera beau temps quand j'y mettrai le pié.
    (Donnant un soufflet à Flipote.)
Allons, vous, vous rêvez et bayez aux corneilles;
Jour de Dieu! je saurai vous frotter les oreilles.
Marchons, gaupe, marchons!

SCÈNE II.

CLÉANTE, DORINE.

CLÉANTE.   Je n'y veux point aller,
   De peur qu'elle ne vînt encore me quereller;
   Que cette bonne femme...
DORINE.   Ah! certes, c'est dommage
   Qu'elle ne vous ouït tenir un tel langage;

Elle vous dirait bien qu'elle vous trouve bon,
Et qu'elle n'est point d'âge à lui donner ce nom.
CLÉANTE. Comme elle s'est pour rien contre nous échauffée,
Et que de son Tartufe elle paraît coiffée !
DORINE. Oh ! vraiment, tout cela n'est rien au prix du fils,
Et, si vous l'aviez vu, vous diriez : C'est bien pis !
Nos troubles l'avaient mis sur le pied d'homme sage,
Et, pour servir son prince, il montra du courage,
Mais il est devenu comme un homme hébété,
Depuis que de Tartufe on le voit entêté ;
Il l'appelle son frère, et l'aime dans son âme
Cent fois plus qu'il ne fait mère, fils, fille et femme.
C'est de tous ses secrets l'unique confident,
Et de ses actions le directeur prudent.
Il le choie, il l'embrasse, en tout il le caresse ;
On ne saurait, je pense, avoir plus de tendresse.
A table, au plus haut bout, il veut qu'il soit assis ;
Avec joie il l'y voit manger autant que six ;
Les bons morceaux de tout, il faut qu'on les lui cède ;
Et, s'il vient à roter, il lui dit : Dieu vous aide !
Enfin, il en est fou ; c'est son tout, son héros ;
Il l'admire à tous coups, le cite à tout propos,
Ses moindres actions lui semblent des miracles,
Et tous les mots qu'il dit sont pour lui des oracles.
Lui, qui connaît sa dupe et qui veut en jouir,
Par cent dehors fardés a l'art de l'éblouir ;
Son cagotisme en tire, à toute heure, des sommes,
Et prend droit de gloser sur tous tant que nous sommes.
Il n'est pas jusqu'au fat qui lui sert de garçon
Qui ne se mêle aussi de nous faire leçon ;
Il vient nous sermonner avec des yeux farouches,
Et jeter nos rubans, notre rouge et nos mouches.
Le traître, l'autre jour, nous rompit de ses mains
Un mouchoir qu'il trouva dans une fleur des saints,
Disant que nous mêlions, par un crime effroyable,
Avec la sainteté les parures du diable.

SCÈNE III.

ELMIRE, MARIANE, DAMIS, CLÉANTE, DORINE.

ELMIRE, à Cléante.

Vous êtes bien heureux de n'être point venu
Au discours qu'à la porte elle nous a tenu,

Mais j'ai vu mon mari; comme il ne m'a point vue,
Je veux aller là-haut attendre sa venue.
CLÉANTE. Moi, je l'attends ici pour moins d'amusement,
Et je vais lui donner le bonjour seulement.

SCÈNE IV.

CLÉANTE, DAMIS, DORINE.

DAMIS. De l'hymen de ma sœur touchez-lui quelque chose.
J'ai soupçon que Tartufe à son effet s'oppose,
Qu'il oblige mon père à des détours si grands;
Et vous n'ignorez pas quel intérêt j'y prends.
Si même ardeur anime et ma sœur et Valère,
La sœur de cet ami, vous le savez, m'est chère;
Et s'il fallait...
DORINE. Il entre.

SCÈNE V.

ORGON, CLÉANTE, DORINE.

ORGON. Ah! mon frère, bonjour!
CLÉANTE. Je sortais, et j'ai joie à vous voir de retour.
La campagne à présent n'est pas beaucoup fleurie.
(A Cléante.)
ORGON. Dorine... Mon beau-frère, attendez, je vous prie.
Vous voulez bien souffrir, pour m'ôter de souci,
Que je m'informe un peu des nouvelles d'ici?
(A Dorine.) Tout s'est-il, ces deux jours, passé de bonne sorte?
Qu'est-ce qu'on fait céans? comme est-ce qu'on s'y porte?
DORINE. Madame eut avant-hier la fièvre jusqu'au soir,
Avec un mal de tête étrange à concevoir.
ORGON. Et Tartufe?
DORINE. Tartufe? Il se porte à merveille,
Gros et gras, le teint frais et la bouche vermeille.
ORGON. Le pauvre homme!
DORINE. Le soir, elle eut un grand dégoût,
Et ne put, au souper, toucher à rien du tout,
Tant sa douleur de tête était encor cruelle!
ORGON. Et Tartufe?
DORINE. Il soupa, lui tout seul, devant elle,
Et fort dévotement il mangea deux perdrix
Avec une moitié de gigot en hachis.
ORGON. Le pauvre homme!

DORINE.   La nuit se passa toute entière
　　Sans qu'elle pût fermer un moment la paupière;
　　Des chaleurs l'empêchaient de pouvoir sommeiller,
　　Et jusqu'au jour, près d'elle, il nous fallut veiller.
ORGON. Et Tartufe?
DORINE.   Pressé d'un sommeil agréable,
　　Il passa dans sa chambre au sortir de la table,
　　Et dans son lit bien chaud il se mit tout soudain,
　　Où, sans trouble, il dormit jusques au lendemain.
ORGON. Le pauvre homme!
DORINE.   A la fin, par nos raisons gagnée,
　　Elle se résolut à souffrir la saignée,
　　Et le soulagement suivit tout aussitôt.
ORGON. Et Tartufe?
DORINE.   Il reprit courage comme il faut;
　　Et contre tous les maux fortifiant son âme,
　　Pour réparer le sang qu'avait perdu madame,
　　But à son déjeuner quatre grands coups de vin.
ORGON. Le pauvre homme!
DORINE.   Tous deux se portent bien enfin,
　　Et je vais à madame annoncer par avance
　　La part que vous prenez à sa convalescence.

SCÈNE VI.

ORGON, CLÉANTE.

CLÉANTE. A votre nez, mon frère, elle se rit de vous;
　　Et, sans avoir dessein de vous mettre en courroux,
　　Je vous dirai tout franc que c'est avec justice.
　　A-t-on jamais parlé d'un semblable caprice?
　　Et se peut-il qu'un homme ait un charme aujourd'hui
　　A vous faire oublier toutes choses pour lui?
　　Qu'après avoir chez vous réparé sa misère,
　　Vous en veniez au point...
ORGON.   Halte-là, mon beau-frère!
　　Vous ne connaissez pas celui dont vous parlez.
CLÉANTE. Je ne le connais pas, puisque vous le voulez.
　　Mais enfin, pour savoir quel homme ce peut être...
ORGON. Mon frère, vous seriez charmé de la connaître,
　　Et vos ravissements ne prendraient point de fin.
　　C'est un homme qui... ah!... un homme... un homme enfin
　　Qui suit bien ses leçons, goûte une paix profonde,
　　Et comme du fumier regarde tout le monde.

ACTE I, SCÈNE VI.

Oui, je deviens tout autre avec son entretien ;
Il m'enseigne à n'avoir affection pour rien ;
De toutes amitiés il détache mon âme ;
Et je verrais mourir frère, enfants, mère et femme,
Que je m'en soucirais autant que de cela.

CLÉANTE. Les sentiments humains, mon frère, que voilà !

ORGON. Ah ! si vous aviez vu comme j'en fis rencontre,
Vous auriez pris pour lui l'amitié que je montre.
Chaque jour, à l'église, il venait, d'un air doux,
Tout vis-à-vis de moi se mettre à deux genoux.
Il attirait les yeux de l'assemblée entière
Par l'ardeur dont au ciel il poussait sa prière ;
Il faisait des soupirs, de grands élancements,
Il baisait humblement la terre à tous moments :
Et, lorsque je sortais, il me devançait vite
Pour m'aller, à la porte, offrir de l'eau bénite.
Instruit par son garçon, qui dans tout l'imitait,
Et de son indigence, et de ce qu'il était,
Je lui faisais des dons ; mais, avec modestie,
Il me voulut toujours en rendre une partie.
« C'est trop, me disait-il, c'est trop, de la moitié ;
Je ne mérite pas de vous faire pitié. »
Et quand je refusais de lui vouloir reprendre,
Aux pauvres, à mes yeux, il allait le répandre ;
Enfin le ciel chez moi me le fit retirer,
Et depuis ce temps-là tout semble y prospérer.
Je vois qu'il reprend tout, et qu'à ma femme même
Il prend, pour mon honneur, un intérêt extrême ;
Il m'avertit des gens qui s'assemblent chez nous,
Et plus que moi six fois il s'en montre jaloux.
Mais vous ne croiriez point jusqu'où monte son zèle :
Il s'impute à péché la moindre bagatelle ;
Un rien presque suffit pour le scandaliser ;
Jusque-là, qu'il se vit l'autre jour accuser
D'avoir pris une puce en faisant sa prière,
Et de l'avoir tuée avec trop de colère.

CLÉANTE. Parbleu ; vous êtes fou, mon frère, que je croi.
Avec de tels discours vous moquez-vous de moi ?
Et que prétendez-vous ? que tout ce badinage...

ORGON. Mon frère, ce discours sent le libertinage :
Vous en êtes un peu dans votre âme entiché ;
Et, comme je vous l'ai plus de dix fois prêché,
Vous vous attirerez quelque méchante affaire.

CLÉANTE. Voilà de vos pareils le discours ordinaire !

Ils veulent que chacun soit aveugle comme eux.
C'est être libertin que d'avoir de bons yeux;
Et qui n'adore pas de vaines simagrées
N'a ni respect ni foi pour les choses sacrées.
Allez, tous vos discours ne me font point de peur;
Je sais comme je parle, et le ciel voit mon cœur.
De tous vos façonniers on n'est point les esclaves.
Il est de faux dévots ainsi que de faux braves :
Et comme on ne voit pas qu'où l'honneur les conduit
Les vrais braves soient ceux qui font beaucoup de bruit,
Les bons et vrais dévots, qu'on doit suivre à la trace,
Ne sont pas ceux aussi qui font tant de grimace.
Eh quoi ! vous ne ferez nulle distinction
Entre l'hypocrisie et la dévotion ?
Vous les voulez traiter d'un semblable langage,
Et rendre même honneur au masque qu'au visage,
Égaler l'artifice à la sincérité,
Confondre l'apparence avec la vérité,
Estimer le fantôme autant que la personne,
Et la fausse monnaie à l'égal de la bonne ?
Les hommes la plupart sont étrangement faits ;
Dans la juste nature on ne les voit jamais :
La raison a pour eux des bornes trop petites.
En chaque caractère ils passent ses limites ;
Et la plus noble chose, ils la gâtent souvent
Pour la vouloir outrer et pousser trop avant.
Que cela vous soit dit en passant, mon beau-frère.

ORGON. Oui, vous êtes sans doute un docteur qu'on révère ;
Tout le savoir du monde est chez vous retiré ;
Vous êtes le seul sage et le seul éclairé !
Un oracle, un Caton dans le siècle où nous sommes ;
Et près de vous ce sont des sots que tous les hommes.

CLÉANTE. Je ne suis point, mon frère, un docteur révéré,
Et le savoir chez moi n'est pas tout retiré ;
Mais, en un mot, je sais, pour toute ma science,
Du faux avec le vrai faire la différence ;
Et comme je ne vois nul genre de héros
Qui soit plus à priser que les parfaits dévots,
Aucune chose au monde et plus noble et plus belle
Que la sainte ferveur d'un véritable zèle ;
Aussi ne vois-je rien qui soit plus odieux
Que le dehors plâtré d'un zèle spécieux,
Que ces francs charlatans, que ces dévots de place,
De qui la sacrilége et trompeuse grimace

Abuse impunément, et se joue, à leur gré,
De ce qu'ont les mortels de plus saint et sacré ;
Ces gens qui, par une âme à l'intérêt soumise,
Font de dévotion métier et marchandise,
Et veulent acheter crédit et dignités
A prix de faux clins d'yeux et d'élans affectés ;
Ces gens, dis-je, qu'on voit d'une ardeur non commune
Par le chemin du ciel courir à la fortune,
Qui, brûlants et priants, demandent chaque jour,
Et prêchent la retraite au milieu de la cour,
Qui savent ajuster leur zèle avec leurs vices,
Sont prompts, vindicatifs, sans foi, pleins d'artifices,
Et pour perdre quelqu'un couvrent insolemment
De l'intérêt du ciel leur fier ressentiment,
D'autant plus dangereux dans leur âpre colère,
Qu'ils prennent contre nous des armes qu'on révère,
Et que leur passion, dont on leur sait bon gré,
Veut nous assassiner avec un fer sacré.
De ce faux caractère on en voit trop paraître.
Mais les dévots de cœur sont aisés à connaître.
Notre siècle, mon frère, en expose à nos yeux
Qui peuvent nous servir d'exemples glorieux.
Regardez Ariston, regardez Périandre,
Oronte, Alcidamas, Polydore, Clitandre :
Ce titre par aucun ne leur est débattu,
Ce ne sont point du tout fanfarons de vertu ;
On ne voit point en eux ce faste insupportable,
Et leur dévotion est humaine et traitable :
Ils ne censurent point toutes nos actions,
Ils trouvent trop d'orgueil dans ces corrections ;
Et, laissant la fierté des paroles aux autres,
C'est par leurs actions qu'ils reprennent les nôtres.
L'apparence du mal a chez eux peu d'appui,
Et leur âme est portée à juger bien d'autrui.
Point de cabale en eux, point d'intrigues à suivre ;
On les voit, pour tous soins, se mêler de bien vivre.
Jamais contre un pécheur ils n'ont d'acharnement,
Ils attachent leur haine au péché seulement,
Et ne veulent point prendre, avec un zèle extrême,
Les intérêts du ciel plus qu'il ne veut lui-même.
Voilà mes gens, voilà comme il en faut user,
Voilà l'exemple enfin qu'il faut se proposer.
Votre homme, à dire vrai, n'est pas de ce modèle :
C'est de fort bonne foi que vous vantez son zèle ;

Mais par un faux éclat je vous crois ébloui.
ORGON. Monsieur mon cher beau-frère, avez-vous tout dit?
CLÉANTE. Oui.
ORGON, s'en allant. Je suis votre valet.
CLÉANTE. De grâce, un mot, mon frère!
Laissons là ce discours. Vous savez que Valère,
Pour être votre gendre, a parole de vous?
ORGON. Oui.
CLÉANTE. Vous aviez pris jour pour un lien si doux?
ORGON. Il est vrai.
CLÉANTE. Auriez-vous autre pensée en tête?
ORGON. Peut-être.
CLÉANTE. Vous voulez manquer à votre foi?
ORGON. Je ne dis pas cela.
CLÉANTE. Nul obstacle, je croi,
Ne vous peut empêcher d'accomplir vos promesses.
ORGON. Selon.
CLÉANTE. Pour dire un mot faut-il tant de finesses?
Valère, sur ce point, me fait vous visiter.
ORGON. Le ciel en soit loué!
CLÉANTE. Mais que lui reporter?
ORGON. Tout ce qu'il vous plaira.
CLÉANTE. Mais il est nécessaire
De savoir vos desseins. Quels sont-ils donc?
ORGON. De faire
Ce que le ciel voudra.
CLÉANTE. Mais parlons tout de bon.
Valère a votre foi; la tiendrez-vous, ou non?
ORGON. Adieu!
CLÉANTE, seul. Pour ses désirs je crains une disgrâce;
Et je dois l'avertir de tout ce qui se passe.

ACTE DEUXIÈME

SCÈNE I.

ORGON, MARIANE.

ORGON. Mariane!
MARIANE. Mon père?
ORGON. Approchez, j'ai de quoi
Vous parler en secret.

MARIANE, à Orgon, qui regarde dans un cabinet.
Que cherchez-vous ?
ORGON.   Je voi
Si quelqu'un n'est pas là qui pourrait nous entendre,
Car ce petit endroit est propre pour surprendre.
Or sus, nous voilà bien. J'ai, Mariane, en vous
Reconnu de tout temps un esprit assez doux,
Et de tout temps aussi vous m'avez été chère.
MARIANE. Je suis fort redevable à cet amour de père.
ORGON. C'est fort bien dit, ma fille ; et, pour le mériter,
Vous devez n'avoir soin que de me contenter.
MARIANE. C'est où je mets aussi ma gloire la plus haute.
ORGON. Fort bien. Que dites-vous de Tartufe, notre hôte ?
MARIANE. Qui ? moi ?
ORGON.   Vous. Voyez bien comme vous répondrez.
MARIANE. Hélas ! j'en dirai, moi, tout ce que vous voudrez.

SCÈNE II.

ORGON, MARIANE, DORINE, entrant doucement, et se tenant derrière Orgon sans être vue.

ORGON. C'est parler sagement... Dites-moi donc, ma fille,
Qu'en toute sa personne un haut mérite brille,
Qu'il touche votre cœur et qu'il vous serait doux
De le voir, par mon choix, devenir votre époux.
Eh !
MARIANE. Eh !
ORGON.   Qu'est-ce ?
MARIANE.   Plaît-il ?
ORGON.   Quoi ?
MARIANE.   Me suis-je méprise ?
ORGON. Comment ?
MARIANE. Qui voulez-vous, mon père, que je dise
Qui me touche le cœur et qu'il me serait doux
De voir, par votre choix, devenir mon époux ?
ORGON. Tartufe.
MARIANE.   Il n'en est rien, mon père, je vous jure.
Pourquoi vouloir me faire une telle imposture ?
ORGON. Mais je veux que cela soit une vérité ;
Et c'est assez pour vous que je l'aie arrêté.
MARIANE. Quoi ! vous voulez, mon père ?...
ORGON.   Oui, je prétends, ma fille,
Unir, par un hymen, Tartufe à ma famille.

Il sera votre époux, j'ai résolu cela !
(Apercevant Dorine.)
Et comme sur vos vœux je... Que faites-vous là ?
La curiosité qui vous presse est bien forte,
Ma mie, à nous venir écouter de la sorte.
DORINE. Vraiment, je ne sais pas si c'est un bruit qui part
De quelque conjecture ou d'un coup de hasard,
Mais de ce mariage on m'a dit la nouvelle,
Et j'ai traité cela de pure bagatelle.
ORGON. Quoi donc ! la chose est-elle incroyable ?
DORINE. A tel point,
Que vous-même, monsieur, je ne vous en crois point.
ORGON. Je sais bien le moyen de vous le faire croire.
DORINE. Oui, oui, vous nous contez une plaisante histoire !
ORGON. Je conte justement ce qu'on verra dans peu.
DORINE. Chansons !
ORGON. Ce que je dis, ma fille, n'est point jeu.
DORINE. Allez, ne croyez point à monsieur votre père ;
Il raille.
ORGON. Je vous dis...
DORINE. Non, vous avez beau faire,
On ne vous croira point.
ORGON. A la fin mon courroux...
DORINE. Eh bien ! on vous croit donc ; et c'est tant pis pour vous.
Quoi ! se peut-il, monsieur, qu'avec l'air homme sage,
Et cette large barbe au milieu du visage,
Vous soyez assez fou pour vouloir ?...
ORGON. Écoutez :
Vous avez pris céans certaines privautés
Qui ne me plaisent point ; je vous le dis, ma mie.
DORINE. Parlons sans nous fâcher, monsieur, je vous supplie.
Vous moquez-vous des gens d'avoir fait ce complot ?
Votre fille n'est point l'affaire d'un bigot :
Il a d'autres emplois auxquels il faut qu'il pense
Et puis, que vous apporte une telle alliance ?
A quel sujet aller, avec tout votre bien,
Choisir un gendre gueux ?
ORGON. Taisez-vous. S'il n'a rien,
Sachez que c'est par là qu'il faut qu'on le révère.
Sa misère est sans doute une honnête misère ;
Au-dessus des grandeurs elle doit l'élever,
Puisqu'enfin de son bien il s'est laissé priver
Par son trop peu de soin des choses temporelles
Et sa puissante attache aux choses éternelles.

Mais mon secours pourra lui donner les moyens
De sortir d'embarras et rentrer dans ses biens;
Ce sont fiefs qu'à bon titre au pays on renomme;
Et, tel que l'on le voit, il est bien gentilhomme.
DORINE. Oui, c'est lui qui le dit; et cette vanité,
Monsieur, ne sied pas bien avec la piété.
Qui d'une sainte vie embrasse l'innocence
Ne doit point tant prôner son nom et sa naissance :
Et l'humble procédé de la dévotion
Souffre mal les éclats de cette ambition.
A quoi bon cet orgueil... Mais ce discours vous blesse;
Parlons de sa personne et laissons sa noblesse.
Ferez-vous possesseur, sans quelque peu d'ennui,
D'une fille comme elle un homme comme lui?
Et ne devez-vous pas songer aux bienséances
Et de cette union prévoir les conséquences?
Sachez que d'une fille on risque la vertu,
Lorsque dans son hymen son goût est combattu;
Songez à quels périls votre dessein vous livre.
ORGON. Je vous dis qu'il me faut apprendre d'elle à vivre!
DORINE. Vous n'en feriez que mieux de suivre mes leçons.
ORGON. Ne nous amusons point, ma fille, à ces chansons;
Je sais ce qu'il vous faut et je suis votre père.
J'avais donné pour vous ma parole à Valère :
Mais outre qu'à jouer on dit qu'il est enclin,
Je le soupçonne encor d'être un peu libertin;
Je ne remarque point qu'il hante les églises.
DORINE. Voulez-vous qu'il y coure à vos heures précises,
Comme ceux qui n'y vont que pour être aperçus?
ORGON. Je ne demande point votre avis là-dessus.
Enfin avec le ciel l'autre est le mieux du monde
Et c'est une richesse à nulle autre seconde.
A nul fâcheux débat jamais vous n'en viendrez
Et vous ferez de lui tout ce que vous voudrez.
DORINE. Elle? Elle n'en fera qu'un sot, je vous assure.
ORGON. Ouais! quels discours!
DORINE.   Je dis qu'il en a l'encolure
Et que son ascendant, monsieur, l'emportera
Sur toute la vertu que votre fille aura.
ORGON. Cessez de m'interrompre et songez à vous taire,
Sans mettre votre nez où vous n'avez que faire.
DORINE. Je n'en parle, monsieur, que pour votre intérêt.
ORGON. C'est prendre trop de soin; taisez-vous, s'il vous plaît.
DORINE. Si l'on ne vous aimait...

ORGON. Je ne veux pas qu'on m'aime.
DORINE. Et je veux vous aimer, monsieur, malgré vous-même.
ORGON. Ah !
DORINE. Votre honneur m'est cher, et je ne puis souffrir
Qu'aux brocards d'un chacun vous alliez vous offrir.
ORGON. Vous ne vous tairez point !
DORINE. C'est une conscience
Que de vous laisser faire une telle alliance.
ORGON. Te tairas-tu, serpent, dont les traits effrontés...
DORINE. Ah ! vous êtes dévot et vous vous emportez !
ORGON. Oui, ma bile s'échauffe à toutes ces fadaises
Et tout résolûment je veux que tu te taises.
DORINE. Soit. Mais, ne disant mot, je n'en pense pas moins.
ORGON. Pense, si tu le veux ; mais applique tes soins
(A sa fille.)
A ne m'en point parler, ou... Suffit... Comme sage,
J'ai pesé mûrement toutes choses.
DORINE, à part. J'enrage
De ne pouvoir parler !
ORGON. Sans être damoiseau,
Tartufe est fait de sorte...
DORINE, à part. Oui, c'est un beau museau !
ORGON. Que quand tu n'aurais même aucune sympathie
Pour tous les autres dons...
DORINE, à part. La voilà bien lotie !
(Orgon se tourne du côté de Dorine et, les bras croisés, l'écoute et la regarde en face.)
Si j'étais en sa place, un homme, assurément,
Ne m'épouserait pas de force impunément
Et je lui ferais voir bientôt, après la fête,
Qu'une femme a toujours une vengeance prête.
ORGON, à Dorine. Donc de ce que je dis on ne ferait nul cas ?
DORINE. De quoi vous plaignez-vous ? Je ne vous parle pas.
ORGON. Qu'est-ce que tu fais donc ?
DORINE. Je me parle à moi-même.
ORGON, à part. Fort bien. Pour châtier son insolence extrême,
Il faut que je lui donne un revers de ma main.
(Il se met en posture de donner un soufflet à Dorine, et, à chaque mot qu'il dit à sa fille, il se tourne pour regarder Dorine, qui se tient droite sans parler.)
Ma fille, vous devez approuver mon dessein...
Croire que le mari... que j'ai su vous élire...
(A Dorine.) Que ne te parles-tu ?
DORINE. Je n'ai rien à me dire.
ORGON. Encore un petit mot.
DORINE. Il ne me plaît pas, moi.

ORGON. Certes, je t'y guettais.
DORINE. 	Quelque sotte, ma foi !...
ORGON. Enfin, ma fille, il faut payer d'obéissance,
Et montrer pour mon choix entière déférence.
DORINE, en s'enfuyant.
Je me moquerais fort de prendre un tel époux.
ORGON, après avoir manqué de donner un soufflet à Dorine.
Vous avez là, ma fille, une peste avec vous,
Avec qui, sans péché, je ne saurais plus vivre.
Je me sens hors d'état maintenant de poursuivre;
Ses discours insolents m'ont mis l'esprit en feu,
Et je vais prendre l'air pour me rasseoir un peu.

SCÈNE III.

MARIANE, DORINE.

DORINE. Avez-vous donc perdu, dites-moi, la parole?
Et faut-il qu'en ceci je fasse votre rôle!
Souffrir qu'on vous propose un projet insensé,
Sans que du moindre mot vous l'ayez repoussé!
MARIANE. Contre un père absolu que veux-tu que je fasse?
DORINE. Ce qu'il faut pour parer une telle menace.
MARIANE. Quoi?
DORINE. 	Lui dire qu'un cœur n'aime point par autrui,
Que vous vous mariez pour vous, non pas pour lui;
Qu'étant celle pour qui se fait toute l'affaire,
C'est à vous, non à lui, que le mari doit plaire;
Et que si son Tartufe est pour lui si charmant,
Il le peut épouser sans nul empêchement.
MARIANE. Un père, je l'avoue, a sur nous tant d'empire,
Que je n'ai jamais eu la force de rien dire.
DORINE. Ne vous tourmentez point. On peut adroitement
Empêcher... Mais voici Valère, en attendant.

SCÈNE IV.

VALÈRE, MARIANE, DORINE.

VALÈRE. On vient de débiter, madame, une nouvelle
Que je ne savais pas, et qui sans doute est belle.
MARIANE. Quoi?
VALÈRE. 	Que vous épousez Tartufe,
MARIANE. 	Il est certain
Que mon père s'est mis en tête ce dessein.
VALÈRE. Votre père, madame !...

MARIANE. A changé de visée!
La chose vient par lui de m'être proposée.
VALÈRE. Quoi! sérieusement?
VALÈRE. Oui, sérieusement.
Il s'est pour cet hymen déclaré hautement.
MARIANE. Et quel est le dessein où votre âme s'arrête,
Madame?
MARIANE. Je ne sais.
VALÈRE. La réponse est honnête.
Vous ne savez?
MARIANE. Non.
VALÈRE. Non?
MARIANE. Que me conseillez-vous?
VALÈRE. Je vous conseille, moi, de prendre cet époux.
MARIANE. Vous me le conseillez?
VALÈRE. Oui.
MARIANE. Tout de bon?
VALÈRE. Sans doute.
Le choix est glorieux, et vaut bien qu'on l'écoute.
MARIANE. Eh bien! c'est un conseil, monsieur, que je reçois.
VALÈRE. Vous n'aurez pas grand'peine à le suivre, je crois.
MARIANE. Pas plus qu'à le donner en a souffert votre âme.
VALÈRE. Moi, je vous l'ai donné pour vous plaire, madame.
MARIANE. Et moi, je le suivrai pour vous faire plaisir.
DORINE, se retirant dans le fond du théâtre.
Voyons ce qui pourra de ceci réussir.
VALÈRE. C'est donc ainsi qu'on aime? et c'était tromperie
Quand vous...
MARIANE. Ne parlons point de cela, je vous prie.
Vous m'avez dit tout franc que je dois accepter
Celui que pour époux on me veut présenter :
Et je déclare, moi, que je prétends le faire,
Puisque vous m'en donnez le conseil salutaire.
VALÈRE. Ne vous excusez point sur mes intentions.
Vous aviez pris déjà vos résolutions;
Et vous vous saisissez d'un prétexte frivole
Pour vous autoriser à manquer de parole.
MARIANE. Il est vrai, c'est bien dit.
VALÈRE. Sans doute, et votre cœur
N'a jamais eu pour moi de véritable ardeur.
MARIANE. Hélas! permis à vous d'avoir cette pensée.
VALÈRE. Oui, oui, permis à moi, mais mon âme offensée
Vous préviendra peut-être en un pareil dessein;
Et je sais où porter et mes vœux et ma main.

MARIANE. Ah! je n'en doute point; et les ardeurs qu'excite
  Le mérite...
VALÈRE.   Mon Dieu! laissons là le mérite;
  J'en n'ai fort peu, sans doute, et vous en faites foi.
  Mais j'espère aux bontés qu'une autre aura pour moi;
  Et j'en sais de qui l'âme, à ma retraite ouverte,
  Consentira sans honte à réparer ma perte.
MARIANE. La perte n'est pas grande; et de ce changement
  Vous vous consolerez assez facilement.
VALÈRE. J'y ferai mon possible; et, vous le pouvez croire,
  Un cœur qui nous oublie engage notre gloire.
MARIANE. Mais vous, n'êtes-vous pas l'homme le plus ingrat?...
DORINE. Pour une autre saison laissons tout ce débat;
  Et songeons à parer ce fâcheux mariage.
MARIANE, à Dorine.
  Dis-nous donc quels ressorts il faut mettre en usage.
DORINE. Nous en ferons agir de toutes les façons.
  (A Mariane.) Votre père se moque; (A Valère.) et ce sont des chansons.
  (A Mariane.) Mais pour vous, il vaut mieux qu'à son extravagance
  D'un doux consentement vous prêtiez l'apparence,
  Afin qu'en cas d'alarme il vous soit plus aisé
  De tirer en longueur cet hymen proposé.
  En attrapant du temps, à tout on remédie.
  Tantôt vous payerez de quelque maladie
  Qui viendra tout à coup, et voudra des détails;
  Tantôt vous payerez de présages mauvais;
  Vous aurez fait d'un mort la rencontre fâcheuse,
  Cassé quelque miroir, ou songé d'eau bourbeuse.
  Enfin, le bon de tout, c'est qu'à d'autres qu'à lui
  On ne vous peut lier que vous ne disiez oui.
  Mais pour mieux réussir, il est bon, ce me semble,
  Qu'on ne vous trouve point tous deux parlant ensemble.
  (A Valère.) Sortez; et, sans tarder, employez vos amis
  Pour vous faire tenir ce qu'on vous a promis.
  (A Mariane.) Nous, allons réveiller les efforts de son frère,
  Et dans notre parti jeter la belle-mère.
  Adieu!
VALÈRE, (à Mariane.) Quelques efforts que nous préparions tous,
  Ma plus grande espérance, à vrai dire, est en vous.
MARIANE, à Valère. Je ne vous réponds pas des volontés d'un père;
  Mais je ne serai point à d'autre qu'à Valère.

ACTE TROISIÈME

SCÈNE I.

DAMIS, DORINE.

DAMIS. Que la foudre, sur l'heure, achève mes destins,
  Qu'on me traite partout du plus grand des faquins,
  S'il est aucun respect ni pouvoir qui m'arrête,
  Et si je ne fais pas quelque coup de ma tête!
DORINE. De grâce, modérez un tel emportement :
  Votre père n'a fait qu'en parler simplement.
  On n'exécute pas tout ce qui se propose.
DAMIS. Il faut que de ce fat j'arrête les complots,
  Et qu'à l'oreille un peu je lui dise deux mots.
DORINE. Ah! tout doux! envers lui, comme envers votre père,
  Laissez agir les soins de votre belle-mère.
  Sur l'esprit de Tartufe elle a quelque crédit;
  Il se rend complaisant à tout ce qu'elle dit,
  Et pourrait bien avoir douceur de cœur pour elle.
  Plût à Dieu qu'il fût vrai! la chose serait belle.
  Enfin, votre intérêt l'oblige à le mander :
  Sur l'hymen qui vous trouble elle veut le sonder,
  Savoir ses sentiments, et lui faire connaître
  Quels fâcheux démêlés il pourra faire naître
  S'il faut qu'à ce dessein il prête quelque espoir.
  Son valet dit qu'il prie; et je n'ai pu le voir;
  Mais ce valet m'a dit qu'il s'en allait descendre.
  Sortez donc, je vous prie, et me laissez l'attendre.
DAMIS. Je puis être présent à tout cet entretien.
DORINE. Point. Ils faut qu'ils soient seuls.
DAMIS.   Je ne lui dirai rien.
DORINE. Vous vous moquez : on sait vos transports ordinaires;
  Et c'est le vrai moyen de gâter les affaires.
  Sortez.
DAMIS.   Non; je veux voir sans me mettre en courroux.
DORINE. Que vous êtes fâcheux! Il vient... Retirez-vous.

(Damis va se cacher dans un cabinet qui est au fond du théâtre.)

SCÈNE II.

TARTUFE, DORINE.

TARTUFE, parlant haut à son valet qui est dans la maison, dès qu'il aperçoit Dorine.
  Laurent, serrez ma haire avec ma discipline

Et priez que toujours le ciel vous illumine.
Si l'on vient pour me voir, je vais aux prisonniers
Des aumônes que j'ai partager les deniers.
DORINE, à part. Que d'affectation et de forfanterie!
TARTUFE. Que voulez-vous?
DORINE. Vous dire...
TARTUFE, tirant un mouchoir de sa poche. Ah! mon Dieu! je vous prie,
Avant que de parler, prenez-moi ce mouchoir.
DORINE. Comment!
TARTUFE. Couvrez ce col que je ne saurais voir.
DORINE. Certes, je ne sais pas quelle chaleur vous monte :
A me scandaliser je ne suis pas si prompte.
TARTUFE. Mettez dans vos discours un peu de modestie,
Ou je vais sur-le-champ vous quitter la partie.
DORINE. Non, non, c'est moi qui vais vous laisser en repos
Et je n'ai seulement qu'à vous dire deux mots.
Madame va venir dans cette salle basse
Et d'un mot d'entretien vous demande la grâce...
TARTUFE. Hélas! très-volontiers.
DORINE, à part. Comme il se radoucit!
Ma foi, je suis toujours pour ce que j'en ai dit.
TARTUFE. Viendra-t-elle bientôt?
DORINE. Je l'entends, ce me semble.
Oui, c'est elle en personne et je vous laisse ensemble.

SCÈNE III.

ELMIRE, TARTUFE.

TARTUFE. Que le ciel à jamais, par sa toute bonté,
Et de l'âme et du corps vous donne la santé
Et bénisse vos jours autant que le désire
Le plus humble de ceux que son ardeur inspire!
ELMIRE. Je suis fort obligée à ce souhait pieux.
Mais prenons une chaise, afin d'être un peu mieux.
TARTUFE, assis. Comment de votre mal vous sentez-vous remise?
ELMIRE, assise. Fort bien; et cette fièvre a bientôt quitté prise.
TARTUFE. Mes prières n'ont pas le mérite qu'il faut
Pour avoir attiré cette grâce d'en haut;
Mais je n'ai fait au ciel nulle dévote instance
Qui n'ait eu pour objet votre convalescence.
ELMIRE. Votre zèle pour moi s'est trop inquiété.
TARTUFE. On ne peut trop chérir votre chère santé;
Et, pour la rétablir, j'aurais donné la mienne.

ELMIRE. C'est pousser bien avant la charité chrétienne ;
Et je vous dois beaucoup pour toutes ces bontés.
TARTUFE. Je fais bien moins pour vous que vous ne méritez.
ELMIRE. J'ai voulu vous parler en secret d'une affaire
Et suis bien aise ici qu'aucun ne nous éclaire.
TARTUFE. J'en suis ravi de même ; et, sans doute, il m'est doux,
Madame, de me voir seul à seul avec vous.
C'est une occasion qu'au ciel j'ai demandée,
Sans que, jusqu'à cette heure, il me l'ait accordée.
ELMIRE. Pour moi, ce que je veux, c'est un mot d'entretien,
Où tout votre cœur s'ouvre et ne me cache rien.

(Damis, sans se montrer, entr'ouvre la porte du cabinet dans lequel il s'était retiré pour entendre la conversation.)

TARTUFE. Et je ne veux aussi, pour grâce singulière,
Que montrer à vos yeux mon âme tout entière
Et vous faire serment que les bruits que j'ai faits
Des visites qu'ici reçoivent vos attraits,
Ne sont pas envers vous l'effet d'aucune haine,
Mais plutôt d'un transport de zèle qui m'entraîne
Et d'un pur mouvement...
ELMIRE. Je le prends bien aussi
Et crois que mon salut vous donne ce souci.
Jamais, en toute chose, on n'a vu si bien faire.
Mais il est temps, parlons un peu de notre affaire.
On tient que mon mari veut dégager sa foi
Et vous donner sa fille. Est-il vrai, dites-moi ?
TARTUFE. Il m'en a dit deux mots ; mais, madame, à vrai dire,
Ce n'est pas le bonheur après quoi je soupire ;
Et je vois autre part les merveilleux attraits
De la félicité qui fait tous mes souhaits.
ELMIRE. C'est que vous n'aimez rien des choses de la terre.
TARTUFE. Mon sein n'enferme point un cœur qui soit de pierre.
ELMIRE. Pour moi, je crois qu'au ciel tendent tous vos soupirs
Et que rien d'ici-bas n'arrête vos désirs.
TARTUFE. L'amour qui nous attache aux beautés éternelles
N'étouffe pas en nous l'amour des temporelles :
Nos sens facilement peuvent être charmés
Des ouvrages parfaits que le ciel a formés.
Ses attraits réfléchis brillent dans vos pareilles ;
Mais il étale en vous ses plus rares merveilles ;
Il a sur votre face épanché des beautés
Dont les yeux sont surpris et les cœurs transportés.
ELMIRE. La déclaration est tout à fait galante ;
Mais elle est, à vrai dire, un peu bien surprenante.

Vous deviez, ce me semble, armer mieux votre sein
Et raisonner un peu sur un pareil dessein.
D'autres prendraient cela d'autre façon peut-être;
Mais ma discrétion se veut faire paraître.
Je ne redirai point l'affaire à mon époux;
Mais je veux, en revanche, une chose de vous :
C'est de presser tout franc et sans nulle chicane
L'union de Valère avecque Mariane,
De renoncer vous-même à l'injuste pouvoir
Qui veut du bien d'un autre enrichir votre espoir;
Et...

SCÈNE IV.

ELMIRE, DAMIS, TARTUFE.

DAMIS, sortant du cabinet où il s'était caché.
Non, madame, non; ceci doit se répandre.
J'étais en cet endroit, d'où j'ai pu tout entendre;
Et la bonté du ciel m'y semble avoir conduit
Pour confondre l'orgueil d'un traître qui me nuit,
Pour m'ouvrir une voie à prendre la vengeance
De son hypocrisie et de son insolence,
A détromper mon père et lui mettre en plein jour
L'âme d'un scélérat qui vous parle d'amour.
ELMIRE. Non, Damis; il suffit qu'il se rende plus sage
Et tâche à mériter la grâce où je m'engage.
DAMIS. Vous avez vos raisons pour en user ainsi :
Et pour faire autrement j'ai les miennes aussi.
Le vouloir épargner est une raillerie;
Et l'insolent orgueil de sa cagoterie
N'a triomphé que trop de mon juste courroux
Et que trop excité de désordres chez nous.
Le fourbe trop longtemps a gouverné mon père
Et desservi mes vœux avec ceux de Valère.
Il faut que du perfide il soit désabusé,
Et le ciel pour cela m'offre un moyen aisé.
De cette occasion je lui suis redevable,
Et, pour la négliger, elle est trop favorable;
Ce serait mériter qu'il me la vînt ravir
Que de l'avoir en main et ne m'en pas servir.
ÉLMIRE. Damis...
DAMIS. Non, s'il vous plaît, il faut que je me croie.
Mon âme est maintenant au comble de sa joie;
Et vos discours en vain prétendent m'obliger

A quitter le plaisir de me pouvoir venger.
Sans aller plus avant, je vais vider l'affaire;
Et voici justement de quoi me satisfaire.

SCÈNE V.

ORGON, ELMIRE, DAMIS, TARTUFE.

DAMIS. Nous allons régaler, mon père, votre abord
D'un incident tout frais qui vous surprendra fort.
Vous êtes bien payé de toutes vos caresses
Et monsieur d'un beau prix reconnaît vos tendresses.
Son grand zèle pour vous vient de se déclarer;
Il ne va pas à moins qu'à vous déshonorer;
Mais je ne puis flatter une telle impudence
Et croire que la taire est vous faire une offense.
ELMIRE. Moi, je tiens que jamais de tous ces vains propos
On ne doit d'un mari traverser le repos.

SCÈNE VI.

ORGON, DAMIS, TARTUFE.

ORGON. Ce que je viens d'entendre, ô ciel! est-il croyable?
TARTUFE. Oui, mon frère, je suis un méchant, un coupable,
Un malheureux pécheur, tout plein d'iniquité,
Le plus grand scélérat qui jamais ait été.
Chaque instant de ma vie est chargé de souillures,
Elle n'est qu'un ramas de crimes et d'ordures;
Et je vois que le ciel, pour ma punition,
Me veut mortifier en cette occasion.
Ce quelque grand forfait qu'on puisse me reprendre,
Je n'ai garde d'avoir l'orgueil de m'en défendre.
Croyez ce qu'on vous dit, armez votre courroux,
Et comme un criminel chassez-moi de chez vous;
Je ne saurais avoir tant de honte en partage,
Que je n'en aie encor mérité davantage.
ORGON, à son fils.
Ah! traître, oses-tu bien, par cette fausseté,
Vouloir de sa vertu ternir la pureté?
DAMIS. Quoi! la feinte douceur de cette âme hypocrite
Vous fera démentir...
ORGON.   Tais-toi, peste maudite!
TARTUFE. Ah! laissez-le parler; vous l'accusez à tort,
Et vous feriez bien mieux de croire à son rapport.

... S'il faut, à deux genoux,
Vous demander sa grâce. ...

LE TARTUFE.   Acte III, Scène VI.

Pourquoi sur un tel fait m'être si favorable?
Savez-vous, après tout, de quoi je suis capable?
Vous fiez-vous, mon frère, à mon extérieur?
Et, pour tout ce qu'on voit, me croyez-vous meilleur?
Non, non, vous vous laissez tromper à l'apparence,
Et je ne suis rien moins, hélas! que ce qu'on pense.
Tout le monde me prend pour un homme de bien;
Mais la vérité pure est que je ne vaux rien.
(S'adressant à Damis.)
Oui, mon cher fils, parlez, traitez-moi de perfide,
D'infâme, de perdu, de voleur, d'homicide,
Accablez-moi de noms encor plus détestés :
Je n'y contredis point, je les ai mérités,
Et j'en veux à genoux souffrir l'ignominie,
Comme une honte due aux crimes de ma vie.

ORGON, à Tartufe. (A son fils.)
Mon frère, c'en est trop. Ton cœur ne se rend point
Traître?

DAMIS. Quoi! ses discours vous séduiront au point...
(Relevant Tartufe.)

ORGON. Tais-toi, pendard! Mon frère, eh! levez-vous, de grâce!
(A son fils). Infâme!

DAMIS. Il peut...
ORGON. Tais-toi!
DAMIS. J'enrage. Quoi! je passe...
ORGON. Si tu dis un seul mot, je te romprai les bras.
TARTUFE. Mon frère, au nom de Dieu, ne vous emportez pas!
J'aimerais mieux souffrir la peine la plus dure,
Qu'il eût reçu pour moi la moindre égratignure.

ORGON, à son fils. Ingrat!
TARTUFE. Laissez-le en paix. S'il faut, à deux genoux,
Vous demander sa grâce...

ORGON, se jetant à genoux et embrassant Tartufe.
Hélas! vous moquez-vous?
(A son fils). Coquin, vois sa bonté!

DAMIS. Donc...
ORGON. Paix!
DAMIS. Quoi! je...
ORGON. Paix! dis-je.
Je sais bien quel motif à l'attaquer t'oblige.
Vous le haïssez tous, et je vois aujourd'hui
Femme, enfants et valets déchaînés contre lui.
On met impudemment toute chose en usage
Pour ôter de chez moi ce dévot personnage;

Mais plus on fait d'efforts afin de l'en bannir,
Plus j'en veux employer à l'y mieux retenir;
Et je vais me hâter de lui donner ma fille,
Pour confondre l'orgueil de toute ma famille.
DAMIS. A recevoir sa main on pense l'obliger?
ORGON. Oui, traître, et dès ce soir, pour vous faire enrager.
Ah! je vous brave tous, et vous ferai connaître
Qu'il faut qu'on m'obéisse, et que je suis le maître.
Allons, qu'on se rétracte, et qu'à l'instant, fripon!
On se jette à ses pieds pour demander pardon.
DAMIS. Qui, moi, de ce coquin, qui, par ses impostures?...
ORGON. Ah! tu résistes, gueux, et lui dis des injures!
Un bâton! un bâton! (A Tartufe.) Ne me retenez pas.
(A son fils.) Sus, que de ma maison on sorte de ce pas,
Et que d'y revenir on n'ait jamais l'audace.
DAMIS. Oui, je sortirai; mais...
ORGON.   Vite, quittons la place.
Je te prive, pendard, de ma succession,
Et te donne, de plus, ma malédiction.

SCÈNE VII.

ORGON, TARTUFE.

ORGON. Offenser de la sorte une sainte personne!
TARTUFE. O ciel! pardonnez-lui comme je lui pardonne!
(A Orgon.) Si vous pouviez savoir avec quel déplaisir
Je vois qu'envers mon frère on cherche à me noircir...
ORGON. Hélas!
TARTUFE.   Le seul penser de cette ingratitude
Fait souffrir à mon âme un supplice si rude...
L'horreur que j'en conçois... J'ai le cœur si serré,
Que je ne puis parler et crois que j'en mourrai.
ORGON, courant tout en larmes à la porte par où il a chassé son fils.
Coquin, je me repens que ma main t'ait fait grâce,
Et ne t'ait pas d'abord assommé sur la place!
(A Tartufe). Remettez-vous, mon frère, et ne vous fâchez pas.
TARTUFE. Rompons, rompons le cours de ces fâcheux débats.
Je regarde céans quels grands troubles j'apporte,
Et crois qu'il est besoin, mon frère, que j'en sorte.
ORGON. Comment! vous moquez-vous?
TARTUFE.   On me hait, et je voi
Qu'on cherche à vous donner des soupçons de ma foi.
ORGON. Qu'importe! Voyez-vous que mon cœur les écoute?
TARTUFE. On ne manquera pas de poursuivre, sans doute;

Et ces mêmes rapports qu'ici vous rejetez
Peut-être une autre fois seront-ils écoutés.
ORGON. Non, mon frère, jamais !
TARTUFE. Ah ! mon frère, une femme
Aisément d'un mari peut bien surprendre l'âme.
ORGON. Non, non.
TARTUFE. Laissez-moi vite, en m'éloignant d'ici,
Leur ôter tout sujet de m'attaquer ainsi.
ORGON. Non, vous demeurerez ; il y va de ma vie.
TARTUFE. Eh bien, il faudra donc que je me mortifie.
Pourtant, si vous vouliez...
ORGON. Ah !
TARTUFE. Soit, n'en parlons plus ;
Mais je sais comme il faut en user là-dessus.
L'honneur est délicat, et l'amitié m'engage
A prévenir les bruits et les sujets d'ombrage.
Je fuirai votre épouse, et vous ne me verrez...
ORGON. Non, en dépit de tous vous la fréquenterez.
Faire enrager le monde est ma plus grande joie ;
Et je veux qu'à toute heure avec elle on vous voie.
Ce n'est pas tout encor : pour les mieux braver tous,
Je ne veux point avoir d'autre héritier que vous ;
Et je vais de ce pas, en fort bonne manière,
Vous faire de mon bien donation entière.
Un bon et franc ami que pour gendre je prends
M'est bien plus cher que fils, que femme et que parents.
N'accepterez-vous pas ce que je vous propose ?
TARTUFE. La volonté du ciel soit faite en toute chose !
ORGON. Le pauvre homme ! Allons vite en dresser un écrit !
Et que puisse l'envie en crever de dépit !

ACTE QUATRIÈME.

SCÈNE I.

CLÉANTE, TARTUFE.

CLÉANTE. Oui, tout le monde en parle, et vous m'en pouvez croire,
L'éclat que fait ce bruit n'est point à votre gloire ;
Et je vous ai trouvé, monsieur, fort à propos
Pour vous en dire net ma pensée en deux mots.
Je n'examine point à fond ce qu'on expose ;

Je passe là-dessus, et prends au pis la chose.
Supposons que Damis n'en ait pas bien usé
Et que ce soit à tort qu'on vous ait accusé :
N'est-il pas d'un chrétien de pardonner l'offense,
Et d'éteindre en son cœur tout désir de vengeance?
Et devez-vous souffrir, pour votre démêlé,
Que du logis d'un père un fils soit exilé?
Je vous le dis encore, et parle avec franchise,
Il n'est petit ni grand qui ne s'en scandalise,
Et, si vous m'en croyez, vous pacifîrez tout
Et ne pousserez point les affaires à bout.
Sacrifiez à Dieu toute votre colère,
Et remettez le fils en grâce avec le père.

TARTUFE. Hélas! je le voudrais, quant à moi, de bon cœur;
Je ne garde pour lui, monsieur, aucune aigreur;
Je lui pardonne tout; de rien je ne le blâme,
Et voudrais le servir du meilleur de mon âme :
Mais l'intérêt du ciel n'y saurait consentir;
Et s'il rentre céans, c'est à moi d'en sortir.
Après son action qui n'eut jamais d'égale,
Le commerce entre nous porterait du scandale :
Dieu sait ce que d'abord tout le monde en croirait!
A pure politique on me l'imputerait,
Et l'on dirait partout que, me sentant coupable,
Je feins pour qui m'accuse un zèle charitable;
Que mon cœur l'appréhende, et veut le ménager,
Pour le pouvoir, sous main, au silence engager.

CLÉANTE. Vous nous payez ici d'excuses colorées :
Et toutes vos raisons, monsieur, sont trop tirées.
Des intérêts du ciel pourquoi vous chargez-vous?
Pour punir le coupable a-t-il besoin de nous?
Laissez-lui, laissez-lui le soin de ses vengeances :
Ne songez qu'au pardon qu'il prescrit des offenses,
Et ne regardez point aux jugements humains,
Quand vous suivez du ciel les ordres souverains.
Quoi! le faible intérêt de ce qu'on pourra croire
D'une bonne action empêchera la gloire?
Non, non, faisons toujours ce que le ciel prescrit,
Et d'aucun autre soin ne nous brouillons l'esprit.

TARTUFE. Je vous ai déjà dit que mon cœur lui pardonne;
Et c'est faire, monsieur, ce que le ciel ordonne :
Mais, après le scandale et l'affront d'aujourd'hui,
Le ciel n'ordonne pas que je vive avec lui.

CLÉANTE. Et vous ordonne-t-il, monsieur, d'ouvrir l'oreille

A ce qu'un pur caprice à son père conseille,
Et d'accepter le don qui vous est fait d'un bien
Où le droit vous oblige à ne prétendre rien?

TARTUFE. Ceux qui me connaîtront n'auront pas la pensée
Que ce soit un effet d'une âme intéressée.
Tous les biens de ce monde ont pour moi peu d'appas;
De leur éclat trompeur je ne m'éblouis pas :
Et si je me résous à recevoir du père
Cette donation qu'il a voulu me faire,
Ce n'est, à dire vrai, que parce que je crains
Que tout ce bien ne tombe en de méchantes mains;
Qu'il ne trouve des gens qui, l'ayant en partage,
En fassent dans le monde un criminel usage,
Et ne s'en servent pas, ainsi que j'ai dessein,
Pour la gloire du ciel et le bien du prochain.

CLÉANTE. Eh! monsieur, n'ayez point ces délicates craintes,
Qui d'un juste héritier peuvent causer les plaintes.
Souffrez, sans vous vouloir embarrasser de rien,
Qu'il soit, à ses périls, possesseur de son bien;
Et songez qu'il vaut mieux encore qu'il en mésuse,
Que si de l'en fruster il faut qu'on vous accuse.
J'admire seulement que, sans confusion,
Vous en ayez souffert la proposition.
Car enfin le vrai zèle a-t-il quelque maxime
Qui montre à dépouiller l'héritier légitime?
Et s'il faut que le ciel dans votre cœur ait mis
Un invincible obstacle à vivre avec Damis,
Ne vaudrait-il pas mieux, qu'en personne discrète,
Vous fissiez de céans une honnête retraite.
Que de souffrir ainsi contre toute raison,
Qu'on en chasse pour vous le fils de la maison?
Croyez-moi, c'est donner de votre prud'homie,
Monsieur...

TARTUFE. Il est, monsieur, trois heures et demie :
Certain devoir pieux me demande là-haut,
Et vous m'excuserez de vous quitter si tôt.

CLÉANTE, seul. Ah!

SCÈNE II.

ELMIRE, MARIANE, CLÉANTE, DORINE.

DORINE, à Cléante. De grâce, avec nous, employez-vous pour elle.
Monsieur, son âme souffre une douleur mortelle;
Et l'accord que son père a conclu pour ce soir
La fait à tous moments entrer en désespoir.

Il va venir. Joignons nos efforts, je vous prie,
Et tâchons d'ébranler, de force ou d'industrie,
Ce malheureux dessein qui nous a tous troublés.

SCÈNE III.

ORGON, ELMIRE, MARIANE, CLÉANTE, DORINE.

ORGON. Ah! je me réjouis de vous voir assemblés.
(A Mariane.) Je porte en ce contrat de quoi vous faire rire,
Et vous savez déjà ce que cela veut dire.
MARIANE, aux genoux d'Orgon.
Mon père, au nom du ciel qui connaît ma douleur,
Et par tout ce qui peut émouvoir votre cœur,
Relâchez-vous un peu des droits de la naissance,
Et dispensez mes vœux de cette obéissance!
Ne me réduisez point, par cette dure loi,
Jusqu'à me plaindre au ciel de ce que vous doi :
Et cette vie, hélas! que vous m'avez donnée,
Ne me la rendez pas, mon père, infortunée!
Si, contre un doux espoir que j'avais pu former,
Vous me défendez d'être à ce que j'ose aimer,
Au moins par vos bontés, qu'à vos genoux j'implore,
Sauvez-moi du tourment d'être à ce que j'abhorre;
Et ne me portez point à quelque désespoir,
En vous servant sur moi de tout votre pouvoir.
ORGON, se sentant attendrir.
Allons, ferme, mon cœur, point de faiblesse humaine!
MARIANE. Vos tendresses pour lui ne me font point de peine;
Faites-les éclater, donnez-lui votre bien,
Et, si ce n'est assez, joignez-y tout le mien;
J'y consens de bon cœur, et je vous l'abandonne :
Mais au moins n'allez pas jusques à ma personne.
ORGON. Debout. Plus votre cœur répugne à l'accepter,
Plus ce sera pour vous matière à mériter.
Mortifiez vos sens avec ce mariage,
Et ne me rompez pas la tête davantage.
DORINE. Mais quoi!...
ORGON. 	Taisez-vous, vous. Parlez à votre écot.
Je vous défends tout net d'oser dire un seul mot.
CLÉANTE. Si par quelque conseil vous souffrez qu'on réponde...
ORGON. Mon frère, vos conseils sont les meilleurs du monde;
Ils sont bien raisonnés, et j'en fais un grand cas :
Mais vous trouverez bon que je n'en use pas.
ELMIRE, à Orgon. A voir ce que je vois, je ne sais plus que dire;

Et votre aveuglement fait que je vous admire.
C'est être bien coiffé, bien prévenu de lui,
Que de nous démentir sur le fait d'aujourd'hui !
ORGON. Je suis votre valet, et crois les apparences ;
Pour mon fripon de fils je sais vos complaisances,
Et vous avez eu peur de le désavouer
Du trait qu'à ce pauvre homme il a voulu jouer ;
Vous étiez trop tranquille, enfin, pour être crue,
Et vous auriez paru d'autre manière émue.
ELMIRE. Mais que me répondrait votre crédulité,
Si je vous faisais voir qu'on vous dit vérité ?
ORGON. Voir !
ELMIRE. Oui.
ORGON. Chansons.
ELMIRE. Mais quoi ! si je trouvais manière
De vous le faire voir avec pleine lumière ?...
ORGON. Contes en l'air.
ELMIRE. Quel homme ! au moins, répondez-moi !
Je ne vous parle pas de nous ajouter foi ;
Mais supposons ici que, d'un lieu qu'on peut prendre,
On vous fît clairement tout voir et tout entendre,
Que diriez-vous alors de votre homme de bien ?
ORGON. En ce cas, je dirais que... Je ne dirais rien ;
Car cela ne se peut.
ELMIRE. L'erreur trop longtemps dure,
Et c'est trop condamner ma bouche d'imposture.
Il faut que, par plaisir, et sans aller plus loin,
De tout ce qu'on vous dit je vous fasse témoin.
ORGON. Soit. Je vous prends au mot. Nous verrons votre adresse,
Et comment vous pourrez remplir cette promesse.
ELMIRE, à Dorine. Faites-le revenir.
DORINE, à Elmire. Son esprit est rusé,
Et peut-être à surprendre il sera malaisé.
ELMIRE, à Dorine. Non ; on est aisément dupé par ce qu'on aime,
Et l'amour-propre engage à se tromper soi-même.
(A Cléante et à Mariane.)
Faites-le-moi descendre. Et vous, retirez-vous.

SCÈNE IV.

ELMIRE, ORGON.

ELMIRE. Approchons cette table, et vous mettez dessous.
ORGON. Comment !
ELMIRE. Vous bien cacher est un point nécessaire.

ORGON. Pourquoi sous cette table?
ELMIRE.   Ah! mon Dieu! laissez faire.
J'ai mon dessein en tête, et vous en jugerez.
Mettez-vous là, vous dis-je; et quand vous y serez,
Gardez qu'on ne vous voie et qu'on ne vous entende.
ORGON. Je confesse qu'ici ma complaisance est grande :
Mais de votre entreprise il vous faut voir sortir.
ELMIRE. Vous n'aurez, que je crois, rien à me repartir.

SCÈNE V.

TARTUFE, ELMIRE, ORGON, sous la table.

TARTUFE. On m'a dit qu'en ce lieu vous me vouliez parler.
ELMIRE. Oui. L'on a des secrets à vous y révéler.
Mais tirez cette porte avant qu'on vous les dise
Et regardez partout, de crainte de surprise.
(Tartufe va fermer la porte et revient.)
Une affaire pareille à celle de tantôt
N'est pas assurément ici ce qu'il nous faut :
Jamais il ne s'est vu de surprise de même.
Damis m'a fait pour vous une frayeur extrême;
Et vous avez bien vu que j'ai fait mes efforts
Pour rompre son dessein et calmer ses transports.
L'estime où l'on vous tient a dissipé l'orage
Et mon mari de vous ne peut prendre d'ombrage.
Pour mieux braver l'éclat des mauvais jugements,
Il veut que nous soyons ensemble à tous moments;
Et c'est par où je puis, sans peur d'être blâmée,
Me trouver ici seule avec vous enfermée
Et ce qui m'autorise à vous ouvrir un cœur
Un peu trop prompt peut-être à souffrir votre ardeur.
TARTUFE. Ce langage à comprendre est assez difficile,
Madame; et vous parliez tantôt d'un autre style.
ELMIRE. Ah! si d'un tel refus vous êtes en courroux,
Que le cœur d'une femme est mal connu de vous!
TARTUFE. C'est sans doute, madame, une douceur extrême
Que d'entendre ces mots d'une bouche qu'on aime;
Mais mon cœur vous demande ici la liberté
D'oser douter un peu de sa félicité.
Je puis croire ces mots un artifice honnête,
Pour m'obliger à rompre un hymen qui s'apprête.
ELMIRE. Ouvrez un peu la porte et voyez, je vous prie,
Si mon mari n'est point dans cette galerie.
TARTUFE. Qu'est-il besoin pour lui du soin que vous prenez?

C'est un homme, entre nous, à mener par le nez;
De tous nos entretiens il est pour faire gloire
Et je l'ai mis au point de voir tout sans rien croire.
ELMIRE. Il n'importe ! sortez, je vous prie, un moment
Et partout là, dehors, voyez exactement.

SCÈNE VI.

ORGON, ELMIRE.

ORGON, sortant de dessous la table.
Voilà, je vous l'avoue, un abominable homme !
Je n'en puis revenir et tout ceci m'assomme !

SCÈNE VII.

TARTUFE, revenant, aperçoit Orgon; ELMIRE, ORGON.

ELMIRE, à Tartufe. C'est contre mon humeur que j'ai fait tout ceci;
Mais on m'a mise au point de vous traiter ainsi.
TARTUFE, à Orgon.
    Quoi ! vous croyez?...
ORGON.   Allons, point de bruit, je vous prie,
Dénichons de céans et sans cérémonie.
TARTUFE. Mon dessein...
ORGON.   Ces discours ne sont plus de saison.
Il faut, tout sur-le-champ, sortir de la maison.
TARTUFE. C'est à vous d'en sortir, vous qui parlez en maître :
La maison m'appartient, je le ferai connaître
Et vous montrerai bien qu'en vain on a recours,
Pour me chercher querelle, à ces lâches détours;
Qu'on n'est pas où l'on pense en me faisant injure;
Que j'ai de quoi confondre et punir l'imposture.
Venger le ciel qu'on blesse et faire repentir
Ceux qui parlent ainsi de me faire sortir.

SCÈNE VIII.

ELMIRE, ORGON.

ELMIRE. Quel est donc ce langage et qu'est-ce qu'il veut dire ?
ORGON. Ma foi, je suis confus et n'ai pas lieu de rire.
ELMIRE. Comment?
ORGON. Je vois ma faute aux choses qu'il me dit;
Et la donation m'embarrasse l'esprit.
ELMIRE. La donation !
ORGON.   Oui. C'est une affaire faite.
ELMIRE. Et quoi ?

ORGON.   Vous saurez tout. Mais voyons au plus tôt
  Si certaine cassette est encore là-haut.

ACTE CINQUIÈME

SCÈNE I.

ORGON, CLÉANTE.

CLÉANTE. Où voulez-vous courir?
ORGON.   Là! que sais-je!
CLÉANTE.   Il me semble
  Que l'on doit commencer par consulter ensemble
  Les choses qu'on peut faire en cet événement.
ORGON. Cette cassette-là me trouble entièrement;
  Plus que le reste encore elle me désespère.
CLÉANTE. Cette cassette est donc un important mystère?
ORGON. C'est un dépôt qu'Argas, cet ami que je plains,
  Lui-même en grand secret m'a mis entre les mains.
  Pour cela, dans sa fuite, il me voulut élire;
  Et ce sont des papiers, à ce qu'il m'a pu dire,
  Où sa vie et ses biens se trouvent attachés.
CLÉANTE. Pourquoi donc les avoir en d'autres mains lâchés?
ORGON. Ce fut par un motif de cas de conscience.
  J'allai droit à mon traître en faire confidence;
  Et son raisonnement me vint persuader
  De lui donner plutôt la cassette à garder,
  Afin que pour nier, en cas de quelque enquête,
  J'eusse d'un faux-fuyant la faveur toute prête,
  Par où ma conscience eût pleine sûreté
  A faire des serments contre la vérité.
CLÉANTE. Vous voilà mal, au moins, si j'en crois l'apparence;
  Et la donation et cette confidence
  Sont, à vous en parler selon mon sentiment,
  Des démarches par vous faites légèrement.
  On peut vous mener loin avec de pareils gages;
  Et cet homme sur vous ayant ces avantages,
  Le pousser est encor grande imprudence à vous;
  Et vous deviez chercher quelque biais plus doux.
ORGON. Quoi! sur un beau semblant de ferveur si touchante,
  Cacher un cœur si double, une âme si méchante?

Et moi qui l'ai reçu gueusant et n'ayant rien...
C'en est fait, je renonce à tous les gens de bien;
J'en aurai désormais une horreur incroyable
Et m'en vais devenir pour eux pire qu'un diable.
CLÉANTE. Eh bien! ne voilà pas de vos emportements!
Vous ne gardez en rien les doux tempéraments.
Dans la droite raison jamais n'entre la vôtre
Et toujours d'un excès vous vous jetez dans l'autre.
Vous voyez votre erreur et vous avez connu
Que par un zèle feint vous étiez prévenu;
Mais, pour vous corriger, quelle raison demande
Que vous alliez passer dans une erreur plus grande
Et qu'avecque le cœur d'un perfide vaurien
Vous confondiez les cœurs de tous les gens de bien?
Quoi! parce qu'un fripon vous dupe avec audace
Sous le pompeux éclat d'une austère grimace,
Vous voulez que partout on soit fait comme lui
Et qu'aucun vrai dévot ne se trouve aujourd'hui?
Laissez aux libertins ces sottes conséquences :
Démêlez la vertu d'avec ses apparences,
Ne hasardez jamais votre estime trop tôt
Et soyez pour cela dans le milieu qu'il faut.
Gardez-vous, s'il se peut, d'honorer l'imposture;
Mais au vrai zèle aussi n'allez point faire injure;
Et s'il vous faut tomber dans une extrémité,
Péchez plutôt encor de cet autre côté.

SCÈNE II.

ORGON, CLÉANTE, DAMIS.

DAMIS. Quoi! mon père, est-il vrai qu'un coquin vous menace;
Qu'il n'est point de bienfait qu'en son âme il n'efface;
Et que son lâche orgueil, son trop digne courroux,
Se fait de vos bontés des armes contre vous?
ORGON. Oui, mon fils; et j'en sens des douleurs non pareilles.
DAMIS. Laissez-moi, je lui veux couper les deux oreilles.
Contre son insolence on ne doit point gauchir :
C'est à moi tout d'un coup de vous en affranchir;
Et pour sortir d'affaire il faut que je l'assomme.
CLÉANTE. Voilà tout justement parler en vrai jeune homme.
Modérez, s'il vous plaît, ces transports éclatants.
Nous vivons sous un règne et sommes dans un temps
Où par la violence on fait mal ses affaires.

SCÈNE III.

Mme PERNELLE, ORGON, ELMIRE, CLÉANTE, MARIANE, DAMIS, DORINE.

Mme PERNELLE. Qu'est-ce? j'apprends ici de terribles mystères!
ORGON. Ce sont des nouveautés dont mes yeux sont témoins,
Et vous voyez le prix dont sont payés mes soins.
Je recueille avec soin un homme en sa misère,
Je le loge et le tiens comme mon propre frère;
De bienfaits chaque jour il est par moi chargé;
Je lui donne ma fille et tout le bien que j'ai :
Et dans le même temps, le perfide, l'infâme
Tente le noir dessein de courtiser ma femme!
Et, non content encor de ses lâches essais,
Il m'ose menacer de mes propres bienfaits
Et veut, à ma ruine, user des avantages
Dont le viennent d'armer mes bontés trop peu sages,
Me chasser de mes biens où je l'ai transféré
Et me réduire au point d'où je l'ai retiré!
DORINE. Le pauvre homme!
Mme PERNELLE. Mon fils, je ne puis du tout croire
Qu'il ait voulu commettre une action si noire.
ORGON. Comment!
Mme PERNELLE. Les gens de bien sont enviés toujours.
ORGON. Que voulez-vous donc dire avec votre discours,
Ma mère?
Mme PERNELLE. Que chez vous on vit d'étrange sorte
Et qu'on ne sait que trop la haine qu'on lui porte.
ORGON. Qu'a cette haine à faire avec ce qu'on vous dit?
Mme PERNELLE. Je vous l'ai dit cent fois quand vous étiez petit :
La vertu dans le monde est toujours poursuivie;
Les envieux mourront, mais non jamais l'envie.
ORGON. Mais que fait ce discours aux choses d'aujourd'hui?
Mme PERNELLE. On vous aura forgé cent sots contes de lui.
ORGON. Je vous ai dit déjà que j'ai vu tout moi-même.
Mme PERNELLE. Des esprits médisants la malice est extrême.
ORGON. Vous me feriez damner, ma mère. Je vous dis
Que j'ai vu de mes yeux un crime si hardi.
Mme PERNELLE. Les langues ont toujours du venin à répandre;
Et rien n'est ici-bas qui s'en puisse défendre.
ORGON. C'est tenir un propos de sens bien dépourvu.
Je l'ai vu, dis-je, vu, de mes propres yeux vu,
Ce qu'on appelle vu. Faut-il vous le rebattre

Aux oreilles cent fois et crier comme quatre?
Mme PERNELLE. Mon Dieu! le plus souvent l'apparence déçoit:
Il ne faut pas toujours juger sur ce qu'on voit.
ORGON. J'enrage!
Mme PERNELLE. Aux faux soupçons la nature est sujette
Et c'est souvent à mal que le bien s'interprète.
ORGON. Je dois interpréter à charitable soin
Le désir d'embrasser ma femme!
Mme PERNELLE. Il est besoin,
Pour accuser les gens, d'avoir de justes causes;
Et vous deviez attendre à vous voir sûr des choses.
ORGON. Eh! diantre! le moyen de m'en assurer mieux?
Je devrais donc, ma mère, attendre qu'à mes yeux...
Allez, je ne sais pas, si vous n'étiez ma mère,
Ce que je vous dirais, tant je suis en colère.
DORINE, à Orgon. Juste retour, monsieur, des choses d'ici-bas:
Vous ne vouliez point croire et l'on ne vous croit pas.
CLÉANTE. Nous perdons des moments en bagatelles pures,
Qu'il faudrait employer à prendre des mesures.
Aux menaces du fourbe on ne doit dormir point.
DAMIS. Quoi! son effronterie irait jusqu'à ce point?
ELMIRE. Pour moi, je ne crois pas cette instance possible
Et son ingratitude est ici trop visible.
CLÉANTE, à Orgon. Ne vous y fiez pas, il aura des ressorts
Pour donner contre vous raison à ses efforts;
Et sur moins que cela, le poids d'une cabale
Embarrasse les gens dans un fâcheux dédale.
Je vous le dis encore, armé de ce qu'il a,
Vous ne deviez jamais le pousser jusque-là.
ORGON. Il est vrai; mais qu'y faire? A l'orgueil de ce traître,
De mes ressentiments je n'ai pas été maître.
CLÉANTE. Je voudrais de bon cœur qu'on pût, entre vous deux,
De quelque ombre de paix raccommoder les nœuds.
ELMIRE. Si j'avais su qu'en main il a de telles armes,
Je n'aurais pas donné matière à tant d'alarmes;
Et mes....
ORGON, à Dorine, voyant entrer M. Loyal.
Que veut cet homme? Allez tôt le savoir!
Je suis bien en état que l'on me vienne voir!

SCÈNE IV.

ORGON, Mme PERNELLE, ELMIRE, MARIANE, CLÉANTE, DAMIS, DORINE, M. LOYAL.

M. LOYAL, à Dorine dans le fond du théâtre.
Bonjour, ma chère sœur; faites, je vous supplie,
Que je parle à monsieur.
DORINE. Il est en compagnie;
Et je doute qu'il puisse à présent voir quelqu'un.
M. LOYAL. Je ne suis pas pour être en ces lieux importun.
Mon abord n'aura rien, je crois, qui lui déplaise,
Et je viens pour un fait dont il sera bien aise.
DORINE. Votre nom?
M. LOYAL. Dites-lui seulement que je vien
De la part de monsieur Tartufe, pour son bien.
DORINE, à Orgon. C'est un homme qui vient avec douce manière,
De la part de monsieur Tartufe, pour affaire.
Dont vous serez, dit-il, bien aise.
CLÉANTE, à Orgon. Il vous faut voir
Ce que c'est que cet homme, et ce qu'il peut vouloir.
ORGON, à Cléante. Pour nous raccommoder il vient ici, peut-être :
Quels sentiments aurai-je à lui faire paraître?
CLÉANTE. Votre ressentiment ne doit point éclater;
Et s'il parle d'accord, il le faut écouter.
M. LOYAL, à Orgon. Salut, monsieur! Le ciel perde qui vous veut nuire,
Et vous soit favorable autant que je désire!
ORGON, bas, à Cléante. Ce doux début s'accorde avec mon jugement,
Et présage déjà quelque accommodement.
M. LOYAL. Toute votre maison m'a toujours été chère,
Et j'étais serviteur de monsieur votre père.
ORGON. Monsieur, j'ai grande honte et demande pardon
D'être sans vous connaître ou savoir votre nom.
M. LOYAL. Je m'appelle Loyal, natif de Normandie,
Je suis huissier à verge, en dépit de l'envie.
J'ai depuis quarante ans, grâce au ciel, le bonheur
D'en exercer la charge avec beaucoup d'honneur;
Et je vous viens, monsieur, avec votre licence,
Signifier l'exploit de certaine ordonnance...
ORGON. Quoi! vous êtes ici...
M. LOYAL. Monsieur, sans passion.
Ce n'est rien seulement qu'une sommation,
Un ordre de vider d'ici, vous et les vôtres;

Mettre vos meubles hors, et faire place à d'autres,
Sans délai ni remise, ainsi que besoin est.
ORGON. Moi, sortir de céans!
M. LOYAL. Oui, monsieur, s'il vous plaît.
La maison à présent, comme savez du reste,
Au bon monsieur Tartufe appartient sans conteste.
De vos biens désormais il est maître et seigneur
En vertu d'un contrat duquel je suis porteur.
Il est en bonne forme, et l'on n'y peut rien dire.
DAMIS, à M. Loyal. Certes, cette impudence est grande, et je l'admire.
M. LOYAL, à Damis. Monsieur, je ne dois point avoir affaire à vous;
(Montrant Orgon.) C'est à monsieur; il est et raisonnable et doux,
Et d'un homme de bien il sait trop bien l'office
Pour se pouvoir du tout opposer à justice.
ORGON. Mais...
M. LOYAL. Oui, monsieur, je sais que pour un million
Vous ne voudriez pas faire rébellion,
Et que vous souffrirez, en honnête personne,
Que j'exécute ici les ordres qu'on me donne.
DAMIS. Vous pourriez bien ici sur votre noir jupon,
Monsieur l'huissier à verge, attirer le bâton.
M. LOYAL, à Orgon. Faites que votre fils se taise ou se retire,
Monsieur. J'aurais regret d'être obligé d'écrire
Et de vous voir couché dans mon procès-verbal.
DORINE, à part. Ce monsieur Loyal porte un air bien déloyal.
M. LOYAL. Pour tous les gens de bien j'ai de grandes tendresses;
Et ne me suis voulu, monsieur, charger des pièces,
Que pour vous obliger et vous faire plaisir;
Que pour ôter par là le moyen d'en choisir
Qui, n'ayant pas pour vous le zèle qui me pousse,
Auraient pu procéder d'une façon moins douce.
ORGON. Et que peut-on de pis que d'ordonner aux gens
De sortir de chez eux?
M. LOYAL. On vous donne du temps,
Et jusques à demain je ferai surséance
A l'exécution, monsieur, de l'ordonnance.
Je viendrai seulement passer ici la nuit
Avec dix de mes gens, sans scandale et sans bruit;
Pour la forme, il faudra, s'il vous plaît, qu'on m'apporte,
Avant que se coucher, les clefs de votre porte.
J'aurai soin de ne point troubler votre repos,
Et de ne rien souffrir qui ne soit à propos.
Mais demain, du matin, il vous faut être habile
A vider de céans jusqu'au moindre ustensile;

Mes gens vous aideront, et je les ai pris forts
Pour vous faire service à tout mettre dehors.
On n'en peut pas user mieux que je fais, je pense;
Et, comme je vous traite avec grande indulgence,
Je vous conjure aussi, monsieur, d'en user bien,
Et qu'au dû de ma charge on ne me trouble en rien.

ORGON, à part. Du meilleur de mon cœur je donnerais sur l'heure
Les cent plus beaux louis de ce qui me demeure,
Et pouvoir, à plaisir, sur ce mufle asséner
Le plus grand coup de poing qui se puisse donner.

CLÉANTE, bas, à Orgon.
Laissez, ne gâtons rien.

DAMIS.   A cette audace étrange
J'ai peine à me tenir, et la main me démange.

DORINE. Avec un si bon dos, ma foi, monsieur Loyal,
Quelques coups de bâton ne vous siéraient pas mal.

M. LOYAL. On pourrait bien punir ces paroles infâmes,
Ma mie; et l'on décrète aussi contre les femmes.

CLÉANTE, à M. Loyal.
Finissons tout cela, monsieur; c'en est assez.
Donnez tôt ce papier, de grâce, et nous laissez.

M. LOYAL. Jusqu'au revoir. Le ciel vous tienne tous en joie!

ORGON. Puisse-t-il te confondre et celui qui t'envoie!

SCÈNE V.

ORGON, Mme PERNELLE, ELMIRE, CLÉANTE, MARIANE, DAMIS, DORINE.

ORGON. Eh bien! vous le voyez, ma mère, si j'ai droit;
Et vous pouvez juger du reste par l'exploit.
Ses trahisons, enfin, vous sont-elles connues?

Mme PERNELLE. Je suis tout ébaubie et je tombe des nues.

DORINE, à Orgon.
Vous vous plaignez à tort, à tort vous le blâmez,
Et ses pieux desseins par là sont confirmés.
Dans l'amour du prochain sa vertu se consomme :
Il sait que très-souvent les biens corrompent l'homme,
Et par charité pure, il veut vous enlever
Tout ce qui vous peut faire obstacle à vous sauver.

ORGON. Taisez-vous : c'est le mot qu'il vous faut toujours dire.

CLÉANTE, à Orgon. Allons voir quel conseil on doit vous faire élire.

ELMIRE. Allez faire éclater l'audace de l'ingrat.
Ce procédé détruit la vertu du contrat;
Et sa déloyauté va paraître trop noire
Pour souffrir qu'il en ait le succès qu'on veut croire.

SCÈNE VI.

VALÈRE, ORGON, Mme PERNELLE, ELMIRE, CLÉANTE, MARIANE, DAMIS, DORINE.

VALÈRE. Avec regret, monsieur, je viens vous affliger;
Mais je m'y vois contraint par le pressant danger.
Un ami, qui m'est joint d'une amitié fort tendre
Et qui sait l'intérêt qu'en vous j'ai lieu de prendre,
A violé pour moi, par un pas délicat,
Le secret que l'on doit aux affaires d'État,
Et me vient d'envoyer un avis dont la suite
Vous réduit au parti d'une soudaine fuite.
Le fourbe qui longtemps a pu vous imposer,
Depuis une heure, au prince a su vous accuser
Et remettre en ses mains, dans les traits qu'il vous jette,
D'un criminel d'État l'importante cassette,
Dont, au mépris, dit-il, du devoir d'un sujet,
Vous avez conservé le coupable secret.
J'ignore le détail du crime qu'on vous donne;
Mais un ordre est donné contre votre personne;
Et lui-même est chargé, pour mieux l'exécuter,
D'accompagner celui qui doit vous arrêter.
CLÉANTE. Voilà ses droits armés; et c'est par où le traître
De vos biens qu'il prétend, cherche à se rendre maître.
ORGON. L'homme est, je vous l'avoue, un méchant animal!
VALÈRE. Le moindre amusement vous peut être fatal.
J'ai, pour vous emmener, mon carrosse à la porte,
Avec mille louis qu'ici je vous apporte.
Ne perdons point de temps, le trait est foudroyant;
Et ce sont de ces coups que l'on pare en fuyant.
A vous mettre en lieu sûr je m'offre pour conduite,
Et veux accompagner jusqu'au bout votre fuite.
ORGON. Las! que ne dois-je point à vos soins obligeants?
Pour vous en rendre grâce il faut un autre temps;
Et je demande au ciel de m'être assez propice
Pour reconnaître un jour ce généreux service.
Adieu!... Prenez le soin, vous autres...
CLÉANTE. Allez tôt;
Nous songerons, mon frère, à faire ce qu'il faut.

SCÈNE VII.

TARTUFE, UN EXEMPT, Mme PERNELLE, ORGON, ELMIRE, CLÉANTE,
MARIANE, VALÈRE, DAMIS, DORINE.

TARTUFE, arrêtant Orgon.
Tout beau, monsieur, tout beau, ne courez point si vite :
Vous n'irez pas fort loin pour trouver votre gîte ;
Et de la part du prince on vous fait prisonnier.
ORGON. Traître, tu me gardais ce trait pour le dernier ;
C'est le coup, scélérat, par où tu m'expédies,
Et voilà couronner toutes tes perfidies.
TARTUFE. Vos injures n'ont rien à me pouvoir aigrir
Et je suis, pour le ciel, appris à tout souffrir.
CLÉANTE. La modération est grande, je l'avoue.
DAMIS. Comme du ciel l'infâme inpudemment se joue !
TARTUFE. Tous vos emportements ne sauraient m'émouvoir ;
Et je ne songe à rien qu'à faire son devoir.
MARIANE. Vous avez de ceci grande gloire à prétendre ;
Et cet emploi pour vous est fort honnête à prendre.
TARTUFE. Un emploi ne saurait être que glorieux
Quand il part du pouvoir qui m'envoie en ces lieux.
ORGON. Mais t'es-tu souvenu que ma main charitable,
Ingrat, t'a retiré d'un état misérable ?
TARTUFE. Oui, je sais quels secours j'en ai pu recevoir ;
Mais l'intérêt du prince est mon premier devoir.
De ce devoir sacré la juste violence
Étouffe dans mon cœur toute reconnaissance,
Et je sacrifirais à de si puissants nœuds
Ami, femme, parents, et moi-même avec eux.
ELMIRE. L'imposteur !
DORINE.   Comme il sait, de traîtresse manière,
Se faire un beau manteau de tout ce qu'on révère !
CLÉANTE. Mais s'il est si parfait que vous le déclarez,
Ce zèle qui vous pousse et dont vous vous parez,
D'où vient que pour paraître il s'avise d'attendre
Qu'à poursuivre sa femme il ait su vous surprendre,
Et que vous ne songez à l'aller dénoncer
Que lorsque son honneur l'oblige à vous chasser ?
Je ne vous parle point, pour devoir en distraire,
Du don de tout son bien qu'il venait de vous faire ;
Mais, le voulant traiter en coupable aujourd'hui,
Pourquoi consentiez-vous à rien prendre de lui ?

Pourquoi donc la prison?

LE TARTUFE.   Acte V, Scène VII.

ACTE V, SCÈNE VII.

TARTUFE, à l'exempt.
 Délivrez-moi, monsieur, de la criaillerie ;
 Et daignez accomplir votre ordre, je vous prie.
L'EXEMPT. Oui, c'est trop demeurer, sans doute, à l'accomplir.
 Votre bouche à propos m'invite à le remplir ;
 Et, pour l'exécuter, suivez-moi tout à l'heure
 Dans la prison qu'on doit vous donner pour demeure.
TARTUFE. Qui ? moi, monsieur ?
L'EXEMPT.   Oui, vous.   [son.
TARTUFE.   Pourquoi donc la pri-
L'EXEMPT. Ce n'est pas à vous que j'en veux rendre raison.
(A Orgon.) Remettez-vous, monsieur, d'une alarme si chaude,
 Nous vivons sous un prince ennemi de la fraude ;
 Un prince dont les yeux se font jour dans les cœurs,
 Et que ne peut tromper tout l'art des imposteurs.
 D'un fin discernement sa grande âme pourvue
 Sur les choses toujours jette une droite vue ;
 Chez elle jamais rien ne surprend trop d'accès,
 Et sa ferme raison ne tombe en nul excès.
 Il donne aux gens de bien une gloire immortelle ;
 Mais sans aveuglement il fait briller ce zèle,
 Et l'amour pour les vrais ne ferme point son cœur
 A tout ce que les faux doivent donner d'horreur :
 Celui-ci n'était pas pour le pouvoir surprendre,
 Et de piéges plus fins on le voit se défendre.
 D'abord il a percé, par ses vives clartés,
 Des replis de son cœur toutes les lâchetés.
 Venant vous accuser, il s'est trahi lui-même ;
 Et, par un juste trait de l'équité suprême,
 S'est découvert au prince un fourbe renommé,
 Dont sous un autre nom il était informé ;
 Et c'est un long détail d'actions toutes noires
 Dont on pourrait former des volumes d'histoires.
 Ce monarque, en un mot, a vers vous détesté
 Sa lâche ingratitude et sa déloyauté.
 A ses autres horreurs il a joint cette suite,
 Et ne m'a jusqu'ici soumis à sa conduite
 Que pour voir l'impudence aller jusques au bout
 Et vous faire par lui faire raison de tout.
 Oui, de tous vos papiers dont il se dit le maître,
 Il veut qu'entre vos mains je dépouille le traître.
 D'un souverain pouvoir il brise les liens
 Du contrat qui lui fait un don de tous vos biens,
 Et vous pardonne enfin cette offense secrète

Où vous a d'un ami fait tomber la retraite;
Et c'est le prix qu'il donne au zèle qu'autrefois
On vous vit témoigner en appuyant ses droits,
Pour montrer que son cœur sait, quand moins on y pense,
D'une bonne action verser la récompense;
Que jamais le mérite avec lui ne perd rien
Et que, mieux que du mal, il se souvient du bien.

DORINE. Que le ciel soit loué!
Mme PERNELLE.   Maintenant je respire.
ELMIRE. Favorables succès!
MARIANE.   Qui l'aurait osé dire?
ORGON, à Tartufe que l'exempt emmène.
Eh bien! te voilà, traître!...

SCÈNE VIII.

Mme PERNELLE, ORGON, ELMIRE, MARIANE, CLÉANTE, VALÈRE, DAMIS, DORINE.

CLÉANTE.   Ah! mon frère, arrêtez
Et ne descendez point à des indignités.
A son mauvais destin laissez un misérable
Et ne vous joignez point au remords qui l'accable.
Souhaitez bien plutôt que son cœur, en ce jour,
Au sein de la vertu fasse un heureux retour;
Qu'il corrige sa vie en détestant son vice
Et puisse du grand prince adoucir la justice;
Tandis qu'à sa bonté vous irez, à genoux,
Rendre ce que demande un traitement si doux.
ORGON. Oui, c'est bien dit; allons à ses pieds avec joie
Nous louer des bontés que son cœur nous déploie;
Puis, acquittés un peu de ce premier devoir,
Aux justes soins d'un autre il nous faudra pourvoir
Et par un juste hymen couronner en Valère
Les désirs d'un ami généreux et sincère.

L'AVARE.

L'AVARE

COMÉDIE EN CINQ ACTES (1668).

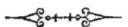

PERSONNAGES

HARPAGON.
ANSELME.
CLÉANTE, fils d'Harpagon..
ÉLISE, fille d'Harpagon.
MARIANE, fille d'Anselme.
VALÈRE, fils d'Anselme.
FROSINE. femme d'intrigue.
MAITRE SIMON, courtier.
MAITRE JACQUES, cuisinier et cocher d'Harpagon.
LA FLÈCHE, valet de Cléante.
BRINDAVOINE, laquais d'Harpagon.
DAME CLAUDE, servante d'Harpagon.
LA MERLUCHE, autre laquais d'Harpagon.
UN COMMISSAIRE.

La scène est à Paris, dans la maison d'Harpagon.

ACTE PREMIER

SCÈNE I.

CLÉANTE, ÉLISE.

CLÉANTE. Je suis bien aise de vous trouver seule, ma sœur; et je brûlais de vous parler, pour m'ouvrir à vous d'un secret.

ÉLISE. Me voilà prête à vous ouïr, mon frère. Qu'avez-vous à me dire?

CLÉANTE. Bien des choses, ma sœur, exprimées dans un mot. Je veux me marier.

ÉLISE. Vous voulez vous marier?

CLÉANTE. Oui; mais, avant que d'aller plus loin, je sais que je dépends d'un père et que le nom de fils me soumet à ses volontés; que nous ne devons point engager notre foi sans le consentement de ceux dont nous tenons le jour; que le ciel les a faits les maîtres de nos vœux et qu'il nous est enjoint de n'en disposer que par leur conduite; que, n'étant prévenus d'aucune folle ardeur, ils sont en état de se tromper bien moins que nous et de voir beaucoup mieux ce qui nous est propre; qu'il en faut plutôt croire les lumières de leur prudence que notre précipitation, et que l'emportement de la jeunesse nous entraîne le plus souvent dans des précipices fâcheux. Je vous dis tout cela, ma sœur, afin que vous ne vous donniez pas la peine de me le dire.

ÉLISE. Vous êtes-vous engagé, mon frère, avec celle que vous aimez?

CLÉANTE. Non; mais j'y suis résolu; et je vous conjure, encore une fois, de ne me point apporter de raison pour m'en dissuader.

ÉLISE. Suis-je, mon frère, une si étrange personne?

CLÉANTE. Non, ma sœur; mais j'appréhende votre sagesse.

ÉLISE. Hélas! mon frère, ne parlons point de ma sagesse. Il n'est personne qui n'en manque, du moins une fois en sa vie; et, si je vous ouvre mon cœur, peut-être serai-je à vos yeux bien moins sage que vous.

CLÉANTE. Ah! plût au ciel que votre âme, comme la mienne...

ÉLISE. Finissons auparavant votre affaire, et me dites qui est celle que vous aimez.

CLÉANTE. Une jeune personne qui loge depuis peu en ces quartiers. Elle se nomme Mariane, et vit sous la conduite d'une bonne femme de mère, qui est presque toujours malade et pour qui cette aimable fille a des sentiments d'amitié qui ne sont pas imaginables. Elle la sert, la plaint et la console avec une tendresse qui vous toucherait l'âme. Elle se prend d'un air le plus charmant du monde aux choses qu'elle fait; et l'on voit briller mille grâces en toutes ses actions, une douceur pleine d'attraits, une bonté tout engageante, une honnêteté adorable, une... Ah! ma sœur, je voudrais que vous l'eussiez vue!

ÉLISE. J'en vois beaucoup, mon frère, dans les choses que vous me dites; et, pour comprendre ce qu'elle est, il me suffit que vous l'aimiez.

CLÉANTE. J'ai découvert, sous main, qu'elles ne sont pas fort accommodées, et que leur discrète conduite a de la peine à étendre à tous leurs besoins le bien qu'elles peuvent avoir. Figurez-vous, ma sœur, quelle joie ce peut être que de relever la fortune d'une personne que l'on aime, que de donner adroitement quelques petits secours aux modestes nécessités d'une vertueuse famille; et concevez quel déplaisir ce m'est de voir que, par l'avarice d'un père, je sois dans l'impuissance de goûter cette joie.

ÉLISE. Oui, je conçois assez, mon frère, quel doit être votre chagrin.

CLÉANTE. Ah! ma sœur, il est plus grand qu'on ne peut croire. Car, enfin, peut-on rien voir de plus cruel que cette rigoureuse épargne qu'on exerce sur nous, que cette sécheresse étrange où l'on nous fait languir? Eh! que nous servira d'avoir du bien, s'il ne nous vient que dans le temps que nous ne serons plus dans le bel âge d'en jouir; et si, pour m'entretenir même, il faut que maintenant je m'engage de tous côtés; si je suis réduit avec vous à chercher tous les jours le secours des marchands pour avoir moyen de porter des habits raisonnables! Enfin j'ai voulu vous parler pour m'aider à sonder mon père sur les sentiments où je suis; et, si je l'y trouve contraire, j'ai résolu d'aller en d'autres lieux jouir de la fortune que le ciel voudra m'offrir. Je fais chercher partout, pour ce dessein, de l'argent à emprunter.

ÉLISE. Il est bien vrai que tous les jours il nous donne de plus en plus sujet de regretter la mort de notre mère, et que...

CLÉANTE. J'entends sa voix. Éloignons-nous un peu pour achever notre confidence.

SCÈNE II.

HARPAGON, LA FLÈCHE.

HARPAGON. Hors d'ici tout à l'heure, et qu'on ne réplique pas. Allons, que l'on détale de chez moi, maître juré filou, vrai gibier de potence!

LA FLÈCHE, à part. Je n'ai jamais rien vu de si méchant que ce maudit vieillard; et je pense, sauf correction, qu'il a le diable au corps.

HARPAGON. Tu murmures entre tes dents?

LA FLÈCHE. Pourquoi me chassez-vous?

HARPAGON. C'est bien à toi, pendard, à me demander des raisons! Sors vite, que je ne t'assomme.

LA FLÈCHE. Qu'est-ce que je vous ai fait?

HARPAGON. Tu m'as fait, que je veux que tu sortes.

LA FLÈCHE. Mon maître, votre fils, m'a donné ordre de l'attendre.

HARPAGON. Va-t'en l'attendre dans la rue, et ne sois point dans ma maison, planté tout droit comme un piquet, à observer ce qui passe et faire ton profit de tout. Je ne veux point voir sans cesse devant moi un espion de mes affaires, un traître dont les yeux maudits assiègent toutes mes actions, dévorent ce que je possède et furettent de tous côtés pour voir s'il n'y a rien à voler.

LA FLÈCHE. Comment diantre voulez-vous qu'on fasse pour vous voler? Êtes-vous un homme volable, quand vous renfermez toutes choses et faites sentinelle jour et nuit?

HARPAGON. Je veux renfermer ce que bon me semble, et faire sentinelle comme il me plaît. Ne voilà-t-il pas des mouchards qui prennent garde à ce qu'on fait! (Bas, à part.) Je tremble qu'il n'ait soupçonné quelque chose de mon argent. (Haut.) Ne serais-tu point un homme à faire courir le bruit que j'ai chez moi de l'argent caché?

LA FLÈCHE. Vous avez de l'argent caché?

HARPAGON. Non, coquin, je ne dis pas cela. (Bas.) J'enrage! (Haut.) Je demande si, malheureusement, tu n'irais point faire courir le bruit que j'en ai.

LA FLÈCHE. Eh! que nous importe que vous en ayez ou que vous n'en ayez pas, si c'est pour nous la même chose?

HARPAGON, levant la main pour donner un soufflet à La Flèche. Tu fais le raisonneur! je te baillerai de ce raisonnement-ci par les oreilles. Sors d'ici, encore une fois!

LA FLÈCHE. Eh bien, je sors.

HARPAGON. Attends. Ne m'emportes-tu rien?

LA FLÈCHE. Que vous emporterais-je?

HARPAGON. Viens çà, que je voie. Montre-moi tes mains.

LA FLÈCHE. Les voilà.

HARPAGON. Les autres.

LA FLÈCHE. Les autres?

HARPAGON. Oui.

LA FLÈCHE. Les voilà.

HARPAGON, montrant le haut-de-chausses de La Flèche. N'as-tu rien mis ici dedans?

LA FLÈCHE. Voyez vous-même.

HARPAGON, tâtant le bas des hauts-de-chausses de La Flèche. Ces grands hauts-de-chausses sont propres à devenir les receleurs des choses qu'on dérobe, et je voudrais qu'on en eût fait pendre quelqu'un.

LA FLÈCHE, à part. Ah! qu'un homme comme cela mériterait bien ce qu'il craint et que j'aurais de joie à le voler!

HARPAGON. Eh?

LA FLÈCHE. Quoi?

HARPAGON. Qu'est-ce que tu parles de voler?

LA FLÈCHE. Je dis que vous fouillez bien partout pour voir si je vous ai volé.

HARPAGON. C'est ce que je veux faire. (Harpagon fouille dans les poches de La Flèche.)

LA FLÈCHE, à part. La peste soit de l'avarice et des avaricieux!

HARPAGON. Comment? que dis-tu?

LA FLÈCHE. Ce que je dis?

HARPAGON. Oui. Qu'est-ce que tu dis d'avarice et d'avaricieux?

LA FLÈCHE. Je dis que la peste soit de l'avarice et des avaricieux.

HARPAGON. De qui veux-tu parler?

LA FLÈCHE. Des avaricieux.
HARPAGON. Et qui sont-ils, ces avaricieux?
LA FLÈCHE. Des vilains et des ladres.
HARPAGON. Mais qui est-ce que tu entends par là?
LA FLÈCHE. De quoi vous mettez-vous en peine?
HARPAGON. Je me mets en peine de ce qu'il faut.
LA FLÈCHE. Est-ce que vous croyez que je veux parler de vous?
HARPAGON. Je crois ce que je crois; mais je veux que tu me dises à qui tu parles quand tu dis cela.
LA FLÈCHE. Je parle... je parle à mon bonnet.
HARPAGON. Et moi, je pourrais bien parler à ta barrette.
LA FLÈCHE. M'empêcherez-vous de maudire les avaricieux?
HARPAGON. Non; mais je t'empêcherai de jaser et d'être insolent. Tais-toi.
LA FLÈCHE. Je ne nomme personne.
HARPAGON. Je te rosserai, si tu parles.
LA FLÈCHE. Qui se sent morveux, qu'il se mouche.
HARPAGON. Te tairas-tu?
LA FLÈCHE. Oui, malgré moi.
HARPAGON. Ah! ah!
LA FLÈCHE, montrant à Harpagon une poche de son justaucorps. Tenez, voilà encore une poche. Êtes-vous satisfait?
HARPAGON. Allons, rends-le-moi sans te fouiller.
LA FLÈCHE. Quoi?
HARPAGON. Ce que tu m'as pris.
LA FLÈCHE. Je ne vous ai rien pris du tout.
HARPAGON. Assurément?
LA FLÈCHE. Assurément.
HARPAGON. Adieu. Va-t'en à tous les diables!
LA FLÈCHE, à part. Me voilà fort bien congédié!
HARPAGON. Je te le mets sur ta conscience, au moins.

SCÈNE III.

HARPAGON.

Voilà un pendard de valet qui m'incommode fort; et je ne me plais point à voir ce chien de boîteux-là. Certes, ce n'est pas une petite peine que de garder chez soi une grande somme d'argent; et bien heureux qui a tout son fait bien placé et ne conserve seulement que ce qu'il faut pour sa dépense. On n'est pas peu embarrassé à inventer dans toute une maison une cache fidèle; car, pour moi, les coffres-forts me sont suspects et je ne veux jamais m'y fier; je les tiens justement une franche amorce à voleurs et c'est toujours la première chose que l'on va attaquer.

SCÈNE IV.

HARPAGON, ÉLISE ET CLÉANTE, parlant ensemble, et restant dans le fond du théâtre.

HARPAGON, se croyant seul. Cependant je ne sais si j'aurai bien fait d'avoir enterré dans mon jardin dix mille écus qu'on me rendit hier. Dix mille écus en or, chez moi, est une somme assez... (A part, apercevant Élise et Cléante.) O ciel ! je me serai trahi moi-même ; la chaleur m'aura emporté ; et je crois que j'ai parlé haut en raisonnant tout seul. (A Cléante et à Élise.) Qu'est-ce ?

CLÉANTE. Rien, mon père.

HARPAGON. Y a-t-il longtemps que vous êtes là ?

ÉLISE. Nous venons d'arriver.

HARPAGON. Vous avez entendu...

CLÉANTE. Quoi, mon père ?

HARPAGON. Là...

ÉLISE. Quoi ?

HARPAGON. Ce que je viens de dire.

CLÉANTE. Non.

HARPAGON. Si fait, si fait.

ÉLISE. Pardonnez-moi.

HARPAGON. Je vois bien que vous en avez ouï quelques mots. C'est que je m'entretenais en moi-même de la peine qu'il y a aujourd'hui à trouver de l'argent, et je disais qu'il est bien heureux qui peut avoir dix mille écus chez soi.

CLÉANTE. Nous feignions à vous aborder, de peur de vous interrompre.

HARPAGON. Je suis bien aise de vous dire cela, afin que vous n'alliez pas prendre les choses de travers, et vous imaginer que je dise que c'est moi qui ai dix mille écus.

CLÉANTE. Nous n'entrons point dans vos affaires...

HARPAGON. Plût à Dieu que je les eusse, les dix mille écus ?

CLÉANTE. Je ne crois pas...

HARPAGON. Ce serait une bonne affaire pour moi.

ÉLISE. Ce sont des choses...

HARPAGON. J'en aurais bon besoin.

CLÉANTE. Je pense que...

HARPAGON. Cela m'accommoderait fort.

ÉLISE. Vous êtes...

HARPAGON. Et je ne me plaindrais pas, comme je fais, que le temps est misérable.

CLÉANTE. Mon Dieu, mon père, vous n'avez pas lieu de vous plaindre, et l'on sait que vous avez assez de bien.

HARPAGON. Comment! j'ai assez de bien! Ceux qui le disent en ont menti. Il n'y a rien de plus faux ; et ce sont des coquins qui font courir tous ces bruits-là.

ÉLISE. Ne vous mettez point en colère.

HARPAGON. Cela est étrange, que mes propres enfants me trahissent et deviennent mes ennemis?

CLÉANTE. Est-ce être votre ennemi que de dire que vous avez du bien?

HARPAGON. Oui : de pareils discours et les dépenses que vous faites seront cause qu'un de ces jours on me viendra chez moi couper la gorge, dans la pensée que je suis tout cousu de pistoles.

CLÉANTE. Quelle grande dépense est-ce que je fais?

HARPAGON. Quelle? Est-il rien de plus scandaleux que ce somptueux équipage que vous promenez par la ville? Je querellais hier votre sœur ; mais c'est encore pis. Voilà qui crie vengeance au ciel ; et, à vous prendre depuis les pieds jusqu'à la tête, il y aurait là de quoi faire une bonne constitution. Je vous l'ai dit vingt fois, mon fils, toutes vos manières me déplaisent fort ; vous donnez furieusement dans le marquis ; et, pour aller ainsi vêtu, il faut bien que vous me dérobiez.

CLÉANTE. Eh! comment vous dérober?

HARPAGON. Que sais-je, moi? Où pouvez-vous donc prendre de quoi entretenir l'état que vous portez?

CLÉANTE. Moi, mon père, c'est que je joue, et comme je suis fort heureux, je mets sur moi tout l'argent que je gagne.

HARPAGON. C'est fort mal fait. Si vous êtes heureux au jeu, vous en devriez profiter, et mettre à honnête intérêt l'argent que vous gagnez, afin de le trouver un jour. Je voudrais bien savoir, sans parler du reste, à quoi servent tous ces rubans dont vous voilà lardé depuis les pieds jusqu'à la tête, et si une demi-douzaine d'aiguillettes ne suffit pas pour attacher un haut-de-chausses. Il est bien nécessaire d'employer de l'argent à des perruques, lorsque l'on peut porter des cheveux de son crû, qui ne coûtent rien! Je vais gager qu'en perruques et rubans, il y a au moins vingt pistoles ; et vingt pistoles rapportent par année dix-huit livres six sous huit deniers, à ne les placer qu'au denier douze.

CLÉANTE. Vous avez raison.

HARPAGON. Laissons cela et parlons d'autres affaires. (Apercevant Cléante et Élise qui se font des signes.) Eh! (Bas à part.) Je crois qu'ils se font signe l'un à l'autre de me voler ma bourse. (Haut.) Que veulent dire ces gestes-là?

ÉLISE. Nous marchandions, mon frère et moi, à qui parlera le premier; et nous avons tous deux quelque chose à vous dire.

HARPAGON. Et moi, j'ai quelque chose aussi à vous dire à tous deux.

CLÉANTE. C'est de mariage, mon père, que nous désirons vous parler.

HARPAGON. Et c'est de mariage aussi que je veux vous entretenir.

ÉLISE. Ah! mon père!

HARPAGON. Pourquoi ce cri? Est-ce le mot, ma fille, ou la chose qui vous fait peur?

CLÉANTE. Le mariage peut nous faire peur à tous deux, de la façon que vous pouvez l'entendre; et nous craignons que nos sentiments ne soient pas d'accord avec votre choix.

HARPAGON. Un peu de patience. Ne vous alarmez point. Je sais ce qu'il vous faut à tous deux, et vous n'aurez ni l'un ni l'autre aucun lieu de vous plaindre de tout ce que je prétends faire : et pour commencer par un bout... (A Cléante.) Avez-vous vu, dites-moi, une jeune personne appelée Mariane, qui ne loge pas loin d'ici?

CLÉANTE. Oui, mon père.

HARPAGON. Et vous?

ÉLISE. J'en ai ouï parler.

HARPAGON. Comment, mon fils, trouvez-vous cette fille?

CLÉANTE. Une fort charmante personne.

HARPAGON. Sa physionomie?

CLÉANTE. Toute honnête et pleine d'esprit.

HARPAGON. Son air et sa manière?

CLÉANTE. Admirables, sans doute.

HARPAGON. Ne croyez-vous pas qu'une fille comme cela mériterait assez que l'on songeât à elle?

CLÉANTE. Oui, mon père.

HARPAGON. Que ce serait un parti souhaitable?

CLÉANTE. Très-souhaitable.

HARPAGON. Qu'elle a toute la mine de faire un bon ménage?

CLÉANTE. Sans doute.

HARPAGON. Et qu'un mari aurait satisfaction avec elle?

CLÉANTE. Assurément.

HARPAGON. Il y a une petite difficulté; c'est que j'ai peur qu'il n'y ait avec elle tout le bien qu'on pourrait prétendre..

CLÉANTE. Ah! mon père, le bien n'est pas considérable, lorsqu'il est question d'épouser une honnête personne.

HARPAGON. Pardonnez-moi, pardonnez-moi. Mais ce qu'il y a à dire, c'est que, si l'on n'y trouve pas tout le bien qu'on souhaite, on peut tâcher de regagner cela sur autre chose.

CLÉANTE. Cela s'entend.

HARPAGON. Enfin, je suis bien aise de vous voir dans mes sentiments, car son maintien honnête et sa douceur m'ont gagné l'âme : et je suis résolu de l'épouser, pourvu que j'y trouve quelque bien.

CLÉANTE. Eh !

HARPAGON. Comment?

CLÉANTE. Vous êtes résolu, dites-vous...

HARPAGON. D'épouser Mariane.

CLÉANTE. Qui? vous, vous?

HARPAGON. Oui, moi, moi, moi. Que veut dire cela?

CLÉANTE. Il m'a pris tout à coup un éblouissement, et je me retire d'ici.

HARPAGON. Cela ne sera rien. Allez vite boire dans la cuisine un grand verre d'eau claire.

SCÈNE V.

HARPAGON, ÉLISE.

HARPAGON. Voilà de mes damoiseaux fluets qui n'ont pas plus de vigueur que des poules. C'est là, ma fille, ce que j'ai résolu pour moi. Quant à ton frère, je lui destine une certaine veuve dont ce matin on m'est venu parler; et, pour toi, je te donne au seigneur Anselme.

ÉLISE. Au seigneur Anselme?

HARPAGON. Oui, un homme mûr, prudent et sage, qui n'a pas plus de cinquante ans, et dont on vante les grands biens.

ÉLISE, faisant la révérence. Je ne veux point me marier, mon père, s'il vous plaît.

HARPAGON, contrefaisant Élise. Et moi, ma petite fille, ma mie, je veux que vous vous mariiez, s'il vous plaît.

ÉLISE, faisant encore la révérence. Je vous demande pardon, mon père.

HARPAGON, contrefaisant Élise. Je vous demande pardon, ma fille.

ÉLISE. Je suis très-humble servante au seigneur Anselme; mais (faisant encore la révérence), avec votre permission, je ne l'épouserai point.

HARPAGON. Je suis votre très-humble valet; mais (contrefaisant encore Élise), avec votre permission, vous l'épouserez dès ce soir.

ÉLISE. Dès ce soir?

HARPAGON. Dès ce soir.

ÉLISE, faisant encore la révérence. Ce ne sera pas, mon père.

HARPAGON, contrefaisant encore Élise. Cela sera, ma fille.

15

ÉLISE. Non.

HARPAGON. Si.

ÉLISE. Non, vous dis-je.

HARPAGON. Si, vous dis-je.

ÉLISE. C'est une chose où vous ne me réduirez point.

HARPAGON. C'est une chose où je te réduirai.

ÉLISE. Je me tuerai plutôt que d'épouser un tel mari!

HARPAGON. Tu ne te tueras point et tu l'épouseras. Mais voyez quelle audace! A-t-on jamais vu une fille parler de la sorte à son père?

ÉLISE. Mais a-t-on jamais vu un père marier sa fille de la sorte?

HARPAGON. C'est un parti où il n'y a rien à redire; et je gage que tout le monde approuvera mon choix.

ÉLISE. Et moi, je gage qu'il ne saurait être approuvé d'aucune personne raisonnable.

HARPAGON, apercevant Valère de loin. Voilà Valère. Veux-tu qu'entre nous deux nous le fassions juge de cette affaire?

ÉLISE. J'y consens.

HARPAGON. Te rendras-tu à son jugement?

ÉLISE. Oui, j'en passerai par ce qu'il dira.

HARPAGON. Voilà qui est fait.

SCÈNE VI.

VALÈRE, HARPAGON, ÉLISE.

HARPAGON. Ici, Valère!... Nous t'avons élu pour nous dire qui a raison de moi ou de ma fille.

VALÈRE. C'est vous, monsieur, sans contredit.

HARPAGON. Sais-tu bien de quoi nous parlons?

VALÈRE. Non; mais vous ne sauriez avoir tort, et vous êtes toute raison.

HARPAGON. Je veux ce soir lui donner pour époux un homme aussi riche que sage; et la coquine me dit au nez qu'elle se moque de le prendre. Que dis-tu de cela?

VALÈRE. Ce que j'en dis?

HARPAGON. Oui.

VALÈRE. Eh! eh!

HARPAGON. Quoi?

VALÈRE. Je dis que, dans le fond, je suis de votre sentiment, et vous ne pouvez pas que vous n'ayez raison; mais aussi n'a-t-elle pas tort tout à fait, et...

HARPAGON. Comment! le seigneur Anselme est un parti considérable; c'est un gentilhomme qui est noble, doux, posé, sage et fort accommodé, et auquel il ne reste aucun enfant de son premier mariage. Saurait-elle mieux rencontrer?

VALÈRE. Cela est vrai; mais elle pourrait vous dire que c'est un peu précipiter les choses, et qu'il faudrait au moins quelque temps pour voir si son inclination pourrait s'accorder avec...

HARPAGON. C'est une occasion qu'il faut prendre vite aux cheveux. Je trouve ici un avantage qu'ailleurs je ne trouverais pas : il s'engage à la prendre sans dot.

VALÈRE. Sans dot?

HARPAGON. Oui.

VALÈRE. Ah! je ne dis plus rien. Voyez-vous, voilà une raison tout à fait convaincante; il se faut rendre à cela.

HARPAGON. C'est pour moi une épargne considérable.

VALÈRE. Assurément, cela ne reçoit pas de contradiction. Il est vrai que votre fille peut vous représenter que le mariage est une plus grande affaire qu'on ne peut croire; qu'il y va d'être heureux ou malheureux toute sa vie; et qu'un engagement qui doit durer jusqu'à la mort ne se doit jamais faire qu'avec de grandes précautions.

HARPAGON. Sans dot!

VALÈRE. Vous avez raison. Voilà qui décide tout, cela s'entend. Il y a des gens qui pourraient vous dire qu'en de telles occasions l'inclination d'une fille est une chose sans doute où l'on doit avoir de l'égard, et que cette grande inégalité d'âge, d'humeur et de sentiments rend un mariage sujet à des accidents très-fâcheux.

HARPAGON. Sans dot!

VALÈRE. Ah! il n'y a pas de réplique à cela, on le sait bien. Qui diantre peut aller là contre? Ce n'est pas qu'il n'y ait quantité de pères qui aimeraient mieux ménager la satisfaction de leurs filles que l'argent qu'ils pourraient donner; qu'ils ne les voudraient point sacrifier à l'intérêt, et chercheraient, plus que toute autre chose, à mettre dans un mariage cette douce conformité qui sans cesse y maintient l'honneur, la tranquillité et la joie, et que...

HARPAGON. Sans dot!

VALÈRE. Il est vrai, cela ferme la bouche à tout : « Sans dot! » Le moyen de résister à une raison comme celle-là!

HARPAGON, à part, regardant du côté du jardin. Ouais! il me semble que j'entends un chien qui aboie! N'est-ce point qu'on en voudrait à mon argent? (A Valère.) Ne bougez pas, je reviens tout à l'heure.

SCÈNE VII.

ÉLISE, VALÈRE.

VALÈRE. Vous moquez-vous, Valère, de lui parler comme vous faites?

VALÈRE. C'est pour ne point l'aigrir et pour en venir mieux à bout. Heurter de front ses sentiments est le moyen de tout gâter; et il y a de certains esprits qu'il ne faut prendre qu'en biaisant, des tempéraments ennemis de toute résistance, des naturels rétifs que la vérité fait cabrer, qui toujours se roidissent contre le droit chemin de la raison, et qu'on ne mène qu'en tournant où l'on veut les conduire. Faites semblant de consentir à ce qu'il veut, vous en viendrez à vos fins, et...

ÉLISE. Mais ce mariage, Valère...

VALÈRE. On cherchera des biais pour le rompre.

ÉLISE. Mais quelle invention trouver, s'il se doit conclure ce soir?

VALÈRE. Il faut demander un délai, et feindre quelque maladie.

ÉLISE. Mais on découvrira la feinte, si on appelle des médecins?

VALÈRE. Vous moquez-vous? Y connaissent-ils quelque chose? Allez, allez, vous pourrez avec eux avoir quel mal il vous plaira; ils vous trouveront des raisons pour vous dire d'où cela vient.

SCÈNE VIII.

HARPAGON, ÉLISE, VALÈRE.

HARPAGON, à part, dans le fond du théâtre. Ce n'est rien, Dieu merci.

VALÈRE, sans voir Harpagon. Enfin, notre dernier recours, c'est que la fuite peut nous mettre à couvert de tout; et si vous êtes capable d'une fermeté... (Apercevant Harpagon.) Oui, il faut qu'une fille obéisse à son père; il ne faut point qu'elle regarde comme un mari est fait, et, lorsque la grande raison de « sans dot » s'y rencontre, elle doit être prête à prendre tout ce qu'on lui donne.

HARPAGON. Bon! Voilà bien parler cela!

VALÈRE. Monsieur, je vous demande pardon si je m'emporte un peu et prends la hardiesse de lui parler comme je fais.

HARPAGON. Comment! j'en suis ravi, et je veux que tu prennes sur elle un pouvoir absolu. (A Élise.) Oui, tu as beau fuir, je lui donne l'autorité que le ciel me donne sur toi; et j'entends que que tu fasses tout ce qu'il te dira.

VALÈRE, à Élise. Après cela, résistez à mes remontrances.

SCÈNE IX.

HARPAGON, VALÈRE.

VALÈRE. Monsieur, je vais la suivre, pour lui continuer les leçons que je lui faisais.
HARPAGON. Oui; tu m'obligeras, certes.
VALÈRE. Il est bon de lui tenir un peu la bride haute.
HARPAGON. Cela est vrai. Il faut...
VALÈRE. Ne vous mettez pas en peine. Je crois que j'en viendrai à bout.
HARPAGON. Fais, fais. Je m'en vais faire un petit tour en ville, et reviens tout à l'heure.
VALÈRE, adressant la parole à Élise, en s'en allant du côté par où elle est sortie. Oui, l'argent est plus précieux que toutes les choses du monde, et vous devez rendre grâce au ciel de l'honnête homme de père qu'il vous a donné. Il sait ce que c'est que de vivre. Lorsqu'on s'offre de prendre une fille sans dot, on ne doit point regarder plus avant. Tout est renfermé là-dedans; et sans dot tient lieu de beauté, de jeunesse, de naissance, d'honneur, de sagesse et de probité.
HARPAGON, seul. Ah! le brave garçon! voilà parler comme un oracle! Heureux qui peut avoir un domestique de la sorte!

ACTE DEUXIÈME

SCÈNE I.

CLÉANTE, LA FLÈCHE.

CLÉANTE. Ah! traître que tu es, où t'es-tu donc allé fourrer? Ne t'avais-je pas donné ordre?...
LA FLÈCHE. Oui, monsieur, je m'étais rendu ici pour vous attendre de pied ferme; mais Monsieur votre père, le plus gracieux des hommes, m'a chassé dehors malgré moi, et j'ai couru risque d'être battu.
CLÉANTE. Comment va notre affaire? Les choses pressent plus que jamais. Depuis que je t'ai vu, j'ai découvert que mon père est mon rival.
LA FLÈCHE. Votre père?

CLÉANTE. Oui; et j'ai eu toutes le peines du monde à lui cacher le trouble où cette nouvelle m'a mis.

LA FLÈCHE. Lui, se mêler de vouloir se marier? De quoi diable s'avise-t-il? Se moque-t-il du monde?

CLÉANTE. Il a fallu pour mes péchés que cette idée lui soit venue en tête.

LA FLÈCHE. Mais par quelle raison lui faire un mystère de votre désir?

CLÉANTE. Pour lui donner moins de soupçon, et me conserver, au besoin, des ouvertures plus aisées pour détourner ce mariage. Quelle réponse t'a-t-on faite?

LA FLÈCHE. Ma foi, monsieur, ceux qui empruntent sont bien malheureux; et il faut essuyer d'étranges choses, lorsqu'on est réduit à passer comme vous par les mains des fesse-Matthieu.

CLÉANTE. L'affaire ne se fera point?

LA FLÈCHE. Pardonne-moi. Notre maître Simon, le courtier qu'on nous a donné, homme agissant et plein de zèle, dit qu'il a fait rage pour vous, et il assure que votre seule physionomie lui a gagné le cœur.

CLÉANTE. J'aurai les quinze mille francs que je demande?

LA FLÈCHE. Oui; mais à quelques petites conditions qu'il faudra que vous acceptiez, si vous avez dessein que les choses se fassent.

CLÉANTE. T'a-t-il fait parler à celui qui doit prêter l'argent?

LA FLÈCHE. Ah! vraiment, cela ne va pas de la sorte. Il apporte encore plus de soin à se cacher que vous; et ce sont des mystères bien plus grands que vous ne pensez. On ne veut point du tout dire son nom et l'on doit aujourd'hui l'aboucher avec vous dans une maison empruntée, pour être instruit par votre bouche de votre bien et de votre famille; et je ne doute point que le seul nom de votre père ne rende les choses faciles.

CLÉANTE. Et principalement ma mère étant morte, dont on ne peut m'ôter le bien.

LA FLÈCHE. Voici quelques articles qu'il a dictés lui-même à notre entremetteur, pour vous être montrés avant que de rien faire :

« Supposé que le prêteur voie toutes ses sûretés et que l'emprunteur soit majeur et d'une famille où le bien soit ample, solide, assuré, clair et net de tout embarras, on se fera une bonne et exacte obligation par-devant un notaire, le plus honnête homme qu'il se pourra, et qui, pour cet effet, sera choisi par le prêteur, auquel il importe le plus que l'acte soit dûment dressé. »

CLÉANTE. Il n'y a rien à dire à cela.

LA FLÈCHE. « Le prêteur, pour ne pas charger sa conscience d'aucun scrupule, prétend ne donner son argent qu'au denier dix-huit. »

CLÉANTE. Au denier dix-huit? Parbleu! voilà qui est honnête. Il n'y a pas lieu de se plaindre.

LA FLÈCHE. Cela est vrai.

« Mais comme ledit prêteur n'a pas chez lui la somme dont il est question, et que, pour faire plaisir à l'emprunteur, il est contraint lui-même de l'emprunter d'un autre sur le pied du denier cinq, il conviendra que ledit premier emprunteur paye cet intérêt, sans préjudice du reste, attendu que ce n'est que pour l'obliger que ledit prêteur s'engage à cet emprunt. »

CLÉANTE. Comment! Diable! quel juif! quel arabe est-ce là! C'est plus qu'au denier quatre.

LA FLÈCHE. Il est vrai, c'est ce que j'ai dit. Vous avez à voir là-dessus.

CLÉANTE. Que veux-tu que je voie? J'ai besoin d'argent et il faut bien que je consente à tout.

LA FLÈCHE. C'est la réponse que j'ai faite.

CLÉANTE. Il y a encore quelque chose?

LA FLÈCHE. Ce n'est plus qu'un petit article.

« Des quinze mille francs qu'on demande, le prêteur ne pourra compter en argent que douze mille livres; et, pour les mille écus restants, il faudra que l'emprunteur prenne les hardes, nippes et bijoux dont s'ensuit le mémoire, et que ledit prêteur a mis, de bonne foi, au plus modique prix qu'il lui a été possible.

CLÉANTE. Que veut dire cela?

LA FLÈCHE. Écoutez le mémoire.

« Premièrement, un lit de quatre pieds, à bandes de point de Hongrie, appliquées fort proprement sur un drap de couleur olive, avec six chaises et la courte-pointe de même; le tout bien conditionné et doublé d'un petit taffetas changeant rouge et bleu.

« Plus, un pavillon à queue, d'une bonne serge d'Aumale rose sèche, avec le mollet et les franges de soie. »

CLÉANTE. Que veut-il que je fasse de cela?

LA FLÈCHE. Attendez.

« Plus, une tenture de tapisserie; plus, une grande table de noyer à douze colonnes ou piliers tournés, qui se tire par les deux bouts, et garnie par le dessous de ses six escabelles. »

CLÉANTE. Qu'ai-je à faire, morbleu?...

LA FLÈCHE. Donnez-vous patience!

« Plus, trois gros mousquets tout garnis de nacre de perle, avec les trois fourchettes assortissantes ; plus, un fourneau de briques avec deux cornues et trois récipients, fort utiles à ceux qui sont curieux de distiller. »

CLÉANTE. J'enrage !

LA FLÈCHE. Doucement.

« Plus, un luth de Bologne, garni de toutes ses cordes, ou peu s'en faut ; plus, un trou-madame et un damier, avec un jeu de l'oie renouvelé des Grecs, fort propre à passer le temps lorsque l'on n'a que faire ; plus, une peau de lézard de trois pieds et demi, remplie de foin : curiosité agréable pour pendre au plancher d'une chambre.

« Le tout ci-dessus mentionné, valant loyalement plus de quatre mille cinq cents livres et rabaissé à la valeur de mille écus, par la discrétion du prêteur. »

CLÉANTE. Que la peste l'étouffe avec sa discrétion, le traître, le bourreau qu'il est ! A-t-on jamais parlé d'une usure semblable ! et n'est-il pas content du furieux intérêt qu'il exige, sans vouloir encore m'obliger à prendre pour trois mille livres les vieux rogatons qu'il ramasse ? Je n'aurai pas deux cents écus de tout cela. Et cependant il faut bien me résoudre à consentir à ce qu'il veut ; car il est en état de me faire tout accepter et il me tient, le scélérat, le poignard sur la gorge.

LA FLÈCHE. Je vous vois, monsieur, ne vous en déplaise, dans le grand chemin justement que tenait Panurge pour se ruiner, prenant argent d'avance, achetant cher, vendant à bon marché, et mangeant son blé en herbe.

CLÉANTE. Que veux-tu que j'y fasse ? voilà où les jeunes gens sont réduits par la maudite avarice des pères.

LA FLÈCHE. Il faut avouer que le vôtre animerait contre sa vilenie le plus posé homme du monde. Je n'ai pas, Dieu merci, les inclinations fort patibulaires ; et parmi mes confrères que je vois se mêler de beaucoup de petits commerces, je sais tirer adroitement mon épingle du jeu ; mais, à vous dire vrai, il me donnerait, par ses procédés, des tentations de le voler ; et je croirais, en le volant, faire une action méritoire.

CLÉANTE. Donne-moi un peu ce mémoire, que je le voie encore.

SCÈNE II.

HARPAGON, MAITRE SIMON, CLÉANTE ET LA FLÈCHE, dans le fond du théâtre.

Mᶜ SIMON. Oui, monsieur, c'est un jeune homme qui a besoin d'argent : ses affaires le pressent d'en trouver, et il en passera par tout ce que vous prescrirez.

HARPAGON. Mais, croyez-vous, maître Simon, qu'il n'y ait rien à péricliter? Et savez-vous le nom, les biens et la famille de celui pour qui vous parlez?

Mᵉ SIMON. Non. Je ne puis pas bien vous en instruire à fond; et ce n'est que par aventure que l'on m'a adressé à lui. Mais vous serez de toutes choses éclairci par lui-même, et son homme m'a assuré que vous serez content quand vous le connaîtrez. Tout ce que je saurai vous dire, c'est que sa famille est fort riche, et qu'il n'a plus de mère.

HARPAGON. C'est quelque chose que cela. La charité, maître Simon, nous oblige à faire plaisir aux personnes quand nous le pouvons.

Mᵉ SIMON. Cela s'entend.

LA FLÈCHE, bas à Cléante, reconnaissant maître Simon. Que veut dire ceci? Notre maître Simon qui parle à votre père!

CLÉANTE, bas à La Flèche. Lui aurait-on appris qui je suis? Et serais-tu pour me trahir?

Mᵉ SIMON, à Cléante et à La Flèche. Ah! ah! vous êtes bien pressés! Qui vous a dit que c'était céans? (A Harpagon.) Ce n'est pas moi, monsieur, au moins, qui leur ai découvert votre nom et votre logis. Mais, à mon avis, il n'y a pas grand mal à cela; ce sont des personnes discrètes, et vous pouvez ici vous expliquer ensemble.

HARPAGON. Comment!

Mᵉ SIMON, montrant Cléante. Monsieur est la personne qui veut vous emprunter les quinze mille livres dont je vous ai parlé.

HARPAGON. Comment, pendard! c'est toi qui t'abandonnes à ces coupables extrémités!

CLÉANTE. Comment, mon père, c'est vous qui vous portez à ces coupables actions! (Maître Simon s'enfuit et La Flèche va se cacher.)

SCÈNE III.

HARPAGON, CLÉANTE.

HARPAGON. C'est toi qui te veux ruiner par des emprunts si condamnables!

CLÉANTE. C'est vous qui cherchez à vous enrichir par des usures si criminelles!

HARPAGON. Oses-tu bien, après cela, paraître devant moi?

CLÉANTE. Osez-vous bien, après cela, vous présenter aux yeux du monde?

HARPAGON. N'as-tu point de honte, dis-moi, d'en venir à ces débauches-là, de te précipiter dans des dépenses effroyables, et de faire une honteuse dissipation du bien que tes parents t'ont amassé avec tant de sueurs?

CLÉANTE. Ne rougissez-vous point de déshonorer votre condition par les commerces que vous faites, de sacrifier gloire et réputation au désir insatiable d'entasser écus sur écus, et de renchérir, en fait d'intérêt, sur les plus infâmes subtilités qu'aient jamais inventées les plus célèbres usuriers?

HARPAGON. Ote-toi de mes yeux, coquin, ôte-toi de mes yeux!

CLÉANTE. Qui est plus criminel, à votre avis, ou celui qui achète un argent dont il a besoin, ou bien celui qui vole un argent dont il n'a que faire?

HARPAGON. Retire-toi, te dis-je, et ne m'échauffe pas les oreilles! (Seul.) Je ne suis pas fâché de cette aventure; et ce m'est un avis de tenir l'œil plus que jamais sur toutes ses actions.

SCÈNE IV.

FROSINE, HARPAGON.

FROSINE. Monsieur!...

HARPAGON. Attendez un moment. Je vais revenir vous parler. (A part.) Il est à propos que je fasse un petit tour à mon argent.

SCÈNE V.

LA FLÈCHE, FROSINE.

LA FLÈCHE, sans voir Frosine. L'aventure est tout à fait drôle. Il faut qu'il ait quelque part un ample magasin de hardes; car nous n'avons rien reconnu au mémoire que nous avons.

FROSINE. Eh! c'est toi, mon pauvre La Flèche? D'où vient cette rencontre?

LA FLÈCHE. Ah! ah! ah! c'est toi, Frosine? Que viens-tu faire ici?

FROSINE. Ce que je fais partout ailleurs : m'entremettre d'affaires, me rendre serviable aux gens, et profiter, du mieux qu'il m'est possible, des petits talents que je puis avoir. Tu sais que, dans ce monde, il faut vivre d'adresse, et qu'aux personnes comme moi, le ciel n'a donné d'autres rentes que l'intrigue et que l'industrie.

LA FLÈCHE. As-tu quelque négoce avec le patron du logis?

FROSINE. Oui; je traite pour lui quelque petite affaire dont j'espère une récompense.

LA FLÈCHE. De lui? Ah! ma foi, tu seras bien fine, si tu en tires quelque chose; et je te donne avis que l'argent céans est fort cher.

FROSINE. Il y a de certains services qui touchent merveilleusement.

LA FLÈCHE. Je suis votre valet, et tu ne connais pas encore le seigneur Harpagon. Le seigneur Harpagon est de tous les humains l'humain le moins humain, le mortel de tous les mortels le plus dur et le plus serré. Il n'est point de service qui pousse sa reconnaissance jusqu'à lui faire ouvrir les mains. De la louange, de l'estime, de la bienveillance en paroles et de l'amitié, tant qu'il vous plaira; mais de l'argent, point d'affaires. Il n'est rien de plus sec et de plus aride que ses bonnes grâces et ses caresses; et *donner* est un mot pour qui il a tant d'aversion, qu'il ne dit jamais : *Je vous donne*, mais : *Je vous prête le bonjour*.

FROSINE. Mon Dieu! je sais l'art de traire les hommes; j'ai le secret de m'ouvrir leur tendresse, de chatouiller leurs cœurs, de trouver les endroits par où ils sont sensibles.

LA FLÈCHE. Bagatelles ici. Je te défie d'attendrir, du côté de l'argent, l'homme dont il est question. Il est turc là-dessus, mais d'une turquerie à désespérer tout le monde; et l'on pourrait crever qu'il n'en branlerait pas. En un mot, il aime l'argent plus que réputation, qu'honneur et que vertu, et la vue d'un demandeur lui donne des convulsions : c'est le frapper par son endroit mortel; c'est lui percer le cœur, c'est lui arracher les entrailles; et si... Mais il revient, je me retire.

SCÈNE VI.

HARPAGON, FROSINE.

HARPAGON, *bas*. Tout va comme il faut. (*Haut*.) Eh bien! qu'est-ce, Frosine?

FROSINE. Ah! mon Dieu, que vous vous portez bien! et que vous avez là un vrai visage de santé!

HARPAGON. Qui? moi?

FROSINE. Jamais je ne vous vis un teint si frais et si gaillard.

HARPAGON. Tout de bon?

FROSINE. Comment! vous n'avez de votre vie été si jeune que vous êtes, et je vois des gens de vingt-cinq ans qui sont plus vieux que vous.

HARPAGON. Cependant, Frosine, j'en ai soixante bien comptés.

FROSINE. Eh bien, qu'est-ce que cela, soixante ans? voilà bien de quoi! C'est la fleur de l'âge, cela; et vous entrez maintenant dans la belle saison de l'homme.

HARPAGON. Il est vrai; mais vingt années de moins pourtant ne me feraient point de mal, que je crois.

FROSINE. Vous moquez-vous? Vous n'avez pas besoin de cela, et vous êtes d'une pâte à vivre jusqu'à cent ans.

HARPAGON. Tu le crois?

FROSINE. Assurément, vous en avez toutes les marques. Tenez-vous un peu. Oh! que voilà bien, entre vos deux yeux, un signe de longue vie!

HARPAGON. Tu te connais à cela?

FROSINE. Sans doute. Montrez-moi votre main. Ah! mon Dieu, quelle ligne de vie!

HARPAGON. Comment?

FROSINE. Ne voyez-vous pas jusqu'où va cette ligne-là?

HARPAGON. Eh bien! qu'est-ce que cela veut dire?

FROSINE. Par ma foi, je disais cent ans; mais vous passerez les six vingts.

HARPAGON. Est-il possible?

FROSINE. Il faudra vous assommer, vous dis-je; et vous mettrez en terre et vos enfants et les enfants de vos enfants.

HARPAGON. Tant mieux!... Comment va notre affaire?

FROSINE. Faut-il le demander? et me voit-on mêler de rien dont je ne vienne à bout! J'ai, surtout pour les mariages, un talent merveilleux. Il n'est point de partis au monde que je ne trouve en peu de temps le moyen d'accoupler; et je crois, si je me l'étais mis en tête, que je marierais le Grand-Turc avec la République de Venise. Il n'y avait pas, sans doute, de si grandes difficultés à cette affaire-ci. Comme j'ai commerce chez elles, je les ai à fond l'une et l'autre entretenues de vous; et j'ai dit à la mère le dessein que vous aviez conçu pour Mariane.

HARPAGON. Qui a fait réponse?...

FROSINE. Elle a reçu la proposition avec joie; et, quand je lui ai témoigné que vous souhaitiez fort que sa fille assistât ce soir au contrat de mariage qui doit se faire de la vôtre, elle y a consenti sans peine et me l'a confiée pour cela.

HARPAGON. C'est que je suis obligé, Frosine, de donner à souper au seigneur Anselme; et je serai bien aise qu'elle soit du régal.

FROSINE. Vous avez raison. Elle doit, après dîner, rendre visite à votre fille, d'où elle fait son compte d'aller faire un tour à la foire pour venir ensuite au souper.

HARPAGON. Eh bien, elles iront ensemble dans mon carrosse, que je leur prêterai.

FROSINE. Voilà justement son affaire.

HARPAGON. Mais, Frosine, as-tu entretenu la mère touchant le bien qu'elle peut donner à sa fille? Lui as-tu dit qu'il fallait qu'elle s'aidât un peu, qu'elle fît quelque effort, qu'elle se saignât pour une occasion comme celle-ci? Car encore n'épouse-t-on point une fille sans qu'elle apporte quelque chose.

FROSINE. Comment! c'est une fille qui vous apportera douze mille livres de rente.

HARPAGON. Douze mille livres de rente?

FROSINE. Oui. Premièrement, elle est nourrice et élevée dans une grande épargne de bouche : c'est une fille accoutumée à vivre de salade, de lait, de fromage et de pommes, et à laquelle, par conséquent, il ne faudra ni table bien servie, ni consommés exquis, ni orges mondés perpétuels, ni les autres délicatesses qu'il faudrait pour une autre femme; et cela ne va pas à si peu de chose qu'il ne monte bien tous les ans à trois mille francs, pour le moins. Outre cela, elle n'est curieuse que d'une propreté fort simple et n'aime point les superbes habits, ni les riches bijoux, ni les meubles somptueux, où donnent ses pareilles avec tant de chaleur; et cet article-là vaut plus de quatre mille livres par an. De plus, elle a une aversion horrible pour le jeu, ce qui n'est pas commun aux femmes d'aujourd'hui; et j'en sais une de nos quartiers qui a perdu à trente-et-quarante vingt mille francs cette année. Mais n'en prenons que le quart. Cinq mille francs au jeu par an, quatre mille francs en habits et bijoux, cela fait neuf mille livres; et mille écus que nous mettons pour la nourriture : ne voilà-t-il pas par année vos douze mille francs bien comptés?

HARPAGON. Oui, cela n'est pas mal; mais ce compte-là n'a rien de réel.

FROSINE. Pardonnez-moi. N'est-ce pas quelque chose de réel que de vous apporter en mariage une grande sobriété, l'héritage d'un grand amour de simplicité de parure et l'acquisition d'un grand fonds de haine pour le jeu?

HARPAGON. C'est une raillerie que de vouloir me constituer sa dot de toutes les dépenses qu'elle ne fera point. Je n'irai pas donner quittance de ce que je ne reçois pas, et il faut bien que je touche quelque chose.

FROSINE. Mon Dieu! vous toucherez assez; et elles m'ont parlé d'un certain pays où elles ont du bien dont vous serez le maître.

HARPAGON. Il faudra voir cela. Mais, Frosine, il y a encore une chose qui m'inquiète. La fille est jeune, comme tu vois; et les jeunes gens, d'ordinaire, n'aiment que leurs semblables, ne cherchent que leur compagnie. J'ai peur qu'un homme de mon âge ne soit pas de son goût et que cela ne vienne à produire chez moi certaines petites humeurs qui ne m'accommoderaient pas.

FROSINE. Ah! que vous la connaissez mal! C'est encore une particularité que j'avais à vous dire. Elle a une aversion épouvantable pour tous les jeunes gens et n'a de l'estime que pour les vieillards.

HARPAGON. Elle?

FROSINE. Oui, elle. Je voudrais que vous l'eussiez entendue parler là-dessus. Elle ne peut souffrir du tout la vue d'un jeune homme; mais elle n'est point plus ravie, dit-elle, que lorsqu'elle peut voir un beau vieillard avec une barbe majestueuse. Les plus vieux sont pour elle les plus charmants; et je vous avertis de n'aller pas vous faire plus jeune que vous êtes. Elle veut tout au moins qu'on soit sexagénaire; et il n'y a pas quatre mois encore, qu'étant près d'être mariée, elle rompit tout net le mariage sur ce que son futur fit voir qu'il n'avait que cinquante-six ans et qu'il ne prit point de lunettes pour signer le contrat.

HARPAGON. Sur cela seulement?

FROSINE. Oui. Elle dit que ce n'est pas contentement pour elle que cinquante-six ans; et surtout elle est pour les nez qui portent des lunettes.

HARPAGON. Certes, tu me dis là une chose toute nouvelle.

FROSINE. Cela va plus loin qu'on ne peut dire. On lui voit dans sa chambre quelques tableaux et quelques estampes. Mais que pensez-vous que ce soit? des Adonis, des Céphales, des Pâris et des Apollons? Non : de beaux portraits de Saturne, du roi Priam, du vieux Nestor et du bon père Anchise sur les épaules de son fils.

HARPAGON. Cela est admirable! Voilà ce que je n'aurais jamais pensé; et je suis bien aise d'apprendre qu'elle est de cette humeur. En effet, si j'avais été femme, je n'aurais point aimé les jeunes hommes.

FROSINE. Je le crois bien. Voilà de belles drogues que des jeunes gens, pour les aimer! Ce sont de beaux morveux, de beaux godelureaux! Et je voudrais bien savoir quel ragoût il y a à eux!

HARPAGON. Pour moi, je n'y en comprends point, et je ne sais pas comment il y a des femmes qui les recherchent.

FROSINE. Il faut être folle fieffée. Trouver la jeunesse aimable, est-ce avoir le sens commun? Sont-ce des hommes que de jeunes blondins? Et peut-on s'attacher à ces animaux-là?

HARPAGON. C'est ce que je dis tous les jours. Avec leur ton de poule laitée, leurs trois petits brins de barbe relevés en barbe de chat, leurs perruques d'étoupes, leurs haut-de-chausses tombants et leurs estomacs débraillés !...

FROSINE. Eh! cela est bien bâti auprès d'une personne comme vous! Voilà un homme cela! Il y a de quoi satisfaire à la vue; et c'est ainsi qu'il faut être fait et vêtu.

HARPAGON. Tu me trouves bien!

FROSINE. Comment! vous êtes à ravir, et votre figure est à peindre. Tournez-vous un peu, s'il vous plaît. Il ne se peut pas mieux! Que je vous voie marcher. Voilà un corps taillé, libre et dégagé comme il faut, et qui ne marque aucune incommodité.

HARPAGON. Je n'en ai pas de grandes, Dieu merci! il n'y a que ma fluxion qui me prend de temps en temps.

FROSINE. Cela n'est rien; votre fluxion ne vous sied point mal, et vous avez grâce à tousser.

HARPAGON. Dis-moi un peu : Mariane ne m'a-t-elle point encore vu? N'a-t-elle point pris garde à moi en passant?

FROSINE. Non; mais nous nous sommes fort entretenues de vous; je lui ai fait un portrait de votre personne, et je n'ai pas manqué de lui vanter votre mérite, et l'avantage que ce lui serait d'avoir un mari comme vous.

HARPAGON. Tu as bien fait, et je t'en remercie.

FROSINE. J'aurais, monsieur, une petite prière à vous faire. J'ai un procès que je suis sur le point de perdre, faute d'un peu d'argent. (Harpagon prend un air sérieux.) Et vous pourriez facilement me procurer le gain de ce procès, si vous aviez quelques bontés pour moi... Vous ne sauriez croire le plaisir qu'elle aura de vous voir. (Harpagon reprend un air gai.) Ah! que vous lui plairez! et que votre fraise à l'antique fera sur son esprit un effet admirable! Mais surtout elle sera charmée de votre haut-de-chausses attaché au pourpoint avec des aiguillettes : c'est pour la rendre folle de vous.

HARPAGON. Certes, tu me ravis de me dire cela.

FROSINE. En vérité, monsieur, ce procès m'est d'une conséquence tout à fait grande. (Harpagon reprend son air sérieux.) Je suis ruinée si je le perds; et quelque petite assistance me rétablirait mes affaires... Je voudrais que vous eussiez vu le ravissement où elle était à m'entendre parler de vous. (Harpagon reprend un air gai.) La joie éclatait dans ses yeux au récit de vos qualités; et je l'ai mise enfin dans une impatience extrême de voir ce mariage entièrement conclu.

HARPAGON. Tu m'as fait grand plaisir, Frosine; et je t'en ai, je te l'avoue, toutes les obligations du monde.

FROSINE. Je vous prie, monsieur, de me donner le petit secours que je vous demande. (Harpagon reprend encore son air sérieux.) Cela me remettra sur pied et je vous en serai éternellement obligée.

HARPAGON. Adieu. Je vais achever mes dépêches.

FROSINE. Je vous assure, monsieur, que vous ne sauriez jamais me soulager dans un plus grand besoin.

HARPAGON. Je mettrai ordre que mon carrosse soit tout prêt pour vous mener à la foire.

FROSINE. Je ne vous importunerais pas si je ne m'y voyais forcée par la nécessité.

HARPAGON. Et j'aurai soin qu'on soupe de bonne heure, pour ne point vous faire malades.

FROSINE. Ne me refusez pas la grâce dont je vous sollicite. Vous ne sauriez croire, monsieur, le plaisir que...

HARPAGON. Je m'en vais. Voilà qu'on m'appelle. Jusqu'à tantôt!

FROSINE, seule. Que la fièvre te serre, chien de vilain, à tous les diables! Le ladre a été ferme à toutes les attaques. Mais il ne me faut pas pourtant quitter la négociation; et j'ai l'autre côté, en tous cas, dont je suis assurée de tirer bonne récompense.

ACTE TROISIÈME

SCÈNE I.

HARPAGON, CLÉANTE, ÉLISE, VALÈRE, DAME CLAUDE, tenant un balai, MAITRE JACQUES, LA MERLUCHE, BRINDAVOINE.

HARPAGON. Allons, venez çà, tous, que je vous donne mes ordres pour tantôt, et règle à chacun son emploi. Approchez, dame Claude; commençons par vous. Bon, vous voilà les armes à la main. Je vous commets au soin de nettoyer partout et surtout prenez garde de frotter les meubles trop fort, de peur de les user. Outre cela, je vous constitue pendant le souper au gouvernement des bouteilles; et s'il s'en écarte quelqu'une et qu'il se casse quelque chose, je m'en prendrai à vous et le rabattrai sur vos gages.

Mᵉ JACQUES, à part. Châtiment politique?

HARPAGON, à la dame Claude. Allez.

SCÈNE II.

**HARPAGON, CLÉANTE, ÉLISE, VALÈRE, MAITRE JACQUES,
BRINDAVOINE, LA MERLUCHE.**

HARPAGON. Vous, Brindavoine, et vous, La Merluche, je vous établis dans la charge de rincer les verres et de donner à boire, mais seulement lorsque l'on aura soif, et non pas selon la coutume de certains impertinents de laquais qui viennent provoquer les gens et les faire aviser de boire lorsqu'on n'y songe pas. Attendez qu'on vous en demande plus d'une fois et vous ressouvenez de porter toujours beaucoup d'eau.

Me JACQUES, à part. Oui, le vin pur monte à la tête.

LA MERLUCHE. Quitterons-nous nos souquenilles, monsieur?

HARPAGON. Oui, quand vous verrez venir les personnes; et gardez-vous bien de gâter vos habits.

BRINDAVOINE. Vous savez bien, monsieur, qu'un des devants de mon pourpoint est couvert d'une grande tache de l'huile de la lampe.

LA MERLUCHE. Et moi, monsieur, que j'ai mon haut-de-chausses tout troué par derrière, et qu'on me voit, révérence parler...

HARPAGON, à La Merluche. Paix! rangez cela adroitement du côté de la muraille, et présentez toujours le devant au monde. (A Brindavoine, en lui montrant comme il doit mettre son chapeau au-devant de son pourpoint pour cacher la tache d'huile.) Et vous, tenez toujours votre chapeau ainsi, lorsque vous servirez.

SCÈNE III.

HARPAGON, CLÉANTE, ÉLISE, VALÈRE, MAITRE JACQUES.

HARPAGON. Pour vous, ma fille, vous aurez l'œil sur ce que l'on desservira et prendrez garde qu'il ne s'en fasse aucun dégât. Cela sied bien aux filles. Mais cependant préparez-vous à bien recevoir Mariane, qui vous doit venir visiter et vous mener avec elle à la foire. Entendez-vous ce que je vous dise.

ÉLISE. Oui, mon père.

SCÈNE IV.

HARPAGON, CLÉANTE, VALÈRE, MAITRE JACQUES.

HARPAGON. Et vous, mon fils le damoiseau, à qui j'ai la bonté de pardonner l'histoire de tantôt, ne vous allez pas aviser non plus de lui faire mauvais visage.

CLÉANTE. Moi, mon père, mauvais visage? Et par quelle raison?

HARPAGON. Mon Dieu! nous savons le train des enfants dont les pères se remarient, et de quel œil ils ont coutume de regarder ce qu'on appelle belle-mère. Mais si vous souhaitez que je perde le souvenir de votre dernière fredaine, je vous recommande surtout de régaler d'un bon visage cette personne-là et de lui faire enfin tout le meilleur accueil qu'il vous sera possible.

CLÉANTE. A vous dire le vrai, mon père, je ne puis pas vous promettre d'être bien aise qu'elle devienne ma belle-mère; je mentirais si je vous le disais; mais, pour ce qui est de la bien recevoir et de lui faire bon visage, je vous promets de vous obéir ponctuellement sur ce chapitre.

HARPAGON. Prenez-y garde, au moins.

CLÉANTE. Vous verrez que vous n'aurez pas sujet de vous en plaindre.

HARPAGON. Vous ferez sagement.

SCÈNE V.

HARPAGON, VALÈRE, MAITRE JACQUES.

HARPAGON. Valère, aide-moi à ceci. Oh çà! maître Jacques, approchez-vous; je vous ai gardé pour le dernier.

Me JACQUES. Est-ce à votre cocher, monsieur, ou bien à votre cuisinier que vous voulez parler? car je suis l'un et l'autre.

HARPAGON. C'est à tous les deux.

Me JACQUES. Mais à qui des deux le premier?

HARPAGON. Au cuisinier.

Me JACQUES. Attendez donc, s'il vous plaît. (Maître Jacques ôte sa casaque de cocher et paraît vêtu en cuisinier.)

HARPAGON. Quelle diantre de cérémonie est-ce là?

Me JACQUES. Vous n'avez qu'à parler.

HARPAGON. Je me suis engagé, maître Jacques, à donner ce soir à souper.

Me JACQUES, à part. Grande merveille!

HARPAGON. Dis-moi un peu, nous feras-tu bonne chère?

Me JACQUES. Oui, si vous me donnez bien de l'argent.

HARPAGON. Que diable! toujours de l'argent! Il semble qu'ils n'aient rien autre chose à dire; de l'argent! de l'argent! de l'argent! Ah! ils n'ont que ce mot à la bouche, de l'argent! Toujours parler d'argent! Voilà leur épée de chevet, de l'argent!

VALÈRE. Je n'ai jamais vu de réponse plus impertinente que

celle-là. Voilà une belle merveille que de faire bonne chère avec bien de l'argent! c'est une chose la plus aisée du monde, et il n'y a si pauvre esprit qui n'en fît bien autant. Mais, pour agir en habile homme, il faut parler de faire bonne chère avec peu d'argent.

Me JACQUES. Bonne chère avec peu d'argent?

VALÈRE. Oui.

Me JACQUES, à Valère. Par ma foi, monsieur l'intendant, vous nous obligerez de nous faire voir ce secret et de prendre mon office de cuisinier : aussi bien, vous mêlez-vous céans d'être le factotum.

HARPAGON. Taisez-vous. Qu'est-ce qu'il nous faudra?

Me JACQUES. Voilà monsieur votre intendant qui vous fera bonne chère pour peu d'argent.

HARPAGON. Ah! je veux que tu me répondes.

Me JACQUES. Combien serez-vous de gens à table?

HARPAGON. Nous serons huit ou dix; mais il ne faut prendre que huit. Quand il y a à manger pour huit, il y en a bien pour dix.

VALÈRE. Cela s'entend.

Me JACQUES. Eh bien, il faudra quatre grands potages et cinq assiettes... Potages... Entrées...

HARPAGON. Que diable! voilà pour traiter une ville tout entière.

Me JACQUES. Rôt...

HARPAGON, mettant la main sur la bouche de maître Jacques. Ah! traître, tu manges tout mon bien!

Me JACQUES. Entremets...

HARPAGON, mettant encore la main sur la bouche de maître Jacques. Encore!

VALÈRE, à maître Jacques. Est-ce que vous avez envie de faire crever tout le monde? Et monsieur a-t-il invité des gens pour les assassiner à force de mangeaille? Allez-vous-en lire un peu les préceptes de la santé, et demander aux médecins s'il y a rien de plus préjudiciable à l'homme que de manger avec excès.

HARPAGON. Il a raison.

VALÈRE. Apprenez, maître Jacques, vous et vos pareils, que c'est un coupe-gorge qu'une table remplie de trop de viande; que, pour se bien montrer ami de ceux que l'on invite, il faut que la frugalité règne dans les repas qu'on donne; et que, suivant le dire d'un ancien, *il faut manger pour vivre, et non pas vivre pour manger.*

HARPAGON. Ah! que cela est bien dit! Approche, que je t'embrasse pour ce mot. Voilà la plus belle sentence que j'aie entendue de ma vie : *Il faut vivre pour manger, et non pas manger pour vi...* Non, ce n'est pas cela. Comment est-ce que tu dis ?

VALÈRE. *Qu'il faut manger pour vivre, et non pas vivre pour manger.*

HARPAGON, à maître Jacques. Oui. Entends-tu ? (A Valère.) Qui est le grand homme qui a dit cela ?

VALÈRE. Je ne me souviens pas maintenant de son nom.

HARPAGON. Souviens-toi de m'écrire ces mots : je les veux faire graver en lettres d'or sur la cheminée de ma salle.

VALÈRE. Je n'y manquerai pas; et pour votre souper, vous n'avez qu'à me laisser faire, je réglerai tout cela comme il faut.

HARPAGON. Fais donc.

M⁹ JACQUES. Tant mieux ! j'en aurai moins de peine.

HARPAGON, à Valère. Il faudra de ces choses dont on ne mange guère et qui rassasient d'abord; quelque bon haricot bien gras, avec quelque pâté en pot bien garni de marrons.

VALÈRE. Reposez-vous sur moi.

HARPAGON. Maintenant, maître Jacques, il faut nettoyer mon carrosse.

Mᵉ JACQUES. Attendez... Ceci s'adresse au cocher. (Maître Jacques remet sa casaque.) Vous dites ?

HARPAGON. Qu'il faut nettoyer mon carrosse, et tenir mes chevaux prêts pour conduire à la foire...

Mᵉ JACQUES. Vos chevaux, monsieur ! Ma foi, ils ne sont point du tout en état de marcher. Je ne vous dirai point qu'ils sont sur la litière : les pauvres bêtes n'en ont point, et ce serait mal parler; mais vous leur faites observer des jeûnes si austères, que ce ne sont plus rien que des idées ou des fantômes, des façons de chevaux.

HARPAGON. Les voilà bien malades ! ils ne font rien.

Mᵉ JACQUES. Et pour ne faire rien, monsieur, est-ce qu'il ne faut rien manger ? Il leur vaudrait bien mieux, les pauvres animaux, de travailler beaucoup, de manger de même. Cela me fend le cœur de les voir ainsi exténués; car, enfin, j'ai une tendresse pour mes chevaux, qu'il me semble que c'est moi-même quand je les vois pâtir; je m'ôte tous les jours pour eux les choses de la bouche; et c'est être, monsieur, d'un naturel trop dur que de n'avoir nulle pitié de son prochain.

HARPAGON. Le travail ne sera pas grand d'aller jusqu'à la foire.

Mᵉ JACQUES. Non, monsieur, je n'ai point le courage de les mener, et je ferais conscience de leur donner des coups de fouet en l'état où ils sont. Comment voudriez-vous qu'ils traînassent un carrosse, ils ne peuvent pas se traîner eux-mêmes.

VALÈRE. Monsieur, j'obligerai le voisin Picard à se charger de les conduire ; aussi bien nous fera-t-il ici besoin pour apprêter le souper.

Me JACQUES. Soit. J'aime mieux encore qu'ils meurent sous la main d'un autre que sous la mienne.

VALÈRE. Maître Jacques fait bien le raisonnable.

Me JACQUES. Monsieur l'intendant fait bien le nécessaire.

HARPAGON. Paix.

Me JACQUES. Monsieur, je ne saurais souffrir les flatteurs ; et je vois que ce qu'il en fait, que ses contrôles perpétuels sur le pain et le vin, le sel et la chandelle, ne sont rien que pour vous gratter et vous faire sa cour. J'enrage de cela, et je suis fâché tous les jours d'entendre ce qu'on dit de vous ; car, enfin, je me sens pour vous de la tendresse, en dépit que j'en aie ; et après mes chevaux, vous êtes la personne que j'aime le plus.

HARPAGON. Pourrais-je savoir de vous, maître Jacques, ce que l'on dit de moi ?

Me JACQUES. Oui, monsieur, si j'étais assuré que cela ne vous fâchât point.

HARPAGON. Non, en aucune façon.

Me JACQUES. Pardonnez-moi ; je sais fort bien que je vous mettrais en colère.

HARPAGON. Point du tout ; au contraire, c'est me faire plaisir, et je suis bien aise d'apprendre comme on parle de moi.

Me JACQUES. Monsieur, puisque vous le voulez, je vous dirai franchement qu'on se moque partout de vous, qu'on nous jette de tous côtés cent brocards à votre sujet. L'un dit que vous faites imprimer des almanachs particuliers, où vous faites doubler les quatre-temps et les vigiles, afin de profiter des jeûnes où vous obligez votre monde ; l'autre, que vous avez toujours une querelle toute prête à faire à vos valets dans le temps des étrennes ou de leur sortie d'avec vous, pour vous trouver une raison de ne leur donner rien ; celui-là conte qu'une fois vous fîtes assigner le chat d'un de vos voisins, pour vous avoir mangé un reste de gigot de mouton ; celui-ci, que l'on vous surprit une nuit en venant dérober vous-même l'avoine de vos chevaux, et que votre cocher, qui était celui d'avant moi, vous donna, dans l'obscurité, je ne sais combien de coups de bâton, dont vous ne voulûtes rien dire. Enfin, voulez-vous que je vous dise ? on ne saurait aller nulle part où l'on ne vous entende accommoder de toutes pièces ; vous êtes la fable et la risée de tout le monde, et jamais on ne parle de vous que sous les noms d'avare, de ladre, de vilain et de fesse-Matthieu.

HARPAGON, en battant maître Jacques. Vous êtes un sot, un maraud, un coquin et un impudent!

Me JACQUES. Eh bien, ne l'avais-je pas deviné? Vous ne m'avez pas voulu croire. Je vous avais bien dit que je vous fâcherais de vous dire la vérité.

HARPAGON. Apprenez à parler.

SCÈNE VI.

VALÈRE, MAITRE JACQUES.

VALÈRE, riant. A ce que je puis voir, maître Jacques, on paye mal votre franchise.

Me JACQUES. Morbleu! monsieur le nouveau venu qui faites l'homme d'importance, ce n'est point votre affaire. Riez de vos coups de bâton quand on vous en donnera et ne venez point rire des miens.

VALÈRE. Ah! monsieur maître Jacques, ne vous fâchez pas, je vous prie.

Me JACQUES, à part. Il file doux. Je veux faire le brave, et, s'il est assez sot pour me craindre, le frotter quelque peu. (Haut.) Savez-vous bien, monsieur le rieur, que je ne ris pas, moi, et que, si vous m'échauffez la tête, je vous ferai rire d'une autre sorte? (Maître Jacques pousse Valère jusqu'au bout du théâtre en le menaçant.)

VALÈRE. Eh! doucement.

Me JACQUES. Comment, doucement! Il ne me plaît pas, moi.

VALÈRE. vous êtes un impertinent, monsieur maître Jacques.

Me JACQUES. Il n'y a point de monsieur maître Jacques pour un double. Si je prends un bâton, je vous rosserai d'importance.

VALÈRE. Comment, un bâton! (Valère fait reculer maître Jacques à son tour.)

Me JACQUES. Eh! je ne parle pas de cela.

VALÈRE. Savez-vous bien, monsieur le fat, que je suis homme à vous rosser vous-même?

Me JACQUES. Je n'en doute pas.

VALÈRE. Que vous n'êtes, pour tout potage, qu'un faquin de cuisinier.

Me JACQUES. Je le sais bien.

VALÈRE. Et que vous ne me connaissez pas encore?

Me JACQUES. Pardonnez-moi.

VALÈRE. Vous me rosserez, dites-vous?

Mᵉ JACQUES. Je le disais en raillant.

VALÈRE. Et moi je ne prends point de grâce à votre raillerie. (Donnant des coups de bâton à maître Jacques.) Apprenez que vous êtes un mauvais railleur.

Mᵉ JACQUES, seul. Peste soit de la sincérité! c'est un mauvais métier; désormais j'y renonce et je ne veux plus dire vrai. Passe encore pour mon maître : il a quelque droit de me battre; mais pour ce monsieur l'intendant, je m'en vengerai si je puis.

SCÈNE VII.

MARIANE, FROSINE, MAITRE JACQUES.

FROSINE. Savez-vous, maître Jacques, si votre maître est au logis?

Mᵉ JACQUES. Oui, vraiment, il y est; je ne le sais que trop.

FROSINE. Dites-lui, je vous prie, que nous sommes ici.

SCÈNE VIII.

MARIANE, FROSINE.

MARIANE. Ah! que je suis, Frosine, dans un étrange état! Et s'il faut dire ce que je sens, que j'appréhende cette vue!

FROSINE. Mais pourquoi? Et quelle est votre inquiétude?

MARIANE. Hélas! me le demandez-vous? Et ne vous figurez-vous point les alarmes d'une personne toute prête à voir le supplice où l'on veut l'attacher?

FROSINE. Je vois bien que, pour mourir agréablement, Harpagon n'est pas le supplice que vous voudriez embrasser; et je connais, à votre mine, que le jeune blondin dont vous m'avez parlé vous revient un peu dans l'esprit.

MARIANE. Oui : c'est une chose, Frosine, dont je ne veux pas me défendre.

FROSINE. Mais avez-vous su quel il est?

MARIANE. Non, je ne sais point quel il est; mais je sais qu'il est fait d'un air assez agréable; que si l'on pouvait mettre les choses à mon choix, je le prendrais plutôt qu'un autre; et qu'il ne contribue pas peu à me faire trouver un tourment effroyable dans l'époux qu'on veut me donner.

FROSINE. Mon Dieu! tous ces blondins sont agréables et débitent fort bien leur fait; mais la plupart sont gueux comme des rats; et il vaut mieux pour vous de prendre un vieux mari qui vous donne beaucoup de bien. Je vous avoue qu'il y a quelques petits dégoûts à essuyer avec un tel époux; mais cela n'est pas pour durer; et sa mort, croyez-moi, vous mettra bientôt en état d'en prendre un plus aimable, qui réparera toutes choses.

MARIANE. Mon Dieu! Frosine, c'est une étrange affaire, lorsque, pour être heureuse, il faut souhaiter ou attendre le trépas de quelqu'un! Et la mort ne suit pas tous les projets que nous faisons.

FROSINE. Vous moquez-vous? Vous ne l'épousez qu'aux conditions de vous laisser veuve bientôt; et ce doit être là un des articles du contrat. Il serait bien impertinent de ne pas mourir dans trois mois. Le voici en propre personne.

MARIANE. Ah! Frosine, quelle figure!

SCÈNE IX.

HARPAGON, MARIANE, FROSINE.

HARPAGON, à Mariane. Ne vous offensez pas, ma belle, si je viens à vous avec des lunettes. Je sais que vos appas frappent assez les yeux, sont assez visibles d'eux-mêmes et qu'il n'est pas besoin de lunettes pour les apercevoir; mais c'est avec des lunettes qu'on observe les astres, et je maintiens et garantis que vous êtes un astre, mais un astre, le plus bel astre qui soit dans le pays des astres... Frosine, elle ne répond mot et ne témoigne, ce me semble, aucune joie de me voir!

FROSINE. C'est qu'elle est encore toute surprise.

HARPAGON, à Frosine. Tu as raison. (A Mariane.) Voilà ma fille qui vient vous saluer.

SCÈNE X.

HARPAGON, ÉLISE, MARIANE, FROSINE.

MARIANE. Je m'acquitte bien tard, madame, d'une telle visite.

ÉLISE. Vous avez fait, madame, ce que je devais faire et c'était à moi de vous prévenir.

HARPAGON. Vous voyez qu'elle est grande, mais mauvaise herbe croît toujours.

MARIANE, bas à Frosine. Oh! l'homme déplaisant!

HARPAGON, à Frosine. Que dit la belle?

FROSINE. Qu'elle vous trouve admirable.

HARPAGON. C'est trop d'honneur que vous me faites.

MARIANE, à part. Quel animal!

HARPAGON. Je vous suis trop obligé de ces sentiments.

MARIANE, à part. Je n'y puis plus tenir.

SCÈNE XI.

HARPAGON, MARIANE, ÉLISE, CLÉANTE, VALÈRE, FROSINE, BRINDAVOINE.

HARPAGON. Voici mon fils qui vous vient faire la révérence.
MARIANE, bas à Frosine. Ah! Frosine, quelle rencontre! C'est justement celui dont je t'ai parlé.
FROSINE, à Mariane. L'aventure est merveilleuse.
HARPAGON. Je vois que vous vous étonnez de me voir de si grands enfants; mais je serai bientôt défait et de l'un et de l'autre.
CLÉANTE, à Mariane. Madame, à vous dire le vrai, c'est ici une aventure où, sans doute, je ne m'attendais pas; et mon père ne m'a pas peu surpris lorsqu'il m'a dit tantôt le dessein qu'il avait formé.
MARIANE. Je puis dire la même chose : c'est une rencontre imprévue qui m'a surprise autant que vous; et je n'étais point préparée à une telle aventure.
CLÉANTE. Il est vrai que mon père, madame, ne peut pas faire un plus beau choix et que ce m'est une sensible joie que l'honneur de vous voir; mais, avec tout cela, je ne vous assurerais point que je me réjouis du dessein où vous pourriez être de devenir ma belle-mère. Le compliment, je vous l'avoue, est trop difficile pour moi; et c'est un titre, s'il vous plaît, que je ne souhaite point. Ce discours paraîtra brutal aux yeux de quelques-uns; mais je suis assuré que vous serez personne à le prendre comme il faudra; que c'est un mariage, madame, où vous vous imaginez bien que je dois avoir de la répugnance; que vous n'ignorez pas, sachant ce que je suis, comme il choque mes intérêts et que vous voudrez bien, enfin, que je vous dise, avec la permission de mon père, que, si les choses dépendaient de moi, cet hymen ne se ferait point.
HARPAGON. Voilà un compliment bien impertinent! Quelle belle confession à lui faire!
MARIANE. Et moi, pour vous répondre, j'ai à vous dire que les choses sont fort égales et que, si vous auriez de la répugnance à me voir votre belle-mère, je n'en aurais pas moins, sans doute, à vous voir mon beau-fils. Ne croyez pas, je vous prie, que ce soit moi qui cherche à vous donner cette inquiétude. Je serais fort fâchée de vous causer du déplaisir; et, si je ne m'y vois forcée par une puissance absolue, je vous donne

ma parole que je ne consentirai point au mariage qui vous chagrine.

HARPAGON. Elle a raison : à sot compliment il faut une réponse de même. Je vous demande pardon, madame, de l'impertinence de mon fils ; c'est un jeune sot qui ne sait pas encore la conséquence des paroles qu'il dit.

MARIANE. Je vous promets que ce qu'il m'a dit ne m'a point du tout offensée ; au contraire, il m'a fait plaisir de m'expliquer ainsi ses véritables sentiments. J'aime de lui un aveu de la sorte ; et s'il avait parlé d'autre façon, je l'en estimerais bien moins.

HARPAGON. C'est beaucoup de bonté à vous de vouloir aussi excuser ses fautes. Le temps le rendra plus sage et vous verrez qu'il changera de sentiments.

CLÉANTE. Non, mon père, je ne suis point capable d'en changer et je prie instamment madame de le croire.

HARPAGON. Mais voyez quelle extravagance ! il continue encore plus fort.

CLÉANTE. Voulez-vous que je trahisse mon cœur ?

HARPAGON. Encore !... Avez-vous envie de changer de discours ?

CLÉANTE. Eh bien ! puisque vous voulez que je parle d'autre façon, souffrez, madame, que je me mette ici à la place de mon père et que je vous avoue que je n'ai rien vu dans le monde de si charmant que vous ; que je ne conçois rien d'égal au bonheur de vous plaire et que le titre de votre époux est une gloire, une félicité que je préférerais aux destinées des plus grands princes de la terre. Oui, madame, le bonheur de vous posséder est, à mes regards, la plus belle de toutes les fortunes ; c'est où j'attache toute mon ambition. Il n'y a rien que je ne sois capable de faire pour une conquête si précieuse ; et les obstacles les plus puissants...

HARPAGON. Doucement, mon fils, s'il vous plaît !

CLÉANTE. C'est un compliment que je fais pour vous à madame.

HARPAGON. Mon Dieu ! j'ai une langue pour m'expliquer moi-même et je n'ai pas besoin d'un interprète comme vous. Allons, donnez des siéges.

FROSINE. Non, il vaut mieux que de ce pas nous allions à la foire, afin d'en revenir plus tôt et d'avoir tout le temps ensuite de nous entretenir.

HARPAGON, à Brindavoine. Qu'on mette donc les chevaux au carrosse.

SCÈNE XII.

HARPAGON, MARIANE, ÉLISE, CLÉANTE, VALÈRE, FROSINE.

HARPAGON, à Mariane. Je vous prie de m'excuser, madame, si je n'ai pas songé à vous donner un peu de collation avant que de partir.

CLÉANTE. J'y ai pourvu, mon père; et j'ai fait apporter ici quelques bassins d'oranges de la Chine, de citrons doux et de confitures, que j'ai envoyé quérir de votre part.

HARPAGON, bas, à Valère. Valère!

VALÈRE, à Harpagon. Il a perdu le sens.

CLÉANTE. Est-ce que vous trouvez, mon père, que ce ne soit pas assez? Madame aura la bonté d'excuser cela, s'il lui plaît.

MARIANE. C'est une chose qui n'était pas nécessaire.

CLÉANTE. Avez-vous jamais vu, madame, un diamant plus vif que celui que vous voyez que mon père a au doigt.

MARIANE. Il est vrai qu'il brille beaucoup.

CLÉANTE, ôtant du doigt de son père le diamant et le donnant à Mariane. Il faut que vous le voyiez de près.

MARIANE. Il est fort beau sans doute, et jette quantité de feux.

CLÉANTE, se mettant au-devant de Mariane qui veut rendre le diamant. Non, madame, il est en de trop belles mains; c'est un présent que mon père vous fait.

HARPAGON. Moi?

CLÉANTE. N'est-il pas vrai, mon père, que vous voulez que madame le garde pour l'amour de vous?

HARPAGON, bas, à son fils. Comment!

CLÉANTE, à Mariane. Belle demande! Il me fait signe de vous le faire accepter.

MARIANE. Je ne veux point...

CLÉANTE, à Mariane. Vous moquez-vous? Il n'a garde de le reprendre.

HARPAGON, à part. J'enrage!

MARIANE. Ce serait...

CLÉANTE, empêchant toujours Mariane de rendre le diamant. Non, vous dis-je; c'est l'offenser...

MARIANE. De grâce!...

CLÉANTE. Point du tout.

HARPAGON, à part. Peste soit!...

CLÉANTE. Le voilà qui se scandalise de votre refus.

HARPAGON, bas, à son fils. Ah! traître!

CLÉANTE, à Mariane. Vous voyez qu'il se désespère.

HARPAGON, bas, à son fils en le menaçant. Bourreau que tu es!

CLÉANTE. Mon père, ce n'est pas ma faute; je fais ce que je puis pour l'obliger à le garder, mais elle est obstinée.

HARPAGON, bas, à son fils, avec emportement. Pendard!

CLÉANTE. Vous êtes cause, madame, que mon père me querelle.

HARPAGON, bas, à son fils, avec les mêmes gestes. Le coquin!

CLÉANTE, à Mariane. Vous le ferez tomber malade. De grâce, madame, ne résistez pas davantage!

FROSINE, à Mariane. Mon Dieu! que de façons! Gardez la bague, puisque monsieur le veut.

MARIANE, à Harpagon. Pour ne vous point mettre en colère, je la garde maintenant : et je prendrai un autre temps pour vous la rendre.

SCÈNE XIII.

HARPAGON, MARIANE, ÉLISE, CLÉANTE, VALÈRE, FROSINE, BRINDAVOINE.

BRINDAVOINE. Monsieur, il y a là un homme qui veut vous parler.

HARPAGON. Dis-lui que je suis empêché; qu'il revienne une autre fois.

BRINDAVOINE. Il dit qu'il vous apporte de l'argent.

HARPAGON, à Mariane. Je vous demande pardon, je reviens tout à l'heure.

SCÈNE XIV.

HARPAGON, MARIANE, ÉLISE, CLÉANTE, VALÈRE, FROSINE, LA MERLUCHE.

LA MERLUCHE, courant et faisant tomber Harpagon. Monsieur!

HARPAGON. Ah! je suis mort.

CLÉANTE. Qu'est-ce, mon père? Vous êtes-vous fait mal?

HARPAGON. Le traître assurément a reçu de l'argent de mes débiteurs pour me faire rompre le cou.

VALÈRE, à Harpagon. Cela ne sera rien.

LA MERLUCHE, à Harpagon. Monsieur, je vous demande pardon; je croyais bien faire d'accourir ici.

HARPAGON. Que viens-tu faire ici, bourreau?

LA MERLUCHE. Vous dire que vos chevaux sont déférés.

HARPAGON. Qu'on les mène promptement chez le maréchal.

CLÉANTE. En attendant qu'ils soient ferrés, je vais faire pour vous, mon père, les honneurs de votre logis, et conduire madame dans le jardin, où je ferai porter la collation.

SCÈNE XV.

HARPAGON, VALÈRE.

HARPAGON. Valère, aie un peu l'œil à tout cela; et prends soin, je te prie, de m'en sauver le plus que tu pourras pour le renvoyer au marchand.

VALÈRE. C'est assez.

HARPAGON, seul. O fils impertinent! as-tu envie de me ruiner?

ACTE QUATRIÈME.

SCÈNE I.

CLÉANTE, MARIANE, ÉLISE, FROSINE.

CLÉANTE. Rentrons ici, nous serons beaucoup mieux; il n'y a plus autour de nous personne de suspect et nous pouvon parler librement.

ÉLISE. Oui, madame, mon frère m'a fait la confidence des sentiments qu'il a pour vous. Je sais les chagrins et les déplaisirs que sont capables de causer de pareilles traverses; et c'est, je vous assure, avec une tendresse extrême que je m'intéresse à votre aventure.

MARIANE. C'est donc une consolation que de voir dans ses intérêts une personne comme vous; et je vous conjure, madame, de me garder toujours cette généreuse amitié, si capable de m'adoucir les cruautés de la fortune.

FROSINE. Vous êtes, par ma foi, de malheureuses gens l'un et l'autre, de ne m'avoir point, avant tout ceci, avertie de votre affaire. Je vous aurais sans doute détourné cette inquiétude, et n'aurais point amené les choses où l'on voit qu'elles sont.

CLÉANTE. Que veux-tu? c'est ma mauvaise destinée qui l'a voulu ainsi. Mais, Mariane, quelles résolutions sont les vôtres?

MARIANE. Hélas! suis-je en pouvoir de faire des résolutions? et, dans la dépendance où je me vois, puis-je former que des souhaits?

CLÉANTE. Point d'autre appui pour moi que de simples souhaits? point de piété officieuse? point de secourable bonté?

MARIANE. Que saurais-je vous dire? Mettez-vous en ma place,

et voyez ce que je puis faire. Avisez, ordonnez vous-même, je m'en remets à vous; et je vous crois trop raisonnable pour ne vouloir exiger de moi que ce qui peut m'être permis par l'honneur et la bienséance.

CLÉANTE. Hélas! où me réduisez-vous, que de me renvoyer à ce que voudront me permettre les sentiments d'un rigoureux honneur et d'une scrupuleuse bienséance!

MARIANE. Mais que voulez-vous que je fasse? Quand je pourrais passer sur quantité d'égards où notre sexe est obligé, j'ai de la considération pour ma mère; elle m'a toujours élevée avec une tendresse extrême, et je ne saurais me résoudre à lui donner du déplaisir. Faites, agissez auprès d'elle; employez tous vos soins à gagner son esprit; vous pouvez faire et dire tout ce vous voudrez, je vous en donne la licence; et, s'il ne tient qu'à me déclarer en votre faveur, je veux bien consentir à lui faire un aveu moi-même de tout ce que je sens pour vous.

CLÉANTE. Frosine, ma pauvre Frosine, voudrais-tu nous servir?

FROSINE. Par ma foi, faut-il le demander? je le voudrais de tout mon cœur. Vous savez que de mon naturel je suis assez humaine. Le ciel ne m'a pas fait l'âme de bronze; et je n'ai que trop de tendresse à rendre de petits services, quand je vois des gens qui s'entr'aiment en tout bien, en tout honneur. Que pourrions-nous faire à ceci?

CLÉANTE. Songes un peu, je te prie.

MARIANE. Ouvre-nous des lumières.

ÉLISE. Trouve quelque invention pour rompre ce que tu as fait.

FROSINE. Ceci est assez difficile. (A Mariane.) Pour votre mère, elle n'est pas tout à fait déraisonnable, et peut-être pourrait-on la gagner et la résoudre à transporter au fils le don qu'elle veut faire au père. (A Cléante.) Mais le mal que j'y trouve, c'est que votre père est votre père.

CLÉANTE. Cela s'entend.

FROSINE. Je veux dire qu'il conservera du dépit si l'on montre qu'on le refuse, et qu'il ne sera point d'humeur ensuite à donner son consentement à votre mariage. Il faudrait, pour bien faire, que le refus vînt de lui-même, et tâcher, par quelque moyen, de le dégoûter de votre personne.

CLÉANTE. Tu as raison.

FROSINE. Oui, j'ai raison, je le sais bien. C'est ce qu'il faudrait; mais le diantre est d'en pouvoir trouver les moyens... Attendez. Si nous avions quelque femme un peu sur l'âge, qui fût de mon talent et jouât assez bien pour contrefaire une dame de qualité, par le moyen d'un train fait à la hâte, et d'un bizarre nom de marquise ou de vicomtesse que nous supposerions de la Basse-Bretagne, j'aurais assez d'adresse pour faire accroire à votre père que ce serait une personne riche, outre ses maisons, de cent mille écus en argent comptant; qu'elle serait éperdument entichée de lui, et souhaiterait de se voir sa femme, jusqu'à lui donner tout son bien par contrat de mariage; et je ne doute point qu'il ne prêtât l'oreille à la proposition. Car enfin il vous aime fort, je le sais; mais il aime un peu plus l'argent : et quand, ébloui de ce leurre, il aurait une fois consenti à ce qui vous touche, il importerait peu ensuite qu'il se désabusât, en venant à vouloir voir clair aux affaires de notre marquise.

CLÉANTE. Tout cela est fort bien pensé.

FROSINE. Laissez-moi faire. Je viens de me ressouvenir d'une de mes amies qui sera notre fait.

CLÉANTE. Sois assurée, Frosine, de ma reconnaissance, si tu viens à bout de la chose. Mais, Mariane, commençons, je vous prie, par gagner votre mère; c'est toujours beaucoup faire que de rompre ce mariage. Faites-y de votre part, je vous conjure, tous les efforts qu'il vous sera possible. Servez-vous de tout le pouvoir que vous donne sur elle cette amitié qu'elle a pour vous.

MARIANE. J'y ferai tout ce que je puis et n'oublierai aucune chose.

SCÈNE II.

HARPAGON, CLÉANTE, MARIANE, ÉLISE, FROSINE.

HARPAGON, à part, sans être aperçu. Ouais! mon fils baise la main de sa prétendue belle-mère et sa prétendue belle-mère ne s'en défend pas fort. Y aurait-il quelque mystère là-dessous?

ÉLISE. Voilà mon père.

HARPAGON. Le carrosse est tout prêt, vous pouvez partir quand il vous plaira.

CLÉANTE. Puisque vous n'y allez pas, mon père, je m'en vais les conduire.

HARPAGON. Non, demeurez; elles iront bien toutes seules, et j'ai besoin de vous.

SCÈNE III.

HARPAGON, CLÉANTE.

HARPAGON. Oh çà! intérêt de belle-mère à part, que te semble, à toi, de cette personne?

CLÉANTE. Ce qu'il m'en semble?

HARPAGON. Oui, de son air, de sa taille, de sa beauté, de son esprit?

CLÉANTE. La, la!

HARPAGON. Mais encore?

CLÉANTE. A vous en parler franchement, je ne l'ai pas trouvée ici ce que je l'avais crue. Son air est de franche coquette, sa taille est assez gauche, sa beauté très-médiocre et son esprit des plus communs. Ne croyez pas que ce soit, mon père, pour vous en dégoûter; car belle-mère pour belle-mère, j'aime autant celle-là qu'une autre.

HARPAGON. Tu lui disais tantôt pourtant...

CLÉANTE. Je lui ai dit quelques douceurs en votre nom; mais c'était pour vous plaire.

HARPAGON. Si bien donc que tu n'aurais pas d'inclination pour elle?

CLÉANTE. Moi? Point du tout.

HARPAGON. J'en suis fâché; car cela rompt une pensée qui m'était venue dans l'esprit. J'ai fait, en la voyant ici, réflexion sur mon âge, et j'ai songé qu'on pourra trouver à redire de me voir marier à une si jeune personne. Cette considération m'en faisait quitter le dessein; et comme je l'ai fait demander et que je suis pour elle engagé de parole, je te l'aurais donnée sans l'aversion que tu témoignes.

CLÉANTE. A moi?

HARPAGON. A toi.

CLÉANTE. En mariage?

HARPAGON. En mariage.

CLÉANTE. Écoutez. Il est vrai qu'elle n'est pas fort à mon goût; mais, pour vous faire plaisir, mon père, je me résoudrai à l'épouser, si vous voulez.

HARPAGON. Moi? Je suis plus raisonnable que tu ne penses; je ne veux point forcer ton inclination.

CLÉANTE. Pardonnez-moi, je ferai cet effort pour l'amour de vous.

HARPAGON. Non, non; un mariage ne saurait être heureux où l'inclination n'est pas.

CLÉANTE. C'est une chose, mon père, qui peut-être viendra ensuite.

HARPAGON. Non : du côté de l'homme on ne doit point risquer l'affaire; et ce sont des suites fâcheuses où je n'ai garde de me commettre. Si tu avais senti quelque inclination pour elle, à la bonne heure, je te l'aurais fait épouser au lieu de moi; mais, cela n'étant pas, je suivrai mon premier dessein, et je l'épouserai moi-même.

CLÉANTE. Eh bien, mon père, puisque les choses sont ainsi, il faut vous découvrir mon cœur, il faut vous révéler notre secret. La vérité est que mon dessein était tantôt de vous la demander pour femme, et que rien ne m'a retenu que la déclaration de vos sentiments et la crainte de vous déplaire.

HARPAGON. Lui avez-vous rendu visite?

CLÉANTE. Oui, mon père.

HARPAGON. Beaucoup de fois?

CLÉANTE. Assez, pour le temps qu'il y a.

HARPAGON. Vous a-t-on bien reçu?

CLÉANTE. Fort bien, mais sans savoir qui j'étais; et c'est ce qui a fait tantôt la surprise de Mariane.

HARPAGON. Lui avez-vous déclaré le dessein où vous étiez de l'épouser?

CLÉANTE. Sans doute; et même j'en avais fait à sa mère quelque peu d'ouverture.

HARPAGON. A-t-elle écouté pour sa fille votre proposition?

CLÉANTE. Oui, fort civilement.

HARPAGON. Et la fille correspond-elle fort à vos désirs?

CLÉANTE. Si j'en dois croire les apparences, je me persuade, mon père, qu'elle a quelque bonté pour moi.

HARPAGON, bas, à part. Je suis bien aise d'avoir appris un tel secret et voilà justement ce que je demandais. (Haut.) Or sus, mon fils, savez-vous ce qu'il y a? C'est qu'il faut songer, s'il vous plaît, à cesser toutes vos poursuites auprès d'une personne que je prends pour moi et à vous marier dans peu avec celle qu'on vous destine.

CLÉANTE. Oui, mon père, c'est ainsi que vous me jouez! Eh bien, puisque les choses en sont venues là, je vous déclare, moi, que je ne quitterai point les sentiments que j'ai pour Mariane.

HARPAGON. Comment, pendard! tu as l'audace d'aller sur mes brisées! Je te ferai bien me connaître avec de bons coups de bâton.

CLÉANTE. Toutes vos menaces ne feront rien.

HARPAGON. Tu renonceras à Mariane.

CLÉANTE. Point du tout.

HARPAGON. Donnez-moi un bâton tout à l'heure.

SCÈNE IV.

HARPAGON, CLÉANTE, MAITRE JACQUES.

Mᵉ JACQUES. Eh! eh! eh! messieurs, qu'est-ce ceci? à quoi songez-vous?

CLÉANTE. Je me moque de cela.

Mᵉ JACQUES, à Cléante. Ah! monsieur, doucement!

HARPAGON. Me parler avec cette impudence!

Mᵉ JACQUES, à Harpagon. Ah! monsieur, de grâce...

HARPAGON. Je veux te faire toi-même, maître Jacques, juge de cette affaire, pour montrer comme j'ai raison.

Mᵉ JACQUES. J'y consens. (A Cléante.) Éloignez-vous un peu.

HARPAGON. J'aime une jeune fille que je veux épouser et le pendard a l'insolence d'y prétendre malgré mes ordres.

Mᵉ JACQUES. Ah! il a tort.

HARPAGON. N'est-ce pas une chose épouvantable, qu'un fils qui veut entrer en concurrence avec son père? et ne doit-il pas, par respect, s'abstenir de toucher à mes inclinations?

Mᵉ JACQUES. Vous avez raison. Laissez-moi lui parler et demeurez là...

CLÉANTE, à maître Jacques qui s'approche de lui. Eh bien! oui, puisqu'il veut te choisir pour juge, je n'y recule point; il ne m'importe qui que ce soit et je veux bien aussi me rapporter à toi, maître Jacques, de notre différend.

Mᵉ JACQUES. C'est beaucoup d'honneur que vous me faites.

CLÉANTE. Je désire épouser une jeune personne qui réponde à mes vœux, et mon père s'avise de venir en faire la demande.

Mᵉ JACQUES. Il a tort.

CLÉANTE. N'a-t-il pas de honte, à son âge, de songer à se marier?

Mᵉ JACQUES. Vous avez raison, il se moque; laissez-moi lui dire deux mots. (A Harpagon.) Eh bien, votre fils n'est pas si étrange que vous le dites et il se met à la raison : il dit qu'il sait le respect qu'il vous doit, qu'il ne s'est emporté que dans la première chaleur et qu'il ne fera point de refus de se soumettre à ce qu'il vous plaira, pourvu que vous vouliez le traiter mieux que vous ne faites et lui donner quelque personne en mariage dont il ait lieu d'être content.

HARPAGON. Ah! dis-lui, maître Jacques, que, moyennant cela, il pourra espérer toutes choses de moi et que, hors Mariane, je lui laisse la liberté de choisir celle qu'il voudra.

Mᵉ JACQUES. Laissez-moi faire. (A Cléante.) Eh bien, votre père n'est pas si déraisonnable que vous le faites; et il m'a témoigné que ce sont vos emportements qui l'ont mis en colère et qu'il n'en veut seulement qu'à votre manière d'agir; et qu'il sera fort disposé à vous accorder ce que vous souhaitez, pourvu que vous vouliez vous y prendre par la douceur et lui rendre les déférences, les respects et les soumissions qu'un fils doit à son père.

CLÉANTE. Ah! maître Jacques, tu lui peux assurer que, s'il m'accorde Mariane, il me verra toujours le plus soumis de tous les hommes et que jamais je ne ferai aucune chose que par ses volontés.

Me JACQUES, à Harpagon. Cela est fait : il consent à ce que vous dites.

HARPAGON. Voilà qui va le mieux du monde.

Me JACQUES, à Cléante. Tout est conclu; il est content de vos promesses.

CLÉANTE. Le ciel soit loué!

Me JACQUES. Messieurs, vous n'avez qu'à parler ensemble, vous voilà d'accord maintenant; et vous alliez vous quereller, faute de vous entendre.

CLÉANTE. Mon pauvre maître Jacques, je te serai obligé toute ma vie.

Me Jacques. Il n'y a pas de quoi, monsieur.

HARPAGON. Tu m'as fait plaisir, maître Jacques, et cela mérite une récompense. (Harpagon fouille dans sa poche, maître Jacques tend la main; mais Harpagon ne tire que son mouchoir en disant :) Va, je m'en souviendrai, je t'assure.

Me JACQUES. Je vous baise les mains!

SCÈNE V.

HARPAGON, CLÉANTE.

CLÉANTE. Je vous demande pardon, mon père, de l'emportement que j'ai fait paraître.

HARPAGON. Cela n'est rien.

CLÉANTE. Je vous assure que j'en ai tous les regrets du monde.

HARPAGON. Et moi j'ai toutes les joies du monde de te voir raisonnable.

CLÉANTE. Quelle bonté à vous d'oublier si vite ma faute!

HARPAGON. On oublie aisément les fautes de ses enfants lorsqu'ils rentrent dans leur devoir.

CLÉANTE. Quoi! ne garder aucun ressentiment de toutes mes extravagances?

HARPAGON. C'est une chose où tu m'obliges, par la soumission et le respect où tu te ranges.

CLÉANTE. Je vous promets, mon père, que, jusqu'au tombeau, je conserverai dans mon cœur le souvenir de vos bontés.

HARPAGON. Et moi je te promets qu'il n'y aura aucune chose que tu n'obtiennes de moi.

CLÉANTE. Ah! mon père, je ne vous demande plus rien, et c'est m'avoir assez donné que de me donner Mariane.

HARPAGON. Comment?

CLÉANTE. Je dis, mon père, que je suis trop content de vous, et que je trouve toutes choses dans la bonté que vous avez de m'accorder Mariane.

HARPAGON. Qui est-ce qui parle de t'accorder Mariane?

CLÉANTE. Vous, mon père.

HARPAGON. Moi?

CLÉANTE. Sans doute.

HARPAGON. Comment! c'est toi qui as promis d'y renoncer!

CLÉANTE. Moi, y renoncer?

HARPAGON. Oui.

CLÉANTE. Point du tout.

HARPAGON. Tu ne t'es pas départi d'y prétendre?

CLÉANTE. Au contraire, j'y suis porté plus que jamais.

HARPAGON. Quoi, pendard! derechef?

CLÉANTE. Rien ne peut me changer.

HARPAGON. Laisse-moi faire, traître!

CLÉANTE. Faites tout ce qu'il vous plaira.

HARPAGON. Je te défends de me jamais voir.

CLÉANTE. A la bonne heure!

SCÈNE VI.

CLÉANTE, LA FLÈCHE.

LA FLÈCHE, *sortant du jardin avec une cassette.* Ah! monsieur, que je vous trouve à propos! Suivez-moi vite.

CLÉANTE. Qu'y a-t-il?

LA FLÈCHE. Suivez-moi, vous dis-je; nous sommes bien.

CLÉANTE. Comment?

LA FLÈCHE. Voilà notre affaire.

CLÉANTE. Quoi?

LA FLÈCHE. J'ai guigné ceci tout le jour.

CLÉANTE. Qu'est-ce que c'est?

LA FLÈCHE. Le trésor de votre père, je l'ai attrapé.

CLÉANTE. Comment as-tu fait?

LA FLÈCHE. Vous saurez tout. Sauvons-nous, je l'entends crier!

SCÈNE VII.

HARPAGON, criant au voleur dans le jardin.

Au voleur! au voleur!... A l'assassin! au meurtrier!... Justice, juste ciel! je suis perdu, je suis assassiné; on m'a coupé la gorge, on m'a dérobé mon argent! Qui peut-ce être? Qu'est-il devenu? Où est-il? où se cache-t-il? Que ferai-je pour le trouver? Où courir? où ne pas courir? N'est-il point là? n'est-il point ici? Qui est-ce? Arrête! (A lui-même se prenant par le bras.) Rends-moi mon argent, coquin!..... Ah! c'est moi!..... Mon esprit est troublé, et j'ignore où je suis, qui je suis, et ce que je fais. Hélas! mon pauvre argent, mon pauvre argent, mon cher ami, on m'a privé de toi! et, puisque tu m'es enlevé, j'ai perdu mon support, ma consolation, ma joie : tout est fini pour moi, et je n'ai plus que faire au monde! Sans toi il m'est impossible de vivre! C'en est fait, je n'en puis plus, je me meurs, je suis mort, je suis enterré! N'y a-t-il personne qui veuille me ressusciter en me rendant mon cher argent, ou en m'apprenant qui l'a pris? Eh! que dites-vous? Ce n'est personne. Il faut, qui que ce soit qui ait fait le coup, qu'avec beaucoup de soin on ait épié l'heure; et l'on a choisi justement le temps que je parlais à mon traître de fils. Sortons! Je veux aller quérir la justice et faire donner la question à toute ma maison, à servantes, à valets, à fils, à fille, et à moi aussi. Que de gens assemblés! Je ne jette mes regards sur personne qui ne me donne des soupçons, et tout me semble mon voleur. Eh! de quoi est-ce qu'on parle là? de celui qui m'a dérobé? Quel bruit fait-on là-haut? est-ce mon voleur qui y est? De grâce, si l'on sait des nouvelles de mon voleur, je supplie que l'on m'en dise. N'est-il point caché parmi vous? Ils me regardent tous et se mettent à rire. Vous verrez qu'ils ont part, sans doute, au vol que l'on m'a fait. Allons, vite, des commissaires, des archers, des prévôts, des juges, des gênes, des potences et des bourreaux. Je veux faire pendre tout le monde; et, si je ne retrouve mon argent, je me pendrai moi-même après.

ACTE CINQUIÈME

SCÈNE I.

HARPAGON, UN COMMISSAIRE.

LE COMMISSAIRE. Laissez-moi faire; je sais mon métier, Dieu merci. Ce n'est pas d'aujourd'ui que je me mêle de découvrir des vols; et je voudrais avoir autant de sacs de mille francs que j'ai fait pendre de personnes.

HARPAGON. Tous les magistrats sont intéressés à prendre cette affaire en main; et, si l'on ne me fait retrouver mon argent, je demanderai justice de la justice.

LE COMMISSAIRE. Il faut faire toutes les poursuites requises. Vous dites qu'il y avait dans cette cassette...

HARPAGON. Dix mille écus bien comptés.

LE COMMISSAIRE. Dix mille écus?

HARPAGON. Dix mille écus.

LE COMMISSAIRE. Le vol est considérable.

HARPAGON. Il n'y a point de supplice assez grand pour l'énormité de ce crime; et s'il demeure impuni, les choses les plus sacrées ne sont plus en sûreté.

LE COMMISSAIRE. En quelles espèces était cette somme?

HARPAGON. En bons louis d'or et pistoles bien trébuchantes.

LE COMMISSAIRE. Qui soupçonnez-vous de ce vol?

HARPAGON. Tout le monde; et je veux que vous arrêtiez prisonniers la ville et les faubourgs.

LE COMMISSAIRE. Il faut, si vous m'en croyez, n'effaroucher personne, et tâcher doucement d'attraper quelques preuves, afin de procéder après, par la rigueur, au recouvrement des deniers qui vous ont été pris.

SCÈNE II.

HARPAGON, LE COMMISSAIRE, MAITRE JACQUES.

Mᵉ JACQUES, *dans le fond du théâtre, en se retournant du côté par lequel il est entré.* Je m'en vais revenir : qu'on me l'égorge tout à l'heure; qu'on lui fasse griller les pieds; qu'on me le mette dans l'eau bouillante; et qu'on me le pende au plancher.

HARPAGON, *à maître Jacques.* Qui? Celui qui m'a dérobé?

Mᵉ JACQUES. Je parle d'un cochon de lait que votre intendant vient d'envoyer, et je veux vous l'accommoder à ma fantaisie.

HARPAGON. Il n'est pas question de cela, et voilà monsieur à qui il faut parler d'autre chose.

LE COMMISSAIRE, à maître Jacques. Ne vous épouvantez point ; je suis homme à ne vous point scandaliser, et les choses iront dans la douceur.

Me JACQUES. Monsieur est de votre souper?

LE COMMISSAIRE. Il faut ici, mon cher ami, ne rien cacher à votre maître.

Me JACQUES. Ma foi, monsieur, je montrerai tout ce que je sais faire, et je vous traiterai du mieux qu'il me sera possible.

HARPAGON. Ce n'est pas là l'affaire.

Me JACQUES. Si je ne vous fais pas aussi bonne chère que je voudrais, c'est la faute de monsieur votre intendant, qui m'a rogné les ailes avec les ciseaux de son économie.

HARPAGON. Traître ! il s'agit d'autre chose que de souper ; et je veux que tu me dises des nouvelles de l'argent qu'on m'a pris.

Me JACQUES. On vous a pris de l'argent?

HARPAGON. Oui, coquin ! et je m'en vais te faire pendre si tu ne me le rends.

LE COMMISSAIRE, à Harpagon. Mon Dieu ! ne le maltraitez point. Je vois à sa mine qu'il est honnête homme, et que, sans se faire mettre en prison, il vous découvrira ce que vous voulez savoir. Oui, mon ami, si vous nous confessez la chose, il ne vous sera fait aucun mal, et vous serez récompensé comme il faut par votre maître. On lui a pris aujourd'hui son argent, et il n'est pas que vous ne sachiez quelque nouvelle de cette affaire.

Me JACQUES, bas, à part. Voici justement ce qu'il me faut pour me venger de notre intendant. Depuis qu'il est entré céans, il est le favori ; on n'écoute que ses conseils, et j'ai aussi sur le cœur les coups de bâton de tantôt.

HARPAGON. Qu'as-tu à ruminer?

LE COMMISSAIRE, à Harpagon. Laissez-le faire, il se prépare à vous contenter ; et je vous ai bien dit qu'il était honnête homme.

Me JACQUES. Monsieur, si vous voulez que je vous dise les choses, je crois que c'est monsieur votre cher intendant qui a fait le coup.

HARPAGON. Valère?

Me JACQUES. Oui.

HARPAGON. Lui, qui me paraît si fidèle?

Me JACQUES. Lui-même ; je crois que c'est lui qui vous a dérobé.

HARPAGON. Et sur quoi le crois-tu?

Me JACQUES. Sur quoi?

HARPAGON. Oui.

M⁰ JACQUES. Je le crois... sur ce que je crois.

LE COMMISSAIRE. Mais il est nécessaire de dire les indices que vous avez.

HARPAGON. L'as-tu vu rôder autour du lieu où j'avais mis mon argent?

M⁰ JACQUES. Oui, vraiment... Où était-il, votre argent?

HARPAGON. Dans le jardin.

M⁰ JACQUES. Justement. Je l'ai vu rôder dans le jardin. Et dans quoi est-ce que cet argent était?

HARPAGON. Dans une cassette.

M⁰ JACQUES. Voilà l'affaire. Je lui ai vu une cassette.

HARPAGON. Et cette cassette, comment est-elle faite? Je verrai bien si c'est la mienne.

M⁰ JACQUES. Comment est-elle faite?

HARPAGON. Oui.

M⁰ JACQUES. Elle est faite... Elle est faite comme une cassette.

LE COMMISSAIRE. Cela s'entend. Mais dépeignez-la un peu, pour voir?

M⁰ JACQUES. C'est une grande cassette...

HARPAGON. Celle qu'on m'a volée est petite.

M⁰ JACQUES. Eh! oui, elle est petite, si l'on veut prendre par là; mais je l'appelle grande pour ce qu'elle contient.

LE COMMISSAIRE. Et de quelle couleur est-elle?

M⁰ JACQUES. De quelle couleur?

LE COMMISSAIRE. Oui.

M⁰ JACQUES. Elle est de couleur... là, d'une certaine couleur... Ne sauriez-vous m'aider à dire?

HARPAGON. Eh?

M⁰ JACQUES. N'est-elle pas rouge?

HARPAGON. Non, grise.

M⁰ JACQUES. Eh! oui, gris-rouge, c'est ce que je voulais dire.

HARPAGON. Il n'y a point de doute, c'est elle assurément. Écrivez, monsieur, écrivez sa déposition. Ciel! à qui désormais se fier? Il ne faut plus jurer de rien et je crois, après cela, que je suis homme à me voler moi-même.

M⁰ JACQUES, à Harpagon. Monsieur, le voici qui revient. Ne lui allez pas dire au moins que c'est moi qui vous ai découvert cela.

SCÈNE III.

HARPAGON, LE COMMISSAIRE, VALÈRE, MAITRE JACQUES.

HARPAGON. Approche, viens confesser l'action la plus noire, l'attentat le plus horrible qui jamais ait été commis.

Je m'en vais te faire pendre...

L'AVARE. Acte V, Scène III.

VALÈRE. Que voulez-vous, monsieur?

HARPAGON. Comment, traître! tu ne rougis pas de ton crime?

VALÈRE. De quel crime voulez-vous donc parler?

HARPAGON. De quel crime je veux parler, infâme! Comme si tu ne savais pas ce que je veux dire! C'est en vain que tu prétendrais le déguiser : l'affaire est découverte et l'on vient de m'apprendre tout. Comment! abuser ainsi de ma bonté; et s'introduire exprès chez moi pour me jouer un tour de cette nature!

VALÈRE. Monsieur, puisqu'on vous a découvert tout, je ne veux point chercher de détours et vous nier la chose.

Me JACQUES, à part. Oh! oh! aurais-je deviné sans y penser?

VALÈRE. C'était mon dessein de vous en parler et je voulais attendre pour cela des conjonctures favorables; mais puisqu'il en est ainsi, je vous conjure de ne vous point fâcher et de vouloir entendre mes raisons.

HARPAGON. Et quelles belles raisons peux-tu me donner, voleur infâme?

VALÈRE. Ah! monsieur, je n'ai pas mérité ces noms. Il est vrai que j'ai commis une offense envers vous; mais, après tout, ma faute est pardonnable.

HARPAGON. Comment, pardonnable! Un guet-apens, un assassinat de la sorte!

VALÈRE. De grâce, ne vous mettez point en colère. Quand vous m'aurez ouï, vous verrez que le mal n'est pas si grand que vous le faites.

HARPAGON. Le mal n'est pas si grand que je le fais? Quoi! mon sang, mes entrailles, pendard!

VALÈRE. Votre sang, monsieur, n'est pas tombé dans de mauvaises mains. Je suis d'une condition à ne lui point faire de tort; et il n'y a rien en tout ceci que je ne puisse bien réparer.

HARPAGON. C'est bien mon intention, et que tu me restitues ce que tu m'as ravi.

VALÈRE. Votre honneur, monsieur, sera pleinement satisfait.

HARPAGON. Il n'est pas question d'honneur là-dedans. Mais, dis-moi, qui t'a porté à cette action?

VALÈRE. Hélas! me le demandez-vous?

HARPAGON. Oui, vraiment, je te le le demande!

VALÈRE. Un sentiment qui porte les excuses de tout ce qu'il fait faire : l'amitié.

HARPAGON. L'amitié?

VALÈRE. Oui.

HARPAGON. Belle amitié! belle amitié, ma foi! l'amitié de mes louis d'or!

VALÈRE. Non, monsieur, ce ne sont point vos richesses qui m'ont tenté, ce n'est pas cela qui m'a ébloui, et je proteste de ne prétendre rien à tous vos biens, pourvu que vous me laissiez celui que j'ai.

HARPAGON. Non ferai, de par tous les diables! je ne te le laisserai pas!... Mais voyez quelle insolence, de vouloir retenir le vol qu'il m'a fait!

VALÈRE. Appelez-vous cela un vol?

HARPAGON. Si je l'appelle un vol! un trésor comme celui-là?

VALÈRE. C'est un trésor, il est vrai, et le plus précieux que vous ayez sans doute; mais ce ne sera pas le perdre que de me le laisser. Je vous le demande à genoux, et, pour bien faire, il faut que vous me l'accordiez.

HARPAGON. Je n'en ferai rien. Qu'est-ce à dire, cela?

VALÈRE. Nous nous sommes promis une foi mutuelle.

HARPAGON. C'est admirable! La promesse est plaisante!

VALÈRE. Oui, nous nous sommes engagés d'être l'un à l'autre.

HARPAGON. Je vous en empêcherai bien, je vous assure! C'est être bien endiablé de mon argent!

VALÈRE. Je vous ai déjà dit, monsieur, que ce n'était point l'intérêt qui m'avait poussé à faire ce que j'ai fait. Mon cœur n'a point agi par les ressorts que vous pensez, et un motif plus noble m'a inspiré cette résolution.

HARPAGON. Vous verrez que c'est par charité chrétienne qu'il veut avoir mon bien! Mais j'y donnerai bon ordre; et la justice, pendard effronté! me va faire raison de tout.

VALÈRE. Vous en userez comme vous voudrez, et me voilà prêt à souffrir toutes les violences qu'il vous plaira; mais je vous prie de croire au moins que, s'il y a du mal, ce n'est que moi qu'il en faut accuser, et que votre fille, en tout ceci, n'est aucunement coupable.

HARPAGON. Je le crois bien, vraiment! Il serait fort étrange que ma fille eût trempé dans ce crime! Mais je veux ravoir mon affaire, et que tu me confesses en quel endroit tu me l'as enlevée.

VALÈRE. Moi, je ne l'ai point enlevée; et elle est encore chez vous.

HARPAGON, à part. O ma chère cassette! (Haut.) Elle n'est point sortie de ma maison?

VALÈRE. Non, monsieur : dame Claude sait la vérité de cette aventure, et elle vous peut rendre témoignage...

HARPAGON. Quoi! ma servante est complice de l'affaire?

VALÈRE. Oui, monsieur, elle a été témoin de notre engagement; et c'est après avoir connu l'honnêteté de mes désirs qu'elle m'a aidé à persuader votre fille de me donner sa foi et de recevoir la mienne.

HARPAGON. Eh! (A part.) Est-ce que la peur de la justice le fait extravaguer? (A Valère.) Que nous brouilles-tu ici de ma fille?

VALÈRE. Je dis, monsieur, que j'ai eu toutes les peines du monde à la faire consentir à ce que je désirais; c'est seulement depuis hier qu'elle a pu se résoudre à nous faire mutuellement une promesse de mariage.

HARPAGON. Ma fille t'a donné une promesse de mariage?

VALÈRE. Oui, monsieur, comme de ma part je lui en ai donné une.

HARPAGON. O ciel! autre disgrâce

M⁰ JACQUES, au commissaire. Écrivez, monsieur, écrivez.

HARPAGON. Rengrègement de mal! surcroît de désespoir! (Au commissaire.) Allons, monsieur, faites le dû de votre charge, et dressez-lui-moi son procès comme larron et comme suborneur.

M⁰ JACQUES. Comme larron et comme suborneur.

VALÈRE. Ce sont des noms qui ne me sont point dus; et quand on saura qui je suis...

SCÈNE IV.

HARPAGON, ÉLISE, MARIANE, VALÈRE, FROSINE, MAITRE JACQUES, LE COMMISSAIRE.

HARPAGON. Ah! fille scélérate! fille indigne d'un père comme moi! c'est ainsi que tu pratiques les leçons que je t'ai données! Tu te laisses prendre d'amitié pour un voleur infâme, et tu lui engages ta foi sans mon consentement! Mais vous serez trompés l'un et l'autre. (A Élise.) Quatre bonnes murailles me répondront de ta conduite; (A Valère.) et une potence, pendard effronté! me fera raison de ton audace.

VALÈRE. Ce ne sera point votre passion qui jugera l'affaire, et l'on m'écoutera au moins avant que de me condamner.

HARPAGON. Je me suis abusé de dire un potence, et tu seras roué tout vif.

ÉLISE, aux genoux d'Harpagon. Ah! mon père, prenez des sentiments un peu plus humains, je vous prie, et n'allez point pousser les choses dans les dernières violences du pouvoir paternel. Ne vous laissez point entraîner aux premiers mouvements de votre passion, et donnez-vous le temps de considérer ce que vous voulez faire. Prenez la peine de mieux voir celui dont vous vous offensez. Il est tout autre que vos yeux ne le jugent; vous saurez que, sans lui, vous ne m'auriez plus il y a longtemps. Oui, mon père, c'est lui qui me sauva de ce grand péril que vous savez que je courus dans l'eau, et à qui vous devez la vie de cette même fille dont...

HARPAGON. Tout cela n'est rien; et il valait bien mieux pour moi qu'il te laissât noyer, que de faire ce qu'il a fait.

ÉLISE. Mon père, je vous conjure, par l'amour paternel, de me...

HARPAGON. Non, non, je ne veux rien entendre; et il faut que la justice fasse son devoir.

Me JACQUES, à part. Tu me payeras mes coups de bâton.

FROSINE, à part. Voici un étrange embarras.

SCÈNE V.

ANSELME, HARPAGON, ÉLISE, MARIANE, FROSINE, VALÈRE, LE COMMISSAIRE, MAITRE JACQUES.

ANSELME. Qu'est-ce, seigneur Harpagon? Je vous vois tout ému.

HARPAGON. Ah! seigneur Anselme, vous me voyez le plus infortuné de tous les hommes, et voici bien du trouble et du désordre au contrat que vous venez faire. On m'assassine dans le bien, on m'assassine dans l'honneur; et voilà un traître, un scélérat qui a violé les droits les plus saints, qui s'est coulé chez moi, sous le titre de domestique, pour me dérober mon argent et pour ravir ma fille.

VALÈRE. Qui songe à votre argent, dont vous me faites un galimatias?

HARPAGON. Oui, ils se sont donné l'un à l'autre une promesse de mariage. Cet affront vous regarde, seigneur Anselme; et c'est vous qui devez vous rendre partie contre lui, et faire à vos dépens toutes les poursuites de la justice, pour vous venger de son insolence.

ANSELME. Ce n'est pas mon dessein de me faire épouser par force, et de rien prétendre à un cœur qui se serait donné; mais pour vos intérêts, je suis prêt à les embrasser ainsi que les miens propres.

HARPAGON. Voilà monsieur, qui est un honnête commissaire, qui n'oubliera rien, à ce qu'il m'a dit, de la fonction de son office. (Au commissaire, montrant Valère.) Chargez-le comme il faut, monsieur, et rendez les choses bien criminelles.

VALÈRE. Je ne vois pas quel crime on peut faire des sentiments que j'ai pour votre fille, et le supplice où vous croyez que je puisse être condamné pour notre engagement, lorsqu'on saura ce que je suis.

HARPAGON. Je me moque de tous ces contes ; et le monde aujourd'hui n'est plein que de ces larrons de noblesse, que de ces imposteurs qui tirent avantage de leur obscurité et s'habillent insolemment du premier nom illustre qu'ils s'avisent prendre.

VALÈRE. Sachez que j'ai le cœur trop bon pour me parer de quelque chose qui ne soit point à moi, et que tout Naples peut rendre témoignage de ma naissance.

ANSELME. Tout beau ! Prenez garde à ce que vous allez dire. Vous risquez ici plus que vous ne pensez ; et vous parlez devant un homme à qui tout Naples est connu, et qui peut aisément voir clair dans l'histoire que vous lui ferez.

VALÈRE. Je suis homme à ne rien craindre ; et si Naples vous est connu, vous savez qui était don Thomas d'Alburci.

ANSELME. Sans doute, je le sais ; et peu d'hommes l'ont connu mieux que moi.

HARPAGON. Je ne me soucie ni de don Thomas ni de don Martin.

ANSELME. De grâce, laissez-le parler ; nous verrons ce qu'il en veut dire.

VALÈRE. Je veux dire que c'est lui qui m'a donné le jour.

ANSELME. Lui !

VALÈRE. Oui.

ANSELME. Allez, vous vous moquez. Cherchez quelque autre histoire qui vous puisse mieux réussir, et ne prétendez pas vous sauver sous cette imposture.

VALÈRE. Songez à mieux parler. Ce n'est point une imposture, et je n'avance rien qu'il ne me soit aisé de justifier.

ANSELME. Quoi ! vous osez vous dire fils de don Thomas d'Alburci ?

VALÈRE. Oui, je l'ose, et je suis prêt à soutenir cette vérité contre qui que ce soit.

ANSELME. L'audace est merveilleuse ! Apprenez, pour vous confondre, qu'il y a seize ans pour le moins que l'homme dont vous nous parlez périt sur mer avec ses enfants et sa femme, en voulant dérober leur vie aux cruelles persécutions qui ont accompagné les désordres de Naples, et qui en firent exiler plusieurs nobles familles.

VALÈRE. Oui, apprenez, pour vous confondre, vous, que son fils, âgé de sept ans, avec un domestique, fut sauvé de ce naufrage par un vaisseau espagnol, et que ce fils sauvé est celui qui vous parle. Apprenez que le capitaine de ce vaisseau, touché de ma fortune, prit amitié pour moi ; qu'il me fit élever comme son propre fils, et que les armes furent mon emploi dès que je m'en trouvai capable ; que j'ai su depuis peu que mon père n'était point mort, comme je l'avais toujours cru.

ANSELME. Mais quels témoignages encore, autres que vos paroles, nous peuvent assurer que ce ne soit point une fable que vous ayez bâtie sur une vérité?

VALÈRE. Le capitaine espagnol, un cachet de rubis qui était à mon père, un bracelet d'agate que ma mère m'avait mis au bras, le vieux Pedro, ce domestique qui se sauva avec moi du naufrage.

MARIANE. Hélas! à vos paroles je puis ici répondre, moi, que vous n'imposez point ; et tout ce que vous dites me fait connaître clairement que vous êtes mon frère.

VALÈRE. Vous, ma sœur!

MARIANE. Oui : mon cœur s'est ému dès le moment que vous avez ouvert la bouche ; et notre mère, que vous allez revoir, m'a mille fois entretenue des disgrâces de notre famille. Le ciel ne nous fit point non plus périr dans ce triste naufrage, mais il ne nous sauva la vie que par la perte de notre liberté ; et ce furent des corsaires qui nous recueillirent ma mère et moi, sur un débris de notre vaisseau. Après dix ans d'esclavage, une heureuse fortune nous rendit notre liberté, et nous retournâmes dans Naples, où nous trouvâmes tout notre bien vendu, sans y pouvoir trouver des nouvelles de notre père. Nous passâmes à Gênes, où ma mère alla ramasser quelques malheureux restes d'une succession qu'on avait déchirée ; et de là, fuyant la barbare injustice de ses parents, elle vint en ces lieux, où elle n'a presque vécu que d'une vie languissante.

ANSELME. O ciel! quels sont les traits de ta puissance, et que tu fais bien voir qu'il n'appartient qu'à toi de faire des miracles! Embrassez-moi, mes enfants, et mêlez tous deux vos transports à ceux de votre père!

VALÈRE. Vous êtes notre père?

MARIANE. C'est vous que ma mère a tant pleuré?

ANSELME. Oui, ma fille, oui, mon fils, je suis don Thomas d'Alburci, que le ciel garantit des ondes avec tout l'argent qu'il portait, et qui, vous ayant tous crus morts pendant plus de seize ans, se préparait, après de longs voyages, à chercher dans l'hymen d'une douce et sage personne la consolation de quelque nouvelle famille. Le peu de sûreté que j'ai vu pour ma vie à retourner à Naples m'a fait y renoncer pour toujours ; et ayant su trouver moyen d'y faire vendre ce que j'avais, je me suis habitué ici, où, sous le nom d'Anselme, j'ai voulu m'éloigner les chagrins de cet autre nom qui m'a causé tant de traverses.

HARPAGON, à Anselme. C'est là votre fils?

ANSELME. Oui.

HARPAGON. Je vous prends à partie pour me payer dix mille écus qu'il m'a volés.

ANSELME. Lui, vous avoir volé!

HARPAGON. Lui-même.

VALÈRE. Qui vous dit cela?

HARPAGON. Maître Jacques.

ANSELME, à maître Jacques. C'est toi qui le dis?

Me JACQUES. Vous voyez que je ne dis rien.

HARPAGON. Oui, voilà monsieur le commissaire qui a reçu sa déposition.

VALÈRE. Pouvez-vous me croire capable d'une action si lâche?

HARPAGON. Capable ou non capable, je veux ravoir mon argent.

SCÈNE VI.

HARPAGON, ANSELME, ÉLISE, MARIANE, CLÉANTE, VALÈRE, FROSINE, LE COMMISSAIRE, MAITRE JACQUES, LA FLÈCHE.

CLÉANTE. Ne vous tourmentez point, mon père, et n'accusez personne. J'ai découvert des nouvelles de votre affaire; et je viens ici pour vous dire que, si vous voulez vous résoudre à me laisser épouser Mariane, votre argent vous sera rendu.

HARPAGON. Où est-il?

CLÉANTE. Ne vous en mettez point en peine, il est en lieu dont je réponds, et tout ne dépend que de moi : c'est à vous de me dire à quoi vous vous déterminez; et vous pouvez choisir, ou de me donner Mariane, ou de perdre votre cassette.

HARPAGON. N'en a-t-on rien ôté?

CLÉANTE. Rien du tout... Voyez si c'est votre dessein de souscrire à ce mariage et de joindre votre consentement à celui de sa mère, qui lui laisse la liberté de faire un choix entre nous deux.

MARIANE, à Cléante. Mais vous ne savez pas que ce n'est pas assez de ce consentement, et que le ciel, (montrant Valère) avec un frère que vous voyez, vient de me rendre un père (montrant Anselme) dont vous avez à m'obtenir.

ANSELME. Le ciel, mes enfants, ne me redonne point à vous pour être contraire à vos vœux. Seigneur Harpagon, vous jugez bien que le choix d'une jeune personne tombera sur le fils plutôt que sur le père. Allons, ne vous faites point dire ce qu'il n'est pas nécessaire d'entendre et consentez, ainsi que moi, à ce double hyménée.

HARPAGON. Il faut, pour me donner conseil, que je voie ma cassette.

CLÉANTE. Vous la verrez saine et entière.

HARPAGON. Je n'ai point d'argent à donner en mariage à mes enfants.

ANSELME. Eh bien, j'en ai pour eux; que cela ne vous inquiète point.

HARPAGON. Vous obligez-vous à faire tous les frais de ces deux mariages?

ANSELME. Oui, je m'y oblige. Êtes-vous satisfait?

HARPAGON. Oui, pourvu que, pour les noces, vous me fassiez faire un habit.

ANSELME. D'accord. Allons jouir de l'allégresse que cet heureux jour nous présente.

LE COMMISSAIRE. Holà! messieurs, holà! tout doucement, s'il vous plaît. Qui me payera mes écritures?

HARPAGON. Nous n'avons que faire de vos écritures.

LE COMMISSAIRE. Oui; mais je ne prétends pas, moi, les avoir faites pour rien.

HARPAGON, montrant maître Jacques. Pour votre payement, voilà un homme que je vous donne à pendre.

Mᵉ JACQUES. Hélas! comment faut-il donc faire? On me donne des coups de bâton pour dire vrai et on me veut pendre pour mentir.

ANSELME. Seigneur Harpagon, il faut lui pardonner cette imposture.

HARPAGON. Vous payerez donc le commissaire?

ANSELME. Soit. Allons vite faire part de notre joie à votre mère.

HARPAGON. Et moi, voir ma chère cassette.

M. DE POURCEAUGNAC

COMÉDIE-BALLET EN TROIS ACTES (1669)

PERSONNAGES :

DANS LA COMÉDIE :

M. DE POURCEAUGNAC.
ORONTE.
JULIE, fille d'Oronte.
NÉRINE, femme d'intrigue, feinte Picarde.
LUCETTE, feinte Languedocienne.
SBRIGANI, Napolitain, homme d'intrigue.
PREMIER MÉDECIN.
SECOND MÉDECIN.
UN APOTHICAIRE.
UN PAYSAN.

UNE PAYSANNE.
PREMIER SUISSE.
SECOND SUISSE.
UN EXEMPT.
DEUX ARCHERS.

DANS LE BALLET :

DEUX MÉDECINS GROTESQUES.
MATASSINS dansants.
DEUX AVOCATS chantants.
DEUX PROCUREURS dansants.
DEUX SERGENTS dansants.

La scène est à Paris.

ACTE PREMIER

SCÈNE I.

JULIE, ÉRASTE, NÉRINE.

JULIE. Avez-vous imaginé pour notre affaire quelque chose de favorable? et croyez-vous, Éraste, pouvoir venir à bout de détourner ce fâcheux mariage que mon père s'est mis en tête?

ÉRASTE. Au moins y travaillons-nous fortement; et déjà nous avons préparé un bon nombre de batteries pour renverser ce dessein ridicule.

NÉRINE, *accourant à Julie.* Par ma foi, voilà votre père !

JULIE. Ah ! séparons-nous vite.

NÉRINE. Non, non, non, ne bougez pas; je m'étais trompée.

JULIE. Mon Dieu ! Nérine, que tu es sotte de nous donner de ces frayeurs !

ÉRASTE. Oui, madame, nous avons dressé pour cela quantité de machines et nous ne feignons point de mettre tout en usage, sur la permission que vous m'avez donnée. Ne nous demandez point tous les ressorts que nous ferons jouer; vous en aurez le divertissement; et, comme aux comédies, il est bon de vous laisser le plaisir de la surprise et de ne vous avertir point de tout ce qu'on vous fera voir. C'est assez de vous dire que nous avons en main divers stratagèmes tout prêts à produire dans l'occasion et que l'ingénieuse Nérine et l'adroit Sbrigani entreprennent l'affaire.

NÉRINE. Assurément. Votre père se moque-t-il de vouloir vous anger de son avocat de Limoges, M. de Pourceaugnac, qu'il n'a vu de sa vie et qui vient par le coche vous enlever à notre barbe? Faut-il que trois ou quatre mille écus de plus, sur la parole de votre oncle, lui vaillent la préférence? Et une personne comme vous est-elle faite pour un Limosin? S'il a envie de se marier, que ne prend-il une Limosine et ne laisse-t-il en repos les chrétiens? Le seul nom de M. de Pourceaugnac m'a mise dans une colère effroyable. J'enrage de M. de Pourceaugnac. Quand il n'y aurait que ce nom-là, M. de Pourceaugnac! j'y brûlerai mes livres, ou je romprai ce mariage et vous ne serez point madame de Pourceaugnac. Pourceaugnac! cela se peut-il souffrir? Non, Pourceaugnac est une chose que je ne saurais supporter ; et nous lui jouerons tant de pièces, nous lui ferons tant de niches sur niches, que nous renverrons à Limoges M. de Pourceaugnac.

ÉRASTE. Voici notre subtil Napolitain qui nous dira des nouvelles.

SCÈNE II.

JULIE, ÉRASTE, SBRIGANI, NÉRINE.

SBRIGANI. Monsieur, votre homme arrive; je l'ai vu à trois lieues d'ici, où a couché le coche ; et, dans la cuisine, où il est descendu pour déjeuner, je l'ai étudié une bonne grosse demi-heure et je le sais déjà par cœur. Pour sa figure, je ne veux point vous en parler : vous verrez de quel air la nature l'a dessiné et si l'ajustement qui l'accompagne y répond comme il faut. Mais, pour son esprit, je vous avertis par avance qu'il est des plus épais qui se fassent; que nous trouvons en lui une matière tout à fait disposée pour ce que nous voulons et qu'il est homme enfin à donner dans tous les panneaux qu'on lui présentera.

ÉRASTE. Nous dis-tu vrai?

SBRIGANI. Oui, si je me connais en gens.

NÉRINE. Madame, voilà un illustre. Votre affaire ne pouvait être mise en de meilleures mains et c'est le héros de notre siècle pour les exploits dont il s'agit; un homme qui, vingt fois en sa vie, pour servir ses amis, a généreusement affronté les galères; qui, au péril de ses bras et de ses épaules, sait mettre noblement à fin les aventures les plus difficiles; et qui, tel que vous le voyez, est exilé de son pays pour je ne sais combien d'actions honorables qu'il a généreusement entreprises.

SBRIGANI. Je suis confus des louanges dont vous m'honorez; et je pourrais vous en donner avec plus de justice sur les merveilles de votre vie et principalement sur la gloire que vous acquîtes, lorsqu'avec tant d'honnêteté vous pipâtes au jeu, pour douze mille écus, un jeune seigneur étranger; lorsque vous fîtes galamment ce faux contrat qui ruina toute une famille; lorsqu'avec tant de grandeur d'âme vous sûtes nier le dépôt qu'on vous avait confié; et que si généreusement on vous vit prêter votre témoignage à faire pendre ces deux personnes qui ne l'avaient pas mérité.

NÉRINE. Ce sont petites bagatelles qui ne valent pas qu'on en parle; et vos éloges me font rougir.

SBRIGANI. Je veux bien épargner votre modestie. Laissons cela; et, pour commencer notre affaire, allons joindre notre provincial, tandis que, de votre côté, vous nous tiendrez prêts, au besoin, les autres acteurs de la comédie.

ÉRASTE. Au moins, madame, souvenez-vous de votre rôle; et, pour mieux couvrir votre jeu, feignez, comme on vous a dit, d'être la plus contente du monde des résolutions de votre père.

JULIE. S'il ne tient qu'à cela, les choses iront à merveille.

ÉRASTE. Mais, belle Julie, si toutes nos machines venaient à ne pas réussir?

JULIE. Je déclarerais à mon père mes véritables sentiments.

ÉRASTE. Et si, contre vos sentiments, il s'obstinait à son dessein?

JULIE. Je le menacerais de me jeter dans un couvent.

ÉRASTE. Mais si, malgré tout cela, il voulait vous forcer à ce mariage?

JULIE. Que voulez-vous que je vous dise?

SBRIGANI. Ma foi, voici notre homme; songeons à nous.

NÉRINE. Ah! comme il est bâti!

SCÈNE III.

M. DE POURCEAUGNAC, SBRIGANI.

M. DE POURCEAUGNAC, *se retournant du côté d'où il est venu et parlant à des gens qui le suivent.* Eh bien, quoi? qu'est-ce? qu'y a-t-il? Au diantre soient la sotte ville et les sottes gens qui y sont! Ne pouvoir faire un pas sans trouver des nigauds qui vous regardent et se mettent à rire! Eh! messieurs les badauds, faites vos affaires et laissez passer les personnes sans leur rire au nez. Je me donne au diable, si je ne baille un coup de poing au premier que je verrai rire.

SBRIGANI, parlant aux autres personnes. Qu'est-ce que c'est, messieurs? Que veut dire cela? A qui en avez-vous? Faut-il se moquer ainsi des honnêtes étrangers qui arrivent ici?

M. DE POURCEAUGNAC. Voilà un homme raisonnable, celui-là!

SBRIGANI. Quel procédé est le vôtre? et qu'avez-vous à rire?

M. DE POURCEAUGNAC. Fort bien.

SBRIGANI. Monsieur a-t-il quelque chose de ridicule en soi?

M. DE POURCEAUGNAC. Oui?

SBRIGANI. Est-il autrement que les autres?

M. DE POURCEAUGNAC. Suis-je tortu ou bossu?

SBRIGANI. Apprenez à connaître les gens.

M. DE POURCEAUGNAC. C'est bien dit.

SBRIGANI. Monsieur est d'une mine à respecter.

M. DE POURCEAUGNAC. Cela est vrai.

SBRIGANI. Personne de condition.

M. DE POURCEAUGNAC. Oui, gentilhomme limosin.

SBRIGANI. Homme d'esprit.

M. DE POURCEAUGNAC. Qui a étudié en droit.

SBRIGANI. Il vous fait trop d'honneur de venir dans votre ville.

M. DE POURCEAUGNAC. Sans doute.

SBRIGANI. Monsieur n'est point une personne à faire rire.

M. DE POURCEAUGNAC. Assurément.

SBRIGANI. Et quiconque rira de lui aura affaire à moi.

M. DE POURCEAUGNAC, à Sbrigani. Monsieur, je vous suis infiniment obligé.

SBRIGANI. Je suis fâché, monsieur, de voir recevoir de la sorte une personne comme vous, et je vous demande pardon pour la ville.

M. DE POURCEAUGNAC. Je suis votre serviteur.

SBRIGANI. Je vous ai vu ce matin, monsieur, avec le coche, lorsque vous avez déjeuné; et la grâce avec laquelle vous mangiez votre pain m'a fait naître d'abord de l'amitié pour vous; et comme je sais que vous êtes tout neuf, je suis bien aise de vous avoir trouvé pour vous offrir mon service à cette arrivée, et vous aider à vous conduire parmi ce peuple, qui n'a pas parfois pour les honnêtes gens toute la considération qu'il faudrait.

M. DE POURCEAUGNAC. C'est trop de grâce que vous me faites.

SBRIGANI. Je vous l'ai déjà dit : du moment que je vous ai vu, je me suis senti pour vous de l'inclination.
M. DE POURCEAUGNAC. Je vous suis obligé.
SBRIGANI. Votre physionomie m'a plu.
M. DE POURCEAUGNAC. Ce m'est beaucoup d'honneur.
SBRIGANI. J'y ai vu quelque chose d'honnête...
M. DE POURCEAUGNAC. Je suis votre serviteur.
SBBRIGANI. Quelque chose d'aimable.
M. DE POURCEAUGNAC. Ah! ah!
SBRIGANI. De gracieux...
M. DE POURCEAUGNAC. Ah! ah!
SBRIGANI. De doux...
M. DE POURCEAUGNAC. Ah! ah!
SBRIGANI. De majestueux....
M. DE POURCEAUGNAC. Ah! ah!
SBRIGANI. De franc...
M. DE POURCEAUGNAC. Ah! ah!
SBRIGANI. Et de cordial.
M. DE POURCEAUGNAC. Ah! ah!
SBRIGANI. Je vous assure que je suis tout à vous.
M. DE POURCEAUGNAC. Je vous ai beaucoup d'obligation.
SBRIGANI. C'est du fond du cœur que je parle.
M. DE POURCEAUGNAC. Je le crois.
SBRIGANI. Si j'avais l'honneur d'être connu de vous, vous sauriez que je suis un homme tout à fait sincère...
M. DE POURCEAUGNAC. Je n'en doute point.
SBRIGANI. Ennemi de la fourberie...
M. DE POURCEAUGNAC. J'en suis persuadé.
SBRIGANI. Et qui n'est pas capable de déguiser ses sentiments. Vous regardez mon habit qui n'est pas fait comme les autres; mais je suis originaire de Naples, à votre service; et j'ai voulu conserver un peu la manière de s'habiller et la sincérité de mon pays.
M. DE POURCEAUGNAC. C'est fort bien fait. Pour moi, j'ai voulu me mettre à la mode de la cour pour la campagne.
SBRIGANI. Ma foi, cela vous va mieux qu'à tous nos courtisans.
M. DE POURCEAUGNAC. C'est ce que m'a dit mon tailleur. L'habit est propre et riche, et il fera du bruit ici.
SBRIGANI. Sans doute. N'irez-vous pas au Louvre?
M. DE POURCEAUGNAC. Il faudra bien aller faire ma cour.
SBRIGANI. Le roi sera ravi de vous voir.
M. DE POURCEAUGNAC. Je le crois.
SBRIGANI. Avez-vous arrêté un logis?

M. DE POURCEAUGNAC. Non; j'allais en chercher un.

SBRIGANI. Je serai bien aise d'être avec vous pour cela, et je connais ce pays-ci.

SCÈNE IV.

ÉRASTE, M. DE POURCEAUGNAC, SBRIGANI.

ÉRASTE. Ah! qu'est-ce ci? que vois-je? Quelle heureuse rencontre! monsieur de Pourceaugnac, que je suis ravi de vous voir! Comment! il semble que vous ayez peine à me reconnaître?..

M. DE POURCEAUGNAC. Monsieur, je suis votre serviteur.

ÉRASTE. Est-il possible que cinq ou six années m'aient ôté de votre mémoire, et que vous ne reconnaissiez pas le meilleur ami de toute la famille des Pourceaugnac!

M. DE POURCEAUGNAC. Pardonnez-moi. (Bas, à Sbrigani.) Ma foi, je ne sais qui il est.

ÉRASTE. Il n'y a pas un Pourceaugnac à Limoges que je ne connaisse, depuis le plus grand jusqu'au plus petit; je ne fréquentais qu'eux dans le temps que j'y étais; et j'avais l'honneur de vous voir presque tous les jours.

M. DE POURCEAUGNAC. C'est moi qui l'ai reçu, monsieur.

ÉRASTE. Vous ne vous remettez point mon visage?

M. DE POURCEAUGNAC. Si fait. (A Sbrigani.) Je ne le connais point.

ÉRASTE. Vous ne vous ressouvenez pas que j'ai eu le bonheur de boire avec vous je ne sais combien de fois?

M. DE POURCEAUGNAC. Excusez-moi. (A Sbrigani.) Je ne sais ce que c'est.

ÉRASTE. Comment appelez-vous ce traiteur de Limoges qui fait si bonne chère.

M. DE POURCEAUGNAC. Petit-Jean?

ÉRASTE. Le voilà. Nous allions le plus souvent ensemble chez lui nous réjouir. Comment est-ce que vous nommez, à Limoges, le lieu où l'on se promène?

M. DE POURCEAUGNAC. Le Cimetière-des-Arènes.

ÉRASTE. Justement. C'est où je passais de si douces heures à jouir de votre agréable conversation. Vous ne vous remettez pas tout cela?

M. DE POURCEAUGNAC. Excusez-moi, je me le remets. (A Sbrigani.) Diable emporte si je m'en souviens!

SBRIGANI, bas, à M. de Pourceaugnac. Il y a cent choses comme cela qui passent de la tête.

ÉRASTE. Embrassez-moi donc, je vous prie, et resserrons les nœuds de notre ancienne amitié.

SBRIGANI, à M. de Pourceaugnac. Voilà un homme qui vous aime fort.

ÉRASTE. Dites-moi un peu des nouvelles de toute la parenté. Comment se porte monsieur votre... là... qui est si honnête homme?

M. DE POURCEAUGNAC. Mon frère le consul?

ÉRASTE. Oui.

M. DE POURCEAUGNAC. Il se porte le mieux du monde.

ÉRASTE. Certes j'en suis ravi. Et celui qui est de si bonne humeur, là... monsieur votre...

M. DE POURCEAUGNAC. Mon cousin l'assesseur?

ÉRASTE. Justement.

M. DE POURCEAUGNAC. Toujours gai et gaillard.

ÉRASTE. Ma foi, j'en ai beaucoup de joie. Et monsieur votre oncle, le...

M. DE POURCEAUGNAC. Je n'ai point d'oncle.

ÉRASTE. Vous aviez pourtant, en ce temps-là...

M. DE POURCEAUGNAC. Non, rien qu'une tante.

ÉRASTE. C'est ce que je voulais dire. Madame votre tante, comment se porte-t-elle?

M. DE POURCEAUGNAC. Elle est morte depuis six mois.

ÉRASTE. Hélas! la pauvre femme! elle était si bonne personne!

M. DE POURCEAUGNAC. Nous avons aussi mon neveu le chanoine, qui a pensé mourir de la petite vérole.

ÉRASTE. Quel dommage c'aurait été!

M. DE POURCEAUGNAC. Le connaissiez-vous aussi?

ÉRASTE. Vraiment si, je le connais. Un grand garçon bien fait.

M. DE POURCEAUGNAC. Pas des plus grands.

ÉRASTE. Non, mais de taille bien prise.

M. DE POURCEAUGNAC. Eh! oui.

ÉRASTE. Qui est votre neveu...

M. DE POURCEAUGNAC. Oui.

ÉRASTE. Fils de votre frère ou de votre sœur...

M. DE POURCEAUGNAC. Justement.

ÉRASTE. Chanoine de l'église de... Comment l'appelez-vous?

M. DE POURCEAUGNAC. De Saint-Étienne.

ÉRASTE. Le voilà; je ne connais autre.

M. DE POURCEAUGNAC, à Sbrigani. Il dit toute la parenté.

SBRIGANI. Il vous connaît plus que vous ne croyez.

M. DE POURCEAUGNAC. A ce que je vois, vous avez demeuré longtemps dans notre ville?

ÉRASTE. Deux ans entiers.

M. DE POURCEAUGNAC. Vous étiez donc là quand mon cousin l'élu fit tenir son enfant à monsieur notre gouverneur?

ÉRASTE. Vraiment, oui, j'y fus convié des premiers.

M. DE POURCEAUGNAC. Cela fut galant.

ÉRASTE. Très-galant.

M. DE POURCEAUGNAC. C'était un repas bien troussé.

ÉRASTE. Sans doute.

M. DE POURCEAUGNAC. Vous vîtes donc aussi la querelle que j'eus avec ce gentilhomme périgordin?

ÉRASTE. Oui.

M. DE POURCEAUGNAC. Il me donna un soufflet : mais je lui dis bien son fait.

ÉRASTE. Assurément. Au reste, je ne prétends pas que vous preniez d'autre logis que le mien.

M. DE POURCEAUGNAC. Je n'ai garde de...

ÉRASTE. Vous moquez-vous? Je ne souffrirai point du tout que mon meilleur ami soit autre part que dans ma maison.

M. DE POURCEAUGNAC. Ce serait vous...

ÉRASTE. Non! le diable m'emporte! vous logerez chez moi.

SBRIGANI, à M. de Pourceaugnac. Puisqu'il le veut obstinément, je vous conseille d'accepter l'offre.

ÉRASTE. Où sont vos hardes?

M. DE POURCEAUGNAC. Je les ai laissées avec mon valet où je suis descendu.

ÉRASTE. Envoyons-les quérir par quelqu'un.

M. DE POURCEAUGNAC. Non, je lui ai défendu de bouger, à moins que j'y fusse moi-même, de peur de quelque fourberie.

SBRIGANI. C'est prudemment avisé.

M. DE POURCEAUGNAC. Ce pays-ci est un peu sujet à caution.

ÉRASTE. On voit les gens d'esprit en tout.

SBRIGANI. Je vais accompagner monsieur, et le ramènerai où vous voudrez.

ÉRASTE. Oui. Je serai bien aise de donner quelques ordres, et vous n'avez qu'à revenir à cette maison-là.

SBRIGANI. Nous sommes à vous tout à l'heure.

ÉRASTE, à M. de Pourceaugnac. Je vous attends avec impatience.

M. DE POURCEAUGNAC, à Sbrigani. Voilà une connaissance où je ne m'attendais point.

SBRIGANI. Il a la mine d'être honnête homme.

ÉRASTE, seul. Ma foi! monsieur de Pourceaugnac, nous vous

en donnerons de toutes les façons : les choses sont préparées, et je n'ai qu'à frapper. Holà!

SCÈNE V.

UN APOTHICAIRE, ÉRASTE.

ÉRASTE. Je crois, monsieur, que vous êtes le médecin à qui l'on est venu parler de ma part?

L'APOTHICAIRE. Non, monsieur, ce n'est pas moi qui suis le médecin; à moi n'appartient pas cet honneur, et je ne suis qu'apothicaire, apothicaire indigne, pour vous servir.

ÉRASTE. Et monsieur le médecin, est-il à la maison?

L'APOTHICAIRE. Oui. Il est là embarrassé à expédier quelques malades, et je vais lui dire que vous êtes ici.

ÉRASTE. Non, ne bougez pas, j'attendrai qu'il ait fait. C'est pour lui mettre entre les mains certain parent que nous avons, dont on lui a parlé, et qui se trouve attaqué de folie; nous serions bien aises qu'il pût guérir avant que de le marier.

L'APOTHICAIRE. Je sais ce que c'est, je sais ce que c'est, et j'étais avec lui quand on lui a parlé de cette affaire. Ma foi, ma foi, vous ne pouviez pas vous adresser à un médecin plus habile; c'est un homme qui sait la médecine à fond, comme je sais ma Croix de par Dieu, et qui, quand on devrait crever, ne démordra pas d'un *iota* des règles des anciens. Oui, il suit toujours le grand chemin, le grand chemin, et ne va pas chercher midi à quatorze heures; et, pour tout l'or du monde, il ne voudrait pas avoir guéri une personne avec d'autres remèdes que ceux que la faculté permet.

ÉRASTE. Il fait fort bien. Un malade ne doit point vouloir guérir sans que la faculté y consente.

L'APOTHICAIRE. Ce n'est pas parce que nous sommes grands amis que j'en parle; mais il y a plaisir d'être son malade : et j'aimerais mieux mourir de ses remèdes, que de guérir de ceux d'un autre; car, quoi qu'il puisse arriver, on est assuré que les choses sont toujours dans l'ordre; et quand on meurt sous sa conduite, vos héritiers n'ont rien à vous reprocher.

ÉRASTE. C'est une grande consolation pour un défunt.

L'APOTHICAIRE. Assurément. On est bien aise au moins d'être mort méthodiquement. Au reste, il n'est pas de ces médecins qui marchandent les maladies : c'est un homme expéditif, qui aime à dépêcher ses malades; et quand on a à mourir, cela se fait avec lui le plus vite du monde.

ÉRASTE. En effet, il n'est rien tel que de sortir promptement d'affaire.

L'APOTHICAIRE. Cela est vrai. A quoi bon tant barguigner et tourner autour du pot? Il faut savoir vitement le court ou le long d'une maladie.

ÉRASTE. Vous avez raison,

L'APOTHICAIRE. Voilà déjà trois de mes enfants dont il m'a fait l'honneur de conduire la maladie, qui sont morts en moins de quatre jours, et qui, entre les mains d'un autre, auraient langui plus de trois mois.

ÉRASTE. Il est bon d'avoir des amis comme cela.

L'APOTHICAIRE. Sans doute. Il ne me reste plus que deux enfants dont il prend soin comme des siens; il les traite et gouverne à sa fantaisie, sans que je me mêle de rien; et, le plus souvent, quand je reviens de la ville, je suis tout étonné que je les trouve saignés ou purgés par son ordre.

ÉRASTE. Voilà des soins fort obligeants.

L'APOTHICAIRE. Le voici, le voici, le voici qui vient.

SCÈNE VI.

ÉRASTE, PREMIER MÉDECIN, L'APOTHICAIRE, UN PAYSAN, UNE PAYSANNE.

LE PAYSAN, au médecin. Monsieur, il n'en peut plus, et il dit qu'il sent dans la tête les plus grandes douleurs du monde.

PREMIER MÉDECIN. Le malade est un sot; d'autant plus que, dans la maladie dont il est attaqué, ce n'est pas la tête, selon Galien, mais la rate, qui doit lui faire du mal.

LE PAYSAN. Quoi que c'en soit, monsieur, il a toujours avec cela son cours de ventre depuis six mois.

PREMIER MÉDECIN. Bon, c'est signe que le dedans se dégage. Je l'irai visiter dans deux ou trois jours; mais s'il mourait avant ce temps-là, ne manquez pas de m'en donner avis, car il n'est pas de la civilité qu'un médecin visite un mort.

LA PAYSANNE, au médecin. Mon père, monsieur, est toujours malade de plus en plus.

PREMIER MÉDECIN. Ce n'est pas ma faute. Je lui donne des remèdes; que ne guérit-il? Combien a-t-il été saigné de fois?

LA PAYSANNE. Quinze, monsieur, depuis vingt jours.

PREMIER MÉDECIN. Quinze fois saigné?

LA PAYSANNE. Oui.

PREMIER MÉDECIN. Et il ne guérit point?

LA PAYSANNE. Non, monsieur.

PREMIER MÉDECIN. C'est signe que la maladie n'est pas dans le sang. Nous ferons purger autant de fois, pour voir si elle n'est pas dans les humeurs; et si rien ne nous réussit, nous l'enverrons aux bains.

l'apothicaire. Voilà le fin cela, voilà le fin de la médecine.

SCÈNE VII.
ÉRASTE, PREMIER MÉDECIN, L'APOTHICAIRE.

éraste, au médecin. C'est moi, monsieur, qui vous ai envoyé parler ces jours passés pour un parent un peu troublé d'esprit que je veux vous donner chez vous, afin de le guérir avec plus de commodité, et qu'il soit vu de moins de monde.

premier médecin. Oui, monsieur; j'ai déjà disposé tout, et promets d'en avoir tous les soins imaginables.

éraste. Le voici.

premier médecin. La conjecture est tout à fait heureuse, et j'ai ici un ancien de mes amis avec lequel je serai bien aise de consulter sa maladie.

SCÈNE VIII.
M. DE POURCEAUGNAC, ÉRASTE, PREMIER MÉDECIN, L'APOTHICAIRE.

éraste, à M. de Pourceaugnac. Une petite affaire m'est survenue, qui m'oblige à vous quitter. (Montrant le médecin.) Mais voilà une personne entre les mains de qui je vous laisse, qui aura soin pour moi de vous traiter du mieux qu'il lui sera possible.

premier médecin. Le devoir de ma profession m'y oblige, et c'est assez que vous me chargiez de ce soin.

m. de pourceaugnac, à part. C'est son maître d'hôtel, sans doute, et il faut que ce soit un homme de qualité.

premier médecin, à Éraste. Oui, je vous assure que je traiterai monsieur méthodiquement, et dans toutes les régularités de notre art.

m. de pourceaugnac. Mon Dieu! il ne faut point tant de cérémonies, et je ne viens pas ici pour incommoder.

premier médecin. Un tel emploi ne me donne que de la joie.

éraste, au médecin. Voilà dix pistoles d'avance, en attendant ce que j'ai promis.

m. de pourceaugnac. Non, s'il vous plaît, je n'entends pas que vous fassiez des dépenses, et que vous envoyiez rien acheter pour moi.

éraste. Mon Dieu! laissez faire; ce n'est pas pour ce que vous pensez.

m. de pourceaugnac. Je vous demande de ne me traiter qu'en ami.

ÉRASTE. C'est ce que je veux faire. (Bas au médecin.) Je vous recommande surtout de ne le point laisser sortir de vos mains, car parfois il veut s'échapper.

PREMIER MÉDECIN. Ne vous mettez pas en peine.

ÉRASTE, à M. de Pourceaugnac. Je vous prie de m'excuser de l'incivilité que je commets.

M. DE POURCEAUGNAC. Vous vous moquez! et c'est trop de grâce que vous me faites.

SCÈNE IX.

M. DE POURCEAUGNAC, PREMIER MÉDECIN, SECOND MÉDECIN, L'APOTHICAIRE.

PREMIER MÉDECIN. Ce m'est beaucoup d'honneur, monsieur, d'être choisi pour vous rendre service.

M. DE POURCEAUGNAC. Je suis votre serviteur.

PREMIER MÉDECIN. Voici un habile homme, mon confrère, avec lequel je vais consulter la manière dont nous vous traiterons.

M. DE POURCEAUGNAC. Il ne faut point tant de façons, vous dis-je; je suis homme à me contenter de l'ordinaire.

PREMIER MÉDECIN. Allons, des siéges. (Des laquais entrent et donnent des siéges.)

M. DE POURCEAUGNAC, à part. Voilà, pour un jeune homme, des domestiques bien lugubres.

PREMIER MÉDECIN. Allons, monsieur, prenez votre place, monsieur. (Les deux médecins font asseoir M. de Pourceaugnac entre eux deux.)

M. DE POURCEAUGNAC, s'asseyant. Votre très-humble valet. (Les deux médecins lui prennent chacun une main pour lui tâter le pouls.) Que veut dire cela?

PREMIER MÉDECIN. Mangez-vous bien, monsieur?

M. DE POURCEAUGNAC. Oui, et bois encore mieux.

PREMIER MÉDECIN. Tant pis! Cette grande appétition du froid et de l'humide est une indication de la chaleur et sécheresse qui est au dedans... Dormez-vous fort?

M. DE POURCEAUGNAC. Oui, quand j'ai bien soupé.

PREMIER MÉDECIN. Faites-vous des songes?

M. DE POURCEAUGNAC. Quelquefois.

PREMIER MÉDECIN. De quelle nature sont-ils?

M. DE POURCEAUGNAC. De la nature des songes... Quelle diable de conversation est-ce là?

PREMIER MÉDECIN. Vos déjections, comment sont-elles?

M. DE POURCEAUGNAC. Ma foi, je ne comprends rien à toutes ces questions et je veux plutôt boire un coup.

PREMIER MÉDECIN. Un peu de patience : nous allons raisonner

Parbleu! je ne suis point malade.

M. DE POURCEAUGNAC.   Acte I, Scène IX.

sur votre affaire devant vous; et nous le ferons en français, pour être plus intelligibles.

M. DE POURCEAUGNAC. Quel grand raisonnement faut-il pour manger un morceau?

PREMIER MÉDECIN. Comme ainsi soit qu'on ne puisse guérir une maladie qu'on ne la connaisse parfaitement et qu'on ne la puisse parfaitement connaître sans en bien établir l'idée particulière et la véritable espèce par ses signes diagnostiques et prognostiques, vous me permettrez, monsieur, notre ancien, d'entrer en considération de la maladie dont il s'agit, avant que de toucher à la thérapeutique et aux remèdes qu'il nous conviendra faire pour la parfaite curation d'icelle. Je dis donc, monsieur, avec votre permission, que notre malade ici présent est malheureusement attaqué, affecté, possédé, travaillé de cette sorte de folie que nous nommons fort bien mélancolie hypocondriaque; espèce de folie très-fâcheuse et qui ne demande pas moins qu'un Esculape comme vous, consommé dans notre art; vous, dis-je, qui avez blanchi, comme on dit, sous le harnais et auquel il en a tant passé par les mains de toutes les façons. Je l'appelle mélancolie hypocondriaque, pour la distinguer des deux autres; car le célèbre Galien établit doctement, à son ordinaire, trois espèces de cette maladie que nous nommons mélancolie, ainsi appelée non-seulement par les Latins, mais encore par les Grecs, ce qui est bien à remarquer pour notre affaire : la première, qui vient du propre vice du cerveau; la seconde, qui vient de tout le sang fait et rendu atrabilaire; la troisième, appelée hypocondriaque, qui est la nôtre, laquelle procède du vice de la rate, dont la chaleur et l'inflammation portent au cerveau de notre malade beaucoup de fulgines épaisses et crasses dont la vapeur noire et maligne cause dépravation aux fonctions de la faculté princesse et fait la maladie dont, par notre raisonnement, il est manifestement atteint et convaincu. Qu'ainsi ne soit : pour diagnostic incontestable de ce que je dis, vous n'avez qu'à considérer ce grand sérieux que vous voyez, comme tristesse accompagnée de crainte et de défiance, signes pathognomoniques et individuels de cette maladie, si bien marqués chez le divin vieillard Hippocrate; cette physionomie, ces yeux rouges et hagards, cette grande barbe, cette habitude du corps menue, grêle, noire et velue ; lesquels signes le dénotent très-affecté de cette maladie, procédante du vice des hypocondres; laquelle maladie, par laps de temps naturalisée, envieillie, habituée et ayant pris droit de bourgeoisie chez lui, pourrait bien dégénérer ou en manie, ou en phthisie, ou en apoplexie, ou même en fine frénésie et fureur. Tout ceci supposé, puisqu'une maladie bien connue est à demi-guérie, car *ignoti nulla est curatio morbi*, il ne vous sera pas difficile de convenir des remèdes que nous devons faire à monsieur. Premièrement, pour remédier à cette pléthore obturante et à cette cacochymie par tout le corps, je suis d'avis qu'il soit phlébotomisé libéralement, c'est-à-dire que les saignées soient fréquentes et plantureuses, en premier lieu de la basilique, puis de la céphalique et même, si le mal est opiniâtre, de lui ouvrir la veine du front et que l'ouverture soit large, afin que le gros sang puisse sortir, et en même temps de le purger, désopiler et évacuer par purgatifs propres et convenables, c'est-à-dire par cholagogues, ménélagogues *et cætera* ; et comme la véritable source de tout le mal est ou une humeur crasse et féculente, ou une vapeur noire et grossière qui obscurcit, infecte et salit les esprits animaux, il est à propos ensuite qu'il prenne un bain d'eau pure et nette, avec force petit-lait clair, pour purifier par l'eau la féculence de l'humeur crasse et éclaircir par lait clair la noirceur de cette vapeur ; mais, avant toute chose, je trouve qu'il est bon de le réjouir par agréables conversations, chants et instruments de musique ; à quoi il n'y a pas d'inconvénient de joindre des danseurs, afin que leurs mouvements, disposition et agilité puissent exciter et réveiller la paresse de ses esprits engourdis, qui occasionne l'épaisseur de son sang, d'où procède la maladie. Voilà les remèdes que j'imagine, auxquels pourront être ajoutés beaucoup d'autres meilleurs par monsieur notre maître et ancien, suivant l'expérience, jugement, lumière et suffisance qu'il s'est acquis dans notre art. *Dixi*.

SECOND MÉDECIN. À Dieu ne plaise, monsieur, qu'il me tombe en pensée d'ajouter rien à ce que vous venez de dire ! Vous avez si bien discouru sur tous les signes, les symptômes et les causes de la maladie de monsieur ; le raisonnement que vous en avez fait est si beau, qu'il est impossible qu'il ne soit pas fou et mélancolique hypocondriaque ; et quand il ne le serait pas, il faudrait qu'il le devînt pour la beauté des choses que vous avez dites, et la justesse du raisonnement que vous avez fait. Oui, monsieur, vous avez dépeint fort graphiquement, *graphicè depinxisti*, tout ce qui appartient à cette maladie : il ne se peut rien de plus doctement, sagement, ingénieusement conçu, pensé, imaginé, que ce que vous avez prononcé au sujet de ce mal, soit par la diagnose, ou prognose, ou la thérapie ; et il ne me reste rien ici que de féliciter monsieur d'être tombé entre vos mains, et de lui dire qu'il est trop heureux d'être fou, pour éprouver l'efficace et la douceur des remèdes que vous avez si judicieusement proposés. Je les approuve tous, *manibus et pedibus desçendo in tuam sententiam*. Tout ce que j'y voudrais, c'est de faire les saignées et les purgations en nombre impair, *numero deus impare gaudet*; de prendre le lait clair avant le bain; de lui composer un fronteau où il entre du sel, le sel est le symbole de la sagesse; de faire blanchir les murailles de sa chambre pour dissiper les ténèbres de ses esprits, *album est disgregativum visus*; et de lui donner tout à l'heure un petit lavement, pour servir de prélude et d'introduction à ces judicieux remèdes, dont, s'il a à guérir, il doit recevoir du soulagement. Fasse le ciel que ces remèdes, monsieur, qui sont les vôtres, réussissent au malade selon notre intention!

M. DE POURCEAUGNAC. Messieurs, il y a une heure que je vous écoute. Est-ce que nous jouons ici une comédie?

PREMIER MÉDECIN. Non, monsieur, nous ne jouons point.

M. DE POURCEAUGNAC. Qu'est-ce que tout ceci? Et que voulez-vous dire avec votre galimatias et vos sottises?

PREMIER MÉDECIN. Bon. Dire des injures, voilà un diagnostic qui nous manquait pour la confirmation de son mal; et ceci pourrait bien tourner en manie.

M. DE POURCEAUGNAC, à part. Avec qui m'a-t-on mis? (Il crache deux ou trois fois.)

PREMIER MÉDECIN. Autre diagnostic, la sputation fréquente.

M. DE POURCEAUGNAC. Laissons cela et sortons d'ici.

PREMIER MÉDECIN. Autre encore, l'inquiétude de changer de place.

M. DE POURCEAUGNAC. Qu'est-ce donc que toute cette affaire? Et que me voulez-vous?

PREMIER MÉDECIN. Vous guérir, selon l'ordre qui nous a été donné.

M. DE POURCEAUGNAC. Me guérir?

PREMIER MÉDECIN. Oui.

M. DE POURCEAUGNAC. Parbleu! je ne suis point malade.

PREMIER MÉDECIN. Mauvais signe, lorsqu'un malade ne sent pas son mal.

M. DE POURCEAUGNAC. Je vous dis que je me porte bien.

PREMIER MÉDECIN. Nous savons mieux que vous comment vous vous portez, et nous sommes médecins qui voyons clair dans votre constitution.

M. DE POURCEAUGNAC. Si vous êtes médecins, je n'ai que faire de vous, et je me moque de la médecine.

PREMIER MÉDECIN. Hon! hon! voici un homme plus fou que nous ne pensons.

M. DE POURCEAUGNAC. Mon père et ma mère n'ont jamais voulu de remèdes, et ils sont morts tous deux sans l'assistance des médecins.

PREMIER MÉDECIN. Je ne m'étonne pas s'ils ont engendré un fils qui est insensé. (Au second médecin.) Allons, procédons à la curation; et, par la douceur exhilarante de l'harmonie, adoucissons, lénifions, et accoisons l'aigreur de ses esprits, que je vois prêts à s'enflammer.

SCÈNE X.

M. DE POURCEAUGNAC.

Que diable est-ce là? Les gens de ce pays-ci sont-ils insensés? Je n'ai jamais rien vu de tel, et je n'y comprends rien du tout.

SCÈNE XI.

M. DE POURCEAUGNAC, DEUX MÉDECINS GROTESQUES.

(Ils s'asseyent d'abord tous trois; les médecins se lèvent à différentes reprises pour saluer M. de Pourceaugnac, qui se lève autant de fois pour les saluer.)

LES DEUX MÉDECINS. Buon di, buon di, buon di.
    Non vi lasciate ucidere
    Dal dolor malinconico :
    Noi vi faremo ridere
      Col nostro canto armonico;
        Sol' per guarirvi
        Siamo venuti qui.
    Buon di, buon di, buon di.

PREMIER MÉDECIN. Altro non è la pazzia
      Che malinconia.
        Il malato
      Non è disperato.
  Se vol pigliar un poco d'allegria.
    Altro non è la pazzia
      Che malinconia.

SECOND MÉDECIN. Sù, cantate, ballate, ridete;
      E se far meglio volete,
  Quanto sentite il deliro vicino,
      Pigliate del vino,
  E qualche volta un poco di tabac,
  Allegramente, monsu Pourceaugnac.

SCÈNE XII.

M. DE POURCEAUGNAC, DEUX MÉDECINS GROTESQUES, MATASSINS.

ENTRÉE DE BALLET.

Danse des matassins autour de M. de Pourceaugnac.

SCÈNE XIII.

M. DE POURCEAUGNAC, UN APOTHICAIRE tenant une seringue.

L'APOTHICAIRE. Monsieur, voici un petit remède, un petit remède qu'il vous faut prendre, s'il vous plaît, s'il vous plaît.
M. DE POURCEAUGNAC. Comment! Je n'ai que faire de cela.
L'APOTHICAIRE. Il a été ordonné, monsieur, il a été ordonné.
M. DE POURCEAUGNAC. Ah! quel bruit!
L'APOTHICAIRE. Prenez-le, monsieur, prenez-le; il ne vous fera point de mal, il ne vous fera point de mal.
M. DE POURCEAUGNAC. Ah!
L'APOTHICAIRE. C'est un petit clystère, un petit clystère, bénin, bénin, il est bénin, bénin; là, prenez, prenez, monsieur; c'est pour déterger, pour déterger, déterger.

SCÈNE XIV.

M. DE POURCEAUGNAC, L'APOTHICAIRE, LES DEUX MÉDECINS GROTESQUES ET LES MATASSINS AVEC DES SERINGUES.

LES DEUX MÉDECINS. Piglia lo sù,
  Signor monsu;
 Piglia lo, piglia lo, piglia lo sù.
  Che non ti fara male.
 Piglia lo sù questo servizziale;
  Piglia lo sù,
  Signor monsu;
 Piglia lo, piglia lo, piglia lo sù.

M. DE POURCEAUGNAC. Allez-vous-en au diable! (M. de Pourceaugnac, mettant son chapeau pour se garantir des seringues, est suivi par les deux médecins et par les matassins; il passe par derrière le théâtre et revient se mettre sur sa chaise, auprès de laquelle il trouve l'apothicaire qui l'attendait : les deux médecins et les matassins rentrent aussi.)

LES DEUX MÉDECINS. Piglia lo sù,
  Signor monsu;
 Piglia lo, piglia lo, piglia lo sù,

Che non ti fara male.
Piglia lo sù questo servizziale;
Piglia lo sù,
Signor monsu;
Piglia lo, piglia lo, piglia lo sù.

(M. de Pourceaugnac s'enfuit avec la chaise; l'apothicaire appuie sa seringue contre, et les médecins et les matassins le suivent.)

ACTE DEUXIÈME

SCÈNE I.

PREMIER MÉDECIN, SBRIGANI.

PREMIER MÉDECIN. Il a forcé tous les obstacles que j'avais mis, et s'est dérobé aux remèdes que je commençais à lui faire.

SBRIGANI. C'est être bien ennemi de soi-même que de fuir des remèdes aussi salutaires que les vôtres.

PREMIER MÉDECIN. Marque d'un cerveau démonté et d'une raison dépravée, que de ne vouloir pas guérir.

SBRIGANI. Vous l'auriez guéri haut la main.

PREMIER MÉDECIN. Sans doute, quand il y aurait eu complication de douze maladies.

SBRIGANI. Cependant voilà cinquante pistoles bien acquises qu'il vous faut perdre.

PREMIER MÉDECIN. Moi, je n'entends point les perdre, et je prétends le guérir en dépit qu'il en ait. Il est lié et engagé à mes remèdes; et je veux le faire saisir où je le trouverai, comme déserteur de la médecine et infracteur de mes ordonnances.

SBRIGANI. Vous avez raison. Vos remèdes étaient un coup sûr, et c'est de l'argent qu'il vous vole.

PREMIER MÉDECIN. Où puis-je en avoir des nouvelles?

SBRIGANI. Chez le bonhomme Oronte, assurément, dont il vient épouser la fille, et qui, ne sachant rien de l'infirmité de son gendre futur, voudra peut-être se hâter de conclure le mariage.

PREMIER MÉDECIN. Je vais lui parler tout à l'heure.

SBRIGANI. Vous ne ferez point mal.

PREMIER MÉDECIN. Il est hypothéqué à mes consultations, et un malade ne se moquera pas d'un médecin.

SBRIGANI. C'est fort bien dit à vous ; et, si vous m'en croyez, vous ne souffrirez point qu'il se marie que vous ne l'ayez traité tout votre soûl.

PREMIER MÉDECIN. Laissez-moi faire.

SBRIGANI, à part, en s'en allant. Je vais, de mon côté, dresser une autre batterie; et le beau-père est aussi dupe que le gendre.

SCÈNE II.

ORONTE, PREMIER MÉDECIN.

PREMIER MÉDECIN. Vous avez, monsieur, un certain M. de Pourceaugnac qui doit épouser votre fille?

ORONTE. Oui; je l'attends de Limoges, et il devrait être arrivé.

PREMIER MÉDECIN. Aussi l'est-il, et il s'est enfui de chez moi après y avoir été mis; mais je vous défends, de la part de la médecine, de procéder au mariage que vous avez conclu.

ORONTE. Comment donc?

PREMIER MÉDECIN. Votre prétendu gendre a été constitué mon malade; sa maladie, qu'on m'a donnée à guérir, est un meuble qui m'appartient et que je compte entre mes effets; et je vous déclare que je ne prétends point qu'il se marie, qu'au préalable il n'ait satisfait à la médecine et subi les remèdes que je lui ai ordonnés.

ORONTE. Il a quelque mal?

PREMIER MÉDECIN. Oui.

ORONTE. Et quel mal, s'il vous plaît?

PREMIER MÉDECIN. Ne vous en mettez pas en peine.

ORONTE. Est-ce quelque maladie héréditaire?

PREMIER MÉDECIN. Il est fou; et je vous ordonne, à vous et à votre fille, de ne point célébrer sans mon consentement vos noces avec lui, sous peine d'encourir la disgrâce de la faculté et d'être accablés de toutes les maladies qu'il nous plaira.

ORONTE. Je n'ai garde, si cela est, de faire le mariage.

PREMIER MÉDECIN. On me l'a mis entre les mains, et il est obligé d'être mon malade.

ORONTE. A la bonne heure!

PREMIER MÉDECIN. Il a beau fuir, je le ferai condamner par arrêt à se faire guérir par moi.

ORONTE. J'y consens.

PREMIER MÉDECIN. Oui, il faut qu'il crève ou que je le guérisse.

ORONTE. Je le veux bien.

PREMIER MÉDECIN. Et si je ne le trouve, je m'en prendrai à vous ; et je vous guérirai, au lieu de lui.

ORONTE. Je me porte bien.

PREMIER MÉDECIN. Il m'importe ; il me faut un malade, et je prendrai qui je pourrai.

ORONTE. Prenez qui vous voudrez ; mais ce ne sera pas moi. (Seul.) Voyez un peu la belle raison !

SCÈNE III.

ORONTE, SBRIGANI, en marchand flamand.

SBRIGANI. Montsir, avec le vostre permission, je suis un trancher marchand flamane qui foudrait bienne fous temandair un petit nouvel.

ORONTE. Quoi, monsieur ?

SBRIGANI. Mettez le fostre chapeau sur le tète, montsir, si ve plaît.

ORONTE. Dites-moi, monsieur, ce que vous voulez.

SBRIGANI. Moi le dire rien, montsir, si fous le mettre pas le chapeau sur le tête.

ORONTE. Soit... Qu'y a-t-il, monsieur ?

SBRIGANI. Fous connaître point en sti file un certe montsir Oronte ?

ORONTE. Oui, je le connais.

SBRIGANI. Et quel homme est-il, montsir, si ve plaît ?

ORONTE. C'est un homme comme les autres.

SBRIGANI. Je fous temande, montsir, s'il est un homme riche qui a du bienne ?

ORONTE. Oui.

SBRIGANI. Mais riche beaucoup montsir, grandement ?

ORONTE. Oui.

SBRIGANI. J'en suis aise beaucoup, montsir ?

ORONTE. Mais pourquoi cela ?

SBRIGANI. L'est, montsir, pour un petit raisonne de conséquence pour nous.

ORONTE. Mais encore, pourquoi ?

SBRIGANI. L'est, montsir, que sti montsir Oronte donne son fille en mariage à un certe montsir de Pourcegnac.

ORONTE. Eh bien ?

SBRIGANI. Et sti montsir de Pourcegnac, montsir, l'est un homme qui doive beaucoup grandement à dix ou douze marchands flamanes qui être venus ici.

ORONTE. Ce monsieur de Pourceaugnac doit beaucoup à dix ou douze marchands ?

SBRIGANI. Oui, montsir; et depuis huite mois nous afoir obtenir un petit sentence contre lui; et à remettre à payer tout ce créancier de sti mariage que sti montsir Oronte donne pour son fille.

ORONTE. Hon, hon; il a remis là à payer ses créanciers?

SBRIGANI. Oui, montsir; et avec un grand dévotion nous tous attendre sti mariage.

ORONTE, à part. L'avis n'est pas mauvais. (Haut). Je vous donne le bonjour!

SBRIGANI. Je remercie, montsir, de la faveur grande.

ORONTE. Votre très-humble valet!

SBRIGANI. Je le suis, montsir, obligé plus que beaucoup du bon nouvel que montsir m'avait donné. (Seul, après avoir ôté sa barbe et dépouillé l'habit flamand qu'il a par-dessus le sien.) Cela ne va pas mal. Quittons notre ajustement de Flamand pour songer à d'autres machines; et tâchons de semer tant de soupçons et de division entre le beau-père et le gendre, que cela rompe le mariage prétendu. Tous deux également sont propres à gober les hameçons qu'on veut leur tendre, et, entre nous autres fourbes de première classe, nous ne faisons que nous jouer lorsque nous trouvons un gibier aussi facile que celui-là.

SCÈNE IV.

M. DE POURCEAUGNAC, SBRIGANI.

M. DE POURCEAUGNAC, se croyant seul.
    Piglia lo sù, piglia lo sù,
      Signor monsu...
Que diable est-ce là? (Apercevant Sbrigani.) Ah!

SBRIGANI. Qu'est-ce, monsieur? qu'avez-vous?

M. DE POURCEAUGNAC. Tout ce que je vois me semble lavements.

SBRIGANI. Comment?

M. DE POURCEAUGNAC. Vous ne savez pas ce qui m'est arrivé dans ce logis à la porte duquel vous m'avez conduit?

SBRIGANI. Non, vraiment. Qu'est-ce que c'est?

M. DE POURCEAUGNAC. Je pensais y être régalé comme il faut.

SBRIGANI. Eh bien!

M. DE POURCEAUGNAC. Je vous laisse entre les mains de monsieur. Des médecins habillés de noir. Dans une chaise. Tâter le pouls. Comme ainsi soit. Il est fou. Deux gros joufflus. Grands chapeaux. *Buon di, buon di.* Six pantalons. Ta, ra, ta, ta; ta, ra, ta, ta; *allegramente, monsu Pourceaugnac.* Apothicaire. Lavement. Prenez, monsieur, prenez, prenez. Il est bénin, bénin. C'est pour déterger, pour déterger, déterger. *Pi-*

glia lo sù, signor monsu; piglia lo, piglia lo, piglia lo sù. Jamais je n'ai été si soûl de sottises.

SBRIGANI. Qu'est-ce que tout cela veut dire?

M. DE POURCEAUGNAC. Cela veut dire que cet homme-là, avec ses grandes embrassades, est un fourbe, qui m'a mis dans une maison pour se moquer de moi et me faire une pièce.

SBRIGANI. Cela est-il possible?

M. DE POURCEAUGNAC. Sans doute. Ils étaient une douzaine de possédés après mes chausses; et j'ai eu toutes les peines du monde à m'échapper de leurs pattes.

SBRIGANI. Voyez un peu; les mines sont bien trompeuses! Je l'aurais cru le plus affectionné de vos amis. Voilà un de mes étonnements, comme il est possible qu'il y ait des fourbes comme cela dans le monde.

M. DE POURCEAUGNAC. Ne sens-je point le lavement? Voyez, je vous prie.

SBRIGANI. Eh! il y a quelque petite chose qui approche de cela.

M. DE POURCEAUGNAC. J'ai l'odorat et l'imagination tout remplis de cela; et il me semble toujours que je vois une douzaine de lavements qui me couchent en joue.

SBRIGANI. Voilà une méchanceté bien grande! et les hommes sont bien traîtres et scélérats!

M. DE POURCEAUGNAC. Enseignez-moi, de grâce, le logis de monsieur Oronte; je suis bien aise d'y aller tout à l'heure.

SBRIGANI. Ah! ah! vous avez ouï parler que ce monsieur Oronte a une fille...

M. DE POURCEAUGNAC. Oui, je viens l'épouser.

SBRIGANI. L'é... l'épouser?

M. DE POURCEAUGNAC. Oui.

SBRIGANI. En mariage?

M. DE POURCEAUGNAC. De quelle façon donc?

SBRIGANI. Ah! c'est autre chose, je vous demande pardon.

M. DE POURCEAUGNAC. Qu'est-ce que cela veut dire?

SBRIGANI. Rien.

M. DE POURCEAUGNAC. Mais encore?

SBRIGANI. Rien, vous dis-je. J'ai un peu parlé trop vite.

M. DE POURCEAUGNAC. Je vous prie de me dire ce qu'il y a là-dessous.

SBRIGANI. Non, cela n'est pas nécessaire.

M. DE POURCEAUGNAC. De grâce.

SBRIGANI. Point. Je vous prie de m'en dispenser.

M. DE POURCEAUGNAC. Est-ce que vous n'êtes point de mes amis?

SBRIGANI. Si fait; on ne peut pas l'être davantage.

M. DE POURCEAUGNAC. Vous devez donc ne me rien cacher.

SBRIGANI. C'est une chose où il y va de l'intérêt du prochain.

M. DE POURCEAUGNAC. Afin de vous obliger à m'ouvrir votre cœur, voilà une petite bague que je vous prie de garder pour l'amour de moi.

SBRIGANI. Laissez-moi consulter un peu si je le puis faire en conscience. (Après s'être un peu éloigné de M. de Pourceaugnac.) C'est un homme qui cherche son bien, qui tâche de pourvoir sa fille le plus avantageusement qu'il est possible; et il ne faut nuire à personne. Ce sont là des choses qui sont connues, à la vérité; mais j'irai les découvrir à un homme qui les ignore, et il est défendu de scandaliser son prochain, cela est vrai. Mais, d'autre part, voilà un étranger qu'on veut surprendre et qui, de bonne foi, vient se marier avec une fille qu'il ne connaît pas et qu'il n'a jamais vue; un gentilhomme plein de franchise, pour qui je me sens de l'inclination, qui me fait l'honneur de me tenir pour son ami, prend confiance en moi et me donne une bague à garder pour l'amour de lui. (A M. de Pourceaugnac.) Oui, je trouve que je puis vous dire les choses sans blesser ma conscience; mais tâchons de vous les dire le plus doucement qu'il nous sera possible et d'épargner les gens le plus que nous pourrons. Eh bien!... cette jeune fille est une coquette.

M. DE POURCEAUGNAC. L'on me veut donc prendre pour dupe?

SBRIGANI. Peut-être dans le fond n'y a-t-il pas tant de mal que tout le monde croit; et puis il y a des gens, après tout, qui se mettent au-dessus de ces sortes de choses.

M. DE POURCEAUGNAC. Je suis votre serviteur! je ne veux point mettre sur la tête un chapeau comme celui-là; et l'on aime à aller le front levé dans la famille des Pourceaugnac.

SBRIGANI. Voilà le père.

M. DE POURCEAUGNAC. Ce vieillard-là?

SBRIGANI. Oui. Je me retire.

SCÈNE V.

ORONTE, M. DE POURCEAUGNAC.

M. DE POURCEAUGNAC. Bonjour, monsieur, bonjour.

ORONTE. Serviteur, monsieur, serviteur.

M. DE POURCEAUGNAC. Vous êtes monsieur Oronte, n'est-ce pas?

ORONTE. Oui.

M. DE POURCEAUGNAC. Et moi, monsieur de Pourceaugnac.

ORONTE. A la bonne heure.

M. DE POURCEAUGNAC. Croyez-vous, monsieur Oronte, que les Limosins soient des sots?

ORONTE. Croyez-vous, monsieur de Pourceaugnac, que les Parisiens soient des bêtes?

M. DE POURCEAUGNAC. Vous imaginez-vous, monsieur Oronte, qu'un homme comme moi soit si affamé de femme?

ORONTE. Vous imaginez-vous, monsieur de Pourceaugnac, qu'une fille comme la mienne soit si affamée de mari?

SCÈNE VI.

JULIE, ORONTE, M. DE POURCEAUGNAC.

JULIE. On vient de me dire, mon père, que monsieur de Pourceaugnac est arrivé. Ah! le voilà sans doute et mon cœur me le dit. Qu'il a bon air! et que je suis contente d'avoir un tel époux.

ORONTE. Doucement, ma fille, doucement.

M. DE POURCEAUGNAC, à part. Tudieu! Comme elle prend feu d'abord!

ORONTE. Je voudrais bien savoir, monsieur de Pourceaugnac, par quelle raison vous venez...

JULIE. Que je suis aise de vous voir!

ORONTE. Ah! ma fille, ôtez-vous de là, vous dis-je.

M. DE POURCEAUGNAC, à part. Oh! oh! quelle égrillarde!

ORONTE. Je voudrais bien, dis-je, savoir par quelle raison, s'il vous plaît, vous avez la hardiesse de...

JULIE. Quand est-ce donc que vous me marierez avec monsieur?

ORONTE. Jamais; et tu n'es pas pour lui.

JULIE. Je le veux avoir, moi, puisque vous me l'avez promis.

ORONTE. Si je te l'ai promis, je te le dépromets.

M. DE POURCEAUGNAC, à part. Elle voudrait bien me tenir.

JULIE. Vous avez beau faire, nous serons mariés ensemble en dépit de tout le monde.

ORONTE. Je vous en empêcherai bien tous deux, je vous assure. Voyez un peu quel vertige lui prend!

SCÈNE VII.

ORONTE, M. DE POURCEAUGNAC.

M. DE POURCEAUGNAC. Mon Dieu! notre beau-père prétendu, ne vous fatiguez point tant; on n'a pas envie de vous enlever votre fille et vos grimaces n'attraperont rien.

ORONTE. Toutes les vôtres n'auront pas grand effet.

M. DE POURCEAUGNAC. Vous êtes-vous mis dans la tête que

Léonard de Pourceaugnac soit un homme à acheter chat en poche et qu'il n'ait pas là-dedans quelque morceau de judiciaire pour se conduire, pour se faire informer de l'histoire du monde et voir, en se mariant, si son honneur a bien toutes ses sûretés?

ORONTE. Je ne sais pas ce que cela veut dire; mais vous êtes-vous mis dans la tête qu'un homme de soixante-trois ans ait si peu de cervelle et considère si peu sa fille que de la marier avec un homme fou et qui a été mis chez un médecin pour être traité?

M. DE POURCEAUGNAC. C'est une pièce que l'on m'a faite et je n'ai aucun mal.

ORONTE. Le médecin me l'a dit lui-même.

M. DE POURCEAUGNAC. Le médecin en a menti. Je suis gentilhomme et je le veux voir l'épée à la main.

ORONTE. Je sais ce que j'en dois croire; et vous ne m'abuserez pas là-dessus, non plus que sur les dettes que vous avez assignées sur le mariage de ma fille.

M. DE POURCEAUGNAC. Quelles dettes?

ORONTE. La feinte ici est inutile; et j'ai vu le marchand flamand qui, avec les autres créanciers, a obtenu depuis huit mois sentence contre vous.

M. DE POURCEAUGNAC. Quel marchand flamand? Quels créanciers? Quelle sentence obtenue contre moi?

ORONTE. Vous savez bien ce que je veux dire.

SCÈNE VIII.

LUCETTE, ORONTE, M. DE POURCEAUGNAC.

LUCETTE, contrefaisant une Languedocienne. Ah! tu es assi et à la fi yeu te trobi après abé fait tant de passés! Podes-tu, scélérat, podes-tu soutenir ma bisto?

M. DE POURCEAUGNAC. Qu'est-ce que veut cette femme-là?

LUCETTE. Que te boli, infame? Tu fas semblan de nou me pas connouisse et ne rougisses pas, impudint que tu sios, tu ne rougisses pas de me beyre? (A Oronte.) Non sabi pas, moussur, saquos bous dont m'an dit que bouillo espousa la fillo; may yeu bous déclari que yeu soun sa fenno et que y a set ans, moussur, qu'en passant à Pézénas, elle auguet l'adresse, dambé sas mignardisos, comme saptablà fayre, de me gagna lou cor et m'oubligel pra quel moeuyen à ly donna la man per l'espousa.

ORONTE. Oh! oh!

M. DE POURCEAUGNAC. Que diable est ceci?

LUCETTE. Lou trayté me quitel trés ans après, sul préteste de qualques affayres que l'apelabon dins soun pays et despey noun l'y resçau put quaso de noubelo ; may dins lou tens qu'y soungeabi lous mens, m'an dounat abist que begnio dins aquesto billo per se remarida dambé un autro jouena fillo, que sous parens ly an procurado, sensse saupre res de soun premier mariatge. Yeu ai tout quittat en diligensso et ma souy rendudo dins aqueste loc, lou pu leu qu'ay pouscut, per m'oupousa en aquel criminel mariatge et confondre as elys de tout le mounde lou plus méchant day hommes.

M. DE POURCEAUGNAC. Voilà une étrange effrontée !

LUCETTE. Impudint, n'a pas honte de m'injuria, alloc d'être confus day reproches secrets que ta conssiensso te deu fayre.

M. DE POURCEAUGNAC. Moi, je suis votre mari ?

LUCETTE. Infame, gausos-tu dire lou contrairi ? Hé ! tu sabes bé, per ma penno, que n'es qua trop bertat; et plaguesso al cel qu'aco nous fouguesso pas.

ORONTE. Je ne saurais m'empêcher de pleurer. (A M. de Pourceaugnac.) Allez, vous êtes un méchant homme.

M. DE POURCEAUGNAC. Je ne connais rien à tout ceci.

SCÈNE IX.

NÉRINE, LUCETTE, M. DE POURCEAUGNAC.

NÉRINE, contrefaisant une Picarde. Ah ! je n'en pis plus, je sis tout essoflée. Ah ! finfaron, tu m'a fait bien courir, tu ne m'écaperas mie. Justice ! justice ! je boute empêchement au mariage. (A Oronte.) Ché mon méri, monsieu, et je veux faire ché bon pendard-là.

M. DE POURCEAUGNAC. Encore !

ORONTE, à part. Quel diable d'homme est-ce ci ?

LUCETTE. Et que boulez-bous dire ambé bostre empachomen et bostro pendarie ? Qu'aquel homo est botro marit ?

NÉRINE. Oui, médème, et je sis sa femme.

LUCETTE. Aquo es faus, aquos yeu que soun sa fenno ; et se deustre pendut, aquo sera yeu que loù ferai penjat.

NÉRINE. Je n'entains mie che baragoin-là.

LUCETTE. Yeu bous disi que yeu soun sa fenno.

NÉRINE. Sa femme ?

LUCETTE. Oy.

NÉRINE. Je vous di que chest mi, encore in coup, qui le sis.

LUCETTE. Et yeu bous sousteni, yeu, qu'aquos yeu.

NÉRINE. Il y a quetre ans qu'il m'a éposée.

LUCETTE. Et yeu set ans y a que m'a preso per fenno.

NÉRINE. J'ai des gairans de tout ce que je dis.

LUCETTE. Tout mon pay lo sap.

NÉRINE. No ville en est témoin.

LUCETTE. Tout Pézénas a bist notre mariatge.

NÉRINE. Tout Chin-Quintin a assisté à nos noches.

LUCETTE. Nou y a res de tant béritable.

NÉRINE. Il gn'a rien de plus chertain.

LUCETTE, à M. de Pourceaugnac. Gausos-tu dire lou contrari, valisquos?

NÉRINE, à M. de Pourceaugnac. Est-che que tu me démentiras, méchaint homme?

M. DE POURCEAUGNAC. Il est aussi vrai l'un que l'autre.

LUCETTE. Quaingn impudensso! Et coussy, misérable, non te soubennes plus de la pauro Françon et del pauré Jeannet, que soun lous fruits de notre mariatge?

NÉRINE. Bayez un peu l'insolence! Quoi, tu ne te souviens mie de chette pauvre ainfain, no petite Madeleine?

M. DE POURCEAUGNAC. Voilà deux impudentes carognes.

LUCETTE. Beni, Françon; beni, Jeannet; beni toustou, beni toustaine, beni fayre beyre à un peyre dénaturat la duretat quel a per nostres.

NÉRINE. Venez, Madeleine; men ainfain, venez-ves-en ichi faire honte à vo père de l'impudainche qu'il a.

SCÈNE X.

ORONTE, M. DE POURCEAUGNAC, LUCETTE, NÉRINE, PLUSIEURS ENFANTS.

LES ENFANTS. Ah! mon papa! mon papa! mon papa!

M. DE POURCEAUGNAC. Diantre soit de ces enfants!

LUCETTE. Coussy, trayte, tu nou sios pas dins la derniare confusiu de ressaupre à tal tous enfants, et de ferma l'oreillo à la tendresso paternello? Tu nou m'escaperas pas, infâme : yeu te boli ségui pertout, et te reproucha ton crime, jusquos à tant que me sio beniado, et que tayo fayt penjat : couquy, te boli fayre penjat.

NÉRINE. Ne rougis-tu mie de dire ches mots-là, et d'être insainsible aux cairesses de cette pauvre ainfan? Tu ne te sauveras mie de mes pattes; et, en dépit de tes dains, je ferai bien voir que je sis ta femme, et je te ferai pindre.

LES ENFANTS. Mon papa! mon papa! mon papa!

M. DE POURCEAUGNAC. Au secours! au secours! Où fuirai-je? Je n'en puis plus.

ORONTE, à Lucette et à Nérine. Allez, vous ferez bien de le faire punir; et il mérite d'être pendu.

SCÈNE XI.

SBRIGANI.

Je conduis de l'œil toutes choses, et tout cela ne va pas mal. Nous fatiguerons tant notre provincial, qu'il faudra, ma foi, qu'il déguerpisse.

SCÈNE XII.

M. DE POURCEAUGNAC, SBRIGANI.

M. DE POURCEAUGNAC. Ah! je suis assommé. Quelle peine! quelle maudite ville! Assassiné de tous côtés!

SBRIGANI. Qu'est-ce, monsieur? Est-il encore arrivé quelque chose?

M. DE POURCEAUGNAC. Oui; il pleut en ce pays des femmes et des lavements.

SBRIGANI. Comment donc?

M. DE POURCEAUGNAC. Deux carognes de baragouineuses me sont venues accuser de les avoir épousées toutes deux et me menacent de la justice.

SBRIGANI. Voilà une méchante affaire; et la justice, en ce pays-ci, est rigoureuse en diable contre cette sorte de crime.

M. DE POURCEAUGNAC. Oui; mais quand il y aurait information, ajournement, décret et jugement obtenu par surprise, défaut et contumace, j'ai la voie du conflit de juridiction pour temporiser et venir aux moyens de nullité qui seront dans les procédures.

SBRIGANI. Voilà en parler dans tous les termes, et l'on voit bien, monsieur, que vous êtes du métier.

M. DE POURCEAUGNAC. Moi?... Point du tout; je suis gentilhomme.

SBRIGANI. Il faut bien, pour parler ainsi, que vous ayez étudié la pratique.

M. DE POURCEAUGNAC. Point; ce n'est que le sens commun qui me fait juger que je serai toujours reçu à mes faits justificatifs, et qu'on ne me saurait condamner sur une simple accusation, sans un récolement et confrontation avec mes parties.

SBRIGANI. En voilà du plus fin encore.

M. DE POURCEAUGNAC. Ces mots-là me viennent sans que je les sache.

SBRIGANI. Il me semble que le sens commun d'un gentil-homme peut bien aller concevoir ce qui est du droit et de l'ordre de la justice, mais non pas à savoir les vrais termes de la chicane.

M. DE POURCEAUGNAC. Ce sont quelques mots que j'ai retenus en lisant les romans.

SBRIGANI. Ah! fort bien.

M. DE POURCEAUGNAC. Pour vous montrer que je n'entends rien du tout à la chicane, je vous prie de me mener chez quelque avocat pour consulter mon affaire.

SBRIGANI. Je le veux, et vais vous conduire chez deux hommes fort habiles; mais j'ai auparavant à vous avertir de n'être point surpris de leur manière de parler; ils ont contracté du barreau certaine habitude de déclamation, qui fait que l'on dirait qu'ils chantent, et vous prendrez pour musique tout ce qu'ils vous diront.

M. DE POURCEAUGNAC. Qu'importe comme ils parlent, pourvu qu'ils me disent ce que je veux savoir!

SCÈNE XIII.

M. DE POURCEAUGNAC, SBRIGANI, DEUX AVOCATS, DEUX PROCUREURS, DEUX SERGENTS.

PREMIER AVOCAT, traînant ses paroles en chantant.
La polygamie est un cas,
Est un cas pendable.

SECOND AVOCAT, chantant fort vite en bredouillant.
Votre fait
Est clair et net,
Et tout le droit,
Sur cet endroit,
Conclut tout droit.
Si vous consultez nos auteurs,
Législateurs et glossateurs,
Justinian, Papinian,
Ulpian et Tribonian,
Fernand, Rebuffe, Jean, Imole,
Paul Castre, Julian, Barthole,
Jason, Alciat, et Cujas,
Ce grand homme si capable;
La polygamie est un cas,
Est un cas pendable.

ENTRÉE DU BALLET.

(Danse de deux procureurs et de deux sergents. Pendant que le second avocat chante les paroles qui suivent.)

Tous les peuples policés,
Et bien sensés,
Les Français, Anglais, Hollandais,
Danois, Suédois, Polonais,
Portugais, Espagnols, Flamands,
Italiens, Allemands,
Sur ce fait tiennent loi semblable;
Et l'affaire est sans embarras :
La polygamie est un cas,
Est un cas pendable.

LE PREMIER AVOCAT, chante celles-ci :

La polygamie est un cas,
Est un cas pendable.

(M. de Pourceaugnac, impatienté, les chasse.)

ACTE TROISIÈME

SCÈNE I.

ÉRASTE, SBRIGANI.

SBRIGANI. Oui, les choses s'acheminent où nous voulons; et comme ses lumières sont fort petites, et son sens le plus borné du monde, je lui ai fait prendre une frayeur si grande de la sévérité de la justice de ce pays et des apprêts qu'on faisait déjà pour sa mort, qu'il veut prendre la fuite, et, pour se dérober avec plus de facilité aux gens que je lui ai dit qu'on avait mis pour l'arrêter aux portes de la ville, il s'est résolu à se déguiser, et le déguisement qu'il a pris est l'habit d'une femme.

ÉRASTE. Je voudrais bien le voir en cet équipage.

SBRIGANI. Songez de votre part à achever la comédie; et tandis que je jouerai mes scènes avec lui, allez-vous-en... (Il lui parle à l'oreille.) Vous entendez bien?

ÉRASTE. Oui.

SBRIGANI. Et lorsque je l'aurai mis où je veux... (Il lui parle à l'oreille.)

Vous êtes tout à fait drôle comme cela.

LE BOURGEOIS GENTILHOMME.   Acte III, Scène II.

ÉRASTE. Fort bien.

SBRIGANI. Et quand le père aura été averti par moi. (Il lui parle encore à l'oreille.)

ÉRASTE. Cela va le mieux du monde.

SBRIGANI. Voici notre demoiselle. Allez vite, qu'il ne nous voie ensemble.

SCÈNE II.

M. DE POURCEAUGNAC en femme, SBRIGANI.

SBRIGANI. Pour moi, je ne crois pas qu'en cet état on puisse amais vous reconnaître; et vous avez la mine comme cela d'une femme de condition.

M. DE POURCEAUGNAC. Voilà qui m'étonne, qu'en ce pays-ci les formes de la justice ne soient point observées.

SBRIGANI. Oui, je vous l'ai déjà dit : ils commencent ici par faire pendre un homme, et puis ils lui font son procès.

M. DE POURCEAUGNAC. Voilà une justice bien injuste.

SBRIGANI. Elle est sévère comme tous les diables, particulièrement sur ces sortes de crimes.

M. DE POURCEAUGNAC. Mais quand on est innocent?

SPRIGANI. N'importe! ils ne s'enquêtent point de cela; et puis ils ont en cette ville une haine effroyable pour les gens de votre pays, et ils ne sont pas plus ravis que de voir pendre un Limosin.

M. DE POURCEAUGNAC. Qu'est-ce que les Limosins leur ont donc fait.

SBRIGANI. Ce sont des brutaux, ennemis de la gentillesse et du mérite des autres villes. Pour moi, je vous avoue que je suis pour vous dans une peur épouvantable, et je ne me consolerais de ma vie si vous veniez à être pendu.

M. DE POURCEAUGNAC. Ce n'est pas tant la peur de la mort qui me fait fuir, que de ce qu'il est fâcheux à un gentilhomme d'être pendu, et qu'une preuve comme celle-là ferait tort à nos titres de noblesse.

SBRIGANI. Vous avez raison; on vous contesterait après cela le titre d'écuyer. Au reste, étudiez-vous, quand je vous mènerai par la main, à bien marcher comme une femme, et à prendre le langage et toutes les manières d'une personne de qualité.

M. DE POURCEAUGNAC. Laissez-moi faire; j'ai vu les personnes du bel air. Tout ce qu'il y a, c'est que j'ai un peu de barbe.

SBRIGANI. Votre barbe n'est rien; il y a des femmes qui en ont autant que vous. Çà, voyons un peu comme vous ferez? (Après que M. de Pourceaugnac a contrefait la femme de condition.) Bon.

M. DE POURCEAUGNAC. Allons donc, mon carrosse; où est-ce qu'est mon carrosse? Mon Dieu! qu'on est misérable d'avoir des gens comme cela! Est-ce qu'on me fera attendre toute la journée sur le pavé, et qu'on ne me fera point venir mon carrosse?

SBRIGANI. Fort bien.

M. DE POURCEAUGNAC. Holà! ho! cocher, petit laquais! Ah! petit fripon, que de coups de fouet je vous ferai donner tantôt! Petit laquais, petit laquais! Où est ce donc qu'est ce petit laquais? ce petit laquais ne se trouvera-t-il point? ne me fera-t-on point venir ce petit laquais? est-ce que je n'ai point un petit laquais dans le monde?

SBRIGANI. Voilà qui va à merveille. Mais je remarque une chose: cette coiffe est un peu trop déliée; j'en vais quérir une un peu plus épaisse, pour vous mieux cacher le visage en cas de quelque rencontre.

M. DE POURCEAUGNAC. Que deviendrai-je, cependant?

SBRIGANI. Attendez-moi là, je suis à vous dans un moment; vous n'avez qu'à vous promener. (M. de Pourceaugnac fait plusieurs tours sur le théâtre, en continuant à contrefaire la femme de qualité.)

SCÈNE III.

M. DE POURCEAUGNAC, DEUX SUISSES.

PREMIER SUISSE, sans voir M. de Pourceaugnac. Allons, dépêchons, camarade; ly faut allair tous deux nous à la Grève, pour regarter un peu chousticier sti montsir de Porcegnac, qui l'a été contané par ortonnance à l'être pendu par son cou.

SECOND SUISSE, sans voir M. de Pourceaugnac. Ly faut nous loër un fenestre pour foir sti choustice.

PREMIER SUISSE. Ly disent que l'on fait téjà planter un grand potence toute neuve, pour l'y accrocher sti Porcegnac.

SECOND SUISSE. Ly sira, ma foi, un grant plaisir d'y regarter pendre sti Limossin.

PREMIER SUISSE Ly est un plaisant trôle, oui : ly disent que s'être marié troy foie.

SECOND SUISSE. Sti diable ly fouloir troy femmes à ly tout seul : ly être bien assez t'une.

PREMIER SUISSE, en apercevant M. de Pourceaugnac. Ah! ponchour, mameselle!

SECOND SUISSE. Que faire fous là tout seul?

M. DE POURCEAUGNAC. J'attends mes gens, messieurs.

PREMIER SUISSE. Fous, mameselle, fouloir fenir réchouir fous à la Crève? Nous faire foir un petit pendement bien choli.

M. DE POURCEAUGNAC. Je vous rends grâce.

SECOND SUISSE. L'être un gentilhomme limossin, qui sera pendu chentiment à un grand potence.

M. DE POURCEAUGNAC. Je n'ai pas de curiosité.

PREMIER SUISSE. Moi, l'y fouloir, moi mènerai à la Crève (Les deux Suisses tirent M. de Pourceaugnac avec violence.)

M. DE POURCEAUGNAC. Au secours! à la force!

SCÈNE IV.

M. DE POURCEAUGNAC, UN EXEMPT, DEUX ARCHERS, DEUX SUISSES.

L'EXEMPT. Qu'est-ce? quelle violence est-ce là? et que voulez-vous faire à madame? Allons, que l'on sorte de là, si vous ne voulez que je vous mette en prison.

PREMIER SUISSE. Parti, pon, toi ne l'afoir point ménée.

SECOND SUISSE. Parti, pon; aussi, toi ne l'afoir point ménée non plus foir pendre sti montsir Porcegnac.

SCÈNE V.

M. DE POURCEAUGNAC, UN EXEMPT.

M. DE POURCEAUGNAC. Je vous suis obligé, monsieur, de m'avoir délivré de ces insolents.

L'EXEMPT. Ouais! voilà un visage qui ressemble bien à celui que l'on m'a dépeint.

M. DE POURCEAUGNAC. Ce n'est pas moi, je vous assure...

L'EXEMPT. Ah! ah! qu'est-ce que veut dire?...

M. DE POURCEAUGNAC. Je ne sais pas.

L'EXEMPT. Pourquoi donc dites-vous cela?

M. DE POURCEAUGNAC. Pour rien.

L'EXEMPT. Voilà un discours qui marque quelque chose, et je vous arrête prisonnier.

M. DE POURCEAUGNAC. Eh! monsieur, de grâce!

L'EXEMPT. Non, non; à votre mine et à vos discours, il faut que vous soyez ce M. de Pourceaugnac que nous cherchons, qui se soit déguisé de la sorte; et vous viendrez en prison tout à l'heure.

M. DE POURCEAUGNAC. Hélas!

SCÈNE VI.

M. DE POURCEAUGNAC, SBRIGANI, UN EXEMPT, DEUX ARCHERS.

SBRIGANI, à M. de Pourceaugnac. Ah! ciel, que veut dire cela?

M. DE POURCEAUGNAC. Ils m'ont reconnu.

L'EXEMPT. Oui, oui; c'est de quoi je suis ravi.

SBRIGANI, à l'exempt. Eh! monsieur, pour l'amour de moi, vous savez que nous sommes amis depuis longtemps, je vous conjure de ne le point mener en prison.

L'EXEMPT. Non, il m'est impossible.

SBRIGANI. Vous êtes homme d'accommodement. N'y a-t-il pas moyen d'ajuster cela avec quelques pistoles?

L'EXEMPT, à ses archers. Retirez-vous un peu!

SCÈNE VII.

M. DE POURCEAUGNAC, SBRIGANI, UN EXEMPT.

SBRIGANI, à M. de Pourceaugnac. Il lui faut donner de l'argent pour vous laisser aller. Faites vite.

M. DE POURCEAUGNAC, donnant de l'argent à Sbrigani. Ah! maudite ville!

SBRIGANI. Tenez, monsieur.

L'EXEMPT. Combien y a-t-il?

SBRIGANI. Un, deux, trois, quatre, cinq, six, sept, huit, neuf, dix.

L'EXEMPT. Non, mon ordre est trop exprès.

SBRIGANI, à l'exempt qui veut s'en aller. Mon Dieu! attendez. (A M. de Pourceaugnac.) Donnez-lui-en encore autant.

M. DE POURCEAUGNAC. Mais...

SBRIGANI. Dépêchez-vous, vous dis-je, et ne perdez point de temps. Vous auriez un grand plaisir quand vous seriez pendu!

M. DE POURCEAUGNAC. Ah! (Il donne encore de l'argent à Sbrigani.)

SBRIGANI, à l'exempt. Tenez, monsieur.

L'EXEMPT, à Sbrigani. Il faut donc que je m'enfuie avec lui; car il n'y aurait point ici de sûreté pour moi. Laissez-le-moi conduire et ne bougez d'ici.

SBRIGANI. Je vous prie d'en avoir un grand soin.

L'EXEMPT. Je vous promets de ne le point quitter que je ne l'aie mis en lieu de sûreté.

M. DE POURCEAUGNAC, à Sbrigani. Adieu! Voilà le seul honnête homme que j'aie trouvé en cette ville.

SBRIGANI. Ne perdez point de temps. Je vous aime tant, que je voudrais que vous fussiez déjà bien loin. (Seul.) Que le ciel te conduise!... Par ma foi, voilà une grande dupe. Mais voici...

SCÈNE VIII.

ORONTE, SBRIGANI.

SBRIGANI, feignant de ne point voir Oronte. Ah! quelle étrange aventure! Quelle fâcheuse nouvelle pour un père! Pauvre Oronte, que je te plains! Que diras-tu? et de quelle façon pourras-tu supporter cette douleur mortelle?

ORONTE. Qu'est-ce? Quel malheur me présages-tu?

SBRIGANI. Ah! monsieur, ce perfide Limosin, ce traître de M. de Pourceaugnac vous emmène votre fille!

ORONTE. Il m'emmène ma fille!

SBRIGANI. Oui. Elle en est devenue si folle, qu'elle vous quitte pour le suivre.

ORONTE. Allons vite à la justice! Des archers après eux!

SCÈNE IX.

ORONTE, ÉRASTE, JULIE, SBRIGANI.

ÉRASTE, à Julie. Allons, vous viendrez malgré vous et je veux vous remettre entre les mains de votre père. (A Oronte.) Tenez, monsieur, voilà votre fille que j'ai tirée de force d'entre les mains de l'homme avec qui elle s'enfuyait, non pas pour l'amour d'elle, mais pour votre seule considération; car, après l'action qu'elle a faite, je dois la mépriser et me guérir absolument de l'amitié que j'avais pour elle.

ORONTE. Ah! infâme que tu es!

ÉRASTE, à Julie. Comment! me traiter de la sorte, après toutes les marques d'amitié que je vous ai données? Je ne vous blâme point de vous être soumise aux volontés de monsieur votre père; il est sage et judicieux dans les choses qu'il fait et je ne me plains point de lui de m'avoir rejeté pour un autre. S'il a manqué à la parole qu'il m'avait donnée, il a ses raisons pour cela. On lui a fait croire que cet autre est plus riche que moi de quatre ou cinq mille écus, et quatre ou cinq mille écus est un denier considérable et qui vaut bien la peine qu'un homme manque à sa parole. Mais oublier en un moment toute l'ardeur que je vous ai montrée, vous laisser d'abord éprendre pour un nouveau venu et le suivre honteusement sans le consentement de monsieur votre père, après les crimes qu'on lui impute, c'est une chose condamnée de tout le monde et dont mon cœur ne peut vous faire d'assez sanglants reproches.

JULIE. Eh bien, oui! Je l'ai voulu suivre, puisque mon père me l'avait choisi pour époux. Quoi que vous me disiez, c'est un fort honnête homme; et tous les crimes dont on l'accuse sont faussetés épouvantables.

ORONTE. Taisez-vous! vous êtes une impertinente et je sais mieux que vous ce qui en est.

JULIE. Ce sont sans doute des pièces qu'on lui fait et c'est peut-être lui (montrant Éraste) qui a trouvé cet artifice pour vous en dégoûter.

ÉRASTE. Moi! je serais capable de cela?

JULIE. Oui, vous.

ORONTE. Taisez-vous, vous dis-je! vous êtes une sotte.

ÉRASTE. Non, non, ne vous imaginez pas que j'aie aucune envie de détourner ce mariage. Je vous l'ai déjà dit, ce n'est que la seule considération que j'ai pour monsieur votre père qui me fait agir; et je n'ai pu souffrir qu'un honnête homme comme lui fût exposé à la honte de tous les bruits qui pourraient suivre une action comme la vôtre.

ORONTE. Je vous suis, seigneur Éraste, infiniment obligé.

ÉRASTE. Adieu, monsieur! J'avais toutes les ardeurs du monde d'entrer dans votre alliance; j'ai fait tout ce que j'ai pu pour obtenir un tel honneur; mais j'ai été malheureux et vous ne m'avez pas jugé digne de cette grâce. Cela n'empêchera pas que je ne conserve pour vous les sentiments d'estime et de vénération où votre personne m'oblige; et, si je n'ai pu être votre gendre, au moins serai-je éternellement votre serviteur.

ORONTE. Arrêtez, seigneur Éraste; votre procédé me touche l'âme, et je vous donne ma fille en mariage.

JULIE. Je ne veux point d'autre mari que M. de Pourceaugnac.

ORONTE. Et je veux, moi, tout à l'heure, que tu prennes le seigneur Éraste. Çà, la main!

JULIE. Non, je n'en ferai rien.

ORONTE. Je te donnerai sur les oreilles.

ÉRASTE. Non, non, monsieur; ne lui faites point de violence, je vous en prie.

ORONTE. C'est à elle à m'obéir, et je sais me montrer le maître.

ÉRASTE. Ne voyez-vous pas l'amitié qu'elle a pour cet homme-là, et voulez-vous que je possède une personne dont un autre possèdera le cœur?

ORONTE. C'est un sortilége qu'il lui a donné; et vous verrez qu'elle changera de sentiment avant qu'il soit peu. Donnez-moi votre main, allons!

JULIE. Je ne...

ORONTE. Ah! que de bruit! Çà, votre main, vous dis-je! Ah! ah! ah!

ÉRASTE, à Julie. Ne croyez pas que ce soit pour l'amour de vous que je vous donne la main; ce n'est que pour monsieur votre père, et c'est lui que j'épouse.

ORONTE. Je vous suis beaucoup obligé; et j'augmente de dix mille écus le mariage de ma fille. Allons, qu'on fasse venir le notaire pour dresser le contrat.

ÉRASTE. En attendant qu'il vienne, nous pouvons jouir du divertissement de la saison et faire entrer les masques que le bruit des noces de M. de Pourceaugnac a attirés ici de tous les endroits de la ville.

LE
BOURGEOIS GENTILHOMME

COMÉDIE-BALLET EN CINQ ACTES (1670).

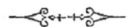

PERSONNAGES

M. JOURDAIN, bourgeois.
Mme JOURDAIN.
LUCILE, fille de M. Jourdain.
CLÉONTE.
DORIMÈNE, marquise.
DORANTE, comte.
NICOLE, servante de M. Jourdain.
COVIELLE, valet de Cléonte.

UN MAITRE DE MUSIQUE.
UN ÉLÈVE du Maître de musique.
UN MAITRE A DANSER.
UN MAITRE D'ARMES.
UN MAITRE DE PHILOSOPHIE.
UN MAITRE TAILLEUR.
UN GARÇON TAILLEUR.
DEUX LAQUAIS.

La scène est à Paris, chez M. Jourdain.

ACTE PREMIER

SCÈNE I.

UN MAITRE DE MUSIQUE, UN ÉLÈVE DU MAITRE DE MUSIQUE, composant sur une table qui est au milieu du théâtre; UNE MUSICIENNE, DEUX MUSICIENS, UN MAITRE A DANSER.

LE MAITRE DE MUSIQUE, aux musiciens. Venez, entrez dans cette salle; et vous reposez là en attendant qu'il vienne.
LE MAITRE A DANSER, aux danseurs. Et vous aussi, de ce côté.
LE MAITRE DE MUSIQUE, à son élève. Est-ce fait?
L'ÉLÈVE. Oui.
LE MAITRE DE MUSIQUE. Voyons... Voilà qui est bien.
LE MAITRE A DANSER. Est-ce quelque chose de nouveau?
LE MAITRE DE MUSIQUE. Oui. C'est un air pour une sérénade que je lui ai fait composer ici, en attendant que notre homme fût éveillé.
LE MAITRE A DANSER. Peut-on voir ce que c'est?
LE MAITRE DE MUSIQUE. Vous l'allez entendre avec le dialogue, quand il viendra. Il ne tardera guère.

LE MAITRE A DANSER. Nos occupations, à vous et à moi, ne sont pas petites maintenant.

LE MAITRE DE MUSIQUE. Il est vrai. Nous avons trouvé ici un homme comme il nous le faut à tous deux. Ce nous est une douce rente que ce M. Jourdain, avec les visions de noblesse et de galanterie qu'il est allé se mettre en tête ; et votre danse et ma musique auraient à souhaiter que tout le monde lui ressemblât.

LE MAITRE A DANSER. Non pas entièrement ; et je voudrais, pour lui, qu'il se connût mieux qu'il ne faut aux choses que nous lui donnons.

LE MAITRE DE MUSIQUE. Il est vrai qu'il les connaît mal, mais il les paye bien ; et c'est de quoi maintenant nos arts ont plus besoin que de toute chose.

LE MAITRE A DANSER. Pour moi, je vous l'avoue, je me repais un peu de gloire. Les applaudissements me touchent ; et je tiens que, dans tous les beaux-arts, c'est un supplice assez fâcheux que de se produire à des sots, que d'essuyer sur des compositions la barbarie d'un stupide. Il y a plaisir, ne m'en parlez point, à travailler pour des personnes qui soient capables de sentir les délicatesses d'un art, qui sachent faire un doux accueil aux beautés d'un ouvrage, et, par de chatouillantes approbations, vous régaler de votre travail. Oui, la récompense la plus agréable qu'on puisse recevoir des choses que l'on fait, c'est de les voir connues, de les voir caressées d'un applaudissement qui vous honore. Il n'y a rien, à mon avis, qui nous paye mieux que cela de toutes nos fatigues ; et ce sont des douceurs exquises que des louanges éclairées.

LE MAITRE DE MUSIQUE. J'en demeure d'accord ; et je les goûte comme vous. Il n'y a rien assurément qui chatouille davantage que les applaudissements que vous dites ; mais cet encens ne fait pas vivre. Des louanges toutes pures ne mettent point un homme à son aise, il faut du solide ; et la meilleure façon de louer, c'est de louer avec les mains. C'est un homme, à la vérité, dont les lumières sont petites, qui parle à tort et à travers de toutes choses et n'applaudit qu'à contresens ; mais son argent redresse les jugements de son esprit : il a du discernement dans sa bourse ; ses louanges sont monnayées ; et ce bourgeois ignorant nous vaut mieux, comme vous voyez, que le grand seigneur éclairé qui nous a introduits ici.

LE MAITRE A DANSER. Il y a quelque chose de vrai dans ce que vous dites ; mais je trouve que vous appuyez un peu trop sur l'argent ; et l'intérêt est quelque chose de si bas, qu'il ne faut jamais qu'un honnête homme montre pour lui de l'attachement.

LE MAITRE DE MUSIQUE. Vous recevez fort bien partout l'argent que notre homme vous donne.

LE MAITRE A DANSER. Assurément; mais je n'en fais pas tout mon bonheur, et je voudrais qu'avec son bien il eût encore quelque bon goût des choses.

LE MAITRE DE MUSIQUE. Je le voudrais aussi; et c'est à quoi nous travaillons tous deux autant que nous pouvons. Mais, en tous cas, il nous donne moyen de nous faire connaître dans le monde; et il payera pour les autres ce que les autres loueront pour lui.

LE MAITRE A DANSER. Le voilà qui vient.

SCÈNE II.

M. JOURDAIN, en robe de chambre et en bonnet de nuit; LE MAITRE DE MUSIQUE, LE MAITRE A DANSER, L'ÉLÈVE DU MAITRE DE MUSIQUE, UNE MUSICIENNE, DEUX MUSICIENS, DANSEURS, DEUX LAQUAIS.

M. JOURDAIN. Eh bien, messieurs, qu'est-ce? Me ferez-vous voir votre petite drôlerie?

LE MAITRE A DANSER. Comment! quelle petite drôlerie?

M. JOURDAIN. Eh! là... comment appelez-vous cela? Votre prologue ou dialogue de chansons et de danse?

LE MAITRE A DANSER. Ah! ah!

LE MAITRE DE MUSIQUE. Vous nous y voyez préparés.

M. JOURDAIN. Je vous ai fait un peu attendre; mais c'est que je me fais habiller aujourd'hui comme les gens de qualité, et mon tailleur m'a envoyé des bas de soie que j'ai pensé ne mettre jamais.

LE MAITRE DE MUSIQUE. Nous ne sommes ici que pour attendre votre loisir.

M. JOURDAIN. Je vous prie, tous deux, de ne vous point en aller qu'on ne m'ait apporté mon habit, afin que vous me puissiez voir.

LE MAITRE A DANSER. Tout ce qu'il vous plaira.

M. JOURDAIN. Vous me verrez équipé comme il faut, depuis les pieds jusqu'à la tête.

LE MAITRE DE MUSIQUE. Nous n'en doutons point.

M. JOURDAIN. Je me suis fait faire cette indienne-ci.

LE MAITRE A DANSER. Elle est fort belle.

M. JOURDAIN. Mon tailleur m'a dit que les gens de qualité étaient comme cela le matin.

LE MAITRE DE MUSIQUE. Cela vous sied à merveille.

M. JOURDAIN. Laquais! holà! mes deux laquais!
PREMIER LAQUAIS. Que voulez-vous, monsieur?
M. JOURDAIN. Rien. C'est pour voir si vous m'entendez bien. (Au maître de musique et au maître à danser.) Que dites-vous de mes livrées?
LE MAITRE A DANSER. Elles sont magnifiques.
M. JOURDAIN, entr'ouvrant sa robe et faisant voir son haut-de-chausses étroit de velours rouge et sa camisole de velours vert. Voici encore un petit déshabillé pour faire le matin mes exercices.
LE MAITRE DE MUSIQUE. Il est galant.
M. JOURDAIN. Laquais!
PREMIER LAQUAIS. Monsieur?
M. JOURDAIN. L'autre laquais!
SECOND LAQUAIS. Monsieur?
M. JOURDAIN, ôtant sa robe de chambre. Tenez ma robe. (Au maître de musique et au maître à danser.) Me trouvez-vous bien comme cela?
LE MAITRE A DANSER. Fort bien. On ne peut pas mieux.
M. JOURDAIN. Voyons un peu votre affaire.
LE MAITRE DE MUSIQUE. Je voudrais bien auparavant vous faire entendre un air (montrant son élève) qu'il vient de composer pour la sérénade que vous m'avez demandée. C'est un de mes écoliers, qui a pour ces sortes de choses un talent admirable.
M. JOURDAIN. Oui; mais il ne fallait pas faire faire cela par un écolier; et vous n'étiez pas trop bon vous-même pour cette besogne-là.
LE MAITRE DE MUSIQUE. Il ne faut pas, monsieur, que le nom d'écolier vous abuse. Ces sortes d'écoliers en savent autant que les plus grands maîtres; et l'air est aussi beau qu'il s'en puisse faire. Ecoutez seulement.
M. JOURDAIN, à ses laquais. Donnez-moi ma robe pour mieux entendre... Attendez, je crois que je serai mieux sans robe. Non, redonnez-la-moi; cela ira mieux.
LA MUSICIENNE.

> Je languis nuit et jour et mon mal est extrême
> Depuis qu'à vos rigueurs vos beaux yeux m'ont soumis :
> Si vous traitez ainsi, belle Iris, qui vous aime,
> Hélas! que pourriez-vous faire à vos ennemis?

M. JOURDAIN. Cette chanson me semble un peu lugubre; elle endort; et je voudrais que vous la puissiez un peu ragaillardir par-ci par-là.
LE MAITRE DE MUSIQUE. Il faut, monsieur, que l'air soit accommodé aux paroles.
M. JOURDAIN. On m'en a appris un tout à fait joli il y a quelque temps. Attendez... là... Comment est-ce qu'il dit?

LE MAITRE A DANSER. Par ma foi, je ne sais.
M. JOURDAIN. Il y a du mouton dedans.
LE MAITRE A DANSER. Du mouton?
M. JOURDAIN. Oui... Ah! (Il chante.)

> Je croyais Jeanneton
> Aussi douce que belle;
> Je croyais Jeanneton
> Plus douce qu'un mouton.
> Hélas! hélas! elle est cent fois,
> Mille fois plus cruelle
> Que n'est le tigre au bois.

N'est-il pas joli?
LE MAITRE DE MUSIQUE. Le plus joli du monde.
LE MAITRE A DANSER. Et vous le chantez bien.
M. JOURDAIN. C'est sans avoir appris la musique.
LE MAITRE DE MUSIQUE. Vous devriez l'apprendre, monsieur, comme vous faites de la danse. Ce sont deux arts qui ont une étroite liaison ensemble.
LE MAITRE A DANSER. Et qui ouvrent l'esprit d'un homme aux belles choses.
M. JOURDAIN. Est-ce que les gens de qualité apprennent aussi la musique?
LE MAITRE DE MUSIQUE. Oui, monsieur.
M. JOURDAIN. Je l'apprendrai donc. Mais je ne sais quel temps je pourrai prendre; car, outre le maître d'armes qui me montre, j'ai arrêté encore un maître de philosophie, qui doit commencer ce matin.
LE MAITRE DE MUSIQUE. La philosophie est quelque chose; mais la musique, monsieur, la musique...
LE MAITRE A DANSER. La musique et la danse... La musique et la danse, c'est là tout ce qu'il faut.
LE MAITRE DE MUSIQUE. Il n'y a rien qui soit si utile dans un État que la musique.
LE MAITRE A DANSER. Il n'y a rien qui soit si nécessaire aux hommes que la danse.
LE MAITRE DE MUSIQUE. Sans la musique, un État ne peut subsister.
LE MAITRE A DANSER. Sans la danse, un homme ne saurait rien faire.
LE MAITRE DE MUSIQUE. Tous les désordres, toutes les guerres qu'on voit dans le monde, n'arrivent que pour n'apprendre pas la musique.
LE MAITRE A DANSER. Tous les malheurs des hommes, tous les

revers funestes dont les histoires sont remplies, les bévues des politiques, les manquements des grands capitaines, tout cela n'est venu que faute de savoir danser.

M. JOURDAIN. Comment cela?

LE MAITRE DE MUSIQUE. La guerre ne vient-elle pas d'un manque d'union entre les hommes?

M. JOURDAIN. Cela est vrai.

LE MAITRE DE MUSIQUE. Et si tous les hommes apprenaient la musique, ne serait-ce pas le moyen de s'accorder ensemble et de voir dans le monde la paix universelle?

M. JOURDAIN. Vous avez raison.

LE MAITRE A DANSER. Lorsqu'un homme a commis un manquement dans sa conduite, soit aux affaires de sa famille, ou au gouvernement d'un État, ou au commandement d'une armée, ne dit-on pas toujours : « Un tel a fait un mauvais pas dans une telle affaire? »

M. JOURDAIN. Oui, on dit cela.

LE MAITRE A DANSER. Et faire un mauvais pas, peut-il procéder d'autre chose que de ne savoir pas danser?

M. JOURDAIN. Cela est vrai et vous avez raison tous deux.

LE MAITRE A DANSER. C'est pour vous faire voir l'excellence et l'utilité de la danse et de la musique.

M. JOURDAIN. Je comprends cela à cette heure.

LE MAITRE DE MUSIQUE. Voulez-vous voir nos deux affaires?

M. JOURDAIN. Oui.

LE MAITRE A DANSER. Je vous l'ai déjà dit, c'est un petit essai que j'ai fait autrefois des diverses passions que peut exprimer la musique.

M. JOURDAIN. Fort bien.

LE MAITRE DE MUSIQUE, aux musiciens. Allons, avancez. (A M. Jourdain.) Il faut vous figurer qu'ils sont habillés en bergers.

M. JOURDAIN. Pourquoi toujours des bergers? On ne voit que cela partout.

LE MAITRE A DANSER. Lorsqu'on a des personnes à faire parler en musique, il faut bien que, pour la vraisemblance, on donne dans la bergerie. Le chant a été de tout temps affecté aux bergers; et il n'est guère naturel, en dialogue, que des princes ou des bourgeois chantent leurs passions.

M. JOURDAIN. Passe, passe. Voyons.

ACTE DEUXIÈME

SCÈNE I.

M. JOURDAIN, LE MAITRE DE MUSIQUE, LE MAITRE A DANSER.

M. JOURDAIN. Voilà qui n'est point sot et ces gens-là se trémoussent bien.

LE MAITRE DE MUSIQUE. Lorsque la danse sera mêlée avec la musique, cela fera plus d'effet encore; et vous verrez quelque chose de charmant dans le petit ballet que nous avons ajusté pour vous.

M. JOURDAIN. C'est pour tantôt, au moins; et la personne pour qui j'ai fait faire tout cela me doit faire l'honneur de venir dîner céans.

LE MAITRE A DANSER. Tout est prêt.

LE MAITRE DE MUSIQUE. Au reste, monsieur, ce n'est pas assez; il faut qu'une personne comme vous, qui êtes magnifique et qui avez de l'inclination pour les belles choses, ait un concert de musique chez soi tous les mercredis et tous les jeudis.

M. JOURDAIN. Est-ce que les gens de qualité en ont?

LE MAITRE DE MUSIQUE. Oui, monsieur.

M. JOURDAIN. J'en aurai donc. Cela sera-t-il beau?

LE MAITRE DE MUSIQUE. Sans doute. Il vous faudra trois voix, un dessus, une haute-contre et une basse, qui seront accompagnées d'une basse de viole, d'un théorbe et d'un clavecin pour les basses continues, avec deux dessus de violon pour jouer les ritournelles.

M. JOURDAIN. Il y faudra mettre aussi une trompette marine. La trompette marine est un instrument qui me plaît et qui est harmonieux.

LE MAITRE DE MUSIQUE. Laissez-nous gouverner les choses.

M. JOURDAIN. Au moins, n'oubliez pas tantôt de m'envoyer des musiciens pour chanter à table.

LE MAITRE DE MUSIQUE. Vous aurez tout ce qu'il vous faut.

M. JOURDAIN. Mais surtout que le ballet soit beau.

LE MAITRE A DANSER. Vous en serez content et, entre autres choses, de certains menuets que vous y verrez.

M. JOURDAIN. Ah! les menuets sont ma danse et je veux que vous me le voyiez danser. Allons, mon maître.

LE MAITRE A DANSER. Un chapeau, monsieur, s'il vous plaît.

(M. Jourdain va prendre le chapeau de son laquais et le met par-dessus son bonnet de nuit. Son maître lui prend les mains et le fait danser sur un air de menuet qu'il chante.)

   La, la, la, la, la, la,
   La, la, la, la, la, la, la,
   La, la, la, la, la, la,
   La, la, la, la, la, la,
   La, la, la, la, la. En
  Cadence, s'il vous plaît. La.
   La, la, la, la. La jambe
    Droite. La, la, la.
 Ne remuez point tant les épaules.
La, la, la, la, la, la, la, la, la, la.
  Vos deux bras sont estropiés.
La, la, la, la. Haussez la tête.
 Tournez la pointe du pied en dehors.
  La, la, la. Dressez votre corps.

M. JOURDAIN. Eh!

LE MAITRE DE MUSIQUE. Voilà qui est le mieux du monde.

M. JOURDAIN. A propos, apprenez-moi comme il faut faire une révérence pour saluer une marquise; j'en aurai besoin tantôt.

LE MAITRE A DANSER. Une révérence pour saluer une marquise?

M. JOURDAIN. Oui, une marquise qui s'appelle Dorimène.

LE MAITRE A DANSER. Donnez-moi la main.

M. JOURDAIN. Non; vous n'avez qu'à faire, je le retiendrai bien.

LE MAITRE A DANSER. Si vous voulez la saluer avec beaucoup de respect, il faut d'abord faire une révérence en arrière, puis marcher vers elle avec trois révérences en avant, et, à la dernière, vous baisser jusqu'à ses genoux.

M. JOURDAIN. Faites un peu. (Après que le maître à danser a fait trois révérences.) Bon!

SCÈNE II.

M. JOURDAIN, LE MAITRE DE MUSIQUE, LE MAITRE A DANSER,
UN LAQUAIS.

LE LAQUAIS. Monsieur, voilà votre maître d'armes qui est là.

M. JOURDAIN. Dis-lui qu'il entre ici pour me donner leçon. (Au maître de musique et au maître à danser.) Je veux que vous me voyiez faire.

SCÈNE III.

M. JOURDAIN, UN MAITRE D'ARMES, LE MAITRE DE MUSIQUE, LE MAITRE A DANSER, UN LAQUAIS tenant deux fleurets.

LE MAITRE D'ARMES, après avoir pris les deux fleurets de la main du laquais et en avoir présenté un à M. Jourdain. Allons, monsieur, la révérence. Votre corps droit, un peu penché sur la cuisse gauche. Les jambes point tant écartées. Vos pieds sur une même ligne. Votre poignet à l'opposite de votre hanche. La pointe de votre épée vis-à-vis de votre épaule. Le bras pas tout à fait si étendu. La main gauche à la hauteur de l'œil. L'épaule gauche plus carrée. La tête droite. Le regard assuré. Avancez. Le corps ferme. Touchez-moi l'épée de quarte, et achevez de même. Une, deux. Remettez-vous. Redoublez de pied ferme. Une, deux. Un saut en arrière. Quand vous portez la botte, monsieur, il faut que l'épée parte la première et que le corps soit bien effacé. Une, deux. Allons, touchez-moi l'épée de tierce, et achevez de même. Avancez. Le corps ferme. Avancez. Partez de là. Une, deux. Remettez-vous. Redoublez. Une, deux. Un saut en arrière. En garde, monsieur, en garde! (Le maitre d'armes lui pousse deux ou trois bottes, en lui disant : En garde.)

M. JOURDAIN. Eh!

LE MAITRE DE MUSIQUE. Vous faites des merveilles.

LE MAITRE D'ARMES. Je vous l'ai déjà dit, tout le secret des armes ne consiste qu'en deux choses : à donner, et à ne point recevoir. Et, comme je vous fis voir l'autre jour par raison démonstrative, il est impossible que vous receviez si vous savez détourner l'épée de votre ennemi de la ligne de votre corps; ce qui ne dépend seulement que d'un petit mouvement du poignet, ou en dedans, ou en dehors.

M. JOURDAIN. De cette façon, donc, un homme, sans avoir du cœur, est sûr de tuer son homme et de n'être point tué?

LE MAITRE D'ARMES. Sans doute. N'en vîtes-vous pas la démonstration?

M. JOURDAIN. Oui.

LE MAITRE D'ARMES. Et c'est en quoi l'on voit de quelle considération nous autres nous devons être dans un État, et combien la science des armes l'emporte hautement sur toutes les autres sciences inutiles, comme la danse, la musique, la...

LE MAITRE A DANSER. Tout beau! monsieur le tireur d'armes, ne parlez de la danse qu'avec respect.

LE MAITRE DE MUSIQUE. Apprenez, je vous prie, à mieux traiter l'excellence de la musique.

LE MAITRE D'ARMES. Vous êtes de plaisantes gens de vouloir comparer vos sciences à la mienne !

LE MAITRE DE MUSIQUE. Voyez un peu l'homme d'importance !

LE MAITRE A DANSER. Voilà un plaisant animal avec son plastron !

LE MAITRE D'ARMES. Mon petit maître à danser, je vous ferai danser comme il faut. Et vous, mon petit musicien, je vous ferai chanter de la belle manière.

LE MAITRE A DANSER. Monsieur le batteur de fer, je vous apprendrai votre métier.

M. JOURDAIN, au maître à danser. Êtes-vous fou de l'aller quereller, lui qui entend la tierce et la quarte, et qui sait tuer un homme par raison démonstrative ?

LE MAITRE A DANSER. Je me moque de sa raison démonstrative, et de sa tierce, et de sa quarte.

M. JOURDAIN, au maître à danser. Tous doux, vous dis-je.

LE MAITRE D'ARMES, au maître à danser. Comment, petit impertinent !

M. JOURDAIN. Eh ! mon maître d'armes !

LE MAITRE A DANSER, au maître d'armes. Comment, grand cheval de carrosse !

M. JOURDAIN. Eh ! mon maître à danser !

LE MAITRE D'ARMES. Si je me jette sur vous...

M. JOURDAIN, au maître d'armes. Doucement !

LE MAITRE A DANSER. Si je mets sur vous la main...

M. JOURDAIN, au maître à danser. Tout beau !

LE MAITRE D'ARMES. Je vous étrillerai d'un air...

M. JOURDAIN, au maître d'armes. De grâce...

LE MAITRE A DANSER. Je vous rosserai d'une manière..

M. JOURDAIN, au maître à danser. Je vous prie...

LE MAITRE DE MUSIQUE. Laissez-nous un peu lui apprendre à parler.

M. JOURDAIN, au maître de musique. Mon Dieu ! arrêtez-vous !

SCÈNE IV.

UN MAITRE DE PHILOSOPHIE, M. JOURDAIN, LE MAITRE DE MUSIQUE, LE MAITRE A DANSER, LE MAITRE D'ARMES, UN LAQUAIS.

M. JOURDAIN. Holà ! monsieur le philosophe, vous arrivez tout à propos avec votre philosophie. Venez un peu mettre la paix entre ces personnes-ci.

LE MAITRE DE PHILOSOPHIE. Qu'est-ce donc ? Qu'y a-t-il, messieurs ?

M. JOURDAIN. Ils se sont mis en colère pour la préférence de leurs professions, jusqu'à se dire des injures et en vouloir venir aux mains.

LE MAITRE DE PHILOSOPHIE. Eh quoi! messieurs, faut-il s'emporter de la sorte? Et n'avez-vous point lu le docte traité que Sénèque a composé de la colère? Y a-t-il rien de plus bas et de plus honteux que cette passion, qui fait d'un homme une bête féroce? Et la raison ne doit-elle pas être maîtresse de tous nos mouvements?

LE MAITRE A DANSER. Comment! monsieur, il vient dire des injures à tous deux, en méprisant la danse que j'exerce et la musique dont il fait profession.

LE MAITRE DE PHILOSOPHIE. Un homme sage est au-dessus de toutes les injures qu'on lui peut dire; et la grande réponse qu'on doit faire aux outrages, c'est la modération et la patience.

LE MAITRE D'ARMES. Ils ont tous deux l'audace de vouloir comparer leurs professions à la mienne!

LE MAITRE DE PHILOSOPHIE. Faut-il que cela vous émeuve? Ce n'est pas de vaine gloire et de condition que les hommes doivent disputer entre eux; et ce qui nous distingue parfaitement les uns des autres, c'est la sagesse et la vertu.

LE MAITRE A DANSER. Je lui soutiens que la danse est une science à laquelle on ne peut faire assez d'honneur.

LE MAITRE DE MUSIQUE. Et moi, que la musique en est une que tous les siècles ont révérée.

LE MAITRE D'ARMES. Et moi, je leur soutiens à tous deux que la science de tirer des armes est la plus belle et la plus nécessaire de toutes les sciences.

LE MAITRE DE PHILOSOPHIE. Et que sera donc la philosophie? Je vous trouve tous trois bien impertinents de parler devant moi avec cette arrogance, et de donner impudemment le nom de science à des choses que l'on ne doit pas même honorer du nom d'art, et qui ne peuvent être comprises que sous le nom de métier misérable de gladiateur, de chanteur et de baladin.

LE MAITRE D'ARMES. Allez, philosophe de chien!

LE MAITRE DE MUSIQUE. Allez, bélître de pédant!

LE MAITRE A DANSER. Allez, cuistre fieffé!

LE MAITRE DE PHILOSOPHIE. Comment, marauds que vous êtes!...

(Le philosophe se jette sur eux, et tous trois le chargent de coups.)

M. JOURDAIN. Monsieur le philosophe!

LE MAITRE DE PHILOSOPHIE. Infâmes! coquins! insolents!

M. JOURDAIN. Monsieur le philosophe!

LE MAITRE D'ARMES. La peste de l'animal!

M. JOURDAIN. Messieurs!

LE MAITRE DE PHILOSOPHIE. Impudents!
M. JOURDAIN. Monsieur le philosophe!
LE MAITRE A DANSER. Diantre soit de l'âne bâté!
M. JOURDAIN. Messieurs!
LE MAITRE DE PHILOSOPHIE. Scélérats!
M. JOURDAIN. Monsieur le philosophe!
LE MAITRE DE MUSIQUE. Au diable l'impertinent!
M. JOURDAIN. Messieurs!
LE MAITRE DE PHILOSOPHIE. Fripons! gueux! traîtres! imposteurs!
M. JOURDAIN. Monsieur le philosophe! messieurs! monsieur le philosophe! messieurs! monsieur le philosophe! (Ils sortent en se battant.)

SCÈNE V.

M. JOURDAIN, UN LAQUAIS.

M. JOURDAIN. Oh! battez-vous tant qu'il vous plaira, je n'y saurais que faire, et je n'irai pas gâter ma robe pour vous séparer. Je serais bien fou de m'aller fourrer parmi eux pour recevoir quelque coup qui me ferait mal.

SCÈNE VI.

LE MAITRE DE PHILOSOPHIE, M. JOURDAIN, UN LAQUAIS.

LE MAITRE DE PHILOSOPHIE, raccommodant son collet. Venons à notre leçon.
M. JOURDAIN. Ah! monsieur, je suis fâché des coups qu'ils vous ont donnés.
LE MAITRE DE PHILOSOPHIE. Cela n'est rien. Un philosophe sait recevoir comme il faut les choses; et je vais composer contre eux une satire du style de Juvénal qui les déchirera de la belle façon. Laissons cela... Que voulez-vous apprendre?
M. JOURDAIN. Tout ce que je pourrai; car j'ai toutes les envies du monde d'être savant; et j'enrage que mon père et ma mère ne m'aient pas fait bien étudier dans toutes les sciences quand j'étais jeune.
LE MAITRE DE PHILOSOPHIE. Ce sentiment est raisonnable; *nam, sine doctrinâ, vita est quasi mortis imago*. Vous entendez cela, et vous savez le latin, sans doute?
M. JOURDAIN. Oui; mais faites comme si je ne le savais pas: expliquez-moi ce que cela veut dire.
LE MAITRE DE PHILOSOPHIE. Cela veut dire que, *sans la science, la vie est presque une image de la mort*.

M. JOURDAIN. Ce latin-là a raison.

LE MAITRE DE PHILOSOPHIE. N'avez-vous point quelques principes, quelques commencements des sciences?

M. JOURDAIN. Oh! oui. Je sais lire et écrire.

LE MAITRE DE PHILOSOPHIE. Par où vous plaît-il que nous commencions? Voulez-vous que je vous apprenne la logique?

M. JOURDAIN. Qu'est-ce que c'est que cette logique?

LE MAITRE DE PHILOSOPHIE. C'est elle qui enseigne les trois opérations de l'esprit.

M. JOURDAIN. Que sont-elles, ces trois opérations de l'esprit?

LE MAITRE DE PHILOSOPHIE. La première, la seconde et la troisième. La première est de bien concevoir, par le moyen des universaux; la seconde, de bien juger, par le moyen des catégories; et la troisième, de bien tirer une conséquence, par le moyen des figures. *Barbara, celarent, Darii, ferio, baralipton,* etc.

M. JOURDAIN. Voilà des mots qui sont trop rébarbatifs. Cette logique-là ne me revient point. Apprenons autre chose qui soit plus joli.

LE MAITRE DE PHILOSOPHIE. Voulez-vous apprendre la morale?

M. JOURDAIN. La morale?

LE MAITRE DE PHILOSOPHIE. Oui.

M. JOURDAIN. Qu'est-ce qu'elle dit, cette morale?

LE MAITRE DE PHILOSOPHIE. Elle traite de la félicité, enseigne aux hommes à modérer leurs passions, et...

M. JOURDAIN. Non, laissons cela : je suis bilieux comme tous les diables, et il n'y a morale qui tienne; je me veux mettre en colère tout mon soûl quand il m'en prend envie.

LE MAITRE DE PHILOSOPHIE. La physique est celle que vous voulez apprendre?

M. JOURDAIN. Qu'est-ce qu'elle chante, cette physique?

LE MAITRE DE PHILOSOPHIE. La physique est ce qui explique les principes des choses naturelles et les propriétés des corps; qui discourt de la nature des éléments, des métaux, des minéraux, des pierres, des plantes et des animaux, et nous enseigne les causes de tous les météores, l'arc-en-ciel, les feux volants, les comètes, les éclairs, le tonnerre, la foudre, la pluie, la neige, la grêle, les vents et les tourbillons.

M. JOURDAIN. Il y a trop de tintamarre là-dedans, trop de brouillamini.

LE MAITRE DE PHILOSOPHIE. Que voulez-vous donc que je vous apprenne?

M. JOURDAIN. Apprenez-moi l'orthographe.

LE MAITRE DE PHILOSOPHIE. Très-volontiers.

m. jourdain. Après, vous m'apprendrez l'almanach, pour savoir quand il y a de la lune et quand il n'y en a point.

le maître de philosophie. Soit. Pour bien suivre votre pensée et traiter cette matière en philosophie, il faut commencer, selon l'ordre des choses, par une exacte connaissance de la nature des lettres et de la différente manière de les prononcer toutes. Et là-dessus j'ai à vous dire que les lettres sont divisées en voyelles, ainsi dites voyelles, parce qu'elles expriment les voix; et en consonnes, ainsi appelées consonnes, parce qu'elles sonnent avec les voyelles, et ne font que marquer les diverses articulations des voix. Il y a cinq voyelles, ou voix, A, E, I, O, U.

m. jourdain. J'entends tout cela.

le maître de philosophie. La voix A se forme en ouvrant la bouche, A.

m. jourdain. A, A. Oui.

le maître de philosophie. La voix E se forme en rapprochant la mâchoire d'en bas de celle d'en haut, A, E.

m. jourdain. A, E; A, E. Ma foi, oui. Ah! que cela est beau!

le maître de philosophie. Et la voix I, en rapprochant encore davantage les mâchoires l'une de l'autre, et écartant les deux coins de la bouche vers les oreilles, A, E, I.

m. jourdain. A, E, I, I, I, I. Cela est vrai. Vive la science!

le maître de philosophie. La voix O se forme en rouvrant les mâchoires et rapprochant les lèvres par les deux coins, le haut et le bas, O.

m. jourdain. O, O. Il n'y a rien de plus juste. A, E, I, O; I, O. Cela est admirable! I, O; I, O.

le maître de philosophie. L'ouverture de la bouche fait justement comme un petit rond qui représente un O.

m. jourdain. O, O, O. Vous avez raison. O... Ah! la belle chose que de savoir quelque chose!

le maître de philosophie. La voix U se forme en rapprochant les dents sans les joindre entièrement, et allongeant les deux lèvres en dehors, les approchant aussi l'une de l'autre sans les joindre tout à fait. U.

m. jourdain. U, U. Il n'y a rien de plus véritable, U.

le maître de philosophie. Vos deux lèvres s'allongent comme si vous faisiez la moue; d'où vient que si vous la voulez faire à quelqu'un et vous moquer de lui, vous ne sauriez lui dire que U.

m. jourdain. U, U. Cela est vrai. Ah! que n'ai-je étudié plus tôt pour savoir tout cela!

LE MAITRE DE PHILOSOPHIE. Demain nous verrons les autres lettres, qui sont des consonnes.

M. JOURDAIN. Est-ce qu'il y a des choses aussi curieuses qu'à celles-ci?

LE MAITRE DE PHILOSOPHIE. Sans doute. La consonne D, par exemple, se prononce en donnant du bout de la langue au-dessus des dents d'en haut, DA.

M. JOURDAIN. DA, DA. Oui. Ah! les belles choses! les belles choses!

LE MAITRE DE PHILOSOPHIE. L'F, en appuyant les dents d'en haut sur la lèvre de dessous, FA.

M. JOURDAIN. FA, FA. C'est la vérité. Ah! mon père et ma mère, que je vous veux du mal!

LE MAITRE DE PHILOSOPHIE. Et l'R, en portant le bout de la langue jusqu'au haut du palais; de sorte qu'étant frôlée par l'air qui sort avec force, elle lui cède, et revient toujours au même endroit, faisant une manière de tremblement, R, RA.

M. JOURDAIN. R, R, RA; R, R, R, R, R, RA. Cela est vrai. Ah! l'habile homme que vous êtes! et que j'ai perdu de temps! R, R, R, RA.

LE MAITRE DE PHILOSOPHIE. Je vous expliquerai à fond toutes ces curiosités.

M. JOURDAIN. Je vous en prie. Au reste il faut que je vous fasse une confidence. Je désire épouser une personne de grande qualité, et je souhaiterais que vous m'aidassiez à écrire quelque chose dans un petit billet que je veux lui adresser.

LE MAITRE DE PHILOSOPHIE. Fort bien.

M. JOURDAIN. Cela sera charmant, oui?

LE MAITRE DE PHILOSOPHIE. Sans doute. Sont-ce des vers que vous lui voulez écrire?

M. JOURDAIN. Non, non, point de vers.

LE MAITRE DE PHILOSOPHIE. Vous ne voulez que de la prose?

M. JOURDAIN. Non, je ne veux ni prose ni vers.

LE MAITRE DE PHILOSOPHIE. Il faut bien que ce soit l'un ou l'autre.

M. JOURDAIN. Pourquoi?

LE MAITRE DE PHILOSOPHIE. Par la raison, monsieur, qu'il n'y a, pour s'exprimer, que la prose ou les vers.

M. JOURDAIN. Il n'y a que la prose ou les vers?

LE MAITRE DE PHILOSOPHIE. Non, monsieur. Tout ce qui n'est point prose est vers, et tout ce qui n'est point vers est prose.

M. JOURDAIN. Et comme l'on parle, qu'est-ce que c'est donc que cela?

LE MAITRE DE PHILOSOPHIE. De la prose.

M. JOURDAIN. Quoi! quand je dis : Nicole, apportez-moi mes pantoufles et me donnez mon bonnet de nuit, c'est de la prose?

LE MAITRE DE PHILOSOPHIE. Oui, monsieur.

M. JOURDAIN. Par ma foi, il y a plus de quarante ans que je dis de la prose sans que j'en susse rien; et je vous suis le plus obligé du monde de m'avoir appris cela. Je voudrais donc lui mettre dans un billet : *Belle marquise, vos beaux yeux me font mourir d'amour;* mais je voudrais que cela fût mis d'une manièr aimable, que cela fût tourné gentiment.

LE MAITRE DE PHILOSOPHIE. Mettre que les feux de ses yeux réduisent votre cœur en cendres; que vous souffrez nuit et jour pour elle les violences d'un...

M. JOURDAIN. Non, non, non; je ne veux point de tout cela. Je ne veux que ce que je vous ai dit : *Belle marquise, vos beaux yeux me font mourir d'amour.*

LE MAITRE DE PHILOSOPHIE. Il faut bien étendre un peu la chose.

M. JOURDAIN. Non, vous dis-je; je ne veux que ces seules paroles-là dans le billet, mais tournées à la mode, bien arrangées comme il faut. Je vous prie de me dire un peu, pour voir, les diverses manières dont on les peut mettre.

LE MAITRE DE PHILOSOPHIE. On peut les mettre, premièrement, comme vous avez dit : *Belle marquise, vos beaux yeux me font mourir d'amour.* Ou bien : *D'amour mourir me font, belle marquise, vos beaux yeux.* Ou bien : *Vos yeux beaux d'amour me font, belle marquise, mourir.* Ou bien : *Mourir vos beaux yeux, belle marquise, d'amour me font.* Ou bien : *Me font vos yeux beaux mourir, belle marquise, d'amour.*

M. JOURDAIN. Mais de toutes ces façons-là, laquelle est la meilleure?

LE MAITRE DE PHILOSOPHIE. Celle que vous avez dite : *Belle marquise, vos beaux yeux me font mourir d'amour.*

M. JOURDAIN. Cependant je n'ai point étudié et j'ai fait cela tout du premier coup. Je vous remercie de tout mon cœur et je vous prie de venir demain de bonne heure.

LE MAITRE DE PHILOSOPHIE. Je n'y manquerai pas.

SCÈNE VII.

M. JOURDAIN, UN LAQUAIS.

M. JOURDAIN, à son laquais. Comment! mon habit n'est pas encore arrivé?

LE LAQUAIS. Non, monsieur.

M. JOURDAIN. Ce maudit tailleur me fait bien attendre, pour un jour où j'ai tant d'affaires. J'enrage. Que la fièvre quartaine puisse serrer bien fort le bourreau de tailleur ! Au diable le tailleur ! La peste étouffe le tailleur ! Si je le tenais maintenant, ce tailleur détestable, ce chien de tailleur-là, ce traître de tailleur, je...

SCÈNE VIII.

M. JOURDAIN, UN MAITRE TAILLEUR, UN GARÇON TAILLEUR
portant l'habit de M. Jourdain, UN LAQUAIS.

M. JOURDAIN. Ah ! vous voilà ! je m'allais mettre en colère contre vous.

LE MAITRE TAILLEUR. Je n'ai pas pu venir plus tôt et j'ai mis vingt garçons après votre habit.

M. JOURDAIN. Vous m'avez envoyé des bas de soie si étroits, que j'ai eu toutes les peines du monde à les mettre, et il y a déjà deux mailles de rompues.

LE MAITRE TAILLEUR. Ils ne s'élargiront que trop.

M. JOURDAIN. Oui, si je romps toujours des mailles. Vous m'avez aussi fait faire des souliers qui me blessent furieusement.

LE MAITRE TAILLEUR. Point du tout, monsieur.

M. JOURDAIN. Comment, point du tout ?

LE MAITRE TAILLEUR. Non, ils ne vous blessent point.

M. JOURDAIN. Je vous dis qu'ils me blessent, moi.

LE MAITRE TAILLEUR. Vous vous imaginez cela.

M. JOURDAIN. Je me l'imagine, parce que je le sens. Voyez la belle raison !

LE MAITRE TAILLEUR. Tenez, voilà le plus bel habit de la cour et le mieux assorti. C'est un chef-d'œuvre que d'avoir inventé un habit sérieux qui ne fût pas noir; et je le donne en six coups aux tailleurs les plus éclairés.

M. JOURDAIN. Qu'est-ce que ceci? Vous avez mis les fleurs en en-bas !

LE MAITRE TAILLEUR. Vous ne m'avez pas dit que vous les vouliez en en-haut.

M. JOURDAIN. Est-ce qu'il faut dire cela ?

LE MAITRE TAILLEUR. Oui, vraiment. Toutes les personnes de qualité les portent de la sorte.

M. JOURDAIN. Les personnes de qualité portent les fleurs en en-bas ?

LE MAITRE TAILLEUR. Oui, monsieur.

M. JOURDAIN. Oh ! voilà qui est donc bien.

LE MAITRE TAILLEUR. Si vous voulez, je les mettrai en en-haut?
M. JOURDAIN. Non, non.
LE MAITRE TAILLEUR. Vous n'avez qu'à dire.
M. JOURDAIN. Non, vous dis-je, vous avez bien fait. Croyez-vous que l'habit m'aille bien?
LE MAITRE TAILLEUR. Belle demande! Je défie un peintre avec son pinceau de vous faire rien de plus juste. J'ai chez moi un garçon qui, pour monter une rheingrave, est le plus grand génie du monde; et un autre qui, pour assembler un pourpoint, est le héros de notre temps.
M. JOURDAIN. La perruque et les plumes sont-elles comme il faut?
LE MAITRE TAILLEUR. Tout est bien.
M. JOURDAIN, *regardant l'habit du tailleur*. Ah! ah! monsieur le tailleur, voilà de mon étoffe du dernier habit que vous m'avez fait. Je la reconnais bien.
LE MAITRE TAILLEUR. C'est que l'étoffe me sembla si belle, que j'en ai voulu lever un habit pour moi.
M. JOURDAIN. Oui; mais il ne fallait pas le lever avec le mien.
LE MAITRE TAILLEUR. Voulez-vous mettre votre habit?
M. JOURDAIN. Oui, donnez-le-moi.
LE MAITRE TAILLEUR. Attendez; cela ne va pas comme cela : j'ai amené des gens pour vous habiller en cadence; et ces sortes d'habits se mettent avec cérémonie. Holà! entrez, vous autres.

SCÈNE IX.

M. JOURDAIN, LE MAITRE TAILLEUR, LE GARÇON TAILLEUR,
GARÇONS TAILLEURS dansants, UN LAQUAIS.

LE MAITRE TAILLEUR, *à ses garçons*. Mettez cet habit à monsieur de la manière que vous faites aux personnes de qualité.

PREMIÈRE ENTRÉE DU BALLET.

Les quatre garçons tailleurs, dansant, s'approchent de M. Jourdain. Deux lui arrachent le haut-de-chausses de ses exercices, les deux autres lui ôtent la camisole; après quoi, toujours en cadence, ils lui mettent son habit neuf. M. Jourdain se promène au milieu d'eux et leur montre son habit pour voir s'il est bien fait.

LE GARÇON TAILLEUR. Mon gentilhomme, donnez, s'il vous plaît, aux garçons quelque chose pour boire.
M. JOURDAIN. Comment m'appelez-vous?
LE GARÇON TAILLEUR. Mon gentilhomme.
M. JOURDAIN. Mon gentilhomme! Voilà ce que c'est que de se mettre en personne de qualité. Allez-vous-en demeurer tou-

jours habillé en bourgeois, on ne vous dira point mon gentilhomme. (Donnant de l'argent,) Tenez, voilà pour mon gentilhomme.

LE GARÇON TAILLEUR. Monseigneur, nous vous sommes bien obligés.

M. JOURDAIN. Monseigneur ! Oh ! oh ! monseigneur ! Attendez, mon ami, monseigneur mérite quelque chose, et ce n'est pas une petite parole que monseigneur. Tenez, voilà ce que monseigneur vous donne.

LE GARÇON TAILLEUR. Monseigneur, nous allons boire tous à la santé de votre grandeur.

M. JOURDAIN. Votre grandeur ! Oh ! oh ! oh ! Attendez ; ne vous en allez pas. A moi, votre grandeur ! (Bas, à part.) Ma foi, s'il va jusqu'à l'altesse, il aura toute la bourse. (Haut). Tenez, voilà pour ma grandeur.

LE GARÇON TAILLEUR. Monseigneur, nous la remercions très-humblement de ses libéralités.

M. JOURDAIN. Il a bien fait, je lui allais tout donner.

SCÈNE X.

ENTRÉE DU BALLET.

(Les quatre garçons tailleurs se réjouissent, en dansant, de la libéralité de M. Jourdain.)

ACTE TROISIÈME

SCÈNE I.

M. JOURDAIN, DEUX LAQUAIS.

M. JOURDAIN. Suivez-moi, que j'aille un peu montrer mon habit par la ville, et surtout, ayez soin tous de marcher immédiatement sur mes pas, afin qu'on voie bien que vous êtes à moi.

LES LAQUAIS. Oui, monsieur.

M. JOURDAIN. Appelez-moi Nicole, que je lui donne quelques ordres. Ne bougez, la voilà.

SCÈNE II.

M. JOURDAIN, NICOLE, DEUX LAQUAIS.

M. JOURDAIN. Nicole !

NICOLE. Plaît-il ?

M. JOURDAIN. Écoutez.
NICOLE, riant. Hi, hi, hi, hi.
M. JOURDAIN. Qu'as-tu à rire?
NICOLE. Hi, hi, hi, hi, hi!
M. JOURDAIN. Que veut dire cette coquine-là?
NICOLE. Ai, hi, hi! Comme vous voilà bâti! Hi, hi, hi!
M. JOURDAIN. Comment donc?
NICOLE. Ah! ah! mon Dieu! Hi, hi, hi, hi!
M. JOURDAIN. Quelle friponne est-ce là? Te moques-tu de moi?
NICOLE. Nenni, monsieur; j'en serais bien fâchée. Hi, hi, hi, hi!
M. JOURDAIN. Je te baillerai sur le nez, si tu ris davantage.
NICOLE. Monsieur, je ne puis m'en empêcher. Hi. hi!
M. JOURDAIN. Tu ne t'arrêteras pas?
NICOLE. Monsieur, je vous demande pardon; mais vous êtes si plaisant, que je ne saurais tenir de rire. Hi, hi, hi!
M. JOURDAIN. Mais voyez quelle insolence!
NICOLE. Vous êtes tout à fait drôle comme cela. Hi, hi.
M. JOURDAIN. Je te...
NICOLE. Je vous prie de m'excuser. Hi, hi, hi!
M. JOURDAIN. Tiens, si tu ris encore le moins du monde, je te jure que je t'appliquerai sur la joue le plus grand soufflet qui te soit jamais donné.
NICOLE. Eh bien, monsieur, voilà qui est fait, je ne rirai plus.
M. JOURDAIN. Prends-y bien garde... Il faut que, pour tantôt, tu nettoyes...
NICOLE. Hi, hi!
M. JOURDAIN. Que tu nettoyes comme il faut...
NICOLE. Hi, hi!
M. JOURDAIN. Il faut, dis-je, que tu nettoyes la salle, et...
NICOLE. Hi, hi!
M. JOURDAIN. Encore!
NICOLE, tombant à force de rire. Tenez, monsieur, battez-moi plutôt et me laissez rire tout mon soûl; cela me fera plus de bien. Hi, hi, hi, hi!
M. JOURDAIN. J'enrage!
NICOLE. De grâce, monsieur, je vous prie de me laisser rire. Hi, hi, hi!
M. JOURDAIN. Si je te prends...
NICOLE. Monsieur, eur, je crèverai, ai, si je ne ris. Hi, hi, hi!
M. JOURDAIN. Mais a-t-on jamais vu une pendarde comme celle-là, qui me vient rire insolemment au nez, au lieu de recevoir mes ordres?
NICOLE. Que voulez-vous que je fasse, monsieur?

M. JOURDAIN. Que tu songes, coquine, à préparer ma maison pour la compagnie qui doit venir tantôt.

NICOLE, se relevant. Ah! par ma foi, je n'ai plus en vie de rire; et toutes vos compagnies font tant de désordre céans, que ce mot est assez pour me mettre en mauvaise humeur.

M. JOURDAIN. Ne dois-je point, pour toi, fermer ma porte à tout le monde?

NICOLE. Vous devriez au moins la fermer à certaines gens.

SCÈNE III.

Mme JOURDAIN, M. JOURDAIN, NICOLE, DEUX LAQUAIS.

Mme JOURDAIN. Ah! ah! voici une nouvelle histoire! Qu'est-ce que c'est donc, mon mari, que cet équipage-là? Vous moquez-vous du monde, de vous être fait enharnacher de la sorte? et avez-vous envie qu'on se raille partout de vous?

M. JOURDAIN. Il n'y a que des sots et des sottes, ma femme, qui se railleront de moi.

Mme JOURDAIN. Vraiment, on n'a pas attendu jusqu'à cette heure, et il y a longtemps que vos façons de faire donnent à rire à tout le monde.

M. JOURDAIN. Qui est donc tout ce monde-là, s'il vous plaît?

Mme JOURDAIN. Tout ce monde-là est un monde qui a raison, et qui est plus sage que vous. Pour moi, je suis scandalisée de la vie que vous menez. Je ne sais plus ce que c'est que notre maison : on dirait qu'il est céans carême-prenant tous les jours; et dès le matin, de peur d'y manquer, on y entend des vacarmes de violons et de chanteurs dont tout le voisinage se trouve incommodé.

NICOLE. Madame parle bien. Je ne saurais plus voir mon ménage propre avec cet attirail de gens que vous faites venir chez vous. Ils ont des pieds qui vont chercher la boue dans tous les quartiers de la ville, pour l'apporter ici; et la pauvre Françoise est presque sur les dents à frotter les planchers que vos biaux maîtres viennent crotter régulièrement tous les jours.

M. JOURDAIN. Ouais! notre servante Nicole, vous avez le caquet bien affilé, pour une paysanne!

Mme JOURDAIN. Nicole a raison, et son sens est meilleur que le vôtre. Je voudrais bien savoir ce que vous pensez faire d'un maître à danser à l'âge que vous avez?

NICOLE. Et d'un grand maître d'armes, qui vient, avec ses battements de pieds, ébranler toute la maison, et nous déraciner tous les cariaux de notre salle.

M. JOURDAIN. Taisez-vous, ma servante et ma femme.

Mme JOURDAIN. Est-ce que vous voulez apprendre à danser pour quand vous n'aurez plus de jambes?

NICOLE. Est-ce que vous avez envie de tuer quelqu'un?

M. JOURDAIN. Taisez-vous, vous dis-je : vous êtes des ignorantes l'une et l'autre, et vous ne savez pas les prérogatives de tout cela.

Mme JOURDAIN. Vous devriez bien plutôt songer à marier votre fille, qui est en âge d'être pourvue.

M. JOURDAIN. Je songerai à marier ma fille quand il se présentera un parti pour elle; mais je veux songer aussi à apprendre les belles choses.

NICOLE. J'ai encore ouï dire, madame, qu'il a pris aujourd'hui, pour renfort de potage, un maître de philosophie.

M. JOURDAIN. Fort bien. Je veux avoir de l'esprit, et savoir raisonner les choses parmi les honnêtes gens.

Mme JOURDAIN. N'irez-vous pas l'un de ces jours au collége vous faire donner le fouet à votre âge.

M. JOURDAIN. Pourquoi non? Plût à Dieu l'avoir tout à l'heure, le fouet, devant tout le monde, et savoir ce qu'on apprend au collége!

NICOLE. Oui, ma foi, cela vous rendrait la jambe bien mieux faite.

M. JOURDAIN. Sans doute.

Mme JOURDAIN. Tout cela est fort nécessaire pour conduire votre maison!

M. JOURDAIN. Assurément. Vous parlez toutes deux comme des bêtes, et j'ai honte de votre ignorance. Par exemple (à madame Jourdain.) savez-vous, vous, ce que vous dites à cette heure?

Mme JOURDAIN. Oui; je sais que ce que je dis est fort bien dit, et que vous devriez songer à vivre d'autre sorte.

M. JOURDAIN. Je ne parle pas de cela. Je vous demande ce que c'est que les paroles que vous dites ici?

Mme JOURDAIN. Ce sont des paroles bien sensées, et votre conduite ne l'est guère.

M. JOURDAIN. Je ne parle pas de cela, vous dis-je; je vous demande ce que je parle avec vous, ce que je vous dis à cette heure; qu'est-ce que c'est?

Mme JOURDAIN. Des chansons!

M. JOURDAIN. Eh! non, ce n'est pas cela. Ce que nous disons tous deux, le langage que nous parlons à cette heure...

Mme JOURDAIN. Eh bien?

M. JOURDAIN. Comment est-ce que cela s'appelle?

Mme JOURDAIN. Cela s'appelle comme on veut l'appeler.

M. JOURDAIN. C'est de la prose, ignorante.

Mme JOURDAIN. De la prose?

M. JOURDAIN. Oui, de la prose. Tout ce qui est prose n'est point vers, et tout ce qui n'est point vers est prose. Et voilà ce que c'est que d'étudier! (A Nicole.) Et toi, sais-tu bien comment il faut faire pour dire un U?

NICOLE. Comment?

M. JOURDAIN. Oui, qu'est-ce que tu fais quand tu dis un U?

NICOLE. Quoi?

M. JOURDAIN. Dis un U, pour voir.

NICOLE. Eh bien, U.

M. JOURDAIN. Qu'est-ce que tu fais?

NICOLE. Je dis U.

M. JOURDAIN. Oui; mais quand tu dis U, qu'est-ce que tu fais?

NICOLE. Je fais ce que vous me dites.

M. JOURDAIN. Oh! l'étrange chose que d'avoir affaire à des bêtes! Tu allonges les lèvres en dehors, et approches la mâchoire d'en haut de celle d'en bas. U, vois-tu? U; je fais la moue, U.

NICOLE. Oui, cela est biau!

Mme JOURDAIN. Voilà qui est admirable!

M. JOURDAIN. Ce serait bien autre chose, si vous aviez vu O, et DA, DA, et FA, FA.

Mme JOURDAIN. Qu'est-ce que c'est donc que tout ce galimatias là?

NICOLE. De quoi est-ce que tout cela guérit?

M. JOURDAIN. J'enrage quand je vois des femmes ignorantes.

Mme JOURDAIN. Allez, vous devriez envoyer promener tous ces gens-là avec leurs fariboles.

NICOLE. Et surtout ce grand escogriffe de maître d'armes, qui remplit de poudre tout mon ménage.

M. JOURDAIN. Ouais! ce maître d'armes vous tient bien au cœur! Je te veux faire voir ton impertinence tout à l'heure. Après avoir fait apporter des fleurets, et en avoir donné un à Nicole.) Tiens; raison démonstrative; la ligne du corps. Quand on pousse en quarte, on n'a qu'à faire cela; et quand on pousse en tierce, on n'a qu'à faire cela. Voilà le moyen de n'être jamais tué; et cela n'est-il pas beau d'être assuré de son fait, quand on se bat contre quelqu'un? Là! pousse-moi un peu, pour voir.

NICOLE. Eh bien, quoi? Nicole pousse plusieurs bottes à M. Jourdain.)

M. JOURDAIN. Tout beau! Holà! ho! doucement. Diantre soit de la coquine!

NICOLE. Vous me dites de pousser.

M. JOURDAIN. Oui; mais tu pousses en tierce avant de pousser en quarte, et tu n'as pas la patience que je pare.

Mme JOURDAIN. Vous êtes fou, mon mari, avec toutes vos fantaisies; et cela vous est venu depuis que vous vous mêlez de hanter la noblesse.

M. JOURDAIN. Lorsque je hante la noblesse, je fais paraître mon jugement; et cela est plus beau que de hanter votre bourgeoisie.

Mme JOURDAIN. Çamon, vraiment! il y a fort à gagner à fréquenter vos nobles! et vous avez bien opéré avec ce beau monsieur le comte dont vous êtes embéguiné.

M. JOURDAIN. Paix! songez à ce que vous dites. Savez-vous bien, ma femme, que vous ne savez pas de qui vous parlez quand vous parlez de lui? C'est une personne de plus d'importance que vous ne pensez, un seigneur que l'on considère à la cour, et qui parle au roi comme je vous parle. N'est-ce pas une chose qui m'est tout à fait honorable, que l'on voie venir chez moi si souvent une personne de cette qualité, qui m'appelle son cher ami, et me traite comme si j'étais son égal? Il a pour moi des bontés qu'on ne devinerait jamais, et, devant tout le monde, il me fait des caresses dont je suis moi-même confus.

Mme JOURDAIN. Oui; il a des bontés pour vous et vous fait des caresses; mais il vous emprunte votre argent.

M. JOURDAIN. Eh bien, ne m'est-ce pas de l'honneur de prêter de l'argent à un homme de cette condition-là? et puis, le faire pour un seigneur qui m'appelle son cher ami?

Mme JOURDAIN. Et ce seigneur, que fait-il pour vous?

M. JOURDAIN. Des choses dont on serait étonné si on les savait.

Mme JOURDAIN. Et quoi?

M. JOURDAIN. Baste, je ne puis pas m'expliquer. Il suffit que si je lui ai prêté de l'argent, il me le rendra bien, et avant qu'il soit peu.

Mme JOURDAIN. Oui, attendez-vous à cela.

M. JOURDAIN. Assurément. Ne me l'a-t-il pas dit?

Mme JOURDAIN. Oui, oui; il ne manquera pas d'y faillir.

M. JOURDAIN. Il m'a juré sa foi de gentilhomme.

Mme JOURDAIN. Chansons!

M. JOURDAIN. Ouais! vous êtes bien obstinée, ma femme. Je vous dis qu'il me tiendra sa parole, j'en suis sûr.

Mme JOURDAIN. Et moi, je suis sûre que non, et que toutes les caresses qu'il vous fait ne sont que pour vous enjôler.

M. JOURDAIN. Taisez-vous. Le voici.

Mme JOURDAIN. Il ne nous faut plus que cela. Il vient peut-être encore vous faire un emprunt, et il me semble que j'ai dîné quand je le vois.

M. JOURDAIN. Taisez-vous, vous dis-je.

SCÈNE IV.

DORANTE, M. JOURDAIN, Mme JOURDAIN, NICOLE.

DORANTE. Mon cher ami monsieur Jourdain, comment vous portez-vous?

M. JOURDAIN. Fort bien, monsieur, pour vous rendre mes petits services.

DORANTE. Et madame Jourdain que voilà, comment se porte-t-elle?

Mme JOURDAIN. Madame Jourdain se porte comme elle peut.

DORANTE. Comment! monsieur Jourdain, vous voilà le plus propre du monde.

M. JOURDAIN. Vous voyez.

DORANTE. Vous avez tout à fait bon air avec cet habit : nous n'avons point de jeunes gens à la cour qui soient mieux faits que vous.

M. JOURDAIN. Hai, hai.

Mme JOURDAIN, à part. Il le gratte par où il se démange.

DORANTE. Tournez-vous... Cela est tout à fait galant.

Mme JOURDAIN. Oui, aussi sot par derrière que par devant.

DORANTE. Ma foi, monsieur Jourdain, j'avais une impatience étrange de vous voir. Vous êtes l'homme du monde que j'estime le plus, et je parlais de vous encore ce matin dans la chambre du roi.

M. JOURDAIN. Vous me faites beaucoup d'honneur, monsieur. (A madame Jourdain.) Dans la chambre du roi!

DORANTE. Allons, mettez.

M. JOURDAIN. Monsieur, je sais le respect que je vous dois.

DORANTE. Mon Dieu! mettez. Point de cérémonie entre nous, je vous prie.

M. JOURDAIN. Monsieur!...

DORANTE. Mettez, vous dis-je, monsieur Jourdain, vous êtes mon ami.

M. JOURDAIN. Monsieur, je suis votre serviteur.

DORANTE. Je ne me couvrirai point, si vous ne vous couvrez.

M. JOURDAIN, se couvrant. J'aime mieux être incivil qu'importun.

DORANTE. Je suis votre débiteur, comme vous le savez.

Mme JOURDAIN, à part. Oui, nous ne le savons que trop.

DORANTE. Vous m'avez généreusement prêté de l'argent en plusieurs occasions, et vous m'avez obligé de la meilleure grâce du monde.

M. OURDAIN. Monsieur, vous vous moquez.

DORANTE. Mais je sais rendre ce qu'on me prête, et reconnaître les plaisirs qu'on me fait.

M. JOURDAIN. Je n'en doute point, monsieur.

DORANTE. Je veux sortir d'affaire avec vous; et je viens ici pour faire nos comptes ensemble.

M. JOURDAIN, bas à madame Jourdain. Eh bien, vous voyez votre impertinence, ma femme...

DORANTE. Je suis homme qui aime à m'acquitter le plus tôt que je puis...

M. JOURDAIN, bas à madame Jourdain. Je vous le disais bien.

DORANTE. Voyons un peu ce que je vous dois.

M. JOURDAIN, bas à madame Jourdain. Vous voilà, avec vos soupçons ridicules!

DORANTE. Vous souvenez-vous bien de tout l'argent que vous m'avez prêté.

M. JOURDAIN. Je crois que oui. J'en ai fait un petit mémoire. Le voici. Donné à vous une fois deux cents louis.

DORANTE. Cela est vrai.

M. JOURDAIN. Une autre fois, six vingts.

DORANTE. Oui.

M. JOURDAIN. Une autre fois, cent quarante.

DORANTE. Vous avez raison.

M. JOURDAIN. Ces trois articles font quatre cent soixante louis, qui valent cinq mille soixante livres.

DORANTE. Le compte est fort bon. Cinq mille soixante livres.

M. JOURDAIN. Mille huit cent trente-deux livres à votre plumassier.

DORANTE. Justement.

M. JOURDAIN. Deux mille sept cent quatre-vingts livres à votre tailleur.

DORANTE. Il est vrai.

M. JOURDAIN. Quatre mille trois cent septante-neuf livres douze sous huit deniers à votre marchand.

DORANTE. Fort bien. Douze sous huit deniers, le compte est juste.

M. JOURDAIN. Et mille sept cent quarante-huit livres sept sous quatre deniers à votre sellier.

DORANTE. Tout cela est véritable. Qu'est-ce que cela fait?

M. JOURDAIN. Somme totale : quinze mille huit cents livres.

DORANTE. Somme totale est juste. Quinze mille huit cents livres. Mettez encore deux cents louis que vous m'allez donner, cela fera justement dix-huit mille francs, que je vous payerai au premier jour.

Mme JOURDAIN, bas à M. Jourdain. Eh bien, ne l'avais-je pas bien deviné?

M. JOURDAIN, bas à madame Jourdain. Paix!

DORANTE. Cela vous incommodera-t-il de me donner ce que je vous dis?

M. JOURDAIN. Eh! non.

Mme JOURDAIN, bas à M. Jourdain. Cet homme-là fait de vous une vache à lait.

M. JOURDAIN, bas à madame Jourdain. Taisez-vous!

DORANTE. Si cela vous incommode, j'en irai chercher ailleurs.

M. JOURDAIN. Non, monsieur.

Mme JOURDAIN, bas à M. Jourdain. Il ne sera pas content qu'il ne vous ait ruiné.

M. JOURDAIN, bas à madame Jourdain. Taisez-vous, vous dis-je!

DORANTE. Vous n'avez qu'à me dire si cela vous embarrasse.

M. JOURDAIN. Point, monsieur.

Mme JOURDAIN, bas à M. Jourdain. C'est un vrai enjôleur.

M. JOURDAIN, bas à madame Jourdain. Taisez-vous donc!

Mme JOURDAIN, bas à M. Jourdain. Il vous sucera jusqu'au dernier sou.

M. JOURDAIN, bas à madame Jourdain. Vous tairez-vous?

DORANTE. J'ai force gens qui m'en prêteraient avec joie; mais, comme vous êtes mon meilleur ami, j'ai cru que je vous ferais tort si j'en demandais à quelque autre.

M. JOURDAIN. C'est trop d'honneur, monsieur, que vous me faites. Je vais quérir votre affaire.

Mme JOURDAIN, bas à M. Jourdain. Quoi! vous allez encore lui donner cela?

M. JOURDAIN, bas à madame Jourdain. Que faire? Voulez-vous que je refuse un homme de cette condition-là, qui a parlé de moi ce matin dans la chambre du roi?

Mme JOURDAIN, bas à M. Jourdain. Allez, vous êtes une vraie dupe.

SCÈNE V.

DORANTE, M. JOURDAIN, NICOLE.

DORANTE. Vous me semblez toute mélancolique : qu'avez-vous, madame Jourdain?

Mme JOURDAIN. J'ai la tête plus grosse que le poing et si elle n'est pas enflée...

DORANTE. Mademoiselle votre fille, où est-elle, que je ne la vois point?

Mme JOURDAIN. Mademoiselle ma fille est bien où elle est.

DORANTE. Comment se porte-t-elle?

Mme JOURDAIN. Elle se porte sur ses jambes.

DORANTE. Ne voulez-vous point, un de ces jours, venir voir avec elle le ballet et la comédie que l'on fait chez le roi?

Mme JOURDAIN. Oui, vraiment, nous avons fort envie de rire,

DORANTE. Je pense, madame Jourdain, que vous avez eu bien des amis dans votre jeune âge, belle et d'agréable humeur comme vous étiez.

Mme JOURDAIN. Tredame! monsieur, est-ce que madame Jourdain est décrépite, et la tête lui grouille-t-elle déjà?

DORANTE. Ah! ma foi, madame Jourdain, je vous demande pardon; je ne songeais point que vous étiez jeune et je rêve le plus souvent. Je vous prie d'excuser mon impertinence.

SCÈNE VI.

M. JOURDAIN, Mme JOURDAIN, DORANTE, NICOLE.

M. JOURDAIN, à Dorante. Voilà deux cents louis bien comptés.

DORANTE. Je vous assure, monsieur Jourdain, que je suis tout à vous et que je brûle de vous rendre un service à la cour.

M. JOURDAIN. Je vous suis trop obligé.

DORANTE. Si madame Jourdain veut voir le divertissement royal, je lui ferai donner les meilleures places de la salle.

M. JOURDAIN. Madame Jourdain vous baise les mains.

DORANTE, bas à M. Jourdain. Notre belle marquise, comme je vous ai mandé par un billet, viendra tantôt ici pour le ballet et le repas; et je l'ai fait consentir enfin au cadeau que vous lui voulez donner.

M. JOURDAIN. Tirons-nous un peu plus loin, pour cause.

DORANTE. Il y a huit jours que je ne vous ai point mandé de nouvelles du diamant que vous me mîtes entre les mains pour lui en faire présent de votre part; mais c'est que j'ai eu toutes les peines du monde à vaincre son scrupule et ce n'est que d'aujourd'hui qu'elle s'est résolue à l'accepter.

M. JOURDAIN. Comment l'a-t-elle trouvé?

DORANTE. Merveilleux; et je me trompe fort, ou la beauté de ce diamant fera pour vous sur son esprit un effet admirable.

M. JOURDAIN. Plût au ciel!

Mme JOURDAIN, à Nicole. Quand il est une fois avec lui, il ne peut plus le quitter.

DORANTE. Je lui ai fait valoir comme il faut la richesse de ce présent et la grandeur de vos sentiments.

M. JOURDAIN. Ce sont, monsieur, des bontés qui m'accablent; et je suis dans une confusion la plus grande du monde de voir une personne de votre qualité s'abaisser pour moi à ce que vous faites.

DORANTE. Vous moquez-vous? Est-ce qu'entre amis on s'arrête à ces sortes de scrupules? et ne feriez-vous pas pour moi la même chose si l'occasion s'en offrait?

M. JOURDAIN. Oh ! assurément et de très-grand cœur.

Mme JOURDAIN, bas à Nicole. Que sa présence me pèse sur les épaules !

DORANTE. Pour moi, je ne regarde à rien quand il faut servir un ami ; et lorsque vous me fîtes confidence de l'ardeur que vous aviez prise pour cette marquise agréable chez qui j'avais commerce, vous vîtes que d'abord je m'offris de moi-même à vous servir.

M. JOURDAIN. Il est vrai. Ce sont des bontés qui me confondent.

Mme JOURDAIN, à Nicole. Est-ce qu'il ne s'en ira point ?

NICOLE. Ils se trouvent bien ensemble.

DORANTE. Vous avez pris le bon biais pour toucher son cœur. Les femmes aiment surtout les dépenses qu'on fait pour elles ; et vos fréquentes sérénades et vos bouquets continuels, ce superbe feu d'artifice qu'elle trouva sur l'eau, le diamant qu'elle a reçu de votre part et le cadeau que vous lui préparez, tout cela lui parle bien mieux que toutes les paroles que vous auriez pu lui dire vous-même.

M. JOURDAIN. Il n'y a pas de dépense que je ne fisse, si par là je pouvais trouver le chemin de lui plaire. Une femme de qualité a pour moi des charmes ravissants ; et c'est un honneur que j'achèterais au prix de toutes choses.

Mme JOURDAIN, bas à Nicole. Que peuvent-ils tant dire ensemble ? Va-t'en un peu tout doucement prêter l'oreille.

DORANTE. Ce sera tantôt que vous jouirez à votre aise du plaisir de sa vue et vos yeux auront tout le temps de se satisfaire.

M. JOURDAIN. Pour être en pleine liberté, j'ai fait en sorte que ma femme aille dîner chez ma sœur, où elle passera toute l'après-dînée.

DORANTE. Vous avez fait prudemment et votre femme aurait pu nous embarrasser. J'ai donné pour vous l'ordre qu'il faut au cuisinier et à toutes les choses qui sont nécessaires pour le ballet. Il est de mon invention, et pourvu que l'exécution puisse répondre à l'idée, je suis sûr qu'il sera trouvé...

M. JOURDAIN, s'apercevant que Nicole écoute et lui donnant un soufflet. Ouais ! vous êtes bien impertinente ! (A Dorante.) Sortons, s'il vous plaît.

SCÈNE VII.

Mme JOURDAIN, NICOLE.

NICOLE. Ma foi ! madame, la curiosité m'a coûté quelque chose ; mais je crois qu'il y a quelque anguille sous roche et ils parlent de quelque affaire où ils ne veulent pas que vous soyez.

Mme JOURDAIN. Ce n'est pas d'aujourd'hui, Nicole, que j'ai

conçu des soupçons sur mon mari. Je suis la plus trompée du monde et je travaille à découvrir ce que ce peut être. Mais songeons à ma fille. Tu sais l'amitié que Cléonte a pour elle : c'est un homme qui me revient et je veux aider sa recherche et lui donner Lucile, si je puis.

NICOLE. En vérité, madame, je suis la plus ravie du monde de vous voir dans ces sentiments ; car si le maître vous revient, le valet ne me revient pas moins ; et je souhaiterais que notre mariage se pût faire à l'ombre du leur.

Mme JOURDAIN. Va-t'en lui parler de ma part et lui dire que tout à l'heure il me vienne trouver pour faire ensemble à mon mari la demande de ma fille.

NICOLE. J'y cours, madame, avec joie : et je ne pouvais recevoir une commission plus agréable. (Seule.) Je vais, je pense, bien réjouir les gens.

SCÈNE VIII.

Mme JOURDAIN, CLÉONTE, LUCILE, COVIELLE, NICOLE.

Mme JOURDAIN. Je suis bien aise de vous voir, Cléonte, et vous voilà tout à propos. Mon mari vient, prenez vite votre temps pour lui demander Lucile en mariage.

CLÉONTE. Ah ! madame, que cette parole m'est douce, et qu'elle flatte mes désirs ! Pouvais-je recevoir un ordre plus charmant, une faveur plus précieuse ?

SCÈNE IX.

CLÉONTE, M. JOURDAIN, Mme JOURDAIN, LUCILE, COVIELLE, NICOLE.

CLÉONTE. Monsieur, je n'ai voulu prendre personne pour vous faire une demande que je médite il y a longtemps. Elle me touche assez pour m'en charger moi-même ; et, sans autre détour, je vous dirai que l'honneur d'être votre gendre est une faveur glorieuse que je vous prie de m'accorder.

M. JOURDAIN. Avant que de vous rendre réponse, monsieur, je vous prie de me dire si vous êtes gentilhomme.

CLÉONTE. Monsieur, la plupart des gens, sur cette question, n'hésitent pas beaucoup ; on tranche le mot aisément. Ce nom ne fait aucun scrupule à prendre, et l'usage aujourd'hui semble en autoriser le vol. Pour moi, je vous l'avoue, j'ai les sentiments sur cette matière un peu plus délicats. Je trouve que toute imposture est indigne d'un honnête homme, et qu'il y a de la lâcheté à déguiser ce que le ciel nous a fait naître, à se parer aux yeux du monde d'un titre dérobé, à se vouloir donner pour ce qu'on n'est pas. Je suis né de parents, sans doute, qui ont tenu des charges honorables ; je me suis acquis dans les armes l'honneur de six ans de service, et je me trouve assez de bien pour tenir dans le monde un rang assez passable; mais, avec tout cela, je ne veux pas me donner un nom où d'autres à ma place croiraient pouvoir prétendre, et je vous dirai franchement que je ne suis point gentilhomme.

M. JOURDAIN. Touchez là, monsieur, ma fille n'est pas pour vous.

CLÉONTE. Comment?

M. JOURDAIN. Vous n'êtes point gentilhomme, vous n'aurez point ma fille.

Mme JOURDAIN. Que voulez-vous donc dire avec votre gentilhomme? Est-ce que nous sommes, nous autres, de la côte de saint Louis?

M. JOURDAIN. Taisez-vous, ma femme; je vous vois venir.

Mme JOURDAIN. Descendons-nous tous deux que de bonne bourgeoisie?

M. JOURDAIN. Voilà pas le coup de langue?

Mme JOURDAIN. Et votre père n'était-il pas marchand aussi bien que le mien?

M. JOURDAIN. Peste soit de la femme! elle n'y a jamais manqué! Si votre père a été marchand, tant pis pour lui; mais, pour le mien, ce sont des malavisés qui disent cela. Tout ce que j'ai à vous dire, moi, c'est que je veux avoir un gendre gentilhomme.

Mme JOURDAIN. Il faut à votre fille un mari qui lui soit propre, et il vaut mieux pour elle un honnête homme riche et bien fait, qu'un gentilhomme gueux et mal bâti.

NICOLE. Cela est vrai. Nous avons le fils du gentilhomme de notre village qui est le plus grand malitorne et le plus sot dadais que j'aie jamais vu.

M. JOURDAIN, à Nicole. Taisez-vous, impertinente; vous vous fourrez toujours dans la conversation. J'ai du bien assez pour ma fille, je n'ai besoin que d'honneurs; et je la veux faire marquise.

Mme JOURDAIN. Marquise?

M. JOURDAIN. Oui, marquise.

Mme JOURDAIN. Hélas! Dieu m'en garde!

M. JOURDAIN. C'est une chose résolue.

Mme JOURDAIN. C'est une chose, moi, où je ne consentirai point. Les alliances avec plus grand que soi sont sujettes toujours à de fâcheux inconvénients. Je ne veux point qu'un gendre puisse à ma fille reprocher ses parents, et qu'elle ait des enfants qui aient honte de m'appeler leur grand'maman. S'il fallait qu'elle me vînt voir en équipage de grande dame, et qu'elle manquât par mégarde de saluer quelqu'un du quartier, on ne manquerait pas aussitôt de dire cent sottises. « Voyez-vous, dirait-on, cette madame la marquise qui fait tant la glorieuse, c'est la fille de M. Jourdain, qui était trop heureuse, étant petite, de jouer à la madame avec nous. Elle n'a pas toujours été si relevée que la voilà, et ses deux grands-pères vendaient du drap auprès de la porte Saint-Innocent. Ils ont amassé du bien à leurs enfants, qu'ils payent maintenant peut-être bien cher en l'autre monde ; et l'on ne devient guère si riche à être honnêtes gens. » Je ne veux point tous ces caquets ; et je veux un homme, en un mot, qui m'ait obligation de ma fille, et à qui je puisse dire : « Mettez-vous là, mon gendre, et dînez avec moi. »

M. JOURDAIN. Voilà bien les sentiments d'un petit esprit, de vouloir demeurer toujours dans la bassesse. Ne me répliquez pas davantage : ma fille sera marquise en dépit de tout le monde ; et, si vous me mettez en colère, je la ferai duchesse.

SCÈNE X.

Mme JOURDAIN, LUCILE, CLÉONTE, NICOLE. COVIELLE.

Mme JOURDAIN. Cléonte, ne perdons point courage encore. (A Lucile.) Suivez-moi, ma fille, et venez dire résolûment à votre père que si vous ne l'avez, vous ne voulez épouser personne.

SCÈNE XI.

CLÉONTE, COVIELLE.

COVIELLE. Vos avez fait de belles affaires avec vos beaux sentiments !

CLÉONTE. Que veux-tu ! j'ai un scrupule là-dessus que l'exemple ne saurait vaincre.

COVIELLE. Vous moquez-vous, de le prendre sérieusement avec un homme comme cela ? Ne voyez-vous pas qu'il est fou ? Et vous coûtait-il quelque chose de vous accommoder à ses chimères ?

CLÉONTE. Tu as raison ; mais je ne croyais pas qu'il fallût faire ses preuves de noblesse pour être gendre de M. Jourdain.

COVIELLE, riant. Ah ! ah ! ah !

CLÉONTE. De quoi ris-tu ?

COVIELLE. D'une pensée qui me vient pour jouer notre homme et vous faire obtenir ce que vous souhaitez.

CLÉONTE. Comment?
COVIELLE. L'idée est tout à fait plaisante.
CLÉONTE. Quoi donc?
COVIELLE. Il s'est fait depuis peu une certaine mascarade qui vient le mieux du monde ici, et que je prétends faire entrer dans une bourde que je veux faire à notre ridicule. Tout cela sent un peu sa comédie; mais avec lui on peut hasarder toute chose, il n'y faut point chercher tant de façons, il est homme à y jouer son rôle à merveille et à donner aisément dans toutes les fariboles qu'on s'avisera de lui dire. J'ai les acteurs, j'ai les habits tout prêts; laissez-moi faire seulement.
CLÉONTE. Mais apprends-moi...
COVIELLE. Je vais vous instruire de tout. Retirons-nous; le voilà qui revient.

SCÈNE XII.

M. JOURDAIN.

Que diable est-ce là? Ils n'ont rien que les grands seigneurs à me reprocher; et moi, je ne vois rien de si beau que de hanter les grands seigneurs. Il n'y a qu'honneur et civilité avec eux, et je voudrais qu'il m'eût coûté deux doigts de la main et être né comte ou marquis.

SCÈNE XIII.

M. JOURDAIN, UN LAQUAIS.

LE LAQUAIS. Monsieur, voici monsieur le comte, et une dame qu'il mène par la main.
M. JOURDAIN. Eh! mon Dieu! j'ai quelques ordres à donner. Dis-leur que je vais venir ici tout à l'heure.

SCÈNE XIV.

DORIMÈNE, DORANTE, UN LAQUAIS.

LE LAQUAIS. Monsieur dit comme cela qu'il va venir ici tout à l'heure.
DORANTE. Voilà qui est bien.

SCÈNE XV.

M. JOURDAIN, DORIMÈNE, DORANTE.

M. JOURDAIN, *après avoir fait deux révérences, se trouvant trop près de Dorimène.* Un peu plus loin, madame.

DORIMÈNE. Comment?

M. JOURDAIN. Un pas, s'il vous plaît.

DORIMÈNE. Quoi donc?

M. JOURDAIN. Reculez un peu pour la troisième.

DORANTE. Monsieur Jourdain sait son monde.

M. JOURDAIN. Madame, ce m'est une gloire bien grande de me voir assez fortuné pour être si heureux que d'avoir le bonheur que vous ayez eu la bonté de m'accorder la grâce de me faire l'honneur de m'honorer de la faveur de votre présence; et, si j'avais aussi le mérite pour mériter un mérite comme le vôtre, et que le ciel... envieux de mon bien... m'eût accordé... l'avantage de me voir digne... des...

DORANTE. Monsieur Jourdain, en voilà assez... Madame n'aime pas les grands compliments, et elle sait que vous êtes homme d'esprit. (Bas à Dorimène.) C'est un bon bourgeois assez ridicule, comme vous voyez, dans toutes ses manières.

DORIMÈNE, bas à Dorante. Il n'est pas malaisé de s'en apercevoir.

DORANTE. Madame, voilà le meilleur de mes amis.

M. JOURDAIN. C'est trop d'honneur que vous me faites.

DORANTE. Galant homme tout à fait.

DORIMÈNE. J'ai beaucoup d'estime pour lui.

M. JOURDAIN. Je n'ai rien fait encore, madame, pour mériter cette grâce.

DORANTE, bas à M. Jourdain. Prenez bien garde au moins à ne lui point parler du diamant que vous lui avez donné.

M. JOURDAIN, bas à Dorante. Ne pourrai-je pas seulement lui demander comment elle le trouve?

DORANTE, bas à M. Jourdain. Comment! Gardez-vous-en bien. Cela serait vilain à vous; et, pour agir en galant homme, il faut que vous fassiez comme si ce n'était pas vous qui lui eussiez fait ce présent. (Haut.) Monsieur Jourdain, madame, dit qu'il est ravi de vous voir chez lui.

DORIMÈNE. Il m'honore beaucoup.

M. JOURDAIN, bas à Dorante. Que je vous suis obligé, monsieur, de lui parler ainsi pour moi!

DORANTE, bas à M. Jourdain. J'ai eu une peine effroyable à la faire venir ici.

M. JOURDAIN, bas à Dorante. Je ne sais quelles grâces vous en rendre.

DORANTE. Il dit, madame, qu'il vous trouve la plus belle personne du monde.

DORIMÈNE. C'est bien de la grâce qu'il me fait.

M. JOURDAIN. Madame, c'est vous qui faites les grâces, et...

DORANTE. Songeons à manger.

SCÈNE XVI.

M. JOURDAIN, DORIMÈNE, DORANTE, UN LAQUAIS.

LE LAQUAIS, à M. Jourdain. Tout est prêt, monsieur.

DORANTE. Allons donc nous mettre à table, et qu'on fasse venir les musiciens.

ENTRÉE DU BALLET.

Six cuisiniers, qui ont préparé le festin, dansent ensemble, après quoi ils apportent une table couverte de plusieurs mets.

ACTE QUATRIÈME.

SCÈNE I.

DORIMÈNE, M. JOURDAIN, TROIS MUSICIENS, UN LAQUAIS.

DORIMÈNE. Comment! Dorante, voilà un repas tout à fait magnifique.

M. JOURDAIN. Vous vous moquez, madame, et je voudrais qu'il fût plus digne de vous être offert. (Dorimène, M. Jourdain, Dorante et les trois musiciens se mettent à table.)

DORANTE. Monsieur Jourdain a raison, madame, de parler de la sorte; et il m'oblige de vous faire si bien les honneurs chez lui. Je demeure d'accord avec lui que le repas n'est pas digne de vous. Comme c'est moi qui l'ai ordonné, et que je n'ai pas, sur cette matière, les lumières de nos amis, vous n'avez pas ici un repas fort savant, et vous y trouverez des incongruités de bonne chère et des barbarisme de bon goût. Si Damis s'en était mêlé, tout serait dans les règles; il y aurait partout de l'élégance et de l'érudition, et il ne manquerait pas de vous exagérer lui-même toutes les pièces du repas qu'il vous donnerait, et de vous faire tomber d'accord de sa haute capacité dans la science des bons morceaux; de vous parler d'un pain de rive à biseau doré, relevé de croûte partout, croquant tendrement sous la dent; d'un vin à séve veloutée, armé d'un verre qui n'est point trop commandant; d'un carré de mouton gourmandé de persil; d'une longe de veau de rivière, longue comme cela, blanche, délicate, et qui, sous les dents, est une vraie pâte d'amande; de perdrix relevées d'un fumet surprenant; et pour son opéra, d'une soupe à bouillon perlé, soutenue d'un jeune gros dindon, cantonnée de pigeonneaux et couronnée d'oignons mariés avec de la chicorée. Mais, pour moi, je vous avoue mon ignorance; et, comme M. Jourdain a fort bien dit, je voudrais que le repas fût plus digne de vous être offert.

DORIMÈNE. Je ne réponds à ce compliment qu'en mangeant comme je fais.

M. JOURDAIN. Vous avez trop de bonté...

DORANTE. Allons, qu'on donne du vin à monsieur Jourdain et à ces messieurs, qui nous feront la grâce de nous chanter un air à boire.

DORIMÈNE. C'est merveilleusement assaisonner la bonne chère, que d'y mêler la musique; et je me vois ici admirablement régalée.

M. JOURDAIN. Madame, ce n'est pas...

DORANTE. Monsieur Jourdain, prêtons silence à ces messieurs; ce qu'ils nous diront vaudra mieux que tout ce que nous pourrions dire. (Les musiciens chantent.)

DORIMÈNE. Je ne crois pas qu'on puisse mieux chanter; et cela est tout à fait beau.

M. JOURDAIN. Je vois encore ici, madame, quelque chose de plus beau.

DORIMÈNE. Ouais! M. Jourdain est galant plus que je ne pensais.

DORANTE. Comment! madame, pour qui prenez-vous M. Jourdain?

M. JOURDAIN. Je voudrais bien qu'elle me prît pour ce que je dirais.

DORIMÈNE. Encore!

DORANTE, à Dorimène. Vous ne le connaissez pas.

M. JOURDAIN. Elle me connaîtra quand il lui plaira.

DORIMÈNE. Oh! je le quitte.

DORANTE. Il est homme qui a toujours la riposte en main.

DORIMÈNE. M. Jourdain est un homme qui me ravit.

SCÈNE II.

Mme JOURDAIN, M. JOURDAIN, DORIMÈNE, DORANTE, MUSICIENS, LAQUAIS.

Mme JOURDAIN. Ah! ah! je trouve ici bonne compagnie, et je vois bien qu'on ne m'y attendait pas. C'est donc pour cette belle affaire-ci, monsieur mon mari, que vous avez eu tant d'empressement à m'envoyer dîner chez ma sœur? Je viens de voir un théâtre là-bas, et je vois ici un banquet à faire noces. Voilà comme vous dépensez votre bien! C'est ainsi que vous festinez les dames en mon absence, et que vous leur donnez la musique et la comédie, tandis-que vous m'envoyez promener!

DORANTE. Que voulez-vous dire, madame Jourdain, et quelles fantaisies sont les vôtres, de vous aller mettre en tête que votre mari dépense son bien et que c'est lui qui donne ce régal à madame? Apprenez que c'est moi, je vous prie; qu'il ne fait seulement que me prêter sa maison, et que vous devriez un peu mieux regarder aux choses que vous dites.

M. JOURDAIN. Oui, impertinente, c'est monsieur le comte qui donne tout ceci à madame, qui est une personne de qualité. Il me fait l'honneur de prendre ma maison, et de vouloir que je sois avec lui.

Mme JOURDAIN. Ce sont des chansons que cela, je sais ce que je sais.

DORANTE. Prenez, madame Jourdain, prenez de meilleures lunettes.

Mme JOURDAIN. Je n'ai que faire de lunettes, monsieur, et je vois assez clair; il y a longtemps que je sens les choses, et je ne suis pas une bête. Cela est fort vilain à vous, pour un grand seigneur, de prêter la main, comme vous faites, aux sottises de mon mari. Et vous, madame, pour une grande dame, cela n'est ni beau ni honnête à vous de mettre la dissension dans un ménage.

DORIMÈNE. Que veut donc dire tout ceci? Allez, Dorante, vous vous moquez, de m'exposer aux sottes visions de cette extravagante.

DORANTE, suivant Dorimène qui sort. Madame! holà! madame, où courez-vous?

M. JOURDAIN. Madame... Monsieur le comte, faites-lui mes excuses et tâchez de la ramener.

SCÈNE III.

Mme JOURDAIN, M. JOURDAIN, LAQUAIS.

M. JOURDAIN. Ah! impertinente que vous êtes, voilà de vos beaux faits! Vous me venez faire des affronts devant tout le monde, et vous chassez de chez moi des personnes de qualité.

Mme JOURDAIN. Je me moque de leur qualité!

M. JOURDAIN. Je ne sais qui me tient, maudite, que je ne vous fende la tête avec les pièces du repas que vous êtes venue troubler!
(Les laquais emportent la table.)

Mme JOURDAIN, sortant. Je me moque de cela; ce sont mes droits que je défends, et j'aurai pour moi toutes les femmes.

M. JOURDAIN. Vous faites bien d'éviter ma colère.

SCÈNE IV.

M. JOURDAIN.

Elle est arrivée là bien malheureusement! J'étais en humeur de dire de jolies choses, et jamais je ne m'étais senti tant d'esprit.

SCÈNE V.

M. JOURDAIN, COVIELLE déguisé.

COVIELLE. Monsieur, je ne sais pas si j'ai l'honneur d'être connu de vous.

M. JOURDAIN. Non, monsieur.

COVIELLE, étendant la main à un pied de terre. Je vous ai vu que vous n'étiez pas plus grand que cela.

M. JOURDAIN. Moi?

COVIELLE. Oui. Vous étiez le plus bel enfant du monde et toutes les dames vous prenaient dans leurs bras pour vous baiser.

M. JOURDAIN. Pour me baiser?

COVIELLE. Oui. J'étais grand ami de feu M. votre père.

M. JOURDAIN. De feu M. mon père?

COVIELLE. Oui. C'était un fort honnête gentilhomme.

M. JOURDAIN. Comment dites-vous?

COVIELLE. Je dis que c'était un fort honnête gentilhomme.

M. JOURDAIN. Mon père?

COVIELLE. Oui.

M. JOURDAIN. Vous l'avez fort connu?

COVIELLE. Assurément.

M. JOURDAIN. Et vous l'avez connu pour gentilhomme?

COVIELLE. Sans doute.

M. JOURDAIN. Je ne sais donc pas comment le monde est fait?

COVIELLE. Comment?

M. JOURDAIN. Il y a de sottes gens qui me veulent dire qu'il a été marchand.

COVIELLE. Lui, marchand? C'est pure médisance; il ne l'a jamais été. Tout ce qu'il faisait, c'est qu'il était fort obligeant, fort officieux; et, comme il se connaissait fort bien en étoffes, il en allait choisir de tous les côtés, les faisait apporter chez lui et en donnait à ses amis pour de l'argent.

M. JOURDAIN. Je suis ravi de vous connaître, afin que vous rendiez ce témoignage-là, que mon père était gentilhomme.

COVIELLE. Je le soutiendrai devant tout le monde.

M. JOURDAIN. Vous m'obligerez. Quel sujet vous amène?

COVIELLE. Depuis avoir connu feu M. votre père, honnête gentilhomme, comme je vous ai dit, j'ai voyagé par tout le monde.

M. JOURDAIN. Par tout le monde?

COVIELLE. Oui.

M. JOURDAIN. Je pense qu'il y a bien loin en ce pays-là.

COVIELLE. Assurément. Je ne suis revenu de tous mes longs voyages que depuis quatre jours et, par l'intérêt que je prends à tout ce qui vous touche, je viens vous annoncer la meilleure nouvelle du monde.

M. JOURDAIN. Quelle?

COVIELLE. Vous savez que le fils du Grand-Turc est ici?

M. JOURDAIN. Moi? Non.

COVIELLE. Comment! il a un train tout à fait magnifique; tout le monde le va voir et il a été reçu en ce pays comme un seigneur d'importance.

M. JOURDAIN. Par ma foi! je ne savais pas cela.

COVIELLE. Ce qu'il y a d'avantageux pour vous, c'est qu'il prétend à votre fille.

M. JOURDAIN. Le fils du Grand-Turc?

COVIELLE. Oui; et il veut être votre gendre.

M. JOURDAIN. Mon gendre, le fils du Grand-Turc?

COVIELLE. Le fils du Grand-Turc votre gendre. Comme je le fus voir et que j'entends parfaitement sa langue, il s'entretint avec moi et, après quelques autres discours, il me dit : *Acciam croc soler onch alla moustaphgidélum amanahem varahini oussere carbulath.* C'est-à-dire : N'as-tu point vu une jeune personne qui est la fille de M. Jourdain, gentilhomme parisien?

M. JOURDAIN. Le fils du Grand-Turc dit cela de moi?

COVIELLE. Oui. Comme je lui eus répondu que je vous connaissais particulièrement et que j'avais vu votre fille : *Ah!* me dit-il, *marababa sahem!* C'est-à-dire : Ah! que je suis amoureux d'elle!

M. JOURDAIN. *Marababa sahem* veut dire : Ah! que je suis amoureux d'elle?

COVIELLE. Oui.

M. JOURDAIN. Par ma foi! vous faites bien de me le dire, car, pour moi, je ne l'aurais jamais cru. Voilà une langue admirable que ce turc.

COVIELLE. Plus admirable qu'on ne peut croire. Savez-vous bien ce que veut dire *cacaracamouchen?*

M. JOURDAIN. *Cacaracamouchen?* Non.

COVIELLE. C'est-à-dire : Ma chère âme.

M. JOURDAIN. *Cacaracamouchen* veut dire : Ma chère âme?

COVIELLE. Oui.

M. JOURDAIN. Voilà qui est merveilleux! *cacaracamouchen*, ma chère âme! Dirait-on jamais cela! Voilà qui me confond.

COVIELLE. Enfin, pour achever mon ambassade, il vient vous demander votre fille en mariage; et, pour avoir un beau-père qui soit digne de lui, il veut vous faire *mamamouchi*, qui est une certaine grande dignité de son pays.

M. JOURDAIN. *Mamamouchi?*

COVIELLE. Oui, *mamamouchi*; c'est-à-dire, en notre langue, paladin. Paladin, ce sont de ces anciens... Paladin, enfin. Il n'y a rien de plus noble que cela dans le monde; et vous irez de pair avec les plus grands seigneurs de la terre.

M. JOURDAIN. Le fils du Grand-Turc m'honore beaucoup et je vous prie de me mener chez lui pour lui en faire mes remercîments.

COVIELLE. Comment! le voilà qui va venir ici.

M. JOURDAIN. Il va venir ici?

COVIELLE. Oui; et il amène toutes choses pour la cérémonie de votre dignité.

M. JOURDAIN. Voilà qui est bien prompt.

COVIELLE. Son amour ne peut souffrir aucun retardement.

M. JOURDAIN. Tout ce qui m'embarrasse ici, c'est que ma fille est une opiniâtre, qui s'est allée mettre dans la tête un certain Cléonte; et elle jure de n'épouser personne que celui-là.

COVIELLE. Elle changera de sentiment quand elle verra le fils du Grand-Turc; et puis il se rencontre ici une chose merveilleuse : c'est que le fils du Grand-Turc ressemble à ce Cléonte, à peu de chose près. Je viens de le voir, on me l'a montré; et... Je l'entends venir; le voilà.

SCÈNE VI.

CLÉONTE en Turc, TROIS PAGES portant la veste de Cléonte, M. JOURDAIN, COVIELLE.

CLÉONTE. *Ambousahim oqui boraf, Giourdina, salamaléqui..*

COVIELLE, à M. Jourdain. C'est-à-dire : Monsieur Jourdain, votre cœur soit toute l'année comme un rosier fleuri! Ce sont des façons de parler obligeantes de ces pays-là.

M. JOURDAIN. Je suis très-humble serviteur de Son Altesse turque.

COVIELLE. *Carigar cambotto oustin moraf.*

CLÉONTE. *Oustin yoc catamaléqui basum base alla moram!*

COVIELLE. Il dit : Que le ciel vous donne la force des lions et la prudence des serpents!

M. JOURDAIN. Son Altesse turque m'honore trop et je lui souhaite toutes sortes de prospérités.

COVIELLE. *Ossa binamen sadoc haballi oraraf ouram.*

CLÉONTE. *Bel men.*

COVIELLE. Il dit que vous alliez vite avec lui vous préparer pour la cérémonie, afin de voir ensuite votre fille et de conclure le mariage.

M. JOURDAIN. Tant de choses en deux mots!

COVIELLE. Oui. La langue turque est comme cela, elle dit beaucoup en peu de paroles. Allez vite où il souhaite.

SCÈNE VII.

COVIELLE.

Ah! ah! ah! ma foi, cela est tout à fait drôle. Quelle dupe! Quand il aurait appris son rôle par cœur, il ne pourrait pas le mieux jouer. Ah! ah!

SCÈNE VIII.

DORANTE, COVIELLE.

COVIELLE. Je vous prie, monsieur, de nous vouloir aider céans dans une affaire qui s'y passe.

DORANTE. Ah! ah! Covielle, qui t'aurait reconnu? Comme te voilà ajusté!

COVIELLE. Vous voyez. Ah! ah! ah!

DORANTE. De quoi ris-tu?

COVIELLE. D'une chose, monsieur, qui le mérite bien.

DORANTE. Comment?

COVIELLE. Je vous le donnerais en bien des fois, monsieur, à deviner le stratagème dont nous nous servons auprès de M. Jourdain pour porter son esprit à donner sa fille à mon maître.

DORANTE. Je ne devine point le stratagème; mais je devine qu'il ne manquera pas de faire son effet, puisque tu l'entreprends.

COVIELLE. Je sais, monsieur, que la bête vous est connue.

DORANTE. Apprends-moi ce que c'est.

COVIELLE. Prenez la peine de vous retirer un peu plus loin pour faire place à ce que j'aperçois venir. Vous pourrez voir une partie de l'histoire, tandis que je vous conterai le reste.

SCÈNE IX.

CÉRÉMONIE TURQUE

LE MUPHTI, DERVIS, M. JOURDAIN, TURCS, assistants au muphti, chantants et dansants

PREMIÈRE ENTRÉE.

Six Turcs entrent gravement, deux à deux, au son des instruments. Ils portent trois tapis qu'ils lèvent fort haut, après en avoir fait, en dansant, plusieurs figures. Les Turcs chantants passent par-dessous ces tapis pour s'aller ranger aux deux côtés du théâtre. Le muphti, accompagné des dervis, ferme cette marche. Alors les Turcs étendent les tapis par terre et se mettent dessus à genoux. Le muphti et les dervis restent debout au milieu d'eux et, pendant que le muphti invoque Mahomet en faisant beaucoup de contorsions et de grimaces, sans proférer une seule parole, les Turcs assistants se prosternent jusqu'à terre, en chantant : *Alli!* lèvent les bras au ciel, en chantant : *Alla!* ce qu'ils continuent jusqu'à la fin de l'invocation, après laquelle ils se lèvent tous, chantant : *Alla ekber!* et deux dervis vont chercher M. Jourdain.

SCÈNE X.

LE MUPHTI, DERVIS, TURCS chantants et dansants, M. JOURDAIN, vêtu à la turque, la tête rasée, sans turban et sans sabre.

LE MUPHTI, à M. Jourdain. Sé ti sabir,
  Ti respondir;
  Sé non sabir,
  Tazir, tazir.
  Mi star Muphti;
  Ti qui star ti?
  Non interdir;
  Tazir, Tazir.

(Deux dervis font retirer M. Jourdain.)

SCÈNE XI.

LE MUPHTI, DERVIS, TURCS chantants et dansants.

LE MUPHTI. Dicé, Turqué, qui star quista. Anabatista? anabatista?

LES TURCS. Ioc.

LE MUPTI. Zuinglista?

LES TURCS. Ioc.

LE MUPHTI. Coffita.
LES TURCS. Ioc.
LE MUPHTI. Hussita? Morista? Fronista?
LES TURCS. Ioc, ioc, ioc.
LE MUPHTI. Ioc, ioc, ioc. Star pagana?
LES TURCS. Ioc.
LE MUPHTI. Lutérana?
LES TURCS. Ioc.
LE MUPHTI. Puritana?
LES TURCS. Ioc.
LE MUPHTI. Bramina? Moffina? Zurina?
LES TURCS. Ioc, ioc, ioc.
LE MUPHTI. Ioc, ioc, ioc. Mahamétana? mahamétana?
LES TURCS. Hi valla. Hi valla.
LE MUPHTI. Como chamara? Como chamara?
LES TURCS. Giourdina, Giourdina.
LE MUPHTI, sautant. Giourdina, Giourdina.
LES TURCS. Giourdina, Giourdina.
LE MUPHTI. Mahaméta, per Giourdina..
Mi prégar, séra é matina,
Voler far un paladina
De Giourdina, de Giourdina;
Dar turbina é dar scarrina,
Con galéra é brigantina,
Per deffender Palestina.
Mahaméta, per Giourdina,
Mi prégar, séra é matina.
(Aux Turcs.) Star bon Turca Giourdina?
LES TURCS. Hi valla. Hi valla.
LE MUPHTI, chantant et dansant. Ha la ba, ba la chou, ba la ba la da.
LES TURCS. Ha la ba, ba la chou, ba la ba, ba la da.

SCÈNE XII.

TURCS chantants et dansants.

DEUXIÈME ENTRÉE DE BALLET.

SCÈNE XIII.

LE MUPHTI, DERVIS, M. JOURDAIN, TURCS chantants et dansants.

Le muphti revient coiffé avec son turban de cérémonie, qui est d'une grosseur démesurée et garni de bougies allumées à quatre ou cinq rangs; il est accompagné de deux dervis qui portent l'Alcoran, et qui ont des bonnets pointus, garnis aussi de bougies allumées. Les deux autres dervis amènent M. Jourdain, et le font mettre à genoux, les mains par terre, de façon que le dos, sur lequel est mis l'Alcoran, sert de pupitre au Mupti, qui fait une seconde invocation burlesque, fronçant le sourcil, frappant de temps en temps sur l'Alcoran et tournant les feuillets avec précipitation; après quoi, en levant les bras au ciel, le Muphti crie à haute voix : *Hou!* Pendant cette seconde invocation, les Turcs assistants, s'inclinant et se relevant alternativement, chantent aussi *Hou, hou hou!*

M. JOURDAIN, après qu'on lui a ôté l'Alcoran de dessus le dos. Ouf!
LE MUPHTI, à M. Jourdain. Ti non star furba?
LES TURCS. No, no, no.
LE MUPHTI. Non star forfanta?
LES TURCS. No, no, no.
LE MUPHTI, aux Turcs. Donar turbanta.
LES TURCS. Ti non star furba?
No, no, no.
Non star forfanta?
No, no, no.
Donar turbanta.

TROISIÈME ENTRÉE DE BALLET.

(Les Turcs dansants mettent le turban sur la tête de M. Jourdain au son des instruments.)

LE MUPHTI, donnant le sabre à M. Jourdain.
Ti star nobile, non star fabbola,
Pigliar schiabbola.
LES TURCS, mettant le sabre à la main.
Ti star nobile, non star fabbola,
Pigliar schiabbola.

QUATRIÈME ENTRÉE DE BALLET.

(Les Turcs dansants donnent, en cadence, plusieurs coups de sabre à M. Jourdain.)

LE MUPHTI. Dara, dara
Bastonnara.
LES TURCS. Dara, dara
Bastonnara.

CINQUIÈME ENTRÉE DE BALLET

(Les Turcs dansants donnent à M. Jourdain des coups de bâton en cadence.)

LE MUPHTI. Non tener honta,
Questa star l'ultima affronta.

LES TURCS. Non tener honta,
Questa star l'ultima affronta.

(Le muphti commence une troisième invocation. Les dervis le soutiennent par-dessous les bras avec respect; après quoi les Turcs chantants et dansants, sautant autour du muphti, se retirent avec lui et emmènent M. Jourdain.)

ACTE CINQUIÈME

SCÈNE I.

Mme JOURDAIN, M. JOURDAIN.

Mme JOURDAIN. Ah! mon Dieu! miséricorde! Qu'est-ce que c'est donc que cela? Quelle figure! Est-ce un momon que vous allez porter? Est-il temps d'aller en masque? Parlez donc, et qu'est-ce que ceci? Qui vous a fagoté comme cela?

M. JOURDAIN. Voyez l'impertinente, de parler de la sorte à un *mamamouchi?*

Mme JOURDAIN. Comment donc?

M. JOURDAIN. Oui, il me faut porter du respect maintenant, et l'on vient de me faire *mamamouchi.*

Mme JOURDAIN. Que voulez-vous dire avec votre *mamamouchi?*

M. JOURDAIN. *Mamamouchi*, vous dis-je. Je suis *mamamouchi.*

Mme JOURDAIN. Quelle bête est-ce là?

M. JOURDAIN. *Mamamouchi*, c'est-à-dire en notre langue, paladin.

Mme JOURDAIN. Baladin? Êtes-vous en âge de danser des ballets?

M. JOURDAIN. Quelle ignorante! Je dis paladin; c'est une dignité dont on vient de me faire la cérémonie.

Mme JOURDAIN. Quelle cérémonie donc?

M. JOURDAIN. *Mahaméta per Giourdina.*

Mme JOURDAIN. Qu'est-ce que cela veut dire?

M. JOURDAIN. *Giourdina*, c'est-à-dire Jourdain?

Mme JOURDAIN. Eh bien! quoi, Jourdain?

M. JOURDAIN. *Voler far un paladina de Giourdina.*

Mme JOURDAIN. Comment?

M. JOURDAIN. *Dar turbanta con galéra.*

Mme JOURDAIN. Qu'est-ce à dire cela?

M. JOURDAIN. *Per deffender Palestina.*

Mme JOURDAIN. Que voulez-vous donc dire!

M. JOURDAIN. *Dara, dara, bastonnara.*

Mme JOURDAIN. Qu'est-ce donc que ce jargon-là ?

M. JOURDAIN. *Non tener honta, questa star l'ultima affronta.*

Mme JOURDAIN. Qu'est-ce donc que tout cela ?

M. JOURDAIN, chantant et dansant. *Hou la ba, ba la chou, ba la ba, ba la da.* (Il tombe par terre.)

Mme JOURDAIN. Hélas ! mon Dieu ! mon mari est devenu fou.

M. JOURDAIN, se relevant et s'en allant. Paix, insolente ! Portez respect à monsieur le *mamamouchi*.

Mme JOURDAIN, seule. Où est-ce donc qu'il a perdu l'esprit ? Courons l'empêcher de sortir. (Apercevant Dorimène et Dorante.) Ah ! ah ! voici justement le reste de notre écu. Je ne vois que chagrins de tous côtés.

SCÈNE II.

DORANTE, DORIMÈNE.

DORANTE. Oui, madame, vous verrez la plus plaisante chose qu'on puisse voir, et je ne crois pas que, dans tout le monde, il soit possible de trouver encore un homme aussi fou que celui-là. Et puis, madame, il faut tâcher de servir les désirs de Cléonte et d'appuyer toute sa mascarade. C'est un fort galant homme et qui mérite que l'on s'intéresse pour lui.

DORIMÈNE. J'en fais beaucoup de cas, et il est digne d'une bonne fortune.

DORANTE. Outre cela, nous avons ici, madame, un ballet qui nous revient, que nous ne devons pas laisser perdre ; et il faut bien voir si mon idée pourra réussir.

SCÈNE III.

M. JOURDAIN, DORIMÈNE, DORANTE.

DORANTE. Monsieur, nous venons rendre hommage, madame et moi, à votre nouvelle dignité, et nous réjouir avec vous du mariage que vous faites de votre fille avec le fils du Grand-Turc.

M. JOURDAIN, après avoir fait les révérences à la turque. Monsieur, je vous souhaite la force des serpents et la prudence des lions.

DORIMÈNE. J'ai été bien aise d'être des premières, monsieur, à venir vous féliciter du haut degré de gloire où vous êtes monté.

M. JOURDAIN. Madame, je vous souhaite toute l'année votre rosier fleuri. Je vous suis infiniment obligé de prendre part aux honneurs qui m'arrivent ; et j'ai beaucoup de joie de vous voir revenue ici, pour vous faire les très-humbles excuses de l'extravagance de ma femme.

DORIMÈNE. Cela n'est rien ; j'excuse en elle un pareil mouvement : votre cœur lui doit être précieux, et il n'est pas étrange que la possession d'un homme comme vous puisse inspirer quelques alarmes.

M. JOURDAIN. La possession de mon cœur est une chose qui vous est toute acquise.

DORANTE. Vous voyez, madame, que M. Jourdain n'est pas de ces gens que les prospérités aveuglent, et qu'il sait, dans sa grandeur, reconnaître ses amis.

DORIMÈNE. C'est la marque d'une âme tout à fait généreuse.

DORANTE. Où donc est Son Altesse turque? Nous voudrions bien, comme vos amis, lui rendre nos devoirs.

M. JOURDAIN. La voilà qui vient; et j'ai envoyé quérir ma fille pour lui donner la main.

SCÈNE IV.

M. JOURDAIN, DORIMÈNE, DORANTE, CLÉONTE habillé en Turc.

DORANTE, à Cléonte. Monsieur, nous venons faire la révérence à Votre Altesse comme amis de monsieur votre beau-père, et l'assurer, avec respect, de nos très-humbles services.

M. JOURDAIN. Où est le truchement, pour lui dire qui vous êtes et lui faire entendre ce que vous dites? Vous verrez qu'il vous répondra, et il parle turc à merveille. Holà! où diantre est-il allé? (A Cléonte.) *Strouff, strif, strof, straf :* monsieur est un *grande ségnore, grande ségnore, grande ségnore ;* et madame une *granda dama, granda dama.* (Voyant qu'il ne se fait point entendre.) Ah ! (A Cléonte montrant Dorante.) Monsieur, lui *mamamouchi* français, et madame *mamamouchie* française. Je ne puis pas parler plus clairement. Bon, voici l'interprète.

SCÈNE V.

M. JOURDAIN, DORIMÈNE, DORANTE, CLÉONTE habillé en Turc,
COVIELLE déguisé.

M. JOURDAIN. Où allez-vous donc? Nous ne saurions rien dire sans vous. (Montrant Cléonte.) Dites-lui un peu que monsieur et madame sont des personnes de grande qualité, qui lui viennent faire la révérence, comme mes amis, et l'assurer de leurs services. (A Dorimène et à Dorante.) Vous allez voir comme il va répondre.

COVIELLE. *Abala crociam acci borum alabamen.*

CLÉONTE. *Cataléqui tubal ourin soler amalouchou!*

M. JOURDAIN, à Dorimène et à Dorante. Voyez-vous?

COVIELLE. Il dit : Que la pluie des prospérités arrose en tout temps le jardin de votre famille.

M. JOURDAIN. Je vous l'avais bien dit qu'il parle turc.

DORANTE. Cela est admirable!

SCÈNE VI.

LUCILE, CLÉONTE, M. JOURDAIN, DORIMÈNE, DORANTE, COVIELLE.

M. JOURDAIN. Venez, ma fille, approchez-vous, et venez donner la main à monsieur, qui vous fait l'honneur de vous demander en mariage.

LUCILE. Comment, mon père, comme vous voilà fait! Est-ce une comédie que vous jouez?

M. JOURDAIN. Non, non, ce n'est pas une comédie; c'est une affaire fort sérieuse, et la plus pleine d'honneur pour vous qui se peut souhaiter. (Montrant Cléonte). Voilà le mari que je vous donne.

LUCILE. A moi, mon père?

M. JOURDAIN. Oui, à vous. Allons, touchez-lui dans la main, et rendez grâce au ciel de votre bonheur.

LUCILE. Je ne veux point me marier.

M. JOURDAIN. Je le veux, moi, qui suis votre père.

LUCILE. Je n'en ferai rien.

M. JOURDAIN. Ah! que de bruit! Allons, vous dis-je; çà, votre main.

LUCILE. Non, mon père, je vous l'ai dit, il n'est point de pouvoir qui me puisse obliger à prendre un autre mari que Cléonte; et je me résoudrai plutôt à toutes les extrémités, que de... (Reconnaissant Cléonte.) Il est vrai que vous êtes mon père, que je vous dois entière obéissance; et c'est à vous à disposer de moi selon vos volontés.

M. JOURDAIN. Ah! je suis ravi de vous voir si promptement revenue dans votre devoir; et voilà qui me plaît d'avoir une fille obéissante.

SCÈNE VII.

Mme JOURDAIN, CLÉONTE, M. JOURDAIN, LUCILE, DORANTE, DORIMÈNE, COVIELLE.

Mme JOURDAIN. Comment donc! qu'est-ce que c'est que ceci? On dit que vous voulez donner votre fille en mariage a un carême-prenant?

Vous êtes mon père, je vous dois entière obéissance.

LE BOURGEOIS GENTILHOMME.   Acte V, Scène VI.

M. JOURDAIN. Voulez-vous vous taire, impertinente? Vous venez toujours mêler vos extravagances à toutes choses, et il n'y a pas moyen de vous apprendre à être raisonnable.

Mme JOURDAIN. C'est vous qu'il n'y a pas moyen de rendre sage, et vous allez de folie en folie. Quel est votre dessein? et que voulez-vous faire avec cet assemblage?

M. JOURDAIN. Je veux marier notre fille avec le fils du Grand-Turc.

Mme JOURDAIN. Avec le fils du Grand-Turc?

M. JOURDAIN. Oui. (Montrant Covielle.) Faites-lui faire vos compliments par le truchement que voilà.

Mme JOURDAIN. Je n'ai que faire du truchement; et je lui dirai bien moi-même, à son nez, qu'il n'aura pas ma fille.

M. JOURDAIN. Voulez-vous vous taire, encore une fois?

DORANTE. Comment, madame Jourdain, vous vous opposez à un bonheur comme celui-là? Vous refusez Son Altesse turque pour gendre?

Mme JOURDAIN. Mon Dieu! monsieur, mêlez-vous de vos affaires.

DORIMÈNE. C'est une grande gloire qui n'est pas à rejeter.

Mme JOURDAIN. Madame, je vous prie aussi de ne vous point embarrasser de ce qui ne vous touche pas.

DORANTE. C'est l'amitié que nous avons pour vous qui nous fait intéresser dans vos avantages.

Mme JOURDAIN. Je me passerai bien de votre amitié.

DORANTE. Voilà votre fille qui consent aux volontés de son père.

Mme JOURDAIN. Ma fille consent à épouser un Turc?

DORANTE. Sans doute.

Mme JOURDAIN. Elle peut oublier Cléonte?

DORANTE. Que ne fait-on pas pour être grande dame?

Mme JOURDAIN. Je l'étranglerais de mes mains, si elle avait fait un coup comme celui-là.

M. JOURDAIN. Voilà bien du caquet. Je vous dis que ce mariage-là se fera.

Mme JOURDAIN. Je vous dis, moi, qu'il ne se fera point.

M. JOURDAIN. Ah! que de bruit!

LUCILE. Ma mère...

Mme JOURDAIN. Allez, vous êtes une coquine.

M. JOURDAIN, à madame Jourdain. Quoi! vous la querellez de ce qu'elle m'obéit?

Mme JOURDAIN. Oui. Elle est à moi aussi bien qu'à vous.

COVIELLE, à Madame Jourdain. Madame...

Mme JOURDAIN. Que voulez-vous conter, vous?

COVIELLE. Un mot.

Mme JOURDAIN. Je n'ai que faire de votre mot.

COVIELLE, à M. Jourdain. Monsieur, si elle veut écouter une parole en particulier, je vous promets de la faire consentir à ce que vous voulez.

Mme JOURDAIN. Je n'y consentirai point.

COVIELLE. Écoutez-moi seulement.

Mme JOURDAIN. Non.

M. JOURDAIN, à madame Jourdain. Écoutez-le.

Mme JOURDAIN. Non, je ne veux pas l'écouter.

M. JOURDAIN. Il vous dira...

Mme JOURDAIN. Je ne veux point qu'il me dise rien.

M. JOURDAIN. Voilà une grande obstination de femme! Cela vous ferait-il mal de l'entendre?

COVIELLE. Ne faites que m'écouter, vous ferez après ce qu'il vous plaira.

Mme JOURDAIN. Eh bien, quoi?

COVIELLE, bas à madame Jourdain. Il y a une heure, madame, que nous vous faisons signe. Ne voyez-vous pas bien que tout ceci n'est fait que pour nous ajuster aux visions de votre mari; que nous l'abusons sous ce déguisement, et que c'est Cléonte lui-même qui est le fils du Grand-Turc?

Mme JOURDAIN, bas à Covielle. Ah! ah!

COVIELLE, bas à madame Jourdain. Et moi, Covielle, qui suis le truchement?

Mme JOURDAIN, bas à Covielle. Ah! comme cela, je me rends.

COVIELLE, bas à madame Jourdain. Ne faites semblant de rien.

Mme JOURDAIN, haut. Oui, voilà qui est fait; je consens au mariage.

M. JOURDAIN. Ah! voilà tout le monde raisonnable. (A madame Jourdain.) Vous ne vouliez pas l'écouter! Je savais bien qu'il vous expliquerait ce que c'est que le fils du Grand-Turc.

Mme JOURDAIN. Il me l'a expliqué comme il faut, et j'en suis satisfaite. Envoyons quérir un notaire.

DORANTE. C'est fort bien dit. Et afin, madame Jourdain, que vous puissiez avoir l'esprit tout à fait content, et que vous perdiez aujourd'hui toute la jalousie que vous pourriez avoir conçue de M. votre mari, c'est que nous nous servirons du même notaire pour nous marier, madame et moi.

Mme JOURDAIN. Je consens aussi à cela.

M. JOURDAIN, bas à Dorante. C'est pour lui faire accroire.

DORANTE, bas à M. Jourdain. Il faut bien l'amuser avec cette feinte.

M. JOURDAIN, bas. Bon, bon. (Haut.) Qu'on aille quérir le notaire.

DORANTE. Tandis qu'il viendra et qu'il dressera les contrats, voyons notre ballet; et donnons-en le divertissement à Son Altesse turque.

M. JOURDAIN. C'est fort bien avisé. Allons prendre nos places.

Mme JOURDAIN. Et Nicole?

M. JOURDAIN. Je la donne au truchement; et ma femme, à qui la voudra.

COVIELLE. Monsieur, je vous remercie. (A part.) Si l'on en peut voir un plus fou, je l'irai dire à Rome.

LES
FOURBERIES DE SCAPIN

COMÉDIE EN TROIS ACTES (1671)

PERSONNAGES :

ARGANTE.
GÉRONTE.
OCTAVE, fils d'Argante.
LÉANDRE, fils de Géronte.
ZERBINETTE, crue Égyptienne, et reconnue fille d'Argante.
HYACINTHE, fille de Géronte.
SCAPIN, valet de Léandre.
SILVESTRE, valet d'Octave.
NÉRINE, nourrice d'Hyacinthe.
CARLE, ami de Scapin.
Deux porteurs.

La scène est à Naples.

ACTE PREMIER

SCÈNE I.

OCTAVE, SILVESTRE.

OCTAVE. Ah! fâcheuses nouvelles! Dures extrémités où je me vois réduit! Tu viens, Silvestre, d'apprendre au port que mon père revient?

SILVESTRE. Oui.

OCTAVE. Qu'il arrive ce matin même?

SILVESTRE. Ce matin même.

OCTAVE. Et qu'il revient dans la résolution de me marier?

SILVESTRE. Oui.

OCTAVE. Avec une fille du seigneur Géronte?

SILVESTRE. Du seigneur Géronte.

OCTAVE. Et que cette fille est mandée de Tarente ici pour cela?

SILVESTRE. Oui.

OCTAVE. Et tu tiens ces nouvelles de mon oncle?

SILVESTRE. De votre oncle.

OCTAVE. A qui mon père les a mandées par une lettre?

SILVESTRE. Par une lettre.

OCTAVE. Et cet oncle, dis-tu, sait toutes nos affaires?

SILVESTRE. Toutes nos affaires.

OCTAVE. Ah! parle, si tu veux, et ne te fais point de la sorte arracher les mots de la bouche.

SILVESTRE. Qu'ai-je à parler davantage? Vous n'oubliez aucune circonstance; et vous dites les choses tout justement comme elles sont.

OCTAVE. Conseille-moi, du moins, et me dis ce je dois faire dans ces cruelles conjonctures.

SILVESTRE. Ma foi, je m'y trouve autant embarrassé que vous, et j'aurais bon besoin que l'on me conseillât moi-même.

OCTAVE. Je suis assassiné par ce maudit retour.

SILVESTRE. Je ne le suis pas moins.

OCTAVE. Lorsque mon père apprendra les choses, je vais voir fondre sur moi un orage soudain d'impétueuses réprimandes.

SILVESTRE. Les réprimandes ne sont rien; et plût au ciel que j'en fusse quitte à ce prix! Mais j'ai bien la mine, pour moi, de payer plus cher vos folies, et je vois se former de loin un nuage de coups de bâton qui crèvera sur mes épaules.

OCTAVE. O ciel! par où sortir de l'embarras où je me trouve?

SILVESTRE. C'est à quoi vous deviez songer avant que de vous y jeter.

OCTAVE. Ah! tu me fais mourir par tes leçons hors de saison.

SILVESTRE. Vous me faites bien plus mourir par vos actions étourdies.

OCTAVE. Que dois-je faire? quelle résolution prendre? à quel remède recourir?

SCÈNE II.

OCTAVE, SCAPIN, SILVESTRE.

SCAPIN. Qu'est-ce, seigneur Octave? qu'avez-vous? qu'y a-t-il? quel désordre est-ce là? je vous vois tout troublé.

OCTAVE. Ah! mon pauvre Scapin, je suis perdu, je suis désespéré, je suis le plus infortuné des hommes.

SCAPIN. Comment?

OCTAVE. N'as-tu rien appris de ce qui me regarde?

SCAPIN. Non.

OCTAVE. Mon père arrive avec le seigneur Géronte; et ils me veulent marier.

SCAPIN. Eh bien, qu'y a-t-il là de si funeste?

OCTAVE. Hélas! tu ne sais pas la cause de mon inquiétude?

SCAPIN. Non; mais il ne tiendra qu'à vous que je ne la sache bientôt, et je suis homme consolatif, homme à m'intéresser aux affaires des jeunes gens.

OCTAVE. Ah! Scapin, si tu pouvais trouver quelque invention, forger quelque machine pour me tirer de la peine où je suis, je croirais t'être redevable de plus que de la vie.

SCAPIN. A vous dire la vérité, il y a peu de choses qui me soient impossibles, quand je veux m'en mêler. J'ai sans doute reçu du ciel un génie assez beau pour toutes les fabriques de ces gentillesses d'esprit, de ces galanteries ingénieuses, à qui le vulgaire ignorant donne le nom de fourberies; et je puis dire, sans vanité, qu'on n'a guère vu d'homme qui fût plus habile ouvrier de ressorts et d'intrigues, qui ait acquis plus de gloire que moi dans ce noble métier. Mais, ma foi, le mérite est trop malheureux aujourd'hui; et j'ai renoncé à toutes choses, depuis certain chagrin d'une affaire qui m'arriva.

OCTAVE. Comment? quelle affaire, Scapin?

SCAPIN. Une aventure où je me brouillai avec la justice.

OCTAVE. La justice?

SCAPIN. Oui, nous eûmes un petit démêlé ensemble.

OCTAVE. Toi et la justice?

SCAPIN. Oui; elle en usa fort mal avec moi; et je me dépitai de telle sorte contre l'ingratitude du siècle, que je résolus de ne plus rien faire. Baste! ne laissez pas de me conter votre aventure.

OCTAVE. Tu sais, Scapin, qu'il y a deux mois, le seigneur Géronte et mon père s'embarquèrent ensemble pour un voyage qui regarde certain commerce où leurs intérêts sont mêlés?

SCAPIN. Je sais cela.

OCTAVE. Et que, Léandre et moi, nous fûmes laissés par nos pères, moi sous la conduite de Silvestre, et Léandre sous ta direction?

SCAPIN. Oui; je me suis fort bien acquitté de ma charge.

OCTAVE. Quelque temps après, Léandre fit rencontre d'une jeune Égyptienne.

SCAPIN. Je sais cela encore.

OCTAVE. Comme nous sommes grands amis, il me fit aussitôt confidence de ses sentiments pour cette fille. Il ne m'entretenait que d'elle chaque jour, m'exagérait à tout moment toutes ses qualités, me louait son esprit et me parlait avec transport des charmes de son entretien, dont il me rapportait jusqu'aux moindres paroles, qu'il s'efforçait toujours de me faire trouver les plus spirituelles du monde. Il me querellait quelquefois de n'être pas assez sensible aux choses qu'il me venait dire, et me blâmait sans cesse de mon indifférence.

scapin. Je ne vois pas encore où ceci veut aller.

octave. Un jour que je l'accompagnais pour aller chez les gens qui gardent cette Égyptienne, nous entendîmes, dans une petite maison d'une rue écartée, quelques plaintes mêlées de beaucoup de sanglots. Nous demandons ce que c'est: une femme nous dit en soupirant que nous pouvions voir là quelque chose de pitoyable en des personnes étrangères, et qu'à moins que d'être insensibles, nous en serions touchés.

scapin. Où est-ce que cela nous mène?

octave. La curiosité me fit presser Léandre de voir ce que c'était. Nous entrons dans une salle, où nous voyons une vieille femme mourante, assistée d'une servante qui faisait des regrets, et d'une jeune fille toute fondante en larmes, dans l'état le plus touchant qu'on puisse jamais voir.

scapin. Ah! ah!

octave. Une autre aurait paru effroyable en l'état où elle était; car elle n'avait pour habillement qu'une méchante jupe, avec des brassières qui étaient de simple futaine; et sa coiffure était une cornette jaune, retroussée au haut de sa tête, qui laissait tomber en désordre ses cheveux sur ses épaules; et cependant, faite comme cela, elle inspirait le plus touchant intérêt.

scapin. Je sens venir les choses.

octave. Si tu l'avais vue, Scapin, en l'état que je dis, tu l'aurais trouvée admirable.

scapin. Oh! je n'en doute point.

octave. Ses larmes n'étaient point de ces larmes désagréables qui défigurent un visage; elle avait à pleurer une grâce touchante, et sa douleur était la plus belle du monde.

scapin. Je vois tout cela.

octave. Elle faisait fondre chacun en larmes, en se jetant amoureusement sur le corps de cette mourante, qu'elle appelait sa chère mère; et il n'y avait personne qui n'eût l'âme percée de voir un si bon naturel.

scapin. En effet, cela est touchant; et je vois bien que ce bon naturel vous la fit admirer.

octave. Ah! Scapin, un barbare en aurait fait autant!

scapin. Assurément. Le moyen de s'en empêcher?

octave. Après quelques paroles dont je tâchai d'adoucir la douleur de cette pauvre affligée, nous sortîmes de là; et, demandant à Léandre ce qu'il lui semblait de cette personne, il me répondit froidement qu'il la trouvait assez bien. Je fus piqué de la froideur avec laquelle il m'en parlait.

silvestre, à Octave. Si vous n'abrégez ce récit, nous en voilà pour jusqu'à demain. Laissez-le-moi finir en deux mots. (A Scapin.) Son cœur s'émeut; il est empressé d'aller consoler cette pauvre affligée. Ses fréquentes visites sont rejetées de la servante, devenue gouvernante par le trépas de la mère. Voilà mon homme au désespoir. Il presse, supplie, conjure; point d'affaire. Il consulte dans sa tête, agite, raisonne, balance, prend sa résolution; le voilà marié avec elle depuis trois jours.

SCAPIN. J'entends.

SILVESTRE. Maintenant, mets avec cela le retour imprévu du père qu'on n'attendait que dans deux mois, la découverte que l'oncle a faite du secret de notre mariage et l'autre mariage qu'on veut faire de lui avec la fille que le seigneur Géronte a eue d'une seconde femme qu'on dit qu'il a épousée à Tarente...

OCTAVE. Et, par-dessus tout cela, mets encore l'indigence où se trouve cette aimable personne et l'impuissance où je me vois d'avoir de quoi la secourir.

SCAPIN. Est-ce là tout? Vous voilà bien embarrassés tous deux pour une bagatelle! C'est bien là de quoi se tant alarmer! N'as-tu point de honte, toi, de demeurer court à si peu de chose? Que diable! te voilà grand et gros comme père et mère et tu ne saurais trouver dans ta tête, forger dans ton esprit quelque ruse, quelque honnête petit stratagème pour ajuster vos affaires? Fi! peste soit du butor!

SILVESTRE. J'avoue que le ciel ne m'a pas donné tes talents et que je n'ai pas l'esprit, comme toi, de me brouiller avec la justice.

OCTAVE. Voici mon aimable Hyacinthe.

SCÈNE III.

HYACINTHE, OCTAVE, SCAPIN, SILVESTRE.

HYACINTHE. Ah! Octave, est-il vrai ce que Silvestre vient de dire à Nérine, que votre père est de retour et qu'il veut vous marier?

OCTAVE. Oui; et ces nouvelles m'ont donné une atteinte cruelle. Mais, que vois-je! vous pleurez? Pourquoi ces larmes? me soupçonnez-vous, dites-moi, de quelque parjure?

HYACINTHE. Puisque vous le voulez, je veux bien me résigner et j'attendrai d'un œil constant ce qu'il plaira au ciel de résoudre de moi.

OCTAVE. Le ciel nous sera favorable.

HYACINTHE. Il ne saurait m'être contraire, si vous m'êtes fidèle.

OCTAVE. Je le serai assurément.

HYACINTHE. Je serai donc satisfaite.

SCAPIN, à part. Elle n'est point tant sotte, ma foi; et je la trouve assez passable.

OCTAVE, montrant Scapin. Voici un homme qui pourrait bien, s'il le voulait, nous être, dans tous nos besoins, d'un secours merveilleux.

SCAPIN. J'ai fait de grands serments de ne me mêler plus du monde; mais si vous m'en priez bien fort tous deux, peut-être...

OCTAVE. Ah! s'il ne tient qu'à te prier bien fort pour obtenir ton aide, je te conjure de tout mon cœur de prendre la conduite de notre barque.

SCAPIN, à Hyacinthe. Et vous, ne dites-vous rien?

HYACINTHE. Je vous conjure, à son exemple, par tout ce qui vous est le plus cher au monde, de vouloir bien nous aider à sortir de cet embarras.

SCAPIN. Il faut se laisser vaincre et avoir de l'humanité. Allez, je veux m'employer pour vous.

OCTAVE. Crois que...

SCAPIN, à Octave. Chut! (A Hyacinthe.) Allez-vous-en, vous, et soyez en repos.

SCÈNE IV.

OCTAVE, SCAPIN, SILVESTRE.

SCAPIN, à Octave. Et vous, préparez-vous à soutenir avec fermeté l'abord de votre père.

OCTAVE. Je t'avoue que cet abord me fait trembler par avance et que j'ai une timidité naturelle que je ne saurais vaincre.

SCAPIN. Il faut pourtant paraître ferme au premier choc, de peur que, sur votre faiblesse, il ne prenne le pied de vous mener comme un enfant. Là! tâchez de vous composer par étude. Un peu de hardiesse et songez à répondre résolûment sur tout ce qu'il pourra vous dire.

OCTAVE. Je ferai du mieux que je pourrai.

SCAPIN. Çà, essayons un peu, pour vous accoutumer. Répétons un peu votre rôle et voyons si vous ferez bien. Allons, la mine résolue, la tête haute, les regards assurés.

OCTAVE. Comme cela?

SCAPIN. Encore un peu, davantage.

OCTAVE. Ainsi?

SCAPIN. Bon. Imaginez-vous que je suis votre père qui arrive et répondez-moi fermement, comme si c'était à lui-même... Comment, pendard, vaurien, infâme, fils indigne d'un père comme moi, oses-tu bien paraître devant mes yeux après tes bons déportements, après le lâche tour que tu m'as joué pendant mon absence? Est-ce là le fruit de mes soins, maraud! est-ce là le fruit de mes soins? le respect qui m'est dû, le respect que tu me conserves? (*Allons donc!*) Tu as l'insolence, fripon, de t'engager sans le consentement de ton père! de contracter un mariage clandestin! Réponds-moi, coquin, réponds-moi! Voyons un peu tes belles raisons... Oh! que diable! vous demeurez interdit!...

OCTAVE. C'est que je m'imagine que c'est mon père que j'entends.

SCAPIN. Eh oui! C'est pour cette raison qu'il ne faut pas être comme un innocent.

OCTAVE. Je m'en vais prendre plus de résolution, et je répondrai fermement.

SCAPIN. Assurément?

OCTAVE. Assurément.

SILVESTRE. Voilà votre père qui vient.

OCTAVE. O ciel! je suis perdu!

SCÈNE V.

SCAPIN, SILVESTRE.

SCAPIN. Holà! Octave! demeurez, Octave! Le voilà enfui! Quelle pauvre espèce d'homme! Ne laissons pas d'attendre le vieillard.

SILVESTRE. Que lui dirai-je?

SCAPIN. Laisse-moi dire, moi, et ne fais que me suivre.

SCÈNE VI.

ARGANTE, SCAPIN ET SILVESTRE dans le fond du théâtre.

ARGANTE, se croyant seul. A-t-on jamais ouï parler d'une action pareille à celle-là?

SCAPIN, à Silvestre. Il a déjà appris l'affaire, et elle lui tient si fort en tête, que, tout seul, il en parle haut.

ARGANTE, se croyant seul. Voilà une témérité bien grande!

SCAPIN, à Silvestre. Écoutons-le un peu.

ARGANTE, se croyant seul. Je voudrais bien savoir ce qu'ils me pourront dire de ce beau mariage.

SCAPIN, à part. Nous y avons songé.

ARGANTE, se croyant seul. Tâcheront-ils de me nier la chose?

SCAPIN, à part. Non, nous n'y pensons pas.

ARGANTE, se croyant seul. Ou s'ils entreprendront de l'excuser?

SCAPIN, à part. Cela se pourrait faire.

ARGANTE, se croyant seul. Prétendront-ils m'amuser par des contes en l'air?

SCAPIN, à part. Peut-être.

ARGANTE, se croyant seul. Tous leurs discours seront inutiles.

SCAPIN, à part. Nous allons voir.

ARGANTE, se croyant seul. Ils ne m'en donneront point à garder.

SCAPIN, à part. Ne jurons de rien.

ARGANTE, se croyant seul. Je saurai mettre mon pendard de fils en lieu de sûreté.

SCAPIN, à part. Nous y pourvoirons.

ARGANTE, se croyant seul. Et pour le coquin de Silvestre, je le rouerai de coups.

SILVESTRE, à Scapin. Je serais bien étonné s'il m'oubliait.

ARGANTE, apercevant Silvestre. Ah! ah! vous voilà donc, sage gouverneur de famille, beau directeur de jeunes gens!

SCAPIN. Monsieur, je suis ravi de vous voir de retour.

ARGANTE. Bonjour, Scapin. (A Silvestre.) Vous avez suivi mes ordres, vraiment, d'une belle manière! et mon fils s'est comporté fort sagement pendant mon absence!

SCAPIN. Vous vous portez bien, à ce que je vois?

ARGANTE. Assez bien. (A Silvestre.) Tu ne dis mot, coquin! tu ne dis mot?

SCAPIN. Votre voyage a-t-il été bon?

ARGANTE. Mon Dieu! fort bon. Laisse-moi un peu quereller en repos.

SCAPIN. Vous voulez quereller?

ARGANTE. Oui, je veux quereller.

SCAPIN. Et qui, monsieur?

ARGANTE, montrant Silvestre. Ce maraud-là.

SCAPIN. Pourquoi?

ARGANTE. Tu n'as pas ouï parler de ce qui s'est passé dans mon absence?

SCAPIN. J'ai bien ouï parler de quelque petite chose.

ARGANTE. Comment! quelque petite chose! une action de cette nature!

SCAPIN. Vous avez quelque raison.

ARGANTE. Une hardiesse pareille à celle-là.

SCAPIN. Cela est vrai.

ARGANTE. Un fils qui se marie sans le consentement de son père!

SCAPIN. Oui, il y a quelque chose à dire à cela; mais je serais d'avis que vous ne fissiez point de bruit.

ARGANTE. Je ne suis pas de cet avis, moi, et je veux faire du bruit tout mon soûl. Quoi! tu ne trouves pas que j'aie tous les sujets du monde d'être en colère?

scapin. Si fait. J'y ai d'abord été, moi, lorsque j'ai su la chose, et je me suis intéressé pour vous jusqu'à quereller votre fils. Demandez-lui un peu quelles belles réprimandes je lui ai faites, et comme je l'ai chapitré sur le peu de respect qu'il gardait à un père dont il devait baiser les pas. On ne peut pas mieux lui parler, quand ce serait lui-même. Mais quoi! je me suis rendu à la raison et j'ai considéré que, dans le fond, il n'y a pas tant de tort qu'on pourrait croire.

argante. Que me viens-tu conter? Il n'a pas tant de tort de s'aller marier de but en blanc avec une inconnue?

scapin. Que voulez-vous il y a été poussé par sa destinée.

argante. Ah! ah! voici une raison la plus belle du monde. On n'a plus qu'à commettre tous les crimes imaginables, tromper, voler, assassiner, et dire pour excuse qu'on y a été poussé par sa destinée.

scapin. Mon Dieu! vous prenez mes paroles trop en philosophe. Je veux dire qu'il s'est trouvé fatalement engagé dans cette affaire.

argante. Pourquoi s'y engageait-il?

scapin. Voulez-vous qu'il soit aussi sage que vous? Les jeunes gens sont jeunes, et n'ont pas toute la prudence qu'il leur faudrait pour ne rien faire que de raisonnable : témoin notre Léandre, qui, malgré toutes mes leçons, malgré toutes mes remontrances, est allé faire de son côté pis encore que votre fils. Je voudrais bien savoir si vous-même n'avez pas été jeune et n'avez pas dans votre temps fait des étourderies comme les autres.

argante. Cela est vrai, j'en demeure d'accord; mais je n'ai point été jusqu'à faire ce qu'il a fait.

scapin. Que vouliez-vous qu'il fît! Il voit une jeune personne qui lui veut du bien, il la trouve à sa convenance, il lui rend des visites, et les parents, jugeant eux-mêmes l'affaire assez bonne, le forcent à l'épouser.

silvestre, à part. L'habile fourbe que voilà!

scapin. Eussiez-vous voulu qu'il se fût laissé tuer? Il vaut mieux encore être marié qu'être mort.

argante. On ne m'a pas dit que l'affaire se soit ainsi passée.

scapin, montrant Silvestre. Demandez-lui plutôt; il ne vous dira pas le contraire.

argante, à Silvestre. C'est par force qu'il a été marié?

silvestre. Oui, monsieur.

scapin. Voudrais-je vous mentir?

argante. Il devait donc aller tout aussitôt protester de violence chez un notaire.

SCAPIN. C'est ce qu'il n'a pas voulu faire.

ARGANTE. Cela m'aurait donné plus de facilité à rompre ce mariage.

SCAPIN. Rompre ce mariage.

ARGANTE. Oui.

SCAPIN. Vous ne le romprez point.

ARGANTE. Je ne le romprai point?

SCAPIN. Non.

ARGANTE. Quoi! je n'aurai pas pour moi les droits de père, et la raison de la violence qu'on a faite à mon fils?

SCAPIN. C'est une chose dont il ne demeurera pas d'accord.

ARGANTE. Il n'en demeurera pas d'accord?

SCAPIN. Non.

ARGANTE. Mon fils?

SCAPIN. Votre fils. Voulez-vous qu'il confesse qu'il ait été capable de crainte, et que ce soit par force qu'on lui ait fait faire les choses? Il n'aura garde d'avouer cela : ce serait se faire tort et se montrer indigne d'un père comme vous.

ARGANTE. Je me moque de cela.

SCAPIN. Il faut, pour son honneur et pour le vôtre, qu'il dise dans le monde que c'est de bon gré qu'il l'a épousée.

ARGANTE. Et je veux, moi, pour mon honneur et pour le sien, qu'il dise le contraire.

SCAPIN. Non, je suis sûr qu'il ne le fera pas.

ARGANTE. Je l'y forcerai bien.

SCAPIN. Il ne le fera pas, vous dis-je.

ARGANTE. Il le fera, ou je le déshériterai.

SCAPIN. Vous?

ARGANTE. Moi.

SCAPIN. Bon!

ARGANTE. Comment, bon?

SCAPIN. Vous ne le déshériterez point.

ARGANTE. Je ne le déshériterai point?

SCAPIN. Non.

ARGANTE. Non?

SCAPIN. Non.

ARGANTE. Ouais! voici qui est plaisant. Je ne déshériterai point mon fils?

SCAPIN. Non, vous dis-je.

ARGANTE. Qui m'en empêchera?

SCAPIN. Vous-même.

ARGANTE. Moi?

SCAPIN. Oui, vous n'aurez pas ce cœur-là.

ARGANTE. Je l'aurai.

SCAPIN. Vous vous moquez.
ARGANTE. Je ne me moque point.
SCAPIN. La tendresse paternelle fera son office.
ARGANTE. Elle ne fera rien.
SCAPIN. Oui, oui.
ARGANTE. Je vous dis que cela sera.
SCAPIN. Bagatelles.
ARGANTE. Il ne faut point dire bagatelles.
SCAPIN. Mon Dieu! je vous connais; vous êtes bon naturellement.
ARGANTE. Je ne suis point bon et je suis méchant quand je veux. Finissons ce discours qui m'échauffe la bile. (A Silvestre.) Va-t'en, pendard, va-t'en me chercher mon fripon, tandis que j'irai rejoindre le seigneur Géronte pour lui conter ma disgrâce.
SCAPIN. Monsieur, si je puis vous être utile en quelque chose, vous n'avez qu'à me commander.
ARGANTE. Je vous remercie. (A part.) Ah! pourquoi faut-il qu'il soit fils unique! et que n'ai-je à cette heure la fille que le ciel m'a ôtée pour la faire mon héritière!

SCÈNE VII.

SCAPIN, SILVESTRE.

SILVESTRE. J'avoue que tu es un grand homme et voilà l'affaire en bon train; mais l'argent, d'autre part, nous presse pour notre subsistance; et nous avons de tous côtés des gens qui aboient après nous.

SCAPIN. Laisse-moi faire, la machine est trouvée. Je cherche seulement dans ma tête un homme qui nous soit affidé pour jouer un personnage dont j'ai besoin... Attends. Tiens-toi un peu, enfonce ton bonnet en méchant garçon, campe-toi sur un pied, mets la main au côté, fais les yeux furibonds, marche un peu en roi de théâtre... Voilà qui est bien. Suis-moi. J'ai des secrets pour déguiser ton visage et ta voix.

SILVESTRE. Je te conjure au moins de ne m'aller point brouiller avec la justice.

SCAPIN. Va, va, nous partagerons les périls en frères et trois ans de galères de plus ou de moins ne sont pas pour arrêter un noble cœur.

ACTE DEUXIÈME

SCÈNE I.
GÉRONTE, ARGANTE.

GÉRONTE. Oui, sans doute, par le temps qu'il fait, nous aurons ici nos gens aujourd'hui; et un matelot qui vient de Tarente m'a assuré qu'il avait vu mon homme qui était près de s'embarquer. Mais l'arrivée de ma fille trouvera les choses mal disposées à ce que nous nous proposions; et, ce que vous venez de m'apprendre de votre fils rompt étrangement les mesures que nous avions prises ensemble.

ARGANTE. Ne vous mettez pas en peine, je vous réponds de renverser tout cet obstacle et j'y vais travailler de ce pas.

GÉRONTE. Ma foi, seigneur Argante, voulez-vous que je vous dise, l'éducation des enfants est une chose à quoi il faut s'attacher fortement.

ARGANTE. Sans doute. A quel propos cela?

GÉRONTE. A propos de ce que les mauvais déportements des jeunes gens viennent le plus souvent de la mauvaise éducation que leurs pères leur donnent.

ARGANTE. Cela arrive parfois. Mais que voulez-vous dire par là?

GÉRONTE. Ce que je veux dire par là?

ARGANTE. Oui.

GÉRONTE. Que si vous aviez, en brave père, bien morigéné votre fils, il ne vous aurait pas joué le tour qu'il vous a fait.

ARGANTE. Fort bien. De sorte donc que vous avez bien mieux morigéné le vôtre?

GÉRONTE. Sans doute; et je serais bien fâché qu'il m'eût rien fait approchant de cela.

ARGANTE. Et si ce fils, que vous avez, en brave père, si bien morigéné, avait fait pis encore que le mien, hé?

GÉRONTE. Comment?

ARGANTE. Comment?

GÉRONTE. Qu'est-ce que cela veut dire?

ARGANTE. Cela veut dire, seigneur Géronte, qu'il ne faut pas être si prompt à condamner la conduite des autres et que ceux qui veulent gloser doivent bien regarder chez eux s'il n'y a rien qui cloche.

GÉRONTE. Je n'entends point cette énigme.

ARGANTE. On vous l'expliquera.

GÉRONTE. Est-ce que vous auriez ouï dire quelque chose de mon fils?

ARGANTE. Cela se peut faire.

GÉRONTE. Et quoi encore?

ARGANTE. Votre Scapin, dans mon dépit, ne m'a dit la chose qu'en gros; et vous pourrez de lui ou de quelque autre être instruit du détail. Pour moi, je vais vite consulter un avocat et aviser des biais que j'ai à prendre. Jusqu'au revoir.

SCÈNE II.

GÉRONTE.

Que pourrait-ce être que cette affaire-ci? Pis encore que le sien? Pour moi, je ne vois pas ce que l'on peut faire de pis; et je trouve que se marier sans le consentement de son père est une action qui passe tout ce qu'on peut imaginer.

SCÈNE III.

GÉRONTE, LÉANDRE.

GÉRONTE. Ah! vous voilà!

LÉANDRE, *courant à Géronte pour l'embrasser*. Ah! mon père, que j'ai de joie de vous voir de retour!

GÉRONTE, *refusant d'embrasser Léandre*. Doucement; parlons un peu d'affaire.

LÉANDRE. Souffrez que je vous embrasse, et que...

GÉRONTE, *le repoussant encore*. Doucement, vous dis-je.

LÉANDRE. Quoi! vous me refusez, mon père, de vous exprimer mon transport par mes embrassements?

GÉRONTE. Oui. Nous avons quelque chose à démêler ensemble.

LÉANDRE. Et quoi?

GÉRONTE. Tenez-vous, que je vous voie en face.

LÉANDRE. Comment?

GÉRONTE. Regardez-moi entre deux yeux.

LÉANDRE. Eh bien?

GÉRONTE. Qu'est-ce donc qui s'est passé ici?

LÉANDRE. Ce qui s'est passé?

GÉRONTE. Oui. Qu'avez-vous fait pendant mon absence?

LÉANDRE. Que voulez-vous, mon père, que j'aie fait?

GÉRONTE. Ce n'est pas moi qui veux que vous ayez fait, mais qui demande ce vous avez fait.

LÉANDRE. Moi? Je n'ai fait aucune chose dont vous ayez lieu de vous plaindre.

GÉRONTE. Aucune chose?

LÉANDRE. Non.
GÉRONTE. Vous êtes bien résolu.
LÉANDRE. C'est que je suis sûr de mon innocence.
GÉRONTE. Scapin pourtant a dit de vos nouvelles.
LÉANDRE. Scapin?
GÉRONTE. Ah! ah! ce mot vous fait rougir.
LÉANDRE. Il vous a dit quelque chose de moi?
GÉRONTE. Ce lieu n'est pas tout à fait propre à vider cette affaire, et nous allons l'examiner ailleurs. Qu'on se rende au logis; j'y vais revenir tout à l'heure. Ah! traître, s'il faut que tu me déshonores, je te renonce pour mon fils, et tu peux bien, pour jamais, te résoudre à fuir de ma présence.

SCÈNE IV.

LÉANDRE.

Me trahir de cette manière! Un coquin qui doit, par cent raisons, être le premier à cacher les choses que je lui confie, est le premier à les aller découvrir à mon père! Ah! je jure le ciel que cette trahison ne demeurera pas impunie.

SCÈNE V.

OCTAVE, LÉANDRE, SCAPIN.

OCTAVE. Mon cher Scapin, que ne dois-je point à tes soins! Que tu es un homme admirable! et que le ciel m'est favorable de t'envoyer à mon secours!

LÉANDRE. Ah! ah! vous voilà! Je suis ravi de vous trouver, monsieur le coquin.

SCAPIN. Monsieur, votre serviteur. C'est trop d'honneur que vous me faites.

LÉANDRE, mettant l'épée à la main. Vous faites le méchant plaisant. Ah! je vous apprendrai.

SCAPIN, se mettant à genoux. Monsieur.

OCTAVE, se mettant entre eux deux pour empêcher Léandre de frapper Scapin. Ah! Léandre.

LÉANDRE. Non, Octave, ne me retenez point, je vous prie.

SCAPIN, à Léandre. Eh! monsieur.

OCTAVE, retenant Léandre. De grâce!

LÉANDRE, voulant frapper Scapin. Laissez-moi contenter mon ressentiment.

OCTAVE. Au nom de l'amitié, Léandre, ne le maltraitez point.

SCAPIN. Monsieur, que vous ai-je fait?

LÉANDRE, voulant frapper Scapin. Ce que tu m'as fait, traître?
OCTAVE, retenant encore Léandre. Eh! doucement.
LÉANDRE. Non, Octave; je veux qu'il me confesse lui-même, tout à l'heure, la perfidie qu'il m'a faite. Oui, coquin, je sais le trait que tu m'as joué, on vient de me l'apprendre; et tu ne croyais pas peut-être que l'on me dût révéler ce secret; mais je veux en avoir la confession de ta propre bouche, ou je vais te passer cette épée au travers du corps.
SCAPIN. Ah! monsieur, auriez-vous bien ce cœur-là?
LÉANDRE. Parle donc.
SCAPIN. Je vous ai fait quelque chose, monsieur?
LÉANDRE. Oui, coquin; et ta conscience ne te dit que trop ce que c'est.
SCAPIN. Je vous assure que je l'ignore.
LÉANDRE, s'avançant pour frapper Scapin. Tu l'ignores?
OCTAVE, retenant Léandre. Léandre!
SCAPIN. Eh bien, monsieur, puisque vous le voulez, je vous confesse que j'ai bu avec mes amis ce petit quartaut de vin d'Espagne dont on vous fit présent il y a quelques jours, et que c'est moi qui fis une fente au tonneau, et répandis de l'eau autour, pour faire croire que le vin s'était échappé.
LÉANDRE. C'est toi, pendard, qui m'as bu mon vin d'Espagne, et qui as été cause que j'ai tant querellé la servante, croyant que c'était elle qui m'avait fait le tour?
SCAPIN. Oui, monsieur. Je vous en demande pardon.
LÉANDRE. Je suis bien aise d'apprendre cela : mais ce n'est pas l'affaire dont il est question maintenant.
SCAPIN. Ce n'est pas cela, monsieur?
LÉANDRE. Non; c'est une autre affaire qui me touche bien plus, et je veux que tu me la dises.
SCAPIN. Monsieur, je ne me souviens pas d'avoir fait autre chose.
LÉANDRE, voulant frapper Scapin. Tu ne veux pas parler?
SCAPIN. Eh!
OCTAVE, retenant Léandre. Tout doux.
SCAPIN. Oui, monsieur, il est vrai qu'il y a trois semaines, que vous m'envoyâtes porter le soir une petite montre, je revins au logis mes habits tout couverts de boue et le visage plein de sang, et vous dis que j'avais trouvé des voleurs qui m'avaient bien battu et m'avaient dérobé la montre. C'était moi, monsieur, qui l'avais retenue.
LÉANDRE. C'est toi qui as retenu ma montre?
SCAPIN. Oui, monsieur, afin de voir quelle heure il est.
LÉANDRE. Ah! ah! j'apprends ici de jolies choses, et j'ai un

serviteur fort fidèle, vraiment! Mais ce n'est pas encore cela que je demande.

scapin. Ce n'est pas cela?

léandre. Non, infâme; c'est autre chose encore que je veux que tu me confesses.

scapin, à part. Peste!

léandre. Parle vite, j'ai hâte.

scapin. Monsieur, voilà tout ce j'ai fait...

léandre, voulant frapper Scapin. Voilà tout?

octave, se mettant au devant de Léandre. Eh!

scapin. Eh bien, oui, monsieur; vous vous souvenez de ce loup-garou, il y a six mois, qui vous donna tant de coups de bâton la nuit, et vous pensa faire rompre le cou dans une cave où vous tombâtes en fuyant?

léandre. Eh bien?

scapin. C'était moi, monsieur, qui faisais le loup-garou.

léandre. C'était toi, traître, qui faisais le loup-garou?

scapin. Oui, monsieur, seulement pour vous faire peur et vous ôter l'envie de nous faire courir toutes les nuits comme vous aviez de coutume.

léandre. Je saurai me souvenir en temps et lieu de tout ce que je viens d'apprendre. Mais je veux venir au fait, et que tu me confesses ce que tu as dit à mon père.

scapin. A votre père?

léandre. Oui, fripon, à mon père.

scapin. Je ne l'ai pas seulement vu depuis son retour.

léandre. Tu ne l'as pas vu?

scapin. Non, monsieur.

léandre. Assurément?

scapin. Assurément. C'est une chose que je vais vous faire dire par lui-même.

léandre. C'est de sa bouche que je le tiens, pourtant.

scapin. Avec votre permission, il n'a pas dit la vérité.

SCÈNE VI.

LÉANDRE, OCTAVE, CARLE, SCAPIN.

carle. Monsieur, je vous apporte une nouvelle fâcheuse.

léandre. Comment?

carle. Vos Égyptiens sont sur le point de vous emmener Zerbinette; et elle-même, les larmes aux yeux, m'a chargé de venir promptement vous dire que si, dans deux heures, vous ne songez à leur porter l'argent qu'ils ont demandé pour elle, vous l'allez perdre pour jamais.

LÉANDRE. Dans deux heures?
CARLE. Dans deux heures.

SCÈNE VII.

LÉANDRE, OCTAVE, SCAPIN.

LÉANDRE. Ah! mon pauvre Scapin, j'implore ton secours.

SCAPIN, se levant et passant fièrement devant Léandre. Ah mon pauvre Scapin! Je suis mon pauvre Scapin, à cette heure qu'on a besoin de moi.

LÉANDRE. Va, je te pardonne tout ce que tu viens de me dire, et pis encore, si tu me l'as fait.

SCAPIN. Non, non, ne me pardonnez rien; passez-moi votre épée au travers du corps. Je serai ravi que vous me tuiez.

LÉANDRE. Non, je te conjure plutôt de me donner la vie en servant mes désirs.

SCAPIN. Point, point; vous ferez mieux de me tuer.

LÉANDRE. Tu m'es trop précieux, et je te prie de vouloir employer pour moi ce génie admirable qui vient à bout de toutes choses.

SCAPIN. Non; tuez-moi, vous dis-je.

LÉANDRE. Ah! de grâce, ne songe plus à tout cela, et pense à me donner le secours que je te demande.

OCTAVE. Scapin, il faut faire quelque chose pour lui.

SCAPIN. Le moyen, après une avanie de la sorte?

LÉANDRE. Je te conjure d'oublier mon emportement et de me prêter ton adresse.

OCTAVE. Je joins mes prières aux siennes.

SCAPIN. J'ai cette insulte-là sur le cœur.

OCTAVE. Il faut quitter ton ressentiment.

LÉANDRE. Voudrais-tu m'abandonner, Scapin, dans la cruelle extrémité où je suis?

SCAPIN. Me venir faire, à l'improviste, un affront comme celui-là!

LÉANDRE. J'ai tort, je le confesse...

SCAPIN. Me traiter de coquin! de fripon! de pendard! d'infâme!

LÉANDRE. J'en ai tous les regrets du monde.

SCAPIN. Me vouloir passer son épée au travers du corps!

LÉANDRE. Je t'en demande pardon de tout mon cœur; et s'il ne tient qu'à me jeter à tes genoux, tu m'y vois, Scapin, pour te conjurer encore de ne me point abandonner.

OCTAVE. Ah! ma foi, Scapin, il faut se rendre à cela.

SCAPIN. Levez-vous. Une autre fois, ne soyez pas si prompt.

LÉANDRE. Me promets-tu de travailler pour moi?
SCAPIN. On y songera.
LÉANDRE. Mais tu sais que le temps presse?
SCAPIN. Ne vous mettez pas en peine. Combien est-ce qu'il vous faut?
LÉANDRE. Cinq cents écus.
SCAPIN. Et à vous?
OCTAVE. Deux cents pistoles.
SCAPIN. Je veux tirer cet argent de vos pères. (A Octave.) Pour ce qui est du vôtre, la machine est déjà toute trouvée. (A Léandre.) Et quant au vôtre, bien qu'avare au dernier degré, il y faudra moins de façons encore; car vous savez que, pour l'esprit, il n'en a pas, grâce à Dieu, grande provision, et je le livre pour une espèce d'homme à qui l'on fera toujours croire ce que l'on voudra.
LÉANDRE. Tout beau, Scapin.
SCAPIN. Bon, bon, on fait bien scrupule de cela! Vous moquez-vous? Mais j'aperçois venir le père d'Octave. Commençons par lui, puisqu'il se présente. Allez-vous-en tous deux. (A Octave.) Et vous, avertissez votre Silvestre de venir vite jouer son rôle.

SCÈNE VIII.

ARGANTE, SCAPIN.

SCAPIN, à part. Le voilà qui rumine.
ARGANTE, se croyant seul Avoir si peu de conduite et de considération! S'aller jeter dans un engagement comme celui-là! Ah! ah! jeunesse impertinente!
SCAPIN. Monsieur, votre serviteur!
ARGANTE. Bonjour, Scapin!
SCAPIN. Vous rêvez à l'affaire de votre fils?
ARGANTE. Je t'avoue que cela me donne un furieux chagrin.
SCAPIN. Monsieur, la vie est mêlée de traverses : il est bon de s'y tenir sans cesse préparé; et j'ai ouï dire, il y a longtemps, une parole d'un ancien que j'ai retenue.
ARGANTE. Quoi?
SCAPIN. Que pour peu qu'un père de famille ait été absent de chez lui, il doit promener son esprit sur tous les fâcheux accidents que son retour peut rencontrer; se figurer sa maison brûlée, son argent dérobé, sa femme morte, son fils estropié, et ce qu'il trouve qui ne lui est point arrivé, l'imputer à la bonne fortune. Pour moi, j'ai pratiqué toujours cette leçon dans ma philosophie; et je ne suis jamais revenu au logis que

je ne me sois tenu prêt à la colère de mes maîtres, aux réprimandes, aux injures, aux coups de pied au cul, aux bastonnades, aux étrivières; et ce qui a manqué de m'arriver, j'en ai rendu grâces à mon bon destin.

ARGANTE. Voilà qui est bien; mais ce mariage impertinent, qui trouble celui que nous voulons faire, est une chose que je ne puis souffrir, et je viens de consulter des avocats pour le faire casser.

SCAPIN. Ma foi, monsieur, si vous m'en croyez, vous tâcherez, par quelque autre voie, d'accommoder l'affaire. Vous savez ce que c'est que les procès en ce pays-ci et vous allez vous enfoncer dans d'étranges épines.

ARGANTE. Tu as raison, je le vois bien. Mais quelle autre voie?

SCAPIN. Je pense que j'en ai trouvé une. La compassion que m'a donnée tantôt votre chagrin m'a obligé à chercher dans ma tête quelque moyen pour vous tirer d'inquiétude; car je ne saurais voir d'honnêtes pères chagrinés par leurs enfants que cela ne m'émeuve; et, de tout temps, je me suis senti pour votre personne une inclination particulière.

ARGANTE. Je te suis obligé.

SCAPIN. J'ai donc été trouver le frère de cette fille qui a été épousée. C'est un de ces braves de profession, de ces gens qui sont tout coups d'épée, qui ne parlent que d'échiner et ne font non plus de conscience de tuer un homme que d'avaler un verre de vin. Je l'ai mis sur ce mariage, lui ai fait voir quelle facilité offrait la raison de la violence pour le faire casser, vos prérogatives du nom de père et l'appui que vous donneraient auprès de la justice et votre droit, et votre argent, et vos amis; enfin, je l'ai tant tourné de tous les côtés, qu'il a prêté l'oreille aux propositions que je lui ai faites d'ajuster l'affaire pour quelque somme; et il donnera son consentement à rompre le mariage, pourvu que vous lui donniez de l'argent.

ARGANTE. Et qu'a-t-il demandé?

SCAPIN. Oh! d'abord, des choses par-dessus les maisons.

ARGANTE. Eh quoi?

SCAPIN. Des choses extravagantes.

ARGANTE. Mais encore?

SCAPIN. Il ne parlait pas moins que de cinq ou six cents pistoles.

ARGANTE. Cinq ou six cents fièvres quartaines qui le puissent serrer! Se moque-t-il des gens?

SCAPIN. C'est ce que je lui ai dit. J'ai rejeté bien loin de pareilles propositions et je lui ai bien fait entendre que vous n'étiez point une dupe, pour vous demander des cinq ou six cents pistoles. Enfin, après plusieurs discours, voici où s'est réduit le résultat de notre conférence : « Nous voilà au temps, m'a-t-il dit, que je dois partir pour l'armée : je suis prêt à m'équiper et le besoin que j'ai de quelque argent me fait consentir, malgré moi, à ce qu'on me propose. Il me faut un cheval de service et je n'en saurais avoir un qui soit tant soit peu raisonnable à moins de soixante pistoles. »

ARGANTE. Eh bien, pour soixante pistoles, je les donne.

SCAPIN. « Il faudra le harnais et les pistolets, et cela ira bien à vingt pistoles encore. »

ARGANTE. Vingt pistoles et soixante, ce serait quatre-vingts !

SCAPIN. Justement.

ARGANTE. C'est beaucoup ; mais soit, je consens à cela.

SCAPIN. « Il me faut aussi un cheval pour monter mon valet, qui coûtera bien trente pistoles. »

ARGANTE. Comment, diantre ! Qu'il se promène, il n'aura rien du tout.

SCAPIN. Monsieur...

ARGANTE. Non, c'est un impertinent.

SCAPIN. Voulez-vous que son valet aille à pied ?

ARGANTE. Qu'il aille comme il lui plaira et le maître aussi.

SCAPIN. Mon Dieu ! monsieur, ne vous arrêtez point à peu de chose : n'allez point plaider, je vous prie, et donnez tout pour vous sauver des mains de la justice.

ARGANTE. Eh bien, soit ! Je me résous à donner encore ces trente pistoles.

SCAPIN. « Il me faut encore, a-t-il dit, un mulet pour porter... »

ARGANTE. Oh ! qu'il aille au diable avec son mulet ! C'en est trop et nous irons devant les juges.

SCAPIN. De grâce, monsieur...

ARGANTE. Non, je n'en ferai rien.

SCAPIN. Monsieur, un petit mulet.

ARGANTE. Je ne lui donnerai pas seulement un âne.

SCAPIN. Considérez...

ARGANTE. Non, j'aime mieux plaider.

SCAPIN. Eh ! monsieur, de quoi parlez-vous là et à quoi vous résolvez-vous ! Jetez les yeux sur les détours de la justice ; voyez combien d'appels et de degrés de juridiction, combien de procédures embarrassantes, combien d'animaux ravissants par les griffes desquels il vous faudra passer : sergents, procureurs, avocats, greffiers, substituts, rapporteurs, juges et leurs clercs ! Il n'y a pas un de tous ces gens-là qui, pour la moindre chose, ne soit capable de donner un soufflet au meilleur droit du monde. Un sergent baillera de faux exploits, sur quoi vous serez condamné sans que vous le sachiez. Votre procureur s'entendra avec votre partie et vous vendra à beaux deniers comptants. Votre avocat, gagné de même, ne se trouvera point lorsqu'on plaidera votre cause, ou dira des raisons qui ne feront que battre la campagne et n'iront point au fait. Le greffier délivrera par contumace des sentences et arrêts contre vous. Le clerc du rapporteur soustraira des pièces, ou le rapporteur même ne dira pas ce qu'il a vu. Et quand, par les plus grandes précautions du monde, vous aurez paré tout cela, vous serez ébahi que vos juges auront été sollicités contre vous. Eh ! monsieur, si vous le pouvez, sauvez-vous de cet enfer-là. C'est être damné dès ce monde que d'avoir à plaider ; et la seule pensée d'un procès serait capable de me faire fuir jusqu'aux Indes.

ARGANTE. A combien est-ce qu'il fait monter le mulet ?

SCAPIN. Monsieur, pour le mulet, pour son cheval et celui de son homme, pour le harnais et les pistolets et pour payer quelque petite chose qu'il doit à son hôtesse, il demande en tout deux cents pistoles.

ARGANTE. Deux cents pistoles !

SCAPIN. Oui.

ARGANTE, *se promenant en colère*. Allons, allons, nous plaiderons.

SCAPIN. Faites réflexion...

ARGANTE. Je plaiderai.

SCAPIN. Ne vous allez point jeter...

ARGANTE. Je veux plaider.

SCAPIN. Mais, pour plaider, il vous faudra de l'argent ; il vous en faudra pour l'exploit ; il vous en faudra pour le contrôle ; il vous en faudra pour la procuration, pour la présentation, conseils, productions et journées de procureur ; il vous en faudra pour les consultations et plaidoiries des avocats, pour le droit de retirer le sac et pour les grosses d'écritures ; il vous en faudra pour le rapport des substituts, pour les épices de conclusion, pour l'enregistrement du greffier, façon d'appointements, sentences et arrêts, contrôles, signatures et expéditions de leurs clercs, sans parler de tous les présents qu'il vous faudra faire. Donnez cet argent-là à cet homme-ci, vous voilà hors d'affaire.

ARGANTE. Comment ? deux cents pistoles ?

SCAPIN. Oui. Vous y gagnerez. J'ai fait un petit calcul, en moi-même, de tous les frais de la justice ; et j'ai trouvé qu'en donnant deux cents pistoles à votre homme, vous en aurez de reste, pour le moins, cent cinquante, sans compter les soins, les pas et les chagrins que vous vous épargnerez. Quand il n'y aurait à essuyer que les sottises que disent devant tout le monde de méchants plaisants d'avocats, j'aimerais mieux donner trois cents pistoles que de plaider.

ARGANTE. Je me moque de cela et je défie les avocats de rien dire de moi.

SCAPIN. Vous ferez ce qu'il vous plaira; mais, si j'étais de vous, je fuirais les procès.

ARGANTE. Je ne donnerai point deux cents pistoles.

SCAPIN. Voilà l'homme dont il s'agit.

SCÈNE IX.

ARGANTE, SCAPIN, SILVESTRE, déguisé en spadassin.

SILVESTRE. Scapin, fais-moi connaître un peu cet Argante qui est père d'Octave?

SCAPIN. Pourquoi, monsieur?

SILVESTRE. Je viens d'apprendre qu'il veut me mettre en procès et faire rompre par justice le mariage de ma sœur.

SCAPIN. Je ne sais pas s'il a cette pensée; mais il ne veut point consentir aux deux cents pistoles que vous voulez et il dit que c'est trop.

SILVESTRE. Par la mort! par la tête! par le ventre! si je le trouve, je le veux échiner, dussé-je être roué tout vif. (Argante, pour n'être point vu, se tient en tremblant derrière Scapin.)

SCAPIN. Monsieur, ce père d'Octave a du cœur et peut-être ne vous craindra-t-il point.

SILVESTRE. Lui! lui! Par le sang! par la tête! s'il était là, je lui donnerais tout à l'heure de l'épée dans le ventre. (Apercevant Argante.) Qui est cet homme-là?

SCAPIN. Ce n'est pas lui, monsieur, ce n'est pas lui!

SILVESTRE. N'est-ce point quelqu'un de ses amis?

SCAPIN. Non, monsieur; au contraire, c'est son ennemi capital.

SILVESTRE. Son ennemi capital?

SCAPIN. Oui.

SILVESTRE. Ah! parbleu! j'en suis ravi. (A Argante.) Vous êtes ennemi, monsieur, de ce faquin d'Argante? Hé?

SCAPIN. Oui, oui, je vous en réponds.

SILVESTRE, secouant rudement la main d'Argante. Touchez là, touchez. Je vous donne ma parole et je vous jure sur mon honneur, par l'épée que je porte, par tous les serments que je saurais faire, qu'avant la fin du jour je vous déferai de ce maraud de fieffé, de faquin d'Argante. Reposez-vous sur moi.

SCAPIN. Monsieur, les violences en ce pays-ci ne sont guère souffertes.

SILVESTRE. Je me moque de tout et je n'ai rien à perdre.

SCAPIN. Il se tiendra sur ses gardes assurément; et il a des parents, des amis et des domestiques dont il se fera un secours contre votre ressentiment.

SILVESTRE. C'est ce que je demande, morbleu! c'est ce que je demande. (Mettant l'épée à la main.) Ah! tête! ah! ventre! Que ne le trouvé-je à cette heure avec tout son secours! Que ne paraît-il à mes yeux au milieu de trente personnes! que ne les vois-je fondre sur moi les armes à la main. (Se mettant en garde.) Comment! marauds, vous avez la hardiesse de vous attaquer à moi? Allons, morbleu, tue! (Poussant de tous les côtés comme s'il avait plusieurs personnes à combattre.) Point de quartier. Donnons. Ferme. Poussons. Bon pied, bon œil. Ah! coquins! ah! canailles! vous en voulez par là? je vous ferai en tâter votre soûl. Soutenez, marauds, soutenez. Allons. A cette botte. A cette autre. (Se tournant du côté d'Argante et de Scapin.) A celle-ci. A celle-là. Comment, vous reculez! Pied ferme, morbleu! pied ferme!

SCAPIN. Eh! eh! eh! monsieur, nous n'en sommes pas.

SILVESTRE. Voilà qui vous apprendra à vous oser jouer à moi.

SCÈNE X.

ARGANTE, SCAPIN.

SCAPIN. Eh bien, vous voyez combien de personnes tuées pour deux cents pistoles. Or sus, je vous souhaite une bonne fortune!

ARGANTE, tout tremblant. Scapin!

SCAPIN. Plaît-il?

ARGANTE. Je me résous à donner les deux cents pistoles.

SCAPIN. J'en suis ravi pour l'amour de vous.

ARGANTE. Allons le trouver, je les ai sur moi.

SCAPIN. Vous n'avez qu'à me les donner. Il ne faut pas, pour votre honneur que vous paraissiez là, après avoir passé ici pour autre que ce que vous êtes, et, de plus, je craindrais qu'en vous faisant connaître, il n'allât s'aviser de vous demander davantage.

ARGANTE. Oui; mais j'aurais été bien aise de voir comme je donne mon argent.

SCAPIN. Est-ce que vous vous défiez de moi?

ARGANTE. Non pas, mais...

SCAPIN. Parbleu! monsieur, je suis un fourbe ou je suis un honnête homme; c'est l'un des deux. Est-ce que je voudrais vous tromper, et que, dans tout ceci, j'ai d'autre intérêt que le vôtre et celui de mon maître, à qui vous voulez vous allier? Si je vous suis suspect, je ne me mêle plus de rien, et vous n'avez qu'à chercher, dès cette heure, qui accommodera vos affaires.

ARGANTE. Tiens donc!

SCAPIN. Non, monsieur, ne me confiez point votre argent. Je serai bien aise que vous vous serviez de quelque autre.

ARGANTE. Mon Dieu, tiens!

SCAPIN. Non, vous dis-je; ne vous fiez point à moi. Que sait-on si je ne veux point vous attraper votre argent?

ARGANTE. Tiens, te dis-je. Ne me fais point contester davantage; mais songe à bien prendre tes sûretés avec lui.

SCAPIN. Laissez-moi faire; il n'a pas affaire à un sot.

ARGANTE Je vais t'attendre chez moi.

SCAPIN. Je ne manquerai pas d'y aller. (Seul.) Et d'un. Je n'ai qu'à chercher l'autre. Ah! ma foi! le voici. Il semble que le ciel, l'un après l'autre, les amène dans mes filets.

SCÈNE XI.

SCAPIN, GÉRONTE.

SCAPIN, faisant semblant de ne pas voir Géronte. O ciel! ô disgrâce imprévue! ô misérable père! Pauvre Géronte, que feras-tu?

GÉRONTE, à part. Que dit-il là de moi, avec ce visage affligé?

SCAPIN. N'y a-t-il personne qui puisse me dire où est le seigneur Géronte?

GÉRONTE. Qu'y a-t-il, Scapin?

SCAPIN, courant sur le théâtre, sans vouloir entendre ni voir Géronte. Où pourrai-je le rencontrer pour lui dire cette infortune?

GÉRONTE, courant après Scapin. Qu'est-ce que c'est donc?

SCAPIN. En vain je cours de tous côtés pour le pouvoir trouver.

GÉRONTE. Me voici.

SCAPIN. Il faut qu'il soit caché dans quelque endroit qu'on ne puisse point deviner.

GÉRONTE, arrêtant Scapin. Holà! Es-tu aveugle, que tu ne me vois pas?

SCAPIN. Ah! monsieur, il n'y a pas moyen de vous rencontrer.

GÉRONTE. Il y a une heure que je suis devant toi. Qu'est-ce que c'est donc qu'il y a?

SCAPIN. Monsieur.

GÉRONTE. Quoi?

SCAPIN. Monsieur, votre fils...

GÉRONTE. Eh bien, mon fils...

SCAPIN. Est tombé dans une disgrâce la plus étrange du monde.

GÉRONTE. Et quelle?

SCAPIN. Je l'ai trouvé tantôt tout triste de je ne sais quoi que vous lui avez dit, où vous m'avez mêlé assez mal à propos; et, cherchant à divertir cette tristesse, nous nous sommes allés promener sur le port. Là, entre autres plusieurs choses, nous avons arrêté nos yeux sur une galère turque assez bien équipée. Un jeune Turc de bonne mine nous a invités d'y entrer et nous a présenté la main. Nous y avons passé. Il nous a fait mille civilités, nous a donné la collation, où nous avons mangé des fruits les plus excellents qui se puissent voir et bu du vin que nous avons trouvé le meilleur du monde.

GÉRONTE. Qu'y a-t-il de si affligeant à tout cela?

SCAPIN. Attendez, monsieur, nous y voici. Pendant que nous mangions, il a fait mettre la galère en mer; et, se voyant éloigné du port, il m'a fait mettre dans un esquif, et m'envoie vous dire que, si vous ne lui envoyez par moi tout à l'heure cinq cents écus, il va emmener votre fils en Alger.

GÉRONTE. Comment, diantre, cinq cent écus!

SCAPIN. Oui, monsieur; et de plus, il ne m'a donné pour cela que deux heures.

GÉRONTE. Ah! le pendard de Turc! m'assassiner de la façon.

SCAPIN. C'est à vous, monsieur, d'aviser promptement aux moyens de sauver des fers un fils que vous aimez avec tant de tendresse.

GÉRONTE. Que diable allait-il faire dans cette galère?

SCAPIN. Il ne songeait pas à ce qui est arrivé.

GÉRONTE. Va-t'en, Scapin, va-t'en dire à ce Turc que je vais envoyer la justice après lui.

SCAPIN. La justice en pleine mer? vous moquez-vous des gens?

GÉRONTE. Que diable allait-il faire dans cette galère?

SCAPIN. Une méchante destinée conduit quelquefois les personnes.

GÉRONTE. Il faut, Scapin, il faut que tu fasses ici l'action d'un serviteur fidèle.

SCAPIN. Quoi? monsieur.

GÉRONTE. Que tu ailles dire à ce Turc qu'il me renvoie mon fils et que tu te mets à sa place, jusqu'à ce que j'aie amassé la somme qu'il demande.

SCAPIN. Eh! monsieur, songez-vous à ce que vous dites? et vous figurez-vous que ce Turc ait si peu de sens que d'aller recevoir un misérable comme moi à la place de votre fils?

GÉRONTE. Que diable allait-il faire dans cette galère?
SCAPIN. Il ne devinait pas ce malheur. Songez, monsieur, qu'il ne m'a donné que deux heures.
GÉRONTE. Tu dis qu'il demande...
SCAPIN. Cinq cents écus.
GÉRONTE. Cinq cents écus? N'a-t-il pas de conscience?
SCAPIN. Vraiment, oui, de la conscience à un Turc!
GÉRONTE. Sait-il bien ce que c'est que cinq cents écus?
SCAPIN. Oui, monsieur, il sait que c'est mille cinq cents livres.
GÉRONTE. Croit-il, le traître, que mille cinq cents livres se trouvent dans le pas d'un cheval?
SCAPIN. Ce sont des gens qui n'entendent point de raisons.
GÉRONTE. Mais que diable allait-il faire dans cette galère?
SCAPIN. Il est vrai; mais quoi! on ne prévoyait pas les choses. De grâce, monsieur, dépêchez!
GÉRONTE. Tiens, voilà la clef de mon armoire.
SCAPIN. Bon.
GÉRONTE. Tu l'ouvriras.
SCAPIN. Fort bien.
GÉRONTE. Tu trouveras une grosse clef du côté gauche, qui est celle de mon grenier.
SCAPIN. Oui.
GÉRONTE. Tu iras prendre toutes les hardes qui sont dans cette grande manne, et tu les vendras aux fripiers pour aller racheter mon fils.
SCAPIN, en lui rendant la clef. Eh! monsieur, rêvez-vous? Je n'aurais pas cent francs de tout ce que vous dites; et, de plus, vous savez le peu de temps qu'on m'a donné.
GÉRONTE. Mais que diable allait-il faire dans cette galère?
SCAPIN. Oh! que de paroles perdues! Laissez là cette galère, et songez que le temps presse, et que vous courez risque de perdre votre fils. Hélas! mon pauvre maître, peut-être que je ne te verrai de ma vie, et qu'à l'heure que je parle on t'emmène esclave en Alger! Mais le ciel me sera témoin que j'ai fait pour toi tout ce que j'ai pu, et que, si tu manques à être racheté, il n'en faut accuser que le peu d'amitié d'un père.
GÉRONTE. Attends, Scapin, je m'en vais quérir cette somme.
SCAPIN. Dépêchez donc vite, monsieur; je tremble que l'heure ne sonne.
GÉRONTE. N'est-ce pas quatre cents écus que tu dis?
SCAPIN. Non, cinq cents écus.
GÉRONTE. Cinq cents écus?
SCAPIN. Oui.

GÉRONTE. Que diable allait-il faire dans cette galère?
SCAPIN. Vous avez raison; mais hâtez-vous.
GÉRONTE. N'y avait-il point d'autre promenade?
SCAPIN. Cela est vrai; mais faites promptement.
GÉRONTE. Ah! maudite galère!
SCAPIN, à part. Cette galère lui tient au cœur.
GÉRONTE. Tiens, Scapin, je ne me souvenais pas que je viens justement de recevoir cette somme en or; et je ne croyais pas qu'elle dût m'être sitôt ravie. (Tirant sa bourse de sa poche et la présentant à Scapin.) Tiens, va-t'en racheter mon fils.
SCAPIN, tendant la main. Oui, monsieur.
GÉRONTE, retenant sa bourse, qu'il fait semblant de vouloir donner à Scapin. Mais dis à ce Turc que c'est un scélérat!
SCAPIN, tendant encore la main. Oui.
GÉRONTE, recommençant la même action. Un infâme!
SCAPIN, tendant toujours la main. Oui.
GÉRONTE, de même. Un homme sans foi, un voleur?
SCAPIN. Laissez-moi faire.
GÉRONTE, de même. Qu'il me tire cinq cents écus contre toute sorte de droit.
SCAPIN. Oui.
GÉRONTE, de même. Que je ne les lui donne ni à la mort ni à la vie.
SCAPIN. Fort bien.
GÉRONTE, de même. Et que, si jamais je l'attrape, je saurai me venger de lui.
SCAPIN. Oui.
GÉRONTE, remettant sa bourse dans sa poche, et s'en allant. Va, va vite requérir ma fille.
SCAPIN, courant après Géronte. Holà! monsieur!
GÉRONTE. Quoi?
SCAPIN. Où est donc cet argent?
GÉRONTE. Ne te l'ai-je pas donné?
SCAPIN. Non, vraiment, vous l'avez remis dans votre poche.
GÉRONTE. Ah! c'est la douleur qui me trouble l'esprit.
SCAPIN. Je le vois bien.
GÉRONTE. Que diable allait-il faire dans cette galère? Ah! maudite galère! traître de Turc, à tous les diables!
SCAPIN, seul. Il ne peut digérer les cinq cents écus que je lui arrache, mais il n'est pas quitte envers moi; et je veux qu'il me paye en une autre monnaie l'imposture qu'il m'a faite auprès de son fils.

SCÈNE XII.

OCTAVE, LÉANDRE, SCAPIN.

OCTAVE. Eh bien, Scapin, as-tu réussi pour moi dans ton entreprise?

LÉANDRE. As-tu fait quelque chose pour me tirer de l'embarras où je suis?

SCAPIN, à Octave. Voilà deux cents pistoles que j'ai tirées de votre père.

OCTAVE. Ah! que tu me donnes de joie!

SCAPIN, à Léandre. Pour vous, je n'ai pu rien faire.

LÉANDRE, voulant s'en aller. Il faut donc que j'aille mourir; et je n'ai que faire de vivre, si Zerbinette m'est ôtée.

SCAPIN. Holà! holà! tout doucement. Comme diantre vous allez vite!

LÉANDRE, se retournant. Que veux-tu que je devienne?

SCAPIN. Allez, j'ai votre affaire ici.

LÉANDRE. Ah! tu me redonnes la vie.

SCAPIN. Mais à condition que vous me permettrez, à moi, une petite vengeance contre votre père pour le tour qu'il m'a fait.

LÉANDRE. Tout ce que tu voudras.

SCAPIN. Vous me le promettez devant témoin?

LÉANDRE. Oui.

SCAPIN. Tenez, voilà cinq cents écus.

ACTE TROISIÈME

SCÈNE I.

ZERBINETTE, HYACINTHE, SCAPIN, SILVESTRE.

SILVESTRE. Oui, vos prétendus ont arrêté entre eux que vous fussiez ensemble; et nous nous acquittons de l'ordre qu'ils nous ont donné.

HYACINTHE, à Zerbinette. Un tel ordre n'a rien qui ne me soit agréable. Je reçois avec joie une compagne de la sorte; et il ne tiendra pas à moi que l'amitié qui est entre les personnes que nous aimons ne se répande entre nous deux.

ZERBINETTE. J'accepte la proposition et ne suis point personne à reculer lorsqu'on m'attaque d'amitié.

HYACINTHE, à Zerbinette. La ressemblance de nos destins doit contribuer encore à faire notre amitié; et nous nous voyons toutes deux dans les mêmes alarmes, toutes deux exposées à la même infortune.

ZERBINETTE. Vous avez cet avantage, au moins, que vous savez de qui vous êtes née, et que l'appui de vos parents, que vous pouvez faire connaître, est capable d'ajuster tout, peut assurer votre bonheur et faire donner un consentement au mariage qu'on trouve fait. Mais, pour moi, je ne rencontre aucun secours dans ce que je puis être, et l'on me voit dans un état qui n'adoucira pas les volontés d'un père qui ne regarde que le bien.

HYACINTHE. Mais aussi avez-vous cet avantage, que l'on ne tente point par un autre parti celui que vous devez épouser.

ZERBINETTE. Mon Dieu! Scapin, faites-nous un peu ce récit, qu'on m'a dit qui est si plaisant, du stratagème dont tu t'es avisé pour tirer de l'argent de ton vieillard avare : tu sais qu'on ne perd point sa peine lorsqu'on me fait un conte, et que je le paye assez bien par la joie qu'on m'y voit prendre.

SCAPIN. Voilà Silvestre qui s'en acquittera aussi bien que moi. J'ai dans la tête certaine petite vengeance, dont je vais goûter le plaisir.

SILVESTRE. Pourquoi, de gaieté de cœur, veux-tu chercher à t'attirer de méchantes affaires?

SCAPIN. Je me plais à tenter des entreprises hasardeuses.

SILVESTRE. Je te l'ai déjà dit, tu quitterais le dessein que tu as, si tu m'en voulais croire.

SCAPIN. Oui ; mais c'est moi que j'en croirai.

SILVESTRE. A quoi diable te vas-tu amuser?

SCAPIN. De quoi diable te mets-tu en peine?

SILVESTRE. C'est que je vois que, sans nécessité, tu vas courir risque de t'attirer une venue de coups de bâton.

SCAPIN. Eh bien, c'est aux dépens de mon dos, et non pas du tien.

SILVESTRE. Il est vrai que tu es maître de tes épaules, et tu en disposeras comme il te plaira.

SCAPIN. Ces sortes de périls ne m'ont jamais arrêté; et je hais ces cœurs pusillanimes qui, pour trop prévoir les suites des choses, n'osent rien entreprendre.

ZERBINETTE, à Scapin. Nous aurons besoin de tes soins.

SCAPIN. Allez. Je vous irai bientôt rejoindre. Il ne sera pas dit qu'impunément on m'ait mis en état de me trahir moi-même, et de découvrir des secrets qu'il était bon qu'on ne sût pas.

Surtout prenez garde de ne vous point montrer.

LES FOURBERIES DE SCAPIN.   Acte III, Scène II.

SCÈNE II.

GÉRONTE, SCAPIN.

GÉRONTE. Eh bien, Scapin, comment va l'affaire de mon fils?

SCAPIN. Votre fils, monsieur, est en lieu de sûreté : mais vous courez maintenant, vous, le péril le plus grand du monde, et je voudrais pour beaucoup que vous fussiez dans votre logis.

GÉRONTE. Comment donc?

SCAPIN. A l'heure où je vous parle, on vous cherche de toutes parts pour vous tuer.

GÉRONTE. Moi?

SCAPIN. Oui.

GÉRONTE. Et qui?

SCAPIN. Le frère de cette personne qu'Octave a épousée. Il croit que le dessein que vous avez de mettre votre fille à la place que tient sa sœur est ce qui pousse le plus fort à faire rompre leur mariage ; et, dans cette pensée, il a résolu hautement de décharger son désespoir sur vous, et de vous ôter la vie pour venger son honneur. Tous ses amis, gens d'épée comme lui, vous cherchent de tous les côtés et demandent de vos nouvelles. J'ai vu de çà et de là des soldats de sa compagnie qui interrogent ceux qu'ils trouvent, et occupent par pelotons toutes les avenues de votre maison ; de sorte que vous ne sauriez aller chez vous, vous ne sauriez faire un pas ni à droite ni à gauche, que vous ne tombiez dans leurs mains.

GÉRONTE. Que ferai-je, mon pauvre Scapin?

SCAPIN. Je ne sais pas, monsieur ; et voici une étrange affaire. Je tremble pour vous depuis les pieds jusqu'à la tête, et... Attendez. (Scapin faisant semblant d'aller voir au fond du théâtre s'il n'y a personne.)

GÉRONTE, en tremblant. Eh?

SCAPIN. Non, non, non, ce n'est rien.

GÉRONTE. Ne saurais-tu trouver quelque moyen pour me tirer de peine?

SCAPIN. J'en imagine bien un ; mais je courrais risque, moi, de me faire assommer.

GÉRONTE. Eh! Scapin, montre-toi serviteur zélé. Ne m'abandonne pas, je te prie.

SCAPIN. Je le veux bien. J'ai une tendresse pour vous qui ne saurait souffrir que je vous laisse sans secours.

GÉRONTE. Tu en seras récompensé, je t'assure ; et je te promets cet habit-ci, quand je l'aurai un peu usé.

SCAPIN. Attendez. Voici une affaire que j'ai trouvée fort à

propos pour vous sauver. Il faut que vous vous mettiez dans ce sac, et que...

GÉRONTE, croyant voir quelqu'un. Ah !

SCAPIN. Non, non, non, non, ce n'est personne. Il faut, dis-je, que vous vous mettiez là-dedans, et que vous vous gardiez de remuer en aucune façon. Je vous chargerai sur mon dos, comme un paquet de quelque chose ; et je vous porterai ainsi, au travers de vos ennemis, jusque dans votre maison, où, quand nous serons une fois, nous pourrons nous barricader et envoyer quérir main-forte contre la violence.

GÉRONTE. L'invention est bonne.

SCAPIN. La meilleure du monde. Vous allez voir. (A part.) Tu me payeras l'imposture.

GÉRONTE. Eh ?

SCAPIN. Je dis que vos ennemis seront bien attrapés. Mettez-vous bien jusqu'au fond ; et surtout prenez garde de ne vous point montrer et de ne vous branler pas, quelque chose qui puisse arriver.

GÉRONTE. Laisse-moi faire, je saurai me tenir.

SCAPIN. Cachez-vous. Voici un spadassin qui vous cherche. (En contrefaisant sa voix.) *Quoi! jé n'aurai pas l'abantage dé tué ce Géronte? et quelqu'un, par charité, né m'enseignera pas où il est?* (A Géronte, avec sa voix ordinaire.) Ne branlez pas. *Cadédis! jé lé troubérai, sé cachât-il au centre dé la terre.* (A Géronte, avec son ton naturel.) Ne vous montrez pas. *Ho! l'homme au sac?* Monsieur. *Jé té vaille un louis, et m'enseigne où peut être Géronte.* Vous cherchez le seigneur Géronte? *Oui, mordi, jé lé cherche.* Et pour quelle affaire, monsieur ? *Pour quelle affaire?* Oui? *Je beux, cadédis! lé faire mourir sous les coups dé vaton.* Oh! monsieur, les coups de bâton ne se donnent point à des gens comme lui, et ce n'est pas un homme à être traité de la sorte. *Qui? cé fat dé Géronte, cé maraud, cé bélitre?* Le seigneur Géronte, monsieur, n'est ni fat, ni belître ; et vous devriez, s'il vous plaît, parler d'autre façon. *Comment, tu mé traites à moi avec cette hauteur?* Je défends, comme je dois, un homme d'honneur qu'on offense. *Est-ce que tu es des amis dé cé Géronte?* Oui, monsieur, j'en suis. *Ah! cadédis! tu es dé ses amis? A la bonne heure!* (Donnant plusieurs coups de bâton sur le sac.) *Tiens, voilà cé qué jé té vaille pour lui.* (Criant comme s'il recevait les coups de bâton.) Ah! ah! ah! ah! ah! monsieur! Ah! ah! monsieur! tout beau! Ah! doucement! ah! ah! ah! ah! *Va, porté-lui cela de ma part. Adiusias!* Ah! diable soit le Gascon. Ah!

GÉRONTE, mettant la tête hors du sac. Ah! Scapin, je n'en puis plus!

SCAPIN. Ah! monsieur, je suis tout moulu, et les épaules me font un mal épouvantable.

GÉRONTE. Comment! c'est sur les miennes qu'il a frappé.

SCAPIN. Nenni, monsieur; c'était sur mon dos qu'il frappait.

GÉRONTE. Que veux-tu dire? J'ai bien senti les coups, et les sens bien encore.

SCAPIN. Non, vous dis-je, ce n'est que le bout du bâton qui a été jusque sur vos épaules.

GÉRONTE. Tu devais donc te retirer un peu plus loin pour m'épargner...

SCAPIN, faisant remettre Géronte dans le sac. Prenez garde. En voici un autre qui a la mine d'un étranger. *Parti! moi courir comme une Basque, et moi ne pouvre point troufair de tout le jour sti tiable de Gironte!* Cachez-vous bien. *Dites un peu moi, fous, monsieur l'homme, s'il ve plaît; fous savoir point où l'est sti Gironte que moi cherchir?* Non, monsieur, je ne sais point où est Géronte. *Dis-moi-le, fous, franchement; moi li fouloir pas grande chose à lui. L'est seulemente pour lui donnair une petite régale sur le dos d'une douzaine de coups de bâtonne, et de trois ou quatre petits coups d'épée au trafers de son poitrine.* Je vous assure, monsieur, que je ne sais pas où il est. *Il me semble qué ji foi remuair quelque chose dans sti sac.* Pardonnez-moi, monsieur. *Li est assurément quelque histoire là tetans.* Point du tout, monsieur. *Moi l'afoir enfie de tonner ain coup d'épée dans sti sac.* Ah! monsieur, gardez-vous-en bien. *Montre-le-moi un peu, fous, ce que c'estre là.* Tout beau, monsieur. *Quement, tout beau!* Vous n'avez que faire de vouloir voir ce que je porte. *Et moi je le fouloir voir, moi.* Vous ne le verrez point. *Ah! que de badinement!* Ce sont hardes qui m'appartiennent. *Montre-moi, fous, te dis-je.* Je n'en ferai rien. *Toi, n'en faire rien?* Non. *Moi pailler de ste bâtonne sur les épaules de toi.* Je me moque de cela. *Ah! toi faire le trôle?* (Donnant des coups de bâton sur le sac, et criant comme s'il les recevait.) Ah! ah! ah! ah! monsieur! Ah! ah! ah! ah! *Ousqu'au refoir; l'être là un petit leçon pour li apprendre à toi à parler insolemment.* Ah! peste soit du baragouineux! Ah!

GÉRONTE, sortant sa tête hors du sac. Ah! je suis roué.

SCAPIN. Pourquoi diantre faut-il qu'il frappe sur mon dos? (Lui remettant la tête dans le sac.) Prenez garde, voici une demi-douzaine de soldats tous ensemble. (Contrefaisant la voix de plusieurs personnes.) *Allons, tâchons à trouver ce Géronte, cherchons partout. N'épargnons point nos pas. Courons toute la ville. N'oublions aucun lieu. Visitons tout. Furetons de tous côtés. Par où irons-nous? Tournons par là. Non, par ici. A gauche. A droite. Nenni,*

Si fait. (A Géronte, avec sa voix ordinaire.) Cachez-vous bien. *Ah! camarades, voici son valet. Allons, coquin, il faut que tu nous enseignes où est ton maître.* Eh! messieurs, ne me maltraitez point. *Allons, dis-nous où il est. Parle. Hâte-toi. Dépêche vite. Tôt.* Eh! messieurs, doucement. (Géronte met doucement la tête hors du sac, et aperçoit la fourberie de Scapin.) *Si tu ne nous fais trouver ton maître tout à l'heure, nous allons faire pleuvoir sur toi une ondée de coups de bâton.* J'aime mieux souffrir toute chose que de vous découvrir mon maître. *Nous allons t'assommer.* Faites tout ce qu'il vous plaira. *Tu as envie d'être battu?* Je ne trahirai pas mon maître. *Ah! tu en veux tâter? Voilà...* Oh! (Comme il est prêt de frapper, Géronte sort du sac, et Scapin s'enfuit.)

GÉRONTE, seul. Ah! infâme! Ah! traître! Ah! scélérat! c'est ainsi que tu m'assassines!

SCÈNE III.

ZERBINETTE, GÉRONTE.

ZERBINETTE, riant sans voir Géronte. Ah! ah! je veux prendre un peu l'air.

GÉRONTE, à part, sans voir Zerbinette. Tu me le payeras, je te le jure!

ZERBINETTE, sans voir Géronte. Ah! ah! ah! ah! la plaisante histoire! et la bonne dupe que ce vieillard!

GÉRONTE. Il n'y a rien de plaisant à cela et vous n'avez que faire d'en rire.

ZERBINETTE. Quoi!... Que voulez-vous dire, monsieur?

GÉRONTE. Je veux dire que vous ne devez pas vous moquer de moi.

ZERBINETTE. De vous?

GÉRONTE. Oui.

ZERBINETTE. Comment! Qui songe à se moquer de vous?

GÉRONTE. Pourquoi venez-vous ici me rire au nez?

SCÈNE IV.

ZERBINETTE, SILVESTRE.

SILVESTRE. Où est-ce donc que vous vous échappez? Savez-vous bien que vous venez de parler là au père de Léandre?

ZERBINETTE. Je viens de m'en douter.

SCÈNE V.

ARGANTE, ZERBINETTE, SILVESTRE.

ARGANTE, derrière le théâtre. Holà, Silvestre!

SILVESTRE, à Zerbinette. Rentrez dans la maison. Voilà mon maître qui m'appelle.

SCÈNE VI.

ARGANTE, SILVESTRE.

ARGANTE. Vous vous êtes donc accordés, coquins; vous vous êtes accordés, Scapin, vous et mon fils, pour me fourber, et vous croyez que je l'endure?...

SILVESTRE. Ma foi, monsieur, si Scapin vous fourbe, je m'en lave les mains et vous assure que je n'y trempe en aucune façon.

ARGANTE. Nous verrons cette affaire, pendard; nous verrons cette affaire; et je ne prétends pas qu'on me fasse passer la plume par le bec.

SCÈNE VII.

GÉRONTE, ARGANTE, SILVESTRE.

GÉRONTE. Ah! seigneur Argante, vous me voyez accablé de disgrâce.

ARGANTE. Vous me voyez aussi dans un accablement horrible.

GÉRONTE. Le pendard de Scapin, par une fourberie, m'a attrapé cinq cents écus.

ARGANTE. Le même pendard de Scapin, par une fourberie aussi, m'a attrapé deux cents pistoles.

GÉRONTE. Il ne s'est pas contenté de m'attraper cinq cents écus, il m'a traité d'une manière que j'ai honte de dire. Mais il me la payera.

ARGANTE. Je veux qu'il fasse raison de la pièce qu'il m'a jouée.

GÉRONTE. Et je prétends tirer de lui une vengeance exemplaire.

SILVESTRE, à part. Plaise au ciel que, dans tout ceci, je n'aie point ma part!

GÉRONTE. Mais ce n'est pas encore tout, seigneur Argante, et un malheur nous est toujours l'avant-coureur d'un autre. Je me réjouissais aujourd'hui de l'espérance d'avoir ma fille, dont je faisais toute ma consolation, et je viens d'apprendre de mon homme qu'elle est partie il y a longtemps de Tarente et qu'on y croit qu'elle a péri dans le vaisseau où elle s'embarqua.

ARGANTE. Mais pourquoi, s'il vous plaît, la tenir à Tarente et ne vous être pas donné la joie de l'avoir avec vous?

GÉRONTE. J'ai eu mes raisons pour cela; et des intérêts de famille m'ont obligé jusqu'ici à tenir fort secret ce second mariage. Mais, que vois-je?

SCÈNE VIII.

ARGANTE, GÉRONTE, NÉRINE, SILVESTRE.

GÉRONTE. Ah! te voilà, nourrice!

NÉRINE, se jetant aux genoux de Géronte. Ah! seigneur Pandolphe, que...

GÉRONTE. Appelle-moi Géronte et ne te sers plus de ce nom : les raisons ont cessé qui m'avaient obligé à le prendre parmi vous à Tarente.

NÉRINE. Las! que ce changement de nom nous a causé de troubles et d'inquiétudes dans les soins que nous avons pris de vous venir chercher ici!

GÉRONTE. Où est ma fille et sa mère?

NÉRINE. Votre fille, monsieur, n'est pas loin d'ici; mais, avant que de vous la faire voir, il faut que je vous demande pardon de l'avoir mariée, dans l'abandonnement où, faute de vous rencontrer, je me suis trouvée avec elle.

GÉRONTE. Ma fille mariée!

NÉRINE. Oui, monsieur.

GÉRONTE. Et avec qui?

NÉRINE. Avec un jeune homme nommé Octave, fils d'un certain seigneur Argante.

GÉRONTE. O ciel!

ARGANTE. Quelle rencontre!

GÉRONTE. Mène-nous, mène-nous promptement où elle est.

NÉRINE. Vous n'avez qu'à entrer dans ce logis.

GÉRONTE. Passe devant. Suivez-moi, suivez-moi, seigneur Argante.

SILVESTRE, seul. Voilà une aventure qui est tout à fait surprenante.

SCÈNE IX.

SCAPIN, SILVESTRE.

SCAPIN. Eh bien, Silvestre, que font nos gens?

SILVESTRE. J'ai deux avis à te donner. L'un, que l'affaire d'Octave est accommodée : notre Hyacinthe s'est trouvée la fille du seigneur Géronte; et le hasard a fait ce que la prudence des pères avait délibéré. L'autre avis, c'est que deux vieillards font contre toi des menaces épouvantables et surtout le seigneur Géronte.

SCAPIN. Cela n'est rien. Les menaces ne m'ont jamais fait mal, et ce sont des nuées qui passent bien loin sur nos têtes.

SILVESTRE. Prends garde à toi; les fils se pourraient bien

raccommoder avec les pères et toi demeurer dans la nasse.

SCAPIN. Laisse-moi faire, je trouverai moyen d'apaiser leur courroux; et...

SILVESTRE. Retire-toi; les voilà qui sortent.

SCÈNE X.

GÉRONTE, ARGANTE, HYACINTHE, ZERBINETTE, NÉRINE, SILVESTRE.

GÉRONTE. Allons, ma fille, venez chez moi. Ma joie aurait été parfaite si j'avais pu voir votre mère avec vous.

ARGANTE. Voici Octave tout à propos.

SCÈNE XI.

ARGANTE, GÉRONTE, OCTAVE, HYACINTHE, ZERBINETTE, NÉRINE, SILVESTRE.

ARGANTE. Venez, mon fils, venez vous réjouir avec nous de l'heureuse aventure de votre mariage. Le ciel...

OCTAVE. Non, mon père, toutes vos propositions de mariage ne serviront de rien. Je dois lever le masque avec vous; et l'on vous a dit mon engagement.

ARGANTE. Oui. Mais tu ne sais pas?...

OCTAVE. Je sais tout ce qu'il faut savoir.

ARGANTE. Je te veux dire que la fille du seigneur Géronte...

OCTAVE. La fille du seigneur Géronte ne me sera jamais de rien.

GÉRONTE. C'est elle...

OCTAVE, à Géronte. Non, monsieur, je vous demande pardon : mes résolutions sont prises.

SILVESTRE, à Octave. Écoutez.

OCTAVE. Non, tais-toi, je n'écoute rien.

ARGANTE, à Octave. Ta femme...

OCTAVE. Non, vous dis-je, mon père; je mourrai plutôt que de quitter Hyacinthe. Oui, vous avez beau faire, la voilà, celle à qui ma foi (traversant le théâtre pour se mettre à côté de Hyacinthe.) est engagée; je l'aimerai toute ma vie et je ne veux point d'autre femme.

ARGANTE. Eh bien, c'est elle qu'on te donne. Quel diable d'étourdi qui suit toujours sa pointe!

HYACINTHE, montrant Géronte. Oui, Octave, voilà mon père que j'ai trouvé; et nous nous voyons hors de peine.

GÉRONTE. Allons chez moi, nous serons mieux qu'ici pour nous entretenir.

HYACINTHE, montrant Zerbinette. Ah! mon père, je vous demande par grâce que je ne sois point séparée de l'aimable personne que vous voyez. Elle a un mérite qui vous fera concevoir de l'estime pour elle, quand il sera connu de vous.

SCÈNE XII.

ARGANTE, GÉRONTE, LÉANDRE, OCTAVE, HYACINTHE, ZERBINETTE, NÉRINE, SILVESTRE.

LÉANDRE. Mon père, ne vous plaignez point que je recherche une inconnue sans naissance et sans bien. Ceux de qui je l'ai rachetée viennent de me découvrir qu'elle est de cette ville, d'honnête famille; que ce sont eux qui l'y ont dérobée à l'âge de quatre ans; et voici un bracelet qu'ils m'ont donné, qui pourra nous aider à trouver ses parents.

ARGANTE. Hélas! à voir ce bracelet, c'est ma fille que je perdis à l'âge que vous dites.

GÉRONTE. Votre fille?

ARGANTE. Oui, ce l'est; et j'y vois tous les traits qui m'en peuvent rendre assuré.

HYACINTHE. O ciel! que d'aventures extraordinaires!

SCÈNE XIII.

ARGANTE, GÉRONTE, LÉANDRE, OCTAVE, HYACINTHE, ZERBINETTE, NÉRINE, SILVESTRE, CARLE.

CARLE. Ah! messieurs, il vient d'arriver un accident étrange.
GÉRONTE. Quoi?
CARLE. Le pauvre Scapin.
GÉRONTE. C'est un coquin que je veux faire pendre.
CARLE. Hélas! monsieur, vous ne serez pas en peine de cela. En passant contre un bâtiment, il lui est tombé sur la tête un marteau de tailleur de pierre qui lui a brisé l'os et découvert toute la cervelle. Il se meurt, et il a prié qu'on l'apportât ici pour vous pouvoir parler avant de mourir.
ARGANTE. Où est-il?
CARLE. Le voilà.

SCÈNE XIV.

ARGANTE, GÉRONTE, LÉANDRE, OCTAVE, HYACINTHE, ZERBINETTE, NÉRINE, SCAPIN, SILVESTRE, CARLE.

SCAPIN, apporté par deux hommes et la tête entourée de linge, comme s'il avait été blessé. Ah! ah! messieurs, vous me voyez dans un étrange

ACTE III, SCÈNE XIV.

état!... Ah! je n'ai pas voulu mourir sans venir demander pardon à toutes les personnes que je puis avoir offensées. Ah! oui, messieurs, avant que de rendre le dernier soupir, je vous conjure de tout mon cœur de vouloir me pardonner tout ce que je puis vous avoir fait, et principalement le seigneur Argante et le seigneur Géronte. Ah!

ARGANTE. Pour moi, je te pardonne; va, meurs en repos.

SCAPIN, à Géronte. C'est vous, monsieur, que j'ai le plus offensé par les coups de bâton que je...

GÉRONTE. Ne parle point davantage, je te pardonne aussi.

SCAPIN. C'a été une témérité bien grande à moi, que les coups de bâton que je...

GÉRONTE. Laissons cela.

SCAPIN. J'ai, en mourant, une douleur inconcevable des coups de bâton que...

GÉRONTE. Mon Dieu! tais-toi.

SCAPIN. Les malheureux coups de bâton que je vous...

GÉRONTE. Tais-toi, te dis-je; j'oublie tout.

SCAPIN. Hélas! quelle bonté! Mais est-ce de bon cœur, monsieur, que vous me pardonnez ces coups de bâton que...

GÉRONTE. Eh! oui. Ne parlons plus de rien. Je te pardonne tout, voilà qui est fait.

SCAPIN. Ah! monsieur je me sens tout soulagé de cette parole.

GÉRONTE. Oui, mais je te pardonne à la charge que tu mourras.

SCAPIN. Comment, monsieur?

GÉRONTE. Je me dédis de ma parole, si tu réchappes.

SCAPIN. Ah! ah! voilà mes faiblesses qui me reprennent.

ARGANTE. Seigneur Géronte, en faveur de notre joie, il faut lui pardonner sans condition.

GÉRONTE. Soit.

ARGANTE. Allons souper ensemble pour mieux goûter notre plaisir.

SCAPIN. Et moi, qu'on me porte au bout de la table, en attendant que je meure.

LA COMTESSE D'ESCARBAGNAS

COMÉDIE EN UN ACTE (1672).

PERSONNAGES

LA COMTESSE D'ESCARBAGNAS.
LE COMTE, son fils.
LE VICOMTE.
JULIE.
M. TIBAUDIER, conseiller.

M. BOBINET, précepteur de M. le comte.
ANDRÉE, suivante de la comtesse.
JEANNOT, valet de M. Tibaudier.
CRIQUET, valet de la comtesse.

La scène est à Angoulême.

FRAGMENT

LA COMTESSE, JULIE, ANDRÉE.

LA COMTESSE, à Andrée. Fille, approchez!

ANDRÉE. Que vous plaît-il, madame?

LA COMTESSE. Otez-moi mes coiffes. Doucement donc, maladroite : comme vous me saboulez la tête avec vos mains pesantes!

ANDRÉE. Je fais, madame, le plus doucement que je puis.

LA COMTESSE. Oui; mais le plus doucement que vous pouvez est fort rudement pour ma tête, et vous me l'avez déboîtée. Tenez encore ce manchon. Ne laissez point traîner tout cela, et portez-le dans ma garde-robe. Eh bien, où va-t-elle? où va-t-elle? Que veut-elle faire, cet oison bridé?

ANDRÉE. Je veux, madame, comme vous m'avez dit, porter cela aux garde-robes.

LA COMTESSE. Ah! mon Dieu, l'impertinente! (A Julie.) Je vous demande pardon, madame. (A Andrée.) Je vous ai dit ma garde-robe, grosse bête, c'est-à-dire où sont mes habits.

ANDRÉE. Est-ce, madame, qu'à la cour une armoire s'appelle une garde-robe?

LA COMTESSE. Oui, butorde; on appelle ainsi le lieu où l'on met les habits.

Voilà un jeune gentilhomme qui se présente bien dans le monde.

LA COMTESSE D'ESCARBAGNAS.

ANDRÉE. Je m'en ressouviendrai, madame, aussi bien que de votre grenier qu'il faut appeler garde-meuble.

LA COMTESSE, JULIE.

LA COMTESSE. Quelle peine il faut prendre pour instruire ces animaux-là!

JULIE. Je les trouve bien heureux, madame, d'être sous votre discipline.

LA COMTESSE. C'est une fille de ma mère nourrice que j'ai mise à la chambre, et elle est toute neuve encore.

JULIE. Cela est d'une belle âme, madame, et il est glorieux de faire ainsi des créatures.

LA COMTESSE. Allons, des siéges! Holà! laquais! laquais! laquais! En vérité, voilà qui est violent, de ne pouvoir pas avoir un laquais pour donner des siéges! Filles! laquais! laquais! filles! quelqu'un! Je pense que tous mes gens sont morts, et que nous serons contraintes de nous donner des siéges nous-mêmes.

LA COMTESSE, JULIE, ANDRÉE.

ANDRÉE. Que voulez-vous, madame?

LA COMTESSE. Il se faut bien égosiller avec vous autres!

ANDRÉE. J'enfermais votre manchon et vos coiffes dans votre armoi... dis-je dans votre garde-robe.

LA COMTESSE. Appelez-moi ce petit fripon de laquais.

ANDRÉE. Holà, Criquet!

LA COMTESSE. Laissez là votre Criquet, bouvière; appelez : Laquais!

ANDRÉE. Laquais donc, et non pas Criquet, venez parler à madame. Je pense qu'il est sourd. Criq...! Laquais! laquais.

LA COMTESSE, JULIE, ANDRÉE, CRIQUET.

CRIQUET. Plaît-il?

LA COMTESSE. Où étiez-vous donc, petit coquin?

CRIQUET. Dans la rue, madame.

LA COMTESSE. Et pourquoi dans la rue?

CRIQUET. Vous m'avez dit d'aller là dehors.

LA COMTESSE. Vous êtes un petit impertinent, mon ami; et vous devez savoir que là, dehors, en termes de personnes de qualité, veut dire l'antichambre. Andrée, ayez soin tantôt de faire donner le fouet à ce petit fripon-là par mon écuyer; c'est un petit incorrigible.

ANDRÉE. Qu'est-ce que c'est, madame, que votre écuyer? Est-ce maître Charles que vous appelez comme cela?

LA COMTESSE. Taisez-vous, sotte que vous êtes ; vous ne sauriez ouvrir la bouche que vous ne disiez une impertinence. (A Criquet.) Des siéges ! (A Andrée.) Et vous, allumez deux bougies dans des flambeaux d'argent ; il se fait déjà tard. Qu'est-ce que c'est donc, que vous me regardez tout effarée ?

ANDRÉE. Madame...

LA COMTESSE. Eh bien, madame !... Qu'y a-t-il ?

ANDRÉE. C'est que...

LA COMTESSE. Quoi ?

ANDRÉE. C'est que je n'ai point de bougies.

LA COMTESSE. Comment ! vous n'en avez point ?

ANDRÉE. Non, madame, si ce n'est des bougies de suif.

LA COMTESSE. La bouvière ! Et où est donc la cire que je fis acheter ces jours passés ?

ANDRÉE. Je n'en ai point vu depuis que je suis céans.

LA COMTESSE. Otez-vous de là, insolente. Je vous renverrai chez vos parents. Apportez-moi un verre d'eau.

LA COMTESSE ET JULIE, faisant des cérémonies pour s'asseoir.

LA COMTESSE. Madame !

JULIE. Madame !

LA COMTESSE. Ah ! madame !

JULIE. Ah ! madame !

LA COMTESSE. Mon Dieu ! madame !

JULIE. Mon Dieu ! madame !

LA COMTESSE. Oh ! madame !

JULIE. Oh ! madame !

LA COMTESSE. Eh ! madame !

JULIE. Eh ! madame !

LA COMTESSE. Eh ! allons donc, madame !

JULIE. Ah ! allons donc, madame !

LA COMTESSE. Je suis chez moi, madame. Nous sommes demeurées d'accord de cela. Me prenez-vous pour une provinciale, madame ?

JULIE. Dieu m'en garde, madame.

LA COMTESSE, JULIE, ANDRÉE, apportant un verre d'eau ; CRIQUET.

LA COMTESSE, à Andrée. Allez, impertinente, je bois avec une soucoupe. Je vous dis d'aller me quérir une soucoupe pour boire.

ANDRÉE. Criquet, qu'est-ce que c'est qu'une soucoupe ?

CRIQUET. Une soucoupe ?

ANDRÉE. Oui.

CRIQUET. Je ne sais.

LA COMTESSE. à Andrée. Vous ne grouillez pas?

ANDRÉE. Nous ne savons tous deux, madame, ce que c'est qu'une soucoupe.

LA COMTESSE. Apprenez que c'est une assiette sur laquelle on met le verre.

LA COMTESSE, JULIE.

LA COMTESSE. Vive Paris, pour être bien servie! On vous entend là au moindre coup d'œil.

LA COMTESSE, JULIE, ANDRÉE, apportant un verre d'eau avec une assiette dessus; CRIQUET.

LA COMTESSE. Eh bien, vous ai-je dit comme cela, tête de bœuf! C'est dessous qu'il faut mettre l'assiette.

ANDRÉE. Cela est bien aisé. (Andrée casse le verre en le posant sur l'assiette.)

LA COMTESSE. Eh bien, ne voilà pas l'étourdie! En vérité, vous me payerez mon verre.

ANDRÉE. Eh bien oui, madame, je le payerai.

LA COMTESSE. Mais voyez cette maladroite, cette bouvière, cette butorde, cette...

ANDRÉE, s'en allant. Dame! madame, si je le paye, je ne veux point être querellée.

LA COMTESSE. Otez-vous de devant mes yeux.

LA COMTESSE, JULIE.

LA COMTESSE. En vérité, madame, c'est une chose étrange que les petites villes! on n'y sait point du tout son monde; et je viens de faire deux ou trois visites, où ils ont pensé me désespérer par le peu de respect qu'ils rendent à ma qualité.

JULIE. Où auraient-ils appris à vivre? Ils n'ont point fait de voyage à Paris.

LA COMTESSE. Ils ne laisseraient pas de l'apprendre, s'ils voulaient écouter les personnes; mais le mal que j'y trouve, c'est qu'ils veulent en savoir autant que moi, qui ai été deux mois à Paris, et vu toute la cour.

JULIE. Les sottes gens que voilà!

LA COMTESSE. Ils sont insupportables avec les impertinentes égalités dont ils traitent les gens. Car enfin, il faut qu'il y ait de la subordination dans les choses; et, ce qui me met hors de moi, c'est qu'un gentilhomme de ville de deux jours ou de deux cents ans aura l'effronterie de dire qu'il est aussi bien gentilhomme que feu mon mari, qui demeurait à la campagne, qui avait meute de chiens courants, et qui prenait la qualité de comte dans tous les contrats qu'il passait.

JULIE. On sait bien mieux vivre à Paris, dans ces hôtels dont la mémoire doit être si chère. Cet hôtel de Mouhy, madame, cet hôtel de Lyon, cet hôtel de Hollande, les agréables demeures que voilà!

LA COMTESSE. Il est vrai qu'il y a bien de la différence de ces lieux-là à tout ceci. On y voit venir du beau monde, qui ne marchande point à vous rendre tous les respects qu'on saurait souhaiter. On ne se lève pas, si l'on veut, de dessus son siège; et lorsque l'on veut voir la revue, on est servi à point nommé.

LA COMTESSE, JULIE, ANDRÉE, CRIQUET, JEANNOT.

CRIQUET, à la comtesse. Voilà Jeannot de M. le conseiller qui vous demande, madame.

LA COMTESSE. Faites-le entrer.

CRIQUET. Entrez, Jeannot.

LA COMTESSE, à Jeannot. Qu'y a-t-il, laquais? Que portes-tu là?

JEANNOT. C'est M. le conseiller, madame, qui vous souhaite le bonjour et, auparavant que de venir, vous envoie des poires de son jardin, avec ce petit mot d'écrit.

LA COMTESSE. C'est du bon-chrétien qui est fort beau. Andrée, faites porter cela à l'office.

LE VICOMTE, LA COMTESSE, JULIE, CRIQUET.

LE VICOMTE. Madame, je viens vous avertir que la comédie sera bientôt prête et que, dans un quart d'heure, nous pouvons passer dans la salle.

LA COMTESSE. Je ne veux point de cohue, au moins. (A Criquet.) Que l'on dise à mon suisse qu'il ne laisse entrer personne.

LE VICOMTE. En ce cas, madame, je vous déclare que je renonce à la comédie; et je n'y saurais prendre de plaisir lorsque la compagnie n'est pas nombreuse. Croyez-moi, si vous voulez vous bien divertir, qu'on dise à vos gens de laisser entrer toute la ville.

LA COMTESSE, JULIE, LE VICOMTE, M. TIBAUDIER, M. BOBINET, CRIQUET.

LA COMTESSE. Holà! monsieur Bobinet. Monsieur Bobinet, approchez-vous du monde.

M. BOBINET. Je donne le bon vêpre à toute l'honorable compagnie. Que désire madame la comtesse d'Escarbagnas de son très-humble serviteur Bobinet?

LA COMTESSE. A quelle heure, monsieur Bobinet, êtes-vous parti d'Escarbagnas avec mon fils le comte?

M. BOBINET. A huit heures trois quarts, madame, comme votre commandement me l'avait ordonné.

LA COMTESSE. Comment se portent mes deux autres fils, le marquis et le commandeur?

M. BOBINET. Ils sont, Dieu grâce! madame, en parfaite santé.

LA COMTESSE. Où est le comte?

M. BOBINET. Dans votre belle chambre à alcôve, madame.

LA COMTESSE. Que fait-il, monsieur Bobinet?

M. BOBINET. Il compose un thème, madame, que je viens de lui dicter sur une épître de Cicéron.

LA COMTESSE. Faites-le venir, monsieur Bobinet.

M. BOBINET. Soit fait, madame, ainsi que vous le commandez.

LA COMTESSE, JULIE, LE VICOMTE, M. TIBAUDIER.

LE VICOMTE, à la comtesse. Ce monsieur Bobinet, madame, a la mine fort sage et je crois qu'il a de l'esprit.

LA COMTESSE, JULIE, LE VICOMTE, LE COMTE, M. BOBINET, M. TIBAUDIER.

M. BOBINET. Allons, monsieur le comte, faites voir que vous profitez des bons documents qu'on vous donne. La révérence à toute l'honnête assemblée.

LA COMTESSE, montrant Julie. Comte, saluez madame; faites la révérence à M. le vicomte; saluez M. le conseiller.

M. TIBAUDIER. Je suis ravi, madame, que vous me concédiez la grâce d'embrasser M. le comte, votre fils. On ne peut pas aimer le tronc, qu'on n'aime aussi les branches.

LA COMTESSE. Mon Dieu! monsieur Tibaudier, de quelle comparaison vous servez-vous là?

JULIE. En vérité, madame, M. le comte a tout à fait bon air.

LE VICOMTE. Voilà un jeune gentilhomme qui vient bien dans le monde.

JULIE. Qui dirait que madame eût un si grand enfant?

LA COMTESSE. Hélas! quand il naquit j'étais si jeune, que je me jouais encore avec une poupée.

JULIE. C'est M. votre frère et non pas M. votre fils.

LA COMTESSE. Monsieur Bobinet, ayez bien soin au moins de son éducation.

M. BOBINET. Madame, je n'oublierai aucune chose pour cultiver cette jeune plante dont vos bontés m'ont fait l'honneur de me confier la conduite, et je tâcherai de lui inculquer les semences de la vertu.

LES
FEMMES SAVANTES

COMÉDIE EN CINQ ACTES (1672).

PERSONNAGES :

CHRYSALE, bourgeois.
PHILAMINTE, femme de Chrysale.
ARMANDE, fille de Chrysale et de Philaminte.
HENRIETTE, fille de Chrysale et de Philaminte.
ARISTE, frère de Chrysale.
BÉLISE, sœur de Chrysale.

CLITANDRE.
TRISSOTIN, bel esprit.
VADIUS, savant.
MARTINE, servante.
LÉPINE, valet de Chrysale.
JULIEN, valet de Vadius.
UN NOTAIRE.

La scène est à Paris, dans la maison de Chrysale.

ACTE PREMIER

SCÈNE I.

ARMANDE, HENRIETTE.

ARMANDE. Quoi! le beau nom de fille est un titre, ma sœur,
Dont vous voulez quitter la charmante douceur!
Et de vous marier vous osez faire fête!
Ce vulgaire dessein vous peut monter en tête!
HENRIETTE. Oui, ma sœur.
ARMANDE. 　　　　　Ah! ce oui se peut-il supporter?
Et sans un mal de cœur saurait-on l'écouter?
Que vous jouez au monde un petit personnage,
De vous claquemurer aux choses du ménage
Et de n'entrevoir point de plaisirs plus touchants
Qu'une idole d'époux et des marmots d'enfants!
Laissez aux gens grossiers, aux personnes vulgaires,
Les bas amusements de ces sortes d'affaires.
Vous avez notre mère en exemple à vos yeux,
Que du nom de savante on honore en tous lieux ;

Tâchez, ainsi que moi, de vous montrer sa fille;
Aspirez aux clartés qui sont dans la famille,
Et vous rendez sensible aux charmantes douceurs
Que l'amour de l'étude épanche dans les cœurs.
Loin d'être aux lois d'un homme en esclave asservie,
Mariez-vous, ma sœur, à la philosophie,
Qui nous monte au-dessus de tout le genre humain
Et donne à la raison l'empire souverain.
Tous les soins où je vois tant de femmes sensibles
Me paraissent aux yeux des pauvretés horribles.
HENRIETTE. Le ciel, dont nous voyons que l'ordre est tout-puis-
Pour différents emplois nous fabrique en naissant; [sant.
Et tout esprit n'est pas composé d'une étoffe
Qui se trouve taillée à faire un philosophe.
Si le vôtre est né propre aux élévations
Où montent des savants les spéculations,
Le mien est fait, ma sœur, pour aller terre-à-terre,
Et dans les petits soins son faible se resserre.
Ne troublons point du ciel les justes règlements;
Et de nos deux instincts suivons les mouvements.
Habitez, par l'essor d'un grand et beau génie,
Les hautes régions de la philosophie;
Tandis que mon esprit, se tenant ici-bas,
Goûtera de l'hymen les terrestres appas.
Ainsi dans nos desseins l'une à l'autre contraire,
Nous saurons toutes deux imiter notre mère.
ARMANDE. Quand sur une personne on prétend se régler,
C'est par les beaux côtés qu'il lui faut ressembler;
Et ce n'est point du tout la prendre pour modèle,
Ma sœur, que de tousser et de cracher comme elle.
Je vois que votre esprit ne peut être guéri
Du fol entêtement de vous faire un mari :
Mais sachons, s'il vous plaît, qui vous songez à prendre :
Votre visée au moins n'est pas mise à Clitandre?
HENRIETTE. Et par quelle raison n'y serait-elle pas?
Manque-t-il de mérite? Est-ce un choix qui soit bas?
ARMANDE. Non : mais c'est un dessein qui serait malhonnête
Que de contrarier un hymen qui s'apprête.
HENRIETTE. Votre esprit à l'hymen renonce pour toujours,
Et la philosophie a toutes vos amours.
Ainsi, n'ayant au cœur nul dessein pour Clitandre,
Que vous importe-t-il qu'on y puisse prétendre?

SCÈNE II.

CLITANDRE, ARMANDE, HENRIETTE.

HENRIETTE. Pour me tirer d'un doute où me jette ma sœur,
Entre elle et moi, Clitandre, expliquez votre cœur;
Découvrez-en le fond, et nous daignez apprendre
Qui de nous à vos vœux est en droit de prétendre?
ARMANDE. Non, non, je ne veux point, à cette occasion,
Imposer la rigueur d'une explication :
Je ménage les gens, et sais comme embarrasse
Le contraignant effort de ces aveux en face.
CLITANDRE. Non, madame, mon cœur, qui dissimule peu,
Ne sent nulle contrainte à faire un libre aveu.
Dans aucun embarras un tel pas ne me jette;
Et j'avoûrai tout haut, d'une âme franche et nette,
Que le ferme désir où je suis arrêté,
(Montrant Henriette.)
Mon penchant et mes vœux sont tous de ce côté.
Qu'à nulle émotion cet aveu ne vous porte.
Vous avez bien voulu les choses de la sorte.
ARMANDE. Eh! qui vous dit, monsieur, que l'on ait cette envie,
Et que de vous enfin si fort on se soucie?
Je vous trouve plaisant de vous le figurer,
Et bien impertinent de me le déclarer.
HENRIETTE. Eh! doucement, ma sœur. Où donc est la morale
Qui sait si bien régir la partie animale,
Et retenir la bride aux efforts du courroux?
ARMANDE. Mais vous, qui m'en parlez, où la pratiquez-vous?
HENRIETTE. Je rends grâce aux bontés que vous me faites voir
De m'enseigner si bien les choses du devoir.
Mon cœur sur vos leçons veut régler sa conduite;
Et pour vous faire voir, ma sœur, que j'en profite :
Clitandre, prenez soin d'appuyer votre ardeur
De l'agrément de ceux dont vous parle ma sœur.

SCÈNE III.

CLITANDRE, HENRIETTE.

HENRIETTE. Votre sincère aveu ne l'a pas peu surprise.
CLITANDRE. Elle mérite assez une telle franchise :
Et toutes les hauteurs de sa folle fierté
Sont dignes, tout au moins, de ma sincérité.
Mais puisqu'il m'est permis, je vais à votre père,
Madame...

ACTE I, SCÈNE III.

HENRIETTE. Le plus sûr est de gagner ma mère.
Mon père est d'une humeur à consentir à tout;
Mais il met peu de poids aux choses qu'il résout :
Il a reçu du ciel certaine bonté d'âme
Qui le soumet d'abord à ce que veut sa femme.
C'est elle qui gouverne; et, d'un ton absolu,
Elle dicte pour loi ce qu'elle a résolu.
Je voudrais bien vous voir, pour elle et pour ma tante,
Une âme, je l'avoue, un peu plus complaisante,
Un esprit qui, flattant les visions du leur,
Vous pût de leur estime attirer la chaleur.
CLITANDRE. Mon cœur n'a jamais pu, tant il est né sincère,
Même dans votre sœur, flatter leur caractère,
Et les femmes docteurs ne sont pas de mon goût.
Je consens qu'une femme ait des clartés de tout;
Mais je ne lui veux point la passion choquante
De se rendre savante afin d'être savante;
Et j'aime que souvent, aux questions qu'on fait,
Elle sache ignorer les choses qu'elle sait;
De son étude, enfin, je veux qu'elle se cache,
Et qu'elle ait du savoir sans vouloir qu'on le sache,
Sans citer les auteurs, sans dire de grands mots,
Et clouer de l'esprit à ses moindres propos.
Je respecte beaucoup madame votre mère;
Mais je ne puis du tout approuver sa chimère,
Et me rendre l'écho des choses qu'elle dit,
Aux encens qu'elle donne à son héros d'esprit.
Son monsieur Trissotin me chagrine, m'assomme;
Et j'enrage de voir qu'elle estime un tel homme,
Qu'elle nous mette au rang des grands et beaux esprits
Un benêt dont partout on siffle les écrits,
Un pédant dont on voit la plume libérale
D'officieux papiers fournir toute la halle.
HENRIETTE. Ses écrits, ses discours, tout m'en semble ennuyeux,
Et je me trouve assez votre goût et vos yeux.
Mais, comme sur ma mère il a grande puissance,
Vous devez vous forcer à quelque complaisance.
CLITANDRE. Oui, vous avez raison; mais monsieur Trissotin
M'inspire au fond de l'âme un dominant chagrin.
Je ne puis consentir, pour gagner ses suffrages,
A me déshonorer en prisant ses ouvrages;
C'est par eux qu'à mes yeux il a d'abord paru,
Et je le connaissais avant que l'avoir vu.
Je vis, dans le fracas des écrits qu'il nous donne,

Ce qu'étale en tous lieux sa pédante personne,
La constante hauteur de sa présomption,
Cette intrépidité de bonne opinion,
Cet indolent état de confiance extrême
Qui le rend en tout temps si content de soi-même;
Qui fait qu'à son mérite incessamment il rit,
Qu'il se sait si bon gré de tout ce qu'il écrit,
Et qu'il ne voudrait pas changer sa renommée
Contre tous les honneurs d'un général d'armée.

HENRIETTE. C'est avoir de bons yeux que de voir tout cela.
CLITANDRE. Jusques à sa figure encor la chose alla,
Et je vis, par les vers qu'à la tête il nous jette,
De quel air il fallait que fût fait le poëte;
Et j'en avais si bien deviné tous les traits,
Que, rencontrant un homme un jour dans le palais,
Je gageai que c'était Trissotin en personne,
Et je vis qu'en effet la gageure était bonne.

HENRIETTE. Quel conte!
CLITANDRE. Non, je dis la chose comme elle est.
Mais je vois votre tante : agréez, s'il vous plaît,
Que mon cœur lui déclare ici notre mystère,
Et gagne sa faveur auprès de votre mère.

ACTE DEUXIÈME

SCÈNE I.

ARISTE, quittant Clitandre et lui parlant encore.

Oui, je vous porterai la réponse au plus tôt;
J'appuirai, presserai, ferai tout ce qu'il faut.
Bien souvent, pour un mot, que de choses à dire!
Et qu'impatiemment on veut ce qu'on désire!
Jamais...

SCÈNE II.

CHRYSALE, ARISTE.

ARISTE. Ah! Dieu vous gard', mon frère!
CHRYSALE. Et vous aussi,
Mon frère!
ARISTE. Savez-vous ce qui m'amène ici?
CHRYSALE. Non; mais, si vous voulez, je suis prêt à l'apprendre.
ARISTE. Depuis assez longtemps vous connaissez Clitandre?
CHRYSALE. Sans doute, et je le vois qui fréquente chez nous.

ARISTE. En quelle estime est-il, mon frère, auprès de vous?
CHRYSALE. D'homme d'honneur, d'esprit, de cœur et de con-
. Et je vois peu de gens qui soient de son mérite.   [duite;
ARISTE. Certain désir qu'il a conduit ici mes pas ;
Et je me réjouis que vous en fassiez cas.
CHRYSALE. Je connus feu son père à mon voyage à Rome.
ARISTE. Fort bien.
CHRYSALE.   C'était, mon frère, un fort bon gentilhomme.
ARISTE. Je le crois comme vous : voilà qui va des mieux.
Mais venons au sujet qui m'amène en ces lieux.

SCÈNE III.

BÉLISE, entrant doucement en écoutant, CHRYSALE, ARISTE.

ARISTE. Clitandre auprès de vous me fait son interprète,
Et pour lui je vous viens demander Henriette.
CHRYSALE. Eh quoi! ma fille?
ARISTE.   Oui : Clitandre en est charmé ;
Et je crois, entre nous, qu'il en est fort prisé.
BÉLISE, à Ariste. Non, non, je vous entends. Vous ignorez l'histoire;
Et l'affaire n'est pas ce que vous pouvez croire.
ARISTE. Comment, ma sœur?
BÉLISE.   Clitandre abuse vos esprits ;
Il a d'autres pensers dont vous serez surpris.
ARISTE. Vous ralliez! Ce n'est pas Henriette qu'il aime?
BÉLISE. Non, j'en suis assurée.
ARISTE.   Il me l'a dit lui-même.
BÉLISE. Eh! oui!
ARISTE.   Vous me voyez, ma sœur, chargé par lui
D'en faire la demande à son père aujourd'hui.
BÉLISE. Fort bien!
ARISTE.   Et ses désirs même m'ont fait instance
De presser les moments d'une telle alliance.
BÉLISE. Encor mieux. On ne peut tromper plus hardiment.
Henriette, entre nous, est un amusement,
Un voile ingénieux, un prétexte, mon frère,
A couvrir d'autres soins dont je sais le mystère ;
Et je veux bien tous deux vous mettre hors d'erreur.
ARISTE. Mais, puisque vous savez tant de choses, ma sœur,
Dites-nous, s'il vous plaît, quel autre objet qu'il aime?
BÉLISE. Vous le voulez savoir?
ARISTE.   Oui. Quoi?
BÉLISE.   Moi.
ARISTE.   Vous?

BÉLISE.   Moi-même.
ARISTE. Hai, ma sœur !
BÉLISE.   Qu'est-ce donc? Que veut dire ce hai?
Et qu'a de surprenant le discours que je fai?
On est faite d'un air, je pense, à pouvoir dire
Qu'on a plus d'un sujet soumis à son empire;
Et Dorante, Damis, Cléonte et Lycidas,
Peuvent bien faire voir qu'on ne s'y méprend pas.
ARISTE. Ces gens vous aiment?
BÉLISE.   Oui, j'en ai pleine assurance.
ARISTE. Ils vous l'on dit?
BÉLISE.   Aucun n'a pris cette licence.
ARISTE. On ne voit presque point céans venir Damis.
BÉLISE. C'est pour me faire voir un respect plus soumis.
ARISTE. Ma foi, ma chère sœur, vision toute claire.
CHRYSALE, à Bélise. De ces chimères-là vous devez vous défaire.
BÉLISE. Ah! chimères! Ce sont des chimères, dit-on!
Chimères, moi! Vraiment, chimères est fort bon!
Je me réjouis fort de chimères, mes frères;
Et je ne savais pas que j'eusse des chimères.

SCÈNE IV.

CHRYSALE, ARISTE.

CHRYSALE. Notre sœur est folle, oui.
ARISTE.   Cela croît tous les jours.
Mais, encore une fois, reprenons les discours.
Clitandre vous demande Henriette pour femme;
Aurai-je une réponse à contenter son âme?
CHRYSALE. Faut-il le demander? J'y consens de bon cœur,
Et tiens son alliance à singulier honneur.
ARISTE. Vous savez que de biens il n'a pas l'abondance,
Que...
CHRYSALE. C'est un intérêt qui n'a pas d'importance;
Il est riche en vertus, cela vaut des trésors:
Et puis, son père et moi, n'étions qu'un en deux corps.
ARISTE. Parlons à votre femme et voyons à la rendre
Favorable...
CHRYSALE.   Il suffit, je l'accepte pour gendre.
ARISTE. Oui; mais pour appuyer votre consentement,
Mon frère, il n'est pas mal d'avoir son agrément.
Allons...
CHRYSALE.   Vous moquez-vous? Il n'est pas nécessaire.
Je réponds de ma femme et prends sur moi l'affaire.

ARISTE. Mais...
CHRYSALE. Laissez faire, dis-je, et n'appréhendez pas :
Je la vais disposer aux choses de ce pas.
ARISTE. Soit. Je vais là-dessus sonder votre Henriette
Et reviendrai savoir...
CHRYSALE. C'est une affaire faite;
Et je vais à ma femme en parler sans délai.

SCÈNE V.

CHRYSALE, MARTINE.

MARTINE. Me voilà bien chanceuse ! Hélas ! l'on dit bien vrai :
Qui veut noyer son chien l'accuse de la rage;
Et service d'autrui n'est pas un héritage.
CHRYSALE. Qu'est-ce donc? Qu'avez-vous, Martine?
MARTINE. Ce que j'ai?
CHRYSALE. Oui.
MARTINE. J'ai que l'on me donne aujourd'hui mon congé,
Monsieur.
CHRYSALE. Votre congé?
MARTINE. Oui, madame me chasse.
CHRYSALE. Je n'entends pas cela. Comment?
MARTINE. On me menace,
Si je ne sors d'ici de me bailler cent coups.
CHRYSALE. Non, vous demeurerez; je suis content de vous.
Ma femme bien souvent a la tête un peu chaude,
Et je ne veux pas, moi...

SCÈNE VI.

PHILAMINTE, BÉLISE, CHRYSALE, MARTINE.

PHILAMINTE, apercevant Martine. Quoi ! je vous vois, maraude !
Vite, sortez, friponne; allons, quittez ces lieux
Et ne vous présentez jamais devant mes yeux.
CHRYSALE. Tout doux !
PHILAMINTE. Non, c'en est fait.
CHRYSALE. Eh !
PHILAMINTE. Je veux qu'elle sorte.
CHRYSALE. Mais qu'a-t-elle commis, pour vouloir de la sorte?...
PHILAMINTE. Quoi ! vous la soutenez?
CHRYSALE. En aucune façon.
PHILAMINTE. Prenez-vous son parti contre moi?
CHRYSALE. Mon Dieu ! non.
Je ne fais seulement que demander son crime.
PHILAMINTE. Suis-je pour la chasser sans cause légitime?

CHRYSALE. Je ne dis pas cela; mais il faut de nos gens...
PHILAMINTE. Non, elle sortira, vous dis-je, de céans.
CHRYSALE. Eh bien, oui! Vous dit-on quelque chose là contre?
PHILAMINTE. Je ne veux point d'obstacle aux désirs que je montre.
CHRYSALE. D'accord.
PHILAMINTE. Et vous devez, en raisonnable époux,
Être pour moi contre elle et prendre mon courroux.
CHRYSALE, se tournant vers Martine.
Aussi fais-je. Oui, ma femme avec raison vous chasse,
Coquine, et votre crime est indigne de grâce.
MARTINE. Qu'est-ce donc que j'ai fait?
CHRYSALE, bas. Ma foi, je ne sais pas.
PHILAMINTE. Elle est d'humeur encore à n'en faire aucun cas!
CHRYSALE. A-t-elle, pour donner matière à votre haine,
Cassé quelque miroir ou quelque porcelaine?
PHILAMINTE. Voudrais-je la chasser et vous figurez-vous
Que pour si peu de chose on se mette en courroux?
CHRYSALE, à Martine. (A Philaminte.)
Qu'est-ce à dire? L'affaire est donc considérable?
PHILAMINTE. Sans doute. Me voit-on femme déraisonnable?
CHRYSALE. Est-ce qu'elle a laissé, d'un esprit négligent,
Voler quelque aiguière ou quelque plat d'argent?
PHILAMINTE. Cela ne serait rien.
CHRYSALE, à Martine. Oh! oh! peste, la belle!
(A Philaminte.) Quoi! l'avez-vous surprise à n'être pas fidèle?
PHILAMINTE. C'est pis que tout cela.
CHRYSALE. Pis que tout cela?
PHILAMINTE. Pis.
CHRYSALE, à Martine. (A Philaminte.)
Comment! diantre, friponne! Et qu'a-t-elle commis
PHILAMINTE. Elle a, d'une insolence à nulle autre pareille,
Après trente leçons, insulté mon oreille
Par l'impropriété d'un mot sauvage et bas
Qu'en termes décisifs condamne Vaugelas.
CHRYSALE. Est-ce là?...
PHILAMINTE. Quoi! toujours, malgré nos remontrances,
Heurter le fondement de toutes les sciences,
La grammaire qui sait régenter jusqu'aux rois,
Et les fait, la main haute, obéir à ses lois!
CHRYSALE. Du plus grand des forfaits je la croyais coupable.
PHILAMINTE. Quoi! vous ne trouvez pas ce crime impardonnable?
CHRYSALE. Si fait.
PHILAMINTE. Je voudrais bien que vous l'excusassiez!
CHRYSALE. Je n'ai garde.

BÉLISE.   Il est vrai que ce sont des pitiés :
Toute construction est par elle détruite ;
Et des lois du langage on l'a cent fois instruite.
MARTINE. Tout ce que vous prêchez est, je crois, bel et bon ;
Mais je ne saurais, moi, parler votre jargon.
PHILAMINTE. L'impudente! Appeler un jargon le langage
Fondé sur la raison et sur le bel usage!
MARTINE. Quand on se fait entendre, on parle toujours bien,
Et tous vos biaux dictons ne servent pas de rien.
PHILAMINTE. Et bien! ne voilà pas encore de son style ?
Ne servent pas de rien!
BÉLISE.   O cervelle indocile!
Faut-il qu'avec les soins qu'on prend incessamment,
On ne te puisse apprendre à parler congrument!
De *pas* mis avec *rien* tu fais la récidive ;
Et c'est, comme on l'a dit, trop d'une négative.
MARTINE. Mon Dieu! je n'avons pas étugué comme vous,
Et je parlons tout droit comme on parle cheux nous.
PHILAMINTE. Ah! peut-on y tenir?
BÉLISE.   Quel solécisme horrible!
PHILAMINTE. En voilà pour tuer une oreille sensible.
BÉLISE. Ton esprit, je l'avoue, est bien matériel.
Je n'est qu'un sigulier, *avons* est un pluriel.
Veux-tu toute ta vie offenser la grammaire?
MARTINE. Qui parle d'offenser grand'mère ni grand'père?
PHILAMINTE. O ciel!
BÉLISE.   Grammaire est prise à contre-sens par toi ;
Et je t'ai dit déjà d'où vient ce mot.
MARTINE.   Ma foi!
Qu'il vienne de Chaillot, d'Auteuil ou de Pontoise,
Cela ne me fait rien.
BÉLISE.   Quelle âme villageoise!
La grammaire, du verbe et du nominatif,
Comme de l'adjectif avec le substantif,
Nous enseigne les lois.
MARTINE.   J'ai, madame, à vous dire
Que je ne connais point ces gens-là.
PHILAMINTE.   Quel martyre!
BÉLISE. Ce sont les noms des mots ; et l'on doit regarder
En quoi c'est qu'il les faut faire ensemble accorder.
MARTINE. Qu'ils s'accordent entre eux, ou se gourment, qu'importe
PHILAMINTE, à Bélise. Eh! mon Dieu! finissez un discours de la sorte.
(A Chrysale.) Vous ne voulez pas, vous, me la faire sortir?
CHRYSALE. Si fait. (A part.) A son caprice il me faut consentir.

Va, ne l'irrite point; retire-toi, Martine.
PHILAMINTE. Comment! vous avez peur d'offenser la coquine!
Vous lui parlez d'un ton tout à fait obligeant!
(D'un ton ferme.) (D'un ton plus doux.)
CHRYSALE. Moi? point. Allons sortez. Va-t'en, ma pauvre enfant.

SCÈNE VII.

PHILAMINTE, CHRYSALE, BÉLISE.

CHRYSALE. Vous êtes satisfaite, et la voilà partie :
Mais je n'approuve point une telle sortie;
C'est une fille propre aux choses qu'elle fait,
Et vous me la chassez pour un maigre sujet.
PHILAMINTE. Vous voulez que toujours je l'aie à mon service,
Pour mettre incessament mon oreille au supplice;
Pour rompre toute loi d'usage et de raison
Par un barbare amas de vices d'oraison,
De mots estropiés, cousus, par intervalles,
De proverbes traînés dans les ruisseaux des halles?
BÉLISE. Il est vrai que l'on sue à souffrir ses discours :
Elle y met Vaugelas en pièces tous les jours;
Et les moindres défauts de ce grossier génie
Sont, ou le pléonasme, ou la cacophonie.
CHRYSALE. Qu'importe qu'elle manque aux lois de Vaugelas,
Pourvu qu'à la cuisine elle ne manque pas?
J'aime bien mieux, pour moi, qu'en épluchant ses herbes,
Elle accommode mal les noms avec les verbes,
Et redise cent fois un bas ou méchant mot,
Que de brûler ma viande, ou saler trop mon pot.
Je vis de bonne soupe, et non de beau langage.
Vaugelas n'apprend point à bien faire un potage;
Et Malherbe et Balzac, si savants en beaux mots,
En cuisine, peut-être, auraient été des sots.
PHILAMINTE. Que ce discours grossier terriblement assomme!
Et quelle indignité, pour ce qui s'appelle homme
D'être baissé sans cesse aux soins matériels,
Au lieu de se hausser vers les spirituels!
Le corps, cette guenille, est-il d'une importance,
D'un prix à mériter seulement qu'on y pense?
Et ne devons-nous pas laisser cela bien loin?
CHRYSALE. Oui, mon corps est moi-même, et j'en veux prendre
Guenille, si l'on veut; ma guenille m'est chère. [soin.
BÉLISE. Le corps avec l'esprit fait figure, mon frère;
Mais, si vous croyez tout le monde savant,

L'esprit doit sur le corps prendre le pas devant;
Et notre plus grand soin, notre première instance,
Doit être à le nourrir du suc de la science.
CHRYSALE. Ma foi, si vous songez à nourrir votre esprit,
C'est de viande bien creuse, à ce que chacun dit;
Et vous n'avez nul soin, nulle sollicitude
Pour...
PHILAMINTE. Ah! *sollicitude* à mon oreille est rude;
Il pue étrangement son ancienneté.
BÉLISE. Il est vrai que le mot est bien *collet monté*.
CHRYSALE. Voulez-vous que je dise? Il faut qu'enfin j'éclate,
Que je lève le masque, et décharge ma rate.
De folles on vous traite, et j'ai fort sur le cœur...
PHILAMINTE. Comment donc!
CHRYSALE, à Bélise.   C'est à vous que je parle, ma sœur.
Le moindre solécisme, en parlant, vous irrite;
Mais vous en faites, vous, d'étranges en conduite.
Vos livres éternels ne me contentent pas;
Et, hors un gros Plutarque à mettre mes rabats,
Vous devriez brûler tout ce meuble inutile,
Et laisser la science aux docteurs de la ville;
M'ôter, pour faire bien, du grenier de céans
Cette longue lunette à faire peur aux gens,
Et cent brimborions dont l'aspect importune;
Ne point aller chercher ce qu'on fait dans la lune,
Et vous mêler un peu de ce qu'on fait chez vous,
Où nous voyons aller tout sens dessus dessous.
Il n'est pas bien honnête, et pour beaucoup de causes,
Qu'une femme étudie et sache tant de choses.
Former aux bonnes mœurs l'esprit de ses enfants,
Faire aller son ménage, avoir l'œil sur ses gens,
Et régler la dépense avec économie,
Doit être son étude sur la philosophie.
Nos pères, sur ce point, étaient gens bien sensés,
Qui disaient qu'une femme en sait toujours assez,
Quand la capacité de son esprit se hausse
A connaître un pourpoint avec un haut-de-chausse.
Les leurs ne lisaient point, mais elles vivaient bien;
Leurs ménages étaient tout leur docte entretien;
Et leurs livres, un dé, du fil et des aiguilles,
Dont elles travaillaient au trousseau de leurs filles.
Les femmes d'à présent sont bien loin de ces mœurs:
Elles veulent écrire et devenir auteurs;
Nulle science n'est pour elles trop profonde,

Et céans beaucoup plus qu'en aucun lieu du monde.
Les secrets les plus hauts s'y laissent concevoir,
Et l'on sait tout chez moi, hors ce qu'il faut savoir.
On y sait comme vont lune, étoile polaire,
Vénus, Saturne et Mars, dont je n'ai point affaire;
Et dans ce vain savoir, qu'on va chercher si loin,
On ne sait comme va mon pot, dont j'ai besoin.
Mes gens à la science aspirent pour vous plaire,
Et tous ne font rien moins que ce qu'ils ont à faire.
Raisonner est l'emploi de toute ma maison,
Et le raisonnement en bannit la raison,
L'un me brûle mon rôt en lisant quelque histoire,
L'autre rêve à des vers quand je demande à boire;
Enfin, je vois par eux votre exemple suivi,
Et j'ai des serviteurs, et ne suis point servi.
Une pauvre servante, au moins m'était restée,
Qui de ce mauvais air n'était point infectée;
Et voilà qu'on la chasse avec un grand fracas,
A cause qu'elle manque à parler Vaugelas!
Je vous le dis, ma sœur, tout ce train-là me blesse
Car c'est, comme j'ai dit, à vous que je m'adresse.
Je n'aime point céans tous vos gens à latin,
Et principalement ce monsieur Trissotin :
C'est lui qui, dans des vers, vous a tympanisées.
Tous les propos qu'il tient sont des billevesées.
On cherche ce qu'il dit après qu'il a parlé;
Et je lui crois, pour moi, le timbre un peu fêlé.

PHILAMINTE. Quelle bassesse, ô ciel! et d'âme et de langage!
BÉLISE. Est-il de petits corps un plus lourd assemblage,
Un esprit composé d'atômes plus bourgeois?
Et de ce même sang se peut-il que je sois!
Je me veux mal de mort d'être de votre race;
Et, de confusion, j'abandonne la place.

SCÈNE VIII.

PHILAMINTE, CHRYSALE.

PHILAMINTE. Avez-vous à lâcher encore quelque trait?
CHRYSALE. Non, non. Ne parlons plus de querelles, c'est fait.
Discourons d'autre affaire. A votre fille aînée
On voit quelques dégoûts pour les nœuds d'hyménée,
C'est une philosophe, enfin; je n'en dis rien,
Elle est bien gouvernée, et vous faites fort bien :
Mais de tout autre humeur se trouve sa cadette:

Et je crois qu'il est bon de pourvoir Henriette,
De choisir un mari...
PHILAMINTE.   C'est à quoi j'ai songé.
Et je veux voir ouvrir l'intention que j'ai.
Ce monsieur Trissotin dont on nous fait un crime,
Et qui n'a pas l'honneur d'être dans votre estime,
Est celui que je prends pour époux qu'il lui faut;
Et je sais mieux que vous juger de ce qu'il vaut.
La contestation est ici superflue,
Et de tout point chez moi l'affaire est résolue.
Au moins ne dites mot du choix de cet époux;
Je veux à votre fille en parler avant vous.
J'ai des raisons à faire approuver ma conduite;
Et je connaîtrai bien si vous l'aurez instruite.

SCÈNE IX.

ARISTE, CHRYSALE.

ARISTE. Eh bien! la femme sort, mon frère, et je vois bien
Que vous venez d'avoir ensemble un entretien.
CHRYSALE. Oui.
ARISTE.   Quel est le succès? Aurons-nous Henriette?
A-t-elle consenti? l'affaire est-elle faite?
CHRYSALE. Pas tout à fait encore.
ARISTE.   Refuse-t-elle?
CHRYSALE.   Non
ARISTE. Est-ce qu'elle balance?
CHRYSALE.   En aucune façon.
ARISTE. Quoi donc?
CHRYSALE.   C'est que pour gendre elle m'offre un autre
ARISTE. Un autre homme pour gendre?   [homme.
CHRYSALE.   Un autre.
ARISTE.   Qui se nomme?
CHRYSALE. Monsieur Trissotin.
ARISTE.   Quoi! ce monsieur Trissotin...
CHRYSALE. Oui, qui parle toujours de vers et de latin.
ARISTE. Vous l'avez accepté?
CHRYSALE.   Moi? point. A Dieu ne plaise!
ARISTE. Qu'avez-vous répondu?
CHRYSALE.   Rien; et je suis bien aise
De n'avoir point parlé, pour ne m'engager pas.
ARISTE. La raison est fort belle; et c'est faire un grand pas!
Avez-vous su du moins lui proposer Clitandre?
CHRYSALE. Non; car comme j'ai vu qu'on parlait d'autre gendre,

J'ai cru qu'il était mieux de ne m'avancer point.
ARISTE. Certes, votre prudence est rare au dernier point!
N'avez-vous point de honte avec votre mollesse?
Et se peut-il qu'un homme ait assez de faiblesse
Pour laisser à sa femme un pouvoir absolu,
Et n'oser attaquer ce qu'elle a résolu?
CHRYSALE. Mon Dieu! vous en parlez, mon frère, bien à l'aise,
Et vous ne savez pas comme le bruit me pèse.
J'aime fort le repos, la paix et la douceur;
Et ma femme est terrible avecque son humeur.
Du nom de philosophe elle fait grand mystère,
Mais elle n'en est pas pour cela moins colère;
Et sa morale, faite à mépriser le bien,
Sur l'aigreur de sa bile opère comme rien.
Pour peu que l'on oppose à ce que veut sa tête,
On en a pour huit jours d'effroyable tempête.
Elle me fait trembler dès qu'elle prend son ton;
Je ne sais où me mettre, et c'est un vrai dragon;
Et cependant, avec toute sa diablerie,
Il faut que je l'appelle et mon cœur et ma mie.
ARISTE. Allez, c'est se moquer. Votre femme, entre nous,
Est, par vos lâchetés, souveraine sur vous,
Son pouvoir n'est fondé que sur votre faiblesse;
C'est de vous qu'elle prend le titre de maîtresse;
Vous-même à ses hauteurs vous vous abandonnez,
Et vous faites mener, en bête, par le nez.
Quoi! vous ne pouvez pas, voyant comme on vous nomme,
Vous résoudre une fois à vouloir être un homme,
A faire condescendre une femme à vos vœux,
Et prendre assez de cœur pour dire un : Je le veux?
Vous laisserez sans honte immoler votre fille
Aux folles visions qui tiennent la famille,
Et de tout votre bien revêtir un nigaud
Pour six mots de latin qu'il leur fait sonner haut;
Un pédant qu'à tout coup votre femme apostrophe
Du nom de bel esprit et de grand philosophe,
D'homme qu'en vers galant jamais on n'égala,
Et qui n'est, comme on sait, rien moins que tout cela?
Allez, encore un coup, c'est une moquerie,
Et votre lâcheté mérite qu'on en rie.
CHRYSALE. Oui, vous avez raison, et je vois que j'ai tort.
Allons, il faut enfin montrer un cœur plus fort,
Mon frère.
ARISTE.   C'est bien dit.

CHRYSALE. C'est une chose infâme
Que d'être si soumis au pouvoir d'une femme.
ARISTE. Fort bien.
CHRYSALE. De ma douceur elle a trop profité.
ARISTE. Il est vrai.
CHRYSALE. Trop joui de ma facilité.
ARISTE. Sans doute.
CHRYSALE. Et je lui veux faire aujourd'hui connaître
Que ma fille est ma fille, et que j'en suis maître,
Pour lui prendre un mari qui soit selon mes vœux.
ARISTE. Vous voilà raisonnable, et comme je vous veux.
CHRYSALE. Vous êtes pour Clitandre, et savez sa demeure;
Faites-le-moi venir, mon frère, tout à l'heure.
ARISTE. J'y cours tout de ce pas.
CHRYSALE. C'est souffrir trop longtemps;
Et je m'en vais être homme à la barbe des gens.

ACTE TROISIÈME

SCÈNE I.

PHILAMINTE, ARMANDE, BÉLISE, TRISSOTIN, LÉPINE.

PHILAMINTE. Ah! mettons-nous ici pour écouter à l'aise
Ces vers que mot à mot il est besoin qu'on pèse.
ARMANDE. Je brûle de les voir.
BÉLISE. Et l'on s'en meurt chez nous.
PHILAMINTE, à Trissotin.
Ce sont charmes pour moi que ce qui part de vous.
ARMANDE. Ce m'est une douceur à nulle autre pareille.
BÉLISE. Ce sont repas friands qu'on donne à mon oreille.
PHILAMINTE. Ne faites point languir de si pressants désirs.
ARMANDE. Dépêchez.
BÉLISE. Faites tôt, et hâtez nos plaisirs.
PHILAMINTE. A notre impatience offrez votre épigramme.
TRISSOTIN, à Philaminte.
Hélas! c'est un enfant tout nouveau-né, madame.
Son sort assurément a lieu de vous toucher,
Et c'est dans votre cour que j'en viens d'accoucher.
PHILAMINTE. Pour me le rendre cher, il suffit de son père.
TRISSOTIN. Votre approbation lui peut servir de mère.
BÉLISE. Qu'il a d'esprit!

SCÈNE II.

HENRIETTE, PHILAMINTE, BÉLISE, ARMANDE, TRISSOTIN, LÉPINE.

PHILAMINTE, à Henriette qui veut se retirer.
   Holà! pourquoi donc fuyez-vous?
HENRIETTE. C'est de peur de troubler un entretien si doux.
PHILAMINTE. Approchez, et venez, de toutes vos oreilles,
   Prendre part au plaisir d'entendre des merveilles.
HENRIETTE. Je sais peu les beautés de tout ce qu'on écrit,
   Et ce n'est pas mon fait que les choses d'esprit.
PHILAMINTE. Il n'importe! Aussi bien ai-je à vous dire ensuite
   Un secret dont il faut que vous soyez instruite.
TRISSOTIN, à Henriette.
   Les sciences n'ont rien qui vous puisse enflammer,
   Et vous ne vous piquez que de savoir charmer.
HENRIETTE. Aussi peu l'un que l'autre; et je n'ai nulle envie...
BÉLISE. Ah! songeons à l'enfant nouveau-né, je vous prie.
PHILAMINTE, à Lépine. Allons, petit garçon, vite de quoi s'asseoir.
   (Lépine se laisse tomber.)
   Voyez l'impertinent! Est-ce que l'on doit choir
   Après avoir appris l'équilibre des choses?
BÉLISE. De ta chute, ignorant, ne vois-tu pas les causes
   Et qu'elle vient d'avoir du point fixe écarté
   Ce que nous appelons centre de gravité?
LÉPINE. Je m'en suis aperçu, madame, étant par terre.
PHILAMINTE, à Lépine qui sort.
   Le lourdeau!
TRISSOTIN.   Bien lui prend de n'être pas de verre.
ARMANDE. Ah! de l'esprit partout!
BÉLISE.   Cela ne tarit pas. (Ils s'asseyent.)
PHILAMINTE. Servez-nous promptement votre aimable repas.
TRISSOTIN. Pour cette grande faim qu'à mes yeux on expose
   Un plat seul de huit vers me semble peu de chose;
   Et je pense qu'ici je ne ferais pas mal
   De joindre à l'épigramme, ou bien au madrigal,
   Le ragoût d'un sonnet qui, chez une princesse,
   A passé pour avoir quelque délicatesse.
   Il est de sel attique assaisonné partout;
   Et vous le trouverez, je crois, d'assez bon goût.
ARMANDE. Ah! je n'en doute point.
PHILAMINTE.   Donnons vite audience.
BÉLISE, interrompant Trissotin chaque fois qu'il se dispose à lire.
   Je sens d'aise mon cœur tressaillir par avance.

J'aime la poésie avec entêtement
    Et surtout quand les vers sont tournés galamment.
PHILAMINTE. Si nous parlons toujours, il ne pourra rien dire.
TRISSOTIN. So...
BÉLISE, à Henriette. Silence, ma nièce !
ARMANDE.   Ah ! laissez-le donc lire !
TRISSOTIN. *Sonnet à la princesse Uranie, sur sa fièvre.*
    « Votre prudence est endormie,
    « De traiter magnifiquement
    « Et de loger superbement
    « Votre plus cruelle ennemie. »
BÉLISE. Ah ! le joli début !
ARMANDE.   Qu'il a le tour galant !
PHILAMINTE. Lui seul des vers aisés possède le talent.
ARMANDE. *A prudence endormie* il faut rendre les armes.
BÉLISE. *Loger son ennemie* est pour moi plein de charmes.
PHILAMINTE. J'aime *superbement* et *magnifiquement*.
    Ces deux adverbes joints font admirablement.
BÉLISE. Prêtons l'oreille au reste.
TRISSOTIN.   « Votre prudence est endormie,
    « De traiter magnifiquement
    « Et de loger superbement
    « Votre plus cruelle ennemie. »
ARMANDE. *Prudence endormie !*
BÉLISE. *Loger son ennemie !*
PHILAMINTE. *Superbe* et *magnifiquement !*
TRISSOTIN   « Faites-la sortir, quoi qu'on die,
    « De votre riche appartement,
    « Où cette ingrate, insolemment,
    « Attaque votre belle vie. »
BÉLISE. Ah ! tout doux ; laissez-moi de grâce respirer !
ARMANDE. Donnez-nous, s'il vous plaît, le loisir d'admirer !
PHILAMINTE. On se sent, à ces vers, jusques au fond de l'âme,
    Couler je ne sais quoi qui fait que l'on se pâme.
ARMANDE.   « Faites-la sortir, quoi qu'on die,
    « De votre riche appartement. »
    Que *riche appartement* est là joliment dit !
    Et que la métaphore est mise avec esprit !
PHILAMINTE. « Faites-la sortir, quoi qu'on die... »
    Ah ! que ce *quoi qu'on die* est d'un goût admirable !
    C'est à mon sentiment un endroit impayable.
ARMANDE. De *quoi qu'on die* aussi mon cœur est amoureux.
BÉLISE. Je suis de votre avis : *quoi qu'on die* est heureux.
ARMANDE. Je voudrais l'avoir fait.

BÉLISE. Il vaut toute une pièce.
PHILAMINTE. Mais en comprend-on bien, comme moi, la finesse?
ARMANDE ET BÉLISE. Oh! oh!
PHILAMINTE. « Faites-la sortir, quoi qu'on die!... »
    Que de la fièvre on prenne ici les intérêts,
    N'ayez aucun égard, moquez-vous des caquets;
        « Faites-la sortir, quoi qu'on die,
        « Quoi qu'on die, quoi qu'on die. »
    Ce *quoi qu'on die* en dit beaucoup plus qu'il ne semble.
    Je ne sais pas, pour moi, si chacun me ressemble;
    Mais j'entends là-dessous un million de mots.
BÉLISE. Il est vrai qu'il dit plus de choses qu'il n'est gros.
PHILAMINTE, à Trissotin.
    Mais quand vous avez fait ce charmant *quoi qu'on die*,
    Avez-vous compris, vous, toute son énergie?
    Songiez-vous bien vous-même à tout ce qu'il nous dit?
    Et pensiez-vous alors y mettre tant d'esprit?
TRISSOTIN. Hai! hai!
ARMANDE. J'ai fort aussi l'*ingrate* dans la tête,
    Cette ingrate de fièvre, injuste, malhonnête,
    Qui traite mal les gens qui la logent chez eux.
PHILAMINTE. Enfin les quatrains sont admirables tous deux.
    Venons-en promptement aux tercets, je vous prie.
ARMANDE. Ah! s'il vous plaît, encore une fois *quoi qu'on die*.
TRISSOTIN. « Faites-la sortir, quoi qu'on die... »
PHILAMINTE, ARMANDE ET BÉLISE. *Quoi qu'on die!*
TRISSOTIN. « De votre riche appartement... »
PHILAMINTE, ARMANDE ET BÉLISE. *Riche appartement!*
TRISSOTIN. « Où cette ingrate, insolemment... »
PHILAMINTE, ARMANDE ET BÉLISE. Cette *ingrate* de fièvre!
TRISSOTIN. « Attaque votre belle vie. »
PHILAMINTE. *Votre belle vie!*
ARMANDE ET BÉLISE. Ah!
TRISSOTIN. « Quoi! sans respecter votre rang,
    « Elle se prend à votre sang... »
PHILAMINTE, ARMANDE ET BÉLISE. Ah!
TRISSOTIN. « Et nuit et jour vous fait outrage.
    « Si vous la conduisez aux bains,
    « Sans la marchander davantage,
    « Noyez-la de vos propres mains. »
PHILAMINTE. On n'en peut plus.
BÉLISE. On pâme.
ARMANDE. On se meurt de plaisir.
PHILAMINTE. De mille doux frissons vous vous sentez saisir.

ARMANDE. « Si vous la conduisez aux bains,
BÉLISE. « Sans la marchander davantage,
PHILAMINTE. « Noyez-la de vos propres mains. »
De vos propres mains, là, noyez-la dans les bains.
ARMANDE. Chaque pas dans vos vers rencontre un trait charmant.
BÉLISE. Partout on s'y promène avec ravissement.
PHILAMINTE. On n'y saurait marcher que sur de belles choses.
ARMANDE. Ce sont petits chemins tout parsemés de roses.
TRISSOTIN. Le sonnet donc vous semble?...
PHILAMINTE. Admirable, nouveau;
Et personne jamais n'a rien fait de si beau.
BÉLISE, à Henriette. Quoi! sans émotion pendant cette lecture!
Vous faites là, ma nièce, une étrange figure.
HENRIETTE. Chacun fait ici-bas la figure qu'il peut,
Ma tante; et bel esprit, il ne l'est pas qui veut.
TRISSOTIN. Peut-être que mes vers importunent madame?...
HENRIETTE. Point. Je n'écoute pas.
PHILAMINTE. Ah! voyons l'épigramme.
TRISSOTIN. *Sur un carrosse de couleur amarante donné à une dame de ses amies.*
PHILAMINTE. Ses titres ont toujours quelque chose de rare.
ARMANDE. A cent beaux traits d'esprit leur nouveauté prépare.
TRISSOTIN. « L'amour si chèrement m'a vendu son lien. »
PHILAMINTE, ARMANDE ET BÉLISE. Ah!
TRISSOTIN. « Qu'il m'en coûte déjà la moitié de mon bien:
 « Et, quand tu vois ce beau carrosse,
 « Où tant d'or se relève en bosse
 « Qu'il étonne tout le pays
« Et fait pompeusement triompher ma Laïs... »
PHILAMINTE. Ah! *ma Laïs!* Voilà de l'érudition.
BÉLISE. L'enveloppe est jolie et vaut un million.
TRISSOTIN. « Et, quand tu vois ce beau carrosse,
 « Où tant d'or se relève en bosse
 « Qu'il étonne tout le pays,
« Et fait pompeusement triompher ma Laïs.
 « Ne dis plus qu'il est amarante,
 « Dis plutôt qu'il est de ma rente. »
ARMANDE. Oh! oh! oh! celui-là ne s'attend point du tout.
PHILAMINTE. On n'a que lui qui puisse écrire de ce goût.
BÉLISE. « Ne dis plus qu'il est amarante,
 « Dis plutôt qu'il est de ma rente. »
Voilà qui se décline, *ma rente, de ma rente, à ma rente.*
PHILAMINTE. Je ne sais, du moment que je vous ai connu,
Si sur votre sujet j'eus l'esprit prévenu;

Mais j'admire partout vos vers et votre prose.
TRISSOTIN, à Philaminte.
Si vous vouliez de vous nous montrer quelque chose,
A notre tour aussi nous pourrions admirer.
PHILAMINTE. Je n'ai rien fait en vers; mais j'ai lieu d'espérer
Que je pourrai bientôt vous montrer, en amie,
Huit chapitres du plan de notre académie.
Platon s'est au projet simplement arrêté,
Quand de sa *République* il a fait le traité;
Mais à l'effet entier je veux pousser l'idée
Que j'ai sur le papier en prose accommodée;
Car enfin je me sens un étrange dépit
Du tort que l'on nous fait du côté de l'esprit;
Et je veux nous venger, toutes tant que nous sommes,
De cette indigne classe où nous rangent les hommes,
De borner nos talents à des futilités,
Et nous fermer la porte aux sublimes clartés.
ARMANDE. C'est faire à notre sexe une trop grande offense,
De n'étendre l'effort de notre intelligence
Qu'à juger d'une jupe, ou de l'air d'un manteau,
Ou des beautés d'un point, ou d'un brocart nouveau.
BÉLISE. Il faut se relever de ce honteux partage,
Et mettre hautement notre esprit hors de page.
TRISSOTIN. Pour les dames on sait mon respect en tous lieux;
Et si je rends hommage aux brillants de leurs yeux,
De leur esprit aussi j'honore les lumières.
PHILAMINTE. Le sexe aussi vous rend justice en ces matières :
Mais nous voulons montrer à de certains esprits,
Dont l'orgueilleux savoir nous traite avec mépris,
Que de science aussi les femmes sont meublées;
Qu'on peut faire comme eux de doctes assemblées,
Conduites en cela par des ordres meilleurs;
Qu'on y veut réunir ce qu'on sépare ailleurs,
Mêler le beau langage et les hautes sciences,
Découvrir la nature en mille expériences,
Et, sur les questions qu'on pourra proposer,
Faire entrer chaque secte, et n'en point épouser.
TRISSOTIN. Je m'attache, pour l'ordre, au péripatétisme.
PHILAMINTE. Pour les abstractions j'aime le platonisme.
ARMANDE. Épicure me plaît, et ses dogmes sont forts.
BÉLISE. Je m'accommode assez, pour moi, des petits corps;
Mais le vide à souffrir me serait difficile,
Et je goûte bien mieux la matière subtile.
TRISSOTIN. Descartes, pour l'aimant, donne fort dans mon sens.

ARMANDE. J'aime ses tourbillons.
PHILAMINTE.   Moi, ses mondes tombants.
ARMANDE. Il me tarde de voir notre assemblée ouverte,
Et de nous signaler par quelque découverte.
TRISSOTIN. On en attend beaucoup de vos vives clartés,
Et pour vous la nature a peu d'obscurités.
PHILAMINTE. Pour moi, sans me flatter, j'en ai déjà fait une,
Et j'ai vu clairement des hommes dans la lune.
BÉLISE. Je n'ai point encor vu d'homme, comme je crois;
Mais j'ai vu des clochers, tout comme je vous vois.
ARMANDE. Nous approfondirons, ainsi que la physique,
Grammaire, histoire, vers, morale et politique.
PHILAMINTE. La morale a des traits dont mon cœur est épris,
Et c'était autrefois l'amour des grands esprits :
Mais aux stoïciens je donne l'avantage,
Et je ne trouve rien de si beau que leur sage.
ARMANDE. Pour la langue, on verra dans peu nos règlements,
Et nous y prétendons faire des remûments.
Par une antipathie, ou juste ou naturelle,
Nous avons pris chacune une haine mortelle
Pour un nombre de mots, soit ou verbes ou noms,
Que mutuellement nous nous abandonnons :
Contre eux nous préparons de mortelles sentences,
Et nous devons ouvrir nos doctes conférences
Par les proscriptions de tous ces mots divers
Dont nous voulons purger et la prose et les vers.
PHILAMINTE. Mais le plus beau projet de notre académie,
Une entreprise noble et dont je suis ravie,
Un dessein plein de gloire, et qui sera vanté
Chez tous les beaux esprits de la postérité,
C'est le retranchement de ces syllabes sales
Qui dans les plus beaux mots produisent des scandales.
TRISSOTIN. Voilà certainement d'admirables projets.
BÉLISE. Vous verrez nos statuts quand ils seront tout faits.
TRISSOTIN. Ils ne sauraient manquer d'être tous beaux et sages.
ARMANDE. Nous serons par nos lois les juges des ouvrages;
Par nos lois, prose et vers, tout nous sera soumis :
Nul n'aura de l'esprit, hors nous et nos amis.
Nous chercherons partout à trouver à redire,
Et ne verrons que nous qui sachent bien écrire.

SCÈNE III.

PHILAMINTE, BÉLISE, ARMANDE, HENRIETTE, TRISSOTIN, LÉPINE.

LÉPINE, à Trissotin. Monsieur, un homme est là qui veut parler à vous;
Il est vêtu de noir, et parle d'un ton doux. (Ils se lèvent.)
TRISSOTIN. C'est cet ami savant qui m'a fait tant d'instance
De lui donner l'honneur de votre connaissance.
PHILAMINTE. Pour le faire venir vous avez tout crédit.
(Trissotin va au-devant de Vadius.)

SCÈNE IV.

PHILAMINTE, BÉLISE, ARMANDE, HENRIETTE.

PHILAMINTE, à Armande et à Bélise.
Faisons bien les honneurs au moins de notre esprit.
(A Henriette qui veut sortir.)
Holà! Je vous ai dit, en paroles bien claires,
Que j'ai besoin de vous.
HENRIETTE. Mais pour quelles affaires?
PHILAMINTE. Venez, on va dans peu vous les faire savoir.

SCÈNE V.

TRISSOTIN, VADIUS, PHILAMINTE, BÉLISE, ARMANDE, HENRIETTE.

TRISSOTIN, présentant Vadius.
Voici l'homme qui meurt du désir de vous voir;
En vous le produisant je ne crains pas le blâme
D'avoir admis chez vous un profane, madame :
Il peut tenir son coin parmi les beaux esprits.
PHILAMINTE. La main qui le présente en dit assez le prix.
TRISSOTIN. Il a des vieux auteurs la pleine intelligence,
Et sait du grec, madame, autant qu'homme de France.
PHILAMINTE, à Bélise.
Du grec! ô ciel! du grec! il sait du grec, ma sœur!
BÉLISE, à Armande. Ah! ma nièce, du grec!
ARMANDE. Du grec! quelle douceur! [grâce,
PHILAMINTE. Quoi! monsieur sait du grec? Ah! permettez, de
Que, pour l'amour du grec, monsieur, on vous embrasse.
(Vadius embrasse aussi Bélise et Armande.)
HENRIETTE, à Vadius qui veut l'embrasser.
Excusez-moi, monsieur, je n'entends pas le grec.
(Ils s'asseyent.)
PHILAMINTE. J'ai pour les livres grecs un merveilleux respect.
VADIUS. Je crains d'être fâcheux par l'ardeur qui m'engage
A vous rendre aujourd'hui, madame, mon hommage;
Et j'aurai pu troubler quelque docte entretien...
PHILAMINTE. Monsieur, avec du grec on ne peut gâter rien.

Je te défie en vers, prose, grec et latin.

LES FEMMES SAVANTES. Acte III, Scène V.

TRISSOTIN. Au reste, il fait merveille en vers, ainsi qu'en prose,
Et pourrait, s'il voulait, vous montrer quelque chose.
VADIUS. Le défaut des auteurs, dans leurs productions,
C'est d'en tyranniser les conversations ;
D'être au palais, au cours, aux ruelles, aux tables,
De leurs vers fatigants lecteurs infatigables.
Pour moi, je ne vois rien de plus sot, à mon sens,
Qu'un auteur qui partout va gueuser des encens ;
Qui, des premiers venus saisissant les oreilles,
En fait le plus souvent les martyrs de ses veilles.
On ne m'a jamais vu ce fol entêtement ;
Et d'un Grec là-dessus je suis le sentiment,
Qui par un dogme exprès défend à tous ses sages
L'indigne empressement de lire leurs ouvrages.
Voici de petits vers que l'on trouve charmants,
Sur quoi je voudrais bien avoir vos sentiments.
TRISSOTIN. Vos vers ont des beautés que n'ont point tous les autres.
VADIUS. Les grâces et Vénus règnent dans tous les vôtres.
TRISSOTIN. Vous avez le tour libre et le beau choix des mots.
VADIUS. On voit partout chez vous l'*ithos* et le *pathos*.
TRISSOTIN. Nous avons vu de vous des églogues d'un style
Qui passe en doux attraits Théocrite et Virgile.
VADIUS. Vos odes ont un air noble, galant et doux
Qui laisse de bien loin votre Horace après vous.
TRISSOTIN. Est-il rien de charmant comme vos chansonnettes?
VADIUS. Peut-on voir rien d'égal aux sonnets que vous faites?
TRISSOTIN. Rien qui soit plus joli que vos petits rondeaux ?
VADIUS. Rien de si plein d'esprit que tous vos madrigaux !
TRISSOTIN. Aux ballades surtout vous êtes admirable.
VADIUS. Et dans les bouts rimés je vous trouve adorable.
TRISSOTIN. Si la France pouvait connaître votre prix.
VADIUS. Si le siècle rendait justice aux beaux esprits.
TRISSOTIN. En carrosse doré vous iriez par les rues.
VADIUS. On verrait le plublic vous dresser des statues.
(A Trissotin.) Hom ! c'est une ballade, et je veux que tout net
Vous m'en...
TRISSOTIN, à Vadius. Avez-vous vu certain petit sonnet
Sur la fièvre qui tient la princesse Uranie?
VADIUS. Oui. Hier il me fut lu dans une compagnie.
TRISSOTIN. Vous en savez l'auteur ?
VADIUS. Non ; mais je sais fort bien
Qu'à ne le point flatter son sonnet ne vaut rien.
TRISSOTIN. Beaucoup de gens pourtant le trouvent admirable.
VADIUS. Cela n'empêche pas qu'il ne soit misérable ;

Et, si vous l'avez vu, vous serez de mon goût.
TRISSOTIN. Je sais que là-dessus je n'en suis pas du tout,
  Et que d'un tel sonnet peu de gens sont capables.
VADIUS. Me préserve le ciel d'en faire de semblables!
TRISSOTIN. Je soutiens qu'on ne peut en faire de meilleur;
  Et ma grande raison est que j'en suis l'auteur.
VADIUS. Vous?
TRISSOTIN. Moi.
VADIUS. Je ne sais donc comment se fit l'affaire.
TRISSOTIN. C'est qu'on fut malheureux de ne pouvoir vous plaire.
VADIUS. Il faut qu'en écoutant j'aie eu l'esprit distrait,
  Ou bien que le lecteur m'ait gâté le sonnet.
  Mais laissons ce discours et voyons ma ballade.
TRISSOTIN. La ballade, à mon goût, est une chose fade;
  Ce n'en est plus la mode, elle sent son vieux temps.
VADIUS. La ballade pourtant charme beaucoup de gens.
TRISSOTIN. Cela n'empêche pas qu'elle ne me déplaise.
VADIUS. Elle n'en reste pas pour cela plus mauvaise.
TRISSOTIN. Elle a pour les pédants de merveilleux appas.
VADIUS. Cependant nous voyons qu'elle ne vous plaît pas.
TRISSOTIN. Vous donnez sottement vos qualités aux autres.
  (Ils se lèvent tous.)
VADIUS. Fort impertinemment vous me jetez les vôtres.
TRISSOTIN. Allez, petit grimaud, barbouilleur de papier!
VADIUS. Allez, rimeur de halle, opprobre du métier!
TRISSOTIN. Allez, fripier d'écrits, impudent plagiaire!
VADIUS. Allez, cuistre!...
PHILAMINTE. Eh! messieurs, que prétendez-vous faire?
TRISSOTIN, à Vadius. Va, va restituer tous les honteux larcins
  Que réclament sur toi les Grecs et les Latins.
VADIUS. Va, va-t'en faire amende honorable au Parnasse
  D'avoir fait à tes vers estropier Horace!
TRISSOTIN. Souviens-toi de ton livre et de son peu de bruit.
VADIUS. Et toi de ton libraire à l'hôpital réduit.
TRISSOTIN. Ma gloire est établie, en vain tu la déchires.
VADIUS. Oui, oui, je te renvoie à l'auteur des satires.
TRISSOTIN. Je t'y renvoie aussi.
VADIUS. J'ai le contentement
  Qu'on voit qu'il m'a traité plus honorablement.
  Il me donne en passant une atteinte légère
  Parmi plusieurs auteurs qu'au palais on révère;
  Mais jamais dans ses vers il ne te laisse en paix
  Et l'on t'y voit partout être en butte à ses traits.
TRISSOTIN. C'est par là que j'y tiens un rang plus honorable.

Il te met dans la foule, ainsi qu'un misérable ;
Il croit que c'est assez d'un coup pour t'accabler
Et ne t'a jamais fait l'honneur de redoubler ;
Mais il m'attaque à part comme un noble adversaire
Sur qui tout son effort lui semble nécessaire ;
Et ses coups, contre moi redoublés en tous lieux,
Montrent qu'il ne se croit jamais victorieux.
VADIUS. Ma plume t'apprendra quel homme je puis être.
TRISSOTIN. Et la mienne saura te faire voir ton maître.
VADIUS. Je te défie en vers, prose, grec et latin.
TRISSOTIN. Eh bien, nous nous verrons seul à seul chez Barbin.

SCÈNE VI.

TRISSOTIN, PHILAMINTE, ARMANDE, BÉLISE, HENRIETTE.

TRISSOTIN. A mon emportement ne donnez aucun blâme ;
C'est votre jugement que je défends, madame,
Dans le sonnet qu'il a l'audace d'attaquer.
PHILAMINTE. A vous remettre bien je me veux appliquer.
Mais parlons d'autre affaire. Approchez, Henriette :
Depuis assez longtemps mon âme s'inquiète
De ce qu'aucun esprit en vous ne se fait voir ;
Mais je trouve un moyen de vous en faire avoir.
HENRIETTE. C'est prendre un soin pour moi qui n'est pas néces-
Les doctes entretiens ne sont point mon affaire : [saire ;
J'aime à vivre aisément ; et, dans tout ce qu'on dit,
Il faut se trop peiner pour avoir de l'esprit ;
C'est une ambition que je n'ai point en tête :
Je me trouve fort bien, ma mère, d'être bête ;
Et j'aime mieux n'avoir que de communs propos,
Que de me tourmenter pour dire de beaux mots.
PHILAMINTE. Oui ; mais j'y suis blessée et ce n'est pas mon compte
De souffrir dans mon sang une pareille honte.
La beauté du visage est un frêle ornement,
Une fleur passagère, un éclat d'un moment,
Et qui n'est attaché qu'à la simple épiderme ;
Mais celle de l'esprit est inhérente et ferme.
J'ai donc cherché longtemps un biais de vous donner
La beauté que les ans ne peuvent moissonner,
De faire entrer chez vous le désir des sciences,
De vous insinuer les belles connaissances ;
Et la pensée enfin où mes vœux ont souscrit,
C'est d'attacher à vous un homme plein d'esprit. [termine
(Montrant Trissotin.) Et cet homme est monsieur, que je vous dé-

A voir comme l'époux que mon choix vous destine.
HENRIETTE. Moi, ma mère?
PHILAMINTE. Oui; vous faites la sotte un peu.
BÉLISE, à Trissotin. Je vous entends, vos yeux demandent mon aveu.
Pour pouvoir engager un cœur que je possède.
Allez, je le veux bien. A ce nœud je vous cède;
C'est un hymen qui fait votre établissement.
TRISSOTIN, à Henriette. Je ne sais que vous dire en mon ravisse- [ment,
Madame; et cet hymen dont je vois qu'on m'honore
Me met...
HENRIETTE. Tout beau, monsieur; il n'est pas fait encore,
Ne vous pressez pas tant.
PHILAMINTE. Comme vous répondez!
Savez-vous bien que si... Suffit! Vous m'entendez.
(A Trissotin.) Elle se rendra sage. Allons, laissez-la faire.

SCÈNE VII.

HENRIETTE, ARMANDE.

ARMANDE. On voit briller pour vous les soins de notre mère;
Et son choix ne pouvait d'un plus illustre époux...
HENRIETTE. Si le choix est si beau, que ne le prenez-vous?
ARMANDE. C'est à vous, non à moi, que sa main est donnée.
HENRIETTE. Je vous le cède, tout comme à ma sœur aînée.
ARMANDE. Si l'hymen, comme à vous, me paraissait charmant,
J'accepterais votre offre avec ravissement.
HENRIETTE. Si j'avais, comme vous, les pédants dans la tête,
Je pourrais le trouver un parti fort honnête.
ARMANDE. Cependant, bien qu'ici nos goûts soient différents,
Nous devons obéir, ma sœur, à nos parents.
Une mère a sur nous une entière puissance;
Et vous croyez en vain, par votre résistance....

SCÈNE VIII.

CHRYSALE, ARISTE, CLITANDRE, HENRIETTE, ARMANDE.

CHRYSALE, à Henriette, lui présentant Clitandre.
Allons, ma fille, il faut approuver mon dessein.
Otez ce gant. Touchez à monsieur dans la main
Et le considérez désormais dans votre âme
En homme dont je veux que vous soyez la femme.
ARMANDE. De ce côté, ma sœur, vos penchants sont fort grands.
HENRIETTE. Il nous faut obéir, ma sœur, à nos parents;
Un père a sur nos vœux une entière puissance;

ARMANDE. Une mère a sa part à notre obéissance.
CHRYSALE. Qu'est-ce à dire?
ARMANDE.   Je dis que j'appréhende fort
Qu'ici ma mère et vous ne soyez pas d'accord;
Et c'est un autre époux...
CHRYSALE.   Taisez-vous, péronnelle;
Allez philosopher tout le soûl avec elle
Et de mes actions ne vous mêlez en rien.
Dites-lui ma pensée et l'avertissez bien
Qu'elle ne vienne pas m'échauffer les oreilles.
Allons vite.

SCÈNE IX.

CHRYSALE, ARISTE, HENRIETTE, CLITANDRE.

ARISTE.   Fort bien. Vous faites des merveilles. [doux!
CLITANDRE. Quel transport! quelle joie! Ah! que mon sort est
CHRYSALE, à Clitandre. Allons, prenez sa main et passez devant nous.

ACTE QUATRIÈME.

SCÈNE I.

PHILAMINTE, ARMANDE.

ARMANDE. Oui, rien n'a retenu son esprit en balance;
Elle fait vanité de son obéissance.
Son cœur, pour se livrer, à peine devant moi
S'est-il donné le temps d'en recevoir la loi
Et semblait suivre moins la volonté d'un père,
Qu'affecter de braver les ordres d'une mère.
PHILAMINTE. Je lui montrerai bien aux lois de qui des deux
Les droits de la raison soumettent tous ses vœux,
Et qui doit gouverner, ou sa mère ou son père,
Ou l'esprit ou le corps, la forme ou la matière.
ARMANDE. On vous en devait bien, au moins, un compliment
Et ce petit monsieur en use étrangement
De vouloir, malgré vous, devenir votre gendre.
PHILAMINTE. Il n'en est pas encore où son cœur peut prétendre.

SCÈNE II.

CLITANDRE, entrant doucement, et écoutant sans se montrer ; ARMANDE, PHILAMINTE.

ARMANDE. Je ne souffrirais point, si j'étais que de vous,
Que jamais d'Henriette il pût être l'époux.
On me ferait grand tort d'avoir quelque pensée
Que là-dessus je parle en fille intéressée,
Et que le lâche tour que l'on voit qu'il me fait
Jette au fond de mon cœur quelque dépit secret.
Contre de pareils coups l'âme se fortifie
Du solide secours de la philosophie,
Et par elle on se peut mettre au-dessus de tout.
Mais vous traiter ainsi, c'est vous pousser à bout.
Il est de votre honneur d'être à ses vœux contraire,
Et c'est un homme enfin qui ne doit point vous plaire.
Jamais je n'ai connu, discourant entre nous,
Qu'il eût au fond du cœur de l'estime pour vous.
PHILAMINTE. Petit sot !
ARMANDE. Quelque bruit que votre gloire fasse,
Toujours à vous louer il a paru de glace.
PHILAMINTE. Le brutal !
ARMANDE. Et vingt fois comme ouvrages nouveaux,
J'ai lu des vers de vous qu'il n'a point trouvés beaux.
PHILAMINTE. L'impertinent !
ARMANDE. Souvent nous en étions aux prises ;
Et vous ne croiriez point de combien de sottises...
CLITANDRE, à Armande. Eh ! doucement, de grâce, un peu de charité,
Madame, ou, tout au moins, un peu d'honnêteté.
Quel mal vous ai-je fait ? et quelle est mon offense,
Pour armer contre moi toute votre éloquence,
Pour vouloir me détruire, et prendre tant de soin
De me rendre odieux aux gens dont j'ai besoin ?
Parlez, dites, d'où vient ce courroux effroyable ?
Je veux bien que madame en soit juge équitable.
ARMANDE. Si j'avais le courroux dont on veut m'accuser,
Je trouverais assez de quoi l'autoriser ;
Au changement de vœux nulle horreur ne s'égale ;
Et tout cœur infidèle est un monstre en morale.
CLITANDRE. Appelez-vous, madame, une infidélité
Ce que m'a de votre âme ordonné la fierté ?
Je ne fais qu'obéir aux lois qu'elle m'impose ;

Et si je vous offense, elle seule en est cause.
ARMANDE. Appelez-vous, monsieur, être à mes vœux contraire,
Que de leur arracher ce qu'ils ont de vulgaire?
Mais enfin, s'il le faut, je résous mon esprit
A consentir, pour vous, à ce dont il s'agit.
CLITANDRE. Il n'est plus temps, madame, une autre a pris la place.
Et par un tel retour j'aurais mauvaise grâce
De maltraiter l'asile et blesser les bontés
Où je me suis sauvé de toutes vos fiertés.
PHILAMINTE. Mais enfin comptez-vous, monsieur, sur mon [suffrage,
Quand vous vous promettez cet autre mariage?
Et, dans vos visions, savez-vous, s'il vous plaît,
Que j'ai pour Henriette un autre époux tout prêt?
CLITANDRE. Eh! madame, voyez votre choix, je vous prie;
Exposez-moi, de grâce, à moins d'ignominie,
Et ne me rangez pas à l'indigne destin
De me voir le rival de monsieur Trissotin.
L'amour des beaux esprits, qui chez vous m'est contraire,
Ne pouvait m'opposer un moins noble adversaire.
Il en est, et plusieurs, que, pour le bel esprit,
Le mauvais goût du siècle a su mettre en crédit;
Mais monsieur Trissotin n'a pu duper personne,
Et chacun rend justice aux écrits qu'il nous donne.
Hors céans, on le prise en tous lieux ce qu'il vaut;
Et ce qui m'a vingt fois fait tomber de mon haut,
C'est de vous voir au ciel élever des sornettes
Que vous désavoûriez si vous les aviez faites.
PHILAMINTE. Si vous jugez de lui tout autrement que nous,
C'est que nous le voyons par d'autres yeux que vous.

SCÈNE III.

TRISSOTIN, PHILAMINTE, ARMANDE, CLITANDRE.

TRISSOTIN, à Philaminte. Je viens vous annoncer une grande nouvelle.
Nous l'avons en dormant, madame, échappé belle:
Un monde près de nous a passé tout du long,
Est chu tout au travers de notre tourbillon,
Et, s'il eût en chemin rencontré notre terre,
Elle eût été brisée en morceaux, comme verre.
PHILAMINTE. Remettons ce discours pour une autre saison:
Monsieur n'y trouverait ni rime ni raison;
Il fait profession de chérir l'ignorance
Et de haïr surtout l'esprit et la science.

CLITANDRE. Cette vérité veut quelque adoucissement.
Je m'explique, madame ; et je hais seulement
La science et l'esprit qui gâtent les personnes.
Ce sont choses, de soi, qui sont belles et bonnes ;
Mais j'aimerais mieux être au rang des ignorants,
Que de me voir savant comme certaines gens.
TRISSOTIN. Pour moi, je ne tiens pas, quelque effet qu'on suppose,
Que la science soit pour gâter quelque chose.
CLITANDRE. Et c'est mon sentiment, qu'en faits comme en propos,
La science est sujette à faire de grands sots.
TRISSOTIN. Le paradoxe est fort.
CLITANDRE. Sans être fort habile,
La preuve m'en serait, je pense, assez facile.
Si les raisons manquaient, je suis sûr qu'en tout cas
Les exemples fameux ne me manqueraient pas.
TRISSOTIN. Vous en pourriez citer qui ne concluraient guère.
CLITANDRE. Je n'irais pas bien loin pour trouver mon affaire.
TRISSOTIN. Pour moi, je ne vois point ces exemples fameux.
CLITANDRE. Moi, je les vois si bien, qu'ils me crèvent les yeux.
TRISSOTIN. J'ai cru jusques ici que c'était l'ignorance
Qui faisait les grands sots, et non pas la science.
CLITANDRE. Vous avez cru fort mal ; et je vous suis garant
Qu'un sot savant est sot plus qu'un sot ignorant.
TRISSOTIN. Le sentiment commun est contre vos maximes,
Puisque ignorant et sot sont termes synonymes.
CLITANDRE. Si vous le voulez prendre aux usages du mot,
L'alliance est plus grande entre pédant et sot.
TRISSOTIN. La sottise, dans l'un, se fait voir toute pure.
CLITANDRE. Et l'étude, dans l'autre, ajoute à la nature.
TRISSOTIN. Le savoir garde en soi son mérite éminent.
CLITANDRE. Le savoir, dans un fat, devient impertinent.
TRISSOTIN. Il faut que l'ignorance ait pour vous de grands [charmes,
Puisque pour elle ainsi vous prenez tant les armes.
CLITANDRE. Si pour moi l'ignorance a des charmes bien grands,
C'est depuis qu'à mes yeux s'offrent certains savants.
TRISSOTIN. Ces certains savants-là peuvent, à les connaître,
Valoir certaines gens que nous voyons paraître.
CLITANDRE. Oui, si l'on s'en rapporte à ces certains savants ;
Mais on n'en convient pas chez ces certaines gens.
PHILAMINTE, à Clitandre. Il me semble, monsieur....
CLITANDRE. Eh ! madame, de [grâce,
Monsieur est assez fort, sans qu'à son aide on passe.
Je n'ai déjà que trop d'un si rude assaillant,
Et si je me défends, ce n'est qu'en reculant.

ARMANDE. Mais l'offensante aigreur de chaque repartie
Dont vous...
CLITANDRE. Autre second! Je quitte la partie.
PHILAMINTE. On souffre aux entretiens ces sortes de combats,
Pourvu qu'à la personne on ne s'attaque pas.
CLITANDRE. Eh! mon Dieu! tout cela n'a rien dont il s'offense;
Il entend raillerie autant qu'homme de France;
Et de bien d'autres traits il s'est senti piquer,
Sans que jamais sa gloire ait fait que s'en moquer.
TRISSOTIN. Je ne m'étonne pas, au combat que j'essuie,
De voir prendre à monsieur la thèse qu'il appuie :
Il est fort enfoncé dans la cour, c'est tout dit.
La cour, comme l'on sait, ne tient pas pour l'esprit :
Elle a quelque intérêt d'appuyer l'ignorance;
Et c'est en courtisan qu'il en prend la défense.
CLITANDRE. Vous en voulez beaucoup à cette pauvre cour;
Et son malheur est grand de voir que, chaque jour,
Vous autres, beaux esprits, vous déclamiez contre elle,
Que de tous vos chagrins vous lui fassiez querelle,
Et, sur son méchant goût lui faisant son procès,
N'accusiez que lui seul de vos méchants succès.
Permettez-moi, monsieur Trissotin, de vous dire,
Avec tout le respect que votre nom m'inspire,
Que vous feriez fort bien, vos confrères et vous,
De parler de la cour d'un ton un peu plus doux;
Qu'à le bien prendre, au fond, elle n'est pas si bête
Que vous autres, messieurs, vous vous mettez en tête;
Qu'elle a du sens commun pour se connaître à tout;
Que chez elle on se peut former quelque bon goût;
Et que l'esprit du monde y vaut, sans flatterie,
Tout le savoir obscur de la pédanterie.
TRISSOTIN. De son bon goût, monsieur, nous voyons des effets.
CLITANDRE. Où voyez-vous, monsieur, qu'elle l'ait si mauvais?
TRISSOTIN. Ce que je vois, monsieur? C'est que pour la science
Rasius et Baldus font honneur à la France,
Et que tout leur mérite, exposé fort au jour,
N'attire point les yeux et les dons de la cour.
CLITANDRE. Je vois votre chagrin, et que, par modestie,
Vous ne vous mettez point, monsieur, de la partie.
Et, pour ne vous point mettre aussi dans le propos,
Que font-ils pour l'État vos habiles héros?
Qu'est-ce que leurs écrits lui rendent de service,
Pour accuser la cour d'une horrible injustice,
Et se plaindre en tous lieux que sur leurs doctes noms

Elle manque à verser la faveur de ses dons?
Leur savoir à la France est beaucoup nécessaire!
Et des livres qu'ils font la cour a bien affaire!
Il semble à trois gredins, dans leur petit cerveau,
Que pour être imprimés et reliés en veau,
Les voilà dans l'État d'importantes personnes;
Qu'avec leur plume ils font les destins des couronnes;
Qu'au moindre petit bruit de leurs productions,
Ils doivent voir chez eux voler les pensions;
Que sur eux l'univers a la vue attachée;
Que partout de leur nom la gloire est épanchée;
Et qu'en science ils sont des prodiges fameux,
Pour savoir ce qu'ont dit les autres avant eux,
Pour avoir eu trente ans des yeux et des oreilles,
Pour avoir employé neuf ou dix mille veilles
A se bien barbouiller de grec et de latin,
Et se charger l'esprit d'un ténébreux butin
De tous les vieux fatras qui traînent dans les livres;
Gens qui de leur savoir paraissent toujours ivres;
Riches, pour tout mérite, en babil importun;
Inhabiles à tout, vides de sens commun,
Et pleins d'un ridicule et d'une impertinence
A décrier partout l'esprit et la science.

PHILAMINTE. Votre chaleur est grande, et cet emportement
De la nature en vous marque le mouvement.
C'est le nom de monsieur qui dans votre âme excite...

SCÈNE IV.

TRISSOTIN, PHILAMINTE, CLITANDRE, ARMANDE, JULIEN.

JULIEN. Le savant qui tantôt vous a rendu visite,
Et de qui j'ai l'honneur de me voir le valet,
Madame, vous exhorte à lire ce billet.
PHILAMINTE. Quelque important que soit ce qu'on veut que je lise,
Apprenez, mon ami, que c'est une sottise
De se venir jeter au travers d'un discours,
Et qu'aux gens d'un logis il faut avoir recours,
Afin de s'introduire en valet qui sait vivre.
JULIEN. Je noterai cela, madame, dans mon livre.
PHILAMINTE. « Trissotin s'est vanté, madame, qu'il épouserait votre fille. Je vous donne avis que sa philosophie n'en veut qu'à vos richesses, et que vous ferez bien de ne point conclure ce mariage que vous n'ayez vu le poème que je compose contre lui. En attendant cette peinture où je prétends vous le

dépeindre de toutes ses couleurs, je vous envoie Horace, Virgile, Térence et Catulle, où vous verrez notés en marge tous les endroits qu'il a pillés. »

Voilà, sur cet hymen que je me suis promis,
Un mérite attaqué de beaucoup d'ennemis;
Et ce déchaînement aujourd'hui me convie
A faire une action qui confonde l'envie,
Qui lui fasse sentir que l'effort qu'elle fait
De ce qu'elle veut rompre aura pressé l'effet.
(A Julien.) Reportez tout cela sur l'heure à votre maître;
Et lui dites qu'afin de lui faire connaître
Quel grand état je fais de ses nobles avis,
Et comme je les crois dignes d'être suivis,
(Montrant Trissotin.) Dès ce soir à monsieur je marierai ma fille.

SCÈNE V.

PHILAMINTE, ARMANDE, CLITANDRE.

PHILAMINTE, à Clitandre.
Vous, monsieur, comme ami de toute la famille,
A signer leur contrat vous pourrez assister;
Et je vous y veux bien pour ma part inviter.
Armande, prenez soin d'envoyer au notaire
Et d'aller avertir votre sœur de l'affaire.
ARMANDE. Pour avertir ma sœur, il n'en est pas besoin;
Et monsieur que voilà saura prendre le soin
De courir lui porter bientôt cette nouvelle,
Et la bien disposer à vous être rebelle.
PHILAMINTE. Nous verrons qui sur elle aura plus de pouvoir,
Et si je la saurai réduire à son devoir.

SCÈNE VI.

ARMANDE, CLITANDRE.

ARMANDE. J'ai grand regret, monsieur, de voir qu'à vos visées
Les choses ne soient pas tout à fait disposées.
CLITANDRE. Je m'en vais travailler, madame, avec ardeur,
A ne vous point laisser ce grand regret au cœur.
ARMANDE. J'ai peur que votre effort n'ait pas trop bonne issue.
CLITANDRE. Peut-être verrez-vous votre crainte déçue.
ARMANDE. Je le souhaite ainsi.
CLITANDRE. J'en suis persuadé
Et que de votre appui je serai secondé.
ARMANDE. Oui, je vais vous servir de toute ma puissance.
CLITANDRE. Et ce service est sûr de ma reconnaissance.

SCÈNE VII.

CHRYSALE, ARISTE, HENRIETTE, CLITANDRE.

CLITANDRE. Sans votre appui, monsieur, je serais malheureux.
Madame votre femme a rejeté mes vœux;
Et son cœur prévenu veut Trissotin pour gendre.
CHRYSALE. Mais quelle fantaisie a-t-elle donc pu prendre?
Pourquoi diantre vouloir ce monsieur Trissotin?
ARISTE. C'est par l'honneur qu'il a de rimer en latin
Qu'il a pu sur Clitandre emporter l'avantage.
CLITANDRE. Elle veut dès ce soir faire ce mariage.
CHRYSALE. Dès ce soir?
CLITANDRE.   Dès ce soir.
CHRYSALE.   Et dès ce soir je veux,
Pour le contrecarrer, vous marier tous deux.
CLITANDRE. Pour dresser le contrat, elle envoie au notaire.
CHRYSALE. Et je vais le quérir pour celui qu'il doit faire.
CLITANDRE, montrant Henriette.
Et madame doit être instruite par sa sœur
De l'hymen où l'on veut qu'elle apprête son cœur.
CHRYSALE. Et moi, je lui commande avec pleine puissance
De préparer sa main à cette autre alliance.
Ah! je leur ferai voir si, pour donner la loi,
Il est dans ma maison d'autre maître que moi.

ACTE CINQUIÈME

SCÈNE I.

CHRYSALE, CLITANDRE, HENRIETTE, MARTINE.

CHRYSALE. Ah! ma fille, je suis bien aise de vous voir :
Allons, venez-vous-en faire votre devoir
Et soumettre vos vœux aux volontés d'un père.
Je veux, je veux apprendre à vivre à votre mère;
Et pour la mieux braver, voilà, malgré ses dents,
Martine que j'amène et rétablis céans.
HENRIETTE. Vos résolutions sont dignes de louange;
Gardez que cette humeur, mon père, ne vous change;
Soyez ferme à vouloir ce que vous souhaitez;

ACTE V, SCÈNE I.

Et ne vous laissez point séduire à vos bontés.
Ne vous relâchez pas et faites bien en sorte
D'empêcher que sur vous ma mère ne l'emporte.
CHRYSALE. Comment! me prenez-vous ici pour un benêt?
HENRIETTE. M'en préserve le ciel!
CHRYSALE. Suis-je un fat, s'il vous plaît?
HENRIETTE. Je ne dis pas cela.
CHRYSALE. Me croit-on incapable
Des fermes sentiments d'un homme raisonnable?
HENRIETTE. Non, mon père.
CHRYSALE. Est-ce donc qu'à l'âge où je me voi
Je n'aurai pas l'esprit d'être maître chez moi?
HENRIETTE. Si fait.
CHRYSALE. Et que j'aurais cette faiblesse d'âme
De me laisser mener par le nez à ma femme?
HENRIETTE. Eh! non, mon père.
CHRYSALE. Ouais! Qu'est-ce donc que ceci?
Je vous trouve plaisante à me parler ainsi.
HENRIETTE. Si je vous ai choqué, ce n'est pas mon envie.
CHRYSALE. Ma volonté céans doit être en tout suivie.
HENRIETTE. Fort bien, mon père.
CHRYSALE. Aucun, hors moi, dans la maison
N'a droit de commander.
HENRIETTE. Oui, vous avez raison.
CHRYSALE. C'est moi qui tiens le rang de chef de la famille.
HENRIETTE. D'accord.
CHRYSALE. C'est moi qui dois disposer de ma fille.
HENRIETTE. Eh! oui.
CHRYSALE. Le ciel me donne un plein pouvoir sur vous.
HENRIETTE. Qui vous dit le contraire?
CHRYSALE. Et, pour prendre un époux,
Je vous ferai bien voir que c'est à votre père
Qu'il vous faut obéir, non pas à votre mère.
HENRIETTE. Hélas! vous flattez là le plus doux de mes vœux.
Veuillez être obéi, c'est tout ce que je veux.
CHRYSALE. Nous verrons si ma femme, à mes désirs rebelle...
CLITANDRE. La voici qui conduit le notaire avec elle.
CHRYSALE. Secondez-moi bien tous.
MARTINE. Laissez-moi; j'aurai soin
De vous encourager, s'il en est de besoin.

SCÈNE II.

PHILAMINTE, BÉLISE, ARMANDE, TRISSOTIN, UN NOTAIRE, CHRYSALE, CLITANDRE, HENRIETTE, MARTINE.

PHILAMINTE, au notaire. Vous ne sauriez changer votre style sauvage,
Et nous faire un contrat qui soit en beau langage?
LE NOTAIRE. Notre style est très-bon; et je serais un sot,
Madame, de vouloir y changer un seul mot.
BÉLISE. Ah! quelle barbarie au milieu de la France!
Mais au moins, en faveur, monsieur, de la science,
Veuillez, au lieu d'écus, de livres et de francs,
Nous exprimer la dot en mines et talents,
Et dater par les mots d'ides et de calendes.
LE NOTAIRE. Moi? Si j'allais, madame, accorder vos demandes,
Je me ferais siffler de tous mes compagnons.
PHILAMINTE. De cette barbarie en vain nous nous plaignons.
Allons, monsieur, prenez la table pour écrire.
(Apercevant Martine.) Ah! ah! cette impudente ose encor se produire!
Pourquoi donc, s'il vous plaît, la ramener chez moi?
CHRYSALE. Tantôt avec loisir on vous dira pourquoi;
Nous avons maintenant autre chose à conclure.
LE NOTAIRE. Procédons au contrat. Où donc est la future?
PHILAMINTE. Celle que je marie est la cadette.
LE NOTAIRE.   Bon.
CHRYSALE, montrant Henriette.
Oui, la voilà, monsieur : Henriette est son nom.
LE NOTAIRE. Fort bien. Et le futur?
PHILAMINTE, montrant Trissotin.   L'époux que je lui donne
Est monsieur.
CHRYSALE, montrant Clitandre. Et celui, moi, qu'en propre personne
Je prétends qu'elle épouse, est monsieur.
LE NOTAIRE.   Deux époux!
C'est trop pour la coutume.
PHILAMINTE, au notaire.   Où vous arrêtez-vous?
Mettez, mettez monsieur Trissotin pour mon gendre.
CHRYSALE. Pour mon gendre, mettez, mettez monsieur Clitandre.
LE NOTAIRE. Mettez-vous donc d'accord; et d'un jugement mûr,
Voyez à convenir entre vous du futur.
PHILAMINTE. Suivez, suivez, monsieur, le choix où je m'arrête.
CHRYSALE. Faites, faites, monsieur, les choses à ma tête.
LE NOTAIRE. Dites-moi donc à qui j'obéirai des deux?
PHILAMINTE, à Chrysale.
Quoi donc! vous combattrez les choses que je veux!

CHRYSALE. Je ne saurais souffrir qu'on ne cherche ma fille
Que pour l'amour du bien qu'on voit dans ma famille.
PHILAMINTE. Vraiment à votre bien on songe bien ici?
Et c'est là, pour un sage, un fort digne souci!
CHRYSALE. Enfin pour son époux j'ai fait choix de Clitandre.
PHILAMINTE, montrant Trissotin.
Et moi, pour son époux, voici qui je veux prendre.
Mon choix sera suivi, c'est un point résolu.
CHRYSALE. Ouais! vous le prenez là d'un ton bien absolu.
MARTINE. Ce n'est point à la femme à prescrire, et je sommes
Pour céder le dessus en toute chose aux hommes.
CHRYSALE. C'est bien dit.
MARTINE. Mon congé cent fois me fût-il hoc,
La poule ne doit pas chanter devant le coq.
CHRYSALE. Sans doute.
MARTINE. Et nous voyons que d'un homme on se gausse,
Quand sa femme chez lui porte le haut-de-chausse.
CHRYSALE. Il est vrai.
MARTINE. Si j'avais un mari, je le dis,
Je voudrais qu'il se fît le maître du logis.
Je ne l'aimerais point s'il faisait le jocrisse;
Et, si je contestais contre lui par caprice,
Si je parlais trop haut, je trouverais fort bon
Qu'avec quelques soufflets il rabaissât mon ton.
CHRYSALE. C'est parler comme il faut.
MARTINE. Monsieur est raisonnable
De vouloir pour sa fille un mari convenable.
CHRYSALE. Oui.
MARTINE. Par quelle raison, jeune et bien fait qu'il est,
Lui refuser Clitandre? Et pourquoi, s'il vous plaît,
Lui bailler un savant qui sans cesse épilogue?
Il lui faut un mari, non pas un pédagogue;
Et, ne voulant savoir le grais ni le latin,
Elle n'a pas besoin de monsieur Trissotin.
CHRYSALE. Fort bien.
PHILAMINTE. Il faut souffrir qu'elle jase à son aise.
MARTINE. Les savants ne sont bons que pour prêcher en chaise;
Et pour mon mari, moi, mille fois je l'ai dit,
Je ne voudrais jamais prendre un homme d'esprit.
L'esprit n'est point du tout ce qu'il faut en ménage.
Les livres cadrent mal avec le mariage;
Et je veux, si jamais on engage ma foi,
Un mari qui n'ait point d'autre livre que moi,
Qui ne sache A ne B, n'en déplaise à madame,

Et ne soit, en un mot, docteur que pour sa femme.
PHILAMINTE, à Chrysale. Est-ce fait ? Et sans trouble ai-je assez écouté
Votre digne interprète ?
CHRYSALE. Elle a dit vérité.
PHILAMINTE. Et moi, pour trancher court toute cette dispute,
Il faut qu'absolument mon désir s'exécute.
(Montrant Trissotin.) Henriette et monsieur seront joints de ce pas :
Je l'ai dit, je le veux ; ne me répliquez pas.
Et si votre parole à Clitandre est donnée,
Offrez-lui le parti d'épouser son aînée.
CHRYSALE. Voilà dans cette affaire un accommodement.
(A Henriette et à Clitandre.) Voyez ; y donnez-vous votre consentement ?
HENRIETTE. Eh ! mon père...
CLITANDRE, à Chrysale. Eh ! monsieur... [faire
BÉLISE. On pourrait bien lui
Des propositions qui pourraient mieux lui plaire.

SCÈNE III.

ARISTE, CHRYSALE, PHILAMINTE, BÉLISE, HENRIETTE, ARMANDE,
TRISSOTIN, UN NOTAIRE, CLITANDRE, MARTINE.

ARISTE. J'ai regret de troubler un mystère joyeux
Par le chagrin qu'il faut que j'apporte en ces lieux.
Ces deux lettres me font porteur de deux nouvelles
Dont j'ai senti pour vous les atteintes cruelles.
(A Philaminte.) L'une, pour vous, me vient de votre procureur,
(A Chrysale.) L'autre, pour vous, me vient de Lyon.
PHILAMINTE. Quel malheur
Digne de nous troubler pourrait-on nous écrire ?
ARISTE. Cette lettre en contient un que vous pouvez lire.
PHILAMINTE. « Madame, j'ai prié M. votre frère de vous rendre cette lettre, qui vous dira ce que je n'ai osé vous aller dire. La grande négligence que vous avez pour vos affaires a été cause que le clerc de votre rapporteur ne m'a point averti, et vous avez perdu absolument votre procès que vous deviez gagner. »
CHRYSALE, à Philaminte. Votre procès perdu !
PHILAMINTE, à Chrysale. Vous vous troublez beaucoup,
Mon cœur n'est point du tout ébranlé de ce coup.
Faites, faites paraître une âme moins commune
A braver, comme moi, les traits de la fortune.
« Le peu de soin que vous avez vous coûte quarante mille écus ; et c'est à payer cette somme avec les dépens que vous êtes condamnée par arrêt de la cour. »

Condamnée! Ah! ce mot est choquant, et n'est fait
Que pour les criminels.
ARISTE. Il a tort en effet;
Et vous vous êtes là justement récriée.
Il devait avoir mis que vous êtes priée,
Par arrêt de la cour, de payer au plus tôt
Quarante mille écus et les dépens qu'il faut.
PHILAMINTE. Voyons l'autre.
CHRYSALE. « Monsieur, l'amitié qui me lie à M. votre frère me fait prendre intérêt à tout ce qui vous touche. Je sais que vous avez mis votre bien entre les mains d'Argante et de Damon, et je vous donne avis qu'en même jour ils ont fait tous deux banqueroute. »
O ciel! tout à la fois perdre ainsi tout son bien!
PHILAMINTE, à Chrysale.
Ah! quel honteux transport! Fi! tout cela n'est rien.
Il n'est pour le vrai sage aucun revers funeste;
Et, perdant toute chose, à soi-même il se reste.
Achevons notre affaire et quittez votre ennui,
(Montrant Trissotin.) Son bien nous peut suffire et pour nous et pour lui.
TRISSOTIN. Non, madame, cessez de presser cette affaire;
Je vois qu'à cet hymen tout le monde est contraire,
Et mon dessein n'est point de contraindre les gens.
PHILAMINTE. Cette réflexion vous vient en peu de temps;
Elle suit de bien près, monsieur, notre disgrâce.
TRISSOTIN. De tant de résistance à la fin je me lasse.
J'aime mieux renoncer à tout cet embarras
Et ne veux point d'un cœur qui ne se donne pas.
PHILAMINTE. Je vois, je vois de vous, non pas à votre gloire,
Ce que jusques ici j'ai refusé de croire.
TRISSOTIN. Vous pouvez voir de moi tout ce que vous voudrez
Et je regarde peu comment vous le prendrez;
Mais je ne suis point homme à souffrir l'infamie
Des refus offensants qu'il faut qu'ici j'essuie.
Je vaux bien que de moi l'on fasse plus de cas;
Et je baise les mains à qui ne me veut pas.

SCÈNE IV.

ARISTE, CHRYSALE, PHILAMINTE, BÉLISE, ARMANDE, HENRIETTE, CLITANDRE, UN NOTAIRE, MARTINE.

PHILAMINTE. Qu'il a bien découvert son âme mercenaire!
Et que peu philosophe est ce qu'il vient de faire!
CLITANDRE. Je ne me vante point de l'être; mais, enfin,

Je m'attache, madame, à tout votre destin;
Et j'ose vous offrir, avecque ma personne,
Ce qu'on sait que de bien la fortune me donne.
PHILAMINTE. Vous me charmez, monsieur, par ce trait glorieux
Et je veux couronner vos désirs généreux.
Oui, j'accorde Henriette à l'ardeur empressée...
HENRIETTE. Non, ma mère; je change à présent de pensée.
Souffrez que je résiste à votre volonté.
CLITANDRE. Quoi! vous vous opposez à ma félicité!
Et lorsqu'à mes désirs je vois chacun se rendre...
HENRIETTE. Je sais le peu de bien que vous avez, Clitandre,
Et je vous ai toujours souhaité pour époux,
Lorsqu'en satisfaisant à des désirs plus doux
J'ai vu que mon hymen ajustait vos affaires;
Mais lorsque nous avons les destins si contraires,
Je vous chéris assez, dans cette extrémité,
Pour ne vous charger point de notre adversité.
CLITANDRE. Tout destin avec vous me peut être agréable;
Tout destin me serait sans vous insupportable.
HENRIETTE. Chacun, dans son transport, parle toujours ainsi.
Des retours importuns évitons le souci.
Rien n'use tant l'ardeur de ce nœud qui nous lie,
Que les fâcheux besoins des choses de la vie;
Et l'on en vient souvent à s'accuser un jour
De tous les noirs chagrins qui suivent en retour.
ARISTE. Laissez-vous donc lier par des chaînes si belles;
Je ne vous ai porté que de fausses nouvelles.
CHRYSALE. Le ciel en soit loué!
PHILAMINTE. J'en ai la joie au cœur
Par le chagrin qu'aura ce lâche déserteur.
Voilà le châtiment de sa basse avarice,
De voir qu'avec éclat cet hymen s'accomplisse.
CHRYSALE, à Clitandre. Je le savais bien, moi, que vous l'épouseriez.
ARMANDE, à Philaminte. Ainsi donc à tous deux vous me sacrifiez?
PHILAMINTE. Ce ne sera point vous que je leur sacrifie;
Et vous avez l'appui de la philosophie
Pour voir d'un œil content couronner leur ardeur.
BÉLISE. Qu'il prenne garde au moins que je suis dans son cœur :
Par un prompt désespoir souvent on se marie,
Qu'on s'en repent après, tout le temps de sa vie, [crit
CHRYSALE, au notaire. Allons, monsieur, suivez l'ordre que j'ai pres-
Et faites le contrat ainsi que je l'ai dit.

LE
MALADE IMAGINAIRE

COMÉDIE-BALLET EN TROIS ACTES (1673).

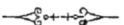

PERSONNAGES

DANS LA COMÉDIE :

ARGAN, malade imaginaire.
BÉLINE, seconde femme d'Argan.
ANGÉLIQUE, fille d'Argan.
LOUISON, petite fille, sœur d'Angélique.
BÉRALDE, frère d'Argan.
CLÉANTE.
M. DIAFOIRUS, médecin.
THOMAS DIAFOIRUS, son fils.
M. PURGON, médecin.
M. FLEURANT, apothicaire.
M. DE BONNEFOI, notaire.
TOINETTE, servante d'Argan.

DANS LE BALLET :

TAPISSIERS dansants.
LE PRÉSIDENT de la Faculté de médecine.
DOCTEURS.
ARGAN, bachelier.
APOTHICAIRES, avec leurs mortiers et leurs pilons.
PORTE-SERINGUES.
CHIRURGIENS.

La scène est à Paris.

ACTE PREMIER

Le théâtre représente la chambre d'Argan.

SCÈNE I.

ARGAN, assis, ayant une table devant lui, comptant avec des jetons les parties de son apothicaire.

Trois et deux font cinq, et cinq font dix, et dix font vingt. Trois et deux font cinq. *Plus, du vingt-quatrième, un petit clystère insinuatif, préparatif et rémollient, pour amollir, humecter et rafraîchir les entrailles de monsieur...* Ce qui me plaît de monsieur Fleurant, mon apothicaire, c'est que ses parties sont toujours fort civiles. *Les entrailles de monsieur, trente sous.* Oui ; mais, monsieur Fleurant, ce n'est pas tout que d'être civil, il faut être aussi raisonnable et ne pas écorcher les malades. Trente sous un lavement ! Je suis votre serviteur, je vous l'ai déjà dit ; vous ne me les avez mis dans les autres parties qu'à vingt sous, et vingt sous, en langage d'apothicaire, c'est-à-dire dix sous. Les voilà, dix sous. *Plus, dudit jour, un bon clystère détersif, composé avec catholicon double, rhubarbe, miel rosat et autres, suivant l'ordonnance, pour balayer, laver et nettoyer le bas-ventre de monsieur, trente sous.* Avec votre permission, dix sous. *Plus, dudit jour, le soir, un julep hépatique, soporatif, somnifère, composé pour faire dormir monsieur, trente-cinq sous.* Je ne me plains pas de celui-là, car il me fit bien dormir. Dix, quinze, seize et dix-sept sous six deniers. *Plus, du vingt-cinquième, une bonne médecine purgative et corroborative, composée de casse récente avec séné levantin et autres, suivant l'ordonnance de M. Purgon, pour expulser et évacuer la bile de monsieur, quatre livres.* Ah! monsieur Fleurant, c'est se moquer; il faut vivre avec les malades. M. Purgon ne vous a pas ordonné de mettre quatre francs. Mettez, mettez trois livres, s'il vous plaît. Vingt et trente sous. *Plus, dudit jour, une potion anodine et astringente, pour faire reposer monsieur, trente sous.* Bon, dix et quinze sous. *Plus, du vingt-sixième, un clystère carminatif, pour chasser les vents de monsieur, trente sous.* Dix sous, monsieur Fleurant. *Plus, le clystère de monsieur, réitéré le soir, comme dessus, trente sous.* Monsieur Fleurant, dix sous. *Plus, du vingt-septième, une bonne médecine, composée pour hâter d'aller et chasser dehors les mauvaises humeurs de monsieur, trois livres.* Bon, vingt et trente sous; je suis bien aise que vous soyez raisonnable. *Plus, du vingt-huitième, une prise de petit-lait clarifié et édulcoré, pour adoucir, lénifier, tempérer et rafraîchir le sang de monsieur, vingt sous.* Bon, dix sous. *Plus, une potion cordiale et préservatrice, composée avec douze grains de bézoard, sirop de limon et grenade, et autres, suivant l'ordonnance, cinq livres.* Ah! monsieur Fleurant, tout doux, s'il vous plaît; si vous en usez comme cela, on ne voudra plus être malade : contentez-vous de quatre francs. Et vingt et quarante sous. Trois et deux font cinq et cinq font dix, et dix font vingt. Soixante et trois livres quatre sous six deniers. Si bien donc que, de ce mois, j'ai pris une, deux, trois, quatre, cinq, six, sept, huit médecines, et un, deux, trois, quatre, cinq, six, sept, huit, neuf, dix, onze et douze lavements; et l'autre mois il y avait douze médecines et vingt lavements. Je ne m'étonne pas si je ne me porte pas si bien ce mois-ci que l'autre. Je le dirai à M. Purgon, afin qu'il mette ordre à cela. Allons, qu'on m'ôte tout ceci. (Voyant que personne ne vient, et qu'il n'y a aucun de ses gens dans sa chambre.) Il n'y a personne? J'ai beau dire, on me laisse toujours seul; il n'y a pas moyen de les arrêter ici. (Après avoir sonné une

Ma foi, je ne me mêle pas de ces affaires-là.

LE MALADE IMAGINAIRE. Acte I, Scène II.

sonnette qui est sur sa table.) Ils n'entendent point, et ma sonnette ne fait pas assez de bruit. (Après avoir sonné encore.) Ils sont sourds, Toinette! (Après avoir fait le plus de bruit qu'il peut avec sa sonnette.) Tout comme si je ne sonnais point! Chienne! coquine! (Voyant qu'il sonne encore inutilement.) J'enrage! Drelin, drelin, drelin. Carogne, à tous les diables! Est-il possible qu'on laisse ainsi comme cela un pauvre malade tout seul? Drelin, drelin, drelin. Voilà qui est pitoyable! Drelin, drelin, drelin. Ah! mon Dieu! Ils me laisseront ici mourir. Drelin, drelin, drelin.

SCÈNE II.

ARGAN, TOINETTE.

TOINETTE, en entrant. On y va.

ARGAN. Ah! chienne! ah! carogne!

TOINETTE, faisant semblant de s'être cogné la tête. Diantre soit de votre impatience! Vous pressez si fort les personnes, que je me suis donné un grand coup à la tête contre la carne d'un volet.

ARGAN, en colère. Ah! traîtresse!

TOINETTE, interrompant Argan. Ah!

ARGAN. Il y a...

TOINETTE. Ah!

ARGAN. Il y a une heure...

TOINETTE. Ah!

ARGAN. Tu m'as laissé...

TOINETTE. Ah!

ARGAN. Tais-toi donc, coquine, que je te querelle.

TOINETTE. Çà mon, ma foi, j'en suis d'avis, après ce que je me suis fait.

ARGAN. Tu m'as fait égosiller, carogne!

TOINETTE. Et vous m'avez fait, vous, casser la tête. L'un vaut bien l'autre : quitte à quitte, si vous voulez.

ARGAN. Quoi! coquine...

TOINETTE. Si vous querellez, je pleurerai.

ARGAN. Me laisser, traîtresse!

TOINETTE, interrompant encore Argan. Ah!

ARGAN. Chienne, tu veux...

TOINETTE. Ah!

ARGAN. Quoi! il faudra encore que je n'aie pas le plaisir de la quereller!

TOINETTE. Querellez tout votre soûl, je le veux bien.

ARGAN. Tu m'empêches, chienne, en m'interrompant à tout coup.

TOINETTE. Si vous avez le plaisir de quereller, il faut bien que, de mon côté, j'aie le plaisir de pleurer : chacun le sien, ce n'est pas trop. Ah !

ARGAN. Allons, il faut en passer par là. Ote-moi ceci, coquine, ôte-moi ceci ! (Après s'être levé.) Mon lavement d'aujourd'hui a-t-il bien opéré ?

TOINETTE. Votre lavement ?

ARGAN. Oui. Ai-je bien fait de la bile ?

TOINETTE. Ma foi, je ne me mêle point de ces affaires-là. C'est à M. Fleurant à y mettre le nez, puisqu'il en a le profit.

ARGAN. Qu'on ait soin de me tenir un bouillon prêt pour l'autre que je dois tantôt prendre.

TOINETTE. Ce M. Fleurant-là et ce M. Purgon s'égayent bien sur votre corps : ils ont en vous une bonne vache à lait; et je voudrais bien leur demander quel mal vous avez, pour faire tant de remèdes.

ARGAN. Taisez-vous, ignorante; ce n'est pas à vous à contrôler les ordonnances de la médecine. Qu'on me fasse venir ma fille Angélique, j'ai à lui dire quelque chose.

TOINETTE. La voici qui vient d'elle-même; elle a deviné votre pensée.

SCÈNE III.

ARGAN, ANGÉLIQUE, TOINETTE.

ARGAN. Approchez, Angélique; vous venez à propos, je voulais vous parler.

ANGÉLIQUE. Me voilà prête à vous ouïr.

ARGAN. Attendez. (A Toinette.) Donne-moi mon bâton, je vais revenir tout à l'heure.

TOINETTE. Allez vite, monsieur, allez. M. Fleurant nous donne des affaires.

SCÈNE IV.

ANGÉLIQUE, TOINETTE.

ANGÉLIQUE. Toinette !

TOINETTE. Quoi ?

ANGÉLIQUE. Regarde-moi un peu.

TOINETTE. Eh bien, je vous regarde.

ANGÉLIQUE. Toinette !

TOINETTE. Eh bien, quoi, Toinette ?

ANGÉLIQUE. Ne devines-tu point de quoi je veux parler ?

TOINETTE. Je m'en doute assez : de votre mariage avec Cléante ?

ANGÉLIQUE. Dis-moi un peu, ne trouves-tu pas, comme moi, quelque chose du ciel, quelque effet du destin, dans l'aventure inopinée de notre connaissance ?

TOINETTE. Oui.

ANGÉLIQUE. Ne trouves-tu pas que cette action d'embrasser ma défense sans me connaître est tout à fait d'un honnête homme !

TOINETTE. Oui.

ANGÉLIQUE. Que l'on ne peut en user plus généreusement ?

TOINETTE. D'accord.

ANGÉLIQUE. Et qu'il fit tout cela de la meilleure grâce du monde ?

TOINETTE. Oh ! oui... Voilà votre père qui revient.

SCÈNE V.

ARGAN, ANGÉLIQUE, TOINETTE.

ARGAN. Or çà, ma fille, je vais vous dire une nouvelle, où, peut-être, ne vous attendez-vous pas. On vous demande en mariage... Qu'est-ce que cela ? vous riez ? Cela est plaisant. A ce que je puis voir, ma fille, je n'ai que faire de vous demander si vous voulez bien vous marier.

ANGÉLIQUE. Je dois faire, mon père, tout ce qu'il vous plaira de m'ordonner.

ARGAN. Je suis bien aise d'avoir une fille si obéissante : la chose est donc conclue, et je vous ai promise.

ANGÉLIQUE. C'est à moi, mon père, de suivre aveuglément toutes vos volontés.

ARGAN. Ma femme, votre belle-mère, avait envie que je vous fasse religieuse, et votre petite sœur Louison aussi ; et, de tout temps, elle a été aheurtée à cela.

TOINETTE, à part. La bonne bête a ses raisons.

ARGAN. Elle ne voulait point consentir à ce mariage ; mais je l'ai emporté, et ma parole est donnée.

ANGÉLIQUE. Ah ! mon père, que je vous suis obligée de toutes vos bontés !

TOINETTE, à Argan. En vérité, je vous sais bon gré de cela ; et voilà l'action la plus sage que vous ayez faite de votre vie.

ARGAN. Je n'ai point encore vu la personne ; mais on m'a dit que j'en serais content, et lui aussi.

ANGÉLIQUE. Assurément, mon père.

ARGAN. Comment ! l'as-tu vu ?

ANGÉLIQUE. Puisque votre consentement m'autorise à vous pouvoir ouvrir mon cœur, je ne feindrai point de vous dire que le hasard nous a fait connaître il y a six jours, et que la demande qu'on vous a faite vient de ce que nous sommes convenus l'un à l'autre.

ARGAN. Ils ne m'ont pas dit cela; mais j'en suis bien aise, et c'est tant mieux que les choses soient de la sorte. Ils disent que c'est un grand jeune garçon bien fait.

ANGÉLIQUE. Oui, mon père.

ARGAN. De belle taille.

ANGÉLIQUE. Sans doute.

ARGAN. Agréable de sa personne.

ANGÉLIQUE. Assurément.

ARGAN. De bonne physionomie.

ANGÉLIQUE. Très-bonne.

ARGAN. Sage et bien né.

ANGÉLIQUE. Tout à fait.

ARGAN. Fort honnête.

ANGÉLIQUE. Le plus honnête du monde.

ARGAN. Qui parle bien latin et grec.

ANGÉLIQUE. C'est ce que je ne sais pas.

ARGAN. Et qui sera reçu médecin dans trois jours.

ANGÉLIQUE. Lui, mon père?

ARGAN. Oui. Est-ce qu'il ne te l'a pas dit?

ANGÉLIQUE. Non, vraiment. Qui vous l'a dit à vous?

ARGAN. M. Purgon.

ANGÉLIQUE. Est-ce que M. Purgon le connaît?

ARGAN. La belle demande! Il faut bien qu'il le connaisse, puisque c'est son neveu.

ANGÉLIQUE. Cléante, neveu de M. Purgon?

ARGAN. Quel Cléante? Nous parlons de celui pour qui l'on t'a demandée en mariage.

ANGÉLIQUE. Eh! oui.

ARGAN. Eh bien! c'est le neveu de M. Purgon, qui est fils de son beau-frère le médecin, M. Diafoirus, et ce fils s'appelle Thomas Diafoirus, et non pas Cléante. Nous avons conclu ce mariage-là ce matin, M. Purgon, M. Fleurant et moi; et demain ce gendre prétendu me doit être amené par son père... Qu'est-ce? vous voilà toute ébaubie!

ANGÉLIQUE. C'est, mon père, que je connais que vous avez parlé d'une personne, et que j'ai entendu une autre.

TOINETTE. Quoi! monsieur, vous auriez fait ce dessein burlesque? et, avec tout le bien que vous avez, vous voudriez marier votre fille avec un médecin?

ARGAN. Oui... De quoi te mêles-tu, coquine, impudente que tu es?

TOINETTE. Mon Dieu! tout doux. Vous allez d'abord aux invectives. Est-ce que nous ne pouvons raisonner ensemble sans nous emporter? Là, parlons de sang-froid. Quelle est votre raison, s'il vous plaît, pour un tel mariage?

ARGAN. Ma raison est que, me voyant infirme et malade comme je suis, je veux me faire un gendre et des alliés médecins, afin de m'appuyer de bons secours contre ma maladie, d'avoir dans ma fille les sources des remèdes qui me sont nécessaires, et d'être à même des consolations et des ordonnances.

TOINETTE. Eh bien, voilà dire une raison; il y a du plaisir à se répondre doucement les uns aux autres. Mais, monsieur, mettez la main à la conscience : est-ce que vous êtes malade?

ARGAN. Comment, coquine! je suis malade? Si je suis malade, impudente!

TOINETTE. Eh bien, oui, monsieur, vous êtes malade, n'ayons point de querelle là-dessus. Oui, vous êtes fort malade, j'en demeure d'accord, et plus malade que vous ne pensez : voilà qui est fait. Mais votre fille doit épouser un mari pour elle; et, n'étant point malade, il n'est pas nécessaire de lui donner un médecin.

ARGAN. C'est pour moi que je lui donne ce médecin, et une fille de bon naturel doit être ravie d'épouser ce qui est utile à la santé de son père.

TOINETTE. Ma foi, monsieur, voulez-vous qu'en amie je vous donne un conseil?

ARGAN. Quel est-il, ce conseil?

TOINETTE. De ne point songer à ce mariage-là.

ARGAN. Et la raison?

TOINETTE. La raison, c'est que votre fille n'y consentira point.

ARGAN. Elle n'y consentira point?

TOINETTE. Non.

ARGAN. Ma fille?

TOINETTE. Votre fille. Elle vous dira qu'elle n'a que faire de M. Diafoirus, ni de son fils Thomas Diafoirus, ni de tous les Diafoirus du monde.

ARGAN. J'en ai affaire, moi, outre que le parti est plus avantageux qu'on ne pense. M. Diafoirus n'a que ce fils-là pour tout héritier; et, de plus, M. Purgon, qui n'a ni femme ni enfants, lui donne tout son bien en faveur de ce mariage; et M. Purgon est un homme qui a huit mille livres de rente.

TOINETTE. Il faut qu'il ait tué bien des gens pour s'être fait si riche.

ARGAN. Huit mille livres de rente sont quelque chose, sans compter le bien du père.

TOINETTE. Monsieur, tout cela est bel et bon; mais j'en reviens toujours là : je vous conseille, entre nous, de lui choisir un autre mari; et elle n'est point faite pour être madame Diafoirus.

ARGAN. Et je veux, moi, que cela soit.

TOINETTE. Eh! fi! ne dites pas cela.

ARGAN. Comment! que je ne dise pas cela?

TOINETTE. Eh! non.

ARGAN. Et pourquoi ne le dirais-je pas?

TOINETTE. On dira que vous ne songez pas à ce que vous dites.

ARGAN. On dira ce qu'on voudra; mais je vous dis que je veux qu'elle exécute la parole que j'ai donnée.

TOINETTE. Non, je suis sûre qu'elle ne le fera pas.

ARGAN. Je l'y forcerai bien.

TOINETTE. Elle ne le fera pas, vous dis-je.

ARGAN. Elle le fera, ou je la mettrai dans un couvent.

TOINETTE. Vous?

ARGAN. Moi.

TOINETTE. Bon.

ARGAN. Comment, bon?

TOINETTE. Vous ne la mettrez point dans un couvent.

ARGAN. Je ne la mettrai point dans un couvent?

TOINETTE. Non.

ARGAN. Non?

TOINETTE. Non.

ARGAN. Ouais! Voici qui est plaisant. Je ne mettrai pas ma fille dans un couvent, si je veux?

TOINETTE. Non, vous dis-je.

ARGAN. Qui m'en empêchera?

TOINETTE. Vous-même.

ARGAN. Moi?

TOINETTE. Oui, vous n'aurez pas ce cœur-là.

ARGAN. Je l'aurai.

TOINETTE. Vous vous moquez.

ARGAN. Je ne me moque point.

TOINETTE. La tendresse paternelle vous prendra.

ARGAN. Elle ne me prendra point.

TOINETTE. Une petite larme ou deux, des bras jetés au cou, un *mon petit papa mignon!* prononcé tendrement, sera assez pour vous toucher.

ARGAN. Tout cela ne fera rien.

TOINETTE. Oui, oui.

ARGAN. Je vous dis que je n'en démordrai point.

TOINETTE. Bagatelles.

ARGAN. Il ne faut point dire bagatelles.

TOINETTE. Mon Dieu! je vous connais, vous êtes bon naturellement.

ARGAN, avec emportement. Je ne suis point bon, et je suis méchant quand je veux.

TOINETTE. Doucement, monsieur; vous ne songez pas que vous êtes malade.

ARGAN. Je lui commande absolument de se préparer à prendre le mari que je dis.

TOINETTE. Et moi, je lui défends absolument d'en faire rien.

ARGAN. Où est-ce donc que nous sommes? Et quelle audace est-ce là à une coquine de servante de parler de la sorte devant son maître?

TOINETTE. Quand un maître ne songe pas à ce qu'il fait, une servante bien sensée est en droit de le redresser.

ARGAN, courant après Toinette. Ah! insolente, il faut je que t'assomme.

TOINETTE, évitant Argan et mettant la chaise entre elle et lui. Il est de mon devoir de m'opposer aux choses qui vous peuvent déshonorer.

ARGAN, courant après Toinette autour de la chaise avec un bâton. Viens, viens, que je t'apprenne à parler.

TOINETTE, se sauvant du côté où n'est point Argan. Je m'intéresse, comme je dois, à ne vous point laisser faire de folie.

ARGAN, de même. Chienne!

TOINETTE, de même. Non, je ne consentirai jamais à ce mariage.

ARGAN, de même. Pendarde!

TOINETTE, de même. Je ne veux pas qu'elle épouse votre Thomas Diafoirus.

ARGAN, de même. Carogne!

TOINETTE, de même. Elle m'obéira plutôt qu'à vous.

ARGAN, s'arrêtant. Angélique, tu ne veux point m'arrêter cette coquine-là?

ANGÉLIQUE. Eh! mon père, ne vous faites point malade.

ARGAN, à Angélique. Si tu ne me l'arrêtes, je te donnerai ma malédiction.

TOINETTE, en s'en allant. Et moi, je la déshériterai si elle vous obéit.

ARGAN, se jetant dans sa chaise. Ah! ah! je n'en puis plus. Voilà pour me faire mourir.

SCÈNE VI.

BÉLINE, ARGAN.

ARGAN. Ah! ma femme, approchez.
BÉLINE. Qu'avez-vous, mon pauvre mari?
ARGAN. Venez-vous-en ici à mon secours.
BÉLINE. Qu'est-ce que c'est donc qu'il y a, mon petit fils!
ARGAN. M'amie!
BÉLINE. Mon ami!
ARGAN. On vient de me mettre en colère.
BÉLINE. Hélas! pauvre petit mari! comment donc, mon ami?
ARGAN. Votre coquine de Toinette est devenue plus insolente que jamais.
BÉLINE. Ne vous passionnez donc point.
ARGAN. Elle m'a fait enrager, m'amie.
BÉLINE. Doucement, mon fils.
ARGAN. Elle a contrecarré, une heure durant, les choses que je veux faire.
BÉLINE. La! la! tout doux!
ARGAN. Elle a eu l'effronterie de me dire que je ne suis point malade.
BÉLINE. C'est une impertinente.
ARGAN. Vous savez, mon cœur, ce qui en est.
BÉLINE. Oui, mon cœur, elle a tort.
ARGAN. M'amour, cette coquine-là me fera mourir.
BÉLINE. Eh la! eh la!
ARGAN. Elle est cause de toute la bile que je fais.
BÉLINE. Ne vous fâchez donc point.
ARGAN. Et il y a je ne sais combien que je vous dis de me la chasser.
BÉLINE. Mon Dieu! mon fils, il n'y a point de serviteur et de servantes qui n'aient leurs défauts. On est contraint parfois de souffrir leurs mauvaises qualités à causes des bonnes. Celle-ci est adroite, soigneuse, diligente et surtout fidèle; et vous savez qu'il faut maintenant de grandes précautions pour les gens que l'on prend. Holà! Toinette!

SCÈNE VII.

ARGAN, BÉLINE, TOINETTE.

TOINETTE. Madame?
BÉLINE. Pourquoi donc est-ce que vous mettez mon mari en colère?

TOINETTE, d'un ton douceureux. Moi, madame? Hélas! je ne sais pas ce que vous voulez me dire, et je ne songe qu'à complaire à monsieur en toutes choses.

ARGAN. Ah! la traîtresse!

TOINETTE. Il nous a dit qu'il voulait donner sa fille en mariage au fils de M. Diafoirus. Je lui ai répondu que je trouvais le parti avantageux pour elle, mais que je croyais qu'il ferait mieux de la mettre dans un couvent.

BÉLINE. Il n'y a pas grand mal à cela et je trouve qu'elle a raison.

ARGAN. Ah! m'amour, vous la croyez! C'est une scélérate, elle m'a dit cent insolences.

BÉLINE. Eh bien! je vous crois, mon ami. La! remettez-vous. Écoutez, Toinette : si vous fâchez jamais mon mari, je vous mettrai dehors. Çà, donnez-moi son manteau fourré et des oreillers, que je l'accommode dans sa chaise. Vous voilà je ne sais comment. Enfoncez bien votre bonnet jusque sur vos oreilles; il n'y a rien qui enrhume tant que de prendre l'air par les oreilles.

ARGAN. Ah! ma mie, que je vous suis obligé de tous les soins que vous prenez de moi.

BÉLINE, accommodant les oreillers qu'elle met autour d'Argan. Levez-vous, que je mette ceci sous vous. Mettons celui-ci pour vous appuyer et celui-là de l'autre côté. Mettons celui-ci derrière votre dos et cet autre-là pour soutenir votre tête.

TOINETTE, lui mettant rudement un oreiller sur la tête. Et celui-ci pour vous garder du serein.

ARGAN, se levant en colère et jetant les oreillers à Toinette qui s'enfuit. Ah! coquine, tu veux m'étouffer.

SCÈNE VIII.

ARGAN, BÉLINE.

BÉLINE. Eh la! eh la! Qu'est-ce que c'est donc?

ARGAN, se jetant dans la chaise. Ah! ah! ah! je n'en puis plus.

BÉLINE. Pourquoi vous emporter ainsi? Elle a cru faire bien.

ARGAN. Vous ne connaissez pas, m'amour, la malice de la pendarde. Ah! elle m'a mis tout hors de moi et il faudra plus de huit médecines et de douze lavements pour réparer tout ceci.

BÉLINE. La! la! mon petit ami, apaisez-vous un peu.

ARGAN. M'amie, vous êtes toute ma consolation.

BÉLINE. Pauvre petit fils!

ARGAN. Pour tâcher de reconnaître l'amour que vous me

portez, je veux, mon cœur, comme je vous ai dit, faire mon testament.

BÉLINE. Ah! mon ami, ne parlons point de cela, je vous prie; je ne saurais souffrir cette pensée et le seul mot de testament me fait tressaillir de douleur.

ARGAN. Je vous avais dit de parler pour cela à votre notaire.

BÉLINE. Le voilà là-dedans que j'ai amené avec moi.

ARGAN. Faites-le donc entrer, m'amour.

BÉLINE. Hélas! mon ami, quand on aime bien un mari, on n'est guère en état de songer à tout cela.

SCÈNE IX.

M. DE BONNEFOI, BÉLINE, ARGAN.

ARGAN. Approchez, monsieur de Bonnefoi, approchez. Prenez un siége, s'il vous plaît. Ma femme m'a dit, monsieur, que vous étiez fort honnête homme et tout à fait de ses amis; et je l'ai chargée de vous parler pour un testament que je veux faire.

BÉLINE. Hélas! je ne suis point capable de parler de ces choses-là.

M. DE BONNEFOI. Elle m'a, monsieur, expliqué vos intentions et le dessein où vous êtes pour elle, et j'ai à vous dire là-dessus que vous ne sauriez rien donner à votre femme par votre testament.

ARGAN. Mais pourquoi?

M. DE BONNEFOI. La coutume y résiste. Si vous étiez en pays de droit écrit, cela se pourrait; mais, à Paris et dans les pays coutumiers, au moins dans la plupart, c'est ce qui ne se peut; et la disposition serait nulle. Tout l'avantage qu'homme et femme conjoints par mariage se peuvent faire l'un et l'autre, c'est un don mutuel entre vifs, encore faut-il qu'il n'y ait enfants soit des deux conjoints, ou de l'un d'eux, lors du décès du premier mourant.

ARGAN. Voilà une coutume bien impertinente, qu'un mari ne puisse rien laisser à une femme dont il est aimé tendrement et qui prend de lui tant de soin. J'aurais envie de consulter mon avocat, pour voir comment je pourrais faire.

M. DE BONNEFOI. Ce n'est point à des avocats qu'il faut aller, car ils sont d'ordinaire sévères là-dessus et s'imaginent que c'est un grand crime que de disposer en fraude de la loi. Ce sont gens de difficultés et qui sont ignorants des détours de la conscience. Il y a d'autres personnes à consulter, qui sont bien plus accommodantes, qui ont des expédients pour passer doucement par-dessus la loi et rendre juste ce qui n'est pas permis; qui savent aplanir les difficultés d'une affaire et trouver des moyens d'éluder la coutume par quelque avantage indirect. Sans cela, où en serions-nous tous les jours? Il faut de la facilité dans les choses, autrement nous ne ferions rien et je ne donnerais pas un sou de notre métier.

ARGAN. Ma femme m'avait bien dit, monsieur, que vous étiez fort habile et fort honnête homme. Comment puis-je faire, s'il vous plaît, pour lui donner mon bien et en frustrer mes enfants?

M. DE BONNEFOI. Comment vous pouvez faire? vous pouvez choisir doucement un ami intime de votre femme, auquel vous donnerez en bonne forme, par votre testament, tout ce que vous pouvez; et cet ami ensuite lui rendra tout. Vous pouvez encore contracter un grand nombre d'obligations non suspectes au profit de divers créanciers qui prêteront leur nom à votre femme, et entre les mains de laquelle ils mettront leur déclaration, que ce qu'ils en ont fait n'a été que pour lui faire plaisir. Vous pouvez aussi, pendant que vous êtes en vie, mettre entre ses mains de l'argent comptant, ou des billets que vous pourriez avoir, payables au porteur.

BÉLINE. Mon Dieu! il ne faut point vous tourmenter de tout cela. S'il vient faute de vous, mon fils, je ne veux plus rester au monde.

ARGAN. M'amie!

BÉLINE. Oui, mon ami, si je suis assez malheureuse pour vous perdre....

ARGAN. Ma chère femme!

BÉLINE. La vie ne me sera plus rien..

ARGAN. M'amour!

BÉLINE. Et je suivrai vos pas, pour faire connaître la tendresse que j'ai pour vous.

ARGAN. M'amie, vous me fendez le cœur! Consolez-vous, je vous en prie.

M. DE BONNEFOI, à Béline. Ces larmes sont hors de saison, et les choses n'en sont point encore là.

BÉLINE. Ah! monsieur, vous ne savez pas ce que c'est qu'un mari qu'on aime tendrement.

ARGAN. Il faut faire mon testament, m'amour, de la façon que monsieur dit; mais, par précaution, je veux vous mettre entre les mains vingt mille francs en or, que j'ai dans le lambris de mon alcôve, et deux billets payables au porteur, qui me sont dus, l'un par M. Damon, et l'autre par M. Géronte.

BÉLINE. Non, non, je ne veux point de tout cela. Ah !... combien dites-vous qu'il y a dans votre alcôve ?

ARGAN. Vingt mille francs, m'amour.

BÉLINE. Ne me parlez point de bien, je vous prie. Ah !... de combien sont les deux billets ?

ARGAN. Ils sont, m'amie, l'un de quatre mille francs, et l'autre de six.

BÉLINE. Tous les biens du monde, mon ami, ne me sont rien au prix de vous.

M. DE BONNEFOI, à Argan. Voulez-vous que nous procédions au testament ?

ARGAN. Oui, monsieur. Mais nous serons mieux dans mon petit cabinet. M'amour, conduisez-moi, je vous prie.

BÉLINE. Allons, mon pauvre petit fils.

SCÈNE X.

ANGÉLIQUE, TOINETTE.

TOINETTE. Les voilà avec un notaire, et j'ai ouï parler de testament. Votre belle-mère ne s'endort point ; et c'est sans doute quelque conspiration contre vos intérêts où elle pousse votre père.

ANGÉLIQUE. Qu'il dispose de son bien à sa fantaisie, pourvu qu'il ne dispose point de moi. Tu vois, Toinette, les desseins violents que l'on fait sur lui ; ne m'abandonne point, je te prie, dans l'extrémité où je suis.

TOINETTE. Moi, vous abandonner ! J'aimerais mieux mourir. Votre belle-mère a beau me faire sa confidente et me vouloir jeter dans ses intérêts, je n'ai jamais pu avoir d'inclination pour elle, et j'ai toujours été de votre parti. Laissez-moi faire, j'emploierai toute chose pour vous servir. Mais pour vous servir avec plus d'effet, je veux changer de batterie, couvrir le zèle que j'ai pour vous, et feindre d'entrer dans les sentiments de votre père et de votre belle-mère.

ANGÉLIQUE. Tâche, je t'en conjure, de faire donner avis à Cléante du mariage qu'on a conclu.

TOINETTE. Je n'ai personne à employer dans cet office que le vieux usurier Polichinelle ; et il m'en coûtera, pour cela, quelques paroles de douceur, que je veux bien dépenser pour vous. Pour aujourd'hui il est trop tard ; mais demain, de grand matin, je l'enverrai quérir, et il sera ravi de...

SCÈNE XI.

BÉLINE, dans la maison; ANGÉLIQUE, TOINETTE.

BÉLINE. Toinette!
TOINETTE, à Angélique. Voilà qu'on m'appelle. Bonjour. Reposez-vous sur moi.

ACTE DEUXIÈME

SCÈNE I.

CLÉANTE, TOINETTE.

TOINETTE, ne reconnaissant point Cléante. Que demandez-vous, monsieur?
CLÉANTE. Ce que je demande?
TOINETTE. Ah! ah! c'est vous! Quelle surprise! Que venez-vous faire céans?
CLÉANTE. Savoir ma destinée, parler à Angélique, et lui demander ses résolutions sur ce mariage fatal dont on m'a averti.
TOINETTE. Voici son père. Retirez-vous un peu et me laissez lui dire que vous êtes là.

SCÈNE II.

ARGAN, TOINETTE.

ARGAN, se croyant seul, et sans voir Toinette. M. Purgon m'a dit de me promener le matin dans ma chambre douze allées et douze venues; mais j'ai oublié de lui demander si c'est en long ou en large.
TOINETTE. Monsieur, voilà un...
ARGAN. Parle bas, pendarde; tu viens m'ébranler tout le cerveau, et tu ne songes pas qu'il ne faut point parler si haut à des malades.
TOINETTE. Je voulais vous dire, monsieur...
ARGAN. Parle bas, te dis-je.
TOINETTE. Monsieur... (Elle fait semblant de parler.)
ARGAN. Eh?
TOINETTE. Je vous dis que... (Elle fait encore semblant de parler.)
ARGAN. Qu'est-ce que tu dis?

TOINETTE, haut. Je dis que voilà un homme qui veut parler à vous.

ARGAN. Qu'il vienne. (Toinette fait signe à Cléante d'avancer.)

SCÈNE III.

ARGAN, CLÉANTE, TOINETTE.

CLÉANTE. Monsieur...

TOINETTE, à Cléante. Ne parlez point si haut, de peur d'ébranler le cerveau de monsieur.

CLÉANTE. Monsieur, je suis ravi de vous trouver debout, et de voir que vous vous portez mieux.

TOINETTE, feignant d'être en colère. Comment! qu'il se porte mieux! Cela est faux. Monsieur se porte toujours mal.

CLÉANTE. J'ai ouï dire que monsieur était mieux; et je lui trouve bon visage.

TOINETTE. Que voulez-vous dire avec votre bon visage? Monsieur l'a fort mauvais, et ce sont les impertinents qui vous ont dit qu'il était mieux; il ne s'est jamais si mal porté.

ARGAN. Elle a raison.

TOINETTE. Il marche, dort, mange et boit comme les autres; mais cela n'empêche pas qu'il ne soit fort malade.

ARGAN. Cela est vrai.

CLÉANTE. Monsieur, j'en suis au désespoir.

SCÈNE IV.

ARGAN, ANGÉLIQUE, CLÉANTE, TOINETTE.

TOINETTE. Ma foi, monsieur, je suis pour vous maintenant; et je me dédis de tout ce que je disais hier. Voici M. Diafoirus le père et M. Diafoirus le fils qui viennent vous rendre visite. Que vous serez bien engendré! Vous allez voir le garçon le mieux fait du monde et le plus spirituel. Il n'a dit que deux mots qui m'ont ravie, et votre fille va être charmée de lui.

ARGAN, à Cléante qui feint de vouloir s'en aller. Ne vous en allez point, monsieur. C'est que je marie ma fille, et voilà qu'on lui amène son prétendu mari, qu'elle n'a point encore vu.

CLÉANTE. C'est m'honorer beaucoup, monsieur, de vouloir que je sois témoin d'une entrevue si agréable.

ARGAN. C'est le fils d'un habile médecin : et le mariage se fera dans quatre jours.

CLÉANTE. Fort bien.

ARGAN. Mandez-le un peu à son maître de musique, afin qu'il se trouve à la noce.

CLÉANTE. Je n'y manquerai pas.
ARGAN. Je vous y prie aussi.
CLÉANTE. Vous me faites beaucoup d'honneur.
TOINETTE. Allons, qu'on se range, les voici.

SCÈNE V.

M. DIAFOIRUS, THOMAS DIAFOIRUS, ARGAN, ANGÉLIQUE, CLÉANTE, TOINETTE, LAQUAIS.

ARGAN, mettant la main à son bonnet sans l'ôter. M. Purgon m'a défendu de découvrir ma tête. Vous êtes du métier, vous savez les conséquences.
M. DIAFOIRUS. Nous sommes, dans toutes nos visites, pour porter des secours aux malades et non pour leur porter de l'incommodité. (Argan et M. Diafoirus parlent en même temps).
ARGAN. Je reçois, monsieur...
M. DIAFOIRUS. Nous venons ici, monsieur...
ARGAN. Avec beaucoup de joie...
M. DIAFOIRUS. Mon fils Thomas et moi...
ARGAN. L'honneur que vous me faites...
M. DIAFOIRUS. Vous témoigner, monsieur...
ARGAN. Et j'aurais souhaité...
M. DIAFOIRUS. Le ravissement où nous sommes...
ARGAN. De pouvoir aller chez vous...
M. DIAFOIRUS. De la grâce que vous nous faites...
ARGAN. Pour vous en assurer...
M. DIAFOIRUS. De vouloir bien nous en assurer...
ARGAN. Mais vous savez, monsieur...
M. DIAFOIRUS. Dans l'honneur, monsieur...
ARGAN. Ce que c'est qu'un pauvre malade...
M. DIAFOIRUS. De votre alliance...
ARGAN. Qui ne peut faire autre chose.
M. DIAFOIRUS. Et vous assurer...
ARGAN. Que de vous dire ici...
M. DIAFOIRUS. Que, dans les choses qui dépendront de notre métier...
ARGAN. Qu'il cherchera toutes les occasions...
M. DIAFOIRUS. De même qu'en toute autre...
ARGAN. De vous faire connaître, monsieur...
M. DIAFOIRUS. Nous serons toujours prêts, monsieur...
ARGAN. Qu'il est tout à votre service...
M. DIAFOIRUS. A vous témoigner notre zèle. (A son fils.) Allons, Thomas, avancez; faites vos compliments.

THOMAS DIAFOIRUS, à M. Diafoirus. N'est-ce pas par le père qu'il convient de commencer.

M. DIAFOIRUS. Oui.

THOMAS DIAFOIRUS, à Argan. Monsieur, je viens saluer, reconnaître, chérir et révérer en vous un second père, mais un second père auquel j'ose dire que je me trouve plus redevable qu'au premier. Il m'a reçu par nécessité ; mais vous m'avez accepté par grâce ; d'autant plus je vous dois, et d'autant plus je tiens précieuse cette future filiation dont je viens aujourd'hui vous rendre par avance les très-humbles et très-respectueux hommages.

TOINETTE. Vivent les colléges, d'où l'on sort si habile homme !

THOMAS DIAFOIRUS, à M. Diafoirus. Cela a-t-il bien été, mon père ?

M. DIAFOIRUS. *Optimè.*

ARGAN, à Angélique. Allons, saluez monsieur.

THOMAS DIAFOIRUS, à M. Diafoirus. Baiserai-je la main ?

M. DIAFOIRUS. Oui, oui.

THOMAS DIAFOIRUS, à Angélique. Madame, c'est avec justice que le ciel vous a concédé le nom de belle-mère, puisque l'on...

ARGAN, à Thomas Diafoirus. Ce n'est pas ma femme, c'est ma fille à qui vous parlez.

THOMAS DIAFOIRUS. Où donc est-elle ?

ARGAN. Elle va venir.

THOMAS DIAFOIRUS. Attendrai-je, mon père, qu'elle soit venue ?

M. DIAFOIRUS. Faites toujours le compliment de mademoiselle.

THOMAS DIAFOIRUS. Mademoiselle, ni plus ni moins que la statue de Memnon rendait un son harmonieux lorsqu'elle venait à être éclairée des rayons du soleil, tout de même me sens-je animé d'un doux transport à l'apparition du soleil de vos beautés ; et comme les naturalistes remarquent que la fleur nommée héliotrope tourne sans cesse vers cet astre du jour, aussi mon cœur dores-en-avant tournera-t-il toujours vers les astres resplendissants de vos grâces, ainsi que vers son pôle unique. Souffrez donc, mademoiselle, que j'appende aujourd'hui à l'autel de vos charmes l'offrande de ce cœur, qui ne respire et n'ambitionne autre gloire que d'être toute sa vie, mademoiselle, votre très-humble, très-obéissant, et très-fidèle serviteur et mari.

TOINETTE. Voilà ce que c'est que d'étudier, on apprend à dire de belles choses.

ARGAN, à Cléante. Eh! que dites-vous de cela?

CLÉANTE. Que monsieur fait merveilles, et que, s'il est aussi bon médecin qu'il est bon orateur, il y aura plaisir à être de ses malades.

TOINETTE. Assurément. Ce sera quelque chose d'admirable, s'il fait d'aussi belles cures qu'il fait de beaux discours.

ARGAN. Allons, vite, ma chaise, et des siéges à tout le monde! (Les laquais donnent des siéges.) Mettez-vous là, ma fille. (A M. Diafoirus.) Vous voyez, monsieur, que tout le monde admire M. votre fils; et je vous trouve bien heureux de vous voir un garçon comme cela.

M. DIAFOIRUS. Monsieur, ce n'est pas parce que je suis son père; mais je puis dire que j'ai sujet d'être content de lui, et que tous ceux qui le voient en parlent comme d'un garçon qui n'a point de méchanceté. Il n'a jamais eu l'imagination bien vive, ni ce feu d'esprit qu'on remarque dans quelques-uns; mais c'est par là que j'ai toujours bien auguré de sa judiciaire, qualité requise pour l'exercice de notre art. Lorsqu'il était petit, il n'a jamais été ce qu'on appelle mièvre et éveillé : on le voyait toujours doux, paisible et taciturne, ne disant jamais mot et ne jouant jamais à tous ces petits jeux que l'on nomme enfantins. On eut toutes les peines du monde à lui apprendre à lire, et il avait neuf ans qu'il ne connaissait pas encore ses lettres. Bon! disais-je en moi-même, les arbres tardifs sont ceux qui portent les meilleurs fruits. On grave sur le marbre bien plus malaisément que sur le sable, mais les choses y sont conservées bien plus longtemps; et cette lenteur à comprendre, cette pesanteur d'imagination, est la marque d'un bon jugement à venir. Lorsque je l'envoyai au collège, il trouva de la peine, mais il se roidissait contre les difficultés; et ses régents se louaient toujours à moi de son assiduité et de son travail. Enfin, à force de battre le fer, il en est venu glorieusement à avoir ses licences; et je puis dire, sans vanité, que, depuis deux ans qu'il est sur les bancs, il n'y a point de candidat qui ait fait plus de bruit que lui dans toutes les disputes de notre école. Il s'y est rendu redoutable; et il ne s'y passe point d'acte où il n'aille argumenter à outrance pour la proposition contraire. Il est ferme dans la dispute, fort comme un Turc sur ses principes, ne démord jamais de son opinion, et poursuit un raisonnement jusque dans les recoins de la logique. Mais, sur toute chose, ce qui me plaît en lui, et en quoi il suit mon exemple, c'est qu'il s'attache aveuglément aux opinions de nos anciens, et que jamais il n'a voulu comprendre ni écouter les raisons et les expériences des prétendues découvertes de notre siècle touchant la circulation du sang, et autres opinions de même farine.

THOMAS DIAFOIRUS, tirant de sa poche une grande thèse roulée qu'il présente à Angélique. J'ai contre les circulateurs, soutenu une thèse, qu'avec la permission (Saluant Argan.) de monsieur, j'ose présenter à mademoiselle comme un hommage que je lui dois des prémices de mon esprit.

ANGÉLIQUE. Monsieur, c'est pour moi un meuble inutile; et je ne me connais pas à ces choses-là.

TOINETTE, prenant la thèse. Donnez, donnez, elle est toujours bonne à prendre pour l'image : cela servira à parer notre chambre.

THOMAS DIAFOIRUS, saluant encore Argan. Avec la permission aussi de monsieur, je vous invite à venir voir l'un de ces jours, pour vous divertir, la dissection d'un corps, sur quoi je dois raisonner.

TOINETTE. Le divertissement sera agréable. Il y en a qui donnent la comédie ; mais donner une dissection est quelque chose de plus galant.

ARGAN. N'est-ce pas votre intention, monsieur, de le pousser à la cour, et d'y ménager pour lui une charge de médecin.

M. DIAFOIRUS. A vous en parler franchement, notre métier, auprès des grands, ne m'a jamais paru agréable, et j'ai toujours trouvé qu'il valait mieux pour nous autres demeurer au public. Le public est commode : vous n'avez à répondre de vos actions à personne; et, pourvu que l'on suive le courant des règles de l'art, on ne se met point en peine de tout ce qui peut arriver. Mais ce qu'il y a de plus fâcheux auprès des grands, c'est que quand ils viennent à être malades, ils veulent absolument que leurs médecins les guérissent.

TOINETTE. Cela est plaisant! Et ils sont bien impertinents de vouloir que vous autres, messieurs, vous les guérissiez! Vous n'êtes point auprès d'eux pour cela: vous n'y êtes que pour recevoir vos pensions, et leur ordonner des remèdes ; c'est à eux à guérir s'ils peuvent.

M. DIAFOIRUS. Cela est vrai. On n'est obligé qu'à traiter les gens dans les formes.

SCÈNE VI.

BÉLINE, ARGAN, ANGÉLIQUE, M. DIAFOIRUS, THOMAS DIAFOIRUS, TOINETTE.

ARGAN. M'amour, voilà le fils de M. Diafoirus.

THOMAS DIAFOIRUS. Madame, c'est avec justice que le ciel

J'ai, contre les circulateurs, soutenu une thèse.

LE MALADE IMAGINAIRE.   Acte II, Scène VI.

vous a concédé le nom de belle-mère, puisque l'on voit sur votre visage...

BÉLINE. Monsieur, je suis ravie d'être venue ici à propos pour avoir l'honneur de vous voir.

THOMAS DIAFOIRUS. Puisque l'on voit sur votre visage,... puisque l'on voit sur votre visage... Madame, vous m'avez interrompu dans le milieu de ma période, et cela m'a troublé la mémoire.

M. DIAFOIRUS. Thomas, réservez cela pour une autre fois.

ARGAN. Je voudrais, m'amie, que vous eussiez été ici tantôt.

TOINETTE. Ah! madame, vous avez bien perdu de n'avoir point été au second père, à la statue de Memnon et à la fleur nommée héliotrope.

ARGAN. Allons, ma fille, touchez dans la main de monsieur, et lui donnez votre foi comme à votre mari.

ANGÉLIQUE. Mon père!

ARGAN. Eh bien! mon père! qu'est-ce que cela veut dire?

ANGÉLIQUE. De grâce, ne précipitez point les choses. Donnez-nous au moins le temps de nous connaître et de voir naître en nous, l'un pour l'autre, ce goût si nécessaire à composer une union parfaite.

THOMAS DIAFOIRUS. Quant à moi, mademoiselle, il est déjà tout né en moi et je n'ai pas besoin d'attendre davantage.

ANGÉLIQUE. Si vous êtes si prompt, monsieur, il n'en est pas de même de moi; et je vous avoue que votre mérite n'a pas encore fait assez d'impression dans mon âme.

ARGAN. Oh! bien! bien! cela aura tout le loisir de se faire quand vous serez mariés ensemble.

ANGÉLIQUE. Eh! mon père, donnez-moi du temps, je vous prie. Le mariage est une chaîne où l'on ne doit jamais soumettre quelqu'un par force; et si monsieur est honnête homme, il ne doit point vouloir accepter une personne qui serait à lui par contrainte.

THOMAS DIAFOIRUS. *Nego consequentiam*, mademoiselle; et je puis être honnête homme et vouloir bien vous accepter des mains de M. votre père.

ANGÉLIQUE. C'est un méchant moyen de se faire goûter de quelqu'un, que de lui faire violence.

THOMAS DIAFOIRUS. Nous lisons des anciens, mademoiselle, que leur coutume était de faire prendre dans la maison des pères les filles qu'on menait marier, afin qu'il ne semblât pas que ce fût de leur consentement qu'elles suivaient leur mari.

ANGÉLIQUE. Les anciens, monsieur, sont les anciens et nous sommes les gens de maintenant. Les grimaces ne sont point nécessaires dans notre siècle ; et quand un mariage nous plaît, nous savons y aller sans qu'on nous y traîne. Donnez-vous patience ; si vous m'aimez, monsieur, vous devez vouloir tout ce que je veux.

THOMAS DIAFOIRUS. Oui, mademoiselle, jusqu'à mes intérêts exclusivement.

ANGÉLIQUE. Mais la grande marque d'amour, c'est d'être soumis aux volontés de celle qu'on aime.

THOMAS DIAFOIRUS. *Distinguo*, mademoiselle. Dans ce qui ne regarde point sa possession, *concedo*; mais dans ce qui la regarde, *nego*.

TOINETTE, à Angélique. Vous avez beau raisonner; monsieur est frais émoulu du collége et il vous donnera toujours votre reste. Pourquoi tant résister et refuser la gloire d'être attachée au corps de la Faculté?

BÉLINE. Elle a peut-être quelque inclination en tête.

ANGÉLIQUE. Si j'en avais, madame, elle serait telle que la raison et l'honnêteté pourraient me le permettre.

ARGAN. Ouais ! je joue ici un plaisant personnage.

BÉLINE. Si j'étais que vous, mon fils, je ne la forcerais point à se marier et je sais bien ce que je ferais.

ANGÉLIQUE. Je sais, madame, ce que vous voulez dire et les bontés que vous avez pour moi ; mais peut-être que vos conseils ne seront pas assez heureux pour être exécutés.

BÉLINE. C'est que les filles bien sages et bien honnêtes comme vous se moquent d'être obéissantes et soumises aux volontés de leur père. Cela était bon autrefois.

ANGÉLIQUE. Le devoir d'une fille a des bornes, madame, et la raison et les lois ne l'étendent point à toutes sortes de choses.

BÉLINE. C'est-à-dire que vous voulez choisir un époux à votre fantaisie?

ANGÉLIQUE. Si mon père ne veut pas me donner un mari qui me plaise, je le conjurerai au moins de ne me point forcer à en épouser un que je ne puisse pas aimer.

ARGAN. Messieurs, je vous demande pardon de tout ceci.

ANGÉLIQUE. Chacun a son but en se mariant. Pour moi, qui ne veux un mari que pour m'y attacher véritablement, je vous avoue que j'y cherche quelque précaution. Il y en a d'aucunes qui prennent des maris seulement pour se tirer de la contrainte de leurs parents et se mettre en état de faire tout ce qu'elles voudront. Il y en a d'autres, madame, qui font du mariage un commerce de pur intérêt, qui ne se marient que pour gagner des douaires, que pour s'enrichir par la mort de ceux qu'elles épousent et courent sans scrupule de mari en mari pour s'approprier leurs dépouilles. Ces personnes-là, à la vérité, n'y cherchent pas tant de façons et regardent peu la personne.

BÉLINE. Je vous trouve aujourd'hui bien raisonnable et je voudrais bien savoir ce que vous voulez dire par là.

ANGÉLIQUE. Moi, madame? Que voudrais-je dire que ce que je dis?

BÉLINE. Vous êtes si sotte, m'amie, qu'on ne saurait plus vous souffrir.

ANGÉLIQUE. Vous voudriez bien, madame, m'obliger à vous répondre quelque impertinence; mais je vous avertis que vous n'aurez pas cet avantage.

BÉLINE. Il n'est rien d'égal à votre insolence.

ANGÉLIQUE. Non, madame, vous avez beau dire.

BÉLINE. Et vous avez un ridicule orgueil, une impertinente présomption qui fait hausser les épaules à tout le monde.

ANGÉLIQUE. Tout cela, madame, ne servira de rien; je serai sage en dépit de vous, et, pour vous ôter l'espérance de pouvoir réussir dans ce que vous voulez, je vais m'ôter de votre vue.

SCÈNE VII.

ARGAN, BÉLINE, M. DIAFOIRUS, THOMAS DIAFOIRUS, TOINETTE.

ARGAN, à Angélique qui sort. Écoute, il n'y a point de milieu à cela : choisis d'épouser dans quatre jours, ou monsieur, ou un couvent. (A Béline.) Ne vous mettez pas en peine, je la rangerai bien.

BÉLINE. Je suis fâchée de vous quitter, mon fils; mais j'ai une affaire en ville dont je ne puis me dispenser. Je reviendrai bientôt.

ARGAN. Allez, m'amour, et passez chez votre notaire, afin qu'il expédie ce que vous savez.

BÉLINE. Adieu, mon petit ami!

ARGAN. Adieu, m'amie!

SCÈNE VIII.

ARGAN, M. DIAFOIRUS, THOMAS DIAFOIRUS, TOINETTE.

ARGAN. Voilà une femme qui m'aime... Cela n'est pas croyable.

M. DIAFOIRUS. Nous allons, monsieur, prendre congé de vous.

ARGAN. Je vous prie, monsieur, de me dire un peu comment je suis.

M. DIAFOIRUS, tâtant le pouls d'Argan. Allons, Thomas, prenez l'autre bras de monsieur, pour voir si vous saurez porter un bon jugement de son pouls. *Quid dicis?*

THOMAS DIAFOIRUS. *Dico* que le pouls de monsieur est le pouls d'un homme qui ne se porte point bien.

M. DIAFOIRUS. Bon.

THOMAS DIAFOIRUS. Qu'il est duriuscule, pour ne pas dire dur.

M. DIAFOIRUS. Fort bien.

THOMAS DIAFOIRUS. Repoussant.

M. DIAFOIRUS. *Bene.*

THOMAS DIAFOIRUS. Et même un peu capricant.

M. DIAFOIRUS. *Optimè.*

THOMAS DIAFOIRUS. Ce qui marque une intempérie dans le *parenchyme splénique*, c'est-à-dire la rate.

M. DIAFOIRUS. Fort bien.

ARGAN. Non, M. Purgon dit que c'est mon foie qui est malade.

M. DIAFOIRUS. Eh! oui : qui dit *parenchyme* dit l'un et l'autre, à cause de l'étroite sympathie qu'ils ont ensemble par le moyen du *vas breve*, du *pylore*, et souvent des *méats cholidoques*. Il vous ordonne, sans doute, de manger force rôti?

ARGAN. Non, rien que du bouilli.

M. DIAFOIRUS. Eh! oui, rôti, bouilli, même chose. Il vous ordonne fort prudemment, et vous ne pouvez être en de meilleures mains.

ARGAN. Monsieur, combien est-ce qu'il faut mettre de grains de sel dans un œuf?

M. DIAFOIRUS. Six, huit, dix, par les nobmres pairs; comme dans les médicaments par les nombres impairs.

ARGAN. Jusqu'au revoir, monsieur.

SCÈNE IX.

BÉRALDE, ARGAN.

BÉRALDE. Eh bien, mon frère, qu'est-ce? Comment vous portez-vous?

ARGAN. Ah! mon frère, fort mal.

BÉRALDE. Comment fort mal?

ARGAN. Oui. Je suis dans une faiblesse si grande, que cela n'est pas croyable.

BÉRALDE. Voilà qui est fâcheux.

ARGAN. Je n'ai pas seulement la force de pouvoir parler.

BÉRALDE. J'étais venu ici, mon frère, vous proposer un parti pour ma nièce Angélique.

ARGAN, parlant avec emportement, et se levant de sa chaise. Mon frère, ne me parlez point de cette coquine-là. C'est une friponne, une impertinente, une effrontée, que je mettrai dans un couvent avant qu'il soit deux jours.

BÉRALDE. Ah! voilà qui est bien! Je suis bien aise que la force vous revienne un peu, et que ma visite vous fasse du bien. Oh çà! nous parlerons d'affaires tantôt. Je vous amène ici un divertissement qui dissipera votre chagrin, et vous rendra l'âme mieux disposée aux choses que nous avons à dire.

ACTE TROISIÈME

SCÈNE I.

BÉRALDE, ARGAN, TOINETTE.

BÉRALDE. Eh bien, mon frère, qu'en dites-vous? Cela ne vaut-il pas bien une prise de casse?

TOINETTE. Hom! de bonne casse est bonne.

BÉRALDE. Oh çà! voulez-vous que nous parlions un peu ensemble?

ARGAN. Un peu de patience, mon frère, je vais revenir.

TOINETTE. Tenez, monsieur, vous ne songez pas que vous ne sauriez marcher sans bâton.

ARGAN. Tu as raison.

SCÈNE II.

BÉRALDE, TOINETTE.

TOINETTE. N'abandonnez pas, s'il vous plaît, les intérêts de votre nièce.

BÉRALDE. J'emploierai toutes choses pour lui obtenir ce qui lui convient.

TOINETTE. Il faut absolument empêcher ce mariage extravagant qu'il s'est mis dans la fantaisie; et j'avais songé en moi-même que c'aurait été une bonne affaire de pouvoir introduire ici un médecin à notre poste, pour le dégoûter de son M. Purgon, et de lui décrier sa conduite. Mais comme nous n'avons personne en main pour cela, j'ai résolu de jouer un tour de ma tête.

BÉRALDE. Comment?

TOINETTE. C'est une imagination burlesque. Cela sera peut-être plus heureux que sage. Laissez-moi faire. Agissez de votre côté. Voici notre homme.

SCÈNE III.

ARGAN, BÉRALDE.

BÉRALDE. Vous voulez bien, mon frère, que je vous demande, avant toute chose, de ne vous point échauffer l'esprit dans notre conversation?...

ARGAN. Voilà qui est fait.

BÉRALDE. De répondre sans nulle aigreur aux choses que je pourrai vous dire?

ARGAN. Oui.

BÉRALDE. Et de raisonner ensemble, sur les affaires dont nous avons à parler, avec un esprit détaché de toute passion?

ARGAN. Mon Dieu! oui. Voilà bien du préambule.

BÉRALDE. D'où vient, mon frère, qu'ayant le bien que vous avez, et n'ayant d'enfants qu'une fille, car je ne compte pas la petite, d'où vient, dis-je, que vous parlez de la mettre dans un couvent?

ARGAN. D'où vient, mon frère, que je suis maître dans ma famille pour faire ce que bon me semble.

BÉRALDE. Votre femme ne manque pas de vous conseiller de vous défaire ainsi de vos deux filles; et je ne doute point que, par un esprit de charité, elle ne fût ravie de les voir toutes deux bonnes religieuses.

ARGAN. Oh çà, nous y voici. Voilà d'abord la pauvre femme en jeu; c'est elle qui fait tout le mal, et tout le monde lui en veut.

BÉRALDE. Non, mon frère, laissons-la là; c'est une femme qui a les meilleures intentions du monde pour votre famille, et qui est détachée de toute sorte d'intérêt; qui a pour vous une tendresse merveilleuse, et qui montre pour vos enfants une affection et une bonté qui n'est pas concevable, cela est vrai. N'en parlons point et revenons à votre fille. Sur quelle pensée, mon frère, la voulez-vous donner en mariage au fils d'un médecin?

ARGAN. Sur la pensée, mon frère, de me donner un gendre tel qu'il me faut.

BÉRALDE. Ce n'est point là, mon frère, le fait de votre fille; et il se présente un parti plus sortable pour elle.

ARGAN. Oui; mais celui-ci, mon frère, est plus sortable pour moi.

BÉRALDE. Mais le mari qu'elle doit prendre doit-il être, mon frère, ou pour elle ou pour vous?

ARGAN. Il doit être, mon frère, et pour elle et pour moi, et je veux mettre dans ma famille les gens dont j'ai besoin.

BÉRALDE. Par cette raison-là, si votre petite était grande, vous lui donneriez en mariage un apothicaire!

ARGAN. Pourquoi non?

BÉRALDE. Est-il possible que vous serez toujours embéguiné de vos apothicaires et de vos médecins, et que vous vouliez être malade en dépit des gens et de la nature!

ARGAN. Comment l'entendez-vous, mon frère?

BÉRALDE. J'entends, mon frère, que je ne vois point d'homme qui soit moins malade que vous, et que je ne demanderais point une meilleure constitution que la vôtre. Une grande marque que vous vous portez bien et que vous avez un corps parfaitement bien composé, c'est qu'avec tous les soins que vous avez pris, vous n'avez pu parvenir encore à gâter la bonté de votre tempérament, et que vous n'êtes point crevé de toutes les médecines qu'on vous a fait prendre.

ARGAN. Mais savez-vous, mon frère, que c'est cela qui me conserve, et que M. Purgon dit que je succomberais, s'il était seulement trois jours sans prendre soin de moi?

BÉRALDE. Si vous n'y prenez garde, il prendra tant de soin de vous qu'il vous enverra dans l'autre monde.

ARGAN. Mais raisonnons un peu, mon frère. Vous ne croyez donc point à la médecine?

BÉRALDE. Non, mon frère; et je ne vois pas que, pour son salut, il soit nécessaire d'y croire.

ARGAN. Quoi! vous ne tenez pas véritable une chose établie par tout le monde, et que tous les siècles ont révérée?

BÉRALDE. Bien loin de la tenir véritable, je la trouve, entre nous, une des plus grande folies qui soient parmi les hommes; et, à regarder les choses en philosophe, je ne vois point de plus plaisante momerie, je ne vois rien de plus ridicule, qu'un homme qui se veut mêler d'en guérir un autre.

ARGAN. Pourquoi ne voulez-vous pas, mon frère, qu'un homme en puisse guérir un autre?

BÉRALDE. Par la raison, mon frère, que les ressorts de notre machine sont des mystères jusqu'ici où les hommes ne voient goutte, et que la nature nous a mis au devant des yeux des voiles trop épais pour y connaître quelque chose.

ARGAN. Les médecins ne savent donc rien, à votre compte?

BÉRALDE. Si fait, mon frère : ils savent, la plupart, de fort belles humanités, savent parler en bon latin, savent nommer en grec toutes les maladies, les définir et les diviser; mais pour ce qui est de les guérir, c'est ce qu'ils ne savent point du tout.

ARGAN. Mais toujours faut-il demeurer d'accord que, sur cette matière, les médecins en savent plus que les autres.

BÉRALDE. Ils savent, mon frère, ce que je vous ai dit, qui ne guérit pas de grand'chose ; et toute l'excellence de leur art consiste en un pompeux galimatias, en un spécieux babil, qui vous donne des mots pour des raisons, et des promesses pour des effets.

ARGAN. Mais enfin, mon frère, il y a des gens aussi sages et aussi habiles que vous ; et nous voyons que, dans la maladie, tout le monde a recours aux médecins.

BÉRALDE. C'est une marque de faiblesse humaine, et non pas de la vérité de leur art.

ARGAN. Mais il faut bien que les médecins croient leur art véritable, puisqu'ils s'en servent pour eux-mêmes.

BÉRALDE. C'est qu'il y en a parmi eux qui sont eux-mêmes dans l'erreur populaire, dont ils profitent, et d'autres qui en profitent sans y être. Votre M. Purgon, par exemple, n'y fait point de finesse : c'est un homme tout médecin depuis la tête jusqu'aux pieds ; un homme qui croit à ses règles plus qu'à toutes les démonstrations des mathématiques, et qui croirait du crime à les vouloir examiner ; qui ne voit rien d'obscur dans la médecine, rien de douteux, rien de difficile, et qui, avec une impétuosité de prévention, une roideur de confiance, une brutalité de sens commun et de raison, donne au travers des purgations et des saignées, et ne balance aucune chose. Il ne lui faut point vouloir mal de tout ce qu'il pourra faire, c'est de la meilleure foi du monde qu'il vous expédiera ; et il ne fera, en vous tuant, que ce qu'il a fait à sa femme et à ses enfants, et ce qu'en un besoin il ferait à lui-même.

ARGAN. C'est que vous avez, mon frère, une dent de lait contre lui. Mais enfin, que faire donc quand on est malade ?

BÉRALDE. Rien, mon frère.

ARGAN. Rien ?

BÉRALDE. Rien. Il ne faut que demeurer en repos. La nature, d'elle-même, quand nous la laissons faire, se tire doucement du désordre où elle est tombée. C'est notre inquiétude, c'est notre impatience qui gâte tout ; et presque tous les hommes meurent de leurs remèdes et non pas de leurs maladies.

ARGAN. Mais il faut demeurer d'accord, mon frère, qu'on peut aider cette nature par de certaines choses.

BÉRALDE. Mon Dieu ! mon frère, ce sont de pures idées dont nous aimons à nous repaître ; et, de tout temps, il s'est glissé parmi les hommes de belles imaginations, que nous venons à croire parce qu'elles nous flattent et qu'il serait à souhaiter qu'elles fussent véritables. Lorsqu'un médecin vous parle d'aider, de secourir, de soulager la nature, de lui ôter ce qui lui nuit et lui donner ce qui lui manque, de la rétablir et de la remettre dans une pleine facilité de ses fonctions; lorsqu'il vous parle de rectifier le sang, de tempérer les entrailles et le cerveau, de dégonfler la rate, de raccommoder la poitrine, de réparer le foie, de fortifier le cœur, de rétablir et conserver la chaleur naturelle, et d'avoir des secrets pour étendre la vie à de longues années, il vous dit justement le roman de la médecine. Mais quand vous en venez à la vérité et à l'expérience, vous ne trouvez rien en tout cela ; et il en est comme de ces beaux songes, qui ne vous laissent au réveil que le déplaisir de les avoir crus.

ARGAN. C'est-à-dire que toute la science du monde est renfermée dans votre tête, et vous voulez en savoir plus que tous les grands médecins de notre siècle.

BÉRALDE. Dans les discours et dans les choses, ce sont deux sortes de personnes que vos grands médecins : entendez-les parler, les plus habiles gens du monde; voyez-les faire, les plus ignorants des hommes.

ARGAN. Ouais! vous êtes un grand docteur, à ce que je vois, et je voudrais bien qu'il y eût quelqu'un de ces messieurs, pour rembarrer vos raisonnements et rabaisser votre caquet.

BÉRALDE. Moi, mon frère, je ne prends point à tâche de combattre la médecine et chacun, à ses périls et fortune, peut croire tout ce qui lui plaît. Ce que j'en dis n'est qu'entre nous, et j'aurais souhaité de pouvoir un peu vous tirer de l'erreur où vous êtes et, pour vous divertir, vous mener voir sur ce chapitre quelqu'une des comédies de Molière.

ARGAN. C'est un bon impertinent que votre Molière, avec ses comédies, et je le trouve bien plaisant d'aller jouer d'honnêtes gens comme les médecins.

BÉRALDE. Ce n'est point les médecins qu'il joue, mais le ridicule de la médecine.

ARGAN. C'est bien à lui à faire de se mêler de contrôler la médecine! Voilà un bon nigaud, un bon impertinent, de se moquer des consultations et des ordonnances, de s'attaquer au corps des médecins et d'aller mettre sur son théâtre des personnes vénérables comme ces messieurs-là.

BÉRALDE. Que voulez-vous qu'il y mette que les diverses professions des hommes? On y met bien tous les jours les princes et les rois, qui sont d'aussi bonne maison que les médecins.

ARGAN. Par la mort! si j'étais que des médecins, je me vengerais de son impertinence; et, quand il sera malade, je le laisserais mourir sans secours. Il aurait beau faire et beau dire, je ne lui ordonnerais pas la moindre petite saignée, le moindre petit lavement; et je lui dirais : « Crève, crève; cela t'apprendra une autre fois à te jouer à la Faculté. »

BÉRALDE. Vous voilà bien en colère contre lui.

ARGAN. Oui, c'est un mal avisé; et si les médecins sont sages, ils feront ce que je dis.

BÉRALDE. Il sera encore plus sage que vos médecins, car il ne leur demandera point de secours.

ARGAN. Tant pis pour lui, s'il n'a point recours aux remèdes.

BÉRALDE. Il a ses raisons pour n'en point vouloir et il soutient que cela n'est permis qu'aux gens vigoureux et robustes et qui ont des forces de reste pour porter les remèdes avec la maladie; mais que, pour lui, il n'a justement de la force que pour porter son mal.

ARGAN. Les sottes raisons que voilà! Tenez, mon frère, ne parlons point de cet homme-là davantage, car cela m'échauffe la bile et vous me donneriez mon mal.

BÉRALDE. Je le veux bien, mon frère; et, pour changer de discours, je vous dirai que, sur une petite répugnance que vous témoigne votre fille, vous ne devez point prendre les résolutions violentes de la mettre dans un couvent; que, pour le choix d'un gendre, il ne vous faut pas suivre aveuglément la passion qui vous emporte; et qu'on doit, sur cette matière, s'accommoder un peu au goût d'une fille, puisque c'est pour toute la vie et que de là dépend tout le bonheur d'un mariage.

SCÈNE IV.

M. FLEURANT, une seringue à la main, ARGAN, BÉRALDE.

ARGAN. Ah! mon frère, avec votre permission.

BÉRALDE. Comment! que voulez-vous faire?

ARGAN. Prendre ce petit lavement-là, ce sera bientôt fait.

BÉRALDE. Vous vous moquez : est-ce que vous ne sauriez être un moment sans lavement ou sans médecine? Remettez cela à une autre fois et demeurez un peu en repos.

ARGAN. Monsieur Fleurant, à ce soir ou à demain matin.

M. FLEURANT, à Béralde. De quoi vous mêlez-vous, de vous opposer aux ordonnances de la médecine et d'empêcher monsieur de prendre mon clystère? Vous êtes bien plaisant d'avoir cette hardiesse-là!

BÉRALDE. Allez, monsieur, on voit bien que vous n'avez pas accoutumé de parler à des visages.

M. FLEURANT. On ne doit point ainsi se jouer des remèdes et me faire perdre mon temps. Je ne suis venu ici que sur une bonne ordonnance et je vais dire à M. Purgon comme on m'a empêché d'exécuter ses ordres et de faire ma fonction. Vous verrez, vous verrez.

SCÈNE V.

ARGAN, BÉRALDE.

ARGAN. Mon frère, vous serez cause ici de quelque malheur.

BÉRALDE. Le grand malheur de ne pas prendre un lavement que M. Purgon a ordonné! Encore un coup, mon frère, est-il possible qu'il n'y ait pas moyen de vous guérir de la maladie des médecins et que vous vouliez être toute votre vie enseveli dans leurs remèdes?

ARGAN. Mon Dieu! mon frère, vous en parlez comme un homme qui se porte bien; mais, si vous étiez à ma place, vous changeriez bien de langage. Il est aisé de parler contre la médecine quand on est en pleine santé.

BÉRALDE. Mais quel mal avez-vous?

ARGAN. Vous me feriez enrager! Je voudrais que vous l'eussiez, mon mal, pour voir si vous jaseriez tant. Ah! voici M. Purgon.

SCÈNE VI.

M. PURGON, ARGAN, BÉRALDE, TOINETTE.

M. PURGON. Je viens d'apprendre là-bas, à la porte, de jolies nouvelles : qu'on se moque ici de mes ordonnances, et qu'on a fait refus de prendre le remède que j'avais prescrit!

ARGAN. Monsieur, ce n'est pas...

M. PURGON. Voilà une hardiesse bien grande, une étrange rébellion d'un malade contre son médecin!

TOINETTE. Cela est épouvantable!

M. PURGON. Un clystère que j'avais pris plaisir à composer moi-même.

ARGAN. Ce n'est pas moi...

M. PURGON. Inventé et formé dans toutes les règles de l'art.

TOINETTE. Il a tort.

M. PURGON. Et qui devait faire dans les entrailles un effet merveilleux.

ARGAN. Mon frère...

M. PURGON. Le renvoyer avec mépris !
ARGAN, montrant Béralde. C'est lui...
M. PURGON. C'est une action exorbitante.
TOINETTE. Cela est vrai.
M. PURGON. Un attentat énorme contre la médecine.
ARGAN, montrant Béralde. Il est cause..
M. PURGON. Un crime de lèse-faculté, qui ne se peut assez punir.
TOINETTE. Vous avez raison.
M. PURGON. Je vous déclare que je romps commerce avec vous.
ARGAN. C'est mon frère...
M. PURGON. Que je ne veux plus d'alliance avec vous.
TOINETTE. Vous ferez bien.
M. PURGON. Et que, pour finir toute liaison avec vous, voilà la donation que je faisais à mon neveu en faveur du mariage.
ARGAN. C'est mon frère qui a fait tout le mal.
M. PURGON. Mépriser mon clystère !
ARGAN. Faites-le venir, je m'en vas le prendre.
M. PURGON. Je vous aurais tiré d'affaire avant qu'il fût peu.
TOINETTE. Il ne le mérite pas.
M. PURGON. J'allais nettoyer votre corps et en évacuer entièrement les mauvaises humeurs.
ARGAN. Ah ! mon frère !
M. PURGON. Et je ne voulais qu'une douzaine de médecines pour vider le fond du sac.
TOINETTE. Il est indigne de vos soins.
M. PURGON. Mais puisque vous n'avez pas voulu guérir par mes mains...
ARGAN. Ce n'est pas ma faute.
M. PURGON. Puisque vous vous êtes soustrait de l'obéissance que l'on doit à son médecin...
TOINETTE. Cela crie vengeance.
M. PURGON. Puisque vous vous êtes déclaré rebelle aux remèdes que je vous ordonnais.
ARGAN. Eh ! point du tout.
M. PURGON. J'ai à vous dire que je vous abandonne à votre mauvaise constitution, à l'intempérie de vos entrailles, à la corruption de votre sang, à l'âcreté de votre bile et à la féculence de vos humeurs.
TOINETTE. C'est fort bien fait.
ARGAN. Mon Dieu !
M. PURGON. Et je veux qu'avant qu'il soit quatre jours, vous deveniez dans un état incurable...

ARGAN. Ah! miséricorde!

M. PURGON. Que vous tombiez dans la bradypepsie...

ARGAN. Monsieur Purgon!

M. PURGON. De la bradypepsie dans la dispepsie...

ARGAN. Monsieur Purgon!

M. PURGON. De la dyspepsie dans l'apepsie...

ARGAN. Monsieur Purgon!

M. PURGON. De l'apepsie dans la lienterie...

ARGAN. Monsieur Purgon!

M. PURGON. De la lienterie dans la dyssenterie...

ARGAN. Monsieur Purgon!

M. PURGON. De la dyssenterie dans l'hydropisie...

ARGAN. Monsieur Purgon!

M. PURGON. De l'hydropisie dans la privation de la vie, où vous aura conduit votre folie.

SCÈNE VII.

ARGAN, BÉRALDE.

ARGAN. Ah! mon Dieu! je suis mort! Mon frère! vous m'avez perdu!

BÉRALDE. Quoi! qu'y a-t-il?

ARGAN. Je n'en puis plus! je sens que déjà la médecine se venge!

BÉRALDE. Ma foi! mon frère, vous êtes fou; et je ne voudrais pas pour beaucoup de choses qu'on vous vît faire ce que vous faites. Tâtez-vous un peu, je vous prie; revenez à vous-même, et ne donnez point tant à votre imagination.

ARGAN. Vous voyez, mon frère, les étranges maladies dont il m'a menacé.

BÉRALD. Le simple homme que vous êtes!

ARGAN. Il dit que je deviendrai incurable avant qu'il soit quatre jours.

BÉRALDE. Et ce qu'il dit, que fait-il à la chose? Est-ce un oracle qui a parlé? Il semble, à vous entendre, que M. Purgon tienne dans ses mains le filet de vos jours, et que, d'autorité suprême, il vous l'allonge et vous le raccourcisse comme il lui plaît. Songez que les principes de votre vie sont en vous-même, et que le courroux de M. Purgon est aussi peu capable de vous faire mourir, que ses remèdes de vous faire vivre. Voici une aventure, si vous voulez, à vous défaire des médecins; ou, si vous êtes né à ne pouvoir vous en passer, il est aisé d'en avoir un autre, avec lequel, mon frère, vous puissiez courir un peu moins de risques.

ARGAN. Ah! mon frère! il sait tout mon tempérament, et la manière dont il faut me gouverner.

BÉRALDE. Il faut avouer que vous êtes un homme d'une grande prévention, et que vous voyez les choses avec d'étranges yeux.

SCÈNE VIII.

ARGAN, BÉRALDE, TOINETTE.

TOINETTE, à Argan. Monsieur, voilà un médecin qui demande à vous voir.

ARGAN. Et quel médecin?

TOINETTE. Un médecin de la médecine.

ARGAN. Je te demande qui il est.

TOINETTE. Je ne le connais pas, mais il me ressemble comme deux gouttes d'eau.

ARGAN. Fais-le venir.

SCÈNE IX.

ARGAN, BÉRALDE.

BÉRALDE. Vous êtes servi à souhait : un médecin vous quitte, un autre se présente.

ARGAN. J'ai bien peur que vous ne soyez cause de quelque malheur.

BÉRALDE. Encore! Vous en revenez toujours là.

ARGAN. Voyez-vous, j'ai sur le cœur toutes ces maladies-là que je ne connais point, ces...

SCÈNE X.

ARGAN, BÉRALDE, TOINETTE, en médecin.

TOINETTE. Monsieur, agréez que je vienne vous rendre visite et vous offrir mes petits services pour toutes les saignées et les purgations dont vous aurez besoin.

ARGAN. Monsieur, je vous suis fort obligé. (A Béralde.) Par ma foi, voilà Toinette elle-même.

TOINETTE. Monsieur, je vous prie de m'excuser, j'ai oublié de donner une commission à mon valet; je reviens tout à l'heure.

SCÈNE XI.

ARGAN, BÉRALDE.

ARGAN. Eh! ne diriez-vous pas que c'est effectivement Toinette?

BÉRALDE. Il est vrai que la ressemblance est tout à fait grande. Mais ce n'est pas la première fois qu'on a vu de ces sortes de choses, et les histoires ne sont pleines que de ces jeux de la nature.

ARGAN. Pour moi, j'en suis surpris, et...

SCÈNE XII.

ARGAN, BÉRALDE, TOINETTE.

TOINETTE. Que voulez-vous, monsieur?
ARGAN. Comment?
TOINETTE. Ne m'avez-vous pas appelée?
ARGAN. Moi? Non.
TOINETTE. Il faut donc que les oreilles m'aient corné.
ARGAN. Demeure un peu ici pour voir comme ce médecin te ressemble.
TOINETTE. Oui, vraiment!... J'ai affaire là-bas, et je l'ai assez vu.

SCÈNE XIII.

ARGAN, BÉRALDE.

ARGAN. Si je ne les voyais tous deux, je croirais que ce n'est qu'un.
BÉRALDE. J'ai lu des choses surprenantes de ces sortes de ressemblances; et nous en avons vu, de notre temps, où tout le monde s'est trompé.
ARGAN. Pour moi, j'aurais été trompé à celle-là; j'aurais juré que c'est la même personne.

SCÈNE XIV.

ARGAN, BÉRALDE, TOINETTE, en médecin.

TOINETTE. Monsieur, je vous demande pardon de tout mon cœur.
ARGAN, bas à Béralde. Cela est admirable.
TOINETTE. Vous ne trouverez pas mauvais, s'il vous plaît, la curiosité que j'ai eue de voir un illustre malade comme vous êtes; et votre réputation, qui s'étend partout, peut excuser la liberté que j'ai prise.
ARGAN. Monsieur, je suis votre serviteur.
TOINETTE. Je vois, monsieur, que vous me regardez fixement. Quel âge croyez-vous que j'aie?

ARGAN. Je crois, que tout au plus, vous pouvez avoir vingt-six ou vingt-sept ans.

TOINETTE. Ah! ah! ah! ah! ah! J'en ai quatre-vingt-dix.

ARGAN. Quatre-vingt-dix?

TOINETTE. Oui. Vous voyez un effet des secrets de mon art, de me conserver ainsi frais et vigoureux.

ARGAN. Par ma foi, voilà un beau jeune vieillard pour quatre-vingt-dix ans.

TOINETTE. Je suis médecin passager qui vais de ville en ville, de province en province, de royaume en royaume, pour chercher d'illustres matières à ma capacité, pour trouver des malades dignes de m'occuper, capables d'exercer les grands et beaux secrets que j'ai trouvés dans la médecine. Je dédaigne de m'amuser à ce menu fatras de maladies ordinaires, à ces bagatelles de rhumatismes et de fluxions, à ces fiévrotes, à ces vapeurs et à ces migraines. Je veux des maladies d'importance, de bonnes fièvres continues avec des transports au cerveau, de bonnes fièvres pourprées, de bonnes pestes, de bonnes hydropisies formées, de bonnes pleurésies avec des inflammations de poitrine; c'est là que je me plais, c'est là que je triomphe; et je voudrais, monsieur, que vous eussiez toutes les maladies que je viens de dire, que vous fussiez abandonné de tous les médecins, désespéré, à l'agonie, pour vous montrer l'excellence de mes remèdes, à l'envie que j'aurais de vous rendre service.

ARGAN. Je vous suis obligé, monsieur, des bontés que vous avez pour moi.

TOINETTE. Donnez-moi votre pouls. Allons donc, que l'on batte comme il faut. Ah! je vous ferai bien aller comme vous devez. Ouais! ce pouls-là fait l'impertinent. Je vois bien que vous ne me connaissez pas encore. Qui est votre médecin?

ARGAN. M. Purgon.

TOINETTE. Cet homme-là n'est point écrit sur mes tablettes entre les grands médecins. De quoi dit-il que vous êtes malade?

ARGAN. Il dit que c'est du foie, et d'autres disent que c'est de la rate.

TOINETTE. Ce sont tous des ignorants; c'est du poumon que vous êtes malade?

ARGAN. Du poumon?

TOINETTE. Oui. Que sentez-vous?

ARGAN. Je sens de temps en temps des douleurs de tête.

TOINETTE. Justement, le poumon.

ARGAN. Il me semble que parfois j'ai un voile devant les yeux.

TOINETTE. Le poumon.
ARGAN. J'ai quelquefois des maux de cœur.
TOINETTE. Le poumon.
ARGAN. Je sens parfois des lassitudes par tous les membres.
TOINETTE. Le poumon.
ARGAN. Et quelquefois il me prend des douleurs dans le ventre, comme si c'étaient des coliques.
TOINETTE. Le poumon. Vous avez appétit à ce que vous mangez?
ARGAN. Oui, monsieur.
TOINETTE. Le poumon. Vous aimez à boire un peu de vin?
ARGAN. Oui, monsieur.
TOINETTE. Le poumon. Il vous prend un petit sommeil après le repas, et vous êtes bien aise de dormir?
ARGAN. Oui, monsieur.
TOINETTE. Le poumon, le poumon, vous dis-je. Que vous ordonne votre médecin pour votre nourriture?
ARGAN. Il m'ordonne du potage.
TOINETTE. Ignorant!
ARGAN. De la volaille.
TOINETTE. Ignorant!
ARGAN. Du veau.
TOINETTE. Ignorant!
ARGAN. Des bouillons.
TOINETTE. Ignorant!
ARGAN. Des œufs frais.
TOINETTE. Ignorant!
ARGAN. Et, le soir, de petits pruneaux pour lâcher le ventre.
TOINETTE. Ignorant.
ARGAN. Et surtout de boire mon vin fort trempé.
TOINETTE. *Ignorantus, ignoranta, ignorantum!* Il faut boire votre vin pur; et, pour épaissir votre sang qui est trop subtil, il faut manger de bon gros bœuf, de bon gros porc, de bon fromage de Hollande, du gruau et du riz, et des marrons et des oublies, pour coller et conglutiner. Votre médecin est une bête. Je veux vous en envoyer un de ma main, et je viendrai vous voir de temps en temps, tandis que je serai en cette ville.
ARGAN. Vous m'obligerez beaucoup.
TOINETTE. Que diantre faites-vous de ce bras-là?
ARGAN. Comment?
TOINETTE. Voilà un bras que je me ferais couper tout à l'heure, si j'étais que de vous.
ARGAN. Et pourquoi?
TOINETTE. Ne voyez-vous pas qu'il tire à soi toute la nourriture et qu'il empêche ce côté-là de profiter?

ARGAN. Oui ; mais j'ai besoin de mon bras.

TOINETTE. Vous avez là aussi un œil droit que je me ferais crever, si j'étais en votre place.

ARGAN. Crever un œil ?

TOINETTE. Ne voyez-vous pas qu'il incommode l'autre et lui dérobe sa nourriture ? Croyez-moi, faites-vous-le crever au plus tôt, vous en verrez plus clair de l'œil gauche.

ARGAN. Cela n'est pas pressé.

TOINETTE. Adieu ! Je suis fâché de vous quitter si tôt ; mais il faut que je me trouve à une grande consultation qui se doit faire pour un homme qui mourut hier.

ARGAN. Pour un homme qui mourut hier ?

TOINETTE. Oui, pour aviser et voir ce qu'il aurait fallu lui faire pour le guérir. Jusqu'au revoir !

ARGAN. Vous savez que les malades ne reconduisent point.

SCÈNE XV.

ARGAN, BÉRALDE.

BÉRALDE. Voilà un médecin, vraiment, qui paraît fort habile.

ARGAN. Oui ; mais il y va un peu bien vite.

BÉRALDE. Tous les grands médecins sont comme cela.

ARGAN. Me couper un bras et me crever un œil, afin que l'autre se porte mieux ! J'aime bien mieux qu'il ne se porte pas si bien. La belle opération de me rendre borgne et manchot !

SCÈNE XVI.

ARGAN, ANGÉLIQUE, TOINETTE.

TOINETTE, feignant de parler à quelqu'un. Allons, allons, je suis votre servante. Je n'ai pas envie de rire.

ARGAN. Qu'est-ce que c'est ?

TOINETTE. Votre médecin, ma foi ! voulait aussi me guérir.

BÉRALDE. Oh çà, mon frère, puisque voilà M. Purgon brouillé avec vous, ne voulez-vous pas bien que je vous parle du parti qui s'offre pour ma nièce ?

ARGAN. Non, mon frère ; je veux la mettre dans un couvent, puisqu'elle s'est opposée à mes volontés.

BÉRALDE. Vous voulez faire plaisir à quelqu'un.

ARGAN. Je vous entends. Vous en revenez toujours là et ma femme vous tient au cœur.

BÉRALDE. Eh bien, oui, mon frère, puisqu'il faut parler à cœur ouvert : c'est votre femme que je veux dire ; et non plus que l'entêtement de la médecine, je ne puis vous souffrir l'entêtement où vous êtes pour elle et voir que vous donniez tête baissée dans tous les piéges qu'elle vous tend.

TOINETTE. Ah! monsieur, ne parlez point de madame : c'est une femme sur laquelle il n'y a rien à dire, une femme sans artifice et qui aime monsieur, qui l'aime... On ne peut pas dire cela.

ARGAN. Demandez-lui un peu les caresses qu'elle me fait.

TOINETTE. Cela est vrai.

ARGAN. L'inquiétude que lui donne ma maladie.

TOINETTE. Assurément.

ARGAN. Et les soins et les peines qu'elle prend autour de moi.

TOINETTE. Il est certain. (A Béralde.) Voulez-vous que je vous convainque et vous fasse voir tout à l'heure comme madame aime monsieur? (A Argan.) Monsieur, souffrez que je lui montre son béjaune et le tire d'erreur.

ARGAN. Comment?

TOINETTE. Madame s'en va revenir : mettez-vous tout étendu dans cette chaise et contrefaites le mort; vous verrez la douleur où elle sera quand je lui dirai la nouvelle.

ARGAN. Je le veux bien.

TOINETTE. Oui; mais ne la laissez pas longtemps dans le désespoir, car elle en pourrait bien mourir.

ARGAN. Laissez-moi faire.

TOINETTE, à Béralde. Cachez-vous, vous, dans ce coin-là.

SCÈNE XVII.

ARGAN, TOINETTE.

ARGAN. N'y a-t-il point quelque danger à contrefaire le mort?

TOINETTE. Non, non. Quel danger y aurait-il? Étendez-vous là seulement. Il y aura plaisir à confondre votre frère. Voici madame. Tenez-vous bien.

SCÈNE XVIII.

BÉLINE, ARGAN, étendu dans sa chaise, TOINETTE.

TOINETTE, feignant de ne pas voir Béline. Ah! mon Dieu! Ah! malheur! Quel étrange accident!

BÉLINE. Qu'est-ce, Toinette?

TOINETTE. Ah! madame!

BÉLINE. Qu'y a-t-il?

TOINETTE. Votre mari est mort.

BÉLINE. Mon mari est mort?

TOINETTE. Hélas! oui, le pauvre défunt est trépassé.
BÉLINE. Assurément?
TOINETTE. Assurément. Personne ne sait encore cet accident-là; et je me suis trouvée toute seule. Il vient de passer entre mes bras. Tenez, le voici tout de son long dans cette chaise.
BÉLINE. Le ciel en soit loué! Me voilà délivrée d'un grand fardeau! Que tu es sotte, Toinette, de t'affliger de cette mort!
TOINETTE. Je pensais, madame, qu'il fallût pleurer.
BÉLINE. Va, va, cela n'en vaut pas la peine. Quelle perte est-ce que la sienne? et de quoi servait-il sur la terre? Un homme incommode à tout le monde, malpropre, dégoûtant; sans cesse un lavement ou une médecine dans le ventre; mouchant, toussant, crachant toujours; sans esprit, ennuyeux, de mauvaise humeur, fatiguant sans cesse les gens, et grondant jour et nuit servantes et valets.
TOINETTE. Voilà une belle oraison funèbre!
BÉLINE. Il faut, Toinette, que tu m'aides à exécuter mon dessein; et tu peux croire qu'en me servant ta récompense est sûre. Puisque, par bonheur, personne n'est encore averti de la chose, portons-le dans son lit, et tenons cette mort cachée jusqu'à ce que j'aie fait mon affaire. Il y a des papiers, il y a de l'argent dont je me veux saisir; et il n'est pas juste que j'aie passé sans fruit, auprès de lui, mes plus belles années. Viens, Toinette, prenons auparavant toutes ses clefs.
ARGAN, se levant brusquement. Doucement!
BÉLINE. Ahi!
ARGAN. Oui, madame ma femme, c'est ainsi que vous m'aimez!
TOINETTE. Ah! ah! le défunt n'est pas mort!
ARGAN, à Béline qui sort. Je suis bien aise de voir votre amitié, et d'avoir entendu le beau panégyrique que vous avez fait de moi. Voilà un avis au lecteur qui me rendra sage à l'avenir, et qui m'empêchera de faire bien des choses.

SCÈNE XIX.

BÉRALDE, sortant de l'endroit où il s'était caché, ARGAN, TOINETTE.

BÉRALDE. Eh bien, mon frère, vous le voyez.
TOINETTE. Par ma foi, je n'aurais jamais cru cela. Mais j'entends votre fille : remettez-vous comme vous étiez, et voyons de quelle manière elle recevra votre mort. C'est une chose qu'il n'est pas mauvais d'éprouver; et puisque vous êtes en train, vous connaîtrez par là les sentiments que votre famille a pour vous. (Béralde va encore se cacher.)

SCÈNE XX.

ARGAN, ANGÉLIQUE, TOINETTE.

TOINETTE, feignant de ne pas voir Angélique. O ciel! ah! fâcheuse aventure! malheureuse journée!
ANGÉLIQUE. Qu'as-tu, Toinette? et de quoi pleures-tu?
TOINETTE. Hélas! j'ai de tristes nouvelles à vous donner.
ANGÉLIQUE. Eh! quoi?
TOINETTE. Votre père est mort.
ANGÉLIQUE. Mon père est mort, Toinette?
TOINETTE. Oui, vous le voyez là; il vient de mourir tout à l'heure d'une faiblesse qui lui a pris.
ANGÉLIQUE. O ciel! quelle infortune! quelle atteinte cruelle! Hélas! faut-il que je perde mon père, la seule chose qui me restait au monde, et qu'encore, pour un surcroît de désespoir, je le perde dans un moment où il était irrité contre moi! Que deviendrai-je, malheureuse? et quelle consolation trouver après une si grande perte?

SCÈNE XXI.

ARGAN, ANGÉLIQUE, CLÉANTE, TOINETTE.

CLÉANTE. Qu'avez-vous donc, Angélique? et quel malheur pleurez-vous?
ANGÉLIQUE. Hélas! je pleure tout ce que dans la vie je pouvais perdre de plus cher et de plus précieux : je pleure la mort de mon père.
CLÉANTE. O ciel! quel accident! quel coup inopiné! Hélas! après la demande que j'avais conjuré votre oncle de lui faire pour moi, je venais me présenter à lui, et tâcher, par mes respects et par mes prières, de disposer son cœur à vous accorder à mes vœux.
ANGÉLIQUE. Ah! Cléante, ne parlons plus de rien. Laissons là toutes les pensées de mariage. Après la perte de mon père, je ne veux plus être du monde, et j'y renonce pour jamais. Oui, mon père, si j'ai résisté tantôt à vos volontés, je veux suivre du moins une de vos intentions, et réparer par là le chagrin que je m'accuse de vous avoir donné. (Se jetant à ses genoux.) Souffrez, mon père, que je vous en donne ici ma parole, et que je vous embrasse pour vous témoigner mon ressentiment.
ARGAN, embrassant Angélique. Ah! ma fille!

ANGÉLIQUE. Ahi !

ARGAN. Viens, n'aie point de peur, je ne suis pas mort. Va, tu es mon vrai sang, ma véritable fille et je suis ravi d'avoir vu ton bon naturel.

SCÈNE XXII.

ARGAN, BÉRALDE, ANGÉLIQUE, CLÉANTE, TOINETTE.

ANGÉLIQUE. Ah ! quelle surprise agréable ! Mon père, puisque, par un bonheur extrême, le ciel vous redonne à mes vœux, souffrez qu'ici je me jette à vos pieds pour vous supplier d'une chose : si vous n'êtes pas favorable au penchant de mon cœur, si vous me refusez Cléante pour époux, je vous conjure au moins de ne me point forcer d'en épouser un autre. C'est toute la grâce que je vous demande.

CLÉANTE, se jetant aux genoux d'Argan. Ah ! monsieur, laissez-vous toucher à ses prières et aux miennes et ne vous montrez point contraire à nos mutuels empressements.

BÉRALDE. Mon frère, pouvez-vous tenir là contre ?

TOINETTE. Monsieur, serez-vous insensible ?

ARGAN. Qu'il se fasse médecin, je consens au mariage. Oui, (A Cléante.) faites-vous médecin, je vous donne ma fille.

CLÉANTE. Très-volontiers, monsieur. S'il ne tient qu'à cela pour être votre gendre, je me ferai médecin, apothicaire même, si vous voulez. Ce n'est pas une affaire que cela et je me ferais bien d'autres choses pour obtenir Angélique.

BÉRALDE. Mais, mon frère, il me vient une pensée : faites-vous médecin vous-même. La commodité sera encore plus grande d'avoir en vous ce qu'il vous faut.

TOINETTE. Cela est vrai. Voilà le vrai moyen de vous guérir bientôt; et il n'y a point de maladie si osée que de se jouer à la personne d'un médecin.

ARGAN. Je pense, mon frère, que vous vous moquez de moi. Est-ce que je suis en âge d'étudier ?

BÉRALDE. Bon, étudier ! vous êtes assez savant et il y en a beaucoup parmi eux qui ne sont pas plus habiles que vous.

ARGAN. Mais il faut savoir bien parler latin, connaître les maladies et les remèdes qu'il y faut faire.

BÉRALDE. En recevant la robe et le bonnet de médecin, vous apprendrez tout cela et vous serez après plus habile que vous ne voudrez.

ARGAN. Quoi ! l'on sait discourir sur les maladies quand on a cet habit-là ?

BÉRALDE. Oui. L'on n'a qu'à parler avec une robe et un bonnet, tout galimatias devient savant et toute sottise devient raison.

TOINETTE. Tenez, monsieur, quand il n'y aurait que votre barbe, c'est déjà beaucoup, et la barbe fait plus de la moitié d'un médecin.

CLÉANTE. En tout cas, je suis prêt à tout.

BÉRALDE, à Argan. Voulez-vous que l'affaire se fasse tout à l'heure?

ARGAN. Comment! tout à l'heure?

BÉRALDE. Oui et dans votre maison.

ARGAN. Dans ma maison?

BÉRALDE. Oui. Je connais une Faculté de mes amies qui viendra tout à l'heure en faire la cérémonie dans votre salle. Cela ne vous coûtera rien.

ARGAN. Mais, moi, que dire? que répondre?

BÉRALDE. On vous instruira en deux mots et l'on vous donnera par écrit ce que vous devez dire. Allez vous mettre en habit décent. Je vais les envoyer quérir.

ARGAN. Allons, voyons cela.

SCÈNE XXIII.

BÉRALDE, ANGÉLIQUE, CLÉANTE, TOINETTE.

CLÉANTE. Que voulez-vous dire et qu'entendez-vous avec cette Faculté de vos amies?

TOINETTE. Quel est donc votre dessein?

BÉRALDE. De nous divertir un peu ce soir. Les comédiens ont fait un petit intermède de la réception d'un médecin, avec des danses et de la musique; je veux que nous en prenions ensemble le divertissement et que mon frère y fasse le premier personnage.

ANGÉLIQUE. Mais, mon oncle, il me semble que vous vous jouez un peu beaucoup de mon père.

BÉRALDE. Mais, ma nièce, ce n'est pas tant le jouer que s'accommoder à ses fantaisies. Tout ceci n'est qu'entre nous. Nous pouvons aussi prendre chacun un personnage et nous donner ainsi la comédie les uns aux autres. Le carnaval autorise cela. Allons vite préparer toutes choses.

CLÉANTE, à Angélique. Y consentez-vous?

ANGÉLIQUE. Oui, puisque mon oncle nous conduit

INTERMÈDE.

PREMIÈRE ENTRÉE DE BALLET.

(Des tapissiers viennent en dansant préparer la salle et placer des bancs en ca dence.)

DEUXIÈME ENTRÉE DE BALLET.

(Marche de la Faculté de médecine au son des iustruments.)

Les porte-seringues, représentant les massiers, entrent les premiers. Après eux viennent, deux à deux, les apothicaires avec des mortiers, les chirurgiens et les docteurs qui vont se placer aux deux côtés du théâtre. Le président monte dans une chaire qui est au milieu, et Argan, qui doit être reçu docteur, se place dans une chaire plus petite, qui est au-devant de celle du président.

LE PRÉSIDENT. Savantissimi doctores,
Medicinæ professores
Qui hic assemblati estis,
Et vos altri messiores,
Sentiarum facultatis
Fideles executores,
Chirurgani et apothicari,
Atque tota compania aussi,
Salus, honor et argentum,
Atque bonum appetitum.
Non possum, docti confreri,
En moi satis admirari
Qualis bona inventio
Est médici professio,
Quam bella chosa est et bené trovata
Medicina illa benedicta,
Quæ, suo nomine solo,
Surprenanti miraculo,
Depuis si longo tempore,
Facit à gogo vivere
Tant de gens omni genere !
Per totam terram videmus
Grandam vogam ubi sumus,
Et quòd grandes et petiti
Sunt de nobis infatuti.
Totus mundus, currens ad nostros remedios
Nos regardat sicut deos,

Et vostris ordonnanciis
Principes et reges soumissos videtis.
Doncque il est nostræ sapientiæ
Boni sensûs atque prudentiæ,
De fortement travaillare
A nos bene conservare
In tali credito, voga, et honore.
Et prendere gardam à non recevere
In nostro corpore
Quàm personas capabiles,
Et totas dignas remplire
Has plaças honorabitis
C'est pour cela que nunc convocati estis,
Et credo quod trovabitis
Dignam materiam medici
In savanti homine que voici ;
Lequel in chosis omnibus
Dono ad interrogandum,
Et à fond examinandum
Vestris capacitatibus.

PREMIER DOCTEUR. Si mihi licentiam dat dominus præses,
Et tanti docti doctores,
Et assistantes illustres,
Très savanti bacheliero
Quem estimo et honoro,
Domandabo causam et rationem quare
Opium facit dormire.

ARGAN. Mihi a docto doctore
Domandatur causam et rationem quare
Opium facit dormire.
A quoi respondeo
Quia est in eo
Virtus dormitiva
Cujus est natura
Sensus assoupire.

CHOEUR. Bene, bene, bene, bene respondere !
Dignus, dignus est intrare
In nostro docto corpore
Bene, bene respondere !

SECOND DOCTEUR. Cum permissione domini præsidis,
Doctissimæ facultatis,
Et totius his nostris actis
Companiæ assistantis,
Domandabo tibi, docte bacheliere,

                    Quæ sunt remedia
                    Quæ in maladia
                    Dito hydropisia
                    Convenit facere.
ARGAN.   . Clysterium donare,
                    Ensuita purgare.
CHOEUR. Bene, bene, bene, bene respondere!
                    Dignus, dignus est intrare
                    In nostro docto corpore.
TROISIÈME DOCTEUR. Si bonum semblatur domino præsidi,
                    Doctissimæ facultati,
                    Et compániæ præsenti,
            Domandabo tibi, docte bacheliere,
                    Quæ remedia eticis,
                    Pulmonicis atque asmaticis,
                    Trovas à propos facere.
ARGAN.   Clysterium donare,
                    Postea seignare,
                    Ensuita purgare.
CHOEUR. Bene, bene, bene, bene respondere!
                    Dignus, dignus est intrare
                    In nostro docto corpore.
QUATRIÈME DOCTEUR. Super illas maladias,
            Doctus bachelierus dixit maravillas;
            Mais si non ennuyo dominum præsidem,
                    Doctissimam facultatem,
                    Et totam honorabilem
                    Companiam ecoutantem,
                Faciam illi unam questionem.
                    Dès hiero maladus unus
                    Tombavit in meas manus;
            Habet grandam fievram cum redoublamentis,
                    Grandam dolorem capitis
                    Et grandum malum au côté,
                    Cum granda difficultate
                    Et pena à respirare.
                    Veillas mihi dire,
                    Docte bacheliere,
                    Quid illi facere?
ARGAN.   Clysterium donare,
                    Postea seignare,
                    Ensuita purgare.
CINQUIÈME DOCTEUR. Mais si maladia
                    Opiniatra

INTERMÈDE.

                Non vult se garire,
                Quid illi facere?
ARGAN.   Clysterium donare,
                Postea seignare,
                Ensuita purgare;
      Reseignare, repurgare, et reclysterisare.
CHOEUR. Bene, bene, bene, bene respondere!
                Dignus, dignus est intrare
                In nostro docto corpore.
LE PRÉSIDENT, à Argan. Juras gardare statua
                Per facultatem præscripta
                Cum sensu et jugeamento?
ARGAN.   Juro.
LE PRÉSIDENT. Essere in omnibus
                Consultationibus
                Ancieni aviso
                Aut bono
                Aut mauvaiso?
ARGAN.   Juro.
LE PRÉSIDENT. De non jamais te servire
                De remedis aucunis,
      Quàm de ceux seulement doctæ facultatis,
                Maladus dût-il crevare
                Et mori de suo malo?
ARGAN.   Juro.
LE PRÉSIDENT. Ego, cum isto boneto
                Venerabili et docto,
                Dono tibi et concedo
                Virtutem et puissanciam
                    Medicandi,
                    Purgandi,
                    Seignandi,
                    Perçandi,
                    Taillandi,
                    Coupandi,
                Et occidenti,
            Impune per totam terram.

TROISIÈME ENTRÉE DE BALLET.

(Les chirurgiens et les apothicaires viennent faire la révérence en cadence à Argan.)

ARGAN.   Grandes doctores doctrinæ
              De la rhubarbe et du séné,

Ce serait sans douta à moi chosa folla,
  Inepta et ridicula,
  Si j'alloibam m'engageare
  Vobis louangeas donare,
Et entreprenoibam adjoutare
  Des lumieras au soleillo,
  Et des étoilas au cielo,
  Des ondas à l'oceano,
  Et des rosas au printano.
Agreate qu'avec uno moto
  Pro toto remercimento
Rendam gratiam corpori tam docto.
  Vobis, vobis debeo
Bien plus qu'à naturæ et qu'à patri meo :
  Natura et pater meus
  Hominem me habent factum ;
  Mais vos me, ce qui est bien plus,
  Avetis factum medicum :
  Honor, favor, et gratia,
  Qui, in hoc corde que voilà,
  Imprimant ressentimenta
  Qui dureront in secula.
CHOEUR. Vivat, vivat, vivat, vivat, cent fois vivat,
  Novus doctor qui tam bene parlat !
Mille, mille annis, et manget, et bibat,
  Et seignet, et tuat !

QUATRIÈME ENTRÉE DE BALLET.

(Tous les chirurgiens et les apothicaires dansent au son des instruments et des voix, et des battements de mains et des mortiers d'apothicaires.)

PREMIER CHIRURGIEN. Puisse-t-il voir doctas
  Suas ordonnancias
  Omnium chirurgorum
  Et apothicarum
  Remplire boutiquas !
CHOEUR. Vivat, vivat, vivat, vivat, cent fois vivat,
  Novus doctor qui tam bene parlat !
Mille, mille annis, et manget, et bibat,
  Et seignet, et tuat !
SECOND CHIRURGIEN. Puissent toti anni
  Lui essere boni
  Et favorabiles,

INTERMÈDE.

   Et n'habere jamais
   Quàm pestas, verolas,
   Fievras, pleuresias,
  Fluxus de sang, et dyssenterias!
CHOEUR. Vivat, vivat, vivat, vivat, cent fois vivat,
  Novus doctor qui tam bene parlat!
  Mille, mille annis, et manget, et bibat,
   Et seignet, et tuat!

CINQUIÈME ET DERNIÈRE ENTRÉE DE BALLET.

(Pendant que le dernier chœur se chante, les médecins, les chirurgiens et les apothicaires sortent, tous selon leur rang en cérémonie, comme ils sont entrés.)

TABLE DES PIÈCES

CONTENUES DANS CE VOLUME

Avertissement de l'Éditeur. 1
Notice sur Molière. III
Les Précieuses ridicules, comédie en un acte. 7
Les Facheux, comédie-ballet en trois actes. 26
L'Impromptu de Versailles, comédie en un acte. 52
Le Mariage forcé, comédie en un acte. 72
Le Faux Médecin, comédie en trois actes. 90
Le Misanthrope, comédie en cinq actes. 109
Le Médecin malgré lui, comédie en trois actes. 144
Le Tartuffe, comédie en cinq actes. 172
L'Avare, comédie en cinq actes. 217
M. de Pourceaugnac, comédie-ballet en trois actes. 273
Le Bourgeois Gentilhomme, comédie-ballet en cinq actes. . . 309
Les Fourberies de Scapin, comédie en trois actes. 360
La Comtesse d'Escarbagnas (fragment), comédie en un acte. . 398
Les Femmes savantes, comédie en cinq actes. 404
Le Malade imaginaire, comédie-ballet en trois actes. 445

FIN DE LA TABLE DES PIÈCES.

Saint-Denis. — Typographie de A. Moulin.

www.ingramcontent.com/pod-product-compliance
Lightning Source LLC
Chambersburg PA
CBHW071418230426
43669CB00010B/1588